Texts and Studies in Ancient Judaism

Texte und Studien zum Antiken Judentum

Edited by
Martin Hengel and Peter Schäfer

88

Thomas Knittel

Das griechische ‚Leben Adams und Evas'

Studien zu einer narrativen Anthropologie
im frühen Judentum

Mohr Siebeck

Thomas Knittel, geboren 1968; 1984–88 Berufsausbildung zum Mechaniker und Tätigkeit in diesem Beruf; 1988–89 Praktikum in der kirchlichen Jugendarbeit; 1990–97 Studium der evangelischen Theologie in Leipzig; 1997–2000 Promotionsstipendium der Sächsischen Graduiertenförderung; 2000 Promotion; zurzeit Vikariat.

Die Deutsche Bibliothek – CIP-Einheitsaufnahme

Knittel, Thomas:
Das griechische ‚Leben Adams und Evas‘ : Studien zu einer narrativen Anthropologie im frühen Judentum / Thomas Knittel. –
Tübingen : Mohr Siebeck, 2002
   (Texts and studies in ancient Judaism ; Bd. 88)
   ISBN 3-16-147712-X

© 2002 J. C. B. Mohr (Paul Siebeck) Tübingen.

Das Buch wurde von Gulde-Druck in Tübingen auf alterungsbeständiges Werkdruckpapier gedruckt und von der Großbuchbinderei Heinr. Koch in Tübingen gebunden.

ISSN 0721-8753

Für Friederike

Vorwort

Die vorliegende Arbeit wurde im Dezember 2000 von der Theologischen Fakultät der Universität Leipzig als Dissertation angenommen. Für den Druck wurde sie noch einmal überarbeitet und um neuere Literatur ergänzt. Allerdings machten sich dabei auch Kürzungen erforderlich. Die wesentlichste davon betraf den Anhang der ursprünglichen Fassung, der die Textrekonstruktion und Übersetzung derjenigen Kapitel enthielt, die nicht Gegenstand der Einzelexegesen waren. Dieser Anhang musste wegfallen, sodass der griechische Text jetzt nicht mehr vollständig enthalten ist. Diese Kürzung lässt sich freilich damit rechtfertigen, dass die Textrekonstruktion gleichsam nur ein Nebenprodukt der Einzelexegesen war. Ferner hoffe ich, den vollständigen griechischen Text mit deutscher Übersetzung in nächster Zeit in einer separaten Publikation veröffentlichen zu können. Hinweisen möchte ich noch darauf, dass mir der wichtige Aufsatz von J.-P. Pettorelli (siehe Literaturverzeichnis) zur handschriftlichen Überlieferung des lateinischen „Lebens Adams und Evas" nicht mehr rechtzeitig zu Gesicht kam und daher nicht mehr eingearbeitet werden konnte.

Mein erster Dank gebührt an dieser Stelle meiner Frau Friederike, die den Entstehungsprozess dieser Arbeit begleitet und mir über so manche Durststrecke hinweggeholfen hat, wenn ich zwischenzeitlich das Ziel am Ende des Weges einmal nicht mehr zu sehen vermochte. Umso schöner war es dann auch, die Freude und Begeisterung an meiner Arbeit mit ihr zu teilen.

Dass diese Arbeit entstehen konnte, verdanke ich Herrn Landesbischof Prof. Dr. Christoph Kähler, der mich bereits sehr früh in meinem Studium für das Neue Testament und die frühjüdische Literatur begeistern konnte und zur selbständigen Forschung ermutigte. Er hat das Wachsen dieser Arbeit mit Rat und Tat begleitet und am Ende auch als Erstgutachter fungiert.

Daneben danke ich den beiden anderen Gutachtern, Herrn Prof. Dr. Jens Herzer und Herrn Prof. Dr. Karl-Wilhelm Niebuhr. Ihnen verdanke ich ebenfalls eine Fülle von weiterführenden Hinweisen. Herr Prof. Niebuhr hat mich darüber hinaus bei der Überarbeitung des Manuskripts für die Drucklegung mit vielen hilfreichen Anregungen unterstützt. Dafür möchte ich ihm an dieser Stelle ebenfalls herzlich danken.

Neben den genannten Personen hat Herr Prof. Dr. Christfried Böttrich an der Entstehung dieser Arbeit entscheidenden Anteil. Er hat meine Studien von Anfang an freundschaftlich begleitet, mich in das zunächst unübersichtliche Gebiet der apokryphen Adam-und-Eva-Literatur eingeführt, die ersten litera-

rischen Ergebnisse meiner Untersuchungen mit kritischem, aber immer wohl-
wollenden Auge geprüft und mich an vielen Punkten durch weiterführende
Hinweise vorangebracht.

Viele Anregungen verdanke ich ferner den Mitgliedern des exegetischen
Arbeitskreises der Theologischen Fakultät Leipzig. Hier konnte ich Zwi-
schenergebnisse meiner Untersuchungen vorstellen und mich der Diskussion
stellen.

Die finanziellen Rahmenbedingungen gewährleistete mir ein Graduierten-
stipendium des Freistaates Sachsen, das mir die Universität Leipzig zur
Verfügung stellte. Auch hierfür danke ich herzlich.

Schließlich möchte ich den Herren Prof. Dr. Martin Hengel und Prof. Dr.
Peter Schäfer für die Aufnahme meiner Arbeit in die Reihe „Texte und Stu-
dien zum antiken Judentum" und dem Verlag Mohr Siebeck, namentlich Frau
Ilse König, für die freundliche Betreuung bei der Erstellung der Druckvorlage
herzlich danken. Beim Korrekturlesen halfen mir Frau Monika Silbermann,
Frau Harriet Busch und Herr Stefan Schmidt, denen ich ebenfalls zu großem
Dank verpflichtet bin.

Leipzig, November 2001   Thomas Knittel

Inhaltsverzeichnis

Abkürzungsverzeichnis

Die Abkürzungen für Quellen und Lexika werden im Literaturverzeichnis aufgeführt. Darüber hinaus habe ich folgende Abkürzungen verwendet (nicht enthalten sind dabei Abkürzungen für Reihen und Kommentare sowie für Zeitschriften, sofern sie dem Abkürzungsverzeichnis der TRE entsprechen, siehe dazu die Vorbemerkung im Literaturverzeichnis, Teil C):

AT	Altes Testament
Bd(e).	Band (Bände)
CRBR	Critical Review of Books in Religion
erw.	erweitert(e)
f.,ff.	folgende(s)
Frg.	Fragment
Hg.	Herausgeber(in)
Hs(s).	Handschrift(en)
Jhd.	Jahrhundert
Kap.	Kapitel
κτλ	καὶ τὰ λοιπά
LXX	Septuaginta
Nachdr.	Nachdruck
n. Chr.	nach Christus
NHC	Nag Hammadi Codex
NT	Neues Testament
o.	ohne
o.J.	ohne Jahresangabe
par.	Parallele(n)
SBL.EJL	Society of Biblical Literature. Early Judaism and Its Literature
u.a.	unter anderem
u.ö.	und öfter
v. Chr.	vor Christus
V.	Vers
Var	Variante
vgl.	vergleiche
VV.	Verse
z.B.	zum Beispiel
z.T.	zum Teil

Kapitel 1

Die jüdisch-christliche Adam-und-Eva-Literatur

1.1 Das frühjüdische Interesse an Adam und Eva

Es ist eine häufig beobachtete Tatsache,[1] dass die ersten Kapitel des Buches Genesis, welche von der Erschaffung Adams und Evas und deren Vertreibung aus dem Paradies berichten, im übrigen Alten Testament nahezu keine Rolle spielen,[2] während sie später im Frühjudentum[3] zum Gegenstand lebhaften Interesses werden.[4] Dieses neue Interesse lässt sich ungefähr ab dem Beginn des 2. vorchristlichen Jahrhunderts beobachten. Der älteste Beleg scheint äthHen 32,3–6 (3.–2. Jhd. v. Chr.)[5] zu sein, wo berichtet wird, dass Henoch

---

[1] Vgl. u. a. STONE, History, 1; KÜCHLER, Schweigen, 44; EVANS, Paradise, 26–28; SCHELKLE, Schuld, 17f.; SEEBASS, Genesis I, 139f. und C. WESTERMANN, Genesis. Bd. 1, Neukirchen-Vluyn 1974 (BK 1,1), 376f.

[2] Eventuell liegen in Ps 8,6–9 und Ez 28,11–19 Bezugnahmen auf Gen 1,26ff. bzw. Gen 2–3 vor. Allerdings wird zuweilen auch ein Einfluss in umgekehrter Richtung angenommen. Für Ps 8 vgl. die in Kapitel 7, Anm. 249 genannte Literatur, zu Ez 28 vgl. hingegen FAUTH, Garten und MÜLLER, Parallelen.

[3] Mit dem Epochenbegriff Frühjudentum bezeichne ich, wie in der neueren Forschung weithin üblich, den Zeitraum zwischen ca. 200 v. und 135 n. Chr. (Bar-Kochba-Aufstand). Die für diese Periode in der älteren Literatur häufig zu findende Bezeichnung Spätjudentum ist insofern problematisch, als sie das Judentum dieser Zeit gleichsam als eine Verfallserscheinung darstellt. Um eine solche handelt es sich hier jedoch keineswegs, vielmehr erweist sich der genannte Zeitraum bei Lichte besehen als eine in theologischer Hinsicht äußerst produktive und lebendige Phase, in der wesentliche Weichenstellungen für die weitere Entwicklung des Judentums erfolgten. Nicht zuletzt ist dies gerade in der Rezeption von Gen 1–3 evident.

[4] Zur frühjüdischen Rezeption von Gen 1–3 insgesamt vgl. vor allem GINZBERG, Legends I, 49–102; V, 63–131; BRANDENBURGER, Adam, 15–64; JERVELL, Imago, 15–70; SCROGGS, Adam, 16–31; EVANS, Paradise, 26–58; P. SCHÄFER, Art. Adam II. Frühjudentum, TRE 1, 424–427; LEVISON, Portraits; OBERHÄNSLI-WIDMER, Figuren, 125–200; ERNST, Adam, 44–46; CHAZON, Creation; RUITEN, Creation. Die wichtigste Literatur zu Einzelproblemen ist jeweils an den entsprechenden Stellen der Einzelexegesen verzeichnet.

[5] Das äthiopische Henochbuch, ursprünglich in Hebräisch oder Aramäisch verfasst, enthält Material aus verschiedenen Zeiten. Kap. 32 gehört zu den ältesten Schichten, die im 3./2. Jhd. v. Chr. entstanden sind. In seiner Endgestalt lag äthHen hingegen erst im 1. Jhd. n. Chr. vor. Vgl. dazu UHLIG, Henochbuch, 494.

den Baum der Weisheit im Paradies schauen darf und der Engel Raphael ihm erklärt: „Dies ist der Baum der Weisheit, von dem dein alter Vorfahre und deine alte Vorfahrin, die vor dir waren, gegessen haben und Weisheit kennenlernten, und ihre Augen wurden geöffnet, und sie erkannten, dass sie nackt waren, und sie wurden aus dem Paradies vertrieben." Zeitlich nicht weit von den ältesten Schichten des äthHen entfernt lassen auch das Jubiläenbuch und Sirach[6] ihr Interesse an Adam und Eva erkennen.

Den Ursachen dafür, dass die Überlieferung von Adam und Eva im übrigen Alten Testament kaum Anklang findet, kann hier nicht nachgegangen werden.[7] Wichtiger ist in unserem Zusammenhang die Frage, welche Motive hinter dem ab ca. 200 v. Chr. zu beobachtenden Interesse an Adam und Eva, an deren Erschaffung, ihrer Übertretung und Vertreibung aus dem Paradies stehen könnten. Man nähert sich dieser Frage am besten, indem man die Funktion, welche der jeweilige Rückbezug auf Gen 1–3 in seinem jetzigen Kontext hat, herauszuarbeiten sucht.[8] Im Folgenden seien daher einige repräsentative Beispiele der frühjüdischen Rezeption von Gen 1–3 vorgestellt.

1. Das slavische Henochbuch[9] bietet in den Kapiteln 30 bis 31 einen ausführlichen Bericht über die Erschaffung Adams und Evas sowie die Verführung Evas durch den Teufel. Adam wurde demnach aus sieben Bestandteilen erschaffen[10] und mit sieben Fähigkeiten ausgerüstet, er war „von unsichtbarer und von sichtbarer Natur" (30,10), gekennzeichnet durch das Miteinander von Tod und Leben (30,10),[11] kurzum ein „zweiter Engel, geehrt, groß und herrlich" (30,11). Er wurde von Gott zum „König der Erde" eingesetzt (30,12) und sein Name beinhaltete die vier Himmelsrichtungen (30,13).[12]

---

[6] Vgl. Sir 15,14; 16,26–17,10; 25,24 (LEVISON, Eve betrachtet jedoch Sir 25,24 nicht als Anspielung auf Eva, vgl. dazu Abschnitt 7.4.4); 33,10; 49,16. Zum Adambild im Sirachbuch, das im 2. Jhd. v. Chr. entstanden ist, vgl. LEVISON, Portraits, 33–48. Zum Jubiläenbuch vgl. das Folgende.

[7] Bezogen auf Gen 2–3 sieht SEEBASS, Genesis I, 139f. die Ursache darin, dass das Alte Testament weithin fallbezogen denke, während in der Paradieserzählung eine „alles umfassende Wirklichkeit" zur Sprache komme.

[8] Methodisch hilfreich erscheint mir die Fragestellung LEVISONS, der nach der jeweiligen „Tendenz" fragt, welche die Rezeption von Gen 1–3 im Einzelfall motiviert (vgl. LEVISON, Portraits, 29 u.ö.).

[9] Das slavische Henochbuch entstand vor 70 n. Chr. in Alexandrien und wurde in griechischer Sprache verfasst, vgl. BÖTTRICH, Henochbuch, 808–813.

[10] Dahinter steht die Vorstellung von Adam als Mikrokosmos, wonach in Adam gleichsam der gesamte Kosmos abgebildet ist. Vgl. dazu BÖTTRICH, Adam; zur Bedeutung von slHen für die Überlieferung jener Tradition vgl. speziell 45f.

[11] „Sichtbar" und „unsichtbar" steht hier für diesen und den kommenden Äon, vgl. BÖTTRICH, Henochbuch, 917, Anm. d zu 30,10.

[12] Im griechischen Original des slHen wurde der Name Adam als Akronym aus den Bezeichnungen der vier Himmelsrichtungen (ἀνατολή, δύσις, ἄρκτος, μεσημβρία) gedeutet, vgl. BÖTTRICH, a.a.O., 918, Anm. b zu 30,13.

Ferner wurde er vom Schöpfer auch mit einem freien Willen versehen und bekam zwei Wege (Licht und Finsternis; 30,15) gezeigt. Nach dieser Schilderung der Herrlichkeit Adams berichtet slHen von der Erschaffung Evas und der Einsetzung der Protoplasten ins Paradies. Dort war der Himmel über ihnen offen und sie lebten in beständigem Licht (31,2). Der Teufel wurde daraufhin neidisch und verführte Eva, während er Adam selbst unberührt ließ (31,6). Adam fungiert hier als Prototyp des Menschen schlechthin, der als eine Art „Grenzgänger zwischen dieser und jener Welt"[13] sowie als Höhepunkt und Repräsentant der Schöpfung verstanden wird. Seine herausgehobene Stellung in der Schöpfung wird in slHen auch mit dem Hinweis darauf ausgedrückt, dass Gott den Menschen ja mit seinen eigenen Händen und als sein Ebenbild geschaffen habe (vgl. 44,1–3 und 65,2), woraus sich auch ein besonderes Verhältnis zwischen dem Menschen und seinem Schöpfer ergibt. Zugleich erwächst aus der besonderen Qualität des Menschen als Geschöpf Gottes aber auch eine hohe ethische Verantwortung.[14] Zusammenfassend lässt sich sagen, dass die Rezeption der biblischen Geschichte von Adam und Eva hier im Wesentlichen drei Ziele verfolgt: 1. Sie liefert die argumentative Basis für die Annahme einer besonderen Beziehung zwischen Gott und Mensch, vermutlich gerade im Blick auf eine Gegenwart, in der diese besondere Beziehung gerade nicht auf der Hand zu liegen schien. 2. Sie erklärt das Eindringen des Bösen in die Schöpfung. 3. Sie dient als ethischer Maßstab, der das Zusammenleben der Menschen untereinander sowie von Mensch und Tier bestimmt.[15]

2. Im Jubiläenbuch (2. Jhd. v. Chr.)[16] begegnet der Stoff von Gen 1–3 in einer Offenbarung an Mose (Jub 2–3) und hat hier ganz offensichtlich die Funktion, einen engen Zusammenhang zwischen Schöpfung und Gesetz herzustellen. Indem die Bestimmungen des Gesetzes in der Urzeit verankert werden, soll ihre zeitlose Gültigkeit verdeutlicht werden. In den Genesistext werden daher längere Passagen zu den Themen Sabbat (2,17–33) und Reinheit (3,8–14.31–32) eingetragen. Die Art des Umgangs mit dem biblischen Text kann folgendes Beispiel verdeutlichen: Gen 3,21 entsprechend heißt es in Jub 3,30: „Und dem Adam, ihm allein gab er, dass er seine Blöße bedecke, von allen Tieren und Vieh." Daraus folgernd wird nun aber in Vers 31 der Bezug zur Tora hergestellt: „Deswegen ist geboten auf den Tafeln für alle, die

---

[13] BÖTTRICH, a.a.O., 816.

[14] Vgl. nur slHen 44,2, wo aus der Gottebenbildlichkeit des Menschen gefolgert wird: „wer das Angesicht eines Menschen schmäht, schmäht das Angesicht eines Königs und verabscheut das Angesicht des Herrn."

[15] Aus der herausgehobenen Stellung des Menschen in der Schöpfung, ergibt sich nämlich auch eine besondere Verantwortung gegenüber den Tieren (slHen 58–59).

[16] Vgl. BERGER, Buch, 300. Zum Adambild des Jub vgl. LEVISON, Portraits, 89–97.

kennen Recht und Gesetz: Sie sollen ihre Scham bedecken, und sie sollen sich nicht entblößen, wie die Heiden sich entblößen."

3. Im vierten Esrabuch[17] interessiert die Tradition von Adam und Eva vor allem im Zusammenhang mit der Klage über das gegenwärtige Schicksal der Menschheit. Dabei steht die Frage nach den Auswirkungen der Sünde Adams auf die Menschheit insgesamt im Zentrum. In 7,118 heißt es: „O, du Adam, was hast du getan! Denn obgleich du gesündigt hast, so ward doch dein Fall nicht deiner allein, sondern auch unsrer, die wir von dir stammen."[18] Esra geht sogar so weit zu sagen, es wäre besser, die Erde hätte Adam nicht hervorgebracht (7,116: „quoniam melius erat non dare terram Adam"). Nun muss man freilich berücksichtigen, dass es sich hier gleichsam um einen theologischen Schlagabtausch handelt und nicht alle vorgetragenen Thesen wirklich der Sicht des Verfassers entsprechen.[19] Vielmehr werden gerade solche Aussagen wie die eben zitierten im Verlauf des Diskurses zurückgewiesen. Offenbar waren sie aber im Umfeld des Verfassers virulent, so dass er sich mit ihnen auseinander setzen musste. Zwar weist er darauf hin, dass seit Adam die Schöpfung gerichtet ist und die Wege darin „eng und traurig und mühsam" geworden sind (7,11f.), er lehnt aber die Vorstellung ab, dass der Mensch ja gar nicht anders könne als zu sündigen.[20] Gen 3 wird demnach hier nicht im Sinne eines Sündenverhängnisses aufgefasst, dient aber zur Erklärung für die gegenwärtig erfahrbare Wirklichkeit von Mühsal, Leid und Tod. Daneben ist allerdings noch ein weiterer Aspekt der Rezeption von Gen 1–3 hervorzuheben. Wir finden in 4Esr nämlich auch die Vorstellung vom endzeitlichen Paradies, wonach das in der Urzeit verlorene Paradies nicht gänzlich verloren sei, sondern in der Endzeit für die Gerechten wieder zugänglich werde. So heißt es beispielsweise in 4Esr 7,36: „Und (beim Weltgericht; Th.K.) erscheinen wird der *Abgrund* der Pein und ihr gegenüber der Ort der Ruhe und zeigen wird sich der Ofen der Hölle und ihm gegenüber der Garten der Wonne" („et apparebit lacus tormenti et contra illum erit locus requietionis, et clibanus gehennae ostendetur et contra eam iucunditatis paradisus"). Es lässt sich also hier neben der ätiologischen Linie der Rezeption von Gen 1–3, welche den Tod und das gegenwärtige Leid erklärt, auch eine eschatologische

---

[17] Es entstand um 100 n. Chr. in Palästina und dürfte ursprünglich in Hebräisch verfasst worden sein, vgl. SCHREINER, Buch, 294–302.

[18] „O tu quid fecisti, Adam? Si enim tu peccasti, non est factum solius tuus casus et nostrum qui ex te advenimus." Vgl. auch 4Esr 3,7.21 und 4,30.

[19] Erstmals auf diesen Tatbestand hingewiesen hat BRANDENBURGER, Adam, 29f. Breiter ausgeführt wird dieses Problem dann bei HARNISCH, Verhängnis, 60–67 und BRANDENBURGER, Verborgenheit.

[20] Vgl. z.B. 4Esr 8,56.

Linie beobachten, die in Gen 1–3 einen biblischen Anhaltspunkt für die Erwartung zukünftigen Heils findet.[21]

4. Eng verwandt mit 4Esr ist die syrische Baruchapokalypse.[22] Auch hier finden wir die beiden für 4Esr genannten Interpretationslinien. Gen 3 dient einerseits zur Erklärung gegenwärtiger Nöte, vor allem der Macht des Todes. Adam „brachte ... den Tod und schnitt die Jahre derer ab, die aus ihm geboren waren" (17,3).[23] Freilich bedeutet dies nach Ansicht des Verfassers nicht, dass die Späteren daher völlig frei von Verantwortung wären, vielmehr habe „jeder auch sich selbst zukünftige Strafe bereitet" (54,15), weil „wir alle aber ... Stück für Stück zu Adam für uns selbst" wurden (54,19). Daneben spricht der Verfasser aber auch von der zukünftigen Stadt (syrBar 4), welche Gott einst dem Adam zeigte. Dieser verlor sie aber zusammen mit dem Paradies durch seine Sünde, und seitdem werde sie von Gott bereit gehalten. Jene zukünftige Stadt wird zwar terminologisch vom Paradies unterschieden, aber sie steht ganz offensichtlich in enger Verbindung mit der Tradition vom urzeitlichen und endzeitlichen Paradies.[24]

5. Bei Philo (20/13 v. – 45 n. Chr.)[25] dient die Bezugnahme auf Gen 1–3 zur anthropologischen Grundlegung der Ethik. In seinem Werk „Über die Weltschöpfung" (De Opificio Mundi) sieht er die Bedeutung von Gen 1–3 vor allem darin, dass hier „sowohl die Welt mit dem Gesetze als auch das Gesetz mit der Welt" in Einklang gebracht werde (ὡς καὶ τοῦ κόσμου τῷ νόμῳ καὶ τοῦ νόμου τῷ κόσμῳ συνᾴδοντος) und die Handlung des gesetzestreuen Menschen demnach dem „Willen der Natur" (βούλημα τῆς φύσεως) entspreche (Op 3). Daher dient die Erörterung der Gottebenbildlichkeit des Menschen dem Nachweis, dass der menschliche Geist, der „Führer der Seele", nach dem „Geist des Weltalls als Urbild" geschaffen wurde (Op 69).[26] Hierbei handelt es sich freilich um den Geist des idealen Menschen, dessen Erschaffung Philo in Gen 1 beschrieben sieht. Von diesem idealen Menschen, der als

---

[21] Die Vorstellung vom Paradies als „Ort der eschatologischen Erfüllung" (S. ROSEN-KRANZ, Art. Paradies III, TRE 25, 711–714, 712) findet sich auch in der bereits genannten Stelle äthHen 32 sowie in äthHen 24–25. Mehr dazu in Abschnitt 8.3.4.D. Vgl. ferner die folgenden Aussagen zu syrBar.

[22] Das genaue Verhältnis zu 4Esr ist nicht genügend geklärt, sodass nicht mit Sicherheit gesagt werden kann, ob syrBar kurz vor oder kurz nach 4Esr entstand. Die meisten tendieren zu Letzterem. Als Entstehungsort ist ebenfalls Palästina anzunehmen, als Originalsprache Hebräisch, vgl. KLIJN, 2 Baruch, 616f.

[23] Vgl. ferner syrBar 23,4; 48,42f.; 56,6.

[24] Vgl. auch syrBar 51,11.

[25] Vgl. M. MACH, Art. Philo von Alexandrien, TRE 26, 523–531. Zu Philos Ansichten über Adam und Eva vgl. LEVISON, Portraits, 63–88 und VAN DEN HOEK, Reason.

[26] ἡ δὲ εἰκὼν λέλεκται κατὰ τὸν τῆς ψυχῆς ἡγεμόνα νοῦν· πρὸς γὰρ ἕνα τὸν τῶν ὅλων ἐκεῖνον ὡς ἂν ἀρχέτυπον ὁ γὰρ ἐν ἑκάστῳ τῶν κατὰ μέρος ἀπεικονίσθη [...]

„eine Idee oder ein Gattungsbegriff" (ἰδέα τις ἢ γένος) zu verstehen sei, wird die Erschaffung des konkreten, sinnlich wahrnehmbaren Menschen in Gen 2,7 unterschieden (Op 134). Aufgrund dieser Unterscheidung von Idee und körperlicher Form ist der Mensch für Philo ein Grenzgänger zwischen zwei Naturen, zugleich sterblich und unsterblich (Op 135). Deshalb muss er sich entscheiden zwischen einem Leben in Einklang mit dem Weltenlenker, dessen Abbild er in sich trägt, oder einem Leben, das eher auf seine vergängliche Seite und deren Begierden ausgerichtet ist. In diesem Sinne versteht Philo dann auch Gen 3. Eva erweckte in Adam die Begierde, welche als „Anfang ungerechter und ungesetzlicher Handlungen" (ἀδικημάτων καὶ παρανομημάτων ἀρχή) verstanden wird (Op 152). Ob damit aber vor allem die sexuelle Begierde gemeint ist,[27] erscheint mir nicht sicher. Es ist wohl eher die Triebhaftigkeit des Menschen in allgemeinerem Sinne gemeint.

6. Eindeutig in einem sexuellen Kontext begegnet die Verführungsgeschichte von Gen 3 aber in der Apokalypse Abrahams.[28] Hier wird die Verführung Evas durch die Schlange als sexuelle Verführung verstanden und soll offensichtlich eine negative Sicht der Sexualität begründen:[29]

Und hinter dem Baum stand etwas wie eine Schlange, sie hatte Hände und Füße, die denen eines Menschen glichen, und an den Schultern Flügel [...] Und sie lockte die beiden herbei, die ich umschlungen gesehen hatte. Und ich sprach: „Wer sind die beiden, die sich umschlingen, oder wer ist derjenige, der zwischen ihnen ist, oder was ist die Frucht, die sie essen, Starker Urewiger?" Und er sprach: „Dies ist der Trieb des Menschen, dies ist Adam; und dies ist ihre Begierde auf Erden, dies ist Eva; und das, was zwischen ihnen ist, das ist die Gottlosigkeit ihres Unternehmens zum Verderben, das ist Asasel selbst" (ApkAbr 23,5–8).

7. Im Liber Antiquitatum Biblicarum (70–132 n. Chr.)[30] begegnet Adam einerseits als Stammvater Israels (32,15), andererseits als Antityp zu Mose und Noah. Er ist verantwortlich für den Verlust der „Wege des Paradieses" (13,8f.) und der Vollmacht über alle Dinge, welche Gott ihm gezeigt hatte (29,6). Schließlich wird eine Adam-Mose-Typologie in der Form hergestellt, dass der Dornbusch von Ex 3 mit Gen 3,18 in Verbindung gesetzt wird. Dort wurde Adam ja angekündigt, dass die Erde künftig Dornen und Disteln her-

---

[27] Vgl. dazu KÜCHLER, Schweigen, 46.

[28] Sie entstand gegen Ende des 1. Jhds. n. Chr. in hebräischer Sprache, ist heute allerdings nur in Slavisch überliefert, vgl. RUBINKIEWICZ, Apocalypse, 681–683.

[29] Vgl. dazu KÜCHLER, Schweigen, 49. Vorstufen dieser „erotisierenden Interpretation" von Gen 3 sieht KÜCHLER in Stellen wie Sir 25,24; Philo Op 151ff. oder äthHen 69,6 gegeben (vgl. a.a.O., 44–50). Mehr dazu in den Abschnitten 7.2.4.G und 8.4.4.D.

[30] Vgl. DIETZFELBINGER, Pseudo-Philo, 95f. LAB entstand vermutlich in Palästina, die Originalsprache war Hebräisch (vgl. a.a.O., 92f. und 96). Zur Adamfigur in LAB vgl. speziell HAYWARD, Figure.

vorbringen werde. Die Strafe, welche Gott über Adam verhängte, wurde demnach zugleich zu einer Voraussetzung der Offenbarung an Mose.

Eine größere Zahl weiterer Belege ließe sich nennen.[31] Überschaut man die Beispiele, so lassen sich meines Erachtens drei verschiedene Interpretationslinien von Gen 1–3 im frühen Judentum verfolgen, die sich freilich nicht gegenseitig ausschließen müssen. Häufig findet sich a) der *ätiologische* Aspekt, bestimmte Verhältnisse der Gegenwart werden in einer mythischen Vorzeit verankert. Das kann sowohl in positivem Sinne die Tora als auch in negativem Sinne die Realität von Krankheit und Tod sein. Daneben steht b) die *ethische* Auslegung, die in Adams und Evas Übertretung ein negatives Lehrbeispiel für das rechte Verhalten findet. Die Sündenfallgeschichte wird hier erzählt, um das Wesen und die Folgen der Sünde zu verdeutlichen. Schließlich wird c) Gen 3 aber auch in *eschatologischer* Hinsicht thematisiert, wobei die als ideal vorgestellte Urzeit zum Modell zukünftigen Heils wird.

Die religionsgeschichtliche Bedeutung der frühjüdischen Rezeption von Gen 1–3 besteht nun darin, dass sie sowohl im Bereich der rabbinischen Schriften weiterwirkte,[32] als auch das frühe Christentum beeinflusste.[33] Vor allem in ihren Aussagen über Sünde und Tod griffen frühchristliche Theologen nicht selten auf jüdische Traditionen zurück. Namentlich für Paulus, dessen Aussagen über Adam (1 Kor 15; Rm 5) man früher zumeist auf den so genannten Mythos vom Adam-Anthropos zurückführte,[34] ist der Einfluss jüdischer Gedanken auf seine Anthropologie heute unbestritten.[35] Auch bei späteren christlichen Theologen des 2. und 3. Jhds. n. Chr. wie Theophilus von Antiochien, Irenäus oder Origenes ist der Einfluss frühjüdischer Traditionen über Adam und Eva mit Händen zu greifen.[36] Wenn Gen 3 also zu einem

---

[31] Vgl. u.a. SapSal 2,23f.; 10,1; Sib III,24–26; TestAbr A 8,9; 11,9–11; grBar 4 und 9; TestXII Levi 18,10; Josephus Ant I, 27–51; 1QS 4,23; 4Q 303; 4Q 504 8.

[32] Speziell zur rabbinischen Beschäftigung mit Adam und Eva vgl. neben der bereits genannten Literatur (Anm. 4) DREYFUS, Adam; M. GUTTMANN, Art. Adam, EJ (D) 1, 761–776; MURMELSTEIN, Adam; ALTMANN, Background; JERVELL, Imago, 71–121; SCROGGS, Adam, 32–58; E. E. HALEVY, Art. Adam, EJ 1, 236–238; SCHÄFER, Adam; SCHREINER, Partner und OBERHÄNSLI-WIDMER, Figuren.

[33] Vgl. hierzu vor allem BRANDENBURGER, Adam; SCROGGS, Adam; SHARPE, Adam; O. BETZ, Art. Adam I, TRE 1, 414–424 und ERNST, Adam.

[34] Beispielhaft hierfür mag der Verweis auf BULTMANN, Theologie, 177 genügen.

[35] Vgl. u.a. D. ZELLER, Der Brief an die Römer, Regensburg 1985 (RNT), 115f.; H. SCHLIER, Der Römerbrief, Leipzig 1978 (Nachdr. HThK 6), 183–186; P. STUHLMACHER, Der Brief an die Römer, Göttingen 1989 (NTD 6), 78f.; SCROGGS, Adam, XXIV u.ö.

[36] Beispiele dafür in den Einzelexegesen.

grundlegenden Text des „Abendlandes" wurde,[37] so geschah dies durch die vermittelnde Tätigkeit frühjüdischer Theologen.

Innerhalb jener frühjüdischen Beschäftigung mit Adam und Eva spielt nun das so genannte „Leben Adams und Evas" (= LAE) eine wichtige Rolle. Diese kommt ihm vor allem deswegen zu, weil in ihm wie in keiner anderen der oben erwähnten Schriften die Figuren Adam und Eva im Mittelpunkt stehen. Darüber hinaus kann LAE gleichsam als ein Kompendium der frühjüdischen Beschäftigung[38] mit den Ureltern der Menschheit verstanden werden, da es eine Fülle verschiedenster Traditionen,[39] welche sich im Zusammenhang der Rezeption von Gen 1–3 herausgebildet hatten, in sich vereinte. Die Leistung dieser Schrift besteht dementsprechend weniger in seiner theologischen Originalität als vielmehr gerade in dieser Verbindung verschiedenster Überlieferungen zu einer großen Erzählung über Adam und Eva.[40] LAE steht damit repräsentativ für ein breites Spektrum der frühjüdischen Anschauungen über Adam und Eva, was freilich nicht bedeutet, dass es nicht auch andere Anschauungen gegeben hätte.[41]

Insofern die Beschäftigung mit Adam und Eva in der frühjüdischen Literatur nicht zuletzt von einem starken anthropologischen Interesse geleitet war, wie wir oben gesehen haben, darf LAE mit gutem Recht als ein zentraler anthropologischer Text des frühen Judentums betrachtet werden und ist vor allem in dieser Eigenschaft für die vorliegende Untersuchung von Interesse.[42] In thematischer Hinsicht kreist es um den Ursprung der Widrigkeiten des menschlichen Daseins in der Schöpfung – wie Krankheit, Sünde und Tod – und fragt nach Möglichkeiten zur Überwindung des sich darin ausdrückenden gestörten Verhältnisses zwischen Gott und Mensch. Die Geschichte von der Übertretung Adams und Evas im Paradies wird dabei zum Interpretations-

---

[37] Vgl. z. B. EVANS, Paradise, 9: „Few stories have worked so powerfully or so continuously on the imagination of Western Man, as that of the Fall of Adam and Eve."
[38] Die Zuordnung zum frühen Judentum ist freilich nicht unumstritten, vgl. dazu Abschnitt 2.5. Eines der Ziele der vorliegenden Arbeit liegt daher darin, diese Annahme durch neue Argumente zu erhärten.
[39] Zum kompilatorischen Charakter des Werkes vgl. Abschnitt 4.1.
[40] Vgl. dazu Abschnitt 4.1.3.
[41] So spielen z.B. die oben erwähnten Traditionen von Adam als Mikrokosmos (slHen u.a.) oder einer doppelten Menschenschöpfung (Philo) in LAE keine Rolle.
[42] Die Einordnung in den Gesamtzusammenhang der frühjüdischen Anthropologie erfolgt jeweils in den Einzelexegesen (vgl. die jeweiligen Abschnitte „Quellen und Traditionen"). Zu einzelnen Problemfeldern existiert eine Fülle neuerer Untersuchungen (vgl. nur LICHTENBERGER, Studien; LANGE, Weisheit; MAIER, Mensch; AUGUSTIN, Mensch, STEMBERGER, Leib). Eine neue, dem aktuellen Forschungsstand entsprechende Gesamtdarstellung der frühjüdischen Anthropologie wäre nach meinem Eindruck jedoch wünschenswert. R. NEUDECKER, Art. Mensch III. Judentum, TRE 22 (1992), 474–481 bietet lediglich das rabbinische Material (vgl. dazu auch STIEGMAN, Anthropology).

schlüssel für die gegenwärtige Lage des Menschen, während sich die Hoffnung des Erzählers auf die Barmherzigkeit Gottes als des Schöpfers des Menschen richtet.

1.2 Die verschiedenen Versionen des „Lebens Adams und Evas"

Nun handelt es sich allerdings beim „Leben Adams und Evas" um ein Werk, das in verschiedenen Versionen überliefert ist. Die Frage, in welchem Verhältnis diese Versionen zueinander sowie zu dem ihnen vermutlich zugrundeliegenden ursprünglichen LAE stehen, ist in der Forschung umstritten. Im Einzelnen handelt es sich dabei um folgende fünf Texte:[43]

a. das griechische „Leben Adams und Evas" (= „Apokalypse des Mose");
b. die lateinische „Vita Adae et Evae";
c. die armenische „Buße Adams" (= „Penitence of Adam");[44]
d. das georgische „Adambuch";
e. das altkirchenslavische „Adambuch".[45]

Dass jene Schriften eng miteinander verwandt sind, lässt sich daran ablesen, dass sie im Großen und Ganzen einer gemeinsamen Rahmenhandlung folgen, auch wenn die Reihenfolge der einzelnen Perikopen nicht immer einheitlich ist, und daneben nicht selten eine nahezu wörtliche Übereinstimmung erkennen lassen. Andererseits trägt nun aber jeder Text individuelle Züge, sei es, dass er Überlieferungen kennt, die in den parallelen Texten nicht vorkommen, oder sei es umgekehrt, dass er Stellen, welche die anderen kennen, entweder gar nicht oder in veränderter Gestalt überliefert. Diesen Befund detailliert darzustellen und zu beurteilen, wird späteren Abschnitten

---

[43] Zur Zitationsweise in dieser Arbeit ist Folgendes anzumerken: Die Bezeichnung LAE steht für die Gesamtheit der bekannten Versionen, die mit großer Wahrscheinlichkeit von *einem* ursprünglichen „Leben Adams und Evas" abstammen (vgl. dazu Abschnitt 2.2). Wenn ich mich hingegen auf eine bestimmte Version beziehe, wird dies durch ein vorangestelltes g, lat, arm, geo oder slav gekennzeichnet. latLAE meint also die lateinische Version, geoLAE die georgische usw.

[44] Zu beachten ist, dass noch eine weitere armenische Schrift unter dem Namen „Buße Adams" existiert (bei ISSAVERDENS und LIPSCOMB trägt sie den Titel: „History of the Repentance of Adam and Eve" [vgl. dazu Abschnitt 1.3.F] und wird von mir mit dem Kürzel „Repentance" zitiert). Ich bevorzuge daher die Bezeichnung „armenisches Leben Adams und Evas".

[45] Daneben existieren zwei koptische Fragmente. Eines enthält eine Parallele zu gLAE 31–32 und wurde von CRUM, Catalogue, 40 ediert und ins Englische übersetzt. Das andere steht parallel zu gLAE 28–29 und wurde von LEIPOLDT, Urkunden, 171f. ediert. Zur koptischen Überlieferung des LAE vgl. den Überblick bei STONE, History, 39–41.

dieser Arbeit vorbehalten sein,[46] zunächst geht es hier darum, die einzelnen Versionen kurz vorzustellen und einen Überblick über deren jeweilige Editionsgeschichte zu geben.

1.2.1 Griechisches Leben Adams und Evas / Apokalypse des Mose

Die griechische Version, im Folgenden mit der Abkürzung gLAE zitiert,[47] wurde erstmals 1866 durch Konstantin von Tischendorf unter dem Titel „Apokalypse des Mose" ediert.[48] Wenige Jahre zuvor war bereits eine von Julius Fürst herausgegebene deutsche Übersetzung erschienen, die auf einer von Tischendorf entdeckten Handschrift beruhte.[49] Die folgende Übersicht informiert (in chronologischer Reihenfolge) über die bislang erschienenen Editionen und Übersetzungen:

A. Griechischer Text:
1. K. v. Tischendorf, Apocalypses apocryphae, Leipzig 1866, 1–23[50]

---

[46] Vgl. Abschnitt 2.2, dort auch eine tabellarische Übersicht über den Inhalt der einzelnen Versionen.

[47] Die in der deutschsprachigen Forschung noch weithin übliche Bezeichnung „Apokalypse des Mose" sollte meines Erachtens nicht länger verwendet werden, da es sich hier weder um eine Apokalypse handelt, noch hat sie inhaltlich irgend etwas mit Mose zu tun, abgesehen von der Überschrift, die den folgenden Text als eine Offenbarung an Mose auf dem Sinai ausgibt (nach Hs. D Διήγησις καὶ πολιτεία 'Αδὰμ [mehrere Hss. erg. καὶ Εὔας] ἀποκαλυφθεῖσα παρὰ θεοῦ Μωϋσῇ τῷ θεράποντι αὐτοῦ). In der französisch- und englischsprachigen Forschung hat sich die Bezeichnung „griechisches Leben Adams und Evas" bereits weithin eingebürgert. Hinzuweisen ist hier noch auf HORT, Adam, 39, der die These vertrat, dass gLAE richtiger „Apocalypse of Seth" heißen müsste, da statt ΜΩΣΗ besser ΤΩ ΣΗΘ zu lesen sei.

[48] Vgl. TISCHENDORF, Apocalypses, X–XII (Einführung), 1–23 (Text). Bereits 1851 hatte TISCHENDORF in einer Rezension zu LÜCKE, Versuch auf gLAE hingewiesen (Theologische Studien und Kritiken 24 [1851], 419–456). LÜCKE hatte gefragt, ob die so genannte „Apokalypse des Mose", welche bei den byzantinischen Chronisten Synkellos (Ekloge 3,17; 27,15f.; 27,34) und Kedrenos (Synopsis 9,12f.) erwähnt wird, mit der „Kleinen Genesis" identisch gewesen sei (vgl. LÜCKE, Versuch, 232–235). Während er selbst die Frage offenließ, vertrat TISCHENDORF die These, dass die Moseapokalypse weder mit der „Kleinen Genesis" noch mit dem ebenfalls bei Synkellos erwähnten „Leben Adams" identisch gewesen sei. Vielmehr wäre der Titel „Apokalypse des Mose" für das in jener Rezension erstmals von ihm vorgestellte gLAE passend, auch wenn er früher eine andere Schrift bezeichnet haben könnte (vgl. TISCHENDORF, a.a.O., 433).

[49] Vgl. FÜRST, Buch 705–709. 732–736. Allerdings sind die Angaben FÜRSTS bezüglich der verwendeten Handschrift nicht ganz stimmig. Nach FÜRST handelte es sich dabei nämlich um eine Handschrift aus Florenz (vgl. FÜRST, Buch 705), eine solche ist aber nicht bekannt. Offensichtlich hatte er die nicht aus Florenz, sondern aus Venedig stammende Hs. A vor sich (vgl. dazu die Vorstellung der einzelnen Handschriften in Kapitel 3), da der Text bei FÜRST wie auch in A nach Kap. 36 endet.

[50] Laut einer Mitteilung (via E-Mail) von M. E. STONE wurde der Text TISCHENDORFS ebenso wie der im Folgenden erwähnte von CERIANI auch abgedruckt in: M. E. STONE / E.

2. A. M. Ceriani, Apocalypsis Moysi, Monumenta sacra et profana 5 (1868), 21–24[51]
3. J. L. Sharpe, Prolegomena to the Establishment of the Critical Text of the Apocalypse of Moses, Diss. Duke University, 1969, Bd. 2[52]
4. M. Nagel, La vie grecque d'Adam et d'Eve, Diss. Strassbourg 1972, Bd. 3[53]
5. D. A. Bertrand, La vie grecque d'Adam et Eve, Paris 1987
6. A. - M. Denis, Concordance Grecque des Pseudepigraphes d'Ancien Testament, Löwen 1987, 815–818 (erneut abgedruckt bei G. A. Anderson / M. E. Stone, A Synopsis of the Books of Adam and Eve, Atlanta 1994; ²1999)[54]

B. Übersetzungen:
1. J. Fürst, Aus dem Buche Adams, Literaturblatt des Orients 11 (1850), 705–709.732–736 (deutsch)
2. A. Walker, Apocrypha of the New Testament (zuerst erschienen 1870), in: The Ante-Nicene Fathers, Bd. 8, Grand Rapids 1989, 565–570 (englisch; auch im Internet unter: http://www.newadvent.org/fathers/0828.htm)
3. C. Fuchs, Das Leben Adams und Evas, in: APAT Bd. 2, Tübingen 1900, 512–528 (deutsch)
4. L. S. A. Wells, The Books of Adam and Eve, in: APOT Bd. 2, Oxford 1913, 134–154 (englisch; auch im Internet unter http://wesley.nnu.edu/noncanon/ot/pseudo/apcmose.htm)
5. P. Riessler, Altjüdisches Schrifttum außerhalb der Bibel, Heidelberg 1928, 138–155 (deutsch)
6. E. J. Goodspeed, The Apocrypha, Chicago 1938 (englisch)[55]
7. A. Kahana, הספרים החיצונים Bd. 1, Massada 1956, 4–18 (hebräisch)
8. E. Hammershaimb, Adamsbøgerne, in: Ders. u.a. (Hg.), De Gammeltestamentlige Pseudepigrapher Bd. 5, Kopenhagen 1970, 525–547 (dänisch)[56]
9. H. Cousin, Vies d'Adam et Eve, des patriarches et des prophètes, Paris 1981, 11–15 (französisch, Auszüge)
10. N. Fernandez Marcos, Vida de Adan y Eva, in: A. Diez Macho, Apocrifos del Antiquo Testamento, Bd. 2, Madrid 1983, 317–352 (spanisch)
11. M. Whittaker, The Life of Adam and Eve, in: H. F. D. Sparks, The Apocryphical Old Testament, Oxford 1984, 161–167 (englisch, nur Kap. 15–30)
12. M. D. Johnson, Life of Adam and Eve, in: OTP Bd. 2, Garden City 1985, 249–295 (englisch)
13. D. A. Bertrand, La vie grecque d'Adam et Eve, Paris 1987 (französisch)

SHEFER, The Books of the Life of Adam and Eve and IV Baruch (Titelangabe nach CHARLESWORTH, Pseudepigrapha [A], 75; Original in Hebräisch), Jerusalem 1970. Es handelte sich dabei offenbar um eine universitätsinterne Publikation.

[51] Eine deutsche Paraphrase dieses Textes bietet RÖNSCH, Buch, 470–474.

[52] SHARPE hat keine Edition des Textes erstellt, bietet aber in Bd. 2 alle Varianten der ihm zur Verfügung stehenden Hss. im Vergleich zum griechischen Text TISCHENDORFS.

[53] Auch NAGEL hat keine Edition des griechischen Textes herausgegeben, vielmehr bietet er in Bd. 3 den griechischen Wortlaut sämtlicher ihm zur Verfügung stehender Hss.

[54] Dieser Text wurde von M. NAGEL erstellt (vgl. STONE, History, 8), für die zweite Auflage der Synopse von ANDERSON und STONE wurde er von den Herausgebern geringfügig bearbeitet (bestimmte, kaum ursprüngliche Lesarten wurden in Klammern gesetzt).

[55] Nach MERK / MEISER, Leben, 778; das Werk war mir bislang nicht zugänglich.

[56] Nach CHARLESWORTH, Pseudepigrapha [A], 75; das Werk war mir bislang nicht zugänglich.

14. D. A. Bertrand, La vie grecque d'Adam et d'Eve, in: A. Dupont-Sommer / M. Philonenko, La Bible, Ecrits Intertestamentaires, Paris 1987, 1767–1796 (französisch)

15. E. Weidinger, Die Apokryphen, Augsburg 1988, 31–47 (deutsch)[57]

16. L. Rosso Ubigli, Apocalisse di Mosè e vita di Adamo ed Eva, in: P. Sacchi, Apocrifi dell' Antico Testamento, Bd. 2, Turin 1989, 379–475 (italienisch)

17. G. Anderson, Apocalypse of Moses, 1995 (englisch; zunächst nur im Internet veröffentlicht: http://jefferson.village.edu/anderson/vita/english/vita.gre.html; später abgedruckt in: G. A. Anderson / M. E. Stone, A Synopsis of the Books of Adam and Eve, Atlanta [2]1999)[58]

18. O. Merk / M. Meiser, Das Leben Adams und Evas, in: JSHRZ Bd. 2, Gütersloh 1998, 788–864 (deutsch)

Der Inhalt des Textes lässt sich in Kürze folgendermaßen beschreiben:

1–4: Er setzt ein mit der Geburt Kains und Abels (welche hier auch als Adiaphotos und Amilabes bezeichnet werden) und berichtet anschließend von der Ermordung Abels durch Kain, welche Eva bereits zuvor im Traum gesehen hatte. Dem Adam wird daraufhin durch den Erzengel Michael ein neuer Sohn (Seth) verheißen, dessen Geburt im Anschluss berichtet wird.

5–8: Im Alter von 930 Jahren erkrankt Adam und ruft seine Söhne an sein Sterbebett. Es folgen deren Fragen, worin die Krankheit Adams bestehe und was ihre Ursache sei. Daraufhin erzählt Adam von der Verführung Evas durch den Feind, welche zur Folge hatte, dass Gott 70 Plagen über Adams Leib verhängte.

9–13: Nach einer Klage Evas über die Schwere ihrer Schuld, fordert Adam sie auf, gemeinsam mit Seth zum Paradies aufzubrechen und dort um Öl zur Linderung der Schmerzen Adams zu bitten. Unterwegs wird Seth von einem wilden Tier angegriffen, welches – von Eva zurechtgewiesen – behauptet, dass die Menschen mit dem Sündenfall die Macht über die Tiere verloren hätten. Gleichwohl kann Seth unter Verweis auf seine Gottebenbildlichkeit dem Tier Einhalt gebieten. Schließlich am Paradies angekommen, wird Seth und Eva allerdings das begehrte Öl vom Erzengel Michael verweigert.

14–30: Als Eva und Seth zurückkehren, klagt Adam über die Übertretung Evas im Paradies, welche den Tod mit sich gebracht hätte, und fordert Eva auf, den Nachkommen von jener Übertretung zu erzählen. Eva erzählt noch einmal die Geschichte vom Sündenfall, allerdings etwas ausführlicher und enger an Genesis 3 angelehnt. Nach der erfolgreichen Verführung durch Satan verlieren Adam und Eva ihre ursprüngliche Herrlichkeit und Gott kommt zum Gericht ins Paradies. Als Gott die Vertreibung aus dem Paradies anordnet, bittet Adam darum, vom Baum des Lebens essen zu dürfen, was ihm aber verweigert wird. Allerdings wird es ihm für die Zukunft verheißen, unter der Bedingung, dass er sich vom Bösen fernhalte. Schließlich erhält er noch Samen für seine Ernährung und wird mit Eva aus dem Paradies vertrieben. Eva schließt ihre Erzählung mit der Aufforderung an die Kinder, sich selbst vor dem Bösen zu bewahren.

31–32: Nach ihrer Erzählung beklagt Eva den bevorstehenden Tod Adams und fragt, wann sie selbst sterben werde. Adam kündigt Eva an, dass sie ihm bald folgen werde und dass der Leichnam Adams solange unberührt bleiben solle, bis der Engel gesagt hat, was mit

---

[57] S. 31–38 bietet einen Auszug aus dem Text von Fuchs; S. 38–47 bietet den gesamten Text nach Riessler.

[58] Es handelt sich um eine englische Übersetzung des von Nagel erstellten und bei Denis sowie Anderson / Stone abgedruckten griechischen Textes.

ihm geschehen soll. Adam bittet schließlich um Evas Fürbitte angesichts des göttlichen Gerichts. Es folgt ein Bußgebet Evas, nach dessen Beendigung ihr durch einen Engel der Tod Adams mitgeteilt wird.

33–37: Nachdem Adam gestorben ist, kommt Gott mit seinen Engeln in einem Lichtwagen zu ihm herab, und die Engel bitten um Vergebung für Adam, der doch Gottes Ebenbild und Händewerk sei. Dieser Bitte wird stattgegeben und der Leichnam Adams wird von einem Seraphen zum acherusischen See gebracht und darin dreimal gewaschen. Anschließend wird er vor Gott gebracht, der dem Erzengel Michael befiehlt, Adam ins Paradies zu bringen und ihn dort bis zum Tag des Gerichts zu lassen.

38–42: Der Erzengel Michael bittet Gott noch einmal für Adam, woraufhin Gott mit seinen Engeln zur Erde hinabsteigt und Adam verheißt, dass er ihn wieder in seine ursprüngliche Herrschaft bringen und auf den Thron seines Verführers setzen werde. Daraufhin gibt er den Engeln Anweisungen für die Bestattung Adams und Abels (der noch nicht bestattet worden war, da Adam als erstes Geschöpf zuerst bestattet werden musste) im Paradies. Es folgt eine Verheißung der Auferstehung und die Versiegelung des Grabes Adams.

42–43: Die Erzählung endet mit dem Bericht über Evas Tod. Eva hatte darum gebeten, neben Adam beerdigt zu werden, was nach ihrem Tode auch geschieht. Zum Schluss unterweist der Erzengel Michael Seth, dass alle Menschen bis zur Auferstehung nach der gleichen Weise wie Adam und Eva beerdigt werden sollen.

Die Edition Tischendorfs beruhte auf 4 Hss. (A,B,C,D), wovon allerdings nur eine einzige den Text vollständig bot.[59] Da nun Tischendorf darüber hinaus die Hs. D nur sehr spärlich verwendete, beruht sein Text im letzten Teil nur auf einer einzigen, dazu noch recht unzuverlässigen[60] Handschrift. Dieser Mangel wurde nun freilich durch die nur zwei Jahre später erschienene separate Edition der Handschrift D[61] etwas gemildert. Schwerer wiegt ein zweiter Mangel des Tischendorfschen Textes, der darin besteht, dass die Handschriften B und C häufig verwechselt werden, das Sigel B also teilweise Lesarten von B bietet, teilweise aber auch von C und umgekehrt.[62]

---

[59] Bei TISCHENDORF trägt diese Handschrift das Sigel C (vgl. TISCHENDORF, Apocalypses, 19 Anm. 36); es liegt hier aber eine Verwechslung mit B vor (vgl. Anm. 62). Nicht die Handschrift C bietet den vollständigen Text, sondern B, während C eine Lücke zwischen 21,3 und 25,2 aufweist und bei 33,1 endet (vgl. BERTRAND, Vie [A], 42).

[60] Vgl. TISCHENDORF, Apocalypses, 21 Anm. 39.

[61] Vgl. CERIANI, Apocalypsis, 19–24 (Text: 21–24).

[62] TISCHENDORF benennt im Vorwort die Hs. Wien, Nationalbibliothek Theol. graec. 247 mit B und Wien, Nationalbibliothek Hist. graec. 67 mit C (vgl. TISCHENDORF, Apocalypses, XI–XII). NAGEL (Vie I, 38) stellt fest, dass TISCHENDORF nur in gLAE 1,1–6,1; 28,3 und 36,3 tatsächlich die Lesarten von Theol. graec. 247 unter der Bezeichnung B bietet, während er sonst B und C verwechselt. Ein Beispiel mag das illustrieren: Nach NAGEL (Vie III, 34f.) lautet der Anfang von gLAE 6,2 nach Hs. C folgendermaßen: ἐρωτῶ σε πάτερ ἀνάγγειλόν μοι. TISCHENDORF bietet diese Lesart im Apparat unter dem Sigel B (!). Auch SHARPE, Prolegomena II, 35 bietet diese Variante mit dem Sigel B, offenbar hat er sie dem Apparat TISCHENDORFS entnommen. Vermutlich beruhen die Unklarheiten bei TISCHENDORF und seinen Rezipienten darauf, dass die Kollationen der Handschriften,

Dennoch blieb der von Tischendorf herausgegebene Text lange Zeit ohne Konkurrenz.[63] Erst ca. 100 Jahre später entstanden offenbar unabhängig voneinander zwei Dissertationen,[64] die durch ihre wesentlich breitere Handschriftenbasis ein neues Fundament für die textkritische Arbeit an gLAE legten. Vor allem die Arbeit Nagels hat sich um eine sorgfältige Auflistung und Klassifizierung der inzwischen 25 bekannten Hss.[65] verdient gemacht. Allerdings führten beide Arbeiten letzten Endes nicht zu einer neuen Edition des Textes.[66] Eine solche erschien erst 1987 und wurde von Daniel A. Bertrand herausgegeben. Aber auch diese Edition kann nicht als das letzte Wort hinsichtlich der Erstellung eines kritisch gesicherten Textes betrachtet werden, da sie einen bewusst eklektischen Text bietet.[67] Offenbar war es nicht die Absicht des Verfassers, die älteste rekonstruierbare Textform zu erschließen. Vielmehr bestand sein Ziel nach eigenen Angaben darin, einen übersetzbaren Text zu erstellen, der ohne die Inkohärenzen des Tischendorfschen Textes und ohne die dem Verständnis nicht dienende Ausführlichkeit Nagels die Gesamtheit der griechischen Überlieferung widerspiegelt.[68] Allerdings bleibt er die Rechenschaft über die Kriterien schuldig, mit deren Hilfe er dieses ehrgeizige Ziel erreichen will. Man erfährt weder, mit welcher Begründung sich Bertrand im Einzelfall für eine bestimmte Lesart entschieden hat, noch, welche anderen Lesarten (und mit welcher Begründung) gar nicht erst in den Apparat aufgenommen wurden. Daher muss man sich darauf verlassen, dass der Autor eine sinnvolle und aussagekräftige Auswahl aus der Vielfalt der Textüberlieferung getroffen hat. Bertrands Vorgehensweise bei der Erstellung des Textes lässt sich etwas vereinfacht folgendermaßen beschreiben: Wenn die „beste" Hs. an einer bestimmten Stelle keinen genügenden Sinn ergibt, wird die nächste herangezogen. Bietet diese wiederum keinen genügenden Sinn, wird die übernächste herangezogen usw. Dass dies eine methodisch solide Vorgehensweise sei, wird man schwerlich behaupten können, sodass

---

die TISCHENDORF nicht selbst angefertigt hat (vgl. TISCHENDORF, Apocalypses, XII), fehlerhaft oder missverständlich waren (vgl. hierzu NAGEL, Vie I, 38).

[63] Allerdings benutzten FUCHS und WELLS noch zwei weitere Hss., nämlich E und F.

[64] SHARPE, Prolegomena (1969); NAGEL, Vie (1972). Zu den Einzelheiten vgl. Kap. 3.

[65] Vermutlich existieren noch drei weitere Hss., die aber bislang nicht für die textkritische Arbeit herangezogen werden konnten, vgl. dazu ebenfalls Kap. 3, wo die Handschriften im Einzelnen vorgestellt werden.

[66] Zum so genannten „provisorischen Text" NAGELS vgl. die folgenden Ausführungen.

[67] Vgl. BERTRAND, Vie [A], 47.

[68] „de fournir un texte traduisible, sans les incohérences partout répercutées de Tischendorf, et rendant compte de l'ensemble de la version grecque de la *Vie*, sans l'exhaustivité peu lisible et peu significative de Nagel" (BERTRAND, Vie [A], 47).

sich die vermeintliche Vereinfachung gegenüber der Arbeit Nagels eher als unzulässige Simplifizierung erweist.[69] Neben dem Text Bertrands existiert noch die von Nagel vor seinem frühen Tod erstellte Fassung des griechischen Textes.[70] Ob man diese allerdings wirklich, wie Stone meint, als „Nagel's last word on the Greek text"[71] betrachten sollte, scheint fraglich. Denn es ist schwer vorstellbar, dass Nagel seine detailliert ausgeführten und solide begründeten textkritischen Entscheidungen in der Art modifiziert haben sollte, wie es der Text nahe legen würde. Denn dieser folgt häufig nicht der Klassifizierung der Hss. in der Dissertation Nagels, sondern bietet Lesarten aus verschiedenen Handschriftenfamilien nebeneinander.[72] Plausibler ist daher die Annahme, dass Nagel hier „just wanted to include all material that he regarded as ancient".[73]

Daher bleibt mit Michael E. Stone zu resümieren, dass eine dem heutigen Forschungsstand entsprechende Edition des griechischen Textes nach wie vor fehlt.[74] Für die in der vorliegenden Arbeit unternommenen Exegesen bedeutet dies, dass in einem ersten Schritt jeweils eine eigene Textrekonstruktion nötig sein wird.

1.2.2 Lateinisches Leben Adams und Evas

Die lateinische Version (= latLAE), die nach allgemeiner Ansicht der Forschung auf eine griechische Vorlage zurückgeht,[75] wurde erstmalig 1878 von

---

[69] Vgl. die Kritik bei M. E. STONE, Review of Bertrand, La vie grecque … in: CRBR 1990, 333–336, der feststellt: „Bertrand's text and apparatus will mislead the non-specialist and will require the specialist to go back to Nagel's variorum edition if he wants to know what the manuscripts contain." (334). Beispiele für problematische Lesarten BERTRANDS finden sich u.a. in 12,2 (κοιτήν statt σκηνήν); 25,1 (καμάτοις statt ματαίοις); 33,2 (αἱρόμενον statt ἐρχόμενον); 33,4ff. (3. Person Singular statt 1. Person Singular); 35,2 ὁ πατήρ σου statt τὸ σῶμα τοῦ πατρός σου ἐπὶ πρόσωπον) und 37,5 (Auslassung: ἕως τρίτου οὐρανοῦ). Vgl. dazu die entsprechenden Textrekonstruktionen.

[70] Abgedruckt bei DENIS und ANDERSON / STONE, vgl. dazu die obige Übersicht über die Editionen des gLAE.

[71] STONE, History, 8.

[72] Das betrifft z. B. die Aufnahme von gLAE 13,3b–5 (nur in Ib) oder gLAE 29,7ff. (nur in II).

[73] DE JONGE / TROMP, Life, 33. Überlieferungen, die nicht zur ältesten Textform von gLAE gehörten, können ja dennoch alt sein.

[74] „Thus, today, we still remain without a definitive edition of the Greek text of *Apocalypse of Moses*" (STONE, History, 8, ähnlich DE JONGE / TROMP, Life, 13). Johannes TROMP arbeitet offenbar gegenwärtig an einer neuen Edition (vgl. ANDERSON / STONE, Synopsis², VIII und DE JONGE, Development, 241).

[75] Vgl. MEYER, Vita, 207; STONE, History, 14f.; WHITTAKER, Life, 143; JOHNSON, Life, 251; MERK / MEISER, Leben, 760 u.a. Zur Begründung dieser Annahme kann man vor allem auf Gräzismen im Text, wie z.B. „calaminthen" oder „cinamomum" in latLAE 43, verweisen (WHITTAKER, a.a.O.). Umstritten ist allerdings, ob es sich bei dieser grie-

Wilhelm Meyer ediert. Auch hier stelle ich zunächst die verschiedenen Editionen und Übersetzungen vor, wende mich dann den Besonderheiten des lateinischen Textes gegenüber dem griechischen zu und gebe schließlich einen kurzen Überblick über die Editionsgeschichte des Textes.

A. Lateinischer Text
1. W. Meyer, Vita Adae et Evae, in: ABAW.PP 14,3 (1878), 221–244[76] (wieder abgedruckt in: A. M. Denis, Concordance latine des pseudépigraphes d'Ancien Testament, Turnhout 1993, 545–548)
2. L. Katona, A Teleki-Codex Legendai, in: Értekezések a nyelv-és széptudományok köréböl, Magyar Tudományos Akadémia, Bd. 18 (1904), 70–80
3. J. H. Mozley, The ,Vita Adae', JThSt 30 (1929), 121–149 (wieder abgedruckt in: A. M. Denis, Concordance latine des pseudépigraphes d'Ancien Testament, Turnhout 1993, 548–552)
4. G. Eis, Beiträge zur mittelhochdeutschen Legende und Mystik, Berlin 1935, 241–255
5. W. Lechner-Schmidt, Wortindex der lateinisch erhaltenen Pseudepigraphen zum Alten Testament, Tübingen 1990, 233–239 (erneut abgedruckt bei G. A. Anderson / M. E. Stone, A Synopsis of the Books of Adam and Eve, Atlanta 1994; [2]1999; auch im Internet unter: http://jefferson.village.edu/anderson/vita/orignial/vita.org.lat.html)[77]

B. Übersetzungen
1. C. Fuchs, Das Leben Adams und Evas, in: APAT Bd. 2, Tübingen1900, 506–528 (deutsch)
2. L. S. A. Wells, The Books of Adam and Eve, in: APOT Bd. 2, Oxford 1913, 134–154 (englisch; auch im Internet: http://wesley.nnu.edu/noncanon/ot/pseudo/adamnev.htm)
3. P. Riessler, Altjüdisches Schrifttum außerhalb der Bibel, Heidelberg 1928, 668–681 (deutsch)
4. E. Piattelli, Vita Adae et Evae, Annuario di Studi Ebraici. Bd. 1 (1968/69), 9–23 (italienisch)
5. H. Cousin, Vies d'Adam et Eve, des patriarches et des prophètes, Paris 1981, 7–11 (französisch, Auszüge)
6. N. Fernandez Marcos, Vida de Adan y Eva, in: A. Diez Macho, Apocrifos del Antiquo Testamento, Bd. 2, Madrid 1983, 338–352 (spanisch)
7. M. Whittaker, The Life of Adam and Eve, in: H. F. D. Sparks, The Apocryphical Old Testament, Oxford 1984, 147–161 (englisch)
8. M. D. Johnson, The Life of Adam and Eve, in: OTP II, Garden City 1985, 258–295 (englisch)
9. B. Custis / G. A. Anderson: The Life of Adam and Eve, 1995 (englisch; zunächst nur im Internet veröffentlicht: http://jefferson.village.edu/anderson/vita/english/vita.lat.html;

---

chischen Vorlage um gLAE oder eine davon unabhängige Textfassung handelt, mehr dazu in Abschnitt 2.2.
[76] MEYER edierte ferner die Hs. Paris 5327 gesondert auf S. 245–250. Sie bietet zwar nicht den besten Text, ist aber die älteste bekannte Hs.
[77] Es handelt sich hierbei um den nur geringfügig bearbeiteten Text von MEYER.

später dann auch in: G. A. Anderson / M. E. Stone, A Synopsis of the Books of Adam and Eve, Atlanta ²1999)[78]

10. O. Merk / M. Meiser, Das Leben Adams und Evas, in: JSHRZ Bd. 2, Gütersloh 1998, 788–864 (deutsch)

Der lateinische Text stimmt mit dem griechischen in vielen Punkten überein, bietet aber einige Besonderheiten. Die wichtigsten davon sind folgende:[79]

1. latLAE 1–21: Die lateinische Überlieferung bietet vor der Schilderung der Geburt Kains und Abels einen längeren Abschnitt, der zunächst davon berichtet, dass Adam und Eva nach ihrer Vertreibung keine Nahrung finden, woraufhin Eva Adam auffordert, sie zu töten, da sie ja an allem schuld sei. Adam lehnt dies ab und fordert Eva auf, stattdessen mit ihm gemeinsam Buße zu tun. Eva soll 37 Tage lang im Wasser des Tigris stehen, während Adam selbst 40 Tage lang im Jordan Buße tun will. Bei ihrer Buße wird nun Eva erneut vom Satan verführt, der sich in Gestalt eines Engels zeigt und Eva ermutigt, das Wasser zu verlassen, da sie jetzt genügend Buße getan habe. Eva fällt ein zweites Mal auf die List des Teufels herein und steigt aus dem Wasser. Bald aber wird ihr der Betrug deutlich, und sie stellt den Teufel zur Rede, warum er eigentlich die Menschen bekämpfe. Der Teufel erzählt den Protoplasten, wie er einst im Himmel bei den Engeln war, sich aber weigerte Adam anzubeten, als Gott dieses befahl. Daraufhin wurde er aus dem Himmel verstoßen und sinnt seitdem auf Rache. Nach dieser Erzählung des Teufels bittet Adam Gott, den Widersacher zu entfernen, und vollendet seine Buße. Anschließend wird erzählt, wie Eva, die im dritten Monat schwanger ist, von Adam weggeht um zu sterben. Sie geht nach Westen und baut sich eine Wohnung. In der Stunde der Geburt aber ruft sie nach Adam und dieser kommt ihr zu Hilfe, woraufhin sie Kain und Abel zur Welt bringt.

2. latLAE 25–29: Im Anschluss an die Geburt Seths (gLAE 4) bietet die lateinische Version eine Offenbarung Adams an Seth. Darin berichtet Adam von einer Entrückung ins Paradies und wie er von Gott erfährt, dass er sterben muss. Gleichzeitig wird ihm aber verheißen, dass seine Nachkommen auch in Zukunft Gott dienen werden, eine Zusage, die Adam ausdrücklich auf Seth bezieht. Es folgt ein Lobpreis Gottes und die Rückkehr Adams.

3. latLAE 49–50: Kurz vor ihrem Tod versammelt Eva ihre Kinder und teilt ihnen mit, dass Gott nach ihrer Übertretung im Paradies ein Gericht durch Wasser und Feuer angekündigt habe. Dann fordert sie die Kinder auf, das Leben Adams auf Tafeln aus Stein und aus Lehm festzuhalten.

4. fehlende Abschnitte und Abkürzungen: Im lateinischen Text sind einige Abschnitte, welche der griechische Text bietet, nicht enthalten, wobei vor allem auf das vollständige Fehlen der Erzählung Evas vom Sündenfall (gLAE 15–30) hinzuweisen ist. Ferner ist die Parallele zu gLAE 31–43 wesentlich kürzer. Hier fehlt das Bußgebet Evas (gLAE 32), und an die Stelle der ausführlichen Schilderung der Begnadigung Adams und seiner Waschung im acherusischen See (33–37) ist ein kurzer Hinweis auf Adams Tod, die Trauer Seths sowie die Zusage an Seth getreten, dass Adam Erbarmen bei Gott gefunden habe. Auch die

---

[78] Es handelt sich hierbei um eine englische Übersetzung des lateinischen Textes von W. LECHNER-SCHMIDT.

[79] Hier sind lediglich die größeren Abweichungen verzeichnet, für Abweichungen in einzelnen Details sind die jeweiligen Abschnitte „Synoptischer Vergleich" in den Einzelexegesen heranzuziehen.

Bestattung Adams (gLAE 38–42) ist hier wesentlich knapper geschildert, und das Gebet Evas kurz vor ihrem Tod (gLAE 42) fehlt gänzlich.

Meyer benutzte für seine Edition 12 Handschriften, die er in vier Gruppen einteilte,[80] und zog zusätzlich die zahlreichen mittelalterlichen Übersetzungen und Bearbeitungen der lateinischen Version sowie verschiedene Inkunabeldrucke heran. Bei der Erstellung des Textes stützte er sich vor allem auf die Gruppe I, obwohl eine ganze Reihe von Stellen nach II und III verbessert werden mussten.[81] In Ergänzung zu Meyer, der nahezu ausschließlich Münchener Hss. verwendet hatte, veröffentlichte Mozley einige Jahrzehnte später eine Liste mit weiteren Hss. aus Großbritannien und erstellte auf deren Basis einen eigenen lateinischen Text.[82] Während Mozley im Wesentlichen Meyers Klassifizierung der Hss. folgte, arbeitete Thomson eine weitere Textform heraus, die er als Untergruppe der Textfamilie III bei Meyer verstand.[83]

In jüngster Zeit hat schließlich M. B. Halford eine aktualisierte Liste der heute bekannten 73 Hss. publiziert.[84] Allerdings wirft sie die Frage auf, ob man überhaupt weiter von der Annahme eines definitiven Textes ausgehen und sich dementsprechend an der Rekonstruktion eines möglichst ursprünglichen Textes versuchen sollte. „It is perhaps safer to speak of a group of elements or narrative units, many of which are found together regularly in set patterns."[85] Die Vielgestaltigkeit der Textüberlieferung führt hier zum Verzicht auf einen definitiven Text. Allerdings scheint mir, dass Halford die Singularität einzelner Überlieferungen gegenüber den weitaus häufigeren Gemeinsamkeiten überbewertet. Abschließend kann jedoch auch für die lateinische Textfassung gesagt werden, dass die vorhandenen Editionen des Textes nicht mehr dem aktuellen Forschungsstand entsprechen.[86] Nach wie vor wird in der Regel der Text Meyers verwendet, an dem auch ich mich im Folgenden orientiere.

1.2.3 Die armenische „Buße Adams"

Eine weitere Version veröffentlichte Michael E. Stone 1981 unter dem Titel „The Penitence of Adam" (= armLAE [Stone]).[87]

---

[80] Vgl. MEYER, Vita, 209–220.
[81] Vgl. a.a.O., 219f.
[82] Vgl. MOZLEY, vita, 121–128 (Hss.) und 128–148 (lat. Text).
[83] Vgl. THOMSON, Recension.
[84] Vgl. HALFORD, Vita, 421–427 und ferner STONE, History, 25–30.
[85] A.a.O., 419.
[86] Vgl. z.B. MERK / MEISER, Leben, 754.
[87] Der Zusatz „Stone" ist erforderlich, weil zwei verschiedene armenische Texte existieren, die zur Gruppe der „Leben Adams und Evas" gehören, vgl. dazu das Folgende.

A. Armenischer Text:

M. E. Stone, The Penitence of Adam, edited, Löwen 1981 (erneut abgedruckt in: Ders., Texts and Concordances of the Armenian Adam Literature, Bd. 1, Atlanta 1996, 70–81 und: Ders. / G. A. Anderson, A Synopsis of the Books of Adam and Eve, Atlanta ²1999)

B. Übersetzung:

M. E. Stone, The Penitence of Adam, translated, Löwen 1981 (englisch; erneut abgedruckt in: G. A. Anderson / M. E. Stone, A Synopsis of the Books of Adam and Eve, Atlanta 1994, ²1999; auch im Internet unter: http://jefferson.village.virginia.edu/anderson/vita/english/vita.arm.html)

Allerdings existiert neben dem von Stone edierten Text noch eine weitere armenische Textfassung, die die Bezeichnung „Book of Adam" trägt und vollständig erstmals 1894/95 von F. C. Conybeare in englischer Übersetzung herausgegeben wurde (daher im Folgenden als armLAE [Conybeare] zitiert).[88]

A. Armenischer Text:

1. N. Marr, Iz letnej poezdki v Armeniju. Zametki i izvlečenija iz armjanskich rukopisej, Teil 1, in: Zapiski vostočnago otdelenija imp. Russkago Archeologičeskago Obščestva 5 (1890), 211–241, 227–236 (Auszüge)
2. S. Yovsep'ianc', Ankanon Girk Hin Ktakaranats, Venedig 1896, 1–26; erneut abgedruckt in: M. E. Stone, Texts and Concordances of the Armenian Adam Literature, Bd. 1, Atlanta 1996, 210–218

B. Übersetzungen:

1. N. Marr, siehe oben (russisch; Auszüge)
2. F. C. Conybeare, On the Apocalypse of Moses, JQR 7 (1894/95), 216–235 (englisch)
3. E. Preuschen, Die apokryphen gnostischen Adamschriften aus dem Armenischen übersetzt und untersucht, in: Festgruß Bernhard Stade, Gießen 1900, 163–252, 168–186 (deutsch)
4. J. Issaverdens, The Uncanonical Writings of the Old Testament, Venedig 1901, 11–38 (englisch)

Da diese Textform – anders als armLAE (Stone) – sehr eng mit dem griechischen Text (namentlich in Gestalt der Textfamilie III) übereinstimmt, kann man sie als armenische Übersetzung des gLAE betrachten,[89] die von dem Text Stones eindeutig zu unterscheiden ist. Letzterer schildert – ähnlich wie latLAE – zu Beginn die Buße der Protoplasten, die zweite Verführung Evas

---

[88] Zur handschriftlichen Überlieferung vgl. STONE, History, 12.

[89] Vgl. z.B. NAGEL, Vie I, 246, der diese Fassung zur Textform III des griechischen Textes rechnet, und STONE, History, 12. CONYBEARE, Apocalypsis, 216 vertrat die Ansicht, dass der Text über eine syrische, arabische oder äthiopische Zwischenstufe ins Armenische gelangt sei, hat darin allerdings wenig Zustimmung gefunden. Zur Kritik vgl. PREUSCHEN, Adamschriften, 166–168 und STONE, History, 13.

und den Fall Satans aus seiner himmlischen Herrlichkeit.[90] Die folgenden
Kapitel des armenischen Textes stimmen dann weithin mit gLAE 1–32 überein (Kain und Abel, Geburt Seths, Adams Bericht vom Sündenfall, Paradiesreise und Kampf mit dem wilden Tier, Evas Erzählung vom Sündenfall, Evas
Sündenbekenntnis und Adams Tod).[91] Während armLAE (Stone) also zu
Beginn eher latLAE folgt, stimmt es in dem Bericht Evas (gLAE 15ff.) mit
dem griechischen Text gegen den lateinischen überein. Der Abschnitt gLAE
33–37 (Adams Begnadigung und Waschung im Acherusischen See) hat im
armenischen Text keine Entsprechung, während das Folgende wiederum gut
zum griechischen Text passt.

Da armLAE (Stone) also weder mit dem griechischen noch mit dem lateinischen Text völlig konform geht, kann es mit guten Gründen als eine eigenständige Version betrachtet werden.[92] Es ist anzunehmen, dass sie eine griechische Vorlage hatte, deren Datierung allerdings kaum möglich ist.[93] Was
schließlich die handschriftliche Überlieferung des armenischen Textes betrifft,
so ist dieser weniger gut überliefert als der lateinische oder der griechische
Text. Stone verwendete für seine Edition drei Hss. aus dem 17. Jhd., wovon
allerdings nur eine den Text vollständig bietet.[94]

1.2.4 Georgisches Leben Adams und Evas

Die georgische Version (= geoLAE) wurde erstmals 1964 von C. K'urc'i-
kidze ediert. Allerdings war der Text schon längere Zeit zuvor nicht unbekannt, hatte aber wenig Beachtung gefunden.

A. Georgischer Text:
C. K'urc'ikidze, Adamis apokrip'uli C'xovrebis K'art'uli Versia, P'ilologiuri Dziebani 1
(1964), 97–136 (erneut abgedruckt in: G. A. Anderson / M. E. Stone, A Synopsis of the
Books of Adam and Eve, Atlanta ²1999)

B. Übersetzungen:
1. M. Džanašvili, Izgnanie Adama iz raja, Nimrod i sem posletopnych narodov. Kniga,
Sbornik materialov dlja opisanija mesnostej i plemen Kavkaza 29 (1909), 19–44.25–31
(russisch)[95]
2. J.-P. Mahé, Le livre d'Adam georgien, in: R. van den Broek / M. J. Vermaseren (Hg.):
Studies in Gnosticism and Hellenistic Religions. FS G. Quispel, Leiden 1981, 226–260

---

[90] Vgl. dazu die Inhaltsangabe zu latLAE 1–21 in Abschnitt 1.2.2.
[91] Zu Abweichungen in den Details vgl. die jeweiligen Einzelexegesen.
[92] So bereits in STONE, Report, 45: „a fourth major type, aditional to the well-known
Greek, Latin, and Slavonic recensions".
[93] Vgl. STONE, Penitence [B], X.
[94] Vgl. STONE, Penitence [A], IX.
[95] Diese Übersetzung ist allerdings ziemlich frei. Eine Inhaltsbeschreibung dieses
Textes bot LÜDTKE, Adam-Bücher, 157–160; vgl. ferner BLAKE, Literature, 61 und
TARCHNISVILI / ASSFALG, Geschichte, 335.

(französisch; mit einigen Korrekturen versehen erneut abgedruckt in: G. A. Anderson / M. E. Stone, A Synopsis of the Books of Adam and Eve, Atlanta 1994)
3. J.-P. Mahé, The Book of Adam, 1995 (englisch; zunächst nur im Internet veröffentlicht: http://jefferson.village.virginia.edu/anderson/vita/english/vita.geo.html; später auch in G. A. Anderson / M. E. Stone, A Synopsis of the Books of Adam and Eve, Atlanta ²1999)

Der georgische Text entspricht in inhaltlicher Hinsicht im Wesentlichen dem armenischen, allerdings mit einem Unterschied. Er enthält eine zu gLAE 33–37 parallele Überlieferung von der Vergebung für Adam und der Waschung im acherusischen See. Mahé äußerte aufgrund der engen Verwandtschaft zwischen armLAE (Stone) und geoLAE die Vermutung, beide könnten auf eine gemeinsame armenische Vorlage zurückgehen, die ihrerseits aus dem Griechischen geflossen sei, denkbar wäre aber auch, dass beide direkt auf eine gemeinsame griechische Vorlage zurückgehen.[96] Auf jeden Fall ergänzten sich beide Texte wechselseitig, sodass bei der Erstellung der Texte auch die andere Seite jeweils mit zu berücksichtigen sei.[97]

Vom georgischen Text sind fünf Hss. bekannt, die sich in zwei Rezensionen aufteilen lassen. Zur Rezension α gehören vier Hss., drei aus Tbilissi (jeweils 17. Jhd.) und eine aus K'ut'ais (15.–16. Jhd.), zur Rezension β gehört hingegen nur eine Hs. (Tbilissi, 17. Jhd.). Die Vorlage der erhaltenen Hss. setzt K'urc'ikidze vor dem 10. Jhd. an, während Mahé gar bis in die Zeit vor 607 zurückgehen möchte.[98]

1.2.5 Altkirchenslavisches Leben Adams und Evas

Die altkirchenslavische Version (= slavLAE) gelangte ungefähr zeitgleich mit der griechischen und lateinischen in das Blickfeld der Forschung. Die 1893 erschienene und bis heute mustergültige Edition von Vatroslav Jagić[99] konnte daher bereits auf mehrere Jahrzehnte der Bemühung um den slavischen Text zurückblicken. Die folgende Übersicht über die verschiedenen Textausgaben verdeutlicht dies:

A. Slavischer Text:
1. A. Pypin, Ložnyja i otrečennyja knigi russkoj stariny, in: Pamjatniki starinnoj russkoj literatury, Bd. 3, St. Petersburg 1862, 1–7

---

[96] Vgl. MAHÉ, Notes, 52f.

[97] Vgl. MAHÉ, Notes, 53 und die angeführten Beispiele dazu (54–60).

[98] Vgl. MAHÉ, Livre, 229f. Zu Beginn des 7. Jhds. n. Chr. kam es zum endgültigen Bruch zwischen der armenischen und der georgischen Kirche (vgl. J. ASSFALG / D. M. LANG, Art. Georgien, TRE 12, 389–396, 391).

[99] JAGIĆ, Beiträge, 83–99 bietet den slavischen Text (mit lateinischer Übersetzung) nach Hss. m (Wien 16./17. Jhd.) mit den Varianten von belgr., nov. und dr. (vgl. zur Bezeichnung der Hss. die Übersicht bei JAGIĆ, a.a.O., 4–5). Der slavische Text wird ferner in einzelnen Abschnitten (mit deutscher Übersetzung und dem jeweiligen Vergleich mit gLAE und latLAE) auf S. 18–40 geboten.

2. N. S. Tichonravov, Pamjatniki otrečennoj russkoj literatury Bd. 1, St. Petersburg 1863, 6–15; 298–304
3. J. Porfir'ev, Apokrifičeskija skazanija ..., in: Sbornik Imper. Akademii Nauk St. Petersburg, Bd. 17, St. Petersburg 1877, 90–96; 208–216
4. St. Novaković, Primeri književnosti i jezika stagora i srpskoslovenskoga, 2. Ausgabe Belgrad 1889, 422–427
5. V. Jagić, Die altkirchenslavischen Texte des Adambuches, in: DAWW.PH 42, Wien 1893 (erneut abgedruckt in: G. A. Anderson / M. E. Stone, A Synopsis of the Books of Adam and Eve, Atlanta [2]1999)
6. J. Ivanov, Bogomilski knigi i legendi (1925), Sofia 1970, 211–217
7. M. D. Kagan-Tarkovskij, Ob Adame i Eve, in: D. S. Lichačev u.a. (Hg.), Biblioteka Literatury Drevnej Rusi 3, St. Petersburg 1999, 100–107

B. Übersetzungen:
1. V. Jagić, Die altkirchenslavischen Texte ... (siehe oben), Wien 1893 (deutsch und lateinisch; der deutsche Text ist erneut abgedruckt in: G. A. Anderson / M. E. Stone, A Synopsis of the Books of Adam and Eve, Atlanta 1994)
2. L. S. A.Wells, The Books of Adam and Eve, in: APOT Bd. 2, Oxford 1913, 134–136 (englisch; nur slavLAE 33–40; auch im Internet unter: http://wesley.nnu.edu/noncanon/ ot/pseudo/slanev.htm)
3. S. French / G. A. Anderson / R. Layton, Life of Adam and Eve, 1995 (englisch; zunächst nur im Internet erschienen: http://jefferson.village.virginia.edu/anderson/vita/ english/vita.sla.html; später abgedruckt in: G. A. Anderson / M. E. Stone, A Synopsis of the Books of Adam and Eve, Atlanta [2]1999)
4. M. D. Kagan-Tarkovskij, Ob Adame i Eve ... (siehe oben), St. Petersburg 1999, 100–107 (russisch)

slavLAE enthält zwei Abschnitte, die nur im slavischen Text begegnen. Es handelt sich dabei a) um die Schilderung der Herrschaft Adams über die Tiere (slavLAE 1) sowie b) um die Episode vom Chirographum, mit dem sich Adam dem Teufel verschreibt (slavLAE 33–34). Sonst folgt der Text im Wesentlichen dem griechischen Überlieferungsstrang, wobei er nicht selten aber einen abgekürzten Text bietet[100] und zuweilen eigene Akzente setzt. So kehren Eva und Seth nach der slavischen Überlieferung mit drei Zweigen von ihrer Paradiesreise zurück.[101] Die Erzählung von der Buße Adams und Evas wird anders als in latLAE, armLAE (Stone) und geoLAE nicht am Anfang, sondern nach dem Bericht Evas vom Sündenfall geboten. Hierin stimmt die slavische Version mit der Textfamilie II des griechischen Textes überein. Eine bemerkenswerte Abweichung vom griechischen Text besteht jedoch darin, dass der Teufel hier nicht erfolgreich ist, sondern Eva seiner Verführung widersteht (slavLAE 38–39).

---

[100] So wird beispielsweise der Text von gLAE 16–21 stark abgekürzt geboten, während gLAE 24–26 gänzlich fehlt.
[101] Vgl. dazu Abschnitt 8.3.6.

Die Entstehung der slavischen Version hat Porfir'ev mit der Annahme einer bogomilischen Bearbeitung des in gLAE vorliegenden Textes zu erklären versucht.[102] Später wurde diese These dann von Jordan Ivanov aufgegriffen und ausgebaut.[103] Ihr ist allerdings aus verschiedenen Gründen zu widersprechen. Zum einen wird der bogomilische Anteil an der Überlieferung der slavischen Apokryphen – anders als in der älteren Forschung – heute als gering beurteilt. Wie die handschriftliche Überlieferung zeigt, erfolgte die Verbreitung dieser Schriften durchaus auf „offiziellen" Kanälen.[104] Ferner lassen sich bestimmte Bestandteile des slavischen Textes, die man als Sondergut verstehen konnte, solange man wie Porfir'ev nur den griechischen Text Tischendorfs zum Vergleich hatte, heute nicht mehr allein der slavischen Überlieferung zuordnen. So verwies bereits Jagić darauf, dass die Episode von der Buße Adams und Evas (slavLAE 35–39), welche in Tischendorfs Text nicht enthalten ist, auch im lateinischen Text zu finden sei und daher kaum auf bogomilischen Einfluss zurückgehen könne.[105]

Während Jagić für seine Edition zehn Hss. verwenden konnte, sind heute insgesamt 17 Hss. des slavischen Textes sowie zwei rumänische Übersetzungen bekannt. Nach Turdeanu lassen sich diese in zwei Gruppen aufteilen, eine Langfassung und eine Kurzfassung.[106] Die Langfassung ist in 8 Hss. überliefert, wovon allerdings zwei bislang unveröffentlicht sind, und lässt sich in zwei Untergruppen aufteilen:

x: Hss. P, m, S und t
y: Hss. belg. und n (von dieser Untergruppe stammt die Kurzfassung ab).[107]

Sie geht nach Turdeanu auf eine griechische Vorlage zurück und dürfte in Ostmazedonien zu Beginn des 14. Jhds. entstanden sein.[108] Die Kurzfassung ist von neun Hss. bezeugt, die sich in drei Untergruppen aufteilen lässt:

1. mittelbulgarische Familie: Lo und H
2. russische Familie: pp, pp¹, tr, pr und pr¹
3. ukrainische Familie: Fr und Fr¹

---

[102] Vgl. PORFIR'EV, Apokrifičeskija skazania o vetchozavêtnych licach i sobytijach, Kazan 1873, 172–179 (nach JAGIĆ, Beiträge, 3).

[103] Vgl. IVANOV, Knigi, 221–227. Vor allem zwei Motive des slavischen Textes seien typisch bogomilisch: a) das Chirographum Adams und b) die Buße Evas im Wasser.

[104] Vgl. DE SANTOS OTERO, Überlieferung I, 27 sowie ferner DERS., Art. Bogomilen, TRE 7, 28–42, 28 und TURDEANU, Apocryphes.

[105] Vgl. JAGIĆ, Beiträge, 41f.

[106] Vgl. TURDEANU, Vie, 82–93 (Langfassung); 93–104 (Kurzfassung) sowie 104–110 (rumänische Übersetzungen).

[107] Vgl. das Stemma bei TURDEANU, a.a.O., 89.

[108] Vgl. TURDEANU, 93. Auch JAGIĆ setzte seine Rezension A im 14. Jhd. an, vgl. JAGIĆ, Beiträge, 16.

Die älteste Hs. der Kurzfassung ist pp, die dem 15.–16. Jhd. entstammt. Turdeanu meint jedoch, dass die bulgarische Unterfamilie einen älteren Text repräsentiere und die russische daraus entstanden sei.[109] Zur Kurzfassung von slavLAE gehören schließlich auch die beiden rumänischen Übersetzungen.

1.3 Die spätere Adam-und-Eva-Literatur

Neben den verschiedenen Versionen des LAE existiert noch eine ganze Fülle weiterer Adam-und-Eva-Bücher, zumeist christlicher Herkunft, die aber im Großen und Ganzen gegenüber Ersterem als sekundär eingestuft werden können.[110] Häufig sind diese Schriften von LAE traditionsgeschichtlich, zuweilen sogar literarisch abhängig. Michael E. Stone unterscheidet daher zwischen der „primary Adam literature"[111] (den verschiedenen Versionen des LAE) und der „secondary Adam literature" (den übrigen Adam-und-Eva-Schriften).[112] Alle jene Texte im Einzelnen vorzustellen, würde den Rahmen dieser Arbeit sprengen.[113] Dennoch sollen hier einige repräsentative Beispiele vorgestellt werden, die die Art und Weise des christlichen (in einem Falle auch des gnostischen) Umgangs mit dem Stoff der Paradiesgeschichte beleuchten und damit auch die Andersartigkeit dieser Werke gegenüber frühjüdischen Schriften wie LAE erkennen lassen.

A. Schatzhöhle: Diese in syrischer Sprache verfasste Schrift[114] entstammt in ihren ältesten Bestandteilen ungefähr dem 4. Jhd. n. Chr. („Urschatzhöhle"), während sie in ihrer jetzigen Form im 6. Jhd. vorgelegen haben dürfte.[115] Sie erzählt in 54 Kapiteln die biblische Geschichte von Adam bis Christus nach. Dabei wird eine Adam-Christus-Typologie entwickelt, die zum Teil recht drastische antijüdische Elemente enthält. Der folgende kurze Auszug zeigt dies deutlich:

In der ersten Stunde des Freitags bildete Gott den Adam aus Staub; und in der ersten Stunde des Freitags empfing der Messias Speichel von den Kindern Adam's. In der zweiten Stunde Freitags versammelten sich die wilden Tiere und Vieh und Vögel bei Adam, und er gab ihnen Namen, während sie ihr Haupt vor ihm beugten; und in der

---

[109] Vgl. TURDEANU, Vie, 100.

[110] Vgl. STONE, History, 84.

[111] Vgl. STONE, History, 6 u.ö.

[112] Vgl. STONE, History, 84 u.ö.

[113] Eine sehr hilfreiche Ersteinführung bietet STONE, History, 84–123. Vgl. auch DENIS, Introduction [B], 28–54.

[114] Außer in Syrisch ist die Schatzhöhle auch in arabischen, äthiopischen, koptischen und georgischen Übersetzungen erhalten (vgl. STONE, History, 94f.).

[115] Vgl. GÖTZE, Schatzhöhle; BROCK, Traditions, 227 und RI, Caverne II, XVIIf.

zweiten Stunde Freitags scharten sich die Juden wider den Messias, indem ihre Zähne gegen ihn knirschten [...]
Drei Stunden war Adam im Paradies, indem er in Glorie glänzte; und drei Stunden war der Messias im Richthause [...]
An einem Freitag sündigten Adam und Heva; und an einem Freitag wurde ihre Sünde vergeben. An einem Freitag starben Adam und Heva; und an einem Freitag lebten sie wieder (Bezold, 62).

Weiterhin zeigt sich das typologische Interesse dieser Schrift auch darin, dass Jerusalem als Ort der Erschaffung Adams (S. 4), Eden als die „heilige Kirche" (S. 5) und der Baum des Lebens als Vorbild des Kreuzes Christi (S. 6) verstanden werden. Die Schatzhöhle enthält eine ganze Reihe von Traditionen, die auch aus LAE bekannt sind, so z.B. die Überlieferungen vom Fall Satans (vgl latLAE / armLAE [Stone] / geoLAE 12–17), von den Kleidern der Herrlichkeit, welche Adam und Eva im Paradies trugen (gLAE 20–21) oder von der Schlange als Werkzeug Satans (gLAE 16–19).

B. Testament Adams: Dieses ebenfalls in syrischer Sprache entstandene Werk besteht aus drei ganz verschiedenen Teilen, dem so genannten Horarium (Kapitel 1–2),[116] einer Prophetie Adams an Seth (Kapitel 3)[117] sowie der Schilderung der Hierarchie der Engel (Kapitel 4).[118] Es entstammt nach S. E. Robinson dem 3. Jhd. n. Chr.[119] und enthält in seinem zweiten Teil (Kap. 3) Material über Adam. Auch hier finden wir einen Bezug zu Christus. Adam selbst ist es, der seinem Sohn Seth das Kommen Christi ankündigt. Nachdem er von der Frucht gegessen hatte, in der der Tod verborgen war (3,2), müssen er und seine Nachkommen zwar sterben,[120] aber nach einer kurzen Zeit, so wird ihm verheißen, werde ihm Gnade zuteil werden, da er doch Gottes Ebenbild sei (3,3). Dann soll er zur Rechten Gottes gesetzt werden, ja es heißt sogar: „I will make you a god just like you wanted" (3,4). Auch hier finden wir also die Anschauung, dass der Tod durch die Übertretung Adams und Evas in die Welt kam (vgl. gLAE 14 und 28), sowie ferner die Betonung der Gottebenbildlichkeit in Erwartung der göttlichen Gnade für Adam (vgl. gLAE 33–37).

---

[116] Das Horarium listet die Anbetungszeiten der einzelnen Geschöpfe auf. Es ist (ohne die übrigen Bestandteile von TestAd) auch in griechischer Sprache überliefert und zwar bei dem byzantinischen Chronisten Kedrenos sowie in einer Fassung, die den Namen des Apollonius von Tyana trägt. Der griechische Text wird aber als sekundär gegenüber dem syrischen betrachtet (vgl. ROBINSON, Testament, 137–141). Daneben ist das Horarium in Arabisch, Äthiopisch, Georgisch und Armenisch überliefert (vgl. STONE, Apocrypha [A], 39–51, der die entsprechenden Hss. und Textausgaben vorstellt).

[117] Die Prophetie ist auch in Arabisch, Karshuni, Äthiopisch und Georgisch überliefert, vgl. ROBINSON, a.a.O., 142.

[118] Die „Hierarchie" ist nur in einer einzigen syrischen Hs. überliefert.

[119] Vgl. ROBINSON, a.a.O., 153.

[120] „You and your posterity will be food for the serpent."

C. Kampf Adams und Evas mit Satan (äthiopisches Adambuch): Lange
Zeit war dieses Werk nur in äthiopischer Sprache bekannt, weshalb es gewöhnlich als äthiopisches Adambuch (= äthAdam) bezeichnet wird.[121] Es geht
aber auf eine arabische Vorlage zurück, deren Text vor ca. 20 Jahren bekannt
wurde.[122] Eine genaue Datierung der Urfassung ist nur schwer möglich.
Gemeinhin wird angenommen, dass deren Übersetzung ins Äthiopische zwischen dem 7. und dem 11. Jhd. n. Chr. erfolgte.[123] Der erste Teil des äthAdam
erzählt davon, wie sich Adam und Eva nach ihrer Vertreibung aus dem Paradies in ihrer neuen Existenzweise nur schwer zurechtfinden können und dabei
auch noch den stetigen Anfeindungen des Teufels ausgesetzt sind.[124] Ihre
Lichtnatur haben sie verloren und dafür fleischliche Leiber bekommen, sie
müssen die Erfahrung von Hunger und Durst, Kälte und Hitze sowie von
Dunkelheit und blendendem Sonnenlicht machen. Sie bangen aufgrund der
Gefährdung durch die Tiere um ihre Existenz und wissen auch nicht, wie sie
sich Kleider machen sollen. In all diesen Dingen hilft ihnen der fürsorgliche
und barmherzige Gott, der zum Teil direkt zu ihnen spricht, zum Teil auch
durch die Vermittlung von Engeln. Adam und Eva erfahren von ihm, wie man
sich Kleider macht, und werden über die Eheschließung und die Zeugung von
Nachkommen belehrt. Mehrfach versuchen sie, sich das Leben zu nehmen, um
nicht länger all die Widrigkeiten ihrer jetzigen Existenz ertragen zu müssen.
Dies wird ihnen aber nicht gestattet. Vielmehr müssen sie ausharren, denn erst
nach 5500 Jahren werde Gott kommen und Adams Samen erlösen (äthAdam
S. 14).

In der Gegenüberstellung von Adam und Christus ist auch äthAdam an den
Entsprechungen zwischen beiden interessiert.[125] Folgendes Beispiel verdeutlicht dies:

(Anm. Th. K.: Nachdem der Teufel einen Felsen auf Adam und Eva hatte stürzen lassen,
Gott aber verhinderte, dass jener ihnen schaden konnte, spricht Gott zu Adam:) „Und das

---

[121] Es wurde erstmals 1853 von A. DILLMANN unter dem Titel „Das christliche Adambuch des Morgenlandes" in deutscher Übersetzung veröffentlicht. Daneben ist auch die
Bezeichnung „Der Kampf Adams und Evas mit Satan" üblich (vgl. E. TRUMP, Der Kampf
Satans, oder: Das christliche Adambuch des Morgenlandes, in: ABAW.PP 15 [1881],
1–172 und S. C. MALAN, The Book of Adam and Eve also called The conflict of Adam and
Eve with Satan, Edinburgh 1882). Vgl. zu äthAdam auch COWLEY, Interpretation,
136–140; BAGATTI, Nota und DERS., Apocrifi.
[122] Vgl. A. BATTISTA / B. BAGATTI, Il combatimento di Adamo. Testo arabo inedito con
traduzione italiana e commento. Jerusalem 1982.
[123] Vgl. STONE, History, 98f. Anm. 70.
[124] Im zweiten Teil behandelt äthAdam die Geschichte von Kain und Abel bis zu
Melchisedek, während in einem kurzen dritten Teil schließlich die Geschichte der Welt bis
zu Jesus Christus geschildert wird.
[125] Vgl. dazu die Ausführungen zur Schatzhöhle.

ist ein Zeichen, o Adam: wann ich auf die Erde kommen werde, wird der Satan das Volk der Juden aufregen, mich zu töten, und sie werden mich in einen Felsen legen und mich einschließen mit einem großen Stein; und ich werde in dem Felsen bleiben 3 Tage und 3 Nächte, und am dritten Tage auferstehen; das wird eine Erlösung sein für dich, o Adam, und für deinen Samen, für die, die an mich glauben. Aber, o Adam, ich werde dich unter dem Felsen nicht hervorziehen, bis 3 Tage und 3 Nächte vorüber sein werden." (äthAdam S. 43f.)

Auch hier liegen die Gemeinsamkeiten mit LAE auf der Hand. Adam und Eva verlieren nach dem Fall ihre Herrlichkeit (gLAE 20f.), der Teufel ist neidisch auf die Menschen (gLAE 16), die Tiere lehnen sich nach dem Fall gegen die Menschen auf (gLAE 10–12), und weil der Mensch Gottes Ebenbild ist (äthAdam S. 14), wird ihm Hoffnung verheißen (gLAE 33–37).[126]

D. Discourse on Abbaton: Hierbei handelt es sich um eine (allerdings unvollständig erhaltene) koptische Schrift, deren Text 1914 von E. A. W. Budge ediert wurde.[127] Sie wird dem Erzbischof Timotheus von Alexandrien zugeschrieben, der von 380–385 dieses Amt innehatte. Allerdings ist nicht sicher, ob diese Zuschreibung der Realität entspricht, sodass die Frage der Datierung schwer zu entscheiden ist. Jener Timotheus sei auf einer Pilgerreise nach Jerusalem auf ein Buch gestoßen, das von folgender Offenbarung Christi an seine Jünger berichtet haben soll: Weil der Engel Mouriel sich geweigert hatte, Adam anzubeten, wurde er aus dem Himmel verstoßen. Da verführte er in Gestalt einer Schlange die Eva, als diese gerade die Tiere außerhalb des Paradieses fütterte. Adam, Eva und die Schlange wurden daraufhin von Gott bestraft. Die Schlange musste künftig auf ihrem Bauch kriechen und Erde fressen, Eva unter Schmerzen Kinder gebären und Adam ein Leben in Mühe führen, bis er am Ende seiner Tage zur Erde zurückkehren würde. Ferner wurde Adam angekündigt, dass er nach seinem Tod zunächst 4500 Jahre in der Unterwelt zuzubringen habe, bevor nach weiteren 1000 Jahren Gottes Sohn auf die Welt kommen werde.[128] Zunächst jedoch erhielt der gefallene Engel Mouriel die Herrschaft über Adam und wurde von Gott Abbaton, Engel des Todes, genannt. Sein furchterregendes Wesen ließ sogar die Engel erschrecken. Nach dieser Schilderung geraten die Jünger in Angst, werden von Christus aber getröstet, da Abbaton den Heiligen beim Jüngsten Gericht nichts antun könne.

Auch hier finden wir verschiedene Traditionen aus LAE aufgegriffen, angefangen vom Fall Satans (vgl. z.B. armLAE [Stone] 12–17) über die

---

[126] Vgl. für weitere Gemeinsamkeiten DE JONGE / TROMP, Life, 89f.

[127] Vgl. BUDGE, Martyrdoms, 225–249 (koptischer Text) und 474–496 (englische Übersetzung).

[128] Der Text enthält hier eine Lücke, sodass nicht deutlich wird, was sich im Zwischenraum zwischen den Jahren 4500 und 5500 ereignen soll.

Verwandlung des Teufels in die Schlange (vgl. gLAE 16–17) hin zu der Herrschaft des Todes nach dem Sündenfall (vgl. gLAE 14 und 28).

E. Apokalypse Adams: Diese koptische Schrift aus Nag Hammadi (NHC V,64–85) ist in einer Hs. aus der Mitte des 4. Jhds. n. Chr. enthalten, geht aber auf eine griechische Vorlage zurück, die zwischen dem 1. und dem 4. Jhd. n. Chr. entstanden sein dürfte.[129] Sie enthält verschiedene Offenbarungen Adams an Seth, welche die ursprüngliche Herrlichkeit Adams und Evas und deren Verlust, die Sintflut und das Kommen des Erlösers betreffen. Allerdings verloren Adam und Eva, anders als in LAE, ihre Herrlichkeit schon bei ihrer Erschaffung aus Erde durch den Schöpfergott, der hier, typisch für die Gnosis, vom „ewigen Gott" unterschieden wird. Demnach hat ApkAd mit LAE zwar das Motiv der ursprünglichen Herrlichkeit der Protoplasten gemein, versteht es aber in einem ganz anderen Sinn, sodass die Berührungspunkte mit LAE eher gering sind. Nickelsburg vertrat hingegen die These, dass latLAE 29,2–10 und 49–50 auf eine mit ApkAd gemeinsame Tradition zurückgehen, nämlich ein „apocalyptic testament of Adam" welches von äthHen beeinflusst gewesen sei.[130] Doch erscheint mir dies als wenig wahrscheinlich, da sich einerseits die lateinische Überlieferung als die jüngste unter den bekannten Versionen erweist[131] und 29,2ff. darüber hinaus nicht zum ursprünglichen lateinischen Text gehört haben dürfte. Schließlich scheint mir auch die Annahme Nickelsburgs, dass es sich bei LAE um ein „rewritten testament" handle,[132] nicht haltbar zu sein.[133]

F. Sonstige: Neben den genannten existiert noch eine ganze Reihe weiterer Schriften, die man zur „secondary Adam-literature" rechnen kann. Die meisten davon sind in Armenisch überliefert und dank der Arbeiten von Issaverdens, Preuschen, Lipscomb und Stone auch für Nichtkenner des Armenischen relativ leicht zugänglich.[134] Allerdings können sie hier nicht im Detail

---

[129] Vgl. MACRAE, Apocalypse, 708.
[130] NICKELSBURG, Traditions, 537.
[131] Vgl. dazu Abschnitt 2.2.
[132] Vgl. NICKELSBURG, Traditions, 524.
[133] Vgl. dazu meine Ausführungen in Abschnitt 2.2, vor allem Anm. 67, und Kapitel 4. Zur Kritik an NICKELSBURG vgl. auch DE JONGE / TROMP, Life, 93.
[134] Die folgende Liste geht auf die Angaben bei STONE, History, 101–109 zurück. Nicht enthalten sind aber jene Titel, welche keine selbständige Schrift bezeichnen (wie Nr. 14 oder 23) oder zu den „primary Adam books" gehören. STONE, Apocrypha [B] enthält darüber hinaus weitere, hier nicht aufgeführte Schriften. Die Angaben im Klammern weisen jeweils auf die entsprechenden Übersetzungen hin: Preuschen = E. PREUSCHEN, Die apokryphen gnostischen Adamschriften aus dem Armenischen übersetzt und untersucht, in: Festgruß B. Stade, Gießen 1900, 163–252. Issaverdens = J. ISSAVERDENS, The Uncanonical Writings of the O.T. found in the Armenian Mss. of the Library of St. Lazarus, Venedig 1901. Lipscomb = W. L. LIPSCOMB, The Armenian Apocryphal Adam Literature, Atlanta 1990. Stone 1982 = M. E. STONE, Armenian Apocrypha Relating to

besprochen werden. Um aber die Fülle der oft nur ungenügend beachteten armenischen Adam-und-Eva-Überlieferungen zu verdeutlichen, seien wenigstens die einzelnen Titel kurz aufgeführt.

History of the Creation and Transgression of Adam (Issaverdens, Preuschen, Lipscomb)
History of the Expulsion of Adam from the Garden (Issaverdens, Preuschen, Lipscomb)
History of Abel and Kain (Issaverdens, Preuschen, Lipscomb)
Concerning the Good Tidings of Seth (Issaverdens, Preuschen, Lipscomb)[135]
History of the Repentance of Adam and Eve (Issaverdens, Preuschen, Lipscomb)
Adam's Words to Seth (Issaverdens, Preuschen, Lipscomb, Stone 1982)
Death of Adam (Issaverdens, Preuschen, Stone 1982)
Adam Fragment 1 (Stone 1982)
Adam Fragment 2 (Stone 1982)
Adam Fragment 3 (Stone 1996)
Concerning Adam, His Sons and Grandsons (unveröffentlicht)
The Letter Sent to Adam by God (unveröffentlicht)
Poem on the Fall of Adam (Stone 1996)
The Story of Adam and Eve and the Incarnation (Stone 1996)
Adam and his Grandsons (Stone 1996)
Adam Story 1 (Stone 1996)
Adam Story 2 (Stone 1996)
Questions (Stone 1996)
Hours of the Day and Night (Stone 1982, Stone 1996)

Die biblische Stoff von Adam und Eva wurde bis ins Mittelalter hinein immer wieder aufs Neue bearbeitet, wofür u.a. noch das altirische Werk „Saltair na Rann"[136] oder das „deutsche Adambuch"[137] zu nennen wären.[138] Diese Entwicklung kann hier freilich nicht im Einzelnen verfolgt werden. Worauf es mir ankommt, sind vor allem zwei Dinge:

1. Die so genannte „secondary Adam-literature" zeigt einerseits das Ausmaß der Verbreitung frühjüdischer Traditionen von Adam und Eva in den verschiedensten christlichen Kreisen. Eine direkte literarische Abhängigkeit von LAE lässt sich dabei nur selten nachweisen, dennoch liegt es meines

---

Patriarchs and Prophets, Jerusalem 1982. Stone 1996 = M. E. STONE, Armenian Apocrypha Relating to Adam and Eve, Leiden 1996.

[135] Die ersten vier hier genannten Schriften bilden gemeinsam den „Cycle of Four Works", vgl. dazu LIPSCOMB, Literature, 17–26.

[136] Es wurde von Whitley STOKES herausgegeben („Saltair na Rann", a Collection of Early Middle Irish Poems, Oxford 1883). MURDOCH, Adam weist nach, dass dieses Werk ganz offensichtlich latLAE, eventuell auch gLAE gekannt und verwendet hat (vgl. vor allem a.a.O., 174).

[137] Es wurde von Hans VOLLMER herausgegeben (Ein deutsches Adambuch nach einer ungedruckten Handschrift der Hamburger Stadtbibliothek aus dem XV. Jahrhundert, Hamburg 1908).

[138] Weiteres Material wird bei STONE, History, 84–123 vorgestellt.

Erachtens auf der Hand, dass die späteren christlichen Autoren zumindest ähnliche Traditionen kannten.

2. Es ist aber auch deutlich, wie anders die Christen mit ihrem Stoff umgingen, wie sie Adam in aller Regel in eine Beziehung zu Christus setzten und zuweilen gar zu einer Art Vorläufer Christi werden ließen.[139]

Dass diese Umformungen bereits im Zuge der Überlieferung des LAE selbst begannen, werden die folgenden Kapitel zeigen.[140] Um so wichtiger erscheint es, die frühesten greifbaren Stufen von den späteren abzuheben, denn nur so kann es gelingen, jenen Transformationsprozess, dem die biblische Überlieferung von Adam und Eva auf ihrem Wege vom Judentum zum Christentum unterlag, zumindest ansatzweise zu rekonstruieren. In der vorliegenden Arbeit geht es daher weniger darum, den Weg nachzuzeichnen, den bestimmte Überlieferungen, wie z.B. die erwähnte Prophetie von den 5500 Jahren von Adam bis zum Kommen Christi, später im Christentum nahmen. Vielmehr besteht das Ziel darin, den Ausgangspunkt für solche Überlieferungen ins Auge zu fassen, nämlich die frühjüdischen Anschauungen über Adam und Eva, wie sie sich in den frühesten Schichten des LAE noch deutlich zeigen. Jene frühesten Schichten, die ich in der griechischen Version repräsentiert sehe, herauszuarbeiten und deren theologische Gedankenwelt zu entfalten, darin besteht die Intention der folgenden exegetischen Untersuchungen, denen ich freilich zunächst einen Überblick über die bisherige Forschung voranstelle.

---

[139] Die verschiedenen Formen der Adam-Christus-Typologie untersuchte SIMON, Adam und unterschied zwischen einer negativen (u.a. bei Paulus und Irenäus) und einer positiven Typologie (u.a. in der Schatzhöhle). Letztere sei dadurch gekennzeichnet, dass sie eine gewisse Kontinuität zwischen Adam und Christus annimmt, Christus also zu einer Art „erwachsenem Adam" werde (vgl. a.a.O., 62). Die negative Typologie betont hingegen den Bruch zwischen der adamitischen und der durch Christus bestimmten Existenz. Christus werde hier nicht als Erneuerung oder Vervollkommnung Adams, sondern als „neue Schöpfung" verstanden (a.a.O., 62f.). Für das Aufkommen der positiven Typologie nannte Simon zwei Gründe: a) das Christentum soll auf den Ursprung der Menschheit zurückgeführt werden; b) gnostischen (dualistischen) Spekulationen, wie sie ein negatives Adambild implizieren könnte, soll dadurch gewehrt werden. Allerdings erscheint mir das Schema Simons insgesamt als zu schwarz-weiß gedacht, auch die Typologie der Schatzhöhle hebt ja bestimmte Gegensätze zwischen Adam und Christus (Sünde – Vergebung; Tod – Auferstehung, vgl. das längere Zitat oben) hervor.

[140] Man kann dies z.B. an den Umformungen des Stoffes von gLAE 13 in den anderen Versionen beobachten.

Kapitel 2

Grundprobleme der Forschungsgeschichte

Da es im Folgenden nicht nur um eine Darstellung der verschiedenen Positionen, sondern auch um eine kritische Auseinandersetzung mit den Ergebnissen
der bisherigen Forschung geht, erschien es mir sinnvoll, die Darstellung nach
einzelnen zentralen Problemen zu gliedern, also keine rein chronologische
Verlaufsskizze zu geben. Um den Leserinnen und Lesern aber dennoch die
Einordnung einer bestimmten Position zu Einzelfragen in den größeren Zusammenhang der gesamten Forschungsgeschichte zu ermöglichen, stelle ich
eine zur ersten Information dienende Gesamtübersicht über die verschiedenen
Phasen der Forschung voran. Hinzuweisen ist hier noch darauf, dass be-
stimmte Probleme der Forschungsgeschichte, die speziell die griechische
Version betreffen, in späteren Kapiteln behandelt werden. Das betrifft die
Frage der Einheitlichkeit und der Gattung des gLAE (Kapitel 4) sowie die
Klassifizierung des Handschriftenmaterials (Kapitel 3).

2.1 Die verschiedenen Phasen der Forschung

In Anlehnung an die Darstellung der Forschungsgeschichte zu den Pseudepigraphen des Alten Testaments bei James H. Charlesworth lässt sich die Geschichte der Erforschung des LAE in drei Phasen gliedern.[1]
Phase 1 (Mitte 19. Jhd. – 1913) wurde durch die Editionen Tischendorfs
(gLAE, 1866), Meyers (latLAE, 1878) und Jagićs (slavLAE, 1893) sowie die
darauf aufbauenden kommentierenden Übersetzungen von Fuchs (APAT II,
1900) und Wells (APOT II, 1913) bestimmt. In ihrem Verlauf kam es zu
einem weitgehenden Konsens hinsichtlich der Entstehungsverhältnisse, der
sich ungefähr folgendermaßen beschreiben lässt: gLAE, latLAE und slavLAE
seien als verschiedene Rezensionen eines um die Zeitenwende herum im

---

[1] Vgl. CHARLESWORTH, History, 63–65. CHARLESWORTH sprach allerdings von vier
Phasen, wovon die erste aber hier ohne Bedeutung ist: 1. 1713 – ca. 1850; 2. ca. 1850 –
1913; 3. 1914 – 1969; 4. ab 1970.

Judentum Palästinas[2] entstandenen hebräischen[3] Adambuches[4] zu betrachten, das man aus den vorhandenen Rezensionen relativ problemlos rekonstruieren könne. Hinsichtlich der Frage, welche der Rezensionen jenem Original am nächsten steht, wurde zumeist[5] die griechische favorisiert. Für einen ersten Überblick über jene Phase der Forschung wären schließlich noch die Arbeiten von Erwin Preuschen (1900), Richard Kabisch (1905) und Emil Schürer (1909) zu nennen. Preuschen vertrat die These, dass die armenischen Adamschriften, wozu auch armLAE (Conybeare) gehört, auf gnostischen Ursprung zurückzuführen seien.[6] Kabisch unternahm in Auseinandersetzung mit Preuschen als erster einen ausführlichen Versuch, die Frühdatierung und damit auch die jüdische Herkunft argumentativ abzusichern.[7] Schürer hingegen äußerte starke Zweifel hinsichtlich der Möglichkeit, gLAE als jüdisches Werk zu erweisen.[8] Das wesentliche Verdienst jener ersten Phase der Forschung scheint mir darin zu bestehen, dass die Texte in kritischen Editionen und kommentierten Übersetzungen zugänglich gemacht wurden und dass LAE seitdem seinen festen Platz unter den Pseudepigraphen des Alten Testaments einnimmt.

Phase 2 (bis ca. 1970) bot demgegenüber wenig an eigenständigen Forschungen zu LAE. Vielmehr lag hier der Schwerpunkt auf der Einordnung der in Phase 1 gewonnenen Erkenntnisse in das damalige Gesamtbild des frühen Judentums. Die Beschäftigung mit LAE erfolgte in aller Regel innerhalb von Studien, die sich einem bestimmten Thema der frühjüdischen Religionsgeschichte insgesamt zuwandten, etwa dem jüdischen Hintergrund der neutestamentlichen Sündenlehre (Freundorfer [1927], Brandenburger [1962], Wahle [1971]), der Gottebenbildlichkeit (Jervell [1960]), dem Verständnis des Lebensbaumes (Levin [1960]) oder auch der frühjüdischen Rezeption von Gen 3 im Allgemeinen (Troje [1916], Evans [1968]). Eine Ausnahme bildete allerdings die Dissertation von Hans-Günter Leder (1960), die aber wenig Beachtung fand, weil sie nicht im Druck veröffentlicht wurde. Sie leistete einen eigenständigen Beitrag zur Frage der Datierung, indem sie eine Fülle von neuen Argumenten für die frühe Datierung des LAE bot.[9] An der Arbeit Leders zeigte sich aber auch exemplarisch die besondere Tendenz jener

---

[2] Eine andere Position vertrat in dieser Hinsicht allerdings WELLS, der Alexandrien als Ursprungsort annahm. Dazu mehr in Abschnitt 2.5.2.
[3] Eine andere Haltung nahm wiederum WELLS ein, der von einem griechischen Original ausging. Dazu mehr in Abschnitt 2.3.
[4] Der Name „Leben Adams und Evas" ist in dieser Phase noch wenig gebräuchlich.
[5] Vgl. aber die gegenteilige Position MEYERS (Abschnitt 2.2.2).
[6] Vgl. dazu Abschnitt 2.5.1.
[7] Vgl. dazu Abschnitt 2.4.2.
[8] Vgl. dazu Abschnitt 2.5.2 und 2.5.3.
[9] Vgl. dazu Abschnitt 2.4.2.

zweiten Phase, die sich u.a. auch bei Troje oder Brandenburger erkennen lässt. Sie besteht darin, dass LAE hier weithin mit Hilfe der religionsgeschichtlichen Thesen Boussets und Reitzensteins interpretiert wird, die den so genannten Urmensch-Mythos als Grundlage der „jüdischen Adamspekulation"[10] nachzuweisen versucht hatten.[11] In der jüngeren Forschung werden diese Thesen kaum mehr vertreten.

Phase 3 begann ca. 1970 mit den beiden Dissertationen von Sharpe (1969) und Nagel (1972), die für den griechischen Text neues Handschriftenmaterial erschlossen. Den vier Hss., die Tischendorf einst verwendet hatte, standen jetzt 25 Hss. gegenüber, die ein wesentlich differenzierteres Bild der Textüberlieferung erlaubten.[12] Hinzu kamen die Publikationen zur armenischen und georgischen Version von Stone (1981) und Mahé (1981),[13] die das Spektrum der vorhandenen Textfassungen noch einmal erweiterten. Freilich stellte sich damit die Frage nach dem Verhältnis der verschiedenen Versionen zueinander völlig neu, wobei die Vielgestaltigkeit der Überlieferung zuweilen auch Zweifel daran aufkommen ließ, ob das ursprüngliche LAE aus den verschiedenen Versionen überhaupt noch rekonstruierbar sei (vor allem Stone).[14] Damit war nun aber auch der Effekt verbunden, dass man sich weniger auf das vermeintliche Original als auf die konkreten Versionen konzentrierte. Einzelne Textabschnitte oder Themen aus dem breiten Spektrum der Überlieferung wurden jetzt detaillierter als früher untersucht.[15] Daneben erschien im Zuge der insgesamt verstärkten Beschäftigung mit den Pseudepigraphen eine ganze Reihe neuer Übersetzungen, häufig mit kommentierenden Anmerkungen.[16] Einen wichtigen Meilenstein bildete ferner die kritische Edition des griechischen Textes von Bertrand, auch wenn sie in einigen Punkten zu kritisieren ist.[17] Ein Kennzeichen der dritten Phase bestand nun aber auch darin, dass der frühere allgemeine Konsens hinsichtlich der Entstehungsverhältnisse nicht mehr gegeben war. Die jüdische Herkunft wurde ebenso infrage gestellt wie die Frühdatierung (exemplarisch: de Jonge / Tromp

---

[10] LEDER, Auslegung I, 565 Anm. 1.
[11] Vgl. dazu Abschnitt 2.5.1.
[12] Vgl. dazu Abschnitt 1.2.1 und Kapitel 3.
[13] Vor der französischen Übersetzung MAHÉS blieb der georgische Text, der ja seit 1964 in einer Edition vorlag, wenig beachtet. Vgl. auch Abschnitt 1.2.3 und 1.2.4.
[14] Vgl. dazu Abschnitt 2.2.
[15] Unter anderem wären hier zu nennen: STONE, Fall; DERS., Prediction; DERS., Cheirograph; ANDERSON, Narrative; DERS., Punishment; DERS., Exaltation; DERS., Ezekiel; SHARPE, Adam; PINERO, Angels; LEVISON, Exoneration [A] und [B]; BERTRAND, Destin; TROMP, Issues; DERS., Cain; MEISER, Sünde; DOCHHORN, Adam; JAGER, Eve.
[16] JOHNSON, Life; WHITTAKER, Life; FERNANDEZ MARCOS, Vida; BERTRAND, Vie [B]; ROSSO UBIGLI, Apocalisse; MERK / MEISER, Leben.
[17] Vgl. dazu Abschnitt 1.2.1.

[1997]).[18] Gleichsam als Summe aus dem neuen Interesse an LAE dürfen die allesamt im letzten Jahrzehnt veröffentlichten Arbeiten von Stone,[19] Sweet,[20] Anderson / Stone,[21] de Jonge / Tromp,[22] Merk / Meiser[23] sowie die jüngst erschienenen „Collected Essays" gelten,[24] welche die neuen Einsichten und Fragestellungen bündeln und damit zugleich den Ausgangspunkt für neue Studien markieren.

---

[18] Vgl. dazu die Abschnitte 2.4 und 2.5.

[19] Vgl. STONE, History (1992), der eine umfassende Übersicht über den Bestand der Überlieferung von LAE bis hin zur späteren Adam-und-Eva-Literatur gibt und die Forschungsgeschichte detailliert schildert.

[20] Vgl. SWEET, Study (1993; allerdings nicht im Druck erschienen), die eine detaillierte Untersuchung des religionsgeschichtlichen Materials in gLAE bietet.

[21] Vgl. ANDERSON / STONE, Synopsis (1994), die eine Synopse der fünf der verschiedenen Versionen bieten (griechischer Text nach NAGEL; lateinischer Text nach LECHNER-SCHMIDT; armenischer Text in englischer Übersetzung nach STONE; georgischer Text in französischer Übersetzung nach MAHÉ sowie slavischer Text in deutscher Übersetzung nach JAGIĆ). Eine erweiterte 2. Aufl. erschien dann 1999. Sie enthält alle fünf Versionen in Originalsprache (NAGEL, LECHNER-SCHMIDT, STONE, K'URC'IKIDZE; JAGIĆ) und englischer Übersetzung.

[22] Vgl. DE JONGE / TROMP, Life (1997), die eine gute Einführung in LAE und einige ausgewählte spätere Adam-Schriften geben. In forschungsgeschichtlicher Hinsicht stellt diese Arbeit eine wichtige Ergänzung zu STONE (siehe Anm. 19) dar, da sie auch auf die neuesten Arbeiten hinweist.

[23] Vgl. MERK / MEISER, Leben (1998), die gLAE und latLAE in kommentierter deutscher Übersetzung (mit einer längeren Einleitung zur Originalsprache, Datierung und Herkunft) bieten. Allerdings scheint mir die Arbeit von MERK und MEISER in manchen Punkten korrekturbedürftig zu sein. Dies betrifft die weitgehende Vernachlässigung der armenischen, georgischen und slavischen Überlieferung, die verschiedentlich sehr vage und unbegründet bleibenden Bemerkungen zu den Einleitungsfragen (vgl. nur S. 768: „Der Ort der Entstehung ist offen: Ägypten bleibt eine schwerer zu begründende Vermutung als der palästinische Raum; nicht abwegig ist auch das palästinisch-syrische Grenzgebiet mit seinem jüdisch-hellenistischen Einschlag. Dort wäre auch ein Verständnis [und dessen Ausdeutung] für Buße, Reue, Bußhandlungen in Tigris und Jordan im Bereich der Übersetzung zu erwägen.") oder auch das Fehlen einer ganzen Reihe von neueren Arbeiten im Literaturverzeichnis (zu ergänzen wäre: TURDEANU, Apocryphes; DERS., Vie; LEDER, Auslegung; MAHÉ, Notes; LEVISON, Exoneration [A]; ROSSO UBIGLI, Apocalisse; DIES., Considerazioni; ROMPAY, Memories; SWEET, Study; PINERO, Angels; MARTINEK, Schlange), das im Übrigen das Auffinden von Literaturangaben sehr erschwert. Die Titel sind zwar chronologisch geordnet, sofern ein Autor oder eine Autorin aber mehrere Arbeiten zum Thema veröffentlicht hat, sind diese in der Regel der ersten Veröffentlichung zugeordnet. Man muss also, wenn man die Forschungsgeschichte von STONE (1992) finden will, wissen, dass jener Autor bereits 1981 eine Veröffentlichung zum Thema vorgelegt hat.

[24] G. A. ANDERSON / M. E. STONE / J. TROMP, Literature on Adam and Eve. Collected Essays. Leiden / Boston / Köln 2000 (SVTP 15). Der Band beinhaltet im ersten Teil Aufsätze von STONE und ANDERSON (einige davon bereits früher veröffentlicht), während der zweite Teil auf ein Kolloquium zurückgeht, das im Mai 1998 in Leiden stattfand.

2.2 Das „synoptische Problem" der verschiedenen Versionen

2.2.1 Der Befund

Die Vorstellung der einzelnen Versionen in Kapitel 1 hat gezeigt, dass sie in ihrer Gesamtheit ein äußerst differenziertes Bild ergeben. Über weite Strecken stimmen die Texte zwar überein, daneben gibt es aber auch Material, das nur in einzelnen Versionen enthalten ist. Die folgende Tabelle verdeutlicht diesen komplexen Sachverhalt:

gLAE	*latLAE*	*armLAE (Stone)*	*geoLAE*	*slavLAE*
				1: Adams und Evas Herrschaft über die Tiere im Paradies 2: Adams Vertreibung aus dem Paradies
	1: Adams und Evas Klage 2–4: Adam und Eva suchen nach Nahrung 4–8: Buße Adams und Evas 9–11: Zweite Versuchung Evas 12–17: Geschichte vom Fall Satans 18–21,2: Trennung von Adam und Eva, Adams Fürbitte für Eva			
				2: Adams Traum von der Ermordung Abels
1: Geburt Kains und Abels	21,3–22: Geburt Kains und Abels		3: Geburt Kains und Abels	
2: Evas Traum von der Ermordung Abels	23: Evas Traum von der Ermordung Abels	22: Evas Traum von der Ermordung Abels		
3–4: Ermordung Abels; Geburt Seths	23–24: Ermordung Abels; Geburt Seths		3–4: Ermordung Abels; Geburt Seths	

gLAE	latLAE	armLAE (Stone)	geoLAE	slavLAE
	25–29: Offenbarung Adams an Seth			
5–9: Adams Bericht vom Sündenfall, Aussendung Evas und Seths zum Paradies	30–36: Adams Bericht vom Sündenfall, Aussendung Evas und Seths zum Paradies			5–12: Adams Bericht vom Sündenfall, Aussendung Evas und Seths zum Paradies
10–12: Kampf mit dem wilden Tier	37–39: Kampf mit dem wilden Tier			13–15: Kampf mit dem wilden Tier
13: Bitte um Öl aus dem Paradies	40–43: Bitte um Öl aus dem Paradies			16: Bitte um Öl aus dem Paradies
14: Rückkehr Evas und Seths	44: Rückkehr Evas und Seths			17: Rückkehr Evas und Seths
15–30: Evas Bericht vom Sündenfall und von der Vertreibung aus dem Paradies		44(15–30):[25] Evas Bericht vom Sündenfall und von der Vertreibung aus dem Paradies		18–27: Evas Bericht vom Sündenfall und von der Vertreibung aus dem Paradies
[29: zwei Hss. haben als Zusatz nach 29,7: Adams und Evas Klage nach der Vertreibung; Nahrungssu-				28–29: Adams und Evas Klage nach der Vertreibung 30–32: Nahrungssuche 33–35: Adam verschreibt

---

[25] Da die Kapitelzählung bei STONE sowohl am lateinischen als auch am griechischen Text orientiert ist, zählt er hier 44(15) bis 44(30). Der lateinische Text bietet den Abschnitt nicht, daher bleibt die Zählung bei 44 stehen, während die Angabe in Klammern nach dem griechischen Text zählt.

gLAE	latLAE	armLAE (Stone)	geoLAE	slavLAE
che; zweite (*erfolgreiche*) Versuchung Evas]				sich dem Teufel (Chirographum) 35–37: Buße Adams und Evas 38–39: zweite (hier *erfolglose*) Versuchung Evas
31: Adams letzter Wille	45: Adams letzter Wille			
32: Evas Sündenbekenntnis		45: Evas Sündenbekenntnis		40: Evas Sündenbekenntnis
32: Adams Tod	45: Adams Tod			41: Adams Tod
33–37: Bitte der Engel um Vergebung für Adam; Gott erbarmt sich über Adam	46–47: Bitte der Engel um Vergebung für Adam; Gott erbarmt sich über Adam		46–47: Bitte der Engel um Vergebung für Adam; Gott erbarmt sich über Adam	41–44: Bitte der Engel um Vergebung für Adam; Gott erbarmt sich über Adam
37: Waschung Adams im acherusischen See			47: Waschung Adams im acherusischen See	45: Waschung Adams im acherusischen See
37: Adam wird ins Paradies gebracht	47: Adam wird ins Paradies gebracht			45–46: Adam wird ins Paradies gebracht
38–39: Verheißung an Adam	47: Verheißung an Adam			
40–42: Bestattung Adams und Abels	48: Bestattung Adams und Abels			47: Bestattung Adams und Abels
42–43: Evas Tod und Bestattung	49–51: Evas Tod und Bestattung			48–50: Evas Tod und Bestattung

Die Frage nach dem Verhältnis der verschiedenen Versionen zueinander stellt eines der schwierigsten Probleme der Forschung dar. Gleichwohl muss sie gestellt werden, denn mit ihr ist die Rückfrage nach dem hinter den heute bekannten Versionen stehenden ursprünglichen LAE eng verbunden. Will man auf die Annahme eines solchen nicht gänzlich verzichten,[26] muss die „synoptische Frage" gestellt werden. Mit ihr steht und fällt der Wert dieser Schrift als Quelle für die Theologie des frühen Judentums.

Wie wir gesehen haben,[27] stammen auch die nichtgriechischen Versionen allesamt von einer griechischen Zwischenstufe ab. Das hier zu untersuchende Problem lässt sich daher folgendermaßen beschreiben. Stammen die anderen Texte direkt von der heute vorliegenden griechischen Version ab, die dann im Verlauf der Überlieferung je neu bearbeitet wurde (Benutzungshypothese), oder existierten verschiedene griechische Textfassungen nebeneinander? Wenn letzteres zutrifft, gab es dann eine gemeinsame (durchgehende) Vorlage für die Versionen (Urerzählungshypothese), oder handelt es sich um eigenständige Kompositionen auf der Basis gemeinsamer Einzeltraditionen (Fragmentenhypothese)?[28]

2.2.2 Die Urerzählungshypothese

Mit dem Begriff Urerzählungshypothese bezeichne ich das Lösungsmodell, das die einzelnen Versionen als voneinander unabhängige Bearbeitungen eines ursprünglichen Werkes betrachtet. Die wichtigsten Vertreter dieser Hypothese sind Meyer, Fuchs, Stone, Mahé und Anderson, deren Positionen im Folgenden kurz vorgestellt werden sollen.

Wilhelm Meyer[29] (1878) schloss aus der Beobachtung, dass gLAE und latLAE ungefähr in der Hälfte ihres Materials übereinstimmen: „Hier muss also von beiden ein und dieselbe Schrift benützt sein."[30] Das getreuere Bild jenes „ursprünglichen Adambuches"[31] biete die lateinische Fassung.[32] Meyer arbeitet hier freilich nach meinem Eindruck mit einem subjektiven Urteil, wenn er den Charakter von gLAE 31–42 als „rhetorisch und überschwäng-

---

[26] Ein Urteil in dieser Frage vermieden z.B. LEDER, Auslegung, 581 oder HARNISCH, Verhängnis, 68 Anm. 2; vgl. auch SCHÜRER, Geschichte III, 399 und ROST, Einleitung, 116.

[27] Vgl. dazu die Vorstellung der Versionen in Abschnitt 1.2.

[28] Die Begriffe sind aus der Forschungsgeschichte zu den synoptischen Evangelien entlehnt und werden hier verwendet, weil sie für das Verständnis der Problematik hilfreich sein können. Vgl. auch den Überblick über die verschiedenen Lösungsversuche bei STONE, History, 61–70.

[29] Die Position MEYERS wurde übernommen von BOUSSET / GRESSMANN, Religion, 23.

[30] Vgl. MEYER, Vita, 198.

[31] A.a.O., 205.

[32] Vgl. a.a.O., 205–207.

lich", den von latLAE 45–48 dagegen als „mässig und verständig" bezeichnet.[33] Dieses Kriterium kann schwerlich über die Priorität einer bestimmten
Fassung entscheiden. Ebensowenig zwingend sind die anderen Argumente,
die Meyer angeführt hat.

1. Das Fehlen von latLAE 1–21 und 49f. in gLAE zeige, dass Letzteres nur Bruchstück
eines größeren Ganzen sei.
2. Das Fehlen von gLAE 15–29 (ein Stück, das Meyer für ursprünglich hält) in latLAE
könne als bewusste Auslassung verstanden werden.
3. Der Schlussteil von latLAE werde verschiedentlich durch TestAd (gegen gLAE) gestützt.

Anders als Meyer urteilte *C. Fuchs* (1900),[34] der im griechischen Text das
ursprüngliche LAE treuer bewahrt sah.[35] Folgende Argumente sprechen nach
Fuchs für diese Annahme:

1. Das Fehlen von gLAE 15–30 in latLAE sei mit absichtlicher Auslassung zu erklären, da
einzelne Bestandteile jenes Abschnitts in latLAE an anderer Stelle begegnen.[36] Darüber
hinaus sei die Aufforderung zur Rede Evas in latLAE 44 stehen geblieben.
2. Der slavische Text zeige, dass die Erzählung von der Buße Adams und Evas (latLAE
1–11) ihren ursprünglichen Sitz hinter gLAE 29 hatte,[37] wohin sie auch gut passe. Das
Fehlen von latLAE 12ff. im slavischen Text lasse sich mit absichtlicher Auslassung in
slavLAE erklären, sodass der Abschnitt wohl auch im ursprünglichen Text gestanden
habe.
3. latLAE 18–23 lasse sich als Erweiterung von gLAE 1–2 verstehen, ebenso wie latLAE
25–29 wohl aus gLAE 3 erwachsen sei. Schließlich lasse sich auch die Christusverheißung
in latLAE 42 als Überarbeitung von gLAE 13 verstehen.

Auch wenn also nicht alle Bestandteile des ursprünglichen Textes in gLAE
vorhanden seien (latLAE 1–17), so biete der griechische Text dennoch ein
getreueres Bild der „vielfach dunklen Vorlage".[38] Allerdings nahm Fuchs
nicht an, dass latLAE den uns bekannten griechischen Text direkt verwende-

---

[33] A.a.O., 206.

[34] Vgl. FUCHS, Leben, 508f.

[35] Für die Priorität der griechischen Version sprachen sich neben den noch zu nennen-
den Vertretern der Benutzungshypothese auch folgende Autoren aus: J. LICHT, Art. Adam
and Eve, book of the life of, EJ 2, 246f.; ERFFA, Ikonologie, 252; SCHÜRER, History III/2,
757f. („... the Greek reflects the earliest form of the narrative. The Latin and the Slavonic
are best understood as additions to the Greek form of the story." Dies könnte freilich auch
im Sinne der Benutzungshypothese verstanden werden.). TROJE, Adam, 7f. Anm. 1
betrachtete den „mehrfach erwähnte(n), aber verlorene(n) βίος 'Αδάμ" (vgl. dazu Anm.
141) als Grundschrift für gLAE, latLAE und slavLAE.

[36] Vgl. gLAE 15 mit latLAE 32 und gLAE 29 mit latLAE 49.

[37] Vgl. JAGIĆ, Beiträge, 41–49, zustimmend dazu SCHÜRER, Rezension zu JAGIĆ, ThLZ
16 (1893), 398–399.

[38] FUCHS, a.a.O., 509.

te, was der unter 2.2.3 zu besprechenden Benutzungshypothese entspräche. Vielmehr war er der Meinung, dass latLAE als „Übersetzung einer der Apk. M. parallelen Rezension des ‚Lebens Adams und Evas'" zu gelten habe.[39]

Wiederum eine andere Position vertrat *Michael E. Stone* (1981),[40] der meinte, „that in a number of places the *Penitence of Adam* preserves readings preferable to those of *Apocalypse of Moses* or *Vita Adae et Evae*."[41] Er versuchte dies mit einer Reihe von Beispielen zu belegen, die in den Einzelexegesen diskutiert werden sollen, sofern sie gLAE betreffen.[42] Die meisten seiner Beobachtungen betrafen allerdings das Verhältnis des armenischen Textes zur lateinischen Version, vor allem zur Bußerzählung in latLAE 1–11 und zur Christusverheißung in latLAE 42.[43] Und in dieser Hinsicht lässt sich in der Tat an mehreren Punkten die Priorität der armenischen Version erkennen,[44] womit aber nicht gesagt ist, dass Gleiches auch im Hinblick auf die griechische Version zutrifft.

Ähnlich wie Stone urteilte *J.-P. Mahé* (1983), der armLAE (Stone) und geoLAE gemeinsam als die besten Repräsentanten des ursprünglichen LAE verstand. Allerdings betrafen seine Beobachtungen vor allem das Verhältnis von armLAE (Stone) und geoLAE[45] und bieten keine ausreichende Begründung für die These, dass beide Versionen zusammengenommen ursprünglicher seien als gLAE. Sein Urteil „c'est le géorgien, corrigé à l'aide de l'arménien confirmé par le grec ou par le latin, qui permet de connaître le mieux la *Vie* apocryphe d'Adam et Eve"[46] kommt daher am Ende seiner Untersuchung nach meinem Eindruck ziemlich unvermittelt.

In einem jüngst erschienen Aufsatz hat sich schließlich auch *Gary A. Anderson* (2000) für die Priorität der armenischen und georgischen Textfassung ausgesprochen.[47] Sein Hauptargument bestand darin, dass armLAE (Stone) / geoLAE 1–21 (keine Parallele in gLAE) gemeinsam mit armLAE

---

[39] FUCHS, a.a.O., 507.

[40] Vgl. STONE, Penitence [B], X–XV.

[41] STONE, a.a.O., X.

[42] Vgl. dazu die Abschnitte 7.2.6 und 8.3.6.

[43] Vgl. zu Ersterer STONE, a.a.O., XVIf., zu Letzterer hingegen DERS., a.a.O., XIV–XVI.

[44] Vgl. dazu auch die Analyse der Bußerzählung von ANDERSON, Narrative. Für die Priorität des armenischen Textes gegenüber dem lateinischen sprachen sich auch DE JONGE / TROMP, Life, 37–40 aus.

[45] Vgl. dazu Abschnitt 1.2.4. MAHÉ versuchte, den armenischen Text mit Hilfe des georgischen zu verbessern und umgekehrt.

[46] MAHÉ, Notes, 65.

[47] Vgl. ANDERSON, Form.

(Stone) / geoLAE 32–34 (vgl. gLAE 7–8) ein kohärentes Ganzes bilde, was in der griechischen Überlieferung so nicht mehr gegeben sei.[48]

2.2.3 Die Benutzungshypothese

Anders als die Urerzählungshypothese betrachtet die Benutzungshypothese die einzelnen Versionen nicht als unabhängig voneinander, sondern geht davon aus, dass der griechische Text von den anderen benutzt wurde. Ihre wichtigsten Vertreter sind Marcel Nagel, Marinus de Jonge und Johannes Tromp sowie Otto Merk und Martin Meiser.

Marcel Nagel (1972): In seine umfangreiche Untersuchung des handschriftlichen Materials der griechischen Version bezog Nagel auch die anderen Textfassungen mit ein[49] und kam zu dem Ergebnis, dass diese sich gut in das von ihm entwickelte Stemma[50] der griechischen Handschriften einordnen lassen. slavLAE entspreche weithin der griechischen Textfamilie II (= gLAE II),[51] während latLAE und geoLAE als zu gLAE II / slavLAE parallele Bearbeitungen der Textfamilie Ib (= gLAE Ib) zu betrachten seien.[52] Beide Überlieferungsstränge enthalten nämlich die spezifischen Lesarten von gLAE Ib, unterscheiden sich voneinander aber vor allem in der Stellung der Bußerzählung.[53] Den Umstand, dass diese innerhalb der verschiedenen Textfassungen variiert, erklärte Nagel damit, dass gLAE II / slavLAE und latLAE /

---

[48] Beide Abschnitte seien „as a coherent and unified literary unit" zu betrachten (a.a.O., 230). Vor allem das Motiv der Unkenntnis Adams über die verbotene Tat sowie der Umstand, dass die Strafe erst außerhalb des Paradieses wahrgenommen wird, verbinde beide Teile miteinander (a.a.O.,218). Allerdings sind verschiedene Details der Argumentation ANDERSONS nach meinem Eindruck nicht überzeugend: 1. Von einer „abrupt departure" (a.a.O., 218) Adams aus dem Paradies wird in LAE nirgends berichtet (vgl. hingegen gLAE 27–29 par.); 2. Adam weiß sehr wohl um seine eigene Schuld und Verantwortlichkeit (vgl. gLAE 27,2 par.); 3. Man kann gLAE 8 par. schwerlich von gLAE 24–26 par. trennen, sodass es kaum zutrifft, dass die Strafen Gottes nach der Übertretung Adams und Evas erst außerhalb des Paradieses wahrgenommen werden; 4. gLAE 8,1 lässt sich meines Erachtens nicht als sekundär erweisen (so ANDERSON, a.a.O., 218 [Anm. 8] und 222 [„the biblical picture of God descending to the Garden to interrogate Adam and Eve and then punish them is ignored"]). Schließlich spricht auch der synoptische Vergleich von gLAE 7–8 und den armenischen und georgischen Parallelen für die Priorität des griechischen Textes (vgl. dazu Abschnitt 8.2.6).
[49] armLAE (Stone) kannte er allerdings noch nicht.
[50] Vgl. dazu Kapitel 3.
[51] Vgl. NAGEL, Vie I, 90–112.
[52] Zum Ganzen vgl. NAGEL, Vie I, 90–211. Ausdrücklich wendet sich NAGEL gegen die Urerzählungshypothese: „Cela exclut toutes les hypothèses qui regardaient les textes grec et latin comme indépendants l'un vis-à-vis de l'autre et comme transmettant parallèlement une tradition plus ancienne" (a.a.O., 114).
[53] Die Erzählung von der Buße Adams und Evas wird in gLAE II wie in slavLAE im Anschluss an Kapitel 29 geboten.

geoLAE unabhängig voneinander eine Überlieferung verwendeten, die offenbar gemeinsam mit gLAE im Umlauf war.[54] armLAE (Conybeare) hingegen ordnete Nagel der Textfamilie IIIa zu.[55]

Marinus de Jonge und Johannes Tromp (1997)[56] folgten Nagel weitgehend, ergänzten dessen Thesen aber in der Hinsicht, dass sie den Nagel selbst noch unbekannten Text armLAE (Stone) mit geoLAE auf eine Stufe stellten und latLAE als nochmalige Bearbeitung der Vorlage von armLAE (Stone) / geoLAE betrachteten.[57] Das Hauptargument beider Autoren bestand darin, dass sich im armenischen und georgischen Text erkennen lasse, wie jene den zum Teil unklaren griechischen Text zu verbessern versuchten.[58] Der lateinische Text hingegen sei so gründlich überarbeitet, dass er ganz offenkundig einer späteren Überlieferungsstufe angehöre.[59]

Nagels Position wurde auch von *Otto Merk und Martin Meiser* (1998) rezipiert und in deren fünfstufiges Modell des Überlieferungsprozesses integriert:[60]

Stufe 1: Am Anfang standen verschiedene einzelne Adamüberlieferungen nebeneinander, wie z.B. zwei verschiedene Sündenfallerzählungen und eine Erzählung von der Buße Adams und Evas.
Stufe 2: Diese Einzelüberlieferungen wuchsen zu größeren Einheiten zusammen, wie sie sich z.B. heute in gLAE 5–13 oder in gLAE 15–30.33–34 finden.
Stufe 3: Aus diesen größeren Einheiten entstand schließlich die heutige Fassung des gLAE, allerdings ohne 13,3b–6 (so die Autoren, richtiger wohl: 13, 3b–5 [vgl. dazu Abschnitt 8.3]) und die christliche Schlussdoxologie.[61]

---

[54] Vgl. NAGEL, Vie I, 114f.
[55] Vgl. a.a.O., 237–254.
[56] Vgl. DE JONGE / TROMP, Life, 28–44.
[57] Vgl. a.a.O., 44.
[58] Die Autoren verweisen hier auf die Parallelen zu gLAE 7,2; 13,3b–5; 16,2–3 und 26,2–3.
[59] Vgl. a.a.O., 37: „it is highly plausible that the Latin is the result of a thorough redaction." In einem jüngst erschienenen Aufsatz hat M. DE JONGE diese Position noch einmal ausführlich dargestellt (vgl. DE JONGE, Development), ohne allerdings wesentlich neue Argumente anzuführen.
[60] Vgl. MERK / MEISER, Leben, 761–763. Die Autoren bieten zur Begründung ihres Modells eine ganze Reihe von Einzelbeobachtungen an den Texten (vgl. 758–761), auf die hier nicht im Einzelnen eingegangen werden kann. Freilich wird in der Einzelexegese zumindest teilweise darauf zurückzukommen sein. Vgl. aber auch Abschnitt 4.1.2.
[61] Ob die Schlussdoxologie in ihrer ältesten Form tatsächlich christlich ist, erscheint mir allerdings zweifelhaft (vgl. Anm. 224). Darüber hinaus bleiben hier insgesamt einige Punkte unklar: Zum einen sprechen die Autoren davon, dass die Textfamilien gLAE Ia, Ib und III sowie (in Nähe zu III) die Vorläufer von armLAE (Stone) auf diese Stufe gehörten (762). Hier kann es sich nur um eine Verwechslung von armLAE (Stone) und armLAE (Conybeare) handeln, denn der bei NAGEL zur Familie III gerechnete armenische Text ist kein Vorläufer des armLAE (Stone), sondern eine armenische Übersetzung der grie-

Stufe 4:[62] Hier kommen zwei Möglichkeiten infrage, entweder sukzessives Weiterwachsen eines Überlieferungsstranges[63] oder unabhängige Bearbeitung einer gemeinsamen Vorlage durch gLAE II einerseits und latLAE / armLAE (Stone) / geoLAE andererseits, wobei einerseits gLAE 29,7ff., andererseits latLAE / armLAE (Stone) / geoLAE 1–21 hinzugekommen wäre.

Stufe 5: Der griechische Text, der dann die Vorlage für latLAE bildete, wurde schließlich noch einmal überarbeitet.[64]

Wird der Entstehungsprozess des LAE hier über die griechische Version hinaus zurückverfolgt, so sprechen meines Erachtens allerdings gewichtige Gründe gegen ein zunächst blockweises Zusammenwachsen einzelner Überlieferungen, wie Merk und Meiser es für die zweite Stufe annehmen.[65] Ferner ist es nicht sicher, dass die von den Autoren angenommenen kleineren Erzählblöcke gleichsam bereits als fertige Textbausteine vorlagen.[66] Auf die Problematik der Einheitlichkeit wird in Kapitel 4 zurückzukommen sein.

---

chischen Version. Zwischen beiden Texten ist deutlich zu unterscheiden (vgl. Abschnitt 1.2.3). Ferner nehmen die Autoren an, dass auf der gleichen Stufe „ein Vorläufer der heutigen lateinischen Vita Adae ... die nichtchristlichen Traditionsstoffe von VitAd 25–29,1*; 49–50 integriert" habe (ebd.). Wie soll man sich das vorstellen, wenn doch die Autoren für die nächste Stufe von einer gemeinsamen Vorlage für latLAE / armLAE (Stone) / geoLAE ausgehen? Erst dort ist ja die Bußerzählung hinzugekommen, die alle drei Versionen an der gleichen Stelle bieten. Der armenische und der georgische Text müsste dann (auf der vierten Stufe) die auf der dritten Stufe empfangenen Stoffe von latLAE 25–29,1 und 49–50 bewusst ausgelassen haben und wäre auf der fünften Stufe von latLAE erneut bearbeitet worden (Tilgung von gLAE 15ff. und Kürzung von gLAE 31–43, vgl. a.a.O., 763). Oder es müsste verschiedene Vorlagen für latLAE und geoLAE / armLAE (Stone) gegeben haben, die dann erstaunlicherweise die Bußerzählung an der gleichen Stelle einfügten? Beide Varianten erscheinen als sehr unwahrscheinlich.

[62] Die Zählung bei MERK / MEISER endet bei der dritten Stufe, gleichwohl gibt es zwei weitere, die von mir als vierte und fünfte gezählt werden.

[63] Zuerst kam gLAE 29,7–13 hinzu (gLAE, Textfamilie II), später gelangte dieser Abschnitt an den Anfang der Erzählung (latLAE 1–10), schließlich kam (3.) der Stoff von latLAE 18–21 und zuletzt (4.) der Stoff von latLAE 11–17 hinzu. Auf diese (griechische) Fassung würden dann die Übersetzungen ins Armenische, Georgische und Lateinische zurückgehen.

[64] Vgl. die Anmerkung zu Stufe 3.

[65] Vgl. dazu Abschnitt 4.1.

[66] Die Autoren lassen uns im Unklaren darüber, wie sie sich diese „viele(n) Adamüberlieferungen nebeneinander" (Leben 761) genau vorstellen. Lagen sie in mündlicher oder schriftlicher Form vor? Entsprechen sie weitgehend der heute vorliegenden Gestalt innerhalb des Gesamttextes oder wurden sie von den Redaktoren der Stufen 2 und 3 bearbeitet? MERK / MEISER weisen lediglich darauf hin, dass der Rahmen offen bleiben müsse, „innerhalb dessen diese Überlieferungen tradiert wurden" (a.a.O., 762).

Insgesamt lässt sich sagen, dass die Benutzungshypothese das am häufigs-ten vertretene[67] Erklärungsmodell darstellt. Meines Erachtens bietet sie auch tatsächlich die plausibelste Lösung. Bevor ich allerdings meine eigene Positi-on in dieser Frage darlegen werde, ist zunächst noch die Fragmentenhypo-these vorzustellen.

2.2.4 Die Fragmentenhypothese

Während die beiden bereits besprochenen Lösungsversuche vor allem die Übereinstimmungen zwischen den Versionen erklären, betont die Fragmen-tenhypothese, die vor allem von *John R. Levison* (1988) vertreten wurde, gerade die Eigenheiten der jeweiligen Textfassungen.[68] Sie geht davon aus, dass diese in je eigener Weise vorliegende Überlieferungen aufnahmen und nach ihrer individuellen Zielsetzung zusammenfügten: „Each redactor combi-nes the unique and synoptic material according to a particular *Tendenz.*"[69] Ausdrücklich widersprach Levison daher der Ansicht Meyers, dass gLAE und latLAE von einer gemeinsamen Vorlage abhängig seien, da diese These die Differenzen zwischen beiden Texten vernachlässige.[70] Die Fragmentenhypo-these kann allerdings ihrerseits die Tatsache nur schwer erklären, dass alle Versionen eindeutig einer gemeinsamen Rahmenhandlung folgen und darüber hinaus oft wörtlich übereinstimmen. Ferner bleibt sie genauere Auskünfte

---

[67] Weitere Vertreter der Benutzungshypothese sind WELLS (vgl. Books, 128f.), LEDER (vgl. Auslegung, 584), DENIS (vgl. Introduction [A], 4f.) und NICKELSBURG (vgl. Tradi-tions, 524f.). Letzterer geht von einer testamentarischen Erzählung über Adams Tod und Begräbnis als Grundlage der verschiedenen Versionen aus, die nach Meinung des Autors nachträglich mit dem theologischen Interesse an der Erlösung Adams verbunden worden sei. Dieses „rewritten testament" werde entweder von gLAE oder armLAE (Stone) re-präsentiert, während latLAE eindeutig später sei. Allerdings griffen die späteren Be-arbeiter z.T. auf unabhängiges Traditionsgut zurück. Andere tendieren auch zur Benut-zungshypothese, erlauben sich aber (zumindest hinsichtlich der lateinischen Version) kein eindeutiges Urteil, vgl. SHARPE, Prolegomena I, 204–223 (besonders 222: latLAE könnte auch direkt vom ursprünglichen LAE abhängen), WHITTAKER, Life, 143 und JOHNSON, Life, 251. Sehr im Bereich des Allgemeinen verbleibt BERTRAND, Vie [A], 23, wenn er feststellt, dass alle anderen Versionen auf die eine oder andere griechische Rezension zurückgehen, wobei die Abhängigkeit stärker oder schwächer sein könne.

[68] Vgl. neben den im Folgenden zitierten Aussagen LEVISONS auch HALFORD, Vita, 419, die sich allerdings nicht explizit zum Verhältnis der verschiedenen Versionen zueinander äußert, sondern an der Vielgestaltigkeit der lateinischen Überlieferung inter-essiert ist. Aber ihr Urteil „each manuscript can be seen as containing the sum of what was known about Adam and Eve at a particular time and place" (ebd.) tendiert deutlich in Richtung der Fragmentenhypothese.

[69] LEVISON, Portraits, 164; vgl. auch DERS., Art. Adam and Eve, Life of, AncBibDic 1, 64–66, 65.

[70] Vgl. LEVISON, Portraits, 163. LEVISON hat in diesem Werk nur die griechische und die lateinische Version berücksichtigt.

darüber schuldig, wie man sich die einzelnen Überlieferungen, die dann von den Redaktoren verbunden worden sein sollen, genau vorzustellen hat.[71] Sie scheint mir daher von den drei genannten Lösungsvorschlägen am wenigsten plausibel zu sein.

2.2.5 Resümee

Scheidet die Fragmentenhypothese aus den oben genannten Gründen als geeignetes Erklärungsmodell aus, so verbleibt die Alternative Urerzählungs- oder Benutzungshypothese.[72] Erstere ist vor allem von dem (zweifellos berechtigten) Anliegen bestimmt, den vorliegenden Texten ihr eigenes Recht zu geben und deren Interpretation nicht von vornherein durch die Vorgabe einer bestimmten Wertigkeit (ursprünglich oder weniger ursprünglich) zu beeinträchtigen.[73] Vor allem gilt dies hinsichtlich der in der Forschung oft vernachlässigten armenischen, georgischen und slavischen Versionen. Mit welchem Recht werden beispielsweise bei Merk und Meiser lediglich die Texte von gLAE und latLAE geboten, wo doch gerade die lateinische Textfassung von den Autoren selbst als die jüngste und am meisten überarbeitete verstanden wird?[74] Dem griechischen oder auch dem lateinischen Text kommt nicht von vornherein eine größere Bedeutung zu als den übrigen Versionen.[75] Die in der vorliegenden Arbeit unternommenen exegetischen Studien sind daher nicht von der ungefragt vorausgesetzten Annahme der Priorität des griechischen Textes bestimmt. Vielmehr versuchen sie zuallererst dem methodischen Grundprinzip gerecht zu werden, dass ein Text in erster Linie aus sich selbst heraus zu verstehen ist. Der synoptische Vergleich ist demgegenüber nachgeordnet und erfolgt jeweils am Ende der Auslegung.

---

[71] Vgl. dazu auch die Kritik in Anm. 66.

[72] Vgl. DE JONGE, Development, 239: „The nature of the parallels makes it likely that the sections in which they occur are in one way or another dependent - on each other or on a written source that is no longer known."

[73] Der Forderung STONES „the various versions must be studied first of all in their own terms and their particular concerns and interests should be isolated by a progress of comparison, without any preconceptions about which version is most primitive and which derivatory" (History, 62) ist ohne Abstriche zuzustimmen (ähnlich DE JONGE, Development, 240).

[74] Vgl. dazu das oben dargestellte Stufenmodell.

[75] Vgl. auch DE JONGE / TROMP, Life, 30, die sich trotz ihrer Bevorzugung der Benutzungshypothese gegen das Prinzip der „graeca veritas" aussprechen, welches die griechische Überlieferung von vornherein als höherwertig einstuft.

Ohne nun die Details der Einzelexegesen bereits vorwegnehmen zu wollen, sind es folgende Gründe, die mich dennoch zur Bevorzugung der Benutzungshypothese veranlassen:[76]

1. An vielen Stellen lässt sich nachweisen, dass die anderen Versionen bestimmte schwer verständliche oder in irgendeiner Weise als unbefriedigend empfundene Stellen des griechischen Textes zu verbessern suchen.[77]

2. Die anderen Versionen enthalten bestimmte Bestandteile, die im Kontext der griechischen Textüberlieferung eindeutig als sekundär zu betrachten sind.[78]

3. Anders als die übrigen Versionen enthält der griechische Text in seiner ursprünglichen Gestalt keinen einzigen Hinweis auf spezifisch christliches Gedankengut.

4. Der griechische Text enthält kein Sondergut, sondern hat in jedem Abschnitt mindestens zwei der anderen Versionen zur Seite.

Abschließend sind nun aber noch zwei mögliche Missverständnisse hinsichtlich meiner Argumentation zu benennen. Erstens schließt es die Benutzungshypothese nicht aus, dass auch solches Material, das nicht in der ältesten Version enthalten war, auf alte Überlieferungen zurückgehen kann. Zweitens ergibt sich aus der Annahme, dass der griechische Text von den anderen Versionen benutzt wurde, nicht automatisch, dass er der ältesten Überlieferungsstufe entstammt. Obgleich ich davon ausgehe, dass der griechische Text tatsächlich weitgehend die älteste Fassung des LAE widerspiegelt, ergibt sich dies nicht zwangsläufig aus der Bevorzugung der Benutzungshypothese. Vielmehr muss dazu noch die Frage der Originalsprache (Abschnitt 2.3) sowie der literarischen Einheitlichkeit der griechischen Version (Kapitel 4) geklärt werden.

2.3 Originalsprache

2.3.1 Die beiden in der Forschung vertretenen Grundpositionen

Wurde das ursprüngliche „Leben Adams und Evas" in einer semitischen Sprache (Hebräisch oder Aramäisch) oder in Griechisch verfasst? Mit dieser Frage beschäftigte sich die Forschung immer wieder, wobei eine klare Ten-

---

[76] Freilich gilt auch weiterhin das Urteil DE JONGES (Development, 240): „There is still much to be done in the analysis of the history of the traditions incorporated in one or more versions of the *Life of Adam and Eve* ...“

[77] Beispiele dafür sind die Identifizierung des Tieres von gLAE 10–12 mit der Schlange in latLAE und mit dem Satan in armLAE (Stone) oder der Versuch, das Verhältnis von Schlange und Satan in der armenischen und georgischen Parallele zu gLAE 17,1–2 präziser zu bestimmen. Vgl. dazu die Abschnitte 6.2.6 und 7.2.6.

[78] Vgl. dafür die Überlieferung vom Bethaus Adams in der lateinischen und georgischen Parallele zu gLAE 5,3, die auf eine Erweiterung des griechischen Textes in Ib und R zurückgeht (mehr dazu in Abschnitt 8.2.6).

denz von der früheren Mehrheit für die zuerst genannte Position hin zu der heute wesentlich häufiger zu findenden gegenteiligen Annahme zu erkennen ist. Unbestritten ist dabei, dass die griechische Version, die ja von vielen als die älteste unter den heute bekannten Versionen betrachtet wird, eine ganze Reihe von Hebraismen enthält. Die Frage besteht vielmehr darin, ob man diese zwangsläufig als Belege für eine semitische Originalsprache anzusehen hat. Dass in diesem Falle zugleich ein äußerst starkes Argument für die jüdische Herkunft des LAE (oder zumindest einzelner Traditionen daraus)[79] gewonnen wäre, liegt auf der Hand. Freilich spricht die Annahme eines griechischen Originals nicht notwendigerweise für das Gegenteil. Bevor ich die einzelnen Hebraismen im griechischen Text im Detail vorstelle und beurteile, seien hier zunächst die Vertreter beider Positionen und der Verlauf der Forschung kurz vorgestellt.

Die These, dass LAE ein ursprünglich hebräisches Werk gewesen sei, wurde erstmals von Wilhelm Meyer vertreten, allerdings weniger anhand von sprachlichen, als vielmehr auf der Basis inhaltlicher Kriterien.[80] Zeitlich nahezu parallel hatte Hort allerdings die These vertreten, dass LAE aufgrund der zahlreichen Anklänge an die Sprache des NT wohl in Griechisch verfasst worden sei.[81] Gegen Hort wandte sich wiederum Ginzberg, der darauf verwies, dass die vermeintlichen christlichen Elemente und Anspielungen auf das Neue Testament sich auch aus jüdischen Traditionen erklären ließen, und selbst wenn sie christlich seien, würde dies nichts beweisen, da es nicht überraschend wäre, christliche Anklänge in einer Schrift zu finden, die unter Christen weit verbreitet war.[82] Während also auch Ginzbergs Argumente für ein semitisches Original vor allem inhaltlicher Natur waren, wies Fuchs erstmals auf eine ganze Reihe von Hebraismen im griechischen Text hin, die für hebräischen Ursprung sprächen, auch wenn sich andererseits Anklänge an die Septuaginta finden ließen.[83] Eine ausführliche Liste von Hebraismen legte schließlich Sharpe in seiner Dissertation vor[84] und weitere fügte Lachs[85]

---

[79] So betrachtete z.B. Le Hir, Ètudes II, 116 die Hebraismen im griechischen Text als einen Beleg dafür, dass der nach seiner Meinung christliche Autor mit jüdischen Traditionen vertraut gewesen sei.

[80] LAE sei als ein vorchristliches, jüdisches Werk zu betrachten, weil es frei von jeglicher Polemik sei, Verwandtschaft mit Josephus erkennen lasse und ferner in ganz verschiedene Richtungen weitergewirkt habe (Koran, arabisches Adambuch, Nikodemusevangelium u.a.; vgl. Meyer, Vita, 205).

[81] Vgl. F. J. A. Hort, Art. Adam, Books of, DCB I, 34–39, 39.

[82] Vgl. L. Ginzberg, Art. Adam, book of, JE 1, 179–180, 180.

[83] Vgl. Fuchs, Leben, 511.

[84] Vgl. Sharpe, Prolegomena I, 113–139.

[85] Vgl. Lachs, Observations.

hinzu.[86] Von einem griechischen Original gingen demgegenüber vor allem Wells,[87] Bertrand[88] und de Jonge / Tromp[89] aus, zum Teil allerdings unter Annahme der Verwendung hebräischer oder aramäischer Quellen. Eine Sonderposition nahm entsprechend der von ihm vertretenen Fragmentenhypothese Levison ein, der meinte, dass die Autoren von latLAE und gLAE verschiedene Quellen – z.T. hebräische/aramäische, z.T. griechische – verwendeten.[90] Als nicht abschließend geklärt wurde die Frage schließlich von Stone betrachtet, der die Argumente für ein semitisches Original einer kritischen Prüfung unterzogen hat.[91]

2.3.2 Die Hebraismen im griechischen Text

Bevor ich bestimmte Wendungen im Einzelnen vorstelle, die man im Verlauf der Forschung auf semitischen Einfluss zurückgeführt hat, verweise ich zunächst auf einige allgemeine Merkmale des Textes, aus denen man zuweilen semitischen Ursprung abgeleitet hat:

1. Parataktisches καί[92]
2. Koordination zweier Imperative (vgl. z.B. gLAE 16,1 und 21,1)[93]

---

[86] Für ein semitisches Original votierten ferner: KABISCH, Entstehungszeit, 111; COUARD, Anschauungen, 14; NEUMARK, Geschichte I/2, 307–313 (teilweise Rückübersetzung ins Hebräische); J. B. FREY, Art. Adam (Livres apocryphes sous son nom), DBS 1 101–134, 105; J. KAUFMANN, Art. Adambuch, EJ(D) 1, 788–792, 789; TORREY, Literature, 131–133; LODS, Histoire, 925; KAHANA, Sefarim I, 2; ANDREWS, Introduction, 73; EISSFELD, Einleitung, 863; ROST, Einleitung, 114; P. SCHÄFER, Art. Adam II, TRE 1, 424–427, 425; CHARLESWORTH, Pseudepigrapha [A], 74; JOHNSON, Life, 251; FORSYTH, Enemy, 228; ERFFA, Ikonologie, 255f.; PINERO, Angels, 191; J. H. CHARLESWORTH, Art. Pseudepigraphen des Alten Testaments, TRE 27, 639–645, 640.

[87] Vgl. WELLS, Books, 128–130.

[88] Vgl. BERTRAND, Vie [A], 26–28.

[89] Vgl. DE JONGE / TROMP, Life, 66f. Die Argumentation lässt sich folgendermaßen zusammenfassen: Die Sprache des gLAE sei genuines (wenn auch schlechtes) Griechisch, und auch alle anderen Versionen stammten von griechischen Vorlagen ab. Ferner bestünde keine Notwendigkeit, zum besseren Verständnis des griechischen Textes auf die Annahme einer semitischen Vorlage zurückzugreifen. Die vermeintlichen Hebraismen schließlich seien nicht aussagekräftig genug. „We may conclude, that it is safe to assume that GLAE was originally written in Greek" (67). Zur Annahme eines griechischen Originals vgl. ferner WHITTAKER, Life, 142 und DENIS, Introduction [A], 7.

[90] Vgl. LEVISON, a.a.O. (Anm. 69), 65.

[91] Vgl. dazu STONE, History, 46–53. SCHÜRER, History III/2, 759; NICKELSBURG, Bible, 116 und MERK / MEISER, Leben, 768 lassen die Frage ebenfalls offen. Zu verweisen ist schließlich auf B. J. BAMBERGER, Art. Adam, Books of, IDB I, 44–45, 44, der feststellt: „the theory that there was once a single Hebrew or Aramaic Adam book ... can hardly be proved or disproved."

[92] SHARPE, Prolegomena I, 116–120.

[93] Vgl. SHARPE, a.a.O., 122.

3. Häufige Voranstellung des Prädikats[94]
4. Parallelismus membrorum (vgl. gLAE 24–26 und 39)[95]
5. ἐν τῷ + Infinitiv (vgl. z.B. 15,2 und 18,3)[96]
6. Substantiv + ἐν ᾧ (vgl. z.B. gLAE 9,3 und 22,2)[97]
7. Pleonastisches Partizip (z.B. gLAE 21,4 ἀποκριθεὶς εἶπεν u.ä.)[98]

All die genannten Merkmale des griechischen Textes lassen sich freilich auch im biblischen Griechisch nachweisen und sprechen daher nicht notwendigerweise für ein semitisches Original.[99] Die Frage lautet demnach, ob es bestimmte einzelne Begriffe und Wendungen in gLAE gibt, die sich am plausibelsten mit der Annahme einer Übersetzung aus dem Hebräischen oder Aramäischen erklären lassen würden.

1. ἀμιλαβές (1,3): Lachs hat die These vertreten, dass dieser sonst nicht belegte Name für Abel auf eine fehlerhafte Wiedergabe des hebräischen מעיל לבש (= der das Gewand anzieht) oder מעילי לבש (= der mein Gewand anzieht) zurückzuführen sei.[100] Dies hat aber weder irgendeinen Anhalt am Text, noch ist es in sprachlicher Hinsicht überzeugend.[101] Eine andere, nicht weniger hypothetische Erklärung bot Ginzberg, der meinte, dass in der Vorlage המחבל (der Zerstörte) gestanden habe.[102]
2. ὀργῆς υἱός (3,2): Sharpe vermutete hier im Hintergrund die hebräische Wendung בן־קנאת, worin ein Wortspiel mit dem Namen קין zu sehen sei.[103] Stone verwies allerdings auf die gegenüber dem Hebräischen invertierte Wortstellung, die gegen die Annahme einer Übersetzung spreche.[104] Insgesamt lässt sich sagen, dass auch dieser Hebraismus nicht mehr als die semitische Färbung des griechischen Textes belegt.[105]

---

[94] Vgl. SHARPE, a.a.O., 124f.
[95] Vgl. SHARPE, a.a.O., 125–127.
[96] Vgl. FUCHS, Leben, 511 und SHARPE, a.a.O., 130f.
[97] Vgl. FUCHS, ebd und SHARPE, a.a.O., 132f.
[98] Vgl. SHARPE, a.a.O., 133f.
[99] Man vergleiche nur die entsprechenden Stellen bei BLASS / DEBRUNNER / REHKOPF, Grammatik; zur koordinierenden Satzstruktur im NT § 458,1; zur Koordination zweier Imperative § 462; zur Voranstellung des Verbs § 472,1; zum pleonastischen Partizip §§ 419f.; zu ἐν τῷ + Inf. § 404. Die Kenntnis der Form des Parallelismus darf man wohl in erster Linie auf die Vertrautheit mit der Sprache des Alten Testaments zurückführen (vgl. gLAE 24–26 mit Gen 3,14–19). Die Wendung Substantiv + ἐν ᾧ ist mit STONE, History, 49 als „good Greek" zu betrachten. Auch FUCHS, Leben, 511 räumt ein, dass jene Hebraismen „an und für sich nur für die Abkunft des griechisch Schreibenden" sprächen.
[100] Vgl. LACHS, Observations, 173.
[101] Zur Kritik vgl. STONE, History, 50.
[102] Vgl. GINZBERG, Legends V, 135 Anm. 8. TROMP, Cain, 280–282 betrachtete ἀμιλαβές als „misreading of αἷμα τοῦ Ἄβελ in 2:2" (281).
[103] Vgl. SHARPE, a.a.O., 129.
[104] Vgl. STONE, History, 47.
[105] Vgl. ähnliche Wendungen in Lk 10,6; Joh 17,12 oder 1 Thess 5,5.

3. ἀπὸ προσώπου (8,1):[106] Dass damit hier das hebräische מפני in der Bedeutung von „wegen" wiedergegeben sein soll, wie Sharpe meinte, erscheint mir abwegig. Nichts spricht gegen die näher liegende Übersetzung „vor (meinem) Angesicht".

4. ἐκ τῶν ζιζανίων τοῦ 'Αδάμ (16,3): S. Lachs[107] vertrat die These, dass der griechische Übersetzer hier fälschlicherweise אדם statt אדמה gelesen habe, da der Text ansonsten schwer verständlich sei. Die Schlange befinde sich ja bereits außerhalb des Paradieses und könne deshalb wohl schwerlich vom „Unkraut Adams" essen. Dagegen spricht aber 15,3, wonach sich die Schlange in dem Bereich des Paradieses befindet, den Adam bewachte.[108] Allerdings scheint 16,3 („wie auch wir ... hinausgeworfen wurden") auf den ersten Blick das Gegenteil zu besagen. Meines Erachtens lässt sich das Problem aber dadurch lösen, dass man dem Satan in 16,3 eine bewusste Verdrehung der Tatsachen unterstellt. Er versucht mit dem „wir" die Schlange auf seine Seite zu ziehen.[109]

5. θανάτῳ ἀποθανεῖσθε (17,5):[110] Zwar ist auch hier semitischer Einfluss unverkennbar, die Stelle entspricht aber sehr genau dem Sprachgebrauch der Septuaginta (vgl. z. B. Gen LXX 3,4).

6. ζῇ ὁ θεός (18,1):[111] Auch diese Wendung ist in anderen griechischen Texten belegt: Amos 8,14 LXX; 1Klem 58,2.[112]

7. ἤνοιξα δὲ καὶ εἰσῆλθεν (19,1) ist kein Semitismus im eigentlichen Sinne. Die Argumentation von Lachs, der hier eine Konjektur vorschlug, gründete aber auf der Annahme einer semitischen Vorlage. Er meinte, dass in jener Vorlage nicht ואפתח (ich öffnete aber), sondern ואפתה (ich ließ mich aber bereden) gestanden habe.[113] Allerdings ist nicht zu sehen, weswegen der Text einer solchen Konjektur bedürfen sollte.[114] Das Verb ἤνοιξα ist so zu verstehen, dass Eva der Schlange den Zugang zum weiblichen Teil des Paradieses ermöglicht.

8. ἰός (19,3) und κεφαλή (19,3 Var): Fuchs[115] vermutete hier ein hebräisches Wortspiel in der Vorlage: ראש (ἰός) – ראשית (κεφαλή). Abgesehen davon, dass κεφαλή in textkritischer Hinsicht kaum ursprünglich ist,[116] verwies Stone[117] darauf, dass sich ἰός schwerlich als Übersetzung von ראש betrachten lässt, jedenfalls würde dies nicht dem Sprachgebrauch der LXX entsprechen.

9. λόγοι παρανομίας (21,2): Fuchs[118] vermutete hier דברי בליעל als Vorlage. Zu beachten ist allerdings, dass ein solcher Genitivus qualitatis anstelle eines Adjektivs für das neutestamentliche Griechisch durchaus nichts Ungewöhnliches ist.[119]

---

[106] Vgl. SHARPE, a.a.O., 137f.

[107] Observations, 174f.

[108] Darauf verweist auch STONE, History, 51.

[109] Vgl. dazu die Auslegung von gLAE 15–21.

[110] Vgl. SHARPE, a.a.O., 128 und SWEET, Study, 16, die allerdings selbst nicht von einem semitischen Original ausgeht.

[111] Vgl. FUCHS, Leben, 511.

[112] Vgl. STONE, History, 48.

[113] Vgl. Observations, 175f.

[114] Mit STONE, History, 51 Anm. 30.

[115] Leben, 511.

[116] Vgl. dazu Abschnitt 7.2.1.

[117] History, 49.

[118] Leben, 511.

[119] Vgl. BLASS / DEBRUNNER / REHKOPF, Grammatik, § 165.

10. ἔση ἐν ματαίοις (25,1): Fuchs nahm an, dass die auf den ersten Blick schwer verständliche Wendung durch eine Verwechslung von חבל (= Wehen, Schmerzen) und הבל (= Hauch, Nichtigkeit) entstanden sei. Diese Korrektur erweist sich freilich als sachlich unnötig.[120]

11. ἀνὰ μέσον σοῦ καὶ ἀνὰ μέσον ... (26,4):[121] Auch diese Wendung kann mit dem Hinweis auf die wörtliche Entsprechung zu Gen 3,15 LXX hinreichend erklärt werden.

12. Ἰαήλ (29,4; 33,5):[122] Auch der Gottesname Ἰαήλ muss nicht gegen Griechisch als Originalsprache sprechen, Stone verwies zu Recht darauf, dass vor allem Gottes- und Engelsnamen leicht in andere Sprachen übergehen können.[123]

13. ἰδοὺ ἐγώ (41,1):[124] Zwar mag diese Wendung ursprünglich auf das hebräische הנני zurückgehen, sie ist aber auch für griechische Schriften nicht ungewöhnlich.[125]

14. ἀλληλουϊά (43,4):[126] Das hebräische הללו־יה (= preiset JHWH) ist zur Zeit des zweiten Tempels bereits in die griechische Sprache eingedrungen, wie sowohl das Neue Testament (Offb 19,1–6) als auch die jüdisch-hellenistische Literatur (u.a. Tob 13,18 und 3Makk 7,13) zeigen. Es kann daher nicht als Beleg für eine semitische Vorlage dienen.[127]

2.3.3 Resümee

Man kann die im Verlauf der Forschung beobachteten (tatsächlichen oder vermeintlichen) Hebraismen in zwei Gruppen aufteilen. Gruppe 1 beinhaltet all jene Stellen im griechischen Text, die zweifellos eine gewisse semitische Färbung erkennen lassen. Sie sind allerdings sämtlich auch in Schriften zu belegen, die nachweislich in griechischer Sprache verfasst wurden. Hebraismen solcher Art bezeugen daher in erster Linie den Einfluss des Hebräischen auf die griechische Sprache sowohl der neutestamentlichen wie auch der griechisch schreibenden jüdischen Autoren und können für gLAE keine hebräische Vorlage nachweisen. Bei der zweiten Gruppe handelt es sich hingegen um jene Stellen, zu deren Erläuterung oder gar Korrektur die Annahme einer semitischen Vorlage herangezogen wurde, welche der Übersetzer dann missverstanden hätte. Diese vermeintlichen Hebraismen erweisen sich allerdings bei Lichte besehen allesamt als unnötige Versuche der Textverbesserung.

---

[120] Für eine ausführliche Diskussion dieses Problems (mit den entsprechenden Literaturhinweisen) vgl. die Textrekonstruktion zu gLAE 22–26 (Abschnitt 8.4.1).

[121] Vgl. SHARPE, Prolegemona I, 136.

[122] Vgl. FUCHS, Leben, 511; SHARPE, a.a.O., 136.

[123] Vgl. STONE, History, 46.

[124] Vgl. FUCHS, Leben, 511 und SHARPE, a.a.O., 136.

[125] STONE, History, 48 verweist auf Mt 10,16; 11,10 und Acta 9,21.

[126] Vgl. FUCHS, Leben, 511.

[127] SHARPE, a.a.O., 138 betrachtet schließlich noch die Wendung εἰς τέλος (19,1) als einen Hebraismus. Allerdings erscheint mir seine Argumentation wenig plausibel, und die Lesart erweist sich darüber hinaus textkritisch als sekundär. Vgl. auch Joh 13,1, wo die gleiche Wendung begegnet.

Daher ist mit Michael E. Stone festzuhalten, dass die oben vorgestellten Argumente für ein semitisches Original unserer Erzählung ein solches nicht wirklich nachzuweisen vermögen, wenn auch ein gewisses semitisches Kolorit unverkennbar ist.[128] Freilich wäre damit noch nicht die gegenteilige Annahme eines griechischen Originals bewiesen. Dass jene aber dennoch die besseren Argumente für sich hat, dafür scheinen mir folgende Gründe zu sprechen:

1. Zwar lässt sich bei Schriftzitaten oder Anspielungen auf biblische Texte nicht immer sicher entscheiden, ob hier der hebräische Text oder die Septuaginta verwendet worden ist, doch scheinen mir die Indizien für Letzteres gewichtiger zu sein. Das Verhältnis zur Septuaginta wird in den Einzelexegesen an verschiedenen Stellen untersucht (vgl. 7.2.4.A; 7.3.3.C; 8.4.4.A; 9.3.4.A; 9.5.4.A).

2. In traditionsgeschichtlicher Hinsicht lässt gLAE eine enge Vertrautheit mit der Gedankenwelt des griechisch schreibenden Diasporajudentums erkennen. Für die Details ist hier freilich auf die jeweiligen traditionsgeschichtlichen Untersuchungen zu den einzelnen Textabschnitten zu verweisen, sodass einige Beispiele genügen müssen: Die Gottesprädikationen „Vater des Alls" und „Vater der Lichter" (Abschnitt 6.3.4.C) sowie das Verständnis des Todes als Trennung von Leib und Geist (Abschnitt 9.4.4) sind auf griechischen Einfluss zurückzuführen. Gleiches gilt für die Waschung Adams im acherusischen See (Abschnitt 6.3.4.F) oder die Versiegelung des Grabes Adams (Abschnitt 9.5.4.C). Bedeutsam ist in diesem Zusammenhang auch die sehr enge Verwandtschaft mit dem in Alexandrien entstandenen slavischen Henochbuch.[129] Freilich sind auf diesem Gebiet weitere Detailstudien nötig, bevor eine abschließende Antwort gegeben werden kann.

3. Dazu passt, dass bestimmte für gLAE wichtige Begriffe – wie ἄνοδος (13,6) oder συγχώρησις (37,6) – in den biblischen Schriften gänzlich fehlen, aber aus der griechischen Literatur bekannt sind.[130]

4. Da die oben aufgeführten Anzeichen semitischen Einflusses auf die Sprache der griechischen Version sich nicht von anderen ähnlichen Merkmalen semitischer Prägung in der frühjüdischen und frühchristlichen griechischen Literatur unterscheiden, besteht kein textimmanenter Grund, von dem vorhandenen griechischen Text ausgehend nach einer semitischen Vorlage zu fragen.[131]

---

[128] STONE, History, 46: „Our conclusion is that the arguments adduced so far do not demonstrate that the original was Hebrew or Aramaic."

[129] Für Beispiele vgl. Anm. 163.

[130] Darauf weist SWEET, Study, 16 hin; ähnlich BERTRAND, Vie [A], 26f.

[131] Vgl. auch DE JONGE, Development, 239: „there seems to be agreement among scholars ... that there is no reason to suppose that this Greek original was translated from a Hebrew or Aramaic *Vorlage*."

2.4 Datierung

2.4.1 Vorbemerkungen

Hinsichtlich der Datierung des LAE kreist die Diskussion im Wesentlichen um die Alternative Frühdatierung (1. Jhd. v. – 2. Jhd. n. Chr.) oder Spätdatierung (2. – 7. Jhd. n. Chr.).[132] Dabei besteht das Problem für eine frühe Ansetzung vor allem darin, dass sich äußere Indizien nicht benennen lassen.[133] Zu diesem Befund gelangt eine Durchsicht der infrage kommenden externen Faktoren für die Datierung:

Die *handschriftliche Überlieferung* fällt für die Frühdatierung als Hilfestellung aus. Die älteste lateinische Hs. entstammt dem 8. oder 9. Jhd.,[134] die älteste griechische dem 11. Jhd.,[135] während die Hss. der übrigen Versionen noch später anzusetzen sind. Es wurden allerdings verschiedene Versuche unternommen, den Übergang vom Griechischen ins Armenische oder Georgische zeitlich zu bestimmen. Für armLAE (Conybeare) vermutete Preuschen, dass es zusammen mit den anderen von ihm als gnostisch betrachteten Adamschriften um 360 von einem gewissen Eutaktus nach Armenien gebracht worden sei,[136] was aber wenig überzeugend ist, da die Gnosishypothese sich für armLAE (Conybeare) nicht halten lässt.[137] Conybeare nahm an, dass die Übersetzung des griechischen Textes ins Armenische auf jeden Fall vor 1000, vielleicht sogar im 5./6. Jhd. anzusetzen sei.[138] Für die georgische Version setzte K´urc´ikidze die Vorlage vor dem 10. Jhd. an, während Mahé sogar bis in die Zeit vor 607 zurückging.[139] Alles in allem gelangt man anhand der handschriftlichen Überlieferung lediglich zu einem ziemlich späten terminus ad quem, der auf jeden Fall vor 800, eventuell schon vor 600 liegt.

---

[132] Eine gute Einführung in die Problematik gibt STONE, History, 53–58.

[133] Vgl. MERK / MEISER, Leben, 764f. und DE JONGE / TROMP, Life, 76: „there is no ‚hard‘ evidence by which to date GLAE" (Letztere betrachten gLAE als älteste Version).

[134] Jene Handschrift enthält neben latLAE und anderen Texten ein Stück, das von Hieronymus, einem Sohn Karl Martells, geschrieben worden sein soll und demnach zwischen 730 und 740 zu datieren wäre. Eventuell könnte es sich bei der Hs. aber auch um eine spätere Kopie handeln, da das Schriftbild nach MEYER eher für eine Datierung ins 9. Jhd. oder später zu sprechen scheint (vgl. MEYER, Vita, 218f.).

[135] Eventuell existiert eine noch ältere Hs., und zwar aus dem 10. Jhd. Sie war allerdings bislang nicht verfügbar. Vgl. dazu Abschnitt 3.1.

[136] Vgl. PREUSCHEN, Adamschriften, 247–252.

[137] Vgl. dazu Abschnitt 2.5.1.

[138] Vgl. CONYBEARE, Apocalypsis, 216.

[139] Vgl. dazu Abschnitt 1.2.4.

B. Externe Bezeugung: Zwar wird ein „Buch Adams" bzw. „Buch des ersten Menschen" in der rabbinischen Literatur gelegentlich erwähnt,[140] und auch die christliche Literatur der Antike und des Mittelalters kennt verschiedene Bücher, die mit Adam und Eva im Zusammenhang stehen.[141] Keines

---

[140] *b BM 85b–86a*: „Samuel der Kalenderkundige war der Arzt Rabbis.... Einst bemühte sich Rabbi ihn zu ordinieren. Es gelang ihm aber nicht. Da sprach jener: Mag der Meister sich weiter nicht bemühen. Ich sah das Buch Adams, des ersten Menschen, und in diesem steht geschrieben: Samuel der Kalenderkundige wird Weiser heißen, Rabbi aber wird er nicht heißen. Durch ihn wird die Heilung Rabbis erfolgen."; *b San 38b*: „So sagte Resch Lakisch: Es heißt, das ist das Buch über die Nachkommen Adams; dies bedeutet, daß der Heilige, gepriesen sei er, ihm jedes Zeitalter und seine Weisen zeigte ..."; *ExR 40* (Wünsche, 282): „Er (= Gott; Th.K.) brachte das Buch des ersten Menschen und zeigte ihm (= Mose; Th.K.) darin alle Geschlechter, welche einst von Anfang der Schöpfung bis zur Totenauferstehung erstehen würden, ein jedes Geschlecht mit seinen Königen, Führern und Propheten."; *GenR 24* (Wünsche, 110): „Als der Mensch noch als bloßer Stoff vor dem Schöpfer lag, zeigte derselbe ihm schon alle künftigen Geschlechter mit ihren Weisen, Gelehrten und Führern s. das. 139, 16, wo der Sinn ist: dem Stoffe welchen deine Augen sahen, waren schon seine künftigen Geschlechter im Buche des ersten Menschen aufgezeichnet d. i. im Buche der Geschlechterfolge Adams."; vgl. auch *b AZ 5a*: „Resch Lakisch sagte: Es heißt: Das ist das Buch über die Nachkommen Adams (Gen 5,1). Hatte denn Adam ein Buch? Dies will lehren, daß der Heilige, gebenedeit sei er, Adam dem Urmenschen jedes Zeitalter und seine Gelehrten, jedes Zeitalter und seine Weisen, jedes Zeitalter und seine Leiter zeigte."

[141] *A. Zeugnisse ohne konkrete Titelangabe:* Apostolische Konstitutionen VI 16,3 καὶ ἐν τοῖς παλαιοῖς δέ τινες συνέγραψαν βιβλία ἀπόκρυφα Μωυσέως καὶ 'Ενὼχ καὶ 'Αδάμ, 'Ησαίου τε καὶ Δαυὶδ καὶ 'Ηλίου καὶ τῶν τριῶν πατριαρχῶν, φθοροποιὰ καὶ τῆς ἀληθείας ἐχθρά (zitiert nach STONE, History, 75); Verzeichnis der 60 kanonischen Bücher (vgl. SCHÜRER, Geschichte III, 358f. und LÜDTKE, Beiträge, der verschiedene slavische Redaktionen dieser Liste untersucht); armenisches Kanonverzeichnis des Mkhitar (1222–1307): „These are the books which the Jews have in Secret"[:] „Of Adam, Of Enoch, Of the Sibyl, The XII Patriarchs, The Prayer of Joseph, The Assumption of Moses, Eldad and Modad, The Psalms of Solomon, The Apocrypha (or: Hidden Things) of Elijah, The Seventh Vision of Daniel" (STONE, Lists, 290f.); Suidae Lexicon (hrsg. v. A. ADLER, Teil I, Leipzig 1928, 44) τούτου (= 'Αδάμ; Th. K.) προφητεῖαι, ἱερουργίαι καὶ καθαρισμοὶ καὶ νόμοι γραπτοί τε καὶ ἄγραφοι.

B. Zeugnisse, die einen bestimmten Titel angeben:

1. *Leben Adams:* bei Synkellos, Ekloge 4,21f., 4,23 sowie 5,26 (ὁ λεγόμενος βίος 'Αδάμ) sowie in einem Brief des heiligen Euthymius von Iviron (TARCHNISVILI / ASSFALG, Geschichte, 333).

2. *Adamapokalypse:* Barn 2,10 (Randnotiz in Codex H: ἐν ἀποκαλύψει 'Αδάμ; vgl. WENGST, Barnabasbrief, 143 Anm. 28); Epiphanius Panarion 26,8,1 („ἀποκαλύψεις δὲ τοῦ 'Αδὰμ ἄλλα λέγουσιν"); Kölner Mani-Codex (P. Colon. inv. n. 4780; ediert von A. HENRICHS und L. KOENEN, ZPE 19 (1975), 1–85) 48 (= S. 49) [οὕτ]ῳ πρῶτο[ς ὁ] Αδαμ [...] ωτ[] εἶπεν [τῆι ἀποκαλύψει] αὐτοῦ). Manche wollen auch Kedrenos Synopsis 17,18f.: 'Αδὰμ τῷ ἑξακοσιοστῷ ἔτει μετανοήσας ἔγνω δι' ἀποκαλύψεως als einen Hinweis auf eine Apokalypse Adams verstehen (vgl. z.B. JAMES, Apocrypha, 2f.).

dieser Zeugnisse lässt sich aber mit einiger Wahrscheinlichkeit auf LAE beziehen.[142] Für die genannten Stellen aus der rabbinischen Literatur ist es sogar fraglich, ob sie überhaupt ein bestimmtes literarisches Werk im eigentlichen Sinne bezeichnen.[143] Wenig hilfreich sind für die Frühdatierung auch die späteren Adamschriften, welche zum Teil literarisch von LAE abhängig zu sein scheinen. So bietet beispielsweise die in Abschnitt 1.3 erwähnte armenische „History of the Repentance of Adam and Eve" (= Repentance)[144] eine sehr enge Parallele zu gLAE 10–12,[145] die man mit gutem Grund als eine „free and abbreviated adaption" der griechischen Fassung betrachten kann.[146]

3. *Buße Adams*: DecrGel Kap. 5, 6,2 (S. 53): „Liber qui appelatur paenitentia Adae, apocryphus". Die armenische Chronik des Samuel von Ani (13. Jh.) bezeugt, dass unter den Büchern, die nestorianische Missionare 590 nach Armenien brachten, eine Schrift solchen Namens war. Allerdings heißt sie in einer anderen Handschrift „Testament Adams" (vgl. STONE, History, 77; zum „Testament Adams" siehe 4.).
4. *Testament Adams*: Chronik des Samuel von Ani (siehe unter 3.); Transitus Mariae (ediert und übersetzt von A. SMITH LEWIS, Apocrypha Syriaca, London 1902 [StSin 11]): „And the Magi came and brought the offerings, and they brought the testament of Adam with them. And from the testament of Adam all mankind have learnd to make testaments ..." (SMITH LEWIS, Apocrypha, 41; vgl. ROBINSON, Testament, 12 und 149f.) Bei der letztgenannten Stelle ist freilich ziemlich unsicher, ob es sich tatsächlich um ein Buch mit dem Titel „Testament Adams" handelte.
5. *Testament der Protoplasten*: Anastasius Sinaita, In Hexaemeron 7,895 (PG 89, S. 967): „Unde Hebraei ex libro qui non est redactus in Canonem, qui quidem dicitur Testamentum protoplastorum, dicunt quadragesima die ingressum esse Adam in paradisum."
C. Sonstige: Josephus (nicht Flavius Josephus), Hypomnesticon, Kap. 15 bezeichnet Adam als einen Propheten, der allerdings keine Schriften hinterlassen habe (PG 106, Sp. 26: Τίνες δὲ γεγόνασιν ἄλλοι προφῆται, οἱ μὴ ἐν γράμμασιν αὐτῶν καταλείψαντες τὰς προφητείας. α, Ἀδάμ [...]). Vgl. noch DecrGel Kap. 5, 4,7 (S. 52): „Liber de filiabus Adae Leptogeneseos".
[142] Vgl. BERTRAND, Vie [A], 29. FÜRST verstand gLAE als ein Bruchstück aus dem apokryphen Buch Adams, wobei er offenbar an das in der rabbinischen Literatur erwähnte Adambuch dachte. DOBSCHÜTZ, Decretum, 304 versuchte, die im Gelasianischen Dekret erwähnte „Paenitentia Adae" (Kap. V, 6.2) mit latLAE zu identifizieren. Der Titel „Buße Adams" sei „offenbar ein *a parte potiore*-Titel für die sonst Leben Adams genannte Schrift, als deren Hauptinhalt die 40-tägige Buße im Wasser des Jordans erscheint."
[143] Vgl. STONE, History, 79: [It] „has nothing to do with Adam, but is a heavenly book of genealogies."
[144] Nicht zu verwechseln mit der „Penitence of Adam" (Abschnitt 1.2.3).
[145] Nach der Zählung LIPSCOMBS handelt es sich um die Kapitel 87–91, nach der Zählung PREUSCHENS um Kapitel 10.
[146] So bei LIPSCOMB, Literatur, 75. LIPSCOMB (a.a.O., 75–80) nennt noch weitere Stellen, die eine Abhängigkeit von gLAE (in armenischer Übersetzung) erkennen lassen: Repentance 32–33 (vgl. gLAE 2), Repentance 82–85 (vgl. gLAE 31).

Allerdings ist diese Schrift erst zwischen dem 8. und 14. Jhd. n. Chr. entstanden.[147]

C. *Anspielungen auf historische Personen, Ereignisse oder Orte:* Auch in
dieser Hinsicht ist aus den Versionen des LAE keine Hilfe zu erwarten. Zwar
meinte Wilhelm Bousset, dass man in latLAE 29,6 „et exaltabitur novissime
domus dei major quam prius" eine Anspielung auf den herodianischen Tempel
erkennen könne und LAE daher „in die Zeit zwischen Herodes Tempelbau
und der Zerstörung zu datieren" sei.[148] Aber dieses Argument ist nicht haltbar, auch wenn es immer wieder Zustimmung fand.[149] Denn erstens ist diese
Stelle textkritisch unsicher, da sie nicht in allen Rezensionen der lateinischen
Version begegnet,[150] und zweitens hat man Bousset zu Recht entgegengehal-
ten, dass latLAE 29,4ff. sich eher auf den eschatologischen als auf den histo-
rischen Tempel beziehe.[151]

Die Frage, der im Folgenden nachzugehen ist, lautet demnach, auf welche
anderen Argumente sich die Frühdatierung stützen kann (2.4.2), oder ob man
nicht eher den Argumenten für die Spätdatierung (2.4.3) folgen sollte.

2.4.2 Argumente für die Frühdatierung

A. *Wilhelm Meyer (1878):* Während Tischendorf in seiner Edition des
griechischen Textes nur lapidar festgestellt hatte, dass dieser ungefähr um die
Geburt Christi herum anzusetzen sei,[152] war Meyer der erste, der eine ausführliche Begründung für die Frühdatierung des „Lebens Adams und Evas"
lieferte. Dabei bestimmte er zunächst den Terminus ad quem, in dem er
herausarbeitete, dass sowohl das „arabische Adambuch" (= äthAdam) und
Mohammed als auch das griechische Nikodemusevangelium bestimmte Überlieferungen mit LAE teilten, aber eindeutig auf einer späteren Überlieferungsstufe anzusetzen seien.[153] Weiter zurück gelangte er dann durch die Beobachtung, dass LAE ungefähr „parallel mit den Recognitionen des Clemens und

---

[147] Vgl. LIPSCOMB, Literature, 36–38.

[148] Vgl. BOUSSET / GRESSMANN, Religion, 23.

[149] Vgl. u.a. H. RINGGREN, Art. Adambücher, BHH 1, 25; BAMBERGER, a.a.O. (Anm.
91), 45; EISSFELD, Einleitung, 864; ROST, Einleitung, 116; KLIJN, Seth, 16; ERFFA,
Ikonologie, 255f.; TORREY, Literature, 133; LODS, Histoire, 925; COUSIN, Sépulture, 385;
JOHANNSON, Parakletoi, 82.

[150] MEYER, Vita, 230f. betrachtet die Stelle als sekundär.

[151] Vgl. STONE, History, 56.

[152] Vgl. TISCHENDORF, Apocalypses, Xf.

[153] Vgl. MEYER, vita, 198–205. Der Vergleich von latLAE 1–11 und äthAdam S. 32–33
zeige, dass der lateinische Text die Sage viel reiner erhalten habe. Die Tradition vom Fall
Satans (latLAE 12–17) habe Mohammed aus der jüdischen Tradition entlehnt, ebenso wie
die Sage von der Engelsgestalt Satans (gLAE 17) und die Überlieferung von einem Tempel
Adams (gLAE 5,3, dort allerdings nur in einer Variante). Schließlich sei Kap. 19 des
griechischen NikEv auf gLAE 13 zurückzuführen.

dem Josephus" stehe.[154] Schließlich verwies Meyer darauf, dass LAE „frei von Polemik gegen Juden, Christen oder Heiden" sei[155] und gelangte vor allem anhand dieses letzten Kriteriums zu dem Urteil, dass LAE „in der Zeit vor dem Aufkommen des Christentums entstanden" sein müsse.[156]

   B. Richard Kabisch (1905): Waren es für Meyer im Wesentlichen zwei Kriterien, die für die Frühdatierung des LAE in Anschlag zu bringen seien, nämlich der Vergleich mit besser datierbaren Schriften sowie das Fehlen jeglicher Hinweise auf spezifisch christliches Gedankengut, so ließ sich auch Kabisch in seiner Studie zur Entstehungszeit der griechischen Version von diesen beiden Kriterien leiten. Er verwies darauf, dass in gLAE jeglicher Bezug auf Christus und dessen Erlösungswerk fehle, obwohl es einige passende Gelegenheiten dafür gegeben hätte.[157] Daneben brachte er weitere Beobachtungen zum Verhältnis des gLAE zu anderen Schriften in die Diskussion ein. Er nahm an, dass gLAE vor 4Esr (um 100 n. Chr.) entstanden sein müsse, da letztere Schrift sich nicht mehr mit der „einfach legendarische[n] Behandlung dieser Stoffe" (womit u.a. das Thema des „bösen Herzens" in gLAE 13,5 gemeint ist) zufrieden gebe.[158] Darüber hinaus sei Paulus in 2 Kor 12,1–4 durch gLAE beeinflusst, da sich die Lokalisierung des Paradieses im dritten Himmel innerhalb der apokalyptischen Literatur nur dort finde.[159] Eine weitere Bezugnahme des Paulus auf Traditionen aus gLAE sei schließlich in 2 Kor 11,14 zu finden, wo von der Verwandlung des Satans in einen Engel gesprochen wird (vgl. gLAE 17).[160] Im Ergebnis kam Kabisch zu dem Urteil, dass wenigstens der Grundstock des gLAE „um die Zeit Christi vorhanden gewesen" sein dürfte.[161]

   C. Auch bei *L. S. A. Wells* (1913) finden wir die gleichen Argumentationslinien wieder. Er führte drei Argumente für die Frühdatierung an: Spezifisch christliche Elemente seien nicht erkennbar (a), der allgemeine Charakter sei vorrabbinisch (b), und die theologischen Anschauungen passten gut in die Gedankenwelt des frühen Judentums (c).[162] Hervorzuheben ist dabei, dass Wells, wenn ich recht sehe, als erster auf die enge Verwandtschaft mit dem

---

[154] MEYER, Vita, 205. Die Argumente sind folgende: Josephus beziehe sich in Ant I,2 auf die gleiche Tradition wie latLAE 49–50, während Recogn I,45 mit gLAE 13 auf eine gemeinsame Tradition zurückgehe.

[155] MEYER, Vita, 205.

[156] Ebd.

[157] Vgl. KABISCH, Entstehungszeit, 124f. Vor allem in gLAE 13; 28 oder 37 hätte ein Hinweis auf Christus nahe gelegen.

[158] Vgl. a.a.O., 132.

[159] Vgl. a.a.O., 133f.

[160] Vgl. a.a.O., 134.

[161] Ebd.

[162] Vgl. WELLS, Books, 126.

slavischen Henochbuch hingewiesen hat, die in der Tat mit Händen zu greifen ist und in den Einzelexegesen immer wieder zu Tage treten wird.[163] Vor allem aufgrund der Nähe zu slHen votierte Wells für eine Datierung zwischen Mitte und Ende des 1. Jhds. n. Chr.[164]

D. Auch *Hans-Günter Leder* (1960)[165] meinte, dass Paulus LAE in seiner frühesten Fassung gekannt habe[166] und dass jenes Werk in enger Nähe zu slHen stehe.[167] Hinzu kamen bei ihm nun folgende Argumente: Aufgrund der Entsprechungen zwischen Josephus Ant I,40–51 und gLAE 15–30 sei anzunehmen, dass Josephus bestimmte Motive aus gLAE übernommen habe.[168] Die griechische Version habe demnach in ihrer Endfassung bereits dem Josephus vorgelegen, während die Grundschrift in der ersten Hälfte des 1. Jhds. n. Chr (vor Paulus) entstanden sei.[169] Zur Abstützung seiner Datierung verwies Leder schließlich auf zwei weitere Argumente, zum einen auf die Abhängigkeit späterer jüdischer Apokalypsen – wie ApkAbr, grEsr, ApkSed – von LAE,[170] ohne allerdings dafür Belege zu bieten. Zum zweiten habe das Judentum im 2. Jhd. n. Chr. jene Schriften, die heute zu den Apokryphen und Pseudepigraphen des Alten Testaments zählen, abgestoßen.[171] Meines Erachtens geht Leder freilich zu weit, wenn er die Parallelen zu anderen jüdischen Schriften der hellenistisch-römischen Zeit oder auch zu Paulus im Sinne literarischer Abhängigkeit interpretiert.

---

[163] „There ist little doubt that the author of the Apoc. Mos. is indebted to the latter book (= slHen, Th.K.), or the school where it was originated, for some of his most characteristic traits" (a.a.O., 126). Dabei handelt es sich nach WELLS u.a. um die Vorstellung vom Ölbaum im Paradies (vgl. gLAE 13 mit slHen 8,3), von den sieben Himmeln (vgl. gLAE 37,5 mit slHen 8) oder die Schilderung der Sünde Evas (vgl. gLAE 7; 16–21 mit slHen 31,6 [Die Stellenangaben wurden zum Teil von mir ergänzt.]). Vgl. dazu auch die folgenden Ausführungen zu H.-G. LEDER.

[164] Vgl. a.a.O., 130.

[165] Zu seiner Argumentation insgesamt vgl. LEDER, Auslegung, 592–619.

[166] Vgl. dazu LEDER, a.a.O., 614–618 sowie die obigen Ausführungen zu Richard KABISCH. LEDER wies auf folgende Stellen im corpus Paulinum bzw. Deuteropaulinum hin, die von der Grundschrift des LAE abhängig seien: 2 Kor 11,3; 11,14; 1 Tim 2,14.

[167] Vgl. a.a.O., 600–614. LEDER meinte, dass die Grundschrift des LAE nach slHen entstanden sei, wobei nach seiner Ansicht vor allem die folgenden drei Elemente LAE als von slHen abhängig erweisen: 1. die Vorstellung vom Paradies im dritten Himmel; 2. die Anschauung, dass der Satan ein gefallener Engel sei; 3. der Neid des Satans als Motiv für die Verführung der Protoplasten. Eventuell könne (4.) ferner auch latLAE 42 von slHen 42,5 abhängig sein.

[168] Vgl. a.a.O., 598–600. Nach LEDER handelt es sich um folgende Motive: Neid der Schlange, Strafurteile Gottes, Bitte Adams um Vergebung, Betonung der Rolle der Schlange beim Sündenfall.

[169] Vgl. a.a.O., 615.

[170] Vgl. a.a.O., 598.

[171] Vgl. a.a.O., 618.

E. Ebenso wie die bereits genannten Autoren vertrat *Daniel A. Bertrand* (1987) die Position, dass man sich in der Frage der Datierung allein auf inhaltliche Kriterien stützen könne.[172] Er meinte, dass LAE im Zeitraum zwischen ca. 100 v. und 50 n. Chr. entstanden sei.[173] Der terminus a quo werde dabei durch Sirach und das Jubiläenbuch markiert, während der terminus ad quem durch die Paulusbriefe gesetzt sei. Für Ersteres sprächen einerseits die Beobachtung, dass LAE wie Sirach Adam erhöhe und Evas Schuld betone, sowie andererseits die Verwandtschaft mit Jub hinsichtlich des allgemeinen Charakters der Erzählung.[174] Für Letzteres sei hingegen darauf zu verweisen, dass Paulus offenbar bestimmte Details aus LAE zu kennen scheine.[175] Innerhalb des genannten Zeitraums schränkte Bertrand den Spielraum dann weiter ein, indem er LAE ungefähr zeitgleich mit der Weisheit Salomos ansetzte.[176]

F. In Auseinandersetzung mit Bertrands Datierungsvorschlag verwies *Liliana Rosso Ubigli* (1990) auf Übereinstimmungen zwischen gLAE und

---

[172] Vgl. BERTRAND, Vie [A], 29.

[173] Vgl. a.a.O., 31.

[174] BERTRAND, a.a.O., 30 spricht von einer „littérature mi-exégétique mi-légendaire".

[175] Vgl. a.a.O., 30f. Als Parallelen zwischen dem corpus Paulinum und gLAE nennt BERTRAND folgende Stellen: gLAE 21,6 – Rm 3,23; gLAE 14,2 – Rm 5,12; gLAE 19,3 – Rm 7,7; gLAE 16,5 / 17,1f. – 2 Kor 11,3 / 11,14; gLAE 22,1f. – 1 Thess 4,16; gLAE 7,1 – 1 Tim 2,14. Hinsichtlich der Bezüge zum Neuen Testament sind weitere Studien erforderlich. DE JONGE, Life, kommt nach einem knappen Durchgang durch die entsprechenden Stellen (neben den genannten wären noch zu ergänzen: Mk 1,13 [vgl. gLAE 10–12 und 24,3]; 2 Kor 12,1–4 [vgl. gLAE 37,5]; Jak 1,14f. [vgl. gLAE 19,3]; Jak 1,17 [vgl. gLAE 36,3]) zu dem Ergebnis, dass sich direkte Beziehungen nicht nachweisen lassen, auch wenn ähnliche Traditionen verwendet worden sein könnten (a.a.O., 160). Daher gelte: „one should be hesitant to use this pseudepigraphon in the interpretation of the letters of Paul or other writings of the New Testament" (150). Dieser Warnung ist meines Erachtens nicht zuzustimmen. Auch wenn ein direkter Einfluss des LAE auf die neutestamentlichen Schriften (wie auch umgekehrt) nicht nachgewiesen werden kann, so stellt gLAE doch eine wichtige Quelle für unsere Kenntnis des jüdischen Hintergrundes bestimmter paulinischer Aussagen dar. In den Einzelexegesen hoffe ich einiges an Material zur Stützung dieser These beibringen zu können.

[176] Vgl. a.a.O., 32. Die Entsprechung zwischen beiden Schriften sieht BERTRAND vor allem in der Erhöhung Adams („l'affirmation du salut du premier homme"). Wenn Georgis Datierung der SapSal zutrifft (spätes 2. Jhd. v. Chr.; vgl. GEORGI, Weisheit, 395–397), müsste LAE dann am Anfang der genannten Periode entstanden sein. Allerdings sind es nur zwei einzelne Verse aus SapSal (2,23 und 10,1), die BERTRAND hier zur Begründung heranziehen kann, was nach meinem Eindruck eine ziemlich schmale Basis darstellt. Ferner spielt das Thema Weisheit (vgl. SapSal 10,1) in gLAE überhaupt keine Rolle, und es scheint mir nicht sicher, dass die Errettung Adams durch die Weisheit in SapSal 10,1 das Gleiche meint wie gLAE 33ff. Geht es hier um das Schicksal Adams nach dem Tod, so scheint es mir dort eher um die Bewältigung des irdischen Lebens mit Hilfe der Weisheit zu gehen.

syrBar, welche dafür sprächen, gLAE eher in die zweite Hälfte des 1. Jhds. n. Chr. zu datieren.[177] Ähnlich wie gLAE 27,2, wo Adam sagt: „ich allein habe gesündigt", verstehe syrBar 54,19 (siehe auch 54,15) die Übertretung Adams nicht als Ursache aller späteren Sünden, sondern betrachte sie in erster Linie eben als Sünde *Adams*, während jeder Sünder sozusagen für sich selbst zum Adam werde. Die Autorin sah hier einen Gegensatz zu Paulus, namentlich zu Rm 5,19: ὥσπερ γὰρ διὰ τῆς παρακοῆς τοῦ ἑνὸς ἀνθρώπου ἁμαρτωλοὶ κατεστάθησαν οἱ πολλοί, ja, man könne hier sogar einen Widerspruch von jüdischer Seite gegen die christliche Adam-Interpretation erkennen.[178] Meines Erachtens ist hier freilich der Gegensatz zu radikal gesehen[179] und vor allem der Umstand, dass auch gLAE von der universalen Tragweite der ersten Sünde spricht,[180] zu wenig beachtet. Es scheint mir auch in methodischer Hinsicht problematisch, die Datierung auf eine einzige Stelle zu gründen, wie es Rosso Ubigli hier faktisch tut.

Bei allen Unterschieden in den Einzelheiten lässt sich zusammenfassend für die verschiedenen Hypothesen zur Frühdatierung sagen, dass sie im Wesentlichen auf zwei Kriterien beruhen, nämlich a) der inhaltlichen Verwandtschaft mit anderen Schriften der frühjüdischen Literatur oder auch bestimmten neutestamentlichen Schriften und b) dem Fehlen spezifisch christlicher Elemente, worin sich LAE von den späteren Adam-und-Eva-Schriften unterscheidet.[181]

2.4.3 Argumente für die Spätdatierung

Während es in der zweiten Hälfte des 19. Jahrhunderts noch eine ganze Reihe von Stimmen für eine spätere Datierung des LAE gab,[182] war die Frühdatie-

---

[177] Vgl. ROSSO UBIGLI, Considerazioni; vor allem 329.

[178] Vgl. a.a.O., 328.

[179] Weiß nicht auch Paulus um die eigene Verantwortlichkeit jedes Menschen für seine Sünde? Vgl. Rm 5,12d „... ἐφ' ᾧ πάντες ἥμαρτον."

[180] Vgl. nur gLAE 32,2, wo Eva sagt: „alle Sünde ist durch mich in der Schöpfung entstanden."

[181] Vgl. Abschnitt 1.3. Zur Frühdatierung vgl. ferner THACKERAY, Relation, 24 (vorchristlich); TENNANT, Sources, 195–196 (vorchristlich); FREUNDORFER, Erbsünde, 72f. (1. Jhd. v. Chr.); FREY, a.a.O. (Anm. 86), 105 (1. Jhd. n. Chr.); SHARPE, Prolegomena I, 146–151 (1. Jhd. n. Chr.); DENIS, Introduction [A], 6–7 (1. Jhd. / frühes 2. Jhd. n. Chr.); LICHT, a.a.O. (Anm. 35), 246 (100 v. Chr. – 200 n. Chr.); CHARLESWORTH, Pseudepigrapha [A], 74 (1. Jhd. n. Chr.); JOHNSON, Life, 252 (1. Jhd. n. Chr.); SCHÜRER, History III/2 759 (1. Jhd. / frühes 2. Jhd. n. Chr.) und MERK / MEISER, Leben, 764–769 (Zeit des Paulus). Vgl. schließlich auch 2.4.1.C (zu BOUSSET und seinen Rezipienten).

[182] Vgl. A. DILLMANN, Art. Pseudepigraphen I, RE¹ 12, 300–320, 319 (mittelalterliches Werk), LE HIR, Études II, 110–120 (nicht vor Ende des 4. Jhds. n. Chr.); HORT, a.a.O. (Anm. 81), 39 (kaum vor dem 2. Jhd. n. Chr.) und P. BATIFOL, Art. Apocalypses apocryphes, DB(V) I, 756–767, 764f. (5. Jhd. n. Chr.).

rung spätestens ab ca. 1900 weitgehend unumstritten.[183] Allerdings lässt sich am Ausgang des 20. Jahrhunderts wieder eine stärkere Tendenz in Richtung Spätdatierung beobachten, wenn auch die Mehrheit nach wie vor anders urteilt. Das bislang umfangreichste Plädoyer für die Spätdatierung haben Marinus de Jonge und Johannes Tromp in ihrer 1997 erschienenen Einführung in LAE vorgelegt.

Sie datierten gLAE (als die älteste Version) zwischen 100 n. und 600 n. Chr., wobei innerhalb dieses Zeitraums am ehesten das 2. – 4. Jhd. infrage komme.[184] Das wichtigste Argument ist dabei die Annahme christlichen Ursprungs, welche eine Entstehung vor 100 n. Chr. ausschließe.[185] Ferner lasse sich die älteste lateinische Hs. in das 8. Jhd. n. Chr. datieren, womit ein terminus ad quem gegeben sei, da latLAE die späteste Überlieferungsstufe innerhalb der verschiedenen Versionen repräsentiere. Daneben seien Schriften[186] wie der Discourse on Abbaton, die Schatzhöhle oder die Apokalypse Adams zwar nicht direkt von gLAE abhängig, wohl aber später anzusetzen als jene älteste Version des LAE.[187]

In einem späteren Aufsatz hat Marinus de Jonge diesen Argumenten noch ein weiteres hinzugefügt.[188] Ein Vergleich der Theologie des gLAE mit den Aussagen frühchristlicher Autoren wie Irenäus, Tertullian oder Theophilus von Antiochien lasse ein gemeinsames Interesse erkennen, welches darin bestehe zu zeigen, dass die Vertreibung und Bestrafung Adams und Evas nicht Gottes letztes Wort war, sondern dass jener dem Menschen Heil und ewiges Leben ermöglichen wolle.[189] Letzten Endes sei es dabei auch um die Frage der Bedeutsamkeit der alttestamentlichen Überlieferung für die christliche Kirche gegangen. Da jenes theologische Interesse für das „mainstream"-Christentum charakteristisch gewesen sei,[190] lasse sich gLAE als ein christliches Werk betrachten.[191]

---

[183] Anders HARNACK, Geschichte 1/2, 856f.; KAUFMANN, a.a.O. (Anm. 86), 792; NAGEL, Vie I, XXXIV–XXXVI; NICKELSBURG, Bible, 116; WHITTAKER, Life, 142; LEVISON, a.a.O. (Anm. 69), 65f.

[184] Vgl. DE JONGE / TROMP, Life, 75–77.

[185] Vgl. DE JONGE / TROMP, Life, 77. Dazu mehr in Abschnitt 2.5.

[186] Vgl. hierzu Abschnitt 1.3.

[187] Vgl. DE JONGE / TROMP, Life, 77.

[188] Vgl. DE JONGE, Origin.

[189] Vgl. a.a.O., 362.

[190] So DE JONGE, ebd.

[191] Vgl. a.a.O., 363: „An author (or authors), belonging to the circles of ‚mainstream' Christianity decided to retell the story of Genesis 3; in doing so they added a supplement in order to make clear, once and for all, that Adam and Eve repented, were pardoned, taken up into heaven and would rise again at the last judgement."

Für eine späte Datierung votierte auch Gary A. Anderson in einer nur im Internet veröffentlichten Einleitung in LAE,[192] wo er von einer Entstehung zwischen dem 3. und 7. Jhd. n. Chr. sprach.

2.4.4 Resümee

Meines Erachtens lässt sich die Frühdatierung des LAE nach wie vor als die am besten zu begründende Variante betrachten. In den einzelnen Exegesen hoffe ich, einiges zur Stärkung dieser These beizutragen, indem ich jeweils den frühjüdischen Kontext einzelner Anschauungen aufzuzeigen versuche. Ohne jetzt die Details vorwegnehmen zu wollen, seien die wesentlichen Argumente kurz benannt, die mir die Frühdatierung zu stützen scheinen:

1. Die griechische Version, welche sich mit guten Gründen als die älteste der bekannten Versionen verstehen lässt (siehe oben), enthält kein einziges spezifisch christliches Element, was vor allem an den Stellen nicht zu unterschätzen ist, wo es um die Frage der Erlösung geht. Dass christliche Autoren einen gänzlich anderen Umgang mit jenen Traditionen pflegten und ihre christliche Herkunft keineswegs verschwiegen, zeigen solche Schriften wie die Schatzhöhle, das Testament Adams oder der Discourse on Abbaton.[193] Hinzu kommt, dass auch die späteren christlichen Bearbeiter, denen wir sowohl verschiedene Bearbeitungen des Stoffes auf Ebene der griechischen Überlieferung als auch die anderssprachigen Versionen verdanken, ganz offensichtlich einen Ergänzungsbedarf in der Hinsicht sahen, spezifisch christliche Züge in die Erzählung einzubringen. Man beachte dazu nur die Bearbeitungen von gLAE 13.

2. Dass bestimmte jüdische Traditionen auch in einem christlichen Werk begegnen können,[194] steht außer Frage. Gleichwohl erscheint es mir abwegig, ein derartig durchgängiges frühjüdisches Kolorit, welches an nahezu allen Stellen mit Händen zu greifen ist, mit der Annahme christlichen Ursprungs erklären zu wollen und daraus zu schließen, dass eine Datierung vor 100 n. Chr. nicht infrage käme. Vor allem mit Schriften wie slHen und 4Esr verbindet LAE eine enge gedankliche Verwandtschaft, die es als ratsam erscheinen lässt, seine Entstehungszeit ungefähr in die Nähe jener Schriften zu rücken.

3. Abstützen lässt sich diese Datierung mit der Beobachtung, dass LAE sich u.a. mit seiner Beurteilung der Sünde Adams und Evas und deren Folgen sowie auch mit seinen Anschauungen über die Gottebenbildlichkeit des Menschen als ein Werk der vorrabbinischen Zeit verstehen lässt.

---

[192] http://jefferson.village.virginia.edu/anderson/iath.report.html
[193] Hierauf verweist auch STONE, History, 57.
[194] Das ist eines der Hauptargumente von DE JONGE / TROMP, vgl. dazu Abschnitt 2.5.3.

Aus den genannten Gründen scheint mir eine Datierung des ursprünglichen „Lebens Adams und Evas", welches ich in der griechischen Version weithin repräsentiert sehe, in das 1. – 2. Jhd. n. Chr. am ehesten zutreffend zu sein.

2.5 Herkunft

Dass die Frage der religionsgeschichtlichen Herkunft mit der Problematik der Datierung auf das Engste verknüpft ist, dürfte nach den obigen Ausführungen auf der Hand liegen. Gleichwohl erschien es mir ratsam, beide Problemkreise um der Übersichtlichkeit willen getrennt zu behandeln. Drei Grundtypen der religionsgeschichtlichen Einordnung des LAE lassen sich voneinander unterscheiden und sollen im Folgenden vorgestellt werden.

2.5.1 Gnostischer Ursprung

Nach Preuschen (1900) lässt sich die Dogmatik der von ihm übersetzten armenischen Adamschriften, die er als ein zusammengehöriges Ganzes verstand, „weil dieselben Grundgedanken gleichmäßig in allen Schriften wiederkehren",[195] einer bestimmten Richtung der Gnosis, nämlich der sethianischen, zuordnen, welche die Person des Seth in besonderer Weise verehrt habe.[196] Er vermutete, dass ein gewisser Eutaktus, der bei Epiphanius erwähnt wird und um 360 gelebt hat, diese Schriften mit nach Armenien gebracht habe.[197] Preuschens These hat allerdings vielfach Kritik erfahren. So meinte z.B. Liechtenhan (1902), Preuschen habe die Bedeutung Seths überbewertet,[198] und Kabisch (1905) kritisierte die Annahme einer einheitlichen

---

[195] Vgl. PREUSCHEN, Adamschriften, 214.

[196] Als Hauptperson dieser Schriften sei nicht Adam oder Eva, sondern Seth anzusehen, welcher „durch die Zusammenstellung mit Adam und Eva einerseits und mit Kain und Abel andererseits glorifiziert" werden soll (vgl. 210). PREUSCHEN sieht in der Episode, wo Seth einen Zweig vom Baum des Lebens erhält (Worte des Adam zu Seth, 2; vgl. 208), den Schlüssel zum Verständnis dieser Schriften: „Adam ist das Urbild des infolge seiner Begierde von Gott abgefallenen Menschen, der nun dem unreinen Triebe hingegeben, des Lebens und des Lichtes beraubt ist. Seth ist Christus, der dem Menschen das verlorene Paradies zurückbringt, indem er zu Gott selbst, von dessen Licht er ausgegangen ist, vordringen darf und von ihm den Weg der Erlösung, die Gott dem Menschen bestimmt hat, erfährt" (221f.). Vgl. zur Figur Seths in der Gnosis auch BETHGE, Ambivalenz, 93f.

[197] Vgl. PREUSCHEN, Adamschriften, 247f. und 251f.

[198] „Die Schätzung Seths, die Rolle, die das Licht als göttliche Substanz spielt, gehen meines Erachtens noch nicht über das Vulgär-katholische hinaus" (LIECHTENHAN, Literatur, 223). Eher könnten daher Schriften wie LAE von den Gnostikern benutzt und bearbeitet worden sein: „Wahrscheinlich wurde an die Protoplastenlegende, wie sie unsere Schriften enthalten, gerade von Sethianern mancher gnostische Gedanke angesponnen oder hinein interpretiert" (ebd).

Theologie jener Adamschriften. Jede Schrift der reichhaltigen Adam-und-
Eva-Literatur müsse vielmehr zunächst in ihrer individuellen Gestalt untersucht werden.[199] Kabisch ist hier zweifellos Recht zu geben, denn durch das
Verständnis der verschiedenen Adamschriften als eines einheitlichen Schrif-
tencorpus werden die bestehenden Unterschiede faktisch nivelliert und LAE
sozusagen gnostifiziert. Es mag sein, dass andere der armenischen Adamschriften tatsächlich gnostisch sind, doch darf dies nicht einfach auf LAE
übertragen werden. Ferner hat Kabisch zu Recht darauf hingewiesen, dass
nicht der griechische Text vom armenischen, sondern umgekehrt der armenische vom griechischen her zu interpretieren sei.[200] Lässt sich also Preuschens These methodisch anfechten, so sprechen auch inhaltliche Argumente
dagegen. Keineswegs sei nach Kabisch Seth als die Hauptfigur jener Schriften
zu betrachten, vielmehr richte sich das primäre Interesse auf Adam und Eva
und damit verbunden auf die Entstehung der Sünde und des Todes und auf
deren zukünftige Überwindung.[201] Ferner müsse auch der Verlust der Lichtnatur des Menschen oder die stellenweise zu beobachtende asketische Tendenz nicht notwendigerweise auf gnostischen Ursprung hinweisen.[202]

Im Zusammenhang der Gnosishypothese ist schließlich noch auf einige
weitere Arbeiten einzugehen, die LAE als ein gnostischem Gedankengut
nahestehendes Werk betrachten. Brandenburger (1960) und Harnisch (1969)
erkannten in LAE eine gewisse gnostisierende Tendenz, die den Bereich des
genuinen Judentums bereits verlassen habe.[203] Ähnlich urteilten auch Troje
(1916) und Leder (1960), die LAE als ein Zeugnis der allgemeinen „jüdisch-
christliche[n] Adamauffassung im Hellenismus" (Troje)[204] bzw. der „jüdischen

---

[199] Vgl. KABISCH, Entstehungszeit, 110.

[200] A.a.O., 111. KABISCH begründet dies mit offensichtlichen Korrekturen, die der
armenische Text am griechischen vornimmt (vgl. 111–113).

[201] Vgl. KABISCH, Entstehungszeit, 118.

[202] Vgl. zur Kritik an PREUSCHEN ferner Frey, a.a.O. (Anm. 86), 101; E. SCHÜRER,
Rez. zu PREUSCHEN, in: ThLZ 26 (1901), 171–173, vor allem 173; BARDENHEWER,
Geschichte I, 354; BIANCHI, Gnostizismus, 9–13 (LAE sei selbst nicht gnostisch, habe
aber Anlass zu gnostisierender Fortbildung gegeben) und UNNIK, Neid, 127 Anm. 1.
Zustimmung fand PREUSCHENS These hingegen bei GÖTZE, Schatzhöhle, 43f.; ALTMANN,
Background und CARDONA, Gosticisme, 647f., bei Letzterem allerdings in modifizierter
Form. Ein Vergleich mit der gnostischen ApkAd zeige, dass es gemeinsame gnostische
Wurzeln gegeben habe, die aber in den armenischen Adamschriften nur in überarbeiteter
Form erhalten geblieben seien, da diese nachträglich entgnostifiziert worden seien.

[203] BRANDENBURGER, Adam, 114, verwies auf die Spekulation über Adams Fall aus
seiner himmlischen Herrlichkeit, hinter der offenbar ein „prototypisches Verständnis des
Adam-Schicksals" stehe. Nach HARNISCH, Verhängnis, 71 sieht LAE den „tiefere[n]
Grund für die widrigen Verhältnisse dieses Äons" letztlich bei Satan, was als ein Vorstellungskreis mit „unverkennbar dualistisch-gnostische[n] Züge[n]" zu beurteilen sei.

[204] TROJE, Adam, 25. Sie beobachtete in jener Adamanschauung häufig die Tendenz,
Adam und Eva von ihrer Verantwortung für den Sündenfall zu entlasten (vgl. 34–47). Ein

Adamspekulation" (Leder)[205] verstanden. Die genannten Autoren erwiesen sich hierin abhängig von den religionsgeschichtlichen Hypothesen Boussets und Reitzensteins, welche den so genannten „Urmenschmythos" als die zentrale Vorstellung der Gnosis herausgearbeitet hatten.[206] Dieser Urmenschmythos, der aus dem Orient stamme, sei aber älter als die gnostischen Texte selbst und bereits in vorchristlicher Zeit verbreitet gewesen. Troje sah sich daher berechtigt, die hellenistische Adamauffassung in der Hauptsache auf jenen „orientalischen Mythus vom Gotte Mensch"[207] zurückzuführen.

Unabhängig davon, ob „das Vorhandensein gnostischer Adam-Anthropos-Spekulation im Bereich des hellenistischen Judentums als erwiesen gelten darf", wie u.a. Brandenburger meinte,[208] ist es sehr fraglich, ob jener Mythos tatsächlich auf LAE eingewirkt hat.[209] Merk und Meiser verwiesen auf verschiedene Unterschiede zu gnostischem Denken,[210] und auch Stone sah in LAE keine Evidenz für die gnostische Herkunft jener Schrift.[211] Sweet schließlich betrachtete gLAE sogar als ein Werk, das gnostisches Denken geradezu korrigieren wollte.[212] Kann die Gnosis demnach als Ursprungsmilieu ausscheiden, so verbleibt die Alternative jüdischen oder christlichen Ursprungs. Dabei wird freilich auch von den Befürwortern christlichen Ursprungs zugestanden, dass jüdische Traditionen im Hintergrund stehen kön-

---

Beispiel dafür sei gLAE 19, wo das Gift der Begierde, mit welchem die verbotene Frucht durch die Schlange „infiziert" wird, als letzte Ursache für die Sünde erscheint (vgl. 44f.). Ein solches Verständnis des Genesisberichts vom Sündenfall sei „weder speziell jüdisch, noch speziell christlich, sondern allgemein hellenistisch" (47f.). Die später in der Gnosis gezogene Konsequenz, „dass die Göttlichkeit Adams menschliche Verschuldung ausschließen sollte", werde allerdings hier [noch] gescheut (45 Anm. 3).

[205] Vgl. deren Charakterisierung bei LEDER, Auslegung, 571–579.

[206] Vgl. BOUSSET, Hauptprobleme, 160–223 („Der ‚Urmensch' bzw. ‚Mensch'"), vor allem 219f.: „auch in den jüdisch-christlichen Adamssagen hat die Idee vielfach hineingewirkt und veranlasst, dass die Figur des Adam oft geradezu im Gegensatz zu der Darstellung der Genesis über alles Maß verherrlicht wurde" und BOUSSET / GRESSMANN, Religion, 352–355; weitere Literatur bei JERVELL, Imago, 38f. Anm. 64. Einen guten Überblick über die Entwicklung der Forschung zum „Urmensch-Mythos" gibt COLPE, Schule, 9–68.

[207] TROJE, Adam, 25.

[208] BRANDENBURGER, Adam, 130f. Vgl. zur Kritik an BOUSSET und REITZENSTEIN SCHENKE, Gott, 16–33.

[209] U.a. bestritten dies JERVELL, Imago, 38 Anm. 64 u.ö.; KOCH, Adam, 251 Anm. 50.

[210] Die Anbetung Adams werde nicht infralapsarisch vollzogen, sondern supralapsarisch von Gott geboten. Ferner werde die Begnadigung Adams mit dessen Geschöpflichkeit begründet, und auch der Hinweis auf Seths besonderen Status sei nicht überzeugend, seine Fürbitte werde ja in gLAE 13 gerade nicht erhört. Vgl. MERK / MEISER, Leben, 766f.

[211] Vgl. STONE, History, 109.

[212] Vgl. SWEET, Study, 22: „the Bios (= gLAE, Th.K.) is familiar with Gnostic or proto-Gnostic motifs and strongly disagrees with them."

nen.[213] Die Frage kann demnach dahingehend präzisiert werden, ob LAE in seiner frühesten *schriftlichen* Form auf jüdische oder christliche Kreise zurückzuführen ist.

2.5.2 Jüdischer Ursprung

Die Annahme jüdischen Ursprungs darf mit gutem Recht als die am häufigsten vertretene Position in der Diskussion um die religionsgeschichtliche Herkunft gelten.[214] Die Argumente dafür sind im Wesentlichen drei:[215]

1. Die theologischen Vorstellungen des Buches und sein allgemeiner Charakter passen gut in das Judentum der Zeit des zweiten Tempels.

Viele der in diesem Zusammenhang angeführten Parallelen haben wir bereits im Abschnitt über die Datierung kennen gelernt, wobei im Besonderen noch einmal auf die Zusammenstellungen bei Ginzberg, Kaufmann und Sharpe hinzuweisen ist.[216] Michael E. Stone erhob die Forderung, dass zum Nachweis jüdischen Ursprungs nur solche Parallelen herangezogen werden dürften, die „*only* in Jewish writings" begegnen könnten.[217] Dies mag zutreffen, wenn es um die Beurteilung einer *einzelnen* Tradition geht, da der Fall in der Tat nicht selten ist, dass bestimmte jüdische Traditionen in christlichen Texten rezipiert werden. Wenn aber das Gesamtbild einer Schrift so durchgehend jüdisches Kolorit erkennen lässt, wie das bei LAE der Fall ist, so lässt sich dies nicht dadurch entkräften, dass einzelne Traditionen daraus auch in christlichen Texten zu finden sind. Fragt man allerdings nach der genaueren Einordnung innerhalb des frühen Judentums, so verweisen

---

[213] Vgl. z.B. HORT, a.a.O. (Anm. 81), 39.

[214] Vgl. FÜRST, Buch, 705; TISCHENDORF, Apocalypses, Xf.; MEYER, Vita, 205; EVERLING, Angelologie, 58 Anm. 2; CONYBEARE, Apocalypse, 216; SPITTA, Geschichte II, 12; FUCHS, Leben, 510–512; THACKERAY, Relation, 24; GINZBERG, a.a.O. (Anm. 82), 179f.; TENNANT, Sources, 195f.; KABISCH, Entstehungszeit, 134; BUDDE / BERTHOLET, Litteraturen, 398; COUARD, Anschauungen, 14; NEUMARK, Geschichte II/1, 307; DOBSCHÜTZ, Decretum, 304; WELLS, Books, 129f.; FREUNDORFER, Erbsünde, 72f.; FREY, a.a.O. (Anm. 86), 105; KAUFMANN, a.a.O. (Anm. 86), 790f.; LEDER, Auslegung, 580; BAMBERGER, a.a.O. (Anm. 91), 45; EISSFELD, Einleitung, 863; SHARPE, Prolegomena I, 151; DENIS, Introduction [A], 6; ROST, Einleitung, 116; LICHT, a.a.O. (Anm. 35), 247; JOHNSON, Life, 251f.; BERTRAND, Vie [A], 32–37; SCHÜRER, History III/2, 757–760; ERFFA, Ikonologie I, 255f.; LEVISON, a.a.O. (Anm. 69), 65f.; CHARLESWORTH, a.a.O. (Anm. 86), 640; MERK / MEISER, Leben, 764–769.

[215] So z.B. bei FREY, a.a.O. (Anm. 86), 105.

[216] Vgl. GINZBERG, a.a.O. (Anm. 82), 179f.; KAUFMANN, a.a.O. (Anm. 86), 790f. und SHARPE, Prolegomena I, 58–94. Auf die nach Meinung der jeweiligen Autoren typisch jüdischen Gesichtszüge verweisen auch FUCHS, Leben, 510f.; WELLS, Books, 132 und LEVISON, a.a.O. (Anm. 69), 65f. Vgl. ferner den Überblick über die theologischen Anschauungen des gLAE bei BERTRAND, Vie [A], 56–60.

[217] STONE, History, 58.

die einen auf das Diasporajudentum, speziell Alexandrien,[218] während andere Palästina als Entstehungsort für wahrscheinlicher halten.[219]

2. Es wäre schwer zu erklären, dass ein christlicher Autor seine christlichen Anschauungen an den entscheidenden Stellen, wo es um die Frage des Heils geht, so verdeckt gehalten hätte.

Hierauf hat vor allem R. Kabisch hingewiesen: „Wo diese Frage auf dem Tapet steht, die Frage der Erlösung, da haben wir ein Prüfungsmittel [in der Frage des Ursprungsmilieus; Th.K.], das mit Gewissheit zum Ziel führt."[220] Während spätere Adamschriften durchweg ihren christlichen Hintergrund zu erkennen gäben, fehle in gLAE jede Erwähnung Christi und seines Erlösungswerkes.[221]

3. Spätere christliche Bearbeitungen sind als solche noch deutlich erkennbar.

Bereits W. Meyer machte für die lateinische Version auf christliche Interpolationen, z.B. in latLAE 29 oder 41f., aufmerksam,[222] während man für die griechische Überlieferung vor allem auf die Schlussdoxologie (nach den Hss. B und E) in gLAE 43 verwiesen hat.[223] Freilich erweist sich Letztere bereits textkritisch als sekundär,[224] sodass man für gLAE in seiner ursprünglichen Gestalt besser vom gänzlichen Fehlen christlicher Elemente sprechen sollte.[225]

---

[218] Vgl. WELLS, Books, 130; DENIS, Introduction [A], 6; BERTRAND, Vie [A], 32–37.

[219] Vgl. SHARPE, Prolegomena I, 151; ROST, Einleitung, 116; JOHNSON, Life, 252; MERK / MEISER, Leben, 768f. KAUFMANN, a.a.O. (Anm. 86), 791, denkt konkret an essenische Kreise.

[220] KABISCH, Entstehungszeit, 125.

[221] Vgl. a.a.O., 124f. Auf das Fehlen spezifisch christlicher Aussagen (abgesehen von den wenigen Interpolationen) verweisen auch GINZBERG, a.a.O. (Anm. 82) 180; FREY, a.a.O. (Anm. 86), 105; FUCHS, Leben, 510 und MERK / MEISER, Leben, 767. Hingegen verweisen WHITTAKER und STONE darauf, dass das Fehlen christlicher Spezifika nicht ausreiche, um jüdischen Ursprung zu beweisen; vgl. WHITTAKER, Life, 142 und STONE, History, 57f.

[222] Vgl. MEYER, vita zu den jeweiligen Stellen.

[223] Vgl. FUCHS, Leben, 110; DENIS, Introduction [A], 6.

[224] Die Schlussdoxologie ist in verschiedenen Formen überliefert. Der von mir bevorzugte Text (ʿΩι ἡ δόξα καὶ τὸ κράτος εἰς τοὺς αἰῶνας, ἀμήν.) wird von den Hss. DV IIIb H und E geboten (zum Teil mit geringfügigen Abweichungen, in der zuletzt genannten Hs. mit einem längeren Zusatz). Die andere Form (bevorzugt von BERTRAND und NAGEL) findet sich in SKG L und IIIa. Sie lautet: ἅγιος ἅγιος ἅγιος κύριος εἰς δόξαν θεοῦ πατρὸς ἀμήν. TISCHENDORF bietet mit Hs. B einen erweiterten Text dieser Form: ἅγιος ἅγιος κύριος, εἰς δόξαν θεοῦ πατρός, ὅτι αὐτῷ πρέπει δόξα τιμὴ καὶ προσκύνησις σὺν τῷ ἀνάρχῳ καὶ ζωοποιῷ αὐτοῦ πνεύματι νῦν καὶ ἀεὶ εἰς τοὺς αἰῶνας τῶν αἰώνων, ἀμήν. Die in D und anderen Hss. bezeugte Form hat nichts spezifisch Christliches an sich, wie 4Makk 18,24 zeigt. Dort begegnet eine ganz ähnliche Schlussdoxologie (vgl. ferner ApkSedr 16,10; Rm 11,36 und 16,27).

[225] COLEMAN, Phenomenon, 317f. nahm ferner in gLAE 41,3 und 43,2 christliche Interpolationen an, während DENIS, Introduction [A], 6 gLAE 42,8 (letztes Wort Evas)

2.5.3 Christlicher Ursprung

Nach de Jonge und Tromp lassen sich für die Annahme christlichen Ursprungs folgende Argumente benennen:[226]

1. Alle heute bekannten Texte stammten offensichtlich von christlicher Hand.
2. Die Annahme, dass ein Buch, welches unter Christen im Umlauf war, auch christlichen Ursprungs sei, sei historisch plausibler als die Variante jüdisches Original – spätere christliche Bearbeitung.
3. Selbst solche Parallelen, die spezifisch jüdisch seien, sagten noch nichts über die jüdische Herkunft einer Schrift aus (gegen Stone), „practically all Jewish ... traditions are conceivable in a Christian context".[227]
4. Für manche Überlieferungen (Weihrauchopfer, Bestattungsriten, Waschung im Acherusischen See) könne zwar nicht mit Sicherheit christliche Herkunft nachgewiesen werden, gleichwohl könnten sie für christliche Herkunft sprechen.
5. Als Motiv für die Entstehung könne das christliche Interesse an Adam (vor allem als Antitypus zu Christus) namhaft gemacht werden.[228]

Allerdings lassen sich gegen jedes einzelne Argument Einwände vorbringen. Argument 1 scheint mir für die griechische Version nicht sicher zu sein und auch für die übrigen gilt, dass christliche Bearbeitungen sich deutlich abheben lassen. Dass unter Christen auch Schriften jüdischer Herkunft im Umlauf sein konnten (gegen Argument 2), zeigen u.a. das vierte Esrabuch oder die Paraleipomena Jeremiou. Die Argumente 3–5 können auch für jüdischen Ursprung herangezogen werden, so gab es z.b. auch im Judentum jener Zeit ein breites Interesse an Adam und Eva, wie die im Kapitel 1 vorgestellten Belege zeigen.

2.5.4 Resümee

Wie ich bereits im Referat der Argumente für die Annahme jüdischen Ursprungs deutlich gemacht habe, erscheint mir diese Position als die am besten zu begründende. Dabei ist vor allem auf die enge Verwandtschaft mit anderen frühjüdischen Schriften sowie das Fehlen spezifisch christlicher Elemente zu verweisen. Bezüglich der genaueren Einordnung im frühen Judentum tendiere

---

sowie – unter einem gewissen Vorbehalt – auch die Gottesprädikation „Vater der Lichter" (36,3; vgl. Jak 1,17) als christliche Zusätze verstand. All die genannten Stellen lassen sich aber textkritisch als sekundär erweisen oder sind nicht spezifisch christlich.

[226] Vgl. DE JONGE / TROMP, Life, 67–75.
[227] A.a.O., 69. Vgl. dazu auch DE JONGE, Life, 155–156.
[228] Für die Annahme christlichen Ursprungs vgl. ferner LE HIR, Études II, 110–120; HORT, a.a.O. (Anm. 81), 39; LÉVI, Éléments, 86–89; DERS., Rezension zu Kautzsch, APAT, in: REJ 1899, 152–155, 154; BATIFOL, a.a.O. (Anm. 182), 764f.; HOLTZMANN, Lehrbuch, 500. LE HIR verwies vor allem auf die Schlussdoxologie in gLAE, welche die trinitarischen Auseinandersetzungen vorauszusetzen scheine, HORT bezog sich in seiner Argumentation hingegen vor allem auf die Berührungen mit dem Neuen Testament, während LÉVI die Bußerzählung in latLAE 1–11 als christlich nachzuweisen versuchte.

ich eher zur Diasporahypothese, meine aber, dass eine abschließende Antwort in dieser Frage momentan nicht gegeben werden kann. Für außerpalästinischen Ursprung könnte sprechen, dass gLAE in der Regel dem LXX-Text zu folgen scheint und dass eine enge Vertrautheit mit der Gedankenwelt des griechischsprachigen Diasporajudentums erkennbar ist (vgl. Abschnitt 2.3.3).

2.6 Theologie

Nachdem in den vorangegangenen Abschnitten die wesentlichen Positionen zu den Einleitungsfragen vorgestellt wurden, gebe ich im Folgenden einen knappen Überblick über die Arbeiten, die sich mit dem theologischen Gehalt des LAE befassen.

A. Adam: Mehrere Arbeiten beschäftigten sich mit der Frage, welches Adambild in unserer Erzählung gezeichnet werde und worin demnach das theologische Interesse bestehe, welches zur Rezeption des alttestamentlichen Stoffes führte. Luise Troje (1916)[229] untersuchte die jüdisch-hellenistischen Auffassungen über Adam im Allgemeinen, wobei auch LAE Berücksichtigung fand, und kam zu dem Ergebnis, dass es im Wesentlichen zwei Faktoren waren, die die jüdisch-hellenistische Umdeutung der biblischen Erzählung von Adam und Eva veranlassten. Erstens handle es sich dabei um den Versuch, ein einheitliches Weltbild zu schaffen, und zweitens war man bestrebt, die „schmerzvoll empfundene Distanz zwischen Gott und Mensch aufzuheben."[230] Vor allem hätten dabei die Umdeutungsbemühungen dem „tragischen Schluß" von Gen 3 gegolten, denn „der Tod des Menschen konnte nicht Gottes letzte Meinung sein."[231] Zentral für Trojes Interpretation der jüdischen Adamauffassung ist die Annahme, dass die Adamfigur hier nach dem altorientalischen Urmensch-Mythos gestaltet worden sei.[232] In eine ähnliche Richtung ging auch Hans-Günter Leder (1960), dessen Studie zur Auslegung von Gen 2–3 im frühen Judentum und in der Alten Kirche auch ein längeres Kapitel zur „Adamspekulation" im LAE enthält.[233]

John Lawrence Sharpe (1969) versuchte hingegen nachzuweisen, dass das nach seiner Meinung genuin jüdische Konzept vom eschatologischen, erhöhten Adam in gLAE die gedankliche Grundlage für die paulinische Gegenüber-

---

[229] TROJE, Adam.
[230] A.a.O., 14f.
[231] A.a.O., 17.
[232] Vgl. dazu Abschnitt 2.5.1.
[233] Vgl. LEDER, Auslegung, 620–658 (Verständnis des Sündenfalls in LAE); 659–680 (Bedeutung der Satanologie für die Sündenfallvorstellung) und 681–703 (Adambild der jüdischen Adamspekulation).

stellung von Adam und Christus geboten habe,[234] während John R. Levison (1988) die Adambilder in gLAE und latLAE verglich. In der griechischen Version werde Adam als „archetype of the sinner who lives in weakness now but finds mercy after death" dargestellt.[235] Anders sei dies in der lateinischen Version, dort werde Adam eher entlastet und die Schuld auf Eva abgewälzt.[236]

B. Eva: Das Evabild der frühjüdischen Interpreten von Gen 2–3 wurde in der älteren Forschung kaum untersucht,[237] was eigentlich verwunderlich ist, da sich häufig gerade an der Darstellung Evas die Vorstellungen der jeweiligen Autoren über die Frau im Allgemeinen wie auch über das schöpfungsgemäße Verhältnis von Mann und Frau ablesen lassen.[238] Erst in jüngerer Zeit wurden eigenständige Untersuchungen zu dieser Thematik vorgelegt. John R. Levison (1989) fragte nach der Rolle Evas in gLAE 15–30 und sah hier einen Unterschied zu anderen Passagen, was ihn zu der Annahme veranlasste, dass in 15–30 ein ursprünglich selbständiges Stück vorliege.[239] Max Küchler (1986), Helen Schüngel-Straumann (1989) und Manuela Martinek (1996) untersuchten die Wandlungen im Verständnis der Verführung Evas durch die Schlange, die ein zunehmend negatives Bild der Frau mit sich brachten.[240] Allerdings ergeben die Aussagen über Eva in gLAE insgesamt kein einheitli-

---

[234] Vgl. SHARPE, Adam, vor allem 42: „the eschatological community which is united through the promise to the exalted Adam is the principle upon which Paul constructs his understanding of the Second Adam as the Father of the New Israel, or the Church". Vgl. hierzu auch SCROGGS, Adam, der die frühjüdische Adamtheologie insgesamt untersucht hat (vor allem Kap. 2: Adam in the Apocrypha and Pseudepigrapha) und ebenfalls meint, dass jene den Boden für die paulinische Adam-Christologie bereitet habe (u.a. XXIV), sowie BORGONOVO, Mediazioni (zu LAE speziell 350–359).

[235] LEVISON, Portraits, 164.

[236] Vgl. ebd. Speziell mit dem Aspekt der Gottebenbildlichkeit Adams in latLAE 12–17 beschäftigte sich PATTON, Adam und meinte, dass die Gottebenbildlichkeit dort die Gegenwart Gottes symbolisiere und Adam daher von den Engeln angebetet werden sollte.

[237] Vgl. aber für LAE die theologisch gewichtigen Äußerungen bei JERVELL, Imago, 40 und Brandenburger, Adam, 40. Ersterer meinte, dass Eva in LAE (anders als Adam) nicht als gottebenbildlich verstanden sei, während Letzterer hervorhob, dass der Satan zur Verführung Adams sozusagen den Umweg über Eva nehmen musste, da Adam selbst offenbar unangreifbar gewesen sei.

[238] Auch in der TRE fehlt erstaunlicherweise ein Artikel über Eva.

[239] Vgl. LEVISON, Exoneration [A]. Später untersuchte LEVISON das Evabild in gLAE erneut, diesmal unter Berücksichtigung der verschiedenen Textformen (LEVISON, Exoneration [B]). Dabei kam er zu dem Ergebnis, dass in den späteren Textformen Ib, II und IIIa eine saubere Unterscheidung zwischen Erhöhung und Erniedrigung Evas wesentlich schwerer möglich sei (vgl. a.a.O., 273–275).

[240] Vgl. KÜCHLER Schweigen, 44–50; SCHÜNGEL-STRAUMANN, Frau [A], 54–78 (zu LAE speziell 72–78); DIES., Frau [B] sowie MARTINEK, Schlange; vor allem 69–81 und 103–108.

ches Bild, zum Teil wird Eva scharf angeklagt, zum Teil wird sie aber auch entlastet.[241]

C. Sünde: Hinsichtlich der Frage nach eventuellen jüdischen Wurzeln der christlichen Erbsündenlehre kam LAE verschiedentlich in den Blick. Zu nennen sind hier die Arbeiten von Frey (1911), Freundorfer (1927), Brandenburger (1962), Wahle (1971), Koch (1982) und Meiser (2000).[242] Auf die Details dieser Arbeiten wird im Zusammenhang der Einzelexegesen zurückzukommen sein, sodass hier nur einige zentrale Punkte kurz angesprochen werden sollen. Brandenburger vertrat die These, dass LAE in seiner Darstellung der Sünde und ihres Eindringens in die Schöpfung die „genuin jüdische Vorstellung" überschreite und eine gewisse gnostisierende Tendenz erkennen lasse.[243] Koch betrachtete LAE als einen der ältesten Belege für die Auslegung von Gen 3 im Sinne eines „Falls" des Menschen aus seiner ursprünglichen Integrität. LAE sei charakterisiert durch die Konzeption einer globalen „Ursünde", welche auf das Wirken des Teufels zurückgeführt werde, wobei aber, anders als Brandenburger meinte, noch nicht dualistisch gedacht sei.[244]

D. Eschatologie: Hinsichtlich der Eschatologie des LAE, namentlich der griechischen Version, ist auf zwei Aufsätze von Bertrand (1985) und Tromp (1997) hinzuweisen.[245] Beide untersuchten die Aussagen über Adams Tod, seine Erhöhung und seine Bestattung in gLAE 31ff. Bertrand versuchte dabei nachzuweisen, dass hier zwei verschiedene Traditionen relativ lose verbunden wurden, wovon eine die Erhöhung Adams thematisierte, die andere hingegen von seiner Bestattung handelte.[246] Wenn man diese gleichsam blockweise Aneinanderreihung zweier verschiedener Traditionen beachte, ließen sich

---

[241] Einerseits wird Eva von den Engeln bewacht (gLAE 7), und die Verführung ereignet sich, als die Engel gerade abwesend sind. Ihr wird auch die Schuld an der Herrschaft des Todes gegeben (14,2), und sie sagt von sich selbst, dass durch sie alle Sünde in der Schöpfung entstanden sei (32,2). Daneben kann aber auch Adam sagen: „Ich allein habe gesündigt" (27,2), und es gibt in gLAE insgesamt keinen Zweifel an der eigenen Verantwortlichkeit Adams für die Übertretung des göttlichen Gebotes. Anders als in Gen 3,14ff. wird er zuerst von Gott bestraft (gLAE 24), er spricht auch selbst von „unserer Übertretung" (14,3) und erscheint, ebenso wie Eva, als Opfer der Verführung durch den Teufel (21,3). Zum Eva-Bild in gLAE vgl. die Abschnitte 2.6.B, 4.1.2.A, 7.2.5.C, 7.4.5.B und 8.2.5.C sowie VAN DER HORST, Beobachtungen; FERNÁNDEZ MARCOS, Exégesis, 277f.; CERUTTI, Protologia 131–134.
[242] Vgl. FREY, Etat, 533–535; FREUNDORFER, Erbsünde, 72–76; BRANDENBURGER, Adam, 39–41 (zu LAE ferner 49–51 und 113f.); WAHLE, Erbsündenlehre, vor allem 133; 138f. und 162–164; KOCH, Adam, 230–232 und MEISER, Sünde.
[243] Vgl. BRANDENBURGER, Adam, 41 und 114.
[244] Vgl. KOCH, Adam, 230–232.
[245] Vgl. BERTRAND, Destin und TROMP, Issues.
[246] Vgl. BERTRAND, Destin, 111.

verschiedene (vermeintliche) Schwierigkeiten im Text problemlos erklären.[247] Tromp widersprach hingegen der Vermutung, dass man hier zwei verschiedene Überlieferungsblöcke voneinander abheben könne. Vielmehr sei der Befund wesentlich komplexer, und man müsse wohl eher davon ausgehen, dass in gLAE eine Fülle verschiedener Einzelanschauungen über das postmortale Schicksal Adams zu einer nicht immer konsistenten Erzählung zusammengefügt wurden: „The authors of GLAE [...] adopted various views of the afterlife and put them together in a story, not bothered by literary aspirations or logical consistency."[248] Von einer einheitlichen Eschatologie könne daher in gLAE keine Rede sein.

  E. Sonstiges:[249] Einen umfassenden Überblick über die in gLAE vorliegenden Vorstellungen von Engeln und Dämonen gab in jüngster Zeit Antonio Pinero,[250] während Gary A. Anderson und Michael E. Stone die Überlieferung vom Fall Satans (armLAE [Stone] / geo LAE / latLAE 12–17) untersuchten.[251] Forsyth vertrat in seiner materialreichen Studie zur Entwicklung der Satansvorstellung die These, dass in LAE einer der frühesten Belege für die Verschmelzung der Wächtertradition von Gen 6 mit der Paradiesgeschichte von Gen 3 vorliege, welche zum Ausgangspunkt späterer gnostischer Spekulationen wurde.[252] Cousin untersuchte speziell die Überlieferung zur Bestattung Adams und Abels.[253] Die bislang umfangreichste Gesamtübersicht über die Theologie der griechischen Version liegt schließlich in der allerdings nicht im Druck veröffentlichten Dissertation von Anne Marie Sweet vor. Sie versuchte zu zeigen, dass gLAE verschiedene Traditionen aus der Apokalyptik und der Gnosis aufgreife, um sich mit ihnen auseinander zu setzen und sie letztlich abzuweisen. Die Theologie dieser Schrift lasse sich daher mit den

---

[247] Beispielsweise sei dann die von WELLS in Kap. 37 vorgenommene Textumstellung überflüssig, vgl. dazu Abschnitt 6.3.2.

[248] TROMP, Issues, 36.

[249] Lediglich kurz erwähnt seien hier einige Arbeiten, die Einzelaspekte betreffen, aber für die vorliegende Untersuchung von geringerem Interesse sind. J. TROMP untersuchte das Bild von Kain und Abel in der griechischen, armenischen und georgischen Version (TROMP, Cain); J. DOCHHORN legte eine Studie zur „Ätiologie des Ackerbaus" in latLAE 1–21 vor (DOCHHORN, Adam); M. E. STONE untersuchte die Überlieferung vom Chirographum Adams (STONE, Legend); E. JAGER fragte nach der Bedeutung der Sündenfallüberlieferung für die Entstehung der Schriftkultur (JAGER, Eve).

[250] Vgl. PINERO, Angels. Vgl. speziell zum Erzengel Michael in LAE INFANTE, Michele, 221–224.

[251] Vgl. ANDERSON, Exaltation, 106–111; Vgl. auch DERS., Ezekiel; STONE, Fall und die bereits genannte Arbeit von PATTON, Adam. Vgl. ferner STONES Untersuchung zum Chirographum Adams, von dem die slavische Überlieferung berichtet (STONE, Legend).

[252] Vgl. FORSYTH, Enemy, 221–242.

[253] COUSIN, Sépulture, 384–386, vgl. dazu auch BÖTTRICH, Vögel, 15–28.

Prädikaten „non-gnostic", „non-apocalyptic" und „non-speculative" beschreiben.[254]

2.7 Schlussfolgerungen und Perspektiven

1. Der Überblick über die Forschungsgeschichte hat gezeigt, dass von einem Konsens hinsichtlich der Entstehungsverhältnisse gegenwärtig keine Rede sein kann. In den einzelnen Abschnitten habe ich bereits auf meine eigene Position in diesen Fragen hingewiesen, die sich mit den Stichworten Priorität der griechischen Version, griechisches Original, jüdische Herkunft und Frühdatierung (1. – 2. Jhd. n. Chr.) beschreiben lässt. Allerdings wurde diese Position *nicht* an die Texte herangetragen, sondern ist erst aus der exegetischen Beschäftigung mit ihnen erwachsen, deren Ergebnisse ich in den Einzelexegesen darlegen werde. Anfänglich war ich hier in meinem Urteil wesentlich zurückhaltender. Ich habe es daher prinzipiell vermieden, die genannte Position zur Begründung bestimmter exegetischer Urteile heranzuziehen, da dies methodisch nicht sachgemäß wäre. Vielmehr ist immer von den konkret vorliegenden Texten auszugehen, die es aus sich selbst heraus zu verstehen gilt. Gleichwohl dienen die genannten Positionen natürlich als Arbeitshypothesen, die ich im Verlauf der Untersuchung zu verifizieren versuche.

2. Vor allem gilt das soeben Gesagte hinsichtlich der Frage nach dem Verhältnis der Versionen zueinander. Die Annahme der Priorität des griechischen Textes darf nicht als Ausgangspunkt seiner Interpretation dienen. Vielmehr folge ich den methodischen Überlegungen Stones, der darauf insistiert hat, dass in erster Linie die konkreten Versionen für sich genommen zu untersuchen sind.[255] Erst dann darf sich der Vergleich mit den parallelen Versionen anschließen. Daher untersuche ich in erster Linie den griechischen Text an sich und unternehme immer erst im letzten Teil der Einzelexegesen den Vergleich mit den parallelen Texten. Die Interpretation des griechischen Textes ist daher unabhängig von der Frage nach seinem Verhältnis zu den anderen Versionen, sodass man meines Erachtens einzelnen inhaltlichen Ergebnissen auch dann zustimmen kann, wenn man die Annahme der Priorität der griechischen Textfassung nicht teilt.

3. Das Hauptziel der vorliegenden exegetischen Studien besteht darin, die zentralen theologischen Konzeptionen des gLAE herauszuarbeiten und in den Kontext der frühjüdisch-frühchristlichen Anthropologie einzuordnen. Nach meinem Eindruck ist die Bedeutung unseres Textes für die Rekonstruktion

---

[254] SWEET, Study, 229 u.ö.

[255] STONE, History, 62: „the various versions must be studied first of all in their own terms and their particular concerns."

der frühjüdischen Anthropologie bisher zu wenig gewürdigt worden. In der deutschsprachigen Exegese war hier vor allem das Urteil Egon Brandenburgers wirksam, der im „Leben Adams und Evas" den Boden genuin jüdischer Theologie bereits verlassen sah (siehe Abschnitt 2.6). Für die methodische Vorgehensweise bei der Auslegung der Texte sind dabei die im Folgenden aufgeführten Konsequenzen aus der Forschungsgeschichte prägend.

4. Abgesehen von gewissen Ansätzen bei Levison ist im bisherigen Verlauf der Forschung die erzählanalytische Perspektive weitgehend vernachlässigt worden. Die Frage nach den spezifischen Merkmalen der Erzählweise unseres Autors wurde kaum gestellt, ebenso wie die literarische Struktur der Texte nur selten bei der Interpretation berücksichtigt wurde. Gerade dieser Aspekt scheint mir aber für eine sachgemäße Auslegung unabdingbar und findet daher in den Einzelexegesen breiten Raum.

5. Die Vorstellung der vorhandenen Editionen des griechischen Textes hatte gezeigt, dass eine dem aktuellen Kenntnisstand entsprechende Edition nicht vorliegt. Ich habe es daher für nötig gehalten, den einzelnen exegetischen Abschnitten jeweils eine eigene Rekonstruktion des Textes voranzustellen, wobei ich auf die Ergebnisse der Dissertation Nagels aufbauen kann (vgl. Kapitel 3).

6. Hinsichtlich der Datierung und religionsgeschichtlichen Herkunft des LAE hat sich das Verhältnis zu anderen frühjüdischen Schriften als das wichtigste Kriterium erwiesen. Daher biete ich in den Einzelexegesen jeweils auch einen Abschnitt zur traditionsgeschichtlichen Einordnung der einzelnen Anschauungen. Dass dabei nicht zu jedem einzelnen Thema das vollständige religionsgeschichtliche Material referiert werden kann, dürfte sich von selbst verstehen. Bei einzelnen zentralen Themen (Herkunft der Sünde, Gottebenbildlichkeit, Auferstehung der Toten u. a.) habe ich mich bemüht, einen möglichst repräsentativen Überblick über die verschiedenen Anschauungen im frühen Judentum zu geben. In anderen Fällen beschränke ich mich auf die Hervorhebung der engsten Parallelen. Ungeachtet mancher fehlender Details, welche die Spezialisten mit Sicherheit vermissen werden, hoffe ich zeigen zu können, dass nahezu jedes einzelne Detail der Erzählung Entsprechungen in der übrigen frühjüdischen Literatur hat. Über Einzelheiten kann man sich streiten, das Gesamtbild ergibt aber deutlich, dass der frühjüdische Charakter mit Händen zu greifen ist.

Kapitel 3

Die handschriftliche Überlieferung

3.1 Übersicht über die Handschriften

Die folgende Tabelle gibt eine Übersicht über den Bestand der Handschriften[1] mit Angaben zum Alter und zum Umfang, in dem sie jeweils den Text bieten. Da die Bezeichnung der Hss. in der Forschung nicht einheitlich ist, werden neben den Sigla Bertrands (= Be) auch die von Sharpe (= Sh) und Nagel (= Na) verzeichnet. Im Folgenden richte ich mich nach dem System Bertrands, welches auch Stone und de Jonge / Tromp verwenden.[2] Außer den hier aufgeführten Hss. werden in der Literatur drei weitere erwähnt, die allerdings bislang nicht für die textkritische Arbeit herangezogen werden konnten: Jassy, Bibl. métrop. gr. 49 (10. Jh. ?),[3] Athen, Bibl. Alexios Kolybas 164 (15. Jh.)[4] und Sinai, Katharinenkloster gr. 431[5].

Be	Sh	Na	Handschrift	Alter	Umfang
A	A1	A	Venedig, Bibliothek S. Marco, gr. II 42, 49r–57v	13./14. Jhd.	1,1–36,3
B	B	B	Wien, Nationalbibliothek, theol. gr. 247, 310v–318r	15. Jhd.	vollständig
C	C	C	Wien, Nationalbibliothek, hist. gr. 67, 4r–8v, 16r–17v	13. Jhd.	1,1–21,3; 25,2–33,1
D	D1	D	Mailand, Bibliotheca Ambrosiana, C 237 inf., 78v–84r	11. Jhd.	1,1–18,1; 36,1– 43,5

---

[1] Die Angaben richten sich in der Hauptsache nach BERTRAND, Vie [A], 41–47, die Ortsangaben zu den Hss. wurden jedoch in der Regel ins Deutsche übertragen. Daneben habe ich die Handschriftenlisten bei MERK / MEISER, Leben, 742; STONE, History, 10 und DENIS, Introduction [B], 7–13 sowie die Angaben bei NAGEL, Vie I–III jeweils zum Vergleich herangezogen.

[2] Vgl. STONE, History, 9 und DE JONGE / TROMP, Life, 31.

[3] Vgl. BERTRAND, Vie [A], 47 und NAGEL, Vie II, VII–IX.

[4] Vgl. NAGEL, Vie I, XI und BERTRAND, Vie [A], 46.

[5] Vgl. DE JONGE / TROMP, Life, 31 und SCHMIDT, Testament, 25.

Be	Sh	Na	Handschrift	Alter	Umfang
E	E1	E¹	Paris, Nationalbibliothek, gr. 1313, 18r–32r	15. Jhd.	vollständig
F	E2	E²	Montpellier, École de Médecine, H 405, 49r–60v	15./16. Jhd.	vollständig
G	D5	AH	Andros, Tês Hagias 13, 170r–180v	17. Jhd.	14,3–16,3; 29,3–31,3; 33,1–43,5
H		J¹	Jerusalem, Bibliothek des griech.-orth. Patriarchats, St. Sebastian 418, 137v–144v	14. Jhd.	vollständig
I		J²	Jerusalem, Bibliothek des griech.-orth. Patriarchats, Heiliges Kreuz 69, 168v–182r	15. Jhd.	vollständig
J		J³	Jerusalem, Bibliothek des griech.-orth. Patriarchats, Heiliges Kreuz 58, 28r–49r	16. Jhd.	vollständig
K	M1	An	Ankara, Gesellschaft für Türkische Geschichte, 60, 43–76[6]	16. Jhd.	1,1–28,3; 34,1–43,5[7]
L	D3	At	Athen, Nationalbibliothek, 286, 122v–136v	1518	vollständig
M	H	P¹	Patmos, Kloster vom Hl. Johannes, 447, 344v–351r	16. Jhd.	1,1–23,1; 27,1–37,6; 40,1–43,3
N	M2	P²	Patmos, Kloster vom Hl. Johannes, 672, 26r–37r	16. Jhd.	vollständig

---

[6] Die Seitenangabe bei MERK / MEISER, Leben, 742 („p. 40–76") ist offensichtlich fehlerhaft, gLAE beginnt nach NAGEL und BERTRAND auf S. 43 dieser Hs., vgl. NAGEL, Vie III, 1 und BERTRAND, Vie [A], 42.

[7] Der Text kehrt nach 17,2 noch einmal zu 14,3 zurück und bietet den Abschnitt 14,3–17,2 ein zweites Mal, aber in einer veränderten Textfassung (vgl. NAGEL, Vie III, 94 Anm. 2 und 119 Anm. 1). Daran schließen sich 17,3–28,3; 37,5–42,3; 34,1–37,4; 42,3–43,5 an (in dieser Reihenfolge, vgl. NAGEL, Vie III, 274 Anm. 1). NAGEL unterscheidet daher zwischen Aν' (= K¹) mit dem Text von gLAE 1–17,2 nach Textform III und Aν'' (= K²) mit dem Text von gLAE 14,3–28,3; 37,5–42,3; 34,1–37,4; 42,3–43,5 nach Textform I. Falsch hingegen ist die Angabe bei SHARPE, Prolegomena I, 176: „The text is complete." Für die Zitation der Hs. in der Textrekonstruktion gilt folgender Grundsatz: Dort, wo K den Text doppelt bietet, also für die Kapitel 14–17, zitiere ich die Hs. K jeweils mit K¹ oder K², an allen anderen Stellen verwende ich lediglich das Sigel K.

Be	Sh	Na	Handschrift	Alter	Umfang
P		Pa	Paris, Nationalbibliothek, gr. 395, 126v–131v	15. Jhd.	14,3–32,2
Q	G	Br	Brescia, Bibliotheca Queriniana, A III 3, 103v–107r	16. Jhd.	vollständig
R	F	Va	Vatikan, Apostolische Bibliothek, gr. 1192, 9r–15v	15. Jhd	1,1–23,3; 27,2–37,6; 40,1–43,3
S	D2	St	Straßburg, National- und Universitätsbibliothek, 1913, 68r–76v[8]	13./14. Jhd.	vollständig
T	A2	AC	Athos, Costamoni, 14, 221–237	15. Jhd.	1,1–13,2; 16,5–36,3
U		S²	Sinai, Katharinenkloster, gr. 1936, 184r–193r	17. Jhd.	?[9]
V	D4	AV	Athos, Vatopédi, 422, 13v–20v	13. Jhd.	vollständig
W		S³	Sinai, Katharinenkloster, gr. 1937, 2r–32r	17. Jhd.	vollständig
X		AD	Athos, Dochiariou, 114, 103v–104v	16. Jhd.	1,1–7,1
Y		Is	Istanbul, Méthoque de Saint-Sépulcre,[10] 586, 259v–286r	15. Jhd.	?[11]
Z		S¹	Sinai, Katharinenkloster, gr. 530, 207v–215v	15. Jhd.	vollständig

3.2 Die bisherige Forschung zur Textrekonstruktion

A. Die ältere Forschung: Es ist bereits darauf hingewiesen worden, dass Tischendorf für seine Edition vier Hss. zur Verfügung standen (A–D), wovon aber nur die Hs. B (bei Tischendorf z.T. mit C verwechselt)[12] den vollständi-

---

[8] Die Blattangabe bei MERK / MEISER, Leben, 743 („F. 68r–76r") ist offensichtlich fehlerhaft, nach NAGEL und BERTRAND steht der Text auf Blatt 68r–76v, vgl. NAGEL, Vie I, 7 und BERTRAND, Vie [A], 42.

[9] Nach BERTRAND, Vie [A], 46.

[10] Angabe nach NAGEL, Vie III, IV.

[11] Nach BERTRAND, Vie [A], 46.

[12] Vgl. Abschnitt 1.2.1.

gen Text enthält. D verwendete er sehr spärlich, in der Regel folgte er A.[13] Ceriani betrachtete hingegen D als die beste Hs.[14] und fand darin vielfach, aber nicht uneingeschränkt, Zustimmung.[15]

Ca. 100 Jahre nach der Edition Tischendorfs gab dann die inzwischen erheblich erweiterte Handschriftenbasis den Anlass zu erneuter Untersuchung der textkritischen Probleme. Offenbar unabhängig voneinander entstanden die Dissertationen von Sharpe (1969) und Nagel (1972), die einen erheblichen Erkenntnisgewinn in dieser Richtung brachten. Beide Arbeiten haben zwar letzten Endes nicht zu einer kritischen Edition geführt, doch ihr Verdienst besteht darin, die vorhandenen Hss. erstmals umfassend gesichtet und ausgewertet zu haben.

B. Sharpe: John L. Sharpe, der 23 Hss. auflistete,[16] davon allerdings nur 16 verwenden konnte, kam im Ergebnis seiner Untersuchung zu folgender Klassifizierung der Hss.:[17]

1. A-Tradition: Sie besteht aus den Hss. A und T, die beide mit gLAE 36,3 enden, und repräsentiert einen relativ späten Text. Ursprünglich scheint auch sie den Schluss enthalten zu haben.[18]

2. D-Tradition: Sie besteht aus den Hss. D, G, K, L, N, S sowie V und bietet im Schlussteil einen Text, der gegenüber den Traditionen C und R eine Reihe von Erläuterungen und Verbesserungen enthält und demnach als jünger einzustufen ist.

3. R-Tradition:[19] Sie besteht aus den Hss. R und M und ist durch die Auslassung von gLAE 37; 39; 40,4–7 und 42 charakterisiert. Vielfach bietet sie einen kürzeren Text als die Traditionen C und D, was für ihr relativ hohes Alter spricht. Ferner besteht eine Beson-

---

[13] Vgl. NAGEL, Vie I, 47; anders MERK / MEISER, Leben, 744, wonach sich TISCHEN-DORF vor allem auf B gestützt hätte. Eine Durchsicht des Apparates bei Tischendorf zeigt allerdings, dass B wesentlich häufiger als abweichende Variante im Apparat genannt wird.

[14] Vgl. CERIANI, Apocalypsis, 19.

[15] Zustimmend äußerten sich HORT, Adam, 39; FUCHS, Leben, 507 und WELLS, Books, 124, ablehnend KABISCH, Entstehungszeit, 114, der C bevorzugt. Offenbar ist hiermit TISCHENDORFS „Hs. C" gemeint, welche, wie wir sahen, teils aus B, teils aus C besteht (siehe Abschnitt 1.2.1).

[16] Vgl. SHARPE, Prolegomena I, 162–184. Bd. 2 bietet sämtliche vom Tischendorfschen Text abweichende Lesarten (abgesehen von orthographischen Fehlern).

[17] Wie bereits erwähnt, folge ich den Hs.-Bezeichnungen BERTRANDS und habe daher hier SHARPES Sigla „konvertiert".

[18] Vgl. SHARPE, Prolegomena I, 190. Ein Missverständnis liegt hier offensichtlich bei MERK / MEISER, Leben, 752 vor, wo die gegenteilige Position als die von SHARPE vertretene Meinung vorgestellt wird (vgl. dazu SHARPE, a.a.O., 189: „While it is not inconceivable that the original document concluded at that place, it seems unlikely since the narrative does not really come to a conclusion at XXVI.3").

[19] SHARPE bezeichnete diese Tradition als „F-Tradition", weil die Hs. R bei ihm das Sigel F trägt. Um aber Verwechslungen mit der Hs. F nach dem von mir verwendeten System (bei Sharpe ist F = E2) zu vermeiden, spreche ich in Entsprechung zur Hs. R von der „R-Tradition".

derheit dieser Tradition darin, dass sie die Erzählung von der Buße Adams und Evas (gLAE 29,7ff.) bietet, die bislang nur aus dem lateinischen und slavischen Text bekannt war.

4. C-Tradition: Sie besteht aus den Hss. C, E, F sowie Q und bietet einen Text, der durch Schlichtheit und Kürze charakterisiert ist, was ebenfalls für relativ hohes Alter spricht. Innerhalb dieser Tradition bieten die Hss. E und F den kürzesten Text.

Das Verhältnis der R-Tradition zu den Hss. E und F verstand Sharpe als komplementär[20] und schloss daraus, dass es sich hierbei um zwei nebeneinander existierende frühe Textformen gehandelt haben könnte, die dann später zu *einem* Text, wie er sich in den Hss. C und Q findet, verbunden wurden.[21] Dies lasse sich aber nicht sicher nachweisen. Auf jeden Fall repräsentierten R einerseits und E/F andererseits die älteste greifbare Textüberlieferung, während C und Q jünger seien. Davon wiederum stammten dann die Traditionen A und D ab.[22]

C. Nagel: Auch Marcel Nagel teilte die Hss.[23] in verschiedene Familien ein:[24]

1. Seine *Textform I* wird repräsentiert durch die Hss. B, D, G, K[2], S, P und V (in alphabetischer Reihenfolge)[25] sowie durch die Hss. A, C, L und T, die innerhalb dieser Familie eine eigene Untergruppe (= Ib)[26] bilden.[27] Die beiden anderen Textformen stammen von Textform I ab, die somit als die älteste betrachtet werden kann. Innerhalb von I bietet nach Nagels Urteil die Hs. D den besten Text, allerdings enthält sie gemeinsam mit der nächstbesten Hs. S eine ganze Reihe von Lesarten, die in den übrigen Hss. nicht enthalten sind. Nagel schließt daraus, dass D und S auf einen gemeinsamen Vorläufer zurückgehen, der auf einer frühen Stufe der Textüberlieferung gewisse Änderungen am Text vornahm.[28] Daher sei auch die Hs. V für die Rekonstruktion des Textes von großer

---

[20] R enthält Lesarten, die in E/F fehlen (z.B. gLAE 41,1–42,3), während E/F Überlieferungen kennt, die in R nicht enthalten sind (z.B. gLAE 42,4–6).

[21] Vgl. a.a.O., 200.

[22] Die Hs. B wird von SHARPE nicht klassifiziert. Vgl. zum Ganzen SHARPE, Prolegomena I, 185–203, besonders die Übersicht a.a.O., 188.

[23] NAGEL bezog 23 Hss. in seine Untersuchung ein. Der erste Band seiner Arbeit bietet ausführliche Analysen der einzelnen Hss. (Anmerkungen dazu in Bd. 2), während im dritten Band der Wortlaut aller Hss. parallel untereinander gesetzt geboten wird.

[24] Auch hier wurden die Sigla NAGELS entsprechend den Sigla BERTRANDS „konvertiert".

[25] Zur Chronologie vgl. die folgenden Ausführungen.

[26] Die Bezeichnung Ib stammt von mir. Die anderen Hss. von I [ohne Ib] bezeichne ich dementsprechend mit Ia.

[27] Ib hat verschiedene Lesarten (vor allem Zusätze) gemeinsam, die als Weiterentwicklungen der Textform I betrachtet werden können (vgl. dazu NAGEL, Vie I, 48–50). Allerdings bietet nur eine der Hss. den Text vollständig.

[28] Vgl. die Übersicht über die gemeinsamen Lesarten von D und S gegen die übrigen Hss. bei NAGEL, Vie I, 10. Allerdings scheint mir nicht jede Gemeinsamkeit von D und S gegen die anderen Textzeugen von vornherein verdächtig zu sein, man muss daher jeweils

Bedeutung, da sie den Texttyp, von welchem der Vorläufer der Hss. D und S abstammte, zuweilen besser bewahrt habe.[29] Allerdings muss man hinzufügen, dass die Hs. V selbst durchaus nicht frei von Veränderungen ist, wobei es sich zumeist um Auslassungen handelt.[30]
2. Die *Textform II* findet sich in den Hss. M und R sowie in slavLAE. Daneben bieten aber auch latLAE und geoLAE einen verwandten Text. Als Charakteristika dieser Textform[31] können die Erzählung von der Buße Adams und Evas (gLAE 29,7ff.), welche in Textform I fehlt, das Vorhandensein der besonderen Lesarten der Untergruppe Ib sowie einige Auslassungen (z.B. gLAE 23,4–24,3) gelten. Aus dem Vorhandensein der Charakteristika von Ib sei ersichtlich, dass II offensichtlich von Ib abstammt.
3. Die *Textform III* besteht aus 3 Untergruppen, wobei die Hss. N, I, J, K[1] und armLAE (Conybeare) die älteste Fassung bieten (= IIIa),[32] während Q und Z (= IIIb) verschiedene Korrekturen anhand der Textformen I und II vornehmen sowie einige Interpolationen erkennen lassen. H, E, F, X und W (= IIIc) hingegen zeigen eine Tendenz zur Abkürzung, vor allem gegen Ende hin.[33] Gleichwohl haben diese drei Untergruppen gemeinsame Merkmale, die es rechtfertigen, sie zu einer Textform zusammenzufassen. Es handelt sich dabei um die veränderte Einleitung sowie den veränderten Schluss der Erzählung Evas (gLAE 14,3–16,3 sowie 31,1), um die Umstellung von gLAE 25 und 26 sowie um eine größere Zahl von besonderen Lesarten.[34] Die Textform III stammt anders als II nicht von der Untergruppe Ib ab, da sie deren charakteristische Lesarten nicht bietet. Sie ist nach Nagel als „rédactionelle" und demnach als weniger wertvoll zu beurteilen, da sie kein eigenes Material biete, sondern sich auf die Bearbeitung der Textform I beschränke.[35]

D. Vergleich der Ergebnisse von Sharpe und Nagel: Bemerkenswert ist die weitgehende Übereinstimmung von Nagel und Sharpe hinsichtlich der Gruppierung der Hss. Von den 16 Hss., die beide Autoren verwendeten, wurden nur 4[36] unterschiedlich eingruppiert.[37] Die folgende Übersicht verdeutlicht dies:[38]

---

im Einzelfall prüfen, ob die entsprechenden Lesarten als ursprünglich gelten können oder nicht. Vgl. dazu die folgenden Ausführungen.

[29] Vgl. NAGEL, Vie I, 19.

[30] Die Hs. V lässt nach NAGEL, Vie I, 16 insgesamt eine abkürzende Tendenz erkennen.

[31] Vgl. a.a.O., 69–80.

[32] Vgl. a.a.O., 220.

[33] Vgl. a.a.O., 219.

[34] Vgl. a.a.O., 212–217.

[35] Vgl. a.a.O., 219. Hier ist zu fragen, ob nicht auch in der „Redaktion" wesentliche Veränderungen beobachtet werden können, die durchaus als eigenständig gelten können. Darüber hinaus ist auf die von NAGEL selbst hervorgehobenen Interpolationen der Untergruppe IIIb hinzuweisen, die zusätzliche Traditionen einbringen.

[36] Die Besonderheit der Hs. K, welche NAGEL in zwei Gruppen verteilt, kann hier ausgeklammert werden.

[37] Beachtet man nun, dass SHARPE die Hs. B zwar verwendet, aber nicht eingeordnet hat und dass er darüber hinaus, wie TISCHENDORF, B und C teilweise verwechselt hat, so relativiert das die Differenzen zusätzlich.

[38] Bei den in Klammern gesetzten Hss. handelt es sich um diejenigen, welche von SHARPE nicht in die Untersuchung einbezogen worden sind.

	Sharpe		Nagel	
	übereinstimmend	nicht übereinstimmend	übereinstimmend	nicht übereinstimmend
A-Trad. (Sharpe)/ Textform Ib (Nagel)	A, T		A, T	L, C
D-Trad. (Sharpe)/ Textform Ia (Nagel)	D, S, V, G, K	L, N	D, S, V, G, K²	B, (P)
C-Trad. (Sharpe)/ Textform III (Nagel)	E, F, Q	C	E, F, Q	N, (H), (I), (J), K¹, (Z), (W), (X)
R-Trad. (Sharpe)/ Textform II (Nagel)	M, R		M, R	

Im Kontrast zu dieser Übereinstimmung steht allerdings die grundlegende Differenz bei der Beurteilung der verschiedenen Textformen:

Älteste Textformen nach Sharpe	*Älteste Textform nach Nagel*
Hss. E und F sowie Hss. R und M	Hss. D, S, V, K(teilweise), P, G, B

3.3 Schlussfolgerungen

Die meisten neueren Arbeiten schließen sich in ihrer Beurteilung der Handschriften den Ergebnissen Nagels an, wobei vor allem Bertrand, de Jonge und Tromp sowie Merk und Meiser zu nennen sind.[39] Dem ist meines Erachtens zuzustimmen, wie die im Folgenden genannten Gründe nahe legen:

---

[39] Vgl. BERTRAND, Vie [A], 43–45; DE JONGE / TROMP, Life, 31–35 und MERK / MEISER, Leben, 742–751.

1. Die Untersuchung Sharpes ist in methodischer Hinsicht problematisch.[40] Sie stützt sich
nahezu ausschließlich auf einen Vergleich des Schlussteils in den verschiedenen Hss.
und richtet sich dabei vor allem nach einem Kriterium, nämlich der Kürze oder Länge des
jeweiligen Textes.[41] Nagel gelingt es hingegen, durch einen detaillierten Vergleich der
einzelnen Hss. ein äußerst differenziertes und vor allem plausibles Bild der Textentwick-
lung zu zeichnen.[42]
2. Vor allem die von Sharpe postulierte frühe Ansetzung der Hss. E und F lässt sich
schwerlich aufrechterhalten, zeigen doch diese beiden Hss. nahezu durchweg einen stark
bearbeiteten Text, zum Teil allein, zum Teil mit anderen Hss. der Familie III gemeinsam.[43]
3. Auch die Hss. R und M bieten schwerlich die früheste Textgestalt, da man in diesem
Fall davon auszugehen hätte, dass die Erzählung über Adams und Evas Buße (29,7ff.) in
den anderen Hss. absichtlich weggelassen worden wäre. Dafür lässt sich kein plausibler
Grund benennen.

Leider haben die Bemühungen Nagels, wie bereits erwähnt, letztlich nicht zur
Erstellung einer eigenen Edition geführt, und auch die Edition Bertrands hat
diese Lücke nicht zu schließen vermocht, da sie hinter den Untersuchungen
Nagels zurückbleibt.[44] Für die folgenden Exegesen ergibt sich daraus die
Notwendigkeit, dass zunächst jeweils eine solide textliche Grundlage hergestellt werden muss. Nur so werden die einzelnen exegetischen Urteile
wirklich am Text nachvollziehbar und vor allem auch überprüfbar. Für die
Textrekonstruktionen stütze ich mich im Wesentlichen auf die Thesen Nagels,
welche sich häufig auch mit meinen eigenen Beobachtungen decken.

An dieser Stelle erscheint es daher sinnvoll, die von Nagel vorgenommene
Gruppierung noch einmal in einer tabellarischen Übersicht darzustellen, wobei
die einzelnen Textzeugen diesmal nach ihrer Bedeutung für die Rekonstruktion des Textes geordnet sind:

---

[40] Vgl. die Kritik bei MERK / MEISER, Leben, 752. Auch JOHNSON, Life, 250 meint,
dass die von SHARPE für den ältesten Texttyp gehaltenen Hss. E und F Lesarten enthalten,
die kaum ursprünglich seien.

[41] Vgl. SHARPE, Prolegomena I, 185f.

[42] Die Gründlichkeit, die er dabei an den Tag legt, ist kaum mehr zu überbieten. Es
erscheint mir daher etwas herablassend, wenn BERTRAND, Vie [A], 47 von einer schlecht
lesbaren und wenig aussagekräftigen Ausführlichkeit spricht (vgl. dazu auch MERK /
MEISER, Leben, 750, welche ebenfalls die Bedeutung der Arbeit NAGELS hervorheben).

[43] Zum Beispiel bieten EF gemeinsam mit den Hss. von III in 14,3–16,3 einen ganz
eigenen Text. In 7,2 wird statt ὥρα ἡμέρα gelesen, was den Sinn des Textes entstellt. In
10,1 wird das Tier, welches Seth angreift, ausdrücklich mit dem Teufel identifiziert.
Weitere Beispiele ließen sich nennen.

[44] Vgl. dazu Abschnitt 1.2.1.

Familie Ia	DSV K²PG B
Familie Ib	ALTC
Familie II	RM
Familie IIIa	NIJK[1]
Familie IIIb	QZ
Familie IIIc	HEWFX

Die methodische Vorgehensweise bei der Textrekonstruktion lässt sich folgendermaßen beschreiben. Die jeweils beste Handschrift, also D – und dort, wo D fehlt, S – dient jeweils als Grundlage des Textes. In der Regel wird der Text nach dieser Hs. geboten und nur dort, wo eine andere Lesart mit guten Gründen vorzuziehen ist, weiche ich davon ab. Nicht gefolgt bin ich dabei der meines Erachtens zu formalen Vorgabe Nagels, dass die gemeinsamen Abweichungen von D und S gegen die übrigen Hss. prinzipiell als sekundär zu betrachten seien. Manche Lesart, die nur in D und S geboten wird, ist den anderen vorzuziehen.[45] Freilich gibt es auch den umgekehrten Fall,[46] und manchmal ist eine Entscheidung kaum möglich.[47] Gilt hier also immer die Regel, dass der Einzelfall zu prüfen ist, so lässt sich ähnliches für die Stellen sagen, wo D oder S (wenn D ausfällt) allein von den übrigen Hss. von I abweichen.[48]

---

[45] Vgl. z.B. ἔγνω in 1,2; τί ἐστιν νόσος in 5,3 oder das Fehlen von ὁ ὄφις in 16,2 (nach ἀναστάς).

[46] Vgl. z.B. δι' ἧς statt δι' οὗ in 7,2; κρύπτε σε statt κρυβήσῃ in 8,1 oder ἀγερουσίαν statt ἀχερουσίαν in 37,3.

[47] Vgl. z.B. das Fehlen von ἀγγέλου in 17,1 (nach ἐν εἴδει) oder von τὸν Ἀδάμ in 41,1 (nach ἐκάλεσεν δὲ ὁ θεός). Dort, wo eine sichere Entscheidung schwer möglich ist, folge ich prinzipiell DS.

[48] Zu den Einzelheiten vgl. die methodischen Vorbemerkungen in Kapitel 5.

Kapitel 4

Literarische Struktur und zentrale Themen

4.1 Zur Frage der Einheitlichkeit

Die Gegenüberstellung der verschiedenen Versionen des LAE legt – wie wir gesehen haben – den Schluss nahe, dass sich die Entwicklung hin zu den heute bekannten Texten in einem mehrstufigen Prozess ereignete. Mit der in Abschnitt 2.2 vorläufig begründeten und in den einzelnen Exegesen zu erhärtenden Vermutung, dass der griechische Text von den anderen Versionen benutzt worden ist und dementsprechend als die älteste Textform zu gelten hat, stellte sich aber auch die Frage nach der Einheitlichkeit des gLAE selbst.[1] Dass die Beantwortung dieser Frage für die Interpretation der einzelnen Textabschnitte von großem Gewicht ist, dürfte auf der Hand liegen. Daher muss sie notwendigerweise den Einzelexegesen vorangehen. In einem ersten Schritt gebe ich zunächst eine Übersicht über die vorhandenen Widersprüche und Inkohärenzen im griechischen Text, informiere anschließend über die verschiedenen Lösungsverschläge, die zur Erklärung dieses Befundes angeboten wurden, und stelle schließlich meine eigene, für die folgenden Exegesen grundlegende Position in dieser Frage dar.

4.1.1 Widersprüche und Inkohärenzen im Text

1. Betrachtet man den Verlauf der Erzählung von Kapitel 5 bis Kapitel 30, so sind gewisse Doppelungen nicht zu verkennen. Zweimal werden die Kinder versammelt (5,2f.; 14,3) und erfahren, wie sich die Übertretung Adams und Evas im Paradies ereignete (7; 15–21)[2] und wie Gott anschließend zum Gericht ins Paradies kam (8; 22–26).[3] Eine Doppelung in thematischer Hinsicht ist auch im Vergleich von 10–12 und 24,3 zu beobachten. Hier wird jeweils die Auflehnung der Tiere gegen den Menschen als Folge seiner Übertretung verstanden. Eine Doppelung lässt schließlich auch die Gegenüberstellung von

---

[1] Vgl. Abschnitt 2.2.5.

[2] Die Engel, welche Eva bewachten, sind dabei jeweils gerade zur Anbetung Gottes hinaufgestiegen (7,2 und 17,1).

[3] Zu beachten ist hier besonders die zweimalige Frage, ob sich ein Haus denn vor seinem Baumeister verbergen könne (8,1 und 23,1).

Kapitel 13 und Kapitel 28 erkennen. In beiden Fällen wird die Bitte nach einem paradiesischen Heilmittel abgelehnt, die Ablehnung aber als nicht endgültig vorgestellt. Insgesamt lässt sich daher sagen, dass zwischen den Abschnitten 5–14,2 einerseits und 14,3–30 andererseits eine enge Parallelität besteht. Die folgende Tabelle verdeutlicht dies:

	5–14,2	14,3–30
Versammlung der Kinder	5,2f.	14,3
Die Verführung	7	15–21
Gottes Kommen zum Gericht	8	22–26
abgelehnte Bitte um ein paradiesisches Heilmittel	9–13	28
Resümee	14	30

2. Allerdings ist in inhaltlicher Hinsicht eine gewisse Konkurrenz zwischen beiden Abschnitten nicht zu verkennen. Einerseits sind es 70 Plagen, die Gott aufgrund der Sünde über Adam verhängt (Kap. 8), andererseits hat die Sünde Adams und Evas die Mühsal des täglichen Broterwerbs, die Erfahrung von Frost und Hitze, die Schmerzen der Geburt sowie das sexuelle Verlangen der Frau zur Folge (Kap. 24–25). In 9–13 erscheint der Baum, aus welchem Öl fließt, als Gegenstand der Bitte Evas und Seths, während in 28 Adam um die Frucht vom Baum des Lebens bittet. In 14,2 zieht Adam gleichsam die Summe aus dem gesamten vorangegangenen Abschnitt, wenn er festhält, dass Eva den Tod über die Menschheit gebracht habe. In Kapitel 30 zeigt sich hingegen, dass die Erzählung Evas ein anderes Ziel verfolgt. Sie will nicht in erster Linie die Herkunft des Todes erklären,[4] sondern sie will die Kinder und Kindeskinder zur Wachsamkeit gegenüber dem Bösen anhalten. Auffällig ist auch, dass in 5–14 Eva massiv beschuldigt wird (7; 14,2), während Adam in 27,2 feststellt: „Ich allein habe gesündigt."[5] Schließlich erscheint das Paradies in 14–30 als ein himmlischer Ort, da Adam und Eva nach ihrer Vertreibung auf die Erde kommen (29,6). Während wir ähnliches auch in 37,5 und 40,1 finden, scheint das Paradies in 9,3; 10,1; 13,1; 38,4 und 40,6f. als ein irdischer Ort vorgestellt zu sein.

3. Doppelungen und Widersprüche begegnen auch im letzten Teil des gLAE, den Kapiteln 31–43. Zweimal wird vom Kommen des göttlichen

---

[4] Dies geschieht hier eher beiläufig, vgl. gLAE 28.

[5] LEVISON, Exoneration [A], 136 bemerkt zu gLAE 15–30: „‚Eve' subtly exculpates herself. In the remainder of the Apocalypse of Moses, *Apoc. Mos.* 1–14 and 31–43, the narrator denigrates Eve." Vgl. dazu Abschnitt 4.1.2.A.

Thronwagens zu Adam berichtet, der einmal von vier Adlern (33,2) und einmal von vier Winden (38,3) gezogen wird. Nachdem die Fürbitte der Engel (33,5; 35,2) in 37 ihre Erfüllung gefunden hat, wendet sich der Erzengel Michael in 38,1 mit einer erneuten Bitte wegen Adam an Gott. Allerdings wird nicht ganz deutlich, worin der Inhalt dieser Bitte genau besteht. Auch die Versammlung der Engel in 38,2 (mit Räucherfässern, Trompeten und Schalen) wirkt wie eine Wiederholung von 33,3. In 37,5 wird berichtet, dass Adam ins Paradies im dritten Himmel gebracht wird, während er nach 40,7 im Paradies (auf der Erde) bestattet wird. In 34,1 fordert Eva Seth auf, vom Leichnam (σῶμα) Adams aufzustehen, 35,2 spricht hingegen davon, dass Adams σῶμα im Himmel liegt. 38,3 berichtet wiederum, dass Gott auf seinem Thronwagen *zur Erde* herabkommt, und zwar dorthin, wo Adams Leichnam liegt. Schließlich verdient hier noch der Umstand Erwähnung, dass der Leichnam Adams zweimal von Gott angeredet wird, beide Male ist diese Anrede verbunden mit einer Zusage endzeitlichen Heils (39 und 41).

4. In 33,4 ist ein unmittelbarer Wechsel von der dritten zur ersten Person Singular zu beobachten. Plötzlich spricht Eva selbst, während zuvor der Erzähler über Eva berichtet. Ebenso unvermittelt geht der Bericht aber in 35,1 wieder zur dritten Person über.[6]

5. Weitere Ungereimtheiten im Text lassen sich benennen. Die von Seth in Kapitel 6 angebotene Paradiesreise wird von Adam zunächst abgelehnt, dann aber von ihm selbst angeregt (9,3). Der Auftrag zur Paradiesreise ergeht in Kap. 9 an Eva, während in 13 Seth als Hauptakteur erscheint und Eva nur eine Statistenrolle spielt. In 16–19 ist nicht immer klar, wer eigentlich Eva verführt, die Schlange (inspiriert durch den Teufel) oder der Teufel selbst.

4.1.2 Lösungsversuche

Verschiedene Versuche wurden im Verlauf der Forschungsgeschichte unternommen, diesen Befund zu erklären:

A. In einem 1989 veröffentlichten Aufsatz unternahm *John R. Levison* den Versuch nachzuweisen, dass in gLAE 15–30 ein ursprünglich selbständiges, in mündlicher oder schriftlicher Form vorliegendes Stück nachträglich eingearbeitet worden sei.[7] Zur Begründung seiner Hypothese benannte er drei Argumente: 1. Das Bild, welches gLAE 15–30 von Eva zeichne, weiche merklich von der in anderen Passagen zu findenden Darstellung Evas ab, „the narrator of the former exonerates her while the narrator of the latter denigrates her."[8] 2. Evas Bericht unterbreche den Fluss der Gesamterzählung und

---

[6] Mehr dazu in Abschnitt 6.3.3.B.
[7] Vgl. LEVISON, Exoneration [A].
[8] A.a.O., 135.

enthalte darüber hinaus einige Widersprüche zur übrigen Erzählung.[9] 3. gLAE 15–30 lasse sich als eine einheitliche Erzählung verstehen, die durch ihre paränetische Tendenz gekennzeichnet sei und sich darin von der übrigen Erzählung unterscheide.[10] Dass sich gLAE 15ff. an verschiedenen Punkten von der übrigen Erzählung abhebt und Differenzen dabei nicht zu übersehen sind, ist zweifellos richtig beobachtet. Ob man daraus freilich schlussfolgern muss, dass die Erzählung Evas als ganzer Block erst nachträglich in das Gesamtwerk eingefügt worden sei, erscheint mir eher zweifelhaft. Die Hypothese erklärt nämlich einerseits nicht die enge Parallelität von 5–14,2 und 14,3–30, auf die ich im vorigen Abschnitt hingewiesen habe.[11] Andererseits stellt sich die Frage, ob gLAE tatsächlich auch ohne die Kapitel 15–30 auskommen könnte. Zumindest gibt es eine Reihe von Querverweisen, die gLAE 15ff. mit der übrigen Erzählung verbinden.[12]

B. George W. E. Nickelsburg (1981): Ausgehend von der Beobachtung, dass gLAE einerseits typische Merkmale der literarischen Gattung Testament erkennen lässt, an verschiedenen Punkten aber auch von jener Gattung abweicht,[13] gelangte Nickelsburg zu der Vermutung, dass ein ursprüngliches Testament Adams später zur heutigen Gestalt des gLAE umgearbeitet worden sei. Seine These versuchte er damit zu stützen, dass er die für die jetzige Gestalt des griechischen Textes konstitutiven theologischen Aussagen sämtlich jener Überarbeitung zuwies: „The sections that break this form, or throw

---

[9] Vgl. dazu a.a.O., 144–146: Das Paradies sei hier – anders als in gLAE 6,2; 9,3; 10,1 und 13,1 – als ein supramundaner Ort vorgestellt (29,6); gLAE 15–30 unterbreche die Chronologie der Erzählung (vgl. 13,6: Adam hat noch drei Tage zu leben; 31,1: Adam hat noch einen Tag zu leben); der Zusammenhang von 13,6 und 33ff. sei durch den Einschub der Erzählung Evas gestört; gLAE 15–30 störe den Zusammenhang von Adams Klage über den Tod in 14,2 und Evas Antwort in 31,2; schließlich spiele Seth in gLAE 15ff. – anders als in der übrigen Erzählung – keine Rolle.

[10] Vgl. dazu a.a.O., 147–149.

[11] Eine spätere Einfügung von gLAE 15–30 als ganzer Block kann diesen Umstand schwerlich erklären, zumal ja einzelne Formulierungen sich nahezu wörtlich entsprechen.

[12] Dazu gehören u.a.: der Gottesname Jael (29,4; 33,5; wie überhaupt das Motiv der Fürbitte der Engel in 27–29 und 33ff.); das Gebet Evas in 42,3ff., das (wie gLAE 14,2 und 20–21) die Gemeinsamkeit der Protoplasten bei der Übertretung hervorhebt; die Lokalisierung des Paradieses im Himmel (vgl. 37,5 und 40,1).

[13] Vgl. NICKELSBURG, Traditions, 516–519. Die Abweichungen von der Form des Testaments sind nach Nickelsburg im Einzelnen folgende: Adams Erzählung in Kapitel 7–8 fungiert nicht als Beispielerzählung in ethischer Ausrichtung, wie sonst in den Testamenten, sondern erklärt die Gegenwart von Krankheit und Tod. 9–13 unterbrechen insgesamt das Formschema des Testaments, während 14 wieder dahin zurückkehrt. Dass Eva in 15–30 als Hauptfigur erscheint, lasse sich als sekundäre Umformung betrachten, da in 22–29 Adam die zentrale Figur sei. Ursprünglich könnte daher hier eine Erzählung Adams gestanden haben, die dem Schema des Testaments besser entsprechen würde. gLAE 32,3–37,6 unterbrechen ebenfalls das typische Schema eines Testaments.

it out of balance, are bearers of the book's central message: the fruitless trip to paradise; to some extent Adam's bargaining with God; the lengthy scene that is prolog to Adam's burial." Meines Erachtens lässt sich diese These Nickelsburgs nicht aufrechterhalten, da die Abweichungen vom Formschema des Testaments die Hypothese einer nachträglichen Bearbeitung nicht hinreichend begründen können. Gewisse Anklänge an jenes Formschema müssen nicht dafür sprechen, gLAE insgesamt als ein Testament zu betrachten, zumal ja deutlich ist, dass die zentralen theologischen Konzeptionen der Erzählung gerade nicht typisch für die Testamentliteratur sind. Wenn man diese aber wie Nickelsburg sämtlich der Stufe der Redaktion zuweist, so müsste man dann aufzeigen, welche anderen theologischen Konzeptionen für die angenommene Originalgestalt des Werkes bestimmend waren.

C. Das Stufenmodell, welches *Otto Merk und Martin Meiser* (1998) zur Rekonstruktion der Entstehungsgeschichte des LAE in seinen verschiedenen Versionen anboten, ist bereits an anderer Stelle vorgestellt worden.[14] Hier sind nun speziell die Aussagen von Interesse, welche die Frage der Einheitlichkeit des griechischen Textes betreffen. Beide Autoren gehen wie Levison von der Annahme sukzessiven Wachstums innerhalb der Entstehungsgeschichte des griechischen Textes aus. Zunächst habe es eine ganze Reihe selbständig existierender Traditionen gegeben (Stufe 1), welche dann zunächst zu zwei großen Blöcken, 5–13 sowie 15–30.33–34, zusammengewachsen seien (Stufe 2). Erst auf die dritte Stufe gehöre hingegen die Gestalt des Textes, wie sie uns heute vorliegt.[15] Auch dieses Modell kann nicht erklären, wie die beiden Blöcke 5–13 und 15–30 in einer derartigen Parallelität unabhängig voneinander entstanden sein sollen.

D. Eine blockweise Verbindung verschiedener Traditionen in gLAE vermutete auch *Daniel A. Bertrand* (1985) in einem Aufsatz, der sich vor allem mit dem letzten Teil des gLAE beschäftigt.[16] Allerdings geht er dabei offenbar weniger von sukzessivem Wachstum der Überlieferung aus, sondern denkt wohl eher an einen Redaktor, der verschiedene ihm vorliegende Traditionen zusammenfügte.[17] Bertrand nahm an, dass in gLAE 32,3–42,2 zwei ursprünglich selbständige Adamtraditionen miteinander verbunden worden seien.[18]

---

[14] Vgl. Abschnitt 2.2.3.
[15] Später seien dann noch 13,3b–6 [gemeint ist wohl 13,3b–5] und die christliche Schlussdoxologie hinzugekommen. Zur Frage, ob die Schlussdoxologie tatsächlich als christlich zu betrachten ist, vgl. Kapitel 2, Anm. 224.
[16] Vgl. BERTRAND, Destin.
[17] Es wird hier nicht ganz deutlich, wie sich BERTRAND das Zusammenkommen beider Traditionen genau vorstellt. Aus anderen Äußerungen ergibt sich allerdings, dass er gLAE insgesamt als ein einheitliches Werk betrachtet (vgl. Vie [A], 51).
[18] BERTRAND, Destin, 111 spricht von „deux traditions adamologiques primitivement indépendantes".

Eine habe die Erhöhung Adams enthalten, während die andere von der Bestattung Adams gehandelt habe. Beide Traditionen seien im jetzigen Zusammenhang nur relativ lose verbunden und ließen sich ohne größere Probleme voneinander abheben, sodass die säuberliche Unterscheidung beider Überlieferungsstränge sogar als Kriterium für textkritische Entscheidungen dienen könne.[19] Problematisch an der Hypothese Bertrands ist, dass er sich die Verbindung der verschiedenen Traditionen wohl etwas zu einfach vorstellt, worauf vor allem J. Tromp hingewiesen hat.[20] Eine klare Trennung von Leib und Seele lässt nämlich der Abschnitt ebensowenig erkennen wie eine klare Unterscheidung der Handlungsorte (Himmel – Erde).[21]

E. In Auseinandersetzung mit der Hypothese Bertrands kam *Johannes Tromp* (1997)[22] zu dem Ergebnis, dass gLAE als eine Art Sammelbecken verschiedenster Traditionen[23] zu verstehen sei, dennoch aber eine klar strukturierte Erzählung enthalte.[24] Speziell zu gLAE 31ff. formulierte er: „Hardly any attempt is made, it seems, to integrate the concepts taken from various traditions into a logically consistent view of life after death."[25] Obgleich wohl etwas zugespitzt formuliert, enthält diese Äußerung eine plausible Erklärung für die beobachteten Unstimmigkeiten und Widersprüche. Offenbar griff der Erzähler auf ein breites Spektrum an Traditionen zurück, die er in seine Erzählung einflocht, ohne immer auf die exakte Stringenz hinsichtlich der einzelnen Details zu achten. Die verschiedenen Auslegungsabschnitte werden diesen Sachverhalt später anschaulich illustrieren. Zunächst bedarf diese Annahme freilich noch des Nachweises, dass man gLAE zu Recht als eine klar strukturierte („clearly organised")[26] Erzählung verstehen kann.[27]

---

[19] Aufgrund der strikten Trennung von Erhöhung und Bestattung Adams liest BERTRAND in 35,2 ὁ πατήρ σου (nur von der wenig wertvollen Hs. F überliefert) statt τὸ σῶμα τοῦ πατρός σου, da sich sonst die Unterscheidung zwischen den Themen Erhöhung und Bestattung nicht aufrechterhalten ließe, vgl. dazu den entsprechenden Auslegungsabschnitt (6.3).

[20] Vgl. TROMP, Issues, 29f.

[21] Beide Annahmen sind konstitutiv für BERTRANDS Hypothese, vgl. dazu auch die Interpretation von gLAE 33–37 in Kapitel 6.

[22] Vgl. TROMP, Issues.

[23] „repository of various traditions" (a.a.O., 36).

[24] Vgl. ebd.

[25] Vgl. a.a.O, 35.

[26] TROMP, Issues, 36.

[27] Eine ähnliche Position vertrat auch SWEET, Study, 27–30, vor allem 29: „While we do not deny that the author of the Bios (= gLAE, Th.K.) utilized several sources in compiling the work, we suggest that the document does function as a coherent narrative."

4.1.3 gLAE als einheitliche Erzählung

Wenn ich recht sehe, wurde gLAE in seiner Eigenschaft als *Erzählung* bislang kaum untersucht, und die Frage, welche spezifischen Merkmale die Erzählweise des Autors kennzeichnen, blieb ungestellt. Gerade ihrer Beantwortung kommt aber in der Diskussion um die Einheitlichkeit große Bedeutung zu, was ich im Folgenden zu belegen versuche. Gelingt es nämlich, bestimmte für die Erzählung charakteristische Stilmittel herauszuarbeiten und damit gleichsam der ureigenen Handschrift des Erzählers auf die Spur zu kommen, so erwächst damit ein starkes Argument für die oben geäußerte Annahme, dass gLAE zwar eine Art Kompendium verschiedenster Traditionen darstellt, dennoch aber durch eine in sich stimmige Erzählstruktur zusammengehalten wird und somit als einheitliches Werk zu gelten hat.

A. Der schnörkellose Stil des Erzählers: Was bei einer Lektüre von gLAE zunächst auffällt, ist der knappe und schnörkellose Stil des Erzählers. Er geizt förmlich mit ausschmückenden Elementen und ist auch mit Erläuterungen bestimmter Details sehr zurückhaltend. Ein Beispiel hierfür ist die Episode von dem Tier, das Seth und Eva angreift (gLAE 10–12). Es tritt völlig unvermittelt auf: „Und Eva sah ihren Sohn und ein Tier, das ihn bekämpfte" (10,1). Ebenso unvermittelt folgt darauf die Klage Evas, die einen Zusammenhang zwischen ihrer Gebotsübertretung und dem Angriff des Tieres herstellt (10,2). Dieser Zusammenhang ist ja nicht von vornherein evident, und er wird auch nicht weiter erläutert. Wenn wir dann im nächsten Vers erfahren, dass die Gottebenbildlichkeit des Menschen ursprünglich eine Unterordnung der Tiere mit sich brachte (10,3), so wird damit deutlich, dass in dem Angriff des Tieres eine tiefere Bedeutung steckt. Er wirft nämlich die Frage auf, ob mit dem Sündenfall die Gottebenbildlichkeit verloren gegangen sei und deshalb die Tiere nicht länger dem Menschen untertan sind. Mit wenigen Sätzen hat der Erzähler uns also ohne große Umschweife zu der theologischen Problematik hingeführt, um die es ihm geht.[28] Freilich lässt er dabei – wie andernorts auch – manches Detail offen, sodass die Leser sich selbst einen Reim darauf machen müssen, was der Erzähler mit bestimmten Einzelheiten meint.

Diese knappe, vieles nur andeutende Erzählweise finden wir über den gesamten Text verteilt. Adam wirft Eva in 14,2 vor, dass sie den Tod über das gesamte Menschengeschlecht gebracht habe. Wie sich dies genau ereignete, wird allerdings nirgends ausdrücklich erwähnt, sondern lässt sich nur aus Andeutungen erschließen. In 16,3 spielt der Teufel auf seine eigene Vertreibung an, die er Adam heimzahlen möchte. Genaueres erfahren wir darüber nicht. 20,1 erwähnt, dass Eva ursprünglich mit Gerechtigkeit[29] bekleidet war,

---

[28] Vgl. dazu die Auslegung von gLAE 10–12 in Kapitel 6.

[29] Diese Gerechtigkeit wird in gLAE auch als Herrlichkeit bezeichnet (20,2 und 21,6), nicht nur Eva, sondern auch Adam hat sie mit dem Sündenfall verloren.

die sie jetzt verloren hat. Auch hier kann man nur vermuten, was damit genau gemeint ist.[30] In 26,3 erfahren wir schließlich, dass die Schlange früher Hände, Füße, Ohren und Flügel hatte, deren sie jetzt beraubt ist. Weitere Beispiele ließen sich anführen. Nun spricht dieses Kriterium für sich allein genommen aber noch nicht unbedingt für die Einheitlichkeit der Erzählung, sondern ist durch weitere Beobachtungen am Text zu ergänzen.

B. Dialogform: Abgesehen von wenigen Passagen, in denen der Erzähler selbst hervortritt, lässt er in der Regel die handelnden Personen selbst sprechen. Ein Großteil der Erzählung trägt dialogischen Charakter und ist in wörtlicher Rede gehalten. Zwischen den einzelnen Abschnitten der Erzählung lässt sich hier kein Unterschied beobachten.

C. Wiederholungen bestimmter Formulierungen: Kennzeichnend für den Stil des Erzählers ist auch seine wiederholende, zuweilen nahezu formelhafte Erzählweise. Zu nennen sind hier die Wendungen „bis zum Tag des Gerichts bzw. der Auferstehung" (12,2; 26,4; 43,2; vgl. auch 37,5); „ich fürchte, dass Gott mir zürnen könnte" (16,4; 18,2; 21,4); „ablassen vom Ebenbild Gottes" (12,1; 12,2); „kann sich ein Haus vor dem, der es erbaut hat, verstecken?" (8,1; 23,1); „vergib ihm, denn er ist dein Ebenbild" (33,5; 35,2). Auch hier ist deutlich, dass die Beispiele sich nicht nur auf einen bestimmten Bereich der Erzählung beschränken.

D. Der Rahmen der Erzählung: Es ist auffällig, dass die Erzählung immer wieder den Blick auf einen ganz bestimmten Ort lenkt, nämlich das Sterbebett Adams. Sein bevorstehender Tod wird in Kapitel 5 angekündigt, ereignet sich aber erst in Kapitel 32. Dazwischen kehrt die Erzählung immer wieder zum Krankenlager Adams zurück (9,1; 14,1; 31,1). Bemerkenswert ist auch, dass in 13,6 sowie in 31,1 die Tage bis zum Tod Adams gezählt werden. Es ist deutlich, dass jene Rückverweise auf den sterbenden Adam gleichsam ein Grundgerüst der Erzählung bilden. Verstärkt wird dieser Eindruck, wenn man beachtet, dass sie immer auch mit zwei weiteren Elementen zusammenstehen, der Klage über das aus dem Sündenfall erwachsene Geschick und einem Auftrag, der jeweils einen neuen Abschnitt einleitet.

gLAE 5,2: Und er erkrankte und rief mit lauter Stimme und sprach: Es sollen alle meine Söhne zu mir kommen, damit ich sie sehe, bevor ich sterbe.
gLAE 9: Als Adam dieses zu seinen Söhnen sagte, seufzte er schwer und sprach: Was soll ich tun, denn ich bin in großer Trauer? Eva aber weinte und sprach: Mein Herr, Adam, auf, gib mir die Hälfte deines Schmerzes! Und ich trage sie, denn meinetwegen ist dir dieses geworden, meinetwegen befindest du dich in Mühsalen. Adam aber sprach zu Eva: Auf, gehe mit unserem Sohn Seth in die Nähe des Paradieses [...]
gLAE 14: [...] Es kam aber Seth und Eva zu der Hütte, wo Adam lag. Spricht Adam zu Eva: O Eva, was hast du an uns getan? Großen Zorn hast du über uns gebracht, welcher ist

---

[30] Vgl. dazu die Auslegung von gLAE 15–21 in Kapitel 7.

der über unser ganzes Geschlecht herrschende Tod. Spricht Adam zu Eva: Rufe alle unsere Kinder und Kindeskinder herbei und berichte ihnen die Art unserer Übertretung! *gLAE 31:* Dieses sagte sie inmitten ihrer Söhne, während Adam in seiner Krankheit schlief; er hatte aber noch einen weiteren Tag, herauszugehen aus seinem Leib. Und Eva spricht zu Adam: Warum stirbst du, und ich lebe? Oder wie viel Zeit an Betätigung habe ich nach deinem Tod? Berichte es mir! Darauf spricht Adam zu Eva: Du wollest nicht bedacht sein auf (diese) Ereignisse, denn du wirst nicht zögern nach mir. Sondern in gleicher Weise sterben wir beide, und du wirst selbst an meinen Ort gelegt werden. Und wenn ich sterbe, sollst du mich (liegen) lassen und niemand darf mich anrühren, bis ein Engel etwas mich Betreffendes gesagt hat. Denn Gott wird meiner nicht vergessen, sondern das eigene Gefäß suchen, welches er gebildet hat. Auf, bete vielmehr zu Gott [...]

Dass diese Stücke bei aller Freiheit im Detail ein gemeinsames Grundschema erkennen lassen und daher mit guten Gründen als Rahmenelemente betrachtet werden dürfen, mit denen der Erzähler seinem Stoff ein Gerüst gegeben hat, liegt meines Erachtens auf der Hand. Nimmt man die anderen Beobachtungen zur Erzählweise unseres Autors hinzu, so ergeben all die genannten Argumente insgesamt eine gute und solide Basis für die Annahme, dass gLAE als eine einheitliche Erzählung aufzufassen ist. Freilich sind damit die oben aufgeführten Ungereimtheiten im Text nicht hinweggewischt. Sie lassen sich damit erklären, dass der Erzähler offensichtlich eine ganze Reihe von Traditionen, die ihm geläufig waren, in seine Erzählung aufgenommen hat, ohne immer auf eine Harmonisierung hinsichtlich der Details zu achten. Wie ich bereits zu Beginn meiner Arbeit äußerte, scheint mir gerade in dieser Zusammenfügung verschiedenster Traditionen zu einer großen Erzählung das eigentliche Verdienst des Erzählers zu liegen.

4.2 Aufbau und Gattung

Ausgehend von den im vorangegangenen Abschnitt beschriebenen Beobachtungen am Text geht es im Folgenden darum, den Aufbau der Gesamterzählung herauszuarbeiten und damit zugleich das Fundament für die sich anschließenden Einzelexegesen zu legen. Denn die Analyse der Makrostruktur des gLAE hat vor allem das Ziel, einen Rahmen zu zeichnen, in dem die Auslegung der einzelnen Texte dann ihren jeweiligen Platz finden kann. Zugleich wird in diesem Abschnitt die Frage nach der literarischen Gattung zu stellen sein.

Anhand der oben herausgearbeiteten vier Rahmenstücke lässt sich die Erzählung in 4 Teile sowie einen Prolog und einen Epilog gliedern. Prolog und Epilog bilden insofern einen Rahmen um die gesamte Erzählung, als hier einerseits Seth eingeführt wird (1–4) und andererseits die Bedeutung Seths nach dem Tod von Adam und Eva hervorgehoben wird (43). Die folgende tabellarische Übersicht verdeutlicht die Struktur der Gesamterzählung.[31] Es wird hier noch einmal deutlich, wie sich die verschiedenen Traditionen in das Gerüst der Erzählung, welches vom Tod Adams bestimmt wird, einfügen. Freilich sollte man solche Schemata nicht überstrapazieren. Sie können bestimmte Sachverhalte aufzeigen, es lassen sich aber auch immer bestimmte Abweichungen vom Grundschema erkennen, die in einer solchen Übersicht vernachlässigt werden müssen.

Prolog	1–4	Geburt Seths
1. Teil	5,1f.	*Rahmenstück*
	5,3–6,3	Seths Frage
	7	Die Verführung
	8	Gottes Gericht
2. Teil	9	*Rahmenstück*
	10–12	Der Kampf mit dem Tier
	13	Bitte um Öl aus dem Paradies
3. Teil	14	*Rahmenstück*
	15–21	Die Verführung
	22–26	Gottes Gericht
	27–29	Die Vertreibung
	30	Abschließende Ermahnung
4. Teil	31	*Rahmenstück*
	32	Evas Gebet und Adams Tod
	33–37	Erhöhung Adams
	38–42	Bestattung Adams
Epilog	42	Evas Gebet und Evas Tod
	43	Anweisungen für Seth

---

[31] Die Abgrenzung der einzelnen Abschnitte wird jeweils im Zusammenhang der Einzelexegesen begründet.

Hinsichtlich der Frage nach der literarischen Gattung betrachtete man gLAE gewöhnlich als „Midrasch"[32] oder als „rewritten Bible".[33] Die Frage, ob man sich für den ersten oder zweiten Begriff entschied, hing häufig damit zusammen, ob man den Begriff Midrasch ausschließlich auf die rabbinische Literatur anwenden oder auch für frühjüdische Texte heranziehen wollte.[34] Gemeint ist aber im Grunde wohl das Gleiche, nämlich dass mit gLAE ein Text vorliegt, der haggadische Erweiterungen in den biblischen Text einträgt[35] oder – mit anderen Worten – eine „fuller, smoother and doctrinally more advanced form of the sacred narrative" darstellt.[36] Zweifellos beschreiben diese Begriffe einen in der frühjüdischen Literatur verbreiteten Umgang mit biblischen Texten, ob sie allerdings damit auch eine *spezifische* Gattung bezeichnen, darf man mit Tromp[37] wohl zu Recht bezweifeln. Noch mehr im Bereich des Allgemeinen verbleibt eine Bezeichnung wie „légende pieuse".[38] Zusammenfassend lässt sich sagen, dass die Forschung bislang keinen Gattungsbegriff anbietet, der gLAE adäquat und vor allem in spezifischer Weise bezeichnen könnte. Daher kommt man wohl zur Zeit nicht über die Feststellung hinaus, dass man das Genre des gLAE am besten als „mixed genre" bezeichnen könnte,[39] zumal ja auch bestimmte Elemente der Testamentliteratur[40] oder der Apokalyptik vorhanden sind.[41] Ob damit freilich für das Verständnis des Textes etwas gewonnen wäre, erscheint mir eher fraglich.

---

[32] Vgl. u.a. DENIS, Introduction [A], 3; JOHNSON, Life, 249; SCHÜRER, History III/2, 757.

[33] Vgl. u.a. NICKELSBURG, Bible und HARRINGTON, Adaptions.

[34] Vgl. dazu SWEET, Study, 32–36. Sie selbst spricht von einem vorrabbinischen Midrasch (a.a.O., 36 u.ö.).

[35] Vgl. die Definition bei VERMES, Scripture, 95: „rewritten bible" meine, dass „the midrashist inserts haggadic development into the biblical narrative."

[36] SCHÜRER, History III/1, 308.

[37] Vgl. TROMP, Issues, 37–40. TROMPS Kritik zielte vor allem auf die Annahme, dass mit dem Begriff „rewritten Bible" auch eine implizite Kommentierung (so NICKELSBURG, Bible, 89) des biblischen Textes bezeichnet sei. Für gLAE sah er dies nicht gegeben, die Erzählung könne nicht als Kommentar zu Gen 1–4 verstanden werden. S. 40: „If we define the genre of rewritten Bible by the criterion of exegetical intent, GLAE does not belong to the genre."

[38] BERTRAND, Vie [A], 54.

[39] SWEET, Study, 31. Gemeint ist damit nach SWEET eine Verbindung von Midrasch und Biographie.

[40] DE JONGE / TROMP, Life, 45–47 sahen in gLAE wesentliche Bestandteile eines Testaments vorliegen, wiesen aber auch auf Abweichungen von dieser Gattung hin. Man wird gLAE insgesamt daher – und auch aus anderen Gründen (Die Paränese spielt mit Ausnahme von 15–30 keine wesentliche Rolle) – wohl kaum als zur Gattung Testament gehörig verstehen können. Vgl. dazu auch Abschnitt 4.1.2.B.

[41] In den Einzelexegesen wird darauf an den entsprechenden Stellen zurückzukommen sein.

4.3 Zentrale Themen

Aufs Ganze gesehen lässt sich gLAE als Entwurf einer narrativen Anthropologie verstehen. Das Ziel lässt sich dabei als ein doppeltes beschreiben. Einerseits soll die Entstehung der gegenwärtigen Daseinsbedingungen des Menschen, so wie sie sich dem Erzähler darstellen, erklärt werden. Das betrifft die Probleme von Krankheit (gLAE 7–8; 13), Mühsal (gLAE 24–25) und Tod (gLAE 14; 28) ebenso wie das friedlose Verhältnis von Mensch und Tier (gLAE 10–12; 24) und die Frage nach dem Ursprung des Bösen (gLAE 16–21). Für all diese Probleme bietet gLAE eine monokausale Erklärung: die Übertretung des göttlichen Gebots durch Adam und Eva im Paradies verursachte all die negativen Begleitumstände, welche das menschliche Dasein in der Schöpfung seither prägen. Das zweite Anliegen des Erzählers betrifft die Frage, ob denn jene vom Menschen selbst hervorgerufene Deformation der Schöpfung in irgendeiner Weise reparabel sei. Worauf darf der Mensch trotz der Erfahrung, im „Schatten des Todes" zu leben, hoffen? Die Antwort, die der Erzähler anbietet, beruht vor allem auf dem Bekenntnis zu Gott als dem Schöpfer. Dieser habe den Menschen mit seinen eigenen Händen und nach seinem Bild geschaffen und werde sein Ja zum Menschen aufrecht erhalten und ihn am Ende auch erretten. Zu diesem hoffnungsvollen Bild, dass der Erzähler hier vermitteln will, gehört auch der Glaube an die Auferstehung der Toten am Ende der Zeit (vor allem gLAE 28 und 41–42).

Der Fall des Menschen aus seiner ursprünglichen paradiesischen Existenz und die Erlösung aus den gegenwärtigen Nöten bilden somit die beiden zentralen Themen der Erzählung. Ihr Verhältnis zueinander lässt sich mit dem heilsgeschichtlichen Schema von idealer Urzeit, mühe- und leidvoller Gegenwart sowie heilvoller Endzeit beschreiben. Die Gliederung der Einzelexegesen folgt diesem Schema und besteht aus vier Abschnitten:

A. Geschöpf und Ebenbild Gottes: die Herkunft des Menschen
B. Opfer und Täter: der Fall des Menschen
C. Krankheit, Mühsal und Unfriede: die Gegenwart des Menschen
D. Tod und Auferstehung: die Zukunft des Menschen

Jenen vier Abschnitten wurden jeweils 2–4 einzelne Textabschnitte zugeordnet, die meines Erachtens repräsentativ für den entsprechenden Themenbereich sind. Es dürfte auf der Hand liegen, dass man sich in Einzelfällen auch hätte anders entscheiden können, da sich die Texte nicht immer klar einem einzigen bestimmten Thema zuordnen lassen. Beispielsweise hätte der Bericht Adams über den Sündenfall auch im Kapitel 7 (parallel zu gLAE 16–21) behandelt werden können, ich habe ihn aber Kapitel 8 zugeordnet, da der Akzent hier vor allem auf der Erklärung von Krankheit und Schmerz liegt. Die Gliederung der Texte nach systematischen Gesichtspunkten birgt freilich die Gefahr in sich, dass die Texte aus ihrem Kontext herausgerissen werden könnten, den es bei der Interpretation ja immer mit zu beachten gilt. Ich habe dieser Gefahr jedoch dadurch zu begegnen versucht, dass ich hier zunächst einführend über den Aufbau und die Themen des gLAE insgesamt informiert habe. Darüber hinaus werde ich im Zusammenhang der Einzelexegesen, vor allem in den Abschnitten zur Textabgrenzung, jeweils auf die Einbettung in den Kontext hinweisen. Schließlich schien mir ein wesentlicher Vorzug der systematischen Gliederung darin zu bestehen, dass sie insgesamt zu einem anschaulicheren Gesamtbild der Theologie des gLAE verhilft und somit der Zielsetzung der vorliegenden Untersuchung am besten gerecht wird.

Zur Verszählung sei schließlich noch angemerkt, dass ich (wie Merk und Meiser) der Zählung Nagels im dritten Band seiner Dissertation folge, welche von dem bei Denis und Anderson / Stone abgedruckten Text Nagels und von der Edition Bertrands abweicht. Die Abweichungen sind in der Textrekonstruktion jeweils vermerkt.

Kapitel 5

Methodische Vorbemerkungen zu den Einzelexegesen

Die Einzelexegesen sind jeweils nach dem gleichen Schema aufgebaut, welches aus sechs Schritten besteht:

1. Textrekonstruktion
2. Übersetzung
3. Textanalyse (Abgrenzung, Struktur, Gattungsfragen)
4. Quellen und Traditionen
5. Theologie
6. Synoptischer Vergleich

Nachdem ich die allgemeinen Prinzipien meiner methodischen Vorgehensweise bereits in der Auswertung der Forschungsgeschichte (Abschnitt 2.7) erläutert habe, geht es im Folgenden darum, die einzelnen Arbeitsschritte detailliert vorzustellen.

1. Textrekonstruktion: Im Wesentlichen folge ich dabei den im Kapitel 3 referierten textkritischen Entscheidungen Nagels, dessen Arbeit zweifellos die bislang gründlichste und solideste Untersuchung des Handschriftenbestandes darstellt. Das bedeutet, dass ich meinem Text jeweils die beste verfügbare Handschrift – also D, soweit sie den Text bietet, und sonst S – zugrunde lege. Allerdings enthalten die Hss. D und S (zum Teil einzeln, zum Teil gemeinsam) bereits Lesarten, die kaum ursprünglich sind, wie ich oben (Kapitel 3) gezeigt habe. Daher enthält der von mir erstellte Text einige (insgesamt freilich nicht sehr zahlreiche) Lesarten aus anderen Hss.

Die im Apparat angegebenen Varianten lassen sich in drei Gruppen unterscheiden:

1. Lesarten aus D oder S, zum Teil auch von D und S gemeinsam, die sich begründet als nicht ursprünglich erweisen;
2. Lesarten aus den Texteditionen von Tischendorf, Nagel und Bertrand, die von mir als nicht ursprünglich betrachtet werden;
3. sonstige nicht ursprüngliche Lesarten, welche die große Mehrheit bilden.

Bei der zuletzt genannten Gruppe schien es mir nicht sinnvoll, die Entscheidung gegen die entsprechenden Hss. im Einzelfall zu begründen. Einerseits hätte dies zweifellos den Rahmen meiner Untersuchung gesprengt, andererseits wurde der im Allgemeinen sekundäre Charakter der entsprechenden Hss.

von Nagel überzeugend nachgewiesen, und ich konnte mich darüber hinaus im Einklang mit den vorhandenen Textausgaben wissen. Daher trete ich nur an den Stellen, wo ich selbst von den existierenden Editionen abgewichen bin (Gruppe 2) oder mich im Einzelfall gegen eine Lesart von D und/oder S entschieden habe (Gruppe 1), in die textkritische Diskussion ein. Der Wortlaut der jeweiligen Varianten wurde dem dritten Band der Dissertation Nagels entnommen, in dem die einzelnen Hss. in parallelen Reihen ediert sind. Orthographische Fehler und Itazismen wurden allerdings stillschweigend korrigiert.[1] Nicht aufgenommen in den Apparat wurden in der Regel folgende Arten von Varianten: für das Verständnis des Textes nicht relevante Abweichungen im Gebrauch des Artikels, Wortumstellungen, soweit sie den Sinn nicht beeinträchtigen, Unterschiede im Gebrauch von καί und δέ, Ersetzung des Imperativs durch den Konjunktiv und umgekehrt; Satzkonstruktion mit Partizip statt Indikativ (z.B. περιπεσών statt περιέπεσεν in 6,2) und umgekehrt oder Abweichungen in der Orthographie, wo verschiedene Schreibweisen möglich sind (z.B. ἴδε oder ἰδέ).[2] Zum Aufbau des Apparates ist schließlich Folgendes anzumerken:

1. Zu Beginn steht jeweils der griechische Textabschnitt aus dem Haupttext, auf den sich die Varianten beziehen, gefolgt von einem Doppelpunkt. Es folgen die jeweiligen Varianten, gekennzeichnet durch Kleinbuchstaben und durch „|" voneinander getrennt. Im Anschluss an die Auflistung der Varianten (in der Reihenfolge ihrer Wertigkeit, wobei die Hss. der verschiedenen Textfamilien durch ein Leerzeichen getrennt sind)[3] gebe ich bei den Varianten der Kategorien 1 und 2 (siehe oben) eine Begründung für meine Entscheidung an, die von den Varianten durch „||" abgetrennt ist.
2. Der Wortlaut der Varianten bietet, falls nicht anders angegeben, einen zum Haupttext alternativen Wortlaut, ist also für den Text, auf den er sich bezieht, einzusetzen. Bsp.: „ἀναστάσεως: C κρίσεως" (vgl. 10,1) bedeutet demnach, dass C κρίσεως statt ἀναστάσεως liest.
3. Handelt es sich um einen Zusatz oder eine Auslassung, wird dies durch „erg." oder „fehlt in" gekennzeichnet. Bsp. 1: „ἡ ἀρχή: a) IIIa H erg. τῆς ἀνατροπῆς" (vgl. 11,1) bedeutet demnach, dass die Handschriftenfamilie IIIa und die Hs. H nach ἀρχή die Worte τῆς ἀνατροπῆς ergänzen. Bsp. 2: „οὐ φοβήσει τὴν εἰκόνα τοῦ θεοῦ πολεμῆσαι αὐτήν: a)

---

[1] Vgl. z.B. 10,3: ἠνοίγη für ἠνήγι.

[2] Hierzu gehört auch die mediale Form der 2. Person Singular Futur, wo sowohl die Endung η als auch ει gebräuchlich ist.

[3] Wie in Kapitel 3 bereits dargestellt, richte ich mich in der Bezeichnung der Handschriften nach BERTRAND. Die verschiedenen Editionen werden jeweils mit dem Nachnamen des Herausgebers bezeichnet:

TISCHENDORF = K. v. TISCHENDORF, Apocalypses apocryphae, Leipzig 1866, 1–23

NAGEL = A. - M. DENIS, Concordance Grecque des Pseudepigraphes d'Ancien Testament, Löwen 1987, 815–818

BERTRAND = D. A. BERTRAND, La vie grecque d'Adam et Eve, Paris 1987

fehlt in L" (vgl. 10,3) bedeutet also, dass *alle genannten Worte* von der Hs. L *ausgelassen werden.*

4. Manchmal war es notwendig, Varianten zu verschiedenen Textstellen in eine Fußnote aufzunehmen, weil die Fußnoten jeweils nach dem letzten Wort der Textstelle folgen, auf die sich eine Variante bezieht. Dann ist jeweils „|||" als Trennzeichen verwendet. *Bsp.*: „ἀπὸ τοῦ ξύλου περὶ οὗ ἐνετείλατό σοι ὁ θεὸς μὴ ἐσθίειν: fehlt in IIIa ||| ἐσθίειν: V Ib II IIIb EWF Bertrand Nagel Tischendorf φαγεῖν || [...]" (vgl. 11,2) Der erste Teil dieser Angabe im Apparat bezieht sich auf ἀπό bis ἐσθίειν; der zweite Teil nur auf ἐσθίειν. Der sich nach „||" anschließende Kommentar gilt nur für den zweiten Teil, „|||" hat also immer Vorrang vor „||".

2. Übersetzung: Die Übersetzungen sind jeweils so wortgetreu wie möglich gehalten. An den Stellen, wo aus Gründen der besseren Verständlichkeit des Textes eine etwas freiere Übersetzung unumgänglich war, gebe ich die wörtliche Übersetzung in einer Anmerkung an. In der Regel weise ich auch auf Abweichungen von der aktuellsten deutschen Übersetzung des Textes hin, welche Otto Merk und Martin Meiser 1998 herausgegeben haben und mit der ich mich gleichsam in ständigem Dialog befinde. Bereits im forschungsgeschichtlichen Teil hatte ich ja dargelegt, dass sie mir in einigen Fällen als korrekturbedürftig erscheint. Andererseits habe ich selbstverständlich an verschiedenen, schwer übersetzbaren Stellen auf die Arbeit der genannten Autoren zurückgegriffen.

3. Textanalyse: Die Zielsetzung dieses dritten Schrittes besteht jeweils darin, die von mir vorgenommene Abgrenzung der einzelnen Textabschnitte zu begründen und darauf aufbauend deren literarische Struktur herauszuarbeiten. In manchen Fällen fließen dabei auch formgeschichtliche Überlegungen mit ein, soweit sie für das Verständnis des Textes oder für dessen religionsgeschichtliche Einordnung von Belang sind. Indem dieser Arbeitsschritt zunächst den Text als Gesamtheit in den Blick nimmt und die erzählerische Funktion der Figuren und Motive innerhalb des größeren Zusammenhangs aufzuzeigen versucht, legt er das Fundament für die folgenden Arbeitsschritte. Weder die traditionsgeschichtliche Beurteilung einzelner Motive noch deren theologische Interpretation kann darauf verzichten, zuallererst die Einbindung einer bestimmten Aussage in den Gesamtzusammenhang wahrzunehmen, eine Einsicht, die meines Erachtens für die Auslegung unserer Schrift bislang nur ungenügend berücksichtigt wurde. Dass sie nicht zuletzt auch für den Vergleich mit den parallelen Versionen gilt, dürfte auf der Hand liegen.

4. Quellen und Traditionen: Dieser Arbeitsschritt verfolgt ein doppeltes Ziel. Einerseits soll er verdeutlichen, dass der Erzähler offenbar – wie ich an anderer Stelle bereits dargelegt habe – aus einer Fülle von Traditionen geschöpft, diese aber nicht immer zu einem stimmigen Ganzen zusammengefügt hat. Das zweite Ziel besteht darin nachzuweisen, dass sich nahezu jedes einzelne Detail auch in anderen Schriften der frühjüdischen Literatur finden lässt und somit nichts gegen die frühjüdische Herkunft unserer Erzählung spricht. Nimmt man hinzu, dass in der griechischen Version spezifisch christliche Elemente gänzlich fehlen, so ist die Annahme christlicher Herkunft wesentlich schwieriger zu begründen. Bei der Durchsicht des religionsgeschichtlichen Materials kann es selbstverständlich nur darum gehen, einen repräsentativen Querschnitt zu geben und die engsten Parallelen aufzuzeigen. Keineswegs kann das Material in seiner gesamten Breite entfaltet werden, sodass manche oder mancher im Einzelfall bestimmte Belege vermissen könnte.

5. Theologie: In diesem Abschnitt geht es jeweils darum, die zentralen theologischen Anschauungen der einzelnen Textabschnitte herauszuarbeiten und kritisch zu würdigen. Dabei habe ich die Hoffnung, dass sich daraus in der Summe ein anschauliches Gesamtbild der Theologie des griechischen „Lebens Adams und Evas" ergibt, welches zugleich auch einen repräsentativen Einblick in die Denkstrukturen der frühjüdischen Anthropologie gewährt. Ferner hoffe ich, zeigen zu können, dass gLAE trotz der Verschiedenheit der zugrundeliegenden Traditionen einen im Großen und Ganzen abgerundeten und in sich stimmigen theologischen Entwurf anbietet, der durchaus als ein eigenständiger Beitrag zur Frage nach dem Woher und Wohin des Menschen gelten darf.

6. Synoptischer Vergleich: Dem von Michael E. Stone zu Recht angemahnten Grundprinzip folgend, dass die verschiedenen Versionen in erster Linie aus sich selbst heraus zu verstehen sind,[4] habe ich diesen Arbeitsschritt bewusst an das Ende gestellt. Die methodischen Leitfragen lassen sich dabei folgendermaßen formulieren: Begegnen die in den vorangegangenen Schritten herausgearbeiteten spezifischen theologischen Anschauungen des griechischen Textes auch in den Parallelüberlieferungen, oder lassen sich signifikante Abweichungen davon erkennen? Wenn Letzteres zutrifft, wie sind diese Abweichungen dann zu erklären? Gehen sie auf die Überarbeitung der im griechischen Text vorliegenden Konzeptionen zurück oder hat jener seinerseits Veränderungen vorgenommen? Im Verlauf der Untersuchung hat sich diese Vorgehensweise in der Tat als fruchtbar erwiesen, insofern die anderen Versionen häufig gerade an den in theologischer Hinsicht zentralen Stellen des griechischen Textes abweichen.[5]

---

[4] Vgl. dazu Abschnitt 2.7.

[5] Wenn ich die Paralleltexte zitiere, verwende ich folgende Textausgaben: für latLAE den lateinischen Text MEYERS (vgl. Abschnitt 1.2.2.), für armLAE (Stone) die englische Übersetzung STONES von 1981 (= STONE, Penitence [B]; vgl. Abschnitt 1.2.3), für den georgischen Text die französische Übersetzung von MAHÉ (vgl. Abschnitt 1.2.4) sowie für den slavischen Text die deutsche Übersetzung JAGIĆS (vgl. Abschnitt 1.2.5).

Kapitel 6

Geschöpf und Ebenbild Gottes:
Die Herkunft des Menschen

6.1 Einführung

Wenn ich die Reihe der Einzelexegesen mit zwei Textabschnitten eröffne,
welche den Menschen als Geschöpf Gottes in den Blick nehmen, so steckt
dahinter die Einsicht, dass hier der Ausgangspunkt der Anthropologie des
griechischen „Lebens Adams und Evas" liegt. Alle in den folgenden Kapiteln
untersuchten Aussagen über den Fall des Menschen, seine gegenwärtige
Bedrängnis und seine zukünftige Erlösung bauen auf diesem Fundament auf.
Der Mensch, den Gott mit seinen heiligen Händen formte, ist als dessen
Ebenbild einzigartig unter den Geschöpfen und steht in einer besonderen
Beziehung zu seinem Schöpfer. Diese Einzigartigkeit des Menschen geht auch
durch das Eindringen der Sünde in die Schöpfung nicht verloren, sondern
bleibt ihm auch unter den mühe- und leidvollen Daseinsbedingungen der
Gegenwart erhalten und gewährleistet ein gewisses Maß an Kontinuität
angesichts der verlorenen paradiesischen Existenz.

Die beiden Texte, um die es im Folgenden gehen wird, nehmen die Gottebenbildlichkeit des Menschen unter verschiedenen Aspekten in den Blick.
Einmal (gLAE 10–12) steht das Verhältnis des Menschen zu den Tieren im
Mittelpunkt, welches sich nach der Übertretung Adams und Evas gewandelt
hat. Als Seth gemeinsam mit Eva unterwegs zum Paradies ist, aus dem beide
ein heilendes Öl für Adam zu erhalten hoffen, wird er von einem wilden Tier
angegriffen. Dieser Angriff stellt die mit der Gottebenbildlichkeit ursprünglich
verbundene Unterordnung der Tiere unter den Menschen – und damit letztlich
die Gottebenbildlichkeit selbst – infrage. Der zweite Text stellt hingegen die
Beziehung des Menschen zu Gott in den Mittelpunkt (gLAE 33–37). Nachdem Adam gestorben ist, treten die Engel bei Gott als Fürsprecher für Adam
auf und appellieren unter Verweis auf seine Gottebenbildlichkeit an die Gnade
Gottes. Dahinter steht die Hoffnung, dass der Mensch als kostbarstes und
erhabenstes Geschöpf Gottes seinem Schöpfer so wertvoll ist, dass dieser ihn
nicht fallen lässt, obwohl der Mensch seinerseits die Beziehung zum Schöpfer
infrage gestellt hat.

Mit der Erschaffung des Menschen zum Ebenbild Gottes ist diesem also ein besonderer Status verliehen worden, der zwar vom Menschen selbst immer wieder aufs Spiel gesetzt wird, von Seiten Gottes her aber auch nach der Übertretung Gültigkeit hat. Das bedeutet freilich keine Verharmlosung des mit der menschlichen Sünde eingetretenen radikalen Bruchs zwischen der paradiesischen Vorzeit und der von Unfriede und Vergänglichkeit geprägten Gegenwart. Das Wissen um jene Zäsur ist in gLAE ständig präsent, und der Status des Menschen als Ebenbild Gottes erscheint immer als gefährdet. Seine ursprüngliche Herrlichkeit ist ihm genommen worden (gLAE 20–21),[1] er muss künftig mit der Gefährdung durch wilde Tiere leben (gLAE 10–12 und 24,3) und die Wirklichkeit des Todes erfahren (gLAE 14; 28; 41). Trotz allem aber bleibt er Gottes Ebenbild und dessen besonders geliebtes Geschöpf, davon legen die im Folgenden untersuchten Texte ein eindrucksvolles Zeugnis ab.

6.2 Der Angriff des wilden Tieres (gLAE 10–12)

6.2.1 Textrekonstruktion

10 (1) Ἐπορεύθη δὲ Σὴθ καὶ ἡ Εὖα εἰς τὰ μέρη τοῦ παραδείσου. Καὶ[2] εἶδεν ἡ Εὖα τὸν υἱὸν αὐτῆς καὶ θηρίον πολεμοῦντα αὐτόν. (2) Ἔκλαυσεν δὲ ἡ Εὖα λέγουσα· Οἴμοι, οἴμοι, ὅτι ἐὰν ἔλθω[3] εἰς τὴν ἡμέραν τῆς ἀναστάσεως[4] πάντες οἱ ἁμαρτήσαντες[5] καταράσονταί με[6] λέγοντες[7] ὅτι οὐκ ἐφύλαξεν Εὖα τὴν ἐντολὴν τοῦ θεοῦ.[8] (3) Καὶ εἶπεν

---

[1] Diese Herrlichkeit (δόξα) ist nicht identisch mit der Gottebenbildlichkeit, Letztere blieb dem Menschen auch nach dem Fall erhalten, vgl. Abschnitt 7.2.4.E und 7.2.5.E.

[2] καί: a) Ib II TISCHENDORF NAGEL καὶ πορευομένων αὐτῶν | b) IIIb καὶ πορευομένων αὐτῶν ἐξῆλθεν εἰς αὐτοὺς θηρίον καὶ ἐξεπήδησεν ἐπὶ τὸν Σήθ (Z erg. καί) | c) EWF εἰσερχομένων (möglich wäre auch, mit BERTRAND εἰσερχόμενον zu lesen) ἐν τῇ ὁδῷ ὑπήντησεν αὐτοὺς θηρίον ἀγρίωδες καὶ ἀνήμερον ἤγουν ὁ ἀντικείμενος διάβολος πολεμῶν μετὰ τοῦ υἱοῦ αὐτῆς Σήθ (EW erg. ὡς ἰδέα θηρίου καί) || Bei Var a) handelt es sich um eine sekundäre Erweiterung, die offenbar versucht, den allzu knappen Erzählstil des Textes zu verbessern. Die besten Hss. bieten die Variante ab.

[3] ὅτι ἐὰν ἔλθω: a) R ὅταν ἔλθω | b) LC IIIb EWF ὅτι ἀνέλθω | c) T ὅτι ἐὰν εἰσέλθω

[4] ἀναστάσεως: C κρίσεως

[5] πάντες οἱ ἁμαρτήσαντες: CR πάντες

[6] με: D LC M μοι || με wird von den meisten Hss. (vor allem von S!) bezeugt.

[7] λέγοντες: M und III (außer X) erg. ἐπικατάρατος ἡ Εὖα

[8] ὅτι οὐκ ἐφύλαξεν Εὖα τὴν ἐντολὴν τοῦ θεοῦ: T ὅτι διατί οὐκ ἐφύλαξεν Εὖα τὴν ἐντολὴν τοῦ θεοῦ ἡμεῖς ὧδε κολαζόμεθα

πρὸς τὸ θηρίον·⁹ ὦ σὺ¹⁰ θηρίον πονηρόν, οὐ φοβήσει τὴν εἰκόνα τοῦ θεοῦ πολεμῆσαι αὐτήν;¹¹ Πῶς ἠνοίγη τὸ στόμα σου; Πῶς ἐνίσχυσαν οἱ ὀδόντες¹² σου; Πῶς οὐκ ἐμνήσθης τῆς ὑποταγῆς σου¹³ ὅτι¹⁴ πρότερον ὑπετάγης τῇ εἰκόνι¹⁵ τοῦ θεοῦ;¹⁶

11 (1) Τότε τὸ θηρίον ἐβόησεν λέγον·¹⁷ ὦ Εὔα οὐ πρὸς ἡμᾶς ἡ πλεονεξία σου οὔτε ὁ κλαυθμός,¹⁸ ἀλλὰ πρὸς σέ, ἐπειδὴ ἡ ἀρχὴ¹⁹ τῶν θηρίων ἐκ σοῦ ἐγένετο. (2) Πῶς ἠνοίγη τὸ στόμα σου φαγεῖν ἀπὸ τοῦ ξύλου περὶ οὗ ἐνετείλατό σοι ὁ θεὸς μὴ ἐσθίειν²⁰ ἐξ αὐτοῦ; Διὰ

---

⁹ καὶ εἶπεν πρὸς τὸ θηρίον: Ib II TISCHENDORF ἐβόησεν δὲ ἡ Εὔα λέγουσα ‖ D und S werden hier durch Familie III gestützt.

¹⁰ σύ: fehlt in V LC M III und bei NAGEL ‖ DS scheinen mir hier den Vorzug zu verdienen, da die beiden Hss. noch durch AT und R gestützt werden.

¹¹ οὐ φοβήσει τὴν εἰκόνα τοῦ θεοῦ πολεμῆσαι αὐτήν: a) fehlt in L | b) IIIa H οὐ φοβῇ σὺ τοῦ πολεμεῖν τὴν εἰκόνα τοῦ θεοῦ | c) EWF (nach E, die anderen Hss. mit geringfügigen Abweichungen) οὐ φοβήσει τὸν θεὸν καὶ πολεμεῖς τὴν εἰκόνα τοῦ θεοῦ ‖‖ αὐτήν: fehlt in VB Ib und bei TISCHENDORF und BERTRAND ‖ Die Lesart von DS wird hier durch II gestützt und darf als lectio difficilior gelten.

¹² ἐνίσχυσαν οἱ ὀδόντες: a) C ἐνίσχυσεν τὸ σῶμα | b) EWF ἠνεῴχθησαν οἱ ὀφθαλμοί

¹³ τῆς ὑποταγῆς σου: C τῆς προτέρα[ς] σου ὑπακοῆς

¹⁴ ὅτι: a) V BERTRAND ὅτε | b) B IIIa H ἧς ‖ Es spricht hier nichts gegen ὅτι, das wesentlich stärker bezeugt ist als die Varianten.

¹⁵ τῆς ὑποταγῆς σου ὅτι πρότερον ὑπετάγης τῇ εἰκόνι: EW πῶς ὑποταχθεὶς (mit BERTRAND, die Hss. lesen ὑποτάκτης) καὶ ἐξέπεσες τῆς εἰκόνος

¹⁶ πῶς ἠνοίγη τὸ στόμα σου πῶς ἐνίσχυσαν οἱ ὀδόντες σου πῶς οὐκ ἐμνήσθης τῆς ὑποταγῆς σου ὅτι πρότερον ὑπετάγης τῇ εἰκόνι τοῦ θεοῦ: fehlt in IIIb

¹⁷ λέγον: NAGEL λέγων ‖ Zwar bieten die meisten Hss. tatsächlich λέγων (DS ATL M IIIa HW), allerdings handelt es sich hier ganz offensichtlich entweder um einen grammatischen Fehler, da eindeutig das Partizip im Neutrum stehen muss, oder einfach um eine Verwechslung von o und ω. Es ist dabei aber zu beachten, dass auch in 10,1 ein maskulines Partizip für θηρίον begegnet (vgl. dazu auch Anm. 41).

¹⁸ κλαυθμός: ALC M IIIb EWF TISCHENDORF erg. σου ‖ Die besten Hss. bieten die Variante nicht, man kann sie am ehesten als Versuch der Textverbesserung verstehen.

¹⁹ ἡ ἀρχή: a) IIIa H erg. τῆς ἀνατροπῆς | b) IIIb ἀνατροπὴ | c) EW ἄρα πρωτῆς ἀνατροπῆς

²⁰ ἀπὸ τοῦ ξύλου περὶ οὗ ἐνετείλατό σοι ὁ θεὸς μὴ ἐσθίειν: fehlt in IIIa ‖‖ ἐσθίειν: V Ib II IIIb EWF BERTRAND NAGEL TISCHENDORF φαγεῖν ‖ ἐσθίειν wird von den beiden besten Hss. D und S sowie von B geboten. Darüber hinaus könnte sich φαγεῖν als Angleichung an Gen 2–3 LXX (vgl. 2,17; 3,3 und 3,11, vor allem die zuletzt genannte Stelle) verstehen lassen oder auch vom Anfang von 11,2 her eingedrungen sein (πῶς ἠνοίγη τὸ στόμα σου φαγεῖν).

τοῦτο²¹ αἱ φύσεις ἡμῶν μετηλλάγησαν.²² Νῦν²³ οὖν οὐ δυνήσῃ ὑπενεγκεῖν²⁴ ἐὰν ἀπάρξωμαι ἐλέγχειν σε.²⁵

12 (1) Λέγει ὁ Σὴθ πρὸς τὸ θηρίον· κλεῖσαί σου τὸ στόμα καὶ σίγα καὶ ἀπόστηθι ἀπὸ τῆς εἰκόνος τοῦ θεοῦ ἕως ἡμέρας τῆς κρίσεως. (2) Τότε λέγει τὸ θηρίον πρὸς²⁶ Σὴθ· ἰδοὺ ἀφίσταμαι²⁷ ἀπὸ τῆς εἰκόνος τοῦ θεοῦ.²⁸ Καὶ ἐπορεύθη εἰς τὴν σκηνὴν²⁹ αὐτοῦ.³⁰

6.2.2 Übersetzung

10 (1) Seth und Eva aber kamen in die Gegend des Paradieses. Und Eva sah ihren Sohn und ein Tier, das ihn bekämpfte. (2) Eva aber weinte und sprach: Wehe mir, wehe mir, denn wenn ich zum Tage der Auferstehung komme, werden alle, die gesündigt haben, mich verfluchen und sagen: Eva hat das Gebot Gottes nicht gehalten! (3) Und sie sprach zu dem Tier: O du böses Tier, fürchtest du nicht das Ebenbild Gottes, dass du es bekämpfst? Wie

---

²¹ διὰ τοῦτο: a) B διὰ ταύτην σου τὴν παράβασιν | b) III (außer F) ἐπειδὴ οὖν σὺ τὴν ἐντολὴν τοῦ θεοῦ παρέβης διὰ τοῦτο

²² αἱ φύσεις ἡμῶν μετηλλάγησαν: a) B ἡ φύσις ἡμῶν μετηλλάγη | b) TISCHENDORF καὶ ἡμῖν ἡ φύσις μετηλλάγη (TISCHENDORF stützt sich hier auf A, wo allerdings καὶ ἡμῖν ἡ φύσις μετηλλάγησαν steht) | c) T αἱ φύσεις μετηλλάγησαν | d) L καὶ ἡμῶν ἡ φύσις μετηλλάγη | e) R καὶ ἡμῶν αἱ φύσεις ὑποστράφησαν | f) M καὶ ἡμῖν αἱ φύσις (so die Hs., besser wohl: φύσεις) μετηλλάγησαν | g) Q καὶ ὑμῶν αἱ φύσεις μετηλλάγησαν | h) EWF ἡ ἐμὴ φύσις μετηλλάγη || Der Plural φύσεις ist wesentlich stärker bezeugt als die Singularform. Ferner kann Var b) auch anders gelesen werden (φύσεις statt φύσις). ||| ἐξ αὐτοῦ διὰ τοῦτο αἱ φύσεις ἡμῶν μετηλλάγησαν: fehlt in C

²³ Bei BERTRAND und NAGEL beginnt hier Vers 11,3.

²⁴ ὑπενεγκεῖν: a) V A ἐπενεγκεῖν | b) T ἀπενεγκεῖν

²⁵ νῦν οὖν οὐ δυνήσῃ ὑπενεγκεῖν ἐὰν ἀπάρξωμαι ἐλέγχειν σε: a) IIIa εἰ οὖν ἀκούεις μου ἡσύχασον | b) fehlt in IIIb

²⁶ πρός: a) V ATL R IIIa H BERTRAND NAGEL TISCHENDORF τῷ | b) B πρὸς τόν | c) EW τόν || Der Unterschied zwischen Var a) und dem von mir bevorzugten Text ist nicht erheblich, es sprechen aber auch keine zwingenden Gründe gegen πρός.

²⁷ ἀφίσταμαι: AT TISCHENDORF erg. Σὴθ || Die Variante ist dadurch zu erklären, dass TISCHENDORF sich bei der Rekonstruktion seines Textes auf Hs. A stützte.

²⁸ ἕως ἡμέρας τῆς κρίσεως (2) τότε λέγει τὸ θηρίον πρὸς Σὴθ ἰδοὺ ἀφίσταμαι ἀπὸ τῆς εἰκόνος τοῦ θεοῦ: fehlt in C M ||| θεοῦ: IIIa H erg. τοῦ ἀοράτου

²⁹ σκηνήν: B BERTRAND κοιτήν || Die Variante ist sehr schlecht bezeugt und sachlich nicht notwendig.

³⁰ καὶ ἐπορεύθη εἰς τὴν σκηνὴν αὐτοῦ: a) ATL TISCHENDORF NAGEL τότε ἔφυγεν τὸ θηρίον καὶ ἀφῆκεν αὐτὸν πεπληγμένον καὶ ἐπορεύθη εἰς τὴν σκηνὴν αὐτοῦ | b) fehlt in V IIIa IIIc | c) IIIb καὶ ἀπέστη ἐξ αὐτοῦ || Var a) dürfte kaum ursprünglich sein, da sie nur in Textfamilie Ib bezeugt ist und auch in inhaltlicher Hinsicht nicht recht zum Übrigen passt. Kommt es hier nicht gerade darauf an, die Macht Seths gegenüber dem Tier hervorzuheben? BERTRAND, Vie [A], 119 meint, dass der Zusatz durch Gen 3,15 bedingt sein könne.

konnte sich dein Mund öffnen? Wie konnten deine Zähne erstarken? Wie konntest du deiner Unterwerfung nicht gedenken, dass du einst dem Ebenbilde Gottes unterworfen worden bist?

11 (1) Darauf schrie das Tier und sprach: O Eva, nicht gegen uns richte sich deine Anmaßung[31] und das Weinen, sondern gegen dich, ist doch die Herrschaft der Tiere aus dir entstanden! (2) Wie konnte sich dein Mund öffnen,[32] um von dem Baum zu essen, von welchem dir Gott geboten hatte, nicht von ihm zu essen? Deswegen sind unsere Naturen verwandelt worden.[33] Nun also kannst du es nicht ertragen, wenn ich beginne dich anzuklagen.

12 (1) Spricht Seth zu dem Tier: Schließe deinen Mund und schweig und lass ab vom Ebenbild Gottes bis zum Tag des Gerichts. (2) Darauf spricht das Tier zu Seth: Siehe, ich lasse ab[34] vom Ebenbild Gottes. Und es ging in seine Behausung.

6.2.3 Textanalyse

A. *Textabgrenzung:* Innerhalb des größeren Zusammenhangs von gLAE 9–13 bilden die Kapitel 10–12 eine in sich geschlossene Einheit. Sie könnte für die Erzählung von der Reise zum Paradies problemlos fehlen, wie zum Beispiel das Nikodemusevangelium zeigt.[35] Für die Eigenständigkeit von 10–12 spricht auch die Beobachtung, dass die Einleitung von Kapitel 10, wonach Seth und Eva in „die Gegend des Paradieses" kamen, in 13,1 nahezu wörtlich wiederholt und damit eindeutig ein neuer Erzählabschnitt eröffnet wird. Auch in thematischer Hinsicht ist gLAE 10–12 weitgehend selbständig. gLAE 5–8 handelt davon, dass Gott nach dem Sündenfall 70 Plagen über den Menschen verhängte. Um diese Plagen zu heilen, sollen Seth und Eva Öl aus dem Paradies holen (Kap. 9). In Kapitel 13 wird dann geschildert, wie ihnen dieses Öl verweigert wird, woraufhin Adam über das Eindringen des Todes in die Schöpfung klagt (Kap. 14). In gLAE 10–12 ist hingegen die durch den Sündenfall veränderte Beziehung von Mensch und Tier Gegenstand des Inter-

---

[31] Mit MERK / MEISER, Leben, 819.

[32] Die beabsichtigte Parallelisierung von 10,3 und 11,2 (beide Male πῶς ἠνοίγη τὸ στόμα σου) ist in der Übersetzung von MERK und MEISER (Leben, 819) verdeckt, wenn 11,2 übersetzt wird: „mit welchem Recht öffnete sich dein Mund?" Mit der Wiederholung der Worte Evas gibt das Tier die Anklage zurück.

[33] Gegenüber der Übersetzung „deswegen haben sich unsere Naturen verwandelt" (MERK / MEISER, Leben, 820) ist die passive Übersetzung zu bevorzugen. Die Naturen von Mensch und Tier haben sich nicht selbst verwandelt, sondern sind durch ein Eingreifen Gottes verwandelt *worden*.

[34] Zu beachten ist die Parallelität zu 12,1, welche in der Übersetzung von MERK und MEISER nicht erkennbar ist (vgl. Leben, 820; 12,1: „tritt weg"; 12,2 „ich lasse ab").

[35] Vgl. NikEv 19. Hier findet sich die Paradiesreise ohne die zwischengeschaltete Episode von dem Angriff des Tieres. Eine weitgehende Selbständigkeit von 10–12 sieht auch STONE, Prediction, 113 gegeben.

esses.[36] Dies muss freilich nicht bedeuten, dass gLAE 10–12 erst nachträglich in den jetzigen literarischen Zusammenhang von gLAE 9–13 eingefügt wurde.[37] Wie ich in Kapitel 4 gezeigt habe, gehe ich vielmehr davon aus, dass unser Erzähler zwar aus einem breiten Spektrum von Überlieferungen geschöpft hat, die Zusammenfügung der verschiedenen Stoffe zu einer Erzählung aber sein eigenes Werk war. Es finden sich daher in gLAE 10–12 auch verschiedene thematische und sprachliche Bezüge zur übrigen Erzählung.[38]

B. Struktur: gLAE 10–12 wird durch das Erscheinen[39] und Verschwinden des Tieres begrenzt und lässt sich folgendermaßen gliedern:

Exposition: Einführung der handelnden Personen (wozu hier auch das Tier zählt) (10,1)
1. Teil: Selbstanklage Evas (10,2)
2. Teil: Dialog Eva–Tier (10,3–11,3)
3. Teil: Dialog Seth–Tier (12,1–12,2)
Schluss: Verschwinden des Tieres

Auch wenn der Beginn des Abschnitts für meinen Eindruck etwas holprig wirkt, lässt sein Aufbau dennoch erkennen, dass der Erzähler nicht ungeschickt vorgeht. Gerade an der auf den ersten Blick eigentümlich abrupten Folge von Exposition und Selbstanklage Evas lässt sich dies verdeutlichen. Eva selbst war ja von dem Tier gar nicht angegriffen worden, vielmehr erschien sie zunächst als unbeteiligte Zeugin des Geschehens: „Und Eva sah ihren Sohn und ein Tier, das ihn bekämpfte" (10,1). Mit ihrer Klage aber verweist sie darauf, dass sich hier etwas ereignet, das auch mit Eva selbst, ja mit der gesamten Menschheit zu tun hat, ein Geschehen, welches paradigmatisch für die Bedrohung der menschlichen Existenz zwischen Sündenfall und Gericht[40] steht. Die Frage, in welchem Zusammenhang die Attacke des Tieres mit Evas (und Adams) Gebotsübertretung steht, wird dementsprechend auch im folgenden Dialog zwischen Eva und dem Tier aufgegriffen.

---

[36] Dazu passt die Beobachtung, dass verschiedene zentrale Begriffe aus gLAE 10–12 im übrigen Text nicht begegnen (ὑποταγή bzw. ὑποτάσσω, πλεονεξία, φύσις, μεταλλάσσω, ἐλέγχω).

[37] Vgl. MERK / MEISER, Leben, 762, die gLAE 9–13 (ohne den späteren Zusatz 13,3b–5) bereits für die erste Überlieferungsstufe als Einheit betrachten.

[38] Vgl. z. B. gLAE 24,3 (Auflehnung der Tiere); 33,5 und 35,2 (Gottebenbildlichkeit); gLAE 26,4 (Tag des Gerichts); gLAE 43,2 (Tag der Auferstehung).

[39] Es tritt freilich ziemlich unvermittelt auf, und sein Erscheinen wird in keiner Weise erzählerisch vorbereitet.

[40] Dass die Wendung ἡμέρα τῆς ἀναστάσεως auch auf das mit der Auferstehung verbundene Gericht verweist, wird aus dem Zusammenhang deutlich, vor allem durch die Begriffe ἁμαρτάνειν und ἐντολή. Zu beachten ist ferner die Parallelität mit 12,1 ἡμέρα τῆς κρίσεως (vgl. auch Anm. 4).

Von Eva daraufhin angesprochen, wie es denn wagen könne, das Ebenbild Gottes anzugreifen, antwortet das Tier, dass es eben jene Übertretung Evas gewesen sei, die das Verhältnis zwischen Mensch und Tier verändert habe. Der Angriff des Tieres[41] erweist sich demnach als Ausdruck der durch den Sündenfall beeinträchtigten oder gar verlorengegangenen Herrschaft des Menschen über die Tiere. Nach dem ersten Kapitel des Buches Genesis beruhte die Herrschaft des Menschen über die Tiere auf seiner Gottebenbildlichkeit (Gen 1,26), und auf ebendiese verweist Eva gegenüber dem Tier (10,3). Führte die Gebotsübertretung Evas also zum Verlust der Gottebenbildlichkeit? Das ist offenbar die zentrale Frage unseres Textes. Und es scheint, als ob diese Frage positiv zu beantworten sei, wenn in 11,1 von der Herrschaft (ἀρχή) der Tiere gesprochen wird, die durch Eva selbst entstanden und an die Stelle der früheren Unterordnung (ὑποταγή, 10,3) getreten sei. Weil Eva das Gebot Gottes nicht hielt, wurden die Naturen der Tiere verwandelt (11,2).

Dass damit allerdings noch nicht das letzte Wort gesprochen ist, zeigt nun der Dialog zwischen Seth und dem Tier. Auch Seth beruft sich auf die Ebenbildlichkeit, und offensichtlich kann das Tier dem nichts entgegensetzen und muss weichen, ja es muss die Gottebenbildlichkeit des Menschen selbst eingestehen (12,2). Dass es hier Seth (und nicht Eva) ist, der dem Tier Einhalt gebieten kann, lässt sich mit den verschiedenen Rollen, welche beide Figuren im Zusammenhang der Erzählung spielen, erklären, und bedeutet nicht, dass Eva selbst etwa nicht gottebenbildlich sei, wie Jakob Jervell vermutet hat.[42] Eva selbst war ja nicht das Angriffsziel des Tieres, vielmehr spielt sie die Rolle der Zuschauerin, die erkennt, dass es ihre eigene Sache ist, die hier zur Debatte steht. Sie steht demnach für das menschliche Bewusstsein der eigenen Sündhaftigkeit, während Seth gleichsam die andere Seite verkörpert, nämlich die dem Menschen auch nach dem Fall verbliebene Würde. Dass der Erzähler diese beiden Seiten des Menschseins auf zwei Figuren verteilt hat, ist nach meinem Eindruck ein geschickter Schachzug, da er so eine gewisse Spannung zwischen beiden Polen aufrechterhalten kann.

6.2.4 Quellen und Traditionen[43]

A. Die Gottebenbildlichkeit des Menschen: Im Alten Testament begegnet die Aussage von der Gottebenbildlichkeit des Menschen nur sehr spärlich

---

[41] BERTRAND, Vie [A], 118, verweist darauf, dass das Partizip zu θηρίον in 10,1 männlich ist, und erkennt hierin eine Tendenz zur Personifizierung des Angreifers. Mehr spricht meines Erachtens allerdings dafür, dass hier einfach eine grammatische Unsicherheit vorliegt, denn alle anderen Vorkommen von θηρίον sind eindeutig neutrisch, und es ist wenig plausibel, dass jene Tendenz zur Personifizierung sich nur in 10,1 niedergeschlagen haben sollte.

[42] Vgl. JERVELL, Imago, 40f.

[43] Zum Thema Auferstehung vgl. Abschnitt 9.5.4.

(Gen 1,26f.; 5,1; 9,6) und stellt eher eine Randerscheinung des alttestamentlichen Zeugnisses dar.[44] Im Gegensatz dazu erlangt sie dann im frühen Judentum wie auch in christlichen und gnostischen Kreisen eine außerordentlich große Bedeutung und gehört gleichsam zum Kernbestand jüdischer und christlicher Anthropologie. Allerdings waren die Antworten auf die Frage, wie denn jene Ebenbildlichkeit genauer zu verstehen sei, keineswegs einheitlich.[45] Meines Erachtens lassen sich vier verschiedene Deutungslinien unterscheiden, wobei freilich die Übergänge zum Teil fließend sind.[46]

1. Die ethische Interpretation: Gottebenbildlichkeit als (geschenkte) Möglichkeit zur Gerechtigkeit: Dieses Verständnis der Gottebenbildlichkeit begegnet vor allem in der rabbinischen Theologie und lässt sich exemplarisch an GenR 8 (Wünsche, 32) veranschaulichen: (R. Chanina lehrte:) „In der Stunde, wo Gott den ersten Menschen erschaffen wollte, beriet er sich mit den Dienstengeln und sprach zu ihnen: Wir wollen einen Menschen machen in unserm Bilde und nach unsrer Ähnlichkeit. Wozu? fragten sie ihn. Damit die Gerechten von ihm erstehen." Allerdings offenbarte er den Dienstengeln nach R. Chanina nicht, dass aus dem ersten Menschen auch Frevler entstehen könnten. Der zum Ebenbilde Gottes geschaffene Mensch ist demnach nicht per se gerecht, vielmehr ist es zunächst offen, ob er zum Frevler oder zum Gerechten wird. In ähnlicher Weise ist wohl auch der folgende Ausspruch R. Jacobs aus Chanin zu verstehen (Wünsche, 35): „Ist der Mensch in unserem Bilde und nach unserer Ähnlichkeit erschaffen, so soll er herrschen, wenn nicht, so soll er sinken." Der Mensch ist hier nicht von vornherein ebenbildlich, vielmehr soll er sich erst als Ebenbild Gottes erweisen.[47] Die „schöpfungsmäßig aufge-

---

[44] Vgl. u.a. C. WESTERMANN, Genesis. Bd. 1, Neukirchen-Vluyn 1974 (BK 1,1), 204 und G. VON RAD in: DERS. / G. KITTEL / H. KLEINKNECHT, Art. εἰκών, ThWNT 2, 378–396, 388.

[45] Einen Überblick über die neuere Auslegung von Gen 1,26f. gibt WESTERMANN, a.a.O. (Anm. 44), 204–214. Zur Rezeption der Stelle im frühen Judentum sowie im frühen Christentum vgl. u.a. JERVELL, Imago; DERS., Art. Bild Gottes I, TRE 6, 491–498; LICHTENBERGER, Studien, 168–172; GINZBERG, Haggada, 61–63; VON RAD / KITTEL / KLEINKNECHT, a.a.O. (Anm. 44); WILSON, History; SCHWANZ, Imago; J. MAIER, Art. Bild Gottes III, TRE 6, 502–506; SCHREINER, Partner; SCHENKE, Mensch, 120–143.

[46] Entsprechend der jeweiligen erkenntnisleitenden Fragestellung wären auch andere Systematisierungsversuche denkbar; vgl. u.a. JOEST, Dogmatik II, 370, der zwischen einem relationalen und einem substantialen Verständnis der Gottebenbildlichkeit unterscheidet, oder JERVELL, Imago, 15ff., der für das frühe Judentum eine traditionelle, eine ethisch-anthropologische und eine historisch-spekulative Auslegung von Gen 1,26f. herausgearbeitet hat. Für mich war bei der Systematisierung des Materials die Frage entscheidend, welche Funktion die Aussage von der Gottebenbildlichkeit jeweils für das Menschenbild hat.

[47] Ein solcher ethischer Dualismus spiegelt sich auch in der Aussage R. Thaphras, wonach der Mensch sowohl nach den oberen (Gottebenbildlichkeit!) als auch nach den unteren Wesen (Sterblichkeit!) geschaffen wurde. „Sündigt er, so stirbt er; sündigt er nicht, so lebt er ewig" (GenR 8; WÜNSCHE, 35). Nach SCHREINER, Partner, 139 bezeichnet das Theologumenon der Gottebenbildlichkeit im rabbinischen Judentum keine „analogia entis", sondern eine „analogia actionis".

gebene Ebenbildlichkeit" wird durch Toragehorsam „aktualisiert".[48] In diesen Zusammenhang gehören auch die verschiedenen Aussagen über den (zeitweiligen) Verlust der Gottebenbildlichkeit, wie z.B. in GenR 24[49] oder b MQ 15.[50]

2. *Die christologische Interpretation: Gottebenbildlichkeit als durch Christus gewirkte Erneuerung:* In Rm 8,29 spricht Paulus davon, dass Gott die Erwählten dazu bestimmt hat, dem Bild seines Sohnes gleich zu werden. Damit werden „die Christen der in Christus geoffenbarten Ebenbildlichkeit" teilhaftig.[51] Ebenbild Gottes im eigentlichen Sinn ist Christus (2 Kor 4,4). Das gleiche Verständnis der Imago Dei findet sich später im Kolosserbrief,[52] und auch Barn 6,11f. versteht Gen 1,26 in Bezug auf die Christen (ἡ γραφὴ περὶ ἡμῶν ... λέγει). In diesen Zusammenhang gehört auch die Ebenbildlichkeitstheologie des Irenäus, der zwischen εἰκών (imago) und ὁμοίωσις (similitudo)unterscheidet. Εἰκών bezeichnet die (leibliche) natürliche Gottebenbildlichkeit, welche dem Menschen auch nach dem Sündenfall noch eigen ist, während die ὁμοίωσις mit dem Sündenfall verlorenging und nur durch Christus und den Heiligen Geist wiedererlangt werden kann.[53] Im frühen Judentum scheint die Ansicht, dass mit dem Sündenfall die Gottebenbildlichkeit verlorengegangen sei, nicht vertreten worden zu sein.[54] Umstritten ist hingegen, ob Gleiches für die Rabbinen gilt.[55]

3. *Die metaphysische Interpretation: Gottebenbildlichkeit als Ausdruck der Teilhabe am göttlichen Wesen:* Diese Anschauung begegnet vor allem in der Gnosis und bietet hier die Grundlage für die Selbst- und Gotteserkenntnis des Menschen.[56] Im Johannesapokryphon[57] (Codex Berolinensis Gnosticus 47,14–49,9; 2. Jhd. n. Chr.) wird der von den Archonten geschaffene psychische Adam als Abbild des „Gottes Mensch" verstanden, was nach Schenke im Sinne einer substantiellen Gleichheit von Gott und Mensch zu verstehen ist.[58]

---

[48] Vgl. MAIER, a.a.O. (Anm. 45), 504. JERVELL verabsolutiert diesen Aspekt dahingehend, dass die Hauptthese des rabbinischen Judentums hinsichtlich der Gottebenbildlichkeit laute: „Gottebenbildlichkeit findet man nur in Israel" (JERVELL, Imago, 78 u.ö.).

[49] „Bis hierher (= bis zur Zeit Enoschs) hat die Gottesähnlichkeit gedauert, jetzt aber hört sie auf" (WÜNSCHE, 111f.).

[50] Nach Bar Kappara: „Mein Ebenbild hatte ich ihnen gegeben, aber durch ihre Sünde habe ich es verwandelt."

[51] KITTEL, in: VON RAD / KITTEL / KLEINKNECHT, a.a.O. (Anm. 44), 395. Eine ähnliche Aussage findet sich auch in 2 Kor 3,18. Dieses Christus-Gleichgestaltet-Werden kann mit JERVELL, Imago, 333 als „Neuschöpfung" verstanden werden.

[52] Vgl. Kol 1,15 und 3,10.

[53] Vgl. Irenäus Haer V 6,1: „Fehlt der Seele der Geist (= der Geist Gottes, Th.K.), dann ist ein solcher Mensch nur psychisch, und da er fleischlich geblieben ist, wird er unvollkommen sein; er trägt zwar das Bild (imago) Gottes in seinem Körper, aber die Ähnlichkeit (similitudo) mit Gott nimmt er nicht an durch den Geist."

[54] So auch JERVELL, Imago, 44.

[55] JERVELL, Imago, 113f. versucht das Gegenteil nachzuweisen, allerdings letztlich nicht überzeugend, während KITTEL in: VON RAD / KITTEL / KLEINKNECHT, a.a.O. (Anm. 44), 391 meint, dass die Rabbinen diese Ansicht nicht vertraten.

[56] Vgl. RUDOLPH, Gnosis, 111: „Die wahre Gotteserkenntnis beginnt mit der Erkenntnis des Menschen als eines gottverwandten Wesens."

[57] Vgl. SCHENKE, Gott, 34-37 und RUDOLPH, Gnosis, 120f.

[58] Vgl. a.a.O., 38f. SCHENKE verweist auch auf OdSal IV,7f. und XIII,1–3a, wo er ebenfalls die Vorstellung gegeben sieht, dass die Gottebenbildlichkeit (hier mit dem Begriff Siegel ausgedrückt) die Wesenseinheit von Gott und Mensch bedeute.

Später wird dieser psychische Adam dann durch die niederen Mächte im irdischen Leib gefesselt (52,1–17). In der älteren Forschung nahm man an, dass auch bestimmte Aussagen in frühjüdischen, rabbinischen und christlichen Texten in diesen Vorstellungskreis gehören,[59] was man mit Hilfe des altorientalischen Mythos vom Urmenschen bzw. Adam-Anthropos zu erklären versuchte.[60] Allerdings wird diese Ansicht heute kaum noch vertreten.[61] Schenke meint vielmehr, dass die erwähnten gnostischen Spekulationen in der jüdischen Auslegung von Gen 1,26f. ihren Ausgangspunkt hatten.[62] Eine gewisse Vermittlerrolle könnten hier zum Beispiel die Anschauungen Philos gespielt haben, der die Ansicht vertrat, dass der menschliche νοῦς nach Geist des Weltalls gebildet wurde und demnach „gewissermaßen der Gott des Körpers" sei.[63] Ein ähnliches Verständnis findet sich auch bei Pseudo-Phokylides.[64]

4. Die anthropologische Interpretation: Gottebenbildlichkeit zur Bezeichnung der herausragenden Stellung des Menschen unter den Geschöpfen: Hierbei handelt es sich zweifellos um die älteste unter den genannten Interpretationen der Gottebenbildlichkeit, und man kann mit gutem Recht sagen, dass sie in der frühjüdischen Literatur dominant ist. Einerseits wird hier die besondere Schönheit des Menschen hervorgehoben, wozu auch seine ethische Urteilsfähigkeit gehört.[65] Daneben wird die Gottebenbildlichkeit als ursprüngliche Unsterblichkeit des Menschen verstanden.[66] Ferner konstituiert sie auch ein besonderes Verhältnis zwischen Gott und Mensch: Gott kennt den Menschen und hat ihn (anders als die übrigen Geschöpfe) mit seinen eigenen Händen gemacht.[67] Auf diese besondere Beziehung zu Gott gründet sich dann die Hoffnung, dass Gott am Ende der Zeiten sein Geschöpf erlösen werde, welche wir ja auch in gLAE 33ff. finden.[68] Und

---

[59] Vgl. z.B. GenR 8, wo geschildert wird, wie die Dienstengel nach der Erschaffung Adams an ihm irre wurden und im Begriff waren, ihm göttliche Verehrung zuteil werden zu lassen. Daraufhin ließ ihn der Herr in einen Schlaf fallen, damit sie erkannten, dass es ein Mensch war (WÜNSCHE, 34); latLAE 14,1; armLAE (Stone) 14,1: „Come, bow down to god, whom I made"; BarthEv 4,54: „Als ich [= Satan] aber von den Enden der Welt kam, sagte mir Michael: Bete das Abbild Gottes an ..."

[60] Vgl. ALTMANN, Background, 379–387, der von einem gnostischen Einfluss auf die rabbinische Literatur ausgeht.

[61] Vgl. hierzu die Ausführungen in Abschnitt 2.5.1. Eine andere Interpretation solcher Überlieferungen bietet PATTON, Adam, 299, die zu latLAE 12–17 vermutet, dass Adam hier die Gegenwart Gottes im himmlischen Tempel symbolisiere.

[62] Vgl. SCHENKE, Gott, 120f.

[63] Op 69 (vgl. dazu Abschnitt 1.1, Punkt 5). Vgl. ferner JERVELL, Imago, 58–60 und SCHENKE, Gott, 121–124 (jeweils mit weiteren Belegen). Allerdings kennt Philo auch die Vorstellung, dass mit Gen 1,26f. nicht die Erschaffung des irdischen Menschen (die erst in Gen 2,7 beschrieben sei), sondern die des himmlischen Menschen beschrieben sei, der sozusagen die Idee des Menschen verkörpere (Op 134f.; All III,95f.).

[64] Vgl. Phok 106: πνεῦμα γάρ ἐστι θεοῦ χρῆσις θνητοῖσι καὶ εἰκών.

[65] Vgl. u.a. Sir 17,1–6; 4Q504 Frg. 8; slHen 65,2; TestXII Napht 2,6.8; HellSyn 3,18–21; 12,35f.; 6Esr 16,62f. und TgPsJon Gen 1,27.

[66] Vgl. SapSal 2,23; HellSyn 12,36f.

[67] Vgl. vor allem TestXII Napht 2,5 und slHen 44,1f.

[68] Vgl. hierzu Abschnitt 6.3. Der gleiche Gedanke findet sich auch in TestAd 3,3.6 und ApkSedr 13,2. Ein anderes Bild zeigt sich in 4Esr 8,44, wo aus dem Bewusstsein des Menschen, ein besonderes Geschöpf Gottes zu sein, eine Anklage geworden ist: „Der Mensch, der von deinen Händen geschaffen ist, und nach deinem Bilde gemacht ist, weil

schließlich fand man in der Gottebenbildlichkeit auch die Begründung für die Herrschaft des Menschen über die übrigen Geschöpfe[69] sowie für die besondere Wertschätzung menschlichen Lebens.[70]

Unter den genannten Interpretationslinien gehört gLAE 10–12 zweifellos in die zuletzt genannte Reihe, und auch der zweite in diesem Kapitel zu untersuchende Text gehört hierher, wie sich im folgenden Abschnitt (6.3) zeigen wird. Die engsten Parallelen lassen sich in Sir 17; slHen 44; 4Esr 8; TestXII Napht 2; TestAd 3; in den Hellenistischen Synagogengebeten (Gebete 3 und 12) oder auch in ApkSedr 13 finden. Die unter 1.– 3. beschriebenen Deutungen, die sich allesamt als Weiterentwicklungen der traditionellen Anschauung verstehen lassen, zeigen hingegen keinerlei Berührungspunkte mit gLAE 10ff. oder 33ff. Daher lässt sich das Verständnis der Gottebenbildlichkeit, welches wir in gLAE finden, mit guten Gründen als typisch für die Anschauungen des frühen Judentums betrachten.

B. Die Auswirkungen des Sündenfalls auf die Tiere: Von den meisten Auslegern wird gLAE 10–12 als ein Midrasch zu Gen 3,14f. verstanden.[71] Allerdings enthält Gen 3,14f. das Urteil Gottes für die *Schlange* und steht nur indirekt im Zusammenhang mit der Übertretung Adams und Evas. Die Feindschaft zwischen den Nachkommen der Schlange und den Nachkommen Evas erscheint hier nicht als Folge der Tat Adams oder Evas, sondern als Folge der Tat der Schlange. Daher kann man keine direkte Beziehung zwischen gLAE 10–12 und Gen 3,14f. herstellen. Vielmehr ist hier auf die Auslegungstradi-

---

er ähnlich ist, um dessentwillen du alles geschaffen hast – (und) hast du ihn dem Samen des Landmannes gleichgestellt?"

[69] Vgl. u.a. Sir 17,3f.; HellSyn 12,36; Theoph Autol II,18 und 36 und Justin Dial 62. Der Gedanke ist allerdings bereits in Gen 1,26–28 ausgesprochen. SEEBASS, Genesis I, 81 verweist darauf, dass dieses „Herrschen" nicht als Ziel (finales Verständnis von Gen 1,26b), sondern als Folge (konsekutives Verständnis) des göttlichen Schöpfungsplanes in Gen 1,26a zu verstehen sei. Das Verbum רדה „bezieht sich, wenn es nicht individuell verwandt wird, auf die Unterwerfung von Feinden und ihrer Länder" (ebd). Demnach spiegelt sich laut SEEBASS in Gen 1,26 noch die Erfahrung der Bedrohung durch Tiere. Zuweilen wird in der Auslegung von Gen 1,26–28 noch Ps 8 hinzugezogen, wo davon die Rede ist, dass der Herr dem Menschen alles – dazu gehören auch die wilden Tiere (V. 8) – zu Füßen gelegt habe (Vgl. beispielsweise GenR 8 zu Gen 1,26, wo Ps 8 zitiert wird, um zu zeigen, dass die Tiere für den Menschen gemacht worden seien [WÜNSCHE, 32f.]). Allerdings wird in Ps 8 nicht ausdrücklich von der Gottebenbildlichkeit gesprochen.

[70] Die biblische Grundlage hierfür ist Gen 9,6. Vgl. auch Jub 6,8; LAB 3,11; gLAE 29,9; TestIsaak 6,34 und slHen 44,1–3. Weil der Mensch Gottes Ebenbild ist, kann Hillel auch das Baden als ein gutes Werk betrachten (LevR 34 [WÜNSCHE, 235]). Vgl. auch GenR 34 (WÜNSCHE, 155): „Wer die Fortpflanzung des Menschengeschlechts unterlässt, der wird von der Schrift betrachtet, als hätte er die Gottähnlichkeit vermindert."

[71] Vgl. z.B. SHARPE, Adam, 38; ANDERSON, Narrative, 30; WELLS, Books, 143; LEDER, Versuchungsgeschichte, 197f. Anm. 37 u.a.

tion von Gen 3,17ff. zu verweisen. Die Verfluchung des Ackers, welche Gott
hier ankündigt, ist nämlich in der jüdischen Tradition (und davon ausgehend
auch bei einigen christlichen Autoren) so verstanden worden, dass sie auch
die Aufhebung des paradiesischen Friedens zwischen Mensch und Tier bein-
halte.[72] ARN B 42 spricht vom zehnfältigen Fluch über Adam, zu dem auch
gehört, dass er einem wilden Tier übergeben werde.[73] GenR 20 überliefert zu
Gen 3,17 („Verflucht sei die Erde um deinetwillen"): „Sie soll dir verfluchte
(schädliche) Wesen hervorbringen, wie Mücken, Flöhe und Fliegen, sie soll
dir auch das Kamel hervorbringen,"[74] und nach GenR 25 hatte die Sünde
Adams zur Folge, dass „sich die Kuh dem Pflüger [widersetzte]."[75] Dass die
Auflehnung der Tiere aus der Sünde Adams resultierte, findet sich ferner bei
dem christlichen Apologeten Theophilus:

Die wilden Tiere aber haben ihren Namen von ihrem wilden Wesen, nicht als ob sie von
Anfang als bösartig oder giftig erschaffen worden wären, denn nichts ist von Gott im
Anfang böse erschaffen worden, sondern alles gut und sehr gut; sondern die Sünde des
Menschen hat sie böse gemacht. Denn indem der Mensch vom Wege ablenkte, folgten
auch sie ihm (Theoph Autol II,17).

Dafür, dass diese Tradition aber wohl um einiges älter ist, spricht Jub 3,28,
wo überliefert ist, dass die Tiere am Tage der Vertreibung Adams und Evas
aus dem Paradies zu sprechen aufhörten.[76]
    Entsprechend der Vorstellung vom Verlust des paradiesischen Friedens
zwischen Mensch und Tier wird die Rückkehr dieses Zustandes in der Endzeit
erwartet. Nach ExR 15 (Wünsche, 118f.) gehört zu den zehn Dingen, die in
der Endzeit erneuert werden, auch der Bund mit den Tieren. GenR 95 (Wünsche, 469f.) spricht unter Bezug auf Jes 11[77] von der Heilung der wilden Tiere
in der Endzeit, wovon allerdings die Schlange ausgenommen sei.[78] In dieser
Linie liegt auch ein Gedanke, der sowohl in der frühjüdischen und rabbi-

---

[72] Daher begegnet die Auflehnung der Tiere in gLAE 24,3 im Zusammenhang des
göttlichen Urteils für Adam. Vgl. auch äthAdam S. 17, wo Adam klagt, dass die Tiere
nach seinem Fall gegen ihn aufstehen werden, und Gott bittet, dies nicht zuzulassen.
[73] „The eighth is that he [= Adam] is given over to a wild beast to be killed by it"
(SALDARINI, 251).
[74] WÜNSCHE, 92. Warum allerdings hier gerade das Kamel erwähnt wird, ist nicht
deutlich.
[75] WÜNSCHE, 113. Weitere Belege aus der rabbinischen Literatur bei GINZBERG,
Legends V, 102 Anm. 87 und 119f. Anm. 113. Zur Verbindung von Ethik und Herrschaft
über die Tiere vgl. auch COHEN, Be Fertile, 100f.
[76] Vgl. auch 4Esr 7,11.
[77] Weitere Stellen im AT, die vom eschatologischen Frieden zwischen Mensch und Tier
handeln, sind Hos 2,10 und Jes 65,25. Vgl. auch Lev 26,6 und Ez 34,25.
[78] Vgl. WÜNSCHE, 469f. Ein weiterer Beleg für diese Vorstellung ist syrBar 73,6.

nischen Literatur als auch in altkirchlichen Texten begegnet, dass nämlich dem Frommen die wilden Tiere nichts anhaben können.[79] Auch die Versuchungsgeschichte in Mk 1,13 enthält wohl eine Anspielung auf diese Tradition, wenn vom Sein Jesu bei den Tieren berichtet wird: καὶ ἦν μετὰ τῶν θηρίων. „Wie Adam nach dem Midrasch einst im Paradiese von den Tieren verehrt worden war, so ist Jesus nach der Überwindung der Versuchung ,bei den wilden Tieren': der Paradieszustand der Endzeit, in der Frieden zwischen Mensch und Tier herrscht (Js 11,6–8; 65,25), ist eingeleitet."[80] Auch wenn diese typologische Deutung der Stelle nicht unumstritten ist,[81] findet sie sich doch in den neueren Kommentaren nahezu durchweg.[82]

6.2.5. Theologie

A. Die Bedeutung des Tieres: Grundlegend für die theologische Interpretation von gLAE 10–12 ist die Beantwortung der Frage, wofür die Figur des Tieres steht. Hans-Günter Leder hat die These vertreten, dass hier von der Identität des Tieres mit Satan auszugehen sei, bei der es sich um ein Spezifikum der so genannten „jüdischen Adamspekulation" handle.[83] Dagegen sprechen meines Erachtens aber verschiedene Gründe:

1. Die Pluralformen in 11,1 (πρὸς ἡμᾶς / ἀρχὴ τῶν θηρίων) und 11,2 (αἱ φύσεις ἡμῶν) sprechen dafür, dass das Tier repräsentativ für die Gesamtheit der Tiere steht.
2. Die Themen Gottebenbildlichkeit und Herrschaft über die Tiere stehen von Gen 1 her in engem Zusammenhang. Der Erzähler greift bewusst auf diesen Zusammenhang zurück und bringt durch den Angriff des Tieres die Gefährdung der Gottebenbildlichkeit zum Ausdruck.

---

[79] Vgl. j Ber 9a (Parallelen: T Ber 3,20; b Ber 33a); TestXII Napht 8; TestXII Ben 3,5; 5,2. Auch die frühchristliche Literatur kennt die Vorstellung, dass die wilden Tiere den Frommen gehorchen: vgl. Lk 10,19; Acta 28,3–6; 1Klem 56,11f. sowie die folgenden Ausführungen zu Mk 1,13.

[80] Vgl. J. JEREMIAS, Art. Ἀδάμ, ThWNT 1, 141–143, 141. Kritik an dieser Interpretation übt LEDER, Sündenfallerzählung.

[81] Vgl. z.B. W. FOERSTER, Art. θηρίον, ThWNT 3, 133–136, 134: „Die Versuche, in diesen Worten Reste eines mythologischen Götterkampfes oder Andeutung der Rückkehr der Paradieszeit zu finden, dürften dem Text eine Last auferlegen, die er nicht tragen kann."

[82] Vgl. R. PESCH, Das Markusevangelium. Bd. 1, Freiburg u.a. ⁵1989 (HThK 2/1), 95; J. ERNST, Das Evangelium nach Markus, Regensburg 1981 (RNT), 46; W. GRUNDMANN, Das Evangelium nach Markus, Berlin ⁷1977 (ThHK 2), 47; K. KERTELGE, Markusevangelium, Würzburg 1994 (NEB 2), 21; E. SCHWEIZER, Das Evangelium nach Markus, Berlin 1981 (NTD 1), 18; D. LÜHRMANN, Das Markusevangelium, Tübingen 1987 (HNT 3), 39; W. SCHMITHALS, Das Evangelium nach Markus. Bd. 1, Gütersloh u.a. ²1986 (ÖTK 2/1), 92 und J. GNILKA, Das Evangelium nach Markus. Bd. 1, Zürich u.a. ⁴1994 (EKK 2/1), 58.

[83] Vgl. LEDER, Paradieserzählung, 193 u.ö.

3. Es ist schwer vorstellbar, dass sich die mit dem Sündenfall eingetretene Verwandlung der Naturen (11,2) auf den Teufel beziehen sollte. Zwar spricht gLAE 16 von einer Art Verwandlung des Teufels, dabei handelt es sich aber um dessen Vertreibung aus der himmlischen Gemeinschaft der Engel Gottes,[84] die dann das Motiv zur Verführung Evas abgibt. Diese Verwandlung, wenn man sie hier überhaupt ins Spiel bringen darf, kann sich demnach nicht im Zuge des Sündenfalls ereignet haben.

4. Die jüdische Auslegungstradition von Gen 3,17 kennt den Gedanken, dass im Zuge des Sündenfalls auch eine Verwandlung der Tiere eingetreten sei.[85] Diese Veränderung gehört zu den Auswirkungen des göttlichen Gerichts im Paradies. Von hier aus fällt auch Licht auf die Passivform μετηλλάγησαν in gLAE 11,2. Auf Grund eines göttlichen Erlasses wurden die Naturen der Tiere verwandelt.[86]

Aus den vorgetragenen Argumenten ergibt sich, dass das Tier in gLAE 10–12 nicht mit dem Teufel identisch ist, sondern vielmehr repräsentativ für die Gesamtheit der Tiere steht. Als Thema der Erzählung erweist sich der Zusammenhang von Gottebenbildlichkeit und Herrschaft über die Tiere. Beides scheint aufgrund des Sündenfalls verloren oder zumindest gefährdet zu sein. Das Interesse des Erzählers besteht nun darin, deutlich zu machen, dass die Gefährdung der menschlichen Existenz durch wilde Tiere zwar zu den Folgen des Sündenfalls gehört, die Gottebenbildlichkeit dem Menschen gleichwohl erhalten geblieben ist. Sie erscheint geradezu als Schutz des Menschen in den Gefährdungen seines Daseins nach dem Fall.

B. Seth als Repräsentant der Menschheit: Diese allgemein-anthropologische Interpretation von gLAE 10–12 bedarf allerdings des Nachweises, dass Seth hier in gleicher Weise als Repräsentant der Menschheit gedacht ist, wie das Tier für die Gesamtheit der Tiere steht. Dies ist keineswegs unumstritten. So hat beispielsweise Erwin Preuschen die These vertreten, dass hier und an zahlreichen anderen Stellen der von ihm als gnostisch betrachteten Adamschriften eine besondere Verehrung Seths zu erkennen sei.[87] Seth wäre demnach gerade nicht als Repräsentant der Menschheit, sondern als eine besonders herausgehobene Figur zu verstehen, und die Gottebenbildlichkeit

---

[84] Die Tradition vom Fall Satans, welche in Gen 6 und Jes 14 ihre Wurzeln hat, wird ausführlich in armLAE (Stone) / geoLAE / latLAE 12–17 erzählt, im griechischen Text wird darauf nur angespielt (16,3; vgl. Abschnitt 7.2.4.C).

[85] Vgl. dazu Abschnitt 6.2.4.B.

[86] DE JONGE / TROMP, Life, 54 vermuten, dass gLAE 11,2 eine ätiologische Erklärung der „domestication of animals by man" darstelle. Besser lässt sich die Stelle aber durch den Verweis auf die Auslegungstradition von Gen 3,17 erklären.

[87] Vgl. PREUSCHEN, Adamschriften, 210–213. „Man kann wohl soweit gehen und sagen, daß dieser ganze Schriftenkomplex mehr oder weniger keinem anderen Zwecke dienen soll, als dem, Seth durch Zusammenstellung mit Adam und Eva einerseits, mit den anderen Nachkommen Adams, namentlich Kain, andererseits zu glorificieren. Damit ist aber bewiesen, dass die Vita des Adam und der Eva in ihrem letzten Grunde auf einen Kreis zurückgeht, für den Seth eine ganz besondere Bedeutung gewonnen hatte" (211).

bezeichnete dann die herausragende Stellung Seths. Diese Deutung verfehlt meines Erachtens die Intention von gLAE 10–12, und zwar aus folgenden Gründen:

1. Der Angriff des Tieres wird als ein die gesamte Menschheit betreffendes Geschehen geschildert, wenn Eva in 10,2 sagt, dass alle Sünder sie beim Tag der Auferstehung verfluchen werden.
2. Ferner wird die Attacke des Tieres sowohl von Eva als auch von Seth als Angriff auf das Ebenbild Gottes verstanden (10,3; 12,1). Nun könnte man die Bezeichnung „Ebenbild Gottes" zwar auch als eine besondere Bezeichnung für Seth verstehen, dagegen spricht aber der Verweis Evas auf die frühere Unterordnung des Tieres unter das Ebenbild Gottes (10,3), womit schwerlich Seth allein gemeint sein kann. Die frühere Unterordnung des Tieres unter das Ebenbild Gottes meint die nach Gen 1,28 schöpfungsgemäße Herrschaft des Menschen über die Tiere, welche nach gLAE 15 Adam und (!) Eva (und damit der Menschheit im Allgemeinen) eigen war. Es spricht demnach mehr dafür, „Ebenbild Gottes" hier als eine Bezeichnung für den Menschen im Allgemeinen zu verstehen.[88]
3. Wenn die Erzählung das Ziel hätte, Seth als besondere Person hervorzuheben, so wäre sowohl der Bezug zum Sündenfall (10,2; 11,2) als auch zum Gericht (10,2; 12,1) schwer verständlich. Das Tier nennt als Grund für seinen Angriff (auf Seth!) die Gebotsübertretung Evas (11,2), welche die ursprüngliche Herrschaft des „Ebenbildes" aufgehoben habe. Wenn Seth aber hier verherrlicht werden soll, wieso wird dann der Angriff auf ihn mit dem Sündenfall motiviert? Dem Erzähler geht es eher darum, die dem damaligen Menschen vertraute Erfahrung der Bedrohung durch wilde Tiere auf die Beeinträchtigung der ursprünglichen Integrität des Menschen durch den Sündenfall zurückzuführen. Daneben will er freilich auch zur Hoffnung ermutigen, indem er zeigt, dass die Gottebenbildlichkeit des Menschen mit dem Fall nicht verloren ging.
4. Wie oben gezeigt (6.2.3.B), ist die unterschiedliche Gestaltung der Figuren Evas und Seths durch den Erzähler in erster Linie dadurch zu erklären, dass diese in der Erzählung verschiedene Funktionen haben.

C. Die Bedeutung der Gottebenbildlichkeit für die menschliche Existenz zwischen Sündenfall und Gericht: Der in gLAE 10–12 beschriebene Angriff des wilden Tieres symbolisiert somit die permanente Gefährdung des Menschen nach dem Fall. Diese Gefährdung wird allerdings in 12,1 ausdrücklich begrenzt,[89] wenn Seth das Tier auffordert, „bis zum Tag des Gerichts" vom Ebenbild Gottes abzulassen. Denn damit kann ja kaum gemeint sein, dass es erst dann den Menschen wirklich bedrohen könnte. Vielmehr scheint mir die Stelle zu besagen, dass der dem Menschen mit der Gottebenbildlichkeit gegebene Schutz bis zum Tag des Gerichts reicht, denn ebenso lange währt auch die Bedrohung, für welche das Tier steht. Damit fällt noch einmal Licht auf die Bedeutung der Gottebenbildlichkeit des Menschen. Sie wird hier verstanden als eine Art Brücke zwischen den ursprünglichen paradiesischen

---

[88] Ähnlich auch ANDERSON, Narrative, 32: „the status of the image does not seem to be limited to Seth."
[89] Der gleiche Gedanke findet sich auch in gLAE 26,4.

Zuständen und deren für die Endzeit erwarteter Erneuerung. Wenn der gefallene Mensch hier ausdrücklich als Ebenbild Gottes verstanden wird, so heißt das, dass er mit dem Fall, auch wenn dessen Folgen als überaus hart empfunden werden, nicht alles verloren hat. Trotz des radikalen Bruchs, welchen die Vertreibung aus dem Paradies mit sich brachte, gibt es zugleich auch ein Kontinuum, dass der Mensch nämlich als Ebenbild des Schöpfers dessen geliebtes und in besonderer Weise gehütetes Geschöpf war, ist und bleibt.

6.2.6 Synoptischer Vergleich

Die Episode vom Angriff des Tieres ist auch in allen anderen Versionen enthalten. Aus dem synoptischen Vergleich ergibt sich eine weitgehende Übereinstimmung zwischen den verschiedenen Versionen, allerdings bestehen einige wichtige Unterschiede. Die Differenzen zeigen sich häufig gerade an solchen Punkten, die für die Aussageabsicht der Erzählung von Bedeutung sind. Nahezu durchweg erweist sich dabei der griechische Text gegenüber den anderen Versionen als ursprünglicher.

A. Das Verständnis des Tieres: latLAE versteht das Tier als Schlange (37,1: serpens bestia) und denkt dabei ganz offensichtlich an die Schlange der Sündenfallgeschichte. Die Identifizierung mit Satan wird nicht ausdrücklich vollzogen, aber eine Tendenz in dieser Richtung ist erkennbar, wenn die Schlange in 39,1 mit „maledicte inimice veritatis" angeredet wird. Dazu passt auch, dass der „Tag des Gerichts" (gLAE 12,1) hier als Gericht über das Tier verstanden wird: „... usque in diem, quando dominus deus iusserit in comprobationem te adduci." Entsprechend dieser Identifizierung des Tieres mit der Macht des Bösen fehlt in latLAE der Verweis auf die frühere Unterordnung der Tiere (gLAE 10,3) ebenso wie die Aussage, dass mit der Übertretung der Protoplasten die Herrschaft der Tiere begonnen habe (gLAE 11,1) und eine Verwandlung der Naturen der Tiere eingetreten sei (gLAE 11,2). Es handelt sich hierbei um eine Bedeutungsverschiebung, die darauf schließen lässt, dass die lateinische Fassung gegenüber der griechischen als sekundär zu beurteilen ist. Das ergibt sich auch daraus, dass verschiedene Züge der griechischen Version zwar übernommen wurden, innerhalb des lateinischen Textes aber schwer verständlich sind. Das betrifft z.B. die Pluralformen „malitia nostra" und „furor noster" in 38,1 oder den Verweis der Schlange auf die Gebotsübertretung Evas (38,2), war diese doch eine Folge der Verführung durch die Schlange und nicht deren Ursache.[90]

In armLAE (Stone) 39,1 wird das Tier ausdrücklich mit „Satan" angesprochen, was allerdings ziemlich unvermittelt wirkt und zu dem Vorangegan-

---

[90] Dass latLAE 37–39 gegenüber gLAE 10–12 sekundär ist, wird von den meisten Auslegern angenommen. Vgl. FUCHS, Leben, 518f. Anm. i; WELLS, Books, 143; ANDERSON, Narrative, 34f. Anders FREUNDORFER, Erbsünde, 74 Anm. 2.

genen nicht recht passen will. Denn dort sprechen verschiedene Details gegen eine Identität mit Satan. In 37,1 wird nur allgemein von einem wilden Tier gesprochen, in 38,1f. spricht das Tier (wie in den anderen Versionen auch) im Plural, und ferner wird es in 37,3 auf seinen früheren Gehorsam gegenüber Adam und Eva angesprochen: „How did you not remember the obedience which you formerly displayed?" Hat armLAE (Stone) also offensichtlich in geringerem Maße als latLAE in die ursprüngliche Erzählung eingegriffen, so erweist es sich dennoch gegenüber dem griechischen Text als sekundär. Während geoLAE hingegen nur allgemein von einem Tier spricht, nennt slavLAE 13 einen (allerdings nicht einheitlich überlieferten) Namen: Kotur,[91] Gorgoni oder Mongrel. Auch hier ist der sekundäre Charakter deutlich.

B. Der Tag der Auferstehung bzw. des Gerichts: Während Eva in der griechischen Fassung innerhalb ihrer Klage (gLAE 10,2) auf den „Tag der Auferstehung" verweist, fehlt dieser Ausblick in der lateinischen Parallele (latLAE 37,2), wo Eva sagt: „heu mihi miserae, quoniam maledicta sum, quoniam non custodivi praecepta domini." slavLAE betont ebenfalls den Gegenwartsaspekt: „von nun an bis zur Vollendung und bis zur zweiten Ankunft werden mir alle fluchen" (Kap. 13), wobei sich die Wendung „bis zur zweiten Ankunft" vermutlich auf Gottes Kommen zum Gericht bezieht.[92] armLAE (Stone) und geoLAE hingegen stimmen weitgehend mit dem griechischen Text überein, wobei bemerkenswert ist, dass beide statt des „Tages der Auferstehung" vom „Tag des Gerichts" sprechen. Dies bestätigt die oben geäußerte Vermutung, dass beide Wendungen in unserem Text offenbar identisch sind.

Das Gericht, von dem gLAE 12,1 spricht, und das dort vor allem als Begrenzung der Gefährdung des Menschen in den Blick kommt, wird in latLAE, armLAE (Stone) und geoLAE ausdrücklich als Gericht über das Tier verstanden.[93] Die Parallelität von gLAE 10,2 und 12,1 ist hier nicht mehr gegeben. Offenbar wurde sie von den Bearbeitern nicht wahrgenommen. Man fragt sich, warum armLAE (Stone) / geoLAE 39,1 nur vom Gericht für das Tier spricht, während doch Eva in 37,2 den Angriff des Tieres ausdrücklich mit ihrer eigenen Übertretung in Zusammenhang gebracht hatte.

---

[91] Die Bedeutung von „Kotur" ist nicht sicher, JAGIĆ, Beiträge, 50 nennt die Möglichkeiten Hund, Kater oder Kentaure.

[92] Vgl. die analoge Formulierung in slHen 32,1 und die entsprechende Anmerkung bei BÖTTRICH, Henochbuch, 928. Vgl. ferner a.a.O., 955 zu slHen 42,5 („letztes Kommen").

[93] latLAE 39,1: „... usque in diem, quando dominus deus iusserit in comprobationem te adduci"; armLAE (Stone) 39,1: „... until he will speak to whom God will bring you to rebuke" (Nach STONE, Penitence [B], 10 Anm. z. St. ist diese Formulierung allerdings nicht sicher); geoLAE 39,1: „... jusqu'au jour où Dieu te fera comparaître." Vgl. hierzu auch ANDERSON, Narrative, 34f.

In gLAE 10–12 markiert der Verweis auf das Gericht zum einen den Zeitpunkt, an dem das volle Ausmaß der Folgen des Sündenfalls deutlich werden wird (gLAE 10,2). Zum anderen begrenzt der Tag des Gericht aber auch die durch den Fall bestimmte gegenwärtige Existenz des Menschen (gLAE 12,1). Von dem Gefälle der Erzählung her ist deutlich, dass der zuletzt genannte Aspekt schwerer wiegt und der Ausblick auf den Tag des Gerichts für den Erzähler vor allem ein hoffnungsvoller ist. latLAE und armLAE (Stone) verstehen das Gericht hingegen als eine Art Abrechnung mit Satan, den sie durch das Tier repräsentiert sehen. Dabei tritt die menschliche Verantwortlichkeit für die Sünde und damit auch für die gegenwärtigen Bedingungen menschlichen Lebens, obgleich in der Klage Evas enthalten, merklich zurück. geoLAE lässt ebenfalls Tendenzen in diese Richtung erkennen, allerdings sind diese nicht so deutlich ausgeprägt. Eine andere Intention lässt wiederum die slavische Fassung erkennen. Seths Bannspruch gegenüber dem Tier[94] soll hier wohl die Vollmacht des Frommen gegenüber den Bedrohungen dieser Welt verdeutlichen.

C. Die Auswirkungen des Sündenfalls auf die Tiere: Nach gLAE 11,2 haben sich mit der Übertretung Adams und Evas die Naturen der Tiere verwandelt, wobei im griechischen Text nicht recht deutlich wird, wie diese Verwandlung genauer zu verstehen ist. In erster Linie ist hier wohl an die Veränderung der schöpfungsgemäßen Beziehung von Mensch und Tier gedacht, welche nach 10,3 ursprünglich durch die Unterordnung (ὑποταγή) der Tiere bestimmt war. Bemerkenswert ist nun, dass keine der übrigen Versionen so ausdrücklich von den Auswirkungen des Sündenfalls auf die Tiere spricht. Die Aussage ἡ ἀρχὴ τῶν θηρίων ἐκ σοῦ ἐγένετο (gLAE 11,1) hat im lateinischen Text gar keine Parallele, während die anderen Versionen die Folgen der ersten Übertretung für die Tiere wesentlich schwächer akzentuieren.[95] Von einer „Herrschaft" der Tiere ist hier nirgends die Rede. Ähnlich verhält es sich mit den Parallelen zu 11,2: αἱ φύσεις ἡμῶν μετηλλάγησαν. latLAE hat hierzu wiederum keine Entsprechung, ebenso slavLAE, während armLAE (Stone) zwar von der Verwandlung der Naturen redet, aber in einem

---

[94] Vgl. slavLAE 15 („Verschlossen werde dein Mund bis zum Gericht, da du dich gegen das Ebenbild Gottes erdreistetest; in deiner Lagerstätte sollst du verweilen bis in die Ewigkeit") mit gLAE 12,1 („Lass ab vom Ebenbild Gottes bis zum Tag des Gerichts"). Es geht hier anders als in gLAE in erster Linie um das Tier, nicht um den Menschen. Das Tier wird von Seth gleichsam mit einem Bann belegt, der bis zum Gericht Gültigkeit hat. Vgl. ANDERSON, Narrative, 34: „it [= slavLAE] describes the present circumstances of the animal kingdom as a result of Seth's rebuke").

[95] armLAE (Stone) 38,1: „our insolence is because of you, for the example came from you"; geoLAE 38,1: „c'est de ta propre avidité que proviennent ton mécontentement et tes pleurs, car au début de la creation, c'est toi qui as bien voulu écouter la bête, le serpent"; slavLAE 14: „von nun an hast du keine Macht über uns, denn von dir ist es ausgegangen."

ganz anderen Sinn: „... God commanded you not to eat of it (= von der verbotenen Frucht, Th. K.) until he will change all of our natures." geoLAE schließlich spricht allgemein davon, dass sich mit dem Sündenfall alles verändert habe.[96]

Auch hier ist erkennbar, dass in den anderen Versionen gegenüber dem griechischen Text eine Bedeutungsverschiebung eingetreten ist. Während die griechische Fassung die Bedrohung menschlichen Lebens durch wilde Tiere als Folge des Sündenfalls versteht und dementsprechend die Auswirkungen des Falls auf die Tiere ausdrücklich hervorhebt, treten diese in den übrigen Versionen merklich zurück. Die Ursache für dieses Zurücktreten ist wohl darin zu suchen, dass die Rede von der Herrschaft der Tiere und der Verwandlung der Naturen im Kontext der anderen Versionen störend oder schwer verständlich erschien.

6.3 Gottes Erbarmen über Adam (gLAE 33–37)

6.3.1 Textrekonstruktion

33[97] (1)[98] Ἀναστᾶσα δὲ Εὖα[99] ἐπέβαλεν[100] τὴν χεῖρα αὐτῆς[101] εἰς[102] τὸ πρόσωπον αὐτοῦ.[103] (2)[104] Καὶ ἀτενίσασα[105] εἰς[106] τὸν οὐρανὸν[107] εἶδεν

---

[96] geoLAE 38,2: „le goût de tout chose est transformé."

[97] TISCHENDORF verwendete für diesen Abschnitt im Wesentlichen nur zwei Hss. (A und B), gegen Ende hin sogar nur eine (B), da C ab 33,1 ausfällt und D zwar mit 36,1 neu einsetzt, von TISCHENDORF aber nur teilweise verwendet wurde (für gLAE 36–37 nicht). A endet mit 36,3, sodass in Kapitel 37 nur die Hs. B verwendet wurde, die allgemein recht unzuverlässig ist.

[98] G ist ab 31,3 ausgefallen und setzt erst am Ende von 33,1 mit τοῦ Ἀδάμ (anstelle von αὐτοῦ in S) wieder ein. Der gesamte Vers fehlt auch in R.

[99] Εὖα: a) V M ἐγώ | b) fehlt in TC

[100] ἐπέβαλεν: IIIb ἔβαλεν

[101] αὐτῆς: T αὐτοῦ ||| ἐπέβαλεν τὴν χεῖρα αὐτῆς: V ἐπέβαλον τὴν χεῖρα μου

[102] εἰς: Ib IIIa IIIb BERTRAND NAGEL TISCHENDORF ἐπί || εἰς ist durch die beiden besten Hss. (S und V) bezeugt. Allerdings lässt V das Folgende aus und setzt erst in 33,2 wieder ein (vgl. Anm. 103).

[103] ἐπέβαλεν τὴν χεῖρα αὐτῆς εἰς τὸ πρόσωπον αὐτοῦ: a) M ἐποίησα ὥσπερ εἴρηκέ μοι ὁ ἄγγελος | b) IIIc ἀπέξαμεν αὐτῆς τὰ δάκρυα ||| εἰς τὸ πρόσωπον αὐτοῦ: a) V εἰς (die Hs. setzt mit 33,2 τὸν οὐρανόν fort) | b) fehlt in B ||| αὐτοῦ: a) G τοῦ Ἀδάμ (das Vorangegangene fehlt allerdings hier) | b) AC BERTRAND TISCHENDORF αὐτῆς (Ib insgesamt NAGEL TISCHENDORF erg. καὶ λέγει αὐτῇ ὁ ἄγγελος ἆρον καὶ αὐτήν [καὶ αὐτήν: C TISCHENDORF σεαυτήν] ἀπὸ τῶν γηΐνων) | c) IIIa αὐτῆς καὶ ἀπέμαξεν αὐτῷ ἦν γὰρ ἀπὸ τῶν πολλῶν δακρύων κατάβροχον καὶ οἱ ὀφθαλμοὶ αὐτῆς πεφυσιωμένοι | d) IIIb ἦν γὰρ ἀπὸ τῶν πολλῶν δακρύων κατάβροχον αὐτῆς οἱ ὀφθαλμοὶ (Z erg. πεφυσιωμένοι) || Gegen

ἅρμα φωτὸς[108] ἐρχόμενον[109] ὑπὸ τεσσάρων ἀετῶν λαμπρῶν ὃ οὐκ ἦν δυνατὸν γεννηθῆναι ἀπὸ κοιλίας ἢ εἰπεῖν τὴν δόξαν αὐτῶν[110] ἢ ἰδεῖν τὸ πρόσωπον[111] αὐτῶν[112] καὶ[113] ἀγγέλους προσάγοντας[114] τὸ ἅρμα. (3)[115] Ὅτε[116] δὲ ἦλθον[117] ὅπου[118] ἔκειτο ὁ πατὴρ ὑμῶν Ἀδάμ[119] ἔστη[120]

Var b) spricht, dass die besten Hss. anders lesen und dass αὐτοῦ als lectio difficilior gelten darf.

[104] Der gesamte Vers fehlt in II.

[105] καὶ ἀτενίσασα: Ib TISCHENDORF Εὖα δέ ἠτένισεν ‖ Siehe Anm. 97.

[106] καὶ ἀτενίσασα εἰς: fehlt in V, vgl. Anm. 103.

[107] ἀτενίσασα εἰς τὸν οὐρανόν: fehlt in F

[108] φωτός: a) G πυρός | b) fehlt in IIIb

[109] ἐρχόμενον: III BERTRAND αἰρόμενον ‖ Gegen die Variante sprechen alle Hss. von I, ἐρχόμενον ist ferner zweifellos die lectio difficilior.

[110] αὐτῶν: VG αὐτοῦ

[111] τὸ πρόσωπον: S τὰ πρόσωπα ‖ S steht hier allein gegen die übrigen Hss.

[112] ὃ οὐκ ἦν δυνατὸν γεννηθῆναι ἀπὸ κοιλίας ἢ εἰπεῖν τὴν δόξαν αὐτῶν ἢ ἰδεῖν τὸ πρόσωπον αὐτῶν: a) G ὃ οὐκ ἠδύνατο θεωρῆσαι ἢ γεννηθῆναι ἀπὸ κοιλίας ἢ εἰπεῖν τὴν δόξαν αὐτοῦ ἢ ἰδεῖν τὸ πρόσωπον αὐτοῦ | b) B TISCHENDORF ἃ (TISCHENDORF ὧν) οὐκ ἦν δυνατὸν τινὰ γεννηθέντα ἀπὸ κοιλίας εἰπεῖν τὴν δόξαν αὐτῶν ἰδεῖν τὸ πρόσωπον αὐτῶν | c) T ὧν οὐκ ἠδύνατο γεννηθῆναι ἀπὸ κοιλίας ἢ εἰπεῖν τὴν δόξαν αὐτῶν | d) L ὧν οὐκ ἦν γεννηθῆναι ἀπὸ κοιλίας ἢ εἰπεῖν τὴν δόξαν αὐτῶν οὔτε ἰδεῖν τὸ πρόσωπον αὐτῶν | e) III (außer F) ὧν (IIIb HE οὗ) τὸ κάλλος καὶ τὴν δόξαν ἀδυνατεῖ (IIIb HE ἀδύνατον) γλῶσσα ἀνθρώπου ἐξειπεῖν | f) fehlt in F | g) BERTRAND ὧν οὐκ ἦν δυνατὸν γεννηθῆναι ἀπὸ κοιλίας ἢ εἰπεῖν τὴν δόξαν αὐτῶν ἢ ἰδεῖν τὸ πρόσωπον αὐτῶν ‖ Gegen Var g) sprechen folgende Gründe: 1. Die Variante ist so in keiner Hs. bezeugt, vielmehr ist der Text BERTRANDS aus verschiedenen Varianten zusammengesetzt. 2. Die besten Hss. (SVG A) lesen ὅ, nicht ὧν. 3. ὅ ist lectio difficilior, aber ergibt keineswegs einen unsinnigen Text, vgl. dazu die Übersetzung. Zu Var b) siehe Anm. 97.

[113] καί: IIIa καὶ ἀγόμενον ὅπου ἔκειτο τὸ σῶμα τοῦ Ἀδάμ καί

[114] προσάγοντας: VB L IIIa BERTRAND NAGEL TISCHENDORF προάγοντας ‖ Die Zeugen für προσάγοντας (SG AT) sind insgesamt gewichtiger.

[115] Der gesamte Vers fehlt in B und F. II liest: καὶ ἀπελθοῦσα (R erg. ἐγώ) ὅπου ἔκειτο τὸ σῶμα του Ἀδάμ (R: πατρὸς ἡμῶν statt Ἀδάμ)

[116] ὅτε: S ὅταν ‖ Die Variante wird nur von S geboten und ist daher kaum ursprünglich.

[117] ἦλθον: G T IIIb HE NAGEL ἦλθεν (E erg. ἡ Εὖα) ‖ Die Variante ist schwach bezeugt und inhaltlich nicht notwendig.

[118] ὅπου: Ib TISCHENDORF ἐπὶ τὸν τόπον ὅπου ‖ Siehe Anm. 97.

[119] ὅπου ἔκειτο ὁ πατὴρ ὑμῶν Ἀδάμ: a) IIIa πλησίον | b) HE πλησίον τοῦ Ἀδάμ ‖‖ ὁ πατὴρ ὑμῶν Ἀδάμ: a) V BERTRAND ὁ Ἀδάμ | b) G IIIb τὸ σῶμα τοῦ Ἀδάμ (vgl. auch Anm. 115) | c) L ὁ πατὴρ ὑμῶν ‖ Gegen die von BERTRAND bevorzugte Var a) spricht, dass sie nur von einer einzigen Hs. bezeugt ist. Zu beachten ist, dass die Hs. V auch am Ende von 33,3 Ἀδάμ statt πατρός liest; offenbar wollte der Abschreiber hier einer möglichen Verwechslung von Adam und Gott vorbeugen. ‖‖ Ἀδάμ: IIIb erg. καὶ ὁ ἄγγελος προάγων τοῦ ἅρματος καὶ ὅτε ἦλθον πλησίον

[120] ἔστη: G ἐστέναξεν

τὸ ἅρμα καὶ τὰ σεραφὶμ ἀνὰ μέσον τοῦ πατρὸς[121] καὶ τοῦ ἅρματος. (4) Εἶδον[122] δὲ ἐγὼ[123] θυμιατήρια χρυσᾶ[124] καὶ[125] τρεῖς φιάλας[126] καὶ ἰδοὺ πάντες οἱ ἄγγελοι[127] μετὰ λίβανον[128] καὶ[129] τὰ θυμιατήρια[130] ἦλθον[131] ἐπὶ τὸ θυσιαστήριον[132] καὶ ἐνεφύσησαν αὐτὰ[133] καὶ ἡ ἀτμὶς τοῦ θυμιάματος[134] ἐκάλυψεν τὰ στερεώματα.[135] (5) Καὶ προσέπεσαν οἱ

---

[121] ἔστη τὸ ἅρμα καὶ τὰ σεραφὶμ ἀνὰ μέσον τοῦ πατρός: fehlt in IIIc ||| πατρός: a) V IIIa IIIb BERTRAND 'Αδάμ | b) G erg. ἡμῶν || Nur eine einzige Hs. von I bietet Var a), während πατρός durch die überwältigende Mehrheit der Hss. von I bezeugt ist. Vgl. auch Anm. 119.

[122] εἶδον: a) B καὶ ἰδού | b) IIIa IIIc BERTRAND εἶδεν || Möglich wäre hier zwar auch ἰδών, besser ist aber wohl εἶδον zu lesen (TISCHENDORF und NAGEL: ἴδον). Die Hss. aus III bieten hier wie in den folgenden Versen stets die dritte Person Singular, während I und II die erste Person Singular haben. BERTRAND schließt sich durchweg der Familie III an, was meines Erachtens nicht gerechtfertigt ist, da der Bericht in der Ich-Form zweifellos als lectio difficilior zu betrachten ist, welche von Familie III zu verbessern versucht wurde. Vgl. dazu auch den Abschnitt Textanalyse (6.3.3).

[123] ἐγώ: fehlt in V II III sowie bei BERTRAND || Siehe Anm. 122.

[124] θυμιατήρια χρυσᾶ: a) R θυμιάματα | b) M θυμιάματα μετὰ θυμιατηρίων χρυσῶν | c) Z θυμιατήριον χρυσοῦν | d) H θεοῦ μυστήρια καὶ θυμιατήρια χρυσᾶ | e) EF θυμιάματα χρυσᾶ

[125] καί: R erg. χρυσᾶς

[126] καὶ τρεῖς φιάλας: fehlt in M IIIc

[127] ἰδοὺ πάντες οἱ ἄγγελοι: a) R οἱ ἅγιοι ἄγγελοι | b) M οἱ ἄγγελοι

[128] καὶ ἰδοὺ πάντες οἱ ἄγγελοι μετὰ λίβανον: fehlt in F ||| μετὰ λίβανον: a) HE μεταλαμβάνων (so ist nach NAGEL, Vie III, 248 zu lesen, die Hs. H bietet: μεταλαμύάνων; E: μετελάβανον) | b) BERTRAND μεταλαβόντες (Konjektur) || Es ist nicht einzusehen, warum der Text hier verdorben sein soll, wie BERTRAND, Vie [A], 137 meint.

[129] καί: a) L μετά | b) IIIa καὶ ἔλαβον | c) IIIb καὶ θυμιατῶν καὶ ἔλαβον | d) fehlt bei BERTRAND || Zu Var d) vgl. die vorangegangene Anm.

[130] θυμιατήρια: a) VG θυμιατηρίων | b) Ib TISCHENDORF erg. καὶ τὰς φιάλας (T erg. ferner βαστάζοντες) || Zu Var b) siehe Anm. 97.

[131] ἦλθον: G ἀνῆλθον ||| ἦλθον: VGB IIIa IIIb BERTRAND NAGEL erg. ἐν σπουδῇ || Hier ist eine sichere Entscheidung schwer möglich. Der von mir bevorzugte Text wird durch S und Ib bezeugt, sodass die Bezeugung nahezu gleichwertig ist.

[132] μετὰ λίβανον καὶ τὰ θυμιατήρια ἦλθον ἐπὶ τὸ θυσιαστήριον: a) R μετὰ θυμιαμάτων καὶ θυμιατῶν | b) fehlt in M || θυσιαστήριον: AL erg. καὶ ἔλαβον εἰς θάρσος

[133] καὶ ἐνεφύσησαν αὐτά: a) fehlt in S T Q | b) II καὶ ἐθυμίασαν αὐτόν || Var a) hat nahezu alle übrigen Hss. von I gegen sich, sodass es sich wohl um eine versehentliche Auslassung handelt (anders MERK / MEISER, Leben, 849). Statt ἐνεφύσησαν liest NAGEL ἐνεφύσων und TISCHENDORF ἐνεφύσουν.

[134] θυμιάματος: G κάπνου

[135] καὶ τὰ θυμιατήρια ἦλθον ἐπὶ τὸ θυσιαστήριον καὶ ἡ ἀτμὶς τοῦ θυμιάματος ἐκάλυψεν τὰ στερεώματα: fehlt in IIIc ||| τὰ στερεώματα: a) S τὸ στερέωμα | b) R τὸν οὐρανόν | c) M τὰ στερεώματα τῶν οὐρανῶν || S steht hier allein gegen die übrigen Hss. Ferner spricht für die Pluralform, dass in 35,2 von ἑπτὰ στερεώματα gesprochen wird.

6. Geschöpf und Ebenbild Gottes

ἄγγελοι[136] τῷ θεῷ[137] βοῶντες καὶ[138] λέγοντες· Ἰαὴλ[139] ἅγιε,[140] συγχώρησον[141] ὅτι εἰκών[142] σού ἐστιν καὶ ποίημα[143] τῶν ἁγίων[144] χειρῶν σου.[145]

34 (1) Εἶδον ἐγὼ Εὖα[146] δύο[147] μεγάλα καὶ φοβερὰ μυστήρια[148] ἐνώπιον[149] τοῦ θεοῦ καὶ[150] ἔκλαυσα[151] ἐκ τοῦ φόβου[152] καὶ ἐβόησα[153] πρὸς τὸν υἱόν μου[154] Σήθ·[155] λέγουσα·[156] ἀνάστα,[157] Σήθ,[158] ἐκ τοῦ

---

[136] ἄγγελοι: Ib II TISCHENDORF erg. καὶ προσεκύνησαν || Siehe Anm. 97.
[137] προσέπεσαν οἱ ἄγγελοι τῷ θεῷ: fehlt in IIIc ||| θεῷ: II κυρίῳ
[138] βοῶντες καί: a) fehlt in V II | b) IIIc ἐβόουν
[139] Ἰαήλ: a) II EF Ἰωήλ | b) Z Ἰστρωήλ
[140] ἅγιε: R αἰώνιε βασιλεῦ ἅγιε ἁγίων
[141] συγχώρησον: a) G erg. τῷ Ἀδάμ | b) II erg. τῷ πλάσματί σου | c) IIIb erg. τῷ δούλῳ σου Ἀδάμ
[142] εἰκών: a) G οἰκίον | b) M IIIb οἶκος | c) Q ποίημα
[143] ποίημα: T R Q πλάσμα
[144] ἁγίων: a) fehlt in AT Q F | b) II IIIa Z HE ἀχράντων || VGB BERTRAND NAGEL und TISCHENDORF bieten ἁγίων (mit Artikel) nach σου.
[145] σου: R erg. καὶ προνοητικῶν δυνάμεων
[146] εἶδον ἐγὼ Εὖα: a) Ib NAGEL TISCHENDORF καὶ αὖθις εἶδον ἐγὼ Εὖα | b) II ἰδὼν δὲ ἐγώ | c) IIIa IIIb BERTRAND εἶδεν δέ | d) IIIc ἠδὲ ἡ Εὖα || Der von mir bevorzugte Text wird von den besten Hss. bezeugt (außer von V, wo eine längere Auslassung vorliegt) und zusätzlich durch Var a) und b) gestützt. Zu Var c) und d) vgl. Anm. 122.
[147] δύο: a) T ἀλλὰ πολλά | b) M τά | c) IIIa καὶ ἕτερα | d) IIIb καὶ ἀλλά
[148] μυστήρια: a) Ib R TISCHENDORF erg. ἑστῶτα || Siehe Anm. 97.
[149] ἐνώπιον: S ἐμπρόσθεν || Alle übrigen Hss. stehen hier gegen S.
[150] ἐνώπιον τοῦ θεοῦ καί: fehlt in M
[151] ἔκλαυσα: IIIa IIIb BERTRAND ἔκλαυσεν || Siehe Anm. 122.
[152] εἶδον ἐγὼ Εὖα δύο μεγάλα καὶ φοβερὰ μυστήρια ἐμπρόσθεν τοῦ θεοῦ καὶ ἔκλαυσα ἐκ τοῦ φόβου: fehlt in V ||| δύο μεγάλα καὶ φοβερὰ μυστήρια ἐμπρόσθεν τοῦ θεοῦ καὶ ἔκλαυσα ἐκ τοῦ φόβου: fehlt in IIIc ||| φόβου: M erg. μου
[153] ἐκ τοῦ φόβου καὶ ἐβόησα: fehlt in K ||| ἐβόησα: a) IIIa IIIb BERTRAND ἐβόησεν | b) IIIc λέγει || Siehe Anm. 122.
[154] μου: III BERTRAND αὐτῆς || Siehe Anm. 122.
[155] Σήθ: fehlt in IIIb HE
[156] λέγουσα: a) R εἶπον αὐτῇ | b) fehlt in M IIIc
[157] Bei BERTRAND und NAGEL beginnt hier Vers 34,2.
[158] λέγουσα ἀνάστα Σήθ: fehlt in T ||| ἀνάστα Σήθ: a) II ἀνάστηθι | b) IIIa IIIc ἀνάστα υἱέ μου Σήθ (Σήθ fehlt in F) | c) IIIb δεῦρω υἱέ μου Σήθ καὶ ἀνάστα

σώματος τοῦ πατρός[159] σου[160] καὶ ἐλθὲ[161] πρός με[162] καὶ[163] ἴδε[164] ἃ οὐκ
εἶδεν[165] πώποτέ τινος[166] καὶ[167] δέονται ὑπὲρ τοῦ πατρός σου[168]
Ἀδάμ.[169]

35 (1) Τότε[170] ἀνέστη Σὴθ καὶ ἦλθε πρὸς τὴν μητέρα αὐτοῦ[171] καὶ
λέγει αὐτῇ·[172] διὰ τί κλαίεις;[173] (2) Καὶ[174] λέγει αὐτῷ·[175] ἀνάβλεψον[176]
τοῖς ὀφθαλμοῖς σου[177] καὶ ἴδε[178] τὰ ἑπτὰ στερεώματα[179] ἀνεῳγμένα[180]

---

[159] ἐκ τοῦ σώματος τοῦ πατρός: V ἀπὸ τοῦ πατρός
[160] σου: AT TISCHENDORF erg. Ἀδάμ ‖ Siehe Anm. 97.
[161] καὶ ἐλθέ: fehlt in T
[162] καὶ ἐλθὲ πρός με: fehlt in F ‖‖ πρός με: Ib II TISCHENDORF ἕως ἐμοῦ ‖ Siehe Anm. 97.
[163] καί: a) Ib TISCHENDORF ὅπως (L erg. ἄν) | b) M ἵνα ‖ Siehe Anm. 97.
[164] ἴδε: a) B R θεᾶσαι | b) Ib M TISCHENDORF ἴδῃς (T erg. τὴν ἔκστασιν ἣν εἶδον | M erg. καὶ σὺ ἅπερ εἶδον ἐγώ) ‖ Siehe Anm. 97.
[165] εἶδεν: TL II III BERTRAND NAGEL TISCHENDORF erg. ὀφθαλμός (Q οἱ ὀφθαλμοί σου) ‖ ὀφθαλμός fehlt in den besten Hss. (SKGB A).
[166] πώποτέ τινος: a) KG AL NAGEL TISCHENDORF ποτε τινός | b) T ποτε καὶ οὓς οὐκ ἤκουσεν | c) M Z πώποτε | d) Q ποτε | e) EF καὶ οὓς οὐκ ἤκουσεν (E erg. ποτε) ‖ πώποτέ τινος wird nur von S bezeugt, wird aber durch Var c) gestützt. Sicherheit ist hier allerdings nicht zu gewinnen. ‖‖ οὐκ εἶδεν πώποτέ τινος: R ὀφθαλμὸς οὐκ ἰδεῖν δύναται οὔτε οὓς ἀκοῦσαι
[167] καί: a) KG πῶς | b) IIIa καὶ ὅπως | c) IIIb καὶ ἴδε πῶς | d) H BERTRAND NAGEL καὶ πῶς ‖ Eine sichere Entscheidung ist hier schwer möglich, Var a) und der von mir bevorzugte Text (S Ib) sind von ihrer Bezeugung her nahezu gleichwertig. Var d) ist hingegen kaum ursprünglich, da sie nur von einer Hs. aus Familie III bezeugt wird.
[168] σου: fehlt in Z
[169] καὶ ἐλθὲ πρός με καὶ ἴδε ἃ οὐκ εἶδεν πώποτέ τινος καὶ δέονται ὑπὲρ τοῦ πατρός σου Ἀδάμ: fehlt in V ‖‖ καὶ δέονται ὑπὲρ τοῦ πατρός σου Ἀδάμ: fehlt in B II EF ‖‖ Ἀδάμ: fehlt in Q ‖‖ IIIa IIIb erg. πάντες οἱ ἄγγελοι (H erg. ferner αὐτοῦ τοῦ δεσπότου θεοῦ)
[170] τότε: IIIb E καί
[171] τότε ἀνέστη Σὴθ καὶ ἦλθε πρὸς τὴν μητέρα αὐτοῦ: a) V καὶ ἀναστάς | b) F ἀνέστη Σὴθ ‖‖ τὴν μητέρα αὐτοῦ: a) L erg. Εὔαν | b) M με
[172] αὐτῇ: a) V μοι | b) AT TISCHENDORF erg. τί σοί ἐστιν καί ‖ Siehe Anm. 97.
[173] καὶ λέγει αὐτῇ διὰ τί κλαίεις: a) fehlt in II | b) IIIb καὶ ηὗρεν αὐτήν κλαίουσαν
[174] καί: IIIa ἀπεκρίθη ἐκείνη καί
[175] καὶ λέγει αὐτῷ: a) fehlt in L | b) IIIb erg. ἡ μήτηρ αὐτοῦ
[176] ἀνάβλεψον: a) IIIa IIIb erg. τέκνον | b) H θεωρῆσαι | c) EF θεώρησον
[177] καὶ λέγει αὐτῷ ἀνάβλεψον τοῖς ὀφθαλμοῖς σου: fehlt in M ‖‖ τοῖς ὀφθαλμοῖς σου: fehlt in B T II
[178] καὶ ἴδε: a) G erg. τὰ γενόμενα καί | b) B erg. τοῖς ὀφθαλμοῖς σου | c) fehlt in N
[179] στερεώματα: M IIIb erg. τοῦ οὐρανοῦ
[180] ἀνεῳγμένα: IIIb erg. ὑπεράνωθεν

καὶ ἴδε[181] πῶς κεῖται[182] τὸ σῶμα τοῦ πατρός[183] σου[184] ἐπὶ πρόσωπον,[185] καὶ πάντες οἱ ἅγιοι[186] ἄγγελοι μετ᾽ αὐτοῦ[187] εὐχόμενοι[188] ὑπὲρ αὐτοῦ[189] καὶ λέγοντες· συγχώρησον αὐτῷ, ὁ πατὴρ τῶν ὅλων,[190] ὅτι εἰκών[191] σού ἐστιν.[192] (3)[193] Ἆρα δὲ[194] τέκνον μου, Σήθ, τί ἐστί μοι;[195] Πότε δὲ παραδοθήσεται[196] εἰς τὰς χεῖρας τοῦ ἀοράτου[197] θεοῦ ἡμῶν;[198]

---

[181] τοῖς ὀφθαλμοῖς σου καὶ ἴδε τὰ ἑπτὰ στερεώματα ἀνεῳγμένα καὶ ἴδε: fehlt in F ||| τὰ ἑπτὰ στερεώματα ἀνεῳγμένα καὶ ἴδε: fehlt in B IIIa HE ||| ἴδε: a) fehlt in VKG R und bei BERTRAND und NAGEL | b) Ib TISCHENDORF erg. τοῖς ὀφθαλμοῖς σου || S wird von Ib gestützt, hat aber VKG gegen sich, sodass auch hier eine sichere Entscheidung kaum möglich ist. Zu Var b) siehe Anm. 97.

[182] πῶς κεῖται: fehlt in L M IIIb

[183] πατρός: L erg. ᾽Αδάμ

[184] τὸ σῶμα τοῦ πατρός σου: F ὁ πατήρ σου ||| σου: M αὐτοῦ

[185] ἐπὶ πρόσωπον: a) fehlt in M IIIb | b) F erg. τοῦ θεοῦ ||| τὸ σῶμα τοῦ πατρός σου ἐπὶ πρόσωπον: BERTRAND ὁ πατήρ σου || BERTRAND nimmt hier aus inhaltlichen Gründen eine Veränderung am Text vor. Vgl. dazu DERS., Destin, 111: „cette distinction entre les deux aspects [= die Tradition von der Erhöhung Adams einerseits und die Tradition von der Bestattung Adams andererseits; Th.K.] du destin posthume d᾽Adam fournit un critère pour l᾽établissement du texte de la VGAE." Während die Erhöhung Adams sein πνεῦμα betreffe, sei sein Leib Gegenstand der anderen Überlieferung von der Bestattung Adams, die sekundär mit der Erhöhung Adams verbunden worden sei. Σῶμα ist nun aber, abgesehen von F (vgl. Anm. 184), in allen Hss. bezeugt und kann daher nicht angezweifelt werden. Darüber hinaus ist fraglich, ob die Aufteilung in zwei ursprünglich selbständige Überlieferungsstränge tatsächlich so einfach möglich ist (zur Kritik vgl. TROMP, Issues).

[186] ἅγιοι: fehlt in KGB L M und bei NAGEL || Die besten Hss. S und V bieten ἅγιοι, ferner auch AT und R.

[187] πάντες οἱ ἅγιοι ἄγγελοι μετ᾽ αὐτοῦ: a) III (außer F) καὶ τοὺς ἀγγέλους (IIIa E erg. τοῦ θεοῦ) | b) F καὶ οἱ ἄγγελοι ||| μετ᾽ αὐτοῦ: fehlt in B II

[188] εὐχόμενοι: a) M ἐκδυσωποῦντα τὸν θεόν | b) IIIa IIIb πάντας εὐχομένους

[189] ὑπὲρ αὐτοῦ: a) KG EF περὶ αὐτοῦ | b) fehlt in J | c) IIIb ἐπάνω αὐτοῦ

[190] ὁ πατὴρ τῶν ὅλων: a) V κύριε | b) M ὁ πατὴρ τῶν οἰκτιρμῶν | c) EF κύριε τῶν ὅλων

[191] εἰκών: a) G M οἶκος | b) T υἱός | c) E σκηνή

[192] εἰκών σού ἐστιν: a) IIIb erg. καὶ ποίημα τῶν ἀχράντων χειρῶν σου | b) F πλάσμα τῶν ἀχράντων χειρῶν σού ἐστιν

[193] IIIc fällt ab 35,3 aus und setzt erst in 37,1 wieder ein. Der gesamte Vers fehlt ebenfalls in V und II.

[194] ἆρα δέ: B TISCHENDORF ἄραγε || Siehe Anm. 97. ||| δέ: Z ἴδε

[195] τί ἐστί μοι: a) fehlt in KG und bei BERTRAND | b) B TISCHENDORF τί ἐστιν (TISCHENDORF: ἔσται) τοῦτο | c) L τί ἐστιν μήποτε | d) IIIa τί ἔσται μοι καί | e) IIIb τί ἐστιν ἡμῖν || S wird hier durch Var b) bis e) gestützt und verdient daher den Vorzug.

[196] παραδοθήσεται: IIIb παραδοθησόμεθα

[197] ἀοράτου: a) B TISCHENDORF erg. πατρὸς καί | b) fehlt in L || Siehe Anm. 97.

[198] τί ἐστί μοι πότε δὲ παραδοθήσεται εἰς τὰς χεῖρας τοῦ ἀοράτου θεοῦ ἡμῶν: fehlt in AT ||| ἡμῶν: fehlt in IIIb

(4) τίνες[199] δέ εἰσιν,[200] υἱέ μου, Σήθ,[201] οἱ δύο[202] Αἰθίοπες[203] οἱ παριστάμενοι ἐπὶ τὴν[204] προσευχὴν τοῦ πατρός σου;[205]

36 (1)[206] Λέγει δὲ Σὴθ τῇ μητρὶ αὐτοῦ[207] ὅτι[208] εἰσίν ὁ ἥλιος καὶ ἡ σελήνη καὶ αὐτοὶ προσπίπτοντες καὶ εὐχόμενοι[209] ὑπὲρ τοῦ[210] πατρός μου[211] Ἀδάμ.[212] (2) Λέγει αὐτῷ ἡ Εὔα·[213] καὶ ποῦ ἐστιν[214] τὸ φῶς αὐτῶν καὶ διὰ τί γεγόνασι μελανοειδεῖς;[215] (3) Καὶ λέγει αὐτῇ[216] Σήθ.[217] οὐκ[218] ἀπέστη[219] τὸ φῶς αὐτῶν,[220] ἀλλ᾽[221] οὐ δύνανται

---

[199] τίνες: a) R λέγει Εὔα πρὸς τὸν Σὴθ τίνες | b) M ἰδὼν δὲ καὶ ἐγὼ ἡ Εὔα δύο Αἰθίοπες καὶ προσηύξαντο (die Hs. bietet: ἐπροσεύχονται) περὶ τοῦ Ἀδάμ καὶ λέγω τῷ Σὴθ τίνες

[200] εἰσιν: S ἦν ‖ Alle übrigen Hss. stehen hier gegen Hs. S, deren Text darüber hinaus grammatisch schlecht passt.

[201] υἱέ μου Σήθ: a) K R IIIb υἱέ μου | b) fehlt in B A M und bei TISCHENDORF ‖ Siehe Anm. 97.

[202] οἱ δύο: M οὗτοι οἱ

[203] Αἰθίοπες: a) K erg. οὗτοι | b) IIIb θεοπρόσωποι

[204] παριστάμενοι ἐπὶ τήν: M προσφέρουσιν τήν

[205] τοῦ πατρός σου: a) T erg. Ἀδάμ | b) R τοῦ Ἀδάμ | c) M ὑπὲρ τοῦ πατρός σου Ἀδάμ

[206] Ab 36,1 setzt die Hs. D wieder ein.

[207] λέγει δὲ Σὴθ τῇ μητρὶ αὐτοῦ: a) R λέγει Σήθ | b) IIIa IIIb λέγει αὐτῇ (Z αὐτῷ) Σήθ

[208] ὅτι: a) VK AT IIIa IIIb BERTRAND TISCHENDORF οὗτοι| b) M ἰδοὺ οὗτοι ‖ ὅτι wird von DSGB und L bezeugt und verdient daher den Vorzug.

[209] αὐτοὶ προσπίπτοντες καὶ εὐχόμενοι: a) V A αὐτοὶ προσευχόμενοι | b) T αὐτοί | c) R αὐτοὶ προσπίπτουσιν | d) M προσφέρουσιν εὐχήν | e) IIIa IIIb δέονται τοῦ θεοῦ (IIIa erg. προσπίπτοντες) ‖‖ εὐχόμενοι: AV TISCHENDORF προσευχόμενοι ‖ Siehe Anm. 97.

[210] ὑπὲρ τοῦ: a) fehlt in T | b) Q περὶ τοῦ

[211] μου: T ἡμῶν

[212] Ἀδάμ: fehlt in IIIb

[213] λέγει αὐτῷ ἡ Εὔα: M καὶ λέγω αὐτῷ ‖‖ ἡ Εὔα: fehlt in V

[214] ἐστιν: IIIb ἀπέστη

[215] καὶ διὰ τί γεγόνασι μελανοειδεῖς: a) fehlt in VB | b) IIIa ὅτι οὕτως γεγόνασιν μελανοειδεῖς | c) IIIb καὶ γεγόνασιν οὗτοι (οὗτοι: Z τοιοῦτοι) μελανοειδεῖς

[216] αὐτῇ: fehlt in T II

[217] καὶ λέγει αὐτῇ Σήθ: a) V ὅδε λέγει μοι ὅτι | b) IIIa ἀπεκρίθη αὐτῇ Σὴθ καὶ εἶπεν | c) IIIb ἀποκριθεὶς δὲ Σὴθ εἶπεν αὐτῇ

[218] οὐκ: fehlt in R

[219] ἀπέστη: a) D ἄπεστιν b) R ἐστίν ‖ D steht hier allein, allerdings ist der sachliche Unterschied zwischen ἀπέστη und ἄπεστιν gering.

[220] αὐτῶν: a) G αὐτοῦ | b) IIIa erg. ἀπ᾽ αὐτῶν | c) Q ἀπ᾽ αὐτῶν

[221] οὐκ ἀπέστη τὸ φῶς αὐτῶν ἀλλ᾽: fehlt in VB und bei TISCHENDORF ‖ Siehe Anm. 97.

φαίνειν²²² ἐνώπιον²²³ τοῦ φωτὸς τῶν ὅλων τοῦ πατρὸς τῶν φώτων²²⁴ καὶ διὰ τοῦτο²²⁵ ἐκρύβη τὸ φῶς ἀπ᾽²²⁶ αὐτῶν.²²⁷

37 (1)²²⁸ Λέγοντος οὖν τοῦ Σὴθ ταῦτα²²⁹ πρὸς τὴν μητέρα αὐτοῦ²³⁰ ἰδοὺ²³¹ ἐσάλπισεν ὁ ἄγγελος²³² καὶ ἀνέστησαν²³³ πάντες οἱ ἄγγελοι²³⁴ ἐπ᾽ ὄψεσιν κείμενοι²³⁵ καὶ ἐβόησαν²³⁶ φωνὴν φοβερὰν λέγοντες·²³⁷ (2)²³⁸ εὐλογημένη ἡ δόξα κυρίου²³⁹ ἀπὸ²⁴⁰ ποιημάτων αὐτοῦ²⁴¹ ὅτι

---

²²² δύνανται φαίνειν: R φαίνουσιν

²²³ ἐνώπιον: IIIb ἔμπροσθεν

²²⁴ τοῦ φωτὸς τῶν ὅλων τοῦ πατρὸς τῶν φώτων: a) S τοῦ πατρὸς καὶ φωτὸς τῶν ὅλων | b) KB R TISCHENDORF τοῦ φωτὸς τῶν ὅλων | c) AT τοῦ φωτὸς τῶν ὅλων τοῦ πατρὸς καὶ τοῦ υἱοῦ καὶ τοῦ ἁγίου πνεύματος νῦν καὶ ἀεὶ καὶ εἰς τοὺς αἰῶνας τῶν αἰώνων (A erg. ἀμήν; in A und T endet der Text an dieser Stelle) | d) IIIa IIIb τοῦ πατρὸς τῶν φώτων || Zu Var b) siehe Anm. 97.

²²⁵ διὰ τοῦτο: B TISCHENDORF τούτου χάριν || Siehe Anm. 97.

²²⁶ ἀπ᾽: fehlt in VK und bei BERTRAND || D und S haben hier das stärkere Gewicht.

²²⁷ οὐκ ἀπέστη τὸ φῶς αὐτῶν ἀλλ᾽ οὐ δύνανται φαίνειν ἐνώπιον τοῦ φωτὸς τῶν ὅλων τοῦ πατρὸς τῶν φώτων καὶ διὰ τοῦτο ἐκρύβη τὸ φῶς ἀπ᾽ αὐτῶν: fehlt in M ||| ἀλλ᾽ οὐ δύνανται φαίνειν ἐνώπιον τοῦ φωτὸς τῶν ὅλων τοῦ πατρὸς τῶν φώτων καὶ διὰ τοῦτο ἐκρύβη τὸ φῶς ἀπ᾽ αὐτῶν: fehlt in G ||| καὶ διὰ τοῦτο ἐκρύβη τὸ φῶς ἀπ᾽ αὐτῶν: a) fehlt in L R Q | b) IIIa διὰ τὸ καλύπτεσθαι τὴν λαμπρότητα αὐτῶν ὑπὸ τῆς δόξης καὶ λαμπρότητος τοῦ προσώπου αὐτοῦ | c) διὰ τὸ καλύπτεσθαι τὴν λαμπρότητα αὐτῶν

²²⁸ V und R bieten den gesamten Vers stark verändert: V λέγοντος δὲ τοῦ Σὴθ ταῦτα πρός με ὕμνησαν πάντες οἱ ἄγγελοι τὸν θεὸν θαυμάζοντες ἐπὶ τῇ συγχωρήσει τοῦ Ἀδάμ | R λέγοντος ταῦτα τοῦ Σὴθ ἐνώπιον τῆς μητρὸς αὐτοῦ ἰδοὺ ἐσάλπισεν ὁ ἄγγελος λέγων δεηθῶμεν τοῦ θεοῦ καὶ πέσοντες πάντες προσεκύνησαν καὶ ἐφώνησαν λέγοντες

²²⁹ ταῦτα: fehlt in B und bei TISCHENDORF || Siehe Anm. 97.

²³⁰ λέγοντος οὖν τοῦ Σὴθ ταῦτα πρὸς τὴν μητέρα αὐτοῦ: a) fehlt in M | b) IIIb λεγόντων οὖν αὐτῶν | c) IIIc εὐθέως οὖν ||| αὐτοῦ: S L IIIa NAGEL erg. Εὔαν | Εὔαν dürfte ein erläuternder Zusatz sein.

²³¹ ἰδού: fehlt in KB III sowie bei BERTRAND und TISCHENDORF || Gegen die Variante sprechen die meisten Hss. von I (DSG L) sowie die Hss. von II.

²³² ὁ ἄγγελος: a) KM ἄγγελος | b) III εἷς τῶν ἀγγέλων

²³³ ἀνέστησαν: a) IIIa IIIb εὐθέως ἀνέστησαν | b) E ἀνεβόησαν | c) F ἐβόησαν

²³⁴ ἐσάλπισεν ὁ ἄγγελος καὶ ἀνέστησαν πάντες οἱ ἄγγελοι: B TISCHENDORF ἐσάλπισαν οἱ ἄγγελοι || Siehe Anm. 97.

²³⁵ ἐπ᾽ ὄψεσιν κείμενοι: fehlt in IIIc

²³⁶ καὶ ἐβόησαν: fehlt in EF

²³⁷ φωνὴν φοβερὰν λέγοντες: fehlt in F

²³⁸ Der gesamte Vers fehlt in V.

²³⁹ κυρίου: a) R τοῦ θεοῦ | b) M σου κύριε | c) fehlt in H

²⁴⁰ ἀπό: a) B TISCHENDORF ἐπί | b) M διά || Siehe Anm. 97.

²⁴¹ ἡ δόξα κυρίου ἀπὸ ποιημάτων αὐτοῦ: EF ἡ δόξα τῶν ποιημάτων τοῦ θεοῦ ||| αὐτοῦ: M σου

ἠλέησεν τὸ πλάσμα τῶν χειρῶν²⁴² αὐτοῦ.²⁴³ (3) Ὅτε δὲ εἶπον τὰς φωνὰς ταύτας οἱ ἄγγελοι²⁴⁴ ἰδοὺ²⁴⁵ ἦλθεν ἓν τῶν σεραφὶμ ἐξαπτερύγων²⁴⁶ καὶ ἥρπασεν²⁴⁷ τὸν Ἀδὰμ καὶ ἀπήγαγεν²⁴⁸ αὐτὸν²⁴⁹ εἰς τὴν ἀχερουσίαν²⁵⁰ λίμνην καὶ ἀπέλουσεν²⁵¹ αὐτὸν τρίτον καὶ ἤγαγεν²⁵² αὐτὸν²⁵³ ἐνώπιον τοῦ θεοῦ. (4) Ἐποίησεν δὲ τρεῖς ὥρας²⁵⁴ κείμενος²⁵⁵ καὶ μετὰ ταῦτα²⁵⁶ ἐξέτεινεν τὴν χεῖρα αὐτοῦ²⁵⁷ ὁ πατὴρ τῶν ὅλων²⁵⁸ καθήμενος ἐπὶ θρόνου²⁵⁹ αὐτοῦ²⁶⁰ καὶ ἦρεν²⁶¹ τὸν Ἀδὰμ καὶ

---

²⁴² τῶν χειρῶν: fehlt in M EF

²⁴³ ὅτι ἠλέησεν τὸ πλάσμα τῶν χειρῶν αὐτοῦ: IIIb ὃ ἐπεσκέψατο τὸν δοῦλον αὐτοῦ ||| αὐτοῦ: G II σου |||| αὐτοῦ: SGB II IIIa IIIb NAGEL TISCHENDORF erg. Ἀδάμ || Sicherheit ist hier wiederum kaum zu gewinnen. Die meisten Hss. haben Ἀδάμ, allerdings spricht meines Erachtens mehr dafür, dass es sich hierbei um einen erklärenden Zusatz handelt. Umgekehrt lässt sich schwerlich ein Motiv für den Wegfall von Ἀδάμ finden.

²⁴⁴ ὅτε δὲ εἶπον τὰς φωνὰς ταύτας οἱ ἄγγελοι: a) B TISCHENDORF ὅταν δὲ ἐφώνησαν (TISCHENDORF: διεφώνησαν) ταῦτα οἱ ἄγγελοι | b) II F καί | c) IIIb καὶ αὐτῇ τῇ ὥρᾳ | d) E καὶ μετὰ τοιαύτας φωνάς || Zu Var a) siehe Anm. 97.

²⁴⁵ ἰδού: a) fehlt in B IIIa IIIb HE und bei TISCHENDORF | b) εὐθέως || Siehe Anm. 97.

²⁴⁶ ἓν τῶν σεραφὶμ ἐξαπτερύγων: a) G τὰ σεραφίμ καὶ ἐξαπτερύγων | b) R EF τὰ σεραφὶμ καὶ τὰ χερουβὶμ (R erg. καὶ τὰ ἐξαπτέρυγα) | c) M τὰ τάγματα τῶν ἐξαπτερύγων καὶ σεραφίμ |||| ἐξαπτερύγων: fehlt in H

²⁴⁷ ἥρπασεν: a) M EF ἥρπασαν | b) R ἦραν

²⁴⁸ ἀπήγαγεν: a) R ἀπήνεγκαν | b) IIIb ἔβαλεν

²⁴⁹ καὶ ἀπήγαγεν αὐτόν: fehlt in VKGB L IIIa IIIc

²⁵⁰ ἀχερουσίαν: a) DS ἀγερουσίαν | b) K ἀχυρουσίαν | c) B γερουσίαν | d) R ἀχειροῦν | e) M ἰγερουσίαν | f) IIIb χερουσίαν | g) TISCHENDORF ἀχέρουσαν (Konjektur) || ἀχερουσίαν ist zweifellos die korrekte Form, sie erscheint in dieser Schreibweise auch in den Wörterbüchern, vgl. z.B. BAUER / ALAND, Wörterbuch, 257.

²⁵¹ ἀπέλουσεν: B TISCHENDORF ἀπέπλυνεν || Siehe Anm. 97.

²⁵² ἤγαγεν: a) G EF ἤγαγον | b) R εἰσήγαγον | c) M ἀπήγαγον

²⁵³ τρίτον καὶ ἤγαγεν αὐτόν: fehlt in B und bei TISCHENDORF || Siehe Anm. 97. ||| αὐτόν: fehlt in F

²⁵⁴ τρεῖς ὥρας: IIIa IIIb ὡσεὶ ὥρας τρεῖς

²⁵⁵ κείμενος: IIIa IIIb erg. ἐπὶ πρόσωπον εἰς (εἰς: IIIb ἐπί) τὴν γῆν

²⁵⁶ ἐποίησεν δὲ τρεῖς ὥρας κείμενος καὶ μετὰ ταῦτα: fehlt in IIIc

²⁵⁷ καὶ μετὰ ταῦτα ἐξέτεινεν τὴν χεῖρα αὐτοῦ: B TISCHENDORF καὶ οὕτως ἁπλώσας τὰς χεῖρας αὐτοῦ || Siehe Anm. 97. ||| τὴν χεῖρα αὐτοῦ: R τὴν ἀόρατον αὐτοῦ δεξίαν

²⁵⁸ ὁ πατὴρ τῶν ὅλων: a) V ὁ θεός | b) B TISCHENDORF ὁ τῶν ὅλων δεσπότης | c) M ὁ πατὴρ τῶν οἰκτιρμῶν || Zu Var b) siehe Anm. 97.

²⁵⁹ θρόνου: a) B M TISCHENDORF τοῦ ἁγίου θρόνου | b) R τοῦ πυριμόρφου θρόνου || Siehe Anm. 97.

²⁶⁰ καθήμενος ἐπὶ θρόνου αὐτοῦ: fehlt in IIIc

²⁶¹ ἦρεν: a) L ἤγειρεν | b) M ἤνεγκεν

παρέδωκεν αὐτὸν[262] τῷ ἀρχαγγέλῳ Μιχαὴλ[263] λέγων·[264] (5)[265] ἆρον[266] εἰς τὸν παράδεισον[267] ἕως τρίτου οὐρανοῦ[268] καὶ ἄφες αὐτὸν ἐκεῖ[269] ἕως τῆς ἡμέρας ἐκείνης τῆς φοβερᾶς τῆς οἰκονομίας μου[270] ἧς ποιήσω εἰς τὸν κόσμον.[271] (6)[272] Τότε ὁ Μιχαὴλ ἦρεν[273] τὸν Ἀδὰμ καὶ ἀφῆκεν[274] αὐτὸν ὅπου[275] εἶπεν[276] αὐτῷ ὁ θεὸς[277] καὶ πάντες οἱ ἄγγελοι

---

[262] αὐτόν: fehlt in IIIc

[263] τῷ ἀρχαγγέλῳ Μιχαήλ: a) G τῷ ἀρχαγγέλῳ | b) fehlt in L | c) IIIa τῷ ἀρχιστρατήγῳ Μιχαήλ

[264] καὶ μετὰ ταῦτα ἐξέτεινεν τὴν χεῖρα αὐτοῦ ὁ πατὴρ τῶν ὅλων καθήμενος ἐπὶ θρόνου αὐτοῦ καὶ ἦρεν τὸν Ἀδὰμ καὶ παρέδωκεν αὐτὸν τῷ ἀρχαγγέλῳ Μιχαὴλ λέγων: fehlt in IIIb ||| λέγων: a) fehlt in K L IIIc | b) B R TISCHENDORF erg. αὐτῷ || Siehe Anm. 97.

[265] Der gesamte Vers fehlt in IIIb und IIIc.

[266] ἆρον: VKGB II IIIa BERTRAND NAGEL TISCHENDORF erg. αὐτόν || Der von mir bevorzugte Text (allein von D und S bezeugt) hat als die schwierigere Lesart zu gelten, kann aber auch durch einen Abschreibefehler entstanden sein. Sicherheit ist hier also schwer zu gewinnen.

[267] ἆρον εἰς τὸν παράδεισον: a) V ἀποκαταστῆσον αὐτὸν πλησίον τοῦ παραδείσου | b) M erg. καὶ τάξον αὐτόν

[268] ἕως τρίτου οὐρανοῦ: fehlt in V R und bei BERTRAND || Die Variante ist äußerst schwach bezeugt und wird von BERTRAND wohl aus inhaltlichen Gründen bevorzugt, was meines Erachtens aber unnötig ist.

[269] αὐτὸν ἐκεῖ: a) B TISCHENDORF κἀκεῖσε | b) R αὐτόν || Siehe Anm. 97.

[270] τῆς ἡμέρας ἐκείνης τῆς φοβερᾶς τῆς οἰκονομίας μου: a) KG τῆς ἡμέρας τῆς συντελείας | b) B TISCHENDORF τῆς ἡμέρας ἐκείνης μεγάλης καὶ φοβερᾶς | c) L IIIa NAGEL τῆς ἡμέρας ἐκείνης τῆς μεγάλης τῆς οἰκονομίας | d) R τῆς οἰκονομίας μου | e) M τῆς ἡμέρας ἐκείνης τῆς οἰκονομίας μου | f) BERTRAND τῆς ἡμέρας ἐκείνης τῆς μεγάλης καὶ φοβερᾶς τῆς οἰκονομίας || Der Text BERTRANDS ist aus verschiedenen Varianten zusammengesetzt und daher kaum ursprünglich. Zu Var b) siehe Anm. 97. Var c) dürfte kaum ursprünglich sein, da sie nur sehr schwach bezeugt ist.

[271] ἕως τῆς ἡμέρας ἐκείνης τῆς φοβερᾶς τῆς οἰκονομίας μου ἧς ποιήσω εἰς τὸν κόσμον: fehlt in V ||| ἧς ποιήσω εἰς τὸν κόσμον: TISCHENDORF ἣν μέλλω οἰκονομῆσαι εἰς τὸν κόσμον (Konjektur) || Die Hs. B bietet ἧς μέλλω ποιήσω οἰκονομίαν εἰς τὸν κόσμον. Siehe auch Anm. 97. ||| εἰς τὸν κόσμον: a) KG τῷ κόσμῳ | b) M μετὰ τοῦ κόσμου

[272] Der gesamte Vers fehlt in V. IIIc bietet den Vers stark abgekürzt (und setzt dann erst in 38,4 wieder ein): καὶ εἰσήγαγεν αὐτὸν εἰς τὸν παράδεισον

[273] τότε ὁ Μιχαὴλ ἦρεν: a) B TISCHENDORF καὶ λαβὼν αὐτὸν Μιχαὴλ ὁ ἀρχάγγελος | b) II IIIa τότε Μιχαὴλ ὁ ἀρχάγγελος ἦρεν (IIIa bietet Μιχαὴλ nach ἀρχάγγελος) || Siehe Anm. 97.

[274] ἀφῆκεν: a) KG M ἔθηκεν | b) B TISCHENDORF ἀπῆγεν καὶ κατήλειψεν || Siehe Anm. 97.

[275] ὅπου: B TISCHENDORF καθώς || Siehe Anm. 97.

[276] εἶπεν: a) R ὥρισεν | b) M ἔταξεν

[277] τότε ὁ Μιχαὴλ ἦρεν τὸν Ἀδὰμ καὶ ἀφῆκεν αὐτὸν ὅπου εἶπεν αὐτῷ ὁ θεός: fehlt in IIIb ||| θεός: M κύριος

ὑμνοῦντες²⁷⁸ ὕμνον ἀγγελικὸν²⁷⁹ θαυμάζοντες²⁸⁰ ἐπὶ τῇ συγχωρήσει²⁸¹ τοῦ Ἀδάμ.²⁸²

6.3.2 Übersetzung

33 (1) Eva aber stand auf und legte ihre Hand auf sein²⁸³ Gesicht. (2) Und sie sah gespannt zum Himmel hin und sah einen Lichtwagen kommen, von vier leuchtenden Adlern, deren²⁸⁴ Glanz zu sagen noch deren Gesicht zu sehen einem vom Mutterleib Geborenen nicht möglich war, und (sie sah) Engel den Wagen heranbringen. (3) Als sie aber (dorthin) kamen, wo euer²⁸⁵ Vater Adam lag, kam der Wagen zum Stehen,²⁸⁶ und die Seraphim zwischen dem

---

²⁷⁸ ὑμνοῦντες: a) KG BERTRAND NAGEL ὕμνουν | b) L ἦσαν ὑμνοῦντες καὶ ψάλλοντες | c) IIIa IIIb ἀνέπεμψαν ‖ ὑμνοῦντες ist stärker bezeugt (DS und L).

²⁷⁹ ὕμνον ἀγγελικόν: a) KG ἀγγελικῶς | b) IIIa IIIb erg. τῷ θεῷ

²⁸⁰ καὶ πάντες οἱ ἄγγελοι ὑμνοῦντες ὕμνον ἀγγελικὸν θαυμάζοντες: fehlt in B und bei TISCHENDORF ‖ Siehe Anm. 97.

²⁸¹ ἐπὶ τῇ συγχωρήσει: IIIb ἐπὶ τὴν φιλανθρωπίαν αὐτοῦ καὶ συγχώρησιν

²⁸² καὶ πάντες οἱ ἄγγελοι ὑμνοῦντες ὕμνον ἀγγελικὸν θαυμάζοντες ἐπὶ τῇ συγχωρήσει τοῦ Ἀδάμ: fehlt in II ‖‖ Ἀδάμ: L erg. καὶ τοὺς ἐσωμένους ἐξ αὐτοῦ

²⁸³ Einige Hss. lesen „ihr Gesicht" statt „sein Gesicht", was aber kaum ursprünglich sein dürfte (vgl. die Textrekonstruktion). Gemeint ist der Leichnam Adams (mit MERK / MEISER, Leben, 847 Anm. b zu 33,1). Anders JOHNSON, Life, 287; FUCHS, Leben, 524; BERTRAND, Vie [A], 97; WELLS, Books, 149 ([Eve] „wiped off her tears with her hand" nach IIIc und armLAE [Conybeare]) u.a.

²⁸⁴ Der Relativsatz ὃ οὐκ ἦν δυνατὸν γεννηθῆναι ἀπὸ κοιλίας ἢ εἰπεῖν τὴν δόξαν αὐτῶν ἢ ἰδεῖν τὸ πρόσωπον αὐτῶν stellt den Übersetzer vor schwerwiegende Probleme, sodass die Übersetzung hier stark interpretieren muss. Das Relativpronomen ὃ kann sich nicht auf ἀετῶν beziehen, ebensowenig aber auf ἅρμα, da sich der gesamte Relativsatz aufgrund des zweifachen αὐτῶν nicht auf den Wagen, sondern auf die Adler bezieht. Daher erscheint es am ehesten plausibel, den Relativsatz folgendermaßen aufzulösen: οὐκ ἦν δυνατὸν τοῦτο (zu ὅς mit eingeschlossenem Demonstrativum vgl. BLASS / DEBRUNNER / REHKOPF, Grammatik, § 293,3d) ὃ γεννηθῆναι ἀπὸ κοιλίας ἤ (ἤ … ἤ = entweder … oder, vgl. BLASS / DEBRUNNER / REHKOPF, Grammatik, § 446,2) εἰπεῖν … ἢ ἰδεῖν etc. Wörtlich müsste man dann ungefähr folgendermaßen übersetzen: „es war nicht möglich, dass das, was vom Mutterleibe geboren worden ist, entweder ihren Glanz sagte oder ihre Gesichter sah." Da sich dieser Satz relativisch an das Vorangehende anschließt, erscheint es als angemessen, ihn in der oben gebotenen Form wiederzugeben. MERK / MEISER, Leben, 847f. übersetzen ähnlich: „deren Herrlichkeit kein im Mutterleib Geborenes auszusprechen oder ihr Angesicht zu sehen vermochte" (ähnlich die älteren Überset-zungen von FUCHS, Leben, 524 und WELLS, Books, 149; vgl. auch die Übersetzung von ANDERSON). Anders BERTRAND, Vie [A], 97: „ils ne pouvaient être de ce monde: on n'aurait su dire leur gloire ni les regarder en face"; er liest allerdings ὦν statt ὃ (vgl. die Textrekonstruktion).

²⁸⁵ Mit 33,3 tritt ein unvermittelter Wechsel der Erzählperspektive ein, erst in 35,1 kehrt die Erzählung zur 3. Person zurück. Mehr dazu im Abschnitt Textanalyse (6.3.3).

²⁸⁶ Der Aorist hat hier ingressive Bedeutung.

Vater[287] und dem Wagen. (4) Ich aber sah goldene Räuchergefäße und drei Schalen, und siehe, alle Engel kamen mit[288] Weihrauch und Räuchergefäßen zum Räucheraltar und bliesen sie an, und der Rauch des Räucherwerkes verhüllte die Himmelsfesten. (5) Und die Engel fielen nieder, riefen zu Gott und sprachen: Jael, Heiliger, vergib[289] (ihm), denn er ist dein Ebenbild und das Werk deiner heiligen Hände.

34 (1) Ich, Eva, sah zwei große und furchterregende Geheimnisse vor Gott und weinte aus Furcht und schrie zu meinem Sohn Seth und sprach: Stehe auf, Seth, vom Leib[290] deines Vaters und komm zu mir und sieh, was niemand je gesehen hat und (wie) sie für deinen Vater Adam bitten.

35 (1) Darauf stand Seth auf und ging zu seiner Mutter und spricht zu ihr: Warum weinst du? (2) Und sie spricht zu ihm: Blicke hinauf mit deinen Augen und sieh die sieben Himmelsfesten offen und sieh, wie der Leib deines Vaters auf dem Gesicht liegt, und (wie) alle heiligen[291] Engel mit ihm (sind) und für ihn beten und sprechen:[292] Vergib[293] ihm, Vater des Alls, denn er ist dein Ebenbild. (3) Was aber bedeutet das,[294] mein Kind Seth? Wann wird er in die Hände unseres unsichtbaren Gottes übergeben werden? (4) Wer aber sind die beiden Äthiopier, mein Sohn Seth, die zum Gebet für deinen Vater herantreten?

36 (1) Seth aber spricht zu seiner Mutter: Es sind die Sonne und der Mond und sie sind niedergefallen[295] und beten für meinen Vater Adam. (2) Eva spricht zu ihm: Und wo ist ihr Licht, und warum sind sie schwarz aussehend? (3) Und Seth spricht zu ihr: Ihr Licht ist nicht vergangen. Vielmehr können sie nicht scheinen vor dem Licht des Alls, dem Vater der Lichter, und deswegen hat sich das Licht von ihnen weg[296] verborgen.

---

[287] Im Folgenden wird auch Gott mit „Vater" angeredet, gemeint ist hier aber Adam, was sich aus dem Anfang von 33,3 ergibt („wo euer Vater Adam lag").

[288] μετά mit Akkusativ ist in der Bedeutung „mit" ungewöhnlich, ist aber hier ganz offensichtlich in diesem Sinn gebraucht.

[289] Wörtlich: gewähre.

[290] Gemeint ist der Leichnam Adams.

[291] „heiligen" fehlt bei MERK / MEISER, Leben, 850.

[292] Wörtlich: und alle heiligen Engel mit ihm, für ihn betend und sprechend.

[293] Vgl. Anm. 289.

[294] Wörtlich: Was aber soll mir das?

[295] Zu den Partizipformen ist hier εἰσίν zu ergänzen (ähnlich MERK / MEISER, Leben, 851, die übersetzen: „sogar sie sind niedergefallen und beten ...").

[296] MERK / MEISER, Leben, 851 übersetzen: „deswegen verbarg sich das Licht vor ihnen", was mir etwas schwierig erscheint. Das hier gemeinte Licht stammt ja ursprünglich von Sonne und Mond, wie kann es sich dann vor seinem Ursprung verbergen? Es kann diesen Ursprung verlassen (was ich mit der Übersetzung „von ihnen weg verbergen" wiederzugeben versuche), sich aber nicht vor diesem verbergen.

37 (1) Als Seth dieses nun zu seiner Mutter gesagt hatte, siehe, da blies der Engel die Trompete und alle Engel, die auf ihren Gesichtern lagen, erhoben sich und riefen mit furchterregender Stimme und sprachen: (2) Gepriesen sei die Herrlichkeit des Herrn von seinen Geschöpfen, denn er hat sich des Gebildes seiner Hände erbarmt. (3) Als aber die Engel diesen Ruf ausgestoßen[297] hatten, kam einer der sechsflügeligen Seraphen und nahm Adam hinweg[298] und brachte ihn[299] zum acherusischen See und wusch ihn dreimal[300] ab und führte ihn vor Gott. (4)[301] Er brachte aber drei Stunden liegend zu,[302] und danach streckte der Vater des Alls, der auf seinem Thron saß, seine Hand aus und hob Adam auf und übergab ihn dem Erzengel Michael und sprach: (5) Trage (ihn)[303] weg ins Paradies bis zum dritten Himmel und lass ihn dort bis zu jenem furchterregenden Tag meiner Heilsveranstaltung,[304] welche ich im Hinblick auf die Welt[305] vollziehen werde. (6) Darauf trug Michael Adam weg und ließ ihn dort liegen, wo Gott ihm gesagt hatte. Und alle Engel sangen einen Engelslobgesang und verwunderten sich über die Vergebung für Adam.

6.3.3 Textanalyse

A. *Textabgrenzung:* Das große „Finale"[306] unserer Erzählung, welches mit Kapitel 31 beginnt, lässt sich in vier Abschnitte gliedern, wie ich bereits an anderer Stelle dargelegt habe.[307] Auf das Rahmenstück in Kapitel 31, welches den neuen Hauptabschnitt einleitet, folgt Evas Bußgebet und die kurze Notiz über den Tod Adams (gLAE 32). 33–37 und 38–42 lassen sich schließlich als zwei weitere Unterabschnitte verstehen. Beide Abschnitte behandeln das postmortale Schicksal Adams, der erste vor allem unter dem Aspekt der göttlichen Vergebung für Adam, während der zweite eher die Thematik der

---

[297] Wörtlich: diese Rufe (oder Schreie) gesagt hatten. Die Singularform ist hier aber sachlich passender.

[298] Wörtlich: und raubte Adam.

[299] Wörtlich: führte ihn weg.

[300] Wörtlich: ein drittes Mal (oder: zum dritten Mal).

[301] WELLS, Books, 150f. fügt zwischen 37,3 und 37,4 Kapitel 39 ein, kann diese Textumstellung jedoch nicht wirklich überzeugend begründen. Sie hat nach meinem Eindruck im Text keinen Anhalt.

[302] ποιέω mit einem Akkusativ der Zeit kann mit „(eine bestimmte Zeit) verweilen" oder „zubringen" wiedergegeben werden, vgl. BAUER / ALAND, Wörterbuch, 1368 sv ποιέω I 1εδ.

[303] Das Objekt „ihn" ist hier zu ergänzen.

[304] Vgl. BAUER / ALAND, Wörterbuch, 1135 sv οἰκονομία 2b. Anders übersetzen MERK / MEISER, Leben, 853: „bis zu jenem Tage meiner abrechnenden Verwaltung."

[305] Wörtlich: in die Welt (hinein).

[306] Der Begriff stammt von MEISER, Sünde, 300 u.ö.

[307] Vgl. Abschnitt 4.2.

Bestattung aufgreift. Eine allzu strikte Trennung, wie sie beispielsweise Bertrand versucht,[308] erscheint mir allerdings als nicht sachgemäß, da sich die genannten Themen nicht hundertprozentig einem der beiden Abschnitte zuordnen lassen. Auch 38–42 handelt von der göttlichen Gnade für Adam, und die in 37,5–6 beschriebene Überführung Adams ins Paradies hat durchaus Parallelen zu der in 41–42 beschriebenen Bestattung Adams. Es geht dabei jeweils um einen vorübergehenden Ruheort bis zur endgültigen Erneuerung der Schöpfung durch Gott. Dennoch lässt sich in 38,1 eine Zäsur ausmachen, die Wendung „nach der (Ankündigung der) künftigen Freude über Adam" markiert das Ende des vorangegangenen Abschnitts und leitet einen neuen ein. Auch in terminologischer Hinsicht lässt sich gLAE 33–37 als ein eigenständiger Abschnitt verstehen, er wird bestimmt durch die Leitbegriffe συγχωρέω bzw. συγχώρησις, εἰκών und ποίημα bzw. πλάσμα τῶν χειρῶν, welche in 38ff. keine Rolle spielen.

B. *Der Wechsel der Erzählperspektive in 33–35:* Ein besonderes Problem unseres Abschnitts besteht in dem unvermittelten Wechsel der Erzählperspektive in 33,3 einerseits und 35,1 andererseits. Aus dem Bericht über Evas Schau der himmlischen Ereignisse heraus spricht diese plötzlich direkt zu den Hörern („euer Vater"). Die folgenden Verse (33,4 bis 34,1) erzählen dann in der Ich-Form, während die Erzählung mit 35,1 wieder in die dritte Person Singular wechselt. Wie ist dieser Befund zu erklären? Wenn ich recht sehe, lassen sich in der Forschung im Wesentlichen zwei Antworten auf diese Frage finden, a) die textkritische und b) die quellenkritische Lösung. Die Erstgenannte wird vor allem von Bertrand vertreten, der in seiner Edition die erste Person Singular konsequent vermeidet und sich dabei auf die Handschriften der Textfamilie III stützen kann.[309] Dagegen spricht jedoch, dass diese Hss. das späteste Stadium der Textüberlieferung repräsentieren und bereits selbst den vorliegenden Text zu korrigieren versuchten. Häufiger wird daher die quellenkritische Lösung vertreten, die davon ausgeht, dass in gLAE 33ff. verschiedene Quellen zu einem nicht restlos stimmigen Ganzen zusammengefügt wurden. Mehrfach wurde dabei die Frage aufgeworfen, ob nicht gLAE 33,3–34,1 ursprünglich mit dem Testament Evas (gLAE 15–30) in Verbindung gestanden haben könnte.[310] Dafür ließe sich die Wendung „euer Vater" (33,3) heranziehen, welche in 15–30 häufig begegnet, und die darauf hinzuweisen scheint, dass Eva hier zu den Kindern spricht. Weiterhin

---

[308] Vgl. BERTRAND, Destin 111 u.ö.

[309] Erstaunlicherweise vermisst man bei BERTRAND aber eine detaillierte Begründung dieser Vorgehensweise im Kommentarteil seiner Edition (= BERTRAND, Vie [A]), welche bei anderen textkritischen Entscheidungen durchaus gegeben wird.

[310] Vgl. FUCHS, Leben, 524 Anm. i; JOHNSON, Life, 289 Anm. c zu 33; SWEET, Study, 156 Anm. 15; MERK / MEISER, Leben, 848 Anm. a zu 33,4; MEISER, Sünde, 300.

hat der Gottesname Jael (33,5) innerhalb des Gesamtwerkes seine einzige Parallele in 29,4, und das Gleiche gilt schließlich auch für die Erwähnung von Räucheropfern (29,3–5). Es erscheint mir aber nicht sicher, ob diese Beobachtungen ausreichen, um eine ursprüngliche Zusammengehörigkeit von 15–30 und 33,3–34,1 nachzuweisen. Auf jeden Fall kann man gLAE 33,3–34,1 kaum als simple Interpolation in den ursprünglichen Erzählzusammenhang betrachten, da das Stück nicht einfach aus dem Text herausgenommen werden kann. Ließe man 35,1 direkt auf 33,2 folgen, so ergäbe sich nämlich daraus das Problem, dass Seth dann völlig unvermittelt auftritt und seine Frage „warum weinst du?" gleichsam aus dem Nichts kommt.[311]

C. *Weitere Ungereimtheiten im Text:* Neben dem unvermittelten Wechsel der Erzählperspektive lässt unser Abschnitt weitere Ungereimtheiten erkennen. In 34,1 wird Seth aufgefordert, vom σῶμα Adams aufzustehen, während das σῶμα Adams nach 35,2 in den offenen Himmelsfesten zu sehen ist.[312] Nach 33,3 kam der Lichtwagen dorthin, wo Adam „lag", womit aber kaum der auf der Erde liegende Leichnam Adams gemeint sein kann, da die Handlung ja ganz offensichtlich in den Himmeln spielt.[313] Was ist dann aber unter dem in den Himmeln liegenden Adam zu verstehen, von dem sowohl 33,3 als auch 35,2 sprechen?[314] Handelt es sich um Adams Geist (πνεῦμα), der nach 32,4 im Augenblick des Todes aus dem Leib herausgegangen ist? Dagegen spricht 35,2, wo ja ausdrücklich vom σῶμα Adams gesprochen wird. Letzte Klarheit ist hier schwer zu gewinnen, sicher scheint mir lediglich zu sein, dass unser Abschnitt eine Unterscheidung zwischen dem auf der Erde liegenden Leichnam Adams und dem in den Himmeln befindlichen anderen Teil Adams vornimmt, wie auch immer man Letzteren zu verstehen hat.[315]

---

[311] Dass Eva weinte, wird ja in 34,1 berichtet, was dann ausgelassen werden müsste.

[312] Wie bereits im Zusammenhang der Textrekonstruktion erwähnt, versucht BERTRAND dieses Problem durch die textkritische Eliminierung von σῶμα in 35,2 zu lösen, was aber vom Handschriftenbefund her schwerlich möglich ist.

[313] Dies gilt auch dann, wenn man 33,3–34,1 als selbständiges Stück betrachten möchte. Denn in 34,1 wird Seth ja gerade aufgefordert, sich vom Leichnam Adams zu erheben, um Zeuge des (himmlischen) Geschehens zu werden. Vgl. dazu LEVISON, Portraits, 231 Anm. 12 („this takes place in the heavenly sanctuary"), der weitere Argumente nennt. Wichtig erscheint mir davon vor allem die Beobachtung, dass der Rauch des Opfers nach 33,4 die Himmelsfesten verhüllte. Eine andere Position vertritt TROMP, Issues, 29 Anm. 13, der meint, dass der in Kapitel 33 beschriebene Wagen zur Erde herabgekommen sei.

[314] In 37,4 wird dann berichtet, dass Adam noch einmal drei Stunden lang vor Gott lag.

[315] Dass gLAE 33–37 von der „Seele" Adams handle, wie SWEET, Study, 28 und BERTRAND, Destin, 111 meinen, scheint mir schon deswegen zweifelhaft, weil weder der Begriff ψυχή noch der Begriff πνεῦμα in 33–37 begegnen. Für überzeugender halte ich die Ansicht TROMPS (Issues, 35), der meint, dass in gLAE 31–42 zwei verschiedene Konzepte („spiritual survival" und „bodily resurrection") weitgehend unvermittelt verbunden wurden.

Auffällig ist ferner, dass unser Abschnitt verschiedene Doppelungen enthält. Zweimal bitten die Engel für Adam (33,5; 35,2), zweimal wird Seth
aufgefordert, die himmlischen Geschehnisse zu verfolgen (34,1; 35,2), und
zweimal wird auch auf Sonne und Mond verwiesen, die ebenfalls für Adam
bitten.[316] Ferner ist auf die verschiedenen Gottesbezeichnungen hinzuweisen
sowie auf die Beobachtung, dass die Engel in 33,5 auf Adams Gottebenbildlichkeit *und* auf seinen Status als Werk der heiligen Hände Gottes insistie-
ren, während in 35,2 und 37,2 jeweils nur eines von beiden erwähnt wird.[317]

D. *Einheitlichkeit und Aufbau von gLAE 33–37:* Aus den genannten
Indizien ergibt sich, dass der Abschnitt gLAE 33–37 am deutlichsten von
allen in dieser Arbeit behandelten Textabschnitten erkennen lässt, dass unser
Erzähler offenbar aus verschiedenen Quellen und Traditionen schöpfte, diese
aber nur relativ lose miteinander verbunden hat. Vor allem der unvermittelte
Wechsel zwischen dritter und erster Person Singular scheint die Kohärenz des
Abschnitts überhaupt infrage zu stellen. Allerdings sperrt sich der Text gegen
literarkritische Lösungsversuche, die ihrerseits nur wieder neue Probleme in
den Text hineinbringen. So kann man, wie ich oben zu zeigen versucht habe,
den Abschnitt in der Ich-Form nicht einfach aus der Erzählung ausklammern.
Darüber hinaus gilt es auch festzuhalten, dass die Abfolge der Handlung
insgesamt durchaus nicht unsinnig oder irgendwie korrekturbedürftig wäre.
Daher scheint es mir trotz aller Probleme des Textes dennoch am plausibelsten, den Abschnitt als eine erzählerische Einheit zu betrachten. Er ist durch
die Bitte um Vergebung für Adam (33–34) und deren Erfüllung in 37 (auch in
terminologischer Hinsicht, worauf ich bereits hingewiesen habe) klar strukturiert. Der vom Erzähler eingeschobene Dialog zwischen Eva und Seth
(34–36) ist in erzählerischer Hinsicht nicht ungeschickt, da er einerseits das
Staunen und die Ungewissheit über das Geschaute artikuliert und andererseits
die Hörer bzw. Leser mit hineinnimmt in den Prozess der Interpretation des
Gesehenen.

6.3.4 Quellen und Traditionen

A. *Der Lichtwagen:* Die traditionsgeschichtliche Einordnung des Licht-
wagens, der in Kapitel 33 beschrieben wird, ist insofern nicht leicht, als nicht
ganz klar ist, was damit genau gemeint ist. Es könnte sich entweder um die in
der frühjüdischen Literatur auch andernorts zu findende Vorstellung vom

---

[316] Letzteres basiert freilich auf der Annahme, dass die „furchterregenden Geheimnisse" in 34,1 mit den beiden „Äthiopiern" von 35,4 identisch sind.

[317] Handelt es sich demnach in 33,5 um eine Harmonisierung verschiedener Vorstellungen oder sind Ebenbild und Händewerk Gottes einfach zwei austauschbare Prädikate
für Adam?

Seelenwagen handeln,[318] der dazu dient, die Seele eines Verstorbenen in den Himmel zu bringen. Die wichtigsten Belege dafür sind TestHiob 52,6–10; TestIsaak 7,1 und TestAbr B 14,6 (nach Hs. C).[319] Allerdings ist in unserem Abschnitt nirgends ausdrücklich davon die Rede, dass Adams Seele bzw. sein Geist abgeholt wird. Vielmehr erfahren wir in 37,3, dass ein sechsflügeliger Seraph Adam hinwegnimmt und zum acherusischen See bringt. Daher scheinen mir die besseren Argumente für die andere in der Forschung vertretene Hypothese zu sprechen, wonach es sich hier um den Thronwagen Gottes (Merkabah) handelt.[320] Diese Vorstellung hat ihre biblischen Wurzeln in Ez 1 und 10 und ist ebenfalls in der frühjüdischen Literatur geläufig.[321] Dafür, dass diese Vorstellung den traditionsgeschichtlichen Hintergrund von gLAE 33,2f. bildet, sprechen folgende Argumente:

1. Auch gLAE 22 und 38 kennen die Tradition vom Thronwagen Gottes, während der Seelenwagen sonst keine Rolle spielt.
2. Der Thronwagen begegnet in gLAE immer dort, wo Gott zum Gericht über Adam erscheint. Dass es auch in gLAE 33ff. um ein Gerichtshandeln Gottes geht, liegt auf der Hand.[322]
3. Nach dem Anhalten des Wagens folgt in der Erzählung das Räucheropfer und die Fürbitte der Engel. Von einem Ortswechsel wird nichts berichtet, sodass man nur annehmen kann, Gott selbst ist am Ort des Geschehens, also dort „wo Adam lag" (33,3), anwesend.[323]

---

[318] Diese Position wird vertreten von BERTRAND, Vie [A], 136f.; PINERO, Angels, 201 und SCHALLER, Testament, 372 Anm. b zu 52,10.

[319] Zu unterscheiden hiervon ist wiederum der Entrückungswagen, mit dessen Hilfe bestimmte Gerechte, wie z.B. Henoch, eine Himmelsreise unternehmen, vgl. dazu Abschnitt 8.4.4.B. Nach SCHALLER, Testament, 372 Anm. b zu 52,10 gehen sowohl der Seelenwagen als auch der Entrückungswagen auf die antike Vorstellung vom „Sonnenwagen als Seelengefährt" zurück.

[320] Diese Position wird vertreten von TROMP, Issues, 29 Anm. 13 und HALPERIN, Faces, 101. Eine Verbindung von Thronwagen und Seelenwagen in gLAE 33 nimmt hingegen SWEET, Study, 163 an, was aber meines Erachtens nicht zutreffend ist, da ein „Seelenwagen" in gLAE keine Rolle spielt.

[321] Die Belege habe ich an anderer Stelle zusammengestellt (vgl. Abschnitt 8.4.4.B zu gLAE 22), da die traditionsgeschichtliche Einordnung dort sicherer möglich ist.

[322] Vgl. HALPERIN, Faces, 101, wonach die Funktion des in gLAE 33 geschilderten Wagens darin besteht, Gott zur Stätte des Gerichts zu bringen. In gLAE 22 wird dieser Zweck des Kommens Gottes sogar ausdrücklich erwähnt (22,2: „Siehe, Gott kommt ins Paradies, um uns zu richten"), und auch die Szene in 38ff. kann man durchaus als eine Gerichtsszene verstehen.

[323] Unser Abschnitt vertritt die Anschauung von der Aufteilung der himmlischen Sphäre in 7 Himmel (35,2; vgl. dazu auch Unterabschnitt G). Auch wenn dies nicht ausdrücklich erwähnt wird, spricht vieles dafür, dass der Thron Gottes sich im 7. Himmel befindet (vgl. slHen 20), während die Ortsangabe „wo Adam lag" sich offenbar auf eine tiefer gelegene Ebene bezieht. Das *Herabsteigen* Gottes muss daher nicht notwendigerweise zur Erde erfolgen, sondern kann sich auch auf die unterhalb des 7. Himmels gelege-

B. Das Weihrauchopfer und die Fürbitte der Engel: Die Vorstellung, dass Engel fürbittend bei Gott für den Menschen eintreten, begegnet bereits im Alten Testament[324] und fand von dort aus Eingang in die frühjüdische Literatur.[325] Daneben betrachtete man Engel im frühen Judentum auch als Vermittler für die menschlichen Gebete,[326] eine Vorstellung, die ebenfalls in der Offenbarung des Johannes begegnet (5,8; 8,3f.). Bemerkenswert ist nun, dass in Offb 5 und 8 der Dienst der Engel für die Menschen ebenso wie in gLAE 33 mit einem Räucheropfer in Verbindung steht. Es stellt sich daher die Frage, ob beide Stellen auf einen gemeinsamen traditionsgeschichtlichen Hintergrund zurückgeführt werden können, das Räucherwerk in gLAE 33,4 also ebenso wie in Offb 5,8 als Symbol für Gebete zu verstehen ist.[327] Insgesamt erscheinen mir die genannten Indizien dafür allerdings nicht ausreichend zu sein, sodass man auch eine andere Deutung erwägen kann. Gemäß den Bestimmungen von Lev 16,12f. fand nämlich jeweils am großen Versöhnungstag ein Räucheropfer im Allerheiligsten des Tempels statt.[328] Das würde in thematischer Hinsicht gut zu unserem Abschnitt passen, der dann auch in ParJer 9,1–6 eine frühjüdische Parallele hätte.[329] Dort wird vom Räucheropfer Jeremias am großen Versöhnungstag berichtet. Allerdings ist

---

nen himmlischen Sphären beziehen, sodass es mit dem *Hinaufblicken* Evas und Seths zusammenpasst. Auf welcher Ebene Adam allerdings genau liegt, lässt sich nicht sicher ermitteln, da die Vorstellungen über die verschiedenen Ebenen des Himmels in den Quellen sehr unterschiedlich sind, auch die Zahl sieben ist durchaus nicht feststehend (vgl. grBar 2–16 [5 Himmel]; TestXII Levi 2–5 [Hier sind die Anschauungen nicht ganz klar; 3,1 spricht von 7 Himmeln]; slHen 3–22 [7 Himmel]). Eventuell gehört auch 4Q 405 XIII,7 hierher („sieben Debirim von Priesterschaften"). Vgl. zur Anschauung von den sieben Himmeln auch EGO, Himmel, 6–16.

[324] PINERO, Angels, 200 Anm. 53 verweist auf Sach 1,12 und Hiob 5,1. Vgl. aber auch Hiob 33,23f. Im Danielbuch begegnet der Erzengel Michael als Schutzengel Israels (12,1).

[325] Vgl. äthHen 9,1–11; 15,2; 39,5; 40,6f.; 99,3; 104,1; TestXII Levi 3,5; 5,6; latLAE / armLAE (Stone) / geoLAE 9,3; LAB 15,5 und TestXII Dan 6,2. Vgl. hierzu vor allem STUCKENBRUCK, Veneration, 173–180; JOHANNSON, Parakletoi, 75–84 und PINERO, Angels, 200 Anm. 53. STRACK / BILLERBECK, Kommentar I, 143 und 782; II, 560f. verzeichnet ferner einige Parallelen aus der rabbinischen Literatur. Zu den frühjüdischen Anschauungen über Engel insgesamt vgl. C. A. NEWSOM, Art. Angels, Old Testament, AncBibDic 1, 248–253; J. MICHL, Art. Engel II. Jüdisch, RAC 5, 60–97; OLYAN, Thousand Thousands; STUCKENBRUCK, a.a.O., 45–204; MACH, Entwicklungsstadien; DAVIDSON, Angels; GIESCHEN, Christology.

[326] Vgl. grBar 11 und Tob 12,12–15.

[327] So BERTRAND, Vie [A], 137.

[328] Vgl. G. SAUER, Art. Räucherwerk, BHH 3, 1555–1557.

[329] Vgl. dazu SCHALLER, Paralipomena, 747–750. Bemerkenswert ist, dass auch in ParJer 9 das Räucheropfer in Verbindung mit einem Gebet um Gottes Erbarmen steht. Auch die Gottesprädikation φῶς φωτίζων (ParJer 9,3) hat eine Parallele in unserem Text (vgl. dazu Abschnitt C).

auch hier keine Sicherheit zu gewinnen. Es wäre auch möglich, dass das Weihrauchopfer der Engel hier einfach für die Entsprechung zwischen Tempelkult und himmlischem Kult steht.[330]

C. Gott als „Vater des Alls" und „Vater der Lichter":[331] Die Gottesprädikationen πατὴρ τῶν ὅλων (35,2 und 37,4), πατὴρ τῶν ἁπάντων (32,2) und πατὴρ τῶν φώτων (36,3) stehen in der Tradition des griechischsprachigen, außerpalästinischen Judentums.[332] Zu nennen sind hier vor allem die ParJer[333] sowie Philo[334] und Josephus.[335] Diese Traditionslinie lässt sich dann weiter bis hinein ins frühe Christentum verfolgen, wie sich u.a. im Jakobusbrief (1,17: πατὴρ τῶν φωτῶν) und bei den Apologeten Justin (Apol 45,1: πατὴρ τῶν πάντων) und Athenagoras (Suppl 27,2 τοῦ πατρὸς καὶ ποιητοῦ τῶν ὅλων) zeigt.[336]

D. Die Fürbitte von Sonne und Mond: Hinsichtlich der Fürbitte von Sonne[337] und Mond für Adam habe ich weder in der übrigen frühjüdischen Literatur noch bei den Autoren der Alten Kirche eine direkte Parallele gefunden,[338] es scheint sich hierbei um eine wenig verbreitete Anschauung zu handeln. Als alttestamentlicher Hintergrund dieser Tradition wurde meistens Ps 148,3 herangezogen, wo vom Lobgesang der Sonne und des Mondes die Rede ist.[339] Ferner verwies man darauf, dass Sterne und Himmelslichter in der frühjüdischen Literatur zuweilen mit Engeln verglichen werden.[340] Allerdings

---

[330] Nach LOHMEYER, Wohlgeruch, 29 wurde Räucherwerk im frühen Judentum auch als Ausdruck der Gegenwart Gottes verstanden.

[331] Zum Gottesnamen Jael in 33,5 vgl. den Abschnitt 2.3.2 (Hebraismen).

[332] Vgl. M. DIBELIUS, Der Brief des Jakobus, Göttingen [11]1964 (KEK 15), 130f., wonach sich πατήρ in kosmologischem Sinn vor allem in hellenistisch beeinflusster Literatur findet. Breiter ausgeführt findet sich diese These dann bei STROTMANN, Vater, 277–300. „Die konkreten Formen der Vaterbezeichnung Gottes in VGAE (= gLAE, Th. K.) wirken dabei so griechisch - hellenistisch, dass sie kaum die Übersetzung eines entsprechenden hebräischen oder aramäischen Begriffs sein dürften" (281).

[333] Vgl. die Gottesprädikationen in ParJer 6,9: τὸ ἔκλεκτον φῶς und 9,3: φῶς φωτίζων.

[334] Vgl. z.B. SpecLeg I 96 (τῷ τοῦ κόσμου πατρί) und Ebr 81 (πατὴρ τῶν ὅλων).

[335] Vgl. Ant I,20 (πατὴρ πάντων).

[336] Weitere Belege bei BAUER / ALAND, Wörterbuch, 1282 sv πατήρ IIIa. DE JONGE, Life, 155 möchte die Wendung „πατὴρ τῶν φωτῶν" als typisch christlich betrachten, was mir aber aufgrund der angeführten jüdischen Parallelen zweifelhaft ist.

[337] Vgl. auch MAIER, Sonne.

[338] Allerdings spricht Origenes Celsus V 11 davon, dass „die Sonne selbst und der Mond und die Sterne dem allmächtigen Gott durch seinen eingeborenen Sohn ihre Gebete darbringen."

[339] Vgl. BERTRAND, Vie [A], 149; MERK / MEISER, Leben, 851 Anm. b zu 36,1; SWEET, Study, 216 Anm. 47.

[340] Vgl. SWEET, Study, 216 Anm. 47 (mit Verweis auf äthHen 43); PINERO, Angels, 200f. (mit Verweis auf äthHen 18,14; 20,4; 21,3; 43,1; 86,1) und G. SCHRENK, Art. πατήρ,

reden die dafür herangezogenen Belege durchweg nicht ausdrücklich von Sonne und Mond. Eine auch nur annähernd abgesicherte traditionsgeschichtliche Herleitung ist demnach hier kaum möglich. Anders ist die Lage hinsichtlich der Verdunklung von Sonne und Mond. Das Motiv hat seinen festen Platz in den frühjüdischen Schilderungen apokalyptischer Ereignisse und fand von dort aus auch Eingang in die neutestamentlichen Schriften.[341] Seinen Ursprung hat es in alttestamentlichen Aussagen wie Jes 13,10; 34,4; Ez 32,7f.; Hag 2,6.21 und Joel 2,10.[342]

E. Der Mensch als Werk der Hände Gottes: Die Bezeichnung Adams als Werk der Hände Gottes ist in der frühjüdischen Literatur weit verbreitet, wobei die meisten Belege wiederum dem griechischsprachigen Judentum entstammen.[343] Von den frühchristlichen Autoren, die diese Tradition aufgreifen, sind vor allem der Verfasser des ersten Klemensbriefes sowie Theophilus von Antiochien und Irenäus zu nennen.[344] In Gen 2,7, dem biblischen Ausgangspunkt dieser Tradition, ist von den Händen Gottes noch nicht ausdrücklich die Rede, es heißt lediglich, dass Gott den Menschen „formte" (וייצר). Offenbar hieran anknüpfend sprechen aber dann Ps 119,73 und Hiob 10,8 davon, dass Gott den Menschen mit seinen *Händen* gemacht hat. Bereits in den beiden zuletzt genannten Stellen wird die Erschaffung des Menschen durch Gottes Hände als ein Akt verstanden, der ein besonderes Verhältnis zwischen Gott und Mensch konstituiert. Dieser Gedanke wird dann in der frühjüdischen Literatur noch ausgebaut. Wichtig ist dabei vor allem, dass er in Verbindung mit der Gottebenbildlichkeit des Menschen gebracht wird. Unser Text gibt, ebenso wie slHen 44, zu erkennen, dass die beiden Wendungen, „Ebenbild" und „Händewerk" Gottes, nahezu synonym gebraucht werden konnten und gemeinsam den besonderen Status des Menschen unter allen Geschöpfen Gottes zur Sprache brachten.

ThWNT 5, 946–1016, 1015 Anm. 410. Zur Bedeutung der Sterne für die frühjüdische Eschatologie vgl. auch VOLZ, Eschatologie, 399f.

[341] J. GNILKA, Das Evangelium nach Markus. Bd. 2, Zürich u.a. ³1989 (EKK II/2), 200 bemerkt zu Mk 13,24: „die geschilderten Veränderungen an Sonne, Mond und Sternen gehören zum apokalyptischen Repertoire." Vgl. neben der genannten Stelle (Parallelen: Mt 24,29 und Lk 21,25) auch äthHen 102,2; Sib V,346f.; TestAd 3,6 (beim Tod Adams verdunkeln sich Sonne und Mond für sieben Tage [!]); Offb 6,12f.; AssMos 10,5; äthHen 80,4ff. (Veränderung der Ordnung von Sonne und Mond; ähnlich 4Esr 5,4).

[342] Vgl. U. LUZ, Das Evangelium nach Matthäus. Bd. 3, Zürich u.a. 1997 (EKK I/3), 433 Anm. 161.

[343] BÖTTRICH, Händewerk, hat die Belege hierzu gesammelt, wovon als älteste zu nennen wären: slHen 44,1; 4Esr 3,4f.; TestIsaak 3,15. Zu ergänzen wäre noch ApkEl 23,10. Weitere (spätere) Belege sind u.a. grEsr 2,10f.; Schatzhöhle S. 3; ARN 1 (nach GINZBERG, Haggada, 63).

[344] 1Klem 33,4; Theoph Autol II 18; Irenäus Haer V 5,1; BÖTTRICH, Händewerk, bietet weitere Belege aus der christlichen Literatur (Tertullian, Clemens von Alexandrien u.a.).

F. Der acherusische See: Das Motiv des acherusischen Sees entstammt der griechischen Mythologie. Es handelt sich dabei um die Vorstellung von einem Fluss in der Unterwelt,[345] zu dem die Seelen der Toten gelangen[346] bzw. den die Toten überqueren müssen.[347] Bemerkenswert ist, dass es in der sonstigen frühjüdischen Literatur nicht begegnet,[348] sondern außerhalb des gLAE nur in späteren christlichen oder gnostischen Texten bezeugt ist. Es handelt sich dabei um folgende Texte:

1. ein griechisches Fragment (Sammlung Erzherzog Rainer) der Offenbarung des Petrus (parallel zu OffbPetr 14): „Ich werde meinen Berufenen und Auserwählten jeden gewähren, den sie von mir aus der Qual erbitten und ich werde ihnen eine köstliche Taufe geben im Heil des acherusischen Sees, von dem man sagt, (er befinde sich) auf dem elysischen Gefilde ...“ [349]
2. Sib II,330–338: „Den Frommen wird der allmächtige ewige Gott etwas Anderes gewähren, wenn sie den unvergänglichen Gott bitten, aus dem schrecklichen Feuer und von der ewigen Pein wird er den Menschen Rettung geben, und das wird er tun. Denn er sammelt sie wieder aus der ewigen Flamme, versetzt sie anderswohin um seines Volkes willen in ein anderes ewiges Leben zu den Unsterblichen ins elysische Land, wo ihm die gewaltigen Wogen des immerfließenden grundlosen acherusischen Flusses rauschen.“[350]
3. ApkPaul 22–23: „Und danach nahm er (= der Engel, Th.K.) mich weg aus jenem Ort, wo ich dies sah, und siehe, ein Fluß, und seine Wasser waren sehr weiß, mehr als Milch. Und ich sagte zu dem Engel: Was ist das? Und er sagte zu mir: Dies ist der acherusische See, wo die Stadt Christi ist, aber nicht jedermann wird gestattet, in jene Stadt einzutreten. Dies ist nämlich der Weg, welcher zu Gott führt; und wenn ein Hurer oder Gottloser ist und sich bekehrend Buße tut und der Buße würdige Frucht bringt, wird er, wenn er aus dem Körper herausgegangen ist, zuerst hingeführt und betet Gott an, und von dort wird er auf Befehl des Herrn dem Engel Michael übergeben, und der tauft ihn im acherusischen See. So führt er ihn in die Stadt Christi neben die hin, die nicht gesündigt haben“ (22). In Kap. 23 wird dann beschrieben, wie Paulus die Stadt Christi sehen darf.[351]

---

[345] Vgl. D. STRAUCH / F. GRAF, Art. Acheron, NP 1, 73f. Der älteste Beleg findet sich bei Homer, Odysee, 10,513. Ursprünglich bezeichnete der Name Ἀχέρων einen Fluss in Epeiros, „der in den sumpfähnlichen See Ἀχερουσία λίμνη mündete“ (a.a.O., 73).

[346] Vgl. Platon, Phaidon 112–113.

[347] Vgl. Euripides, Alcestis 443 (Edition: Euripides, Alcestis ed. Antonius GARZYA. Leipzig 1980).

[348] DE JONGE / TROMP, 73f. sehen darin ein (wenn auch schwaches) Argument für den christlichen Ursprung des gLAE.

[349] Nach MÜLLER, Offenbarung, 563f. entstand die Offenbarung des Petrus in der ersten Hälfte des 2. Jhds. n. Chr. in Ägypten.

[350] Nach COLLINS, Oracles, 330–332 besteht das zweite Buch der Sibyllinischen Orakel aus einer jüdischen Grundschicht, entstanden um die Zeitenwende herum, und einer späteren christlichen Bearbeitung (um 150 n. Chr.). Die Übereinstimmung mit OffbPetr scheint dafür zu sprechen, dass die zitierte Stelle der christlichen Bearbeitung entstammt.

[351] ApkPaul ist jünger als OffbPetr, da sie offenbar Material aus Letzterer zu kennen scheint, vgl. DUENSING / DE SANTOS OTERO, Apokalypse, 645f.

4. einen koptischen Zaubertext: „Ihr seid es ja, die sich an der Nord- und Ostseite von Antiochien befinden auf einem Myrtenbaum, an jenem Ort, dessen Name acherusischer See genannt wird, der hervorströmt unter dem Thron des Iao Sabaoth ...“[352]

5. koptisches Bartholomäusevangelium (E. A. W. Budge, Coptic Apocrypha in the Dialect of Upper Egypt, London 1913, 208): „(Michael) took me unto the Lake Akkerousia and plunged me under its waters three times.“[353]

Auch wenn sich außerhalb unseres Textes keine weiteren jüdischen Belege für die Vorstellung vom acherusischen See benennen lassen, muss dies nicht gegen die jüdische Herkunft von gLAE 33ff. sprechen. Es lassen sich nämlich einige Indizien dafür benennen, dass hier jüdische Vorstellungen im Hintergrund stehen. Peterson[354] hat zu Recht darauf verwiesen, dass die genannten Texte die „topographischen Gegebenheiten der jüdischen Apokalyptik" erkennen lassen.[355] Der acherusische See begegnet darin (wie auch in gLAE 37)[356] jeweils als ein Vorbereitungsort für den Zugang zum Ort des endzeitlichen Heils. Man vergleiche nur die Schilderung jenes zukünftigen Ortes in Sib II oder ApkPaul mit der künftigen Stadt von 4Esr 7,6ff. oder mit der Schilderung des Paradieses in slHen 8. Ferner scheint vor allem in ApkPaul und in dem gnostischen Zaubertext die Vorstellung vom eschatologischen Strom, der unter dem Thron Gottes (Offb 22,1) bzw. aus Jerusalem (Sach 14,8) oder dem Tempel (Ez 47,1.12) herausfließt, zugrunde zu liegen. Schließlich ist zumindest der Fluss Acheron auch in der frühjüdischen Literatur bekannt (Sib V,485; eventuell auch in äthHen 17,6).[357] Eventuell spielt sogar der in grBar 10 genannte Teich, der sich im vierten Himmel befindet, auf den acherusischen See an.[358] Darüber hinaus enthält gLAE 37 keine spezifisch christlichen Elemente, was unseren Text von OffbPetr; Sib II oder ApkPaul unterscheidet. Demnach spricht meines Erachtens nichts gegen die Annahme, dass hier ein jüdischer Autor das ursprünglich aus der griechischen Mythologie stammende Motiv vom acherusischen See aufgegriffen und in seine eschatolo-

---

[352] A. Kropp, Ausgewählte koptische Zaubertexte II, Brüssel 1934, Nr. XLIII, S. 149, 17ff., zitiert nach Peterson, Taufe, 318.

[353] Zitiert nach Peterson, Taufe, 322; die Textausgabe von Budge war mir bislang nicht zugänglich.

[354] Er meint allerdings, dass bestimmte Züge in gLAE 37 auf christliche Bearbeitung zurückzuführen seien, so die Lokalisierung des Paradieses im dritten Himmel und das dreimalige Waschen Adams (vgl. Peterson, Taufe, 321). Vielleicht sei sogar die Bezeichnung „acherusischer See" erst auf der Ebene der christlichen Bearbeitung der zugrunde liegenden jüdischen Tradition anzusetzen. Meines Erachtens ist diese Annahme aber nicht zwingend. Zur Paradiesvorstellung vgl. Unterabschnitt G.

[355] Peterson, Taufe, 318f. u.ö.

[356] Die Überführung Adams ins Paradies (37,5) ist meines Erachtens auch in diese Reihe zu stellen.

[357] So Beer, Buch, 248 Anm. p.

[358] So Ryssel, Apokalypsen II, 454f. Anm. h und Hage, Baruch-Apokalypse, 31.

gische Vorstellungswelt integriert hat. Diese Annahme vorausgesetzt, dürfte es sich bei gLAE 37,3 um die früheste unter den oben genannten Textstellen handeln.

G. *Das Paradies nach gLAE 37,5:* Zur Lokalisierung des Paradieses im dritten Himmel (gLAE 37,5 und 40,1) lässt sich als engste Parallele wiederum auf das slavische Henochbuch verweisen. Es berichtet in Kapitel 8, wie Henoch in den dritten Himmel gelangt und das Paradies sieht. Nach slHen 9,1 ist jener Ort für die Gerechten bereitet, eine Aussage, die sich ebenfalls mit gLAE 37 gut in Einklang bringen lässt. Ein Unterschied zwischen slHen und gLAE besteht nun allerdings darin, dass das Paradies in slHen 8–9 als ein ewiger Ort für die Gerechten verstanden wird (vor allem slHen 9), während es sich in gLAE 37,5 eher um einen vorübergehenden Aufbewahrungsort für Adam handelt. Dennoch liegen in slHen 8–9 und gLAE 37 ganz offensichtlich die gleichen Anschauungen über das Paradies zugrunde.[359] Es erscheint mir daher abwegig, die in gLAE 37,5 gebotene Ortsangabe „im dritten Himmel" als einen späteren christlichen Zusatz zu betrachten,[360] auch wenn die Vorstellungen bezüglich der Lage des Paradieses in gLAE insgesamt keineswegs einheitlich sind.[361] Ein weiterer Punkt, der unseren Text mit slHen verbindet, ist schließlich auch die Schilderung der sieben Himmelsfesten in 35,2, die sonst allerdings nicht weiter entfaltet wird. Lediglich der dritte Himmel wird direkt erwähnt.[362]

6.3.5 Theologie

A. *Die herausgehobene Stellung des Menschen in der Schöpfung:* Grundlegend für die Anthropologie des griechischen „Lebens Adams und Evas" ist die Anschauung von der besonderen Stellung des Menschen unter den Geschöpfen Gottes. Sie drückt sich in gLAE 33ff. in doppelter Weise aus. Zum einen wird mehrfach auf die Gottebenbildlichkeit Adams sowie auf seine Erschaffung durch Gottes heilige Hände hingewiesen (33,5; 35,2 und 37,2). Darauf, dass diese beiden Motive, welche einerseits aus Gen 1,26f., andererseits aus Gen 2,7 erwachsen sind, hier nahezu synonym gebraucht werden, habe ich bereits hingewiesen.[363] Diese beiden Prädikate, Ebenbild und Händewerk Gottes, bezeichnen nun allerdings nicht eine besondere Qualität, die der Mensch aus sich selbst heraus hätte. Vielmehr wurden sie ihm vom Schöpfer

---

[359] Neben den beiden genannten Texten lassen auch ApkPaul 19 und 2 Kor 12,1–4 die gleiche Lokalisierung des Paradieses erkennen; vgl. hierzu auch SCHÄFER, Testament und SCHOLEM, Four.

[360] So BERTRAND, Vie [A], 139f.

[361] Vgl. hierzu Abschnitt 4.1.1.

[362] Vgl. dazu auch Unterabschnitt A (Der Lichtwagen).

[363] Sie sind daher auch austauschbar, sodass in 35,2 Adam nur als Ebenbild, in 37,2 nur als Händewerk Gottes angesprochen wird.

verliehen, der den Menschen damit in einer besonderen Weise geadelt hat. Der Mensch selbst hat hingegen seinerseits diese besondere vom Schöpfer verliehene Würde durch die Sünde leichtfertig aufs Spiel gesetzt, wie die Untersuchung von gLAE 10–12 gezeigt hat. Er hat sich im Grunde als der besonderen Zuwendung des Schöpfers nicht würdig erwiesen. Dennoch aber hat er seinen besonderen Status als Gottes Ebenbild und Händewerk behalten, eben darum, weil er ihn sich nicht selbst verliehen hat, sondern vom Schöpfer verliehen bekam.[364] Dazu passt, dass Adam in unserem Text durchweg passiv bleibt. Er handelt nicht selbst, sondern es wird an ihm gehandelt.

Damit kommt ein zweites Motiv unseres Textes in den Blick, das die besondere Stellung des Menschen unter den Geschöpfen betont, nämlich die Fürbitte der Engel sowie der Sonne und des Mondes für Adam. Sie repräsentieren den gesamten Kosmos, der vor Gott für dessen Ebenbild eintritt. Hier ist nichts von einer Rivalität zwischen Engeln und Menschen zu erkennen, wie sie z.B. in der rabbinischen Literatur verschiedentlich begegnet,[365] sondern die Engel sind, ebenso wie die Gestirne, hier ganz klar dem Menschen untergeordnet. Sie beneiden Adam nicht um seine besondere Würde, wie es an anderer Stelle vom Satan berichtet wird (vgl. gLAE 16,3). Es zeigt sich damit eine eigenartige Paradoxie in unserem Text. Einerseits wird Adam als hilfloses Geschöpf dargestellt, das vor Gott liegt und selbst nichts mehr für sein eigenes Schicksal tun kann. Andererseits wird aber die einzigartige Würde des Menschen und seine Erhabenheit über die übrigen Geschöpfe hervorgehoben. Doch diese Paradoxie ist nur vordergründig, denn der besondere Rang des Menschen ist unabhängig von seinem Tun. Er resultiert einzig aus der gnadenvollen Zuwendung des Schöpfers zu seinem Geschöpf. Weil der Mensch sich nicht selbst diesen Status erwerben kann, kann er ihn andererseits auch nicht verlieren und ist daher trotz seiner Schwäche, oder vielleicht gerade *in* seiner Schwäche, die Krone der Schöpfung Gottes.

Nun redet unser Erzähler damit freilich nicht einer quasi absolutistischen Herrschaft des Menschen über die übrige Schöpfung das Wort. Vielmehr geht es ihm in erster Linie um die Beziehung des Menschen zu Gott. Die Aussage, dass der Mensch ein besonderes Geschöpf Gottes ist, soll die besondere Liebe Gottes zum Menschen hervorheben und dem Menschen trotz der Erfahrung seines Scheiterns Hoffnung auf eine heilvolle Zukunft vermitteln. Gerade in der Verbindung von Niedrigkeit und Glorie des Menschen, von seiner Erhabenheit und Hilflosigkeit, scheint mir die Stärke der anthropologischen Konzeption unseres Erzählers zu liegen. Der Mensch ist Sünder *und* Ebenbild, mit dieser schlichten Formel lässt sich weder ein radikaler Pessimismus noch ein

---

[364] Der Hinweis auf die Erschaffung des Menschen durch Gottes heilige Hände ist daher meines Erachtens nicht als Polemik zu betrachten, wie JERVELL, Imago, 48 meint.

[365] Vgl. dazu SCHÄFER, Rivalität.

triumphierender Optimismus in der Anthropologie vereinbaren. Gerade deswegen bietet sie meines Erachtens eine realistische Beschreibung des menschlichen Daseins in der Welt.

B. *Der gnädige Gott:* Auch das frühe Judentum wusste, wie das Judentum überhaupt, sehr wohl um die Angewiesenheit des Menschen auf die göttliche Gnade, eine Aussage, die im Kontext christlicher Theologie nicht immer ungeteilte Zustimmung gefunden hat. Häufig begegnet man hier nach wie vor dem Schema (jüdische) Werkgerechtigkeit versus (christliche) Glaubensgerechtigkeit. Ein eindrucksvolles Beispiel dafür, dass dieses Schema sich nicht aufrecht erhalten lässt, ist unser Text. Allein das göttliche Erbarmen und nichts anderes ist der Grund der Vergebung für Adam.[366] Gott hat sich mit der Schöpfung für den Menschen entschieden, und er hält dieses Ja, welches er in der Erschaffung des Menschen nach seinem Bilde ausgesprochen hat, aufrecht. Schöpfung und Erlösung sind zwei Seiten der gleichen Medaille, zwei Ausdrucksweisen der Gnade Gottes.[367] Nun schließt die Barmherzigkeit Gottes, von der unser Text zu berichten weiß, freilich seine richtende Gerechtigkeit nicht aus.[368] Gott fordert von Adam selbstverständlich Rechenschaft für seine Taten. Einerseits kommt er unmittelbar nach der Übertretung Adams und Evas ins Paradies zum Gericht,[369] andererseits steht der Ausgang des in gLAE 33ff. geschilderten Gerichts Gottes ja nicht von vornherein fest.[370] Es gibt keinen – wie auch immer gearteten – Automatismus, wonach der Mensch im Gericht Gottes selbstverständlich bestehen *muss,* vielmehr geht es darum, dass er überhaupt bestehen *kann. Dafür* steht das göttliche Ja zum Menschen, seine Barmherzigkeit ist keine Garantie, sehr wohl aber die Voraussetzung für eine heilvolle Zukunft des Menschen über den Tod hinaus.

C. *Adams vorübergehender Aufenthalt im Paradies:* Auch wenn die Aussagen über das postmortale Schicksal Adams in gLAE nicht ganz eindeutig sind, scheint unser Erzähler die Lehre von einem Zwischenzustand zwischen individuellem Tod und Gericht einerseits und dem allgemeinen endzeitlichen Gericht und der damit verbundenen Auferstehung der Toten

---

[366] Vgl. SWEET, Study, 165: „Despite his life of piety and penitence, it is the mercy of God – and not the merit of Adam's deeds – that counts him among those who are righteous."

[367] Vgl. dazu auch STROTMANN, Vater, 300 (für das Erbarmensmotiv bleibt das Schöpfungsmotiv bestimmend). Die Verfasserin sieht hier auch einen Zusammenhang mit der Gottesbezeichnung „Vater", die eine „besondere Affinität ... zum verzeihenden und erbarmenden Handeln Gottes" erkennen lasse (ebd).

[368] Vgl. auch die konditionierte Zusage in gLAE 28,4: „wenn du dich ... bewahrst vor allem Bösen, ... werde ich dich ... auferwecken."

[369] Vgl. dazu Kap. 8, vor allem die Auslegung von gLAE 22–26.

[370] Vgl. auch 31,4 „wir wissen nicht, wie wir dem begegnen werden, der uns geschaffen hat, ob er uns zürnen oder sich zuwenden werde, um sich unserer zu erbarmen."

andererseits zu vertreten.[371] Nach der Waschung im acherusischen See, welche offenbar die Voraussetzung für die direkte Begegnung mit Gott bildet (37,3),[372] und einem dreistündigen Aufenthalt vor dem Thron Gottes (37,4) wird Adam ins Paradies gebracht (37,5f.). Allerdings wird diese Rückführung ins Paradies ausdrücklich als befristet bezeichnet, und zwar „bis zu jenem furchterregenden Tag meiner Heilsveranstaltung, welche ich im Hinblick auf die Welt vollziehen werde." Was damit genau gemeint ist, lässt sich aus unserem Abschnitt selbst nicht sicher erschließen, beachtet man aber den Gesamtkontext, so lassen sich doch einige Indizien benennen, die dafür sprechen, dass es sich dabei um das allgemeine Gericht Gottes am Ende der Weltzeit handelt. Ganz eindeutig geht unsere Schrift von einer allgemeinen Auferstehung der Toten am jüngsten Tag aus. Vor allem ist hier auf gLAE 41,2 zu verweisen, wo Gott zu Adam sagt: „Ich sagte dir, dass du Erde bist und zur Erde zurückkehren wirst. Dagegen verheiße ich dir (jetzt) die Auferstehung; ich werde dich auferstehen lassen in der Auferstehung mit dem ganzen Menschengeschlecht."[373] Jener Tag der Auferstehung wird in gLAE auch als „Tag des Gerichts" bezeichnet (12,1; 26,4). Ein zweiter Anhaltspunkt für die Lehre vom Endgericht ist gLAE 39, wo Adam die zukünftige Wiedereinsetzung in seine ursprüngliche Herrlichkeit, verbunden mit der endgültigen Verurteilung Satans, verheißen wird. Wie ist nun aber diese Lehre von Gericht und Auferstehung[374] mit der in gLAE 33ff. beschriebenen Vergebung für Adam zu vereinbaren, die ja ihrerseits auch als Gericht Gottes zu betrachten ist? Ausgeschlossen scheint mir die Annahme, dass Gott sein Urteil über Adam am Ende der Weltzeit noch einmal abändern könnte. Weder lässt der Text irgendwelche Anhaltspunkte dafür erkennen, noch ist es meines Erachtens denkbar, dass Gott seine einmal ausgesprochene Vergebung zurücknehmen könnte. Das unmittelbar nach dem Tod stattfindende Gericht stellt daher eher eine Vorwegnahme des endzeitlichen Gerichts dar. Das Urteil ist definitiv ausgesprochen, aber es ist gleichsam noch nicht rechtskräftig. Allerdings zeigt sich unser Erzähler nicht sonderlich daran interessiert, wie man sich das In-Kraft-Treten des göttlichen Urteils genau vorzustellen hat. Ihm geht es vor allem um dessen Inhalt: Adam findet Gnade vor Gott.

---

[371] Mit VOLZ, Eschatologie, 263 und TROMP, Issues, 35f.

[372] KOLENKOW, Trips, 4 scheint diese Waschung als eine Art Bestrafung zu verstehen („if one sins the angels will grab one and dunk one three times in the Acherusian lake"), was aber am Text keinen Anhalt hat. Der Waschung geht das Gnadenurteil voraus (37,2), was eindeutig dafür spricht, dass sie eher ein Heilsgeschehen als eine Bestrafung darstellt.

[373] Vgl. auch 28,4.

[374] Vgl. dazu auch Kapitel 9.

6.3.6 Synoptischer Vergleich

Da die einzelnen Versionen in ihren jeweiligen Parallelüberlieferungen zu gLAE 33–37 sehr stark auseinander gehen, ist es sinnvoll, sie jeweils einzeln mit dem griechischen Text zu vergleichen.

A. armLAE (Stone): Der ganze Abschnitt gLAE 33–37 fehlt im armenischen Text. Johannes Tromp hat meines Erachtens überzeugend nachgewiesen, dass der armenische Text hier eindeutig sekundär ist, also ein Stück ausgelassen hat. Die wichtigsten Argumente dafür sind folgende:[375] In der Regel gehen armLAE (Stone) und geoLAE sehr eng zusammen, und wenn geoLAE hier mit dem griechischen Text (gegen den armenischen) übereinstimmt, so spricht dies für eine sekundäre Auslassung in armLAE (Stone). Zweitens heißt es im jetzigen Text von armLAE (Stone) 47,1 „Eve arose, and all the angels assembled before her, each according to his rank", was schwer verständlich ist, da eine Versammlung der Engel vor Eva keinen rechten Sinn ergibt. Interpretiert man diese Stelle aber mit Hilfe der Annahme, dass der armenische Text von gLAE 33,1 („Eva aber stand auf") unmittelbar zu 38,2 springt („und der Vater sprach zu ihm, dass sich alle Engel vor Gott versammeln sollten, jeder nach seiner Ordnung ..."), so lässt sich diese Schwierigkeit erklären. Beachtet man nun noch, dass sowohl in gLAE 33,2 als auch in gLAE 38,3 der Thronwagen Gottes erwähnt wird, so ließe sich auch eine Ursache für die Auslassung in armLAE (Stone) benennen, nämlich der versehentliche Sprung von Kap. 33 zu Kap. 38.[376]

B. geoLAE: Die georgische Version bietet als einzige einen Text, der dem griechischen weitgehend entspricht. Allerdings enthält die Parallele zu gLAE 37,5 einen eindeutig christlichen Zusatz, der auch den georgischen Text als sekundär erweist. Es heißt hier: „Emporte le dans le troisième ciel, au paradis, et place le devant l'autel jusqu'au jour de l'Économie que je médite, à l'égard de tous les (êtres) de chair, *avec mon fils bien aimé*" (Hervorhebung von mir).

C. latLAE: Auch wenn Wilhelm Meyer seinerzeit anders urteilte,[377] erweist sich die lateinische Parallele zu gLAE 33ff. (= latLAE 46–47) durchweg als sekundär.[378] Zunächst ist zu beobachten, dass der lateinische Text wesentlich kürzer als der griechische ist und zahlreiche Details nicht bietet. Es fehlen die

---

[375] Vgl. TROMP, Issues, 30f.

[376] TROMP, a.a.O., 31 Anm. 18 verweist hier auf ein Arbeitspapier von Marinus DE JONGE für ein SNTS-Seminar, welches mir allerdings bislang nicht zugänglich war.

[377] Vgl. MEYER, Vita, 206 „Die Darstellung des griechischen Textes ist durchaus rhetorisch und überschwänglich, die des lateinischen mäßig und verständig"; „die pomphafte Darstellung der verschiedenen Erscheinungen Gottes (im griechischen Text; Th.K.) schmecken sehr nach der Rhetorik und Phantasie, welche man in vielen griechischen Heiligenlegenden kosten muss."

[378] Mit DE JONGE / TROMP, Life, 37f.

Waschung Adams im acherusischen See, die Überführung ins Paradies, der Lichtwagen, die Fürbitte der Engel und deren Räucheropfer, die Fürbitte von Sonne und Mond und der gesamte Dialog zwischen Eva und Seth. Andere Elemente sind im lateinischen Text zwar erhalten geblieben, wurden aber stark verändert. Die Erscheinung des Engels gilt Seth, nicht Eva (vgl. gLAE 32,4), und deren Worte aus gLAE 34,1 („Stehe auf, Seth, vom Leib deines Vaters") werden dem Erzengel Michael in den Mund gelegt (latLAE 46,3: „exurge desuper corpus patris tui et veni ad me et vide, quid de eo disponat dominus deus"). Auch die Verdunklung von Sonne und Mond hat eine neue Bedeutung bekommen, sie wird im lateinischen Text nicht mit der Gegenwart Gottes erklärt, sondern erscheint als Begleitumstand des Todes Adams: „Et factum est, cum finisset omnes sermones illius, tradidit spiritim. Obtenebratus est sol et luna et stellae per dies VII" (latLAE 45,3–46,1). Die so entstandene Erzählung ist zwar in sich stimmig, allerdings ist es schwer vorstellbar, dass der griechische Text seinerseits aus dem lateinischen entstanden sein könnte. Die Annahme, dass der Verfasser des lateinischen Textes bzw. dessen griechischer Vorlage, den Text stark gestrafft hat, erscheint hingegen wesentlich plausibler, zumal der griechische Text ja einige Ungereimtheiten und Doppelungen enthält, wie wir oben gesehen haben.

    D. slavLAE: Auch der slavische Text bietet eine gekürzte Fassung der Erzählung, die sich ebenfalls gegenüber dem griechischen Text als sekundär erweist. Meines Erachtens lässt sich dies an folgenden Details des slavischen Textes erkennen: Während in gLAE 33,5 die Engel beten: „Jael, Heiliger, vergib (ihm), denn er ist dein Ebenbild und das Werk deiner heiligen Hände", heißt es in slavLAE 41: „und der Erzengel Ioel sprach: Heilig überheilig, o Herr, verzeihe deinem Geschöpfe, denn er ist das Geschöpf deiner Hände." Am besten lässt sich dies wohl als Missverständnis des griechischen Gottesnamens Ἰαήλ erklären. Ferner ist der slavische Text in Kapitel 44 schwer verständlich. Es heißt hier:

Und Eva sagte: Wo ist ihr Licht (= das Licht der Sonne und des Mondes; Th.K.)? Seth sprach zu seiner Mutter: Als sich der Erzengel Michael erhob um zu beten, verstummten alle Kräfte der Engel vor dem Herrn, und wiederum riefen die Engel mit großer Stimme sprechend: Gebenedeit ist der Ruhm des Herrn, der sein Geschöpf Adam begnadigt hat.

Offensichtlich handelt es sich dabei um eine stark komprimierte Fassung von gLAE 36,2–37,2, zu der Jagić mit Recht bemerkte, sie sei „so gekürzt, dass man ohne die griechische Vorlage ... den Zusammenhang nicht begreifen würde."[379] Anhand von slavLAE 45 lässt sich schließlich zeigen, dass der Bearbeiter der slavischen Version bzw. deren griechischer Vorlage wohl auch versucht hat, etwas mehr Klarheit in den griechischen Text hineinzubringen.

---

[379] JAGIĆ, Beiträge, 38.

Gott gibt dem Erzengel Michael hier folgenden Auftrag: „Trage seinen (= Adams; Th.K.) Leichnam ins Paradies; sein Geist soll in dem dritten Himmel verweilen, der Körper aber soll hier weilen bis zu meiner Auferstehung." Eine ähnlich klare Unterscheidung zwischen Leib und Geist und deren verschiedenen Aufenthaltsorten nach dem Tod finden wir im griechischen Text nicht.

6.4 Zusammenfassung

1. Die beiden untersuchten Textabschnitte haben gezeigt, dass der Gottebenbildlichkeit eine zentrale Bedeutung für die Anthropologie unserer Erzählung zukommt. Sie wird gleichsam als ein göttliches Gütesiegel verstanden, das dem Menschen mit seiner Erschaffung verliehen wurde und auch nach dem Fall aus seiner ursprünglichen Herrlichkeit erhalten bleibt. Gottes Ja zu seinem Geschöpf hat Bestand, auch nachdem sich der Mensch selbst gegen die Lebensordnungen Gottes gewandt hat. Der Angriff des Tieres auf Seth, von welchem gLAE 10ff. erzählt, symbolisiert die lebensbedrohlichen Folgen dieser Auflehnung, welche aber den Status des Menschen als Ebenbild des Schöpfers nicht aufheben. Im Wissen um die verbliebene Würde darf der Sünder daher auf Gottes endzeitliches Erbarmen hoffen (gLAE 33ff.). Damit ist zugleich deutlich, dass das Gottesbild, welches unser Erzähler zeichnet, vor allem vom Aspekt der Gnade gekennzeichnet ist, was selbstverständlich aber das Wissen um die Tragweite der menschlichen Schuld nicht beeinträchtigt.

2. In der traditionsgeschichtlichen Untersuchung der einzelnen Motive ergab sich, dass das frühjüdische Kolorit der Texte nahezu überall mit Händen zu greifen ist. Die Frage nach dem genaueren Ursprungsort ist allerdings nach meinem Eindruck schwer zu beantworten. Auffällig ist die enge Verwandtschaft mit dem slavischen Henochbuch (vgl. 6.2.4.A; 6.3.4.E und G), welches bekanntlich in Alexandrien entstanden ist. Darüber hinaus könnten auch die Gottesprädikationen in gLAE 33–37 (6.3.4.C) und die Waschung Adams im Acherusischen See (6.3.4.F) in die Richtung des Diasporajudentums weisen. Insgesamt sind die Indizien dafür aber noch nicht ausreichend. Spezifisch christliche Elemente fehlen hingegen gänzlich, weshalb die Annahme christlichen Ursprungs wesentlich schwerer zu begründen sein dürfte.

3. Aus dem Vergleich der griechischen Texte mit den Parallelüberlieferungen in den anderen Versionen ergab sich ferner, dass Letztere in der Regel christliche Zusätze enthalten und sich an vielen Punkten als Bearbeitungen des griechischen Textes erweisen. Häufig lässt sich dabei auch das Bemühen um eine Verbesserung des Textes erkennen, der im Griechischen zuweilen etwas undeutlich und schwer verständlich ist.

Kapitel 7

Opfer und Täter: Der „Fall" des Menschen

7.1 Einführung

Im vorangegangenen Kapitel habe ich zwei Textabschnitte untersucht, die den Menschen als Gottes Ebenbild in den Blick nehmen und auf diesem Wege seine herausragende Stellung unter allen Geschöpfen zum Ausdruck bringen. Von Gott in besonderer Weise erwählt und mit Herrlichkeit gekrönt, erscheint der Mensch gleichsam als Krone der Schöpfung. Dieses Bewusstsein um die besondere Stellung des Menschen vor Gott begegnete uns allerdings keineswegs ungetrübt. Vielmehr stand es immer in einem engen Zusammenhang mit der Einsicht, dass der Mensch aufgrund der Sünde um den Fortbestand seiner ursprünglichen Erhabenheit fürchten muss. Indem das Ebenbild Gottes zum Sünder wurde, setzte es seine Ebenbildlichkeit selbst aufs Spiel und besitzt diese seitdem nicht mehr ungeteilt. Hinzugekommen ist das Bewusstsein des eigenen Versagens und der Verführbarkeit durch das Böse. Ebenbild Gottes und Sünder zugleich, in dieser Bipolarität beschreibt gLAE das menschliche Dasein. Beide Aspekte sind so eng verwoben, dass man eines nicht vom anderen trennen kann. Darin zeigt sich meines Erachtens aber gerade die Stärke des Menschenbildes unserer Schrift, ja des jüdisch-christlichen Menschenbildes im Allgemeinen, für das gLAE in diesem Punkt repräsentativ steht. Der Mensch wird hier weder als gänzlich schlecht und verdorben noch als gänzlich gut und erhaben dargestellt. Er ist beides, Partner und Widersacher Gottes, Bewahrer und Zerstörer der Schöpfung, fähig zum Guten und anfällig für das Böse.

Obwohl die beiden in Kapitel 6 und 7 behandelten Aspekte des menschlichen Seins also sehr eng zusammengehören, ist ihre Unterscheidung dennoch von theologischer Bedeutung, und es ist auch kein Zufall, dass der Mensch hier zuerst als Geschöpf Gottes und dann als Sünder thematisiert wird. Denn die Sünde gehörte keineswegs ursprünglich zum Menschsein hinzu, davon zeigt sich unser Erzähler überzeugt. Vielmehr ist gerade an der im Folgenden zu untersuchenden Schilderung der Verführung der Protoplasten in gLAE 15–21 erkennbar, dass die Sünde nachträglich, und nicht vom

Schöpfer selbst so vorherbestimmt, hinzukam.[1] In dieser Nachrangigkeit der Sünde liegt zugleich eine Hoffnung, sie ist weder naturgegeben noch auf ewig mit dem menschlichen Dasein verkettet. Die Darstellung der Ereignisse im Paradies hat deshalb auch den Sinn, das Wesen der Sünde vor Augen zu führen und damit zur Wachsamkeit gegenüber den Einflüsterungen des Bösen, welches unsere Schrift in der Figur des Teufels personifiziert hat, zu verhelfen.[2] Damit ist zugleich deutlich, dass die Anregung zur Sünde zwar etwas von außen Kommendes ist, das Nachgeben gegenüber den Einflüsterungen des „Feindes" zugleich aber eine freie Tat des Menschen selbst darstellt. Im Verhältnis zur Sünde ist der Mensch Opfer *und* Täter, dies wird sich bereits in der Auslegung der Sündenfallgeschichte (gLAE 15–21) zeigen. Noch deutlicher aber kommt der Täter-Aspekt in zwei kleinen Abschnitten zur Sprache, die ich im Anschluss daran untersuchen werde (gLAE 27 und gLAE 32,1f.).[3] Bedeutsam ist dabei, dass sowohl Adam als auch Eva jeweils ihre eigene, *persönliche* Verantwortung vor Gott hervorheben, womit die beiden Abschnitte sich als komplementär zu gLAE 15ff. erweisen, wo vor allem die Opferrolle der Protoplasten hervorgehoben wird. Ferner zeigt sich darin auch, dass es hinsichtlich der Verantwortlichkeit für die Sünde keinen prinzipiellen Unterschied zwischen Adam und Eva gibt.

---

[1] Die Verführung Evas durch den Teufel wird auch in gLAE 7 erzählt. Diesen Text werde ich im nächsten Kapitel untersuchen, vgl. Abschnitt 8.2.
[2] Programmatisch ist in diesem Zusammenhang die Aussage Evas in gLAE 30: „Nun also, meine Kinder, habe ich euch die Weise, in der wir getäuscht wurden, kundgetan; ihr aber, hütet euch, das Gute zu verlassen."
[3] Weitere Stellen, an denen das Bewusstsein der menschlichen Sünde zur Sprache kommt, sind die Klage Evas in gLAE 10,2 sowie ihr Gebet in Kapitel 42; vgl. auch die Übersicht über das Material zu den Themen Sünde, Buße und Gnade in gLAE bei MEISER, Sünde, 300–305.

7.2 Die Verführung durch den „Feind" (gLAE 15–21)

7.2.1 Textrekonstruktion

15[4] (1) Τότε λέγει ἡ Εὖα πρὸς αὐτούς·[5] ἀκούσατε πάντα τὰ τέκνα μου[6] καὶ τὰ τέκνα τῶν τέκνων μου,[7] κἀγὼ ἀναγγελῶ ὑμῖν πῶς ἠπάτησεν ἡμᾶς ὁ ἐχθρός.[8] (2)[9] Ἐγένετο δὲ ἐν τῷ φυλάσσειν ἡμᾶς τὸν παράδεισον ἕκαστος[10] ἡμῶν τὸ λαχὸν[11] αὐτῷ[12] μέρος ἀπὸ τοῦ θεοῦ,

---

[4] Für das gesamte Kapitel weicht die Handschriftenfamilie III stark ab. Ich gebe daher im Folgenden den Wortlaut des gesamten Kapitels gesondert wieder, wobei ich der Untergruppe IIIa folge: κατεζομένων δὲ τῶν υἱῶν αὐτῶν κύκλῳ τῆς κοίτης τοῦ πατρὸς αὐτῶν καὶ θρηνούντων εἶπεν αὐτοῖς ἡ Εὖα τεκνία μου ὁ πατὴρ ὑμῶν ὡς ὁρᾶτε ἤδη ἐκλείπει ἴσως κἀγὼ μετ' αὐτοῦ δεῦτε οὖν ἀκούσατε καὶ διηγήσομαι ἡμῖν τὸν φθόνον καὶ τὴν κακίαν τοῦ πονηροῦ καὶ ποίῳ τρόπῳ δελεάσας ἐστέρησεν ἡμᾶς τοῦ παραδείσου καὶ τῆς αἰωνίου ζωῆς καὶ ἤρξατο λέγειν αὐτοῖς οὕτως πλάσας ὁ φιλάνθρωπος καὶ ἐλεήμων θεὸς ἐμέ τε καὶ τὸν πατέρα ὑμῶν ἔθετο ἡμᾶς ἐν τῷ παραδείσῳ δεσπόζειν καὶ ἀπολαβεῖν πάντων ἀπὸ τῶν ἐν αὐτῷ φυτῶν ἑνὸς δὲ μόνου φυτοῦ ἐκέλευσεν ἀπέχεσθαι. IIIb und IIIc weichen teilweise ihrerseits von IIIa ab, was hier aber nicht im Einzelnen aufgeführt werden kann.

[5] τότε λέγει ἡ Εὖα πρὸς αὐτούς: a) V R τότε λέγει ἡ Εὖα | b) B ἤρξατο λέγειν πρὸς αὐτοὺς οὕτως | c) M καὶ συνήγαγεν ἅπαντα πρὸς τὸν 'Αδὰμ καὶ ἀνοίξας τὸ στόμα ἡ μήτηρ αὐτῶν Εὖα λέγει

[6] ἀκούσατε πάντα τὰ τέκνα μου: a) R ἀκούσατε πάντες οἱ παῖδες ἡμῶν | b) M τέκνα μου ἀκούσατέ μου τοὺς λόγους ||| μου: SVK²PG ἡμῶν

[7] καὶ τὰ τέκνα τῶν τέκνων μου: fehlt in VK²PG II ||| μου a) fehlt in D | b) S ἡμῶν || D steht hier allein gegen die übrigen Hss.

[8] ἀκούσατε πάντα τὰ τέκνα μου καὶ τὰ τέκνα τῶν τέκνων κἀγὼ ἀναγγελῶ ὑμῖν πῶς ἠπάτησεν ἡμᾶς ὁ ἐχθρός: fehlt in B ||| ἐχθρός: AL TISCHENDORF erg. ἡμῶν || Die Variante ist nur schwach bezeugt. Bekanntlich stützte sich TISCHENDORF bei der Erstellung seines Textes in der Regel auf die Hs. A, was vom heutigen Kenntnisstand her nicht haltbar ist. Im Folgenden verzichte ich daher darauf, ähnliche Abweichungen von TISCHENDORF immer im Detail zu begründen.

[9] V bietet den gesamten Vers stark verändert: ἐμέρισεν ἡμῖν ὁ θεὸς τὸν παράδεισον φυλάσσειν αὐτὸν καὶ τὸν μὲν 'Αδὰμ ἔλεγχεν ἀνατολὴ καὶ ἄρκτος ἔλεγχον δὲ μετ' αὐτοῦ καὶ πάντα τὰ ἀρσενικὰ θηρία ἐγὼ δὲ ἐφύλαξα ἐπὶ τὸν κλῆρόν μου νότον καὶ δύσιν καὶ πάντα ἔλεγχον μετ' ἐμοῦ τὰ θηρία τὰ θηλυκά

[10] ἐγένετο δὲ ἐν τῷ φυλάσσειν ἡμᾶς τὸν παράδεισον ἕκαστος: B ἐν εἶναι ἡμᾶς τέκνα μου εἰς τὸν παράδεισον καὶ ἐν τῷ φυλάσσειν ἕκαστος ||| ἕκαστος: Ib II BERTRAND NAGEL TISCHENDORF ἐφυλάττομεν ἕκαστος || Die Variante lässt sich als Versuch der Textverbesserung betrachten.

[11] λαχόν: a) DS A II λαχόντα | b) K²G L NAGEL λαχόν τι || Var a) ist als maskuline Partizipform grammatisch falsch, während Var b) ihrerseits eine Korrektur von a) darstellen könnte.

[12] αὐτῷ: B A II TISCHENDORF αὐτοῦ || αὐτῷ ist wesentlich besser bezeugt. Die Abweichung bei TISCHENDORF erklärt sich damit, dass er sich bei der Erstellung seines Textes in der Regel auf die Hss. A und B stützte, die hier αὐτοῦ lesen.

ἐγὼ δὲ ἐφύλαξα[13] ἐν τῷ κλήρῳ μου νότον καὶ δύσιν.[14] (3) Ἐπορεύθη δὲ ὁ διάβολος[15] εἰς τὸν κλῆρον τοῦ Ἀδὰμ ὅπου ἦν τὰ θηρία. Ἐμέρισεν ὁ θεός,[16] τὰ ἀρσενικὰ πάντα δέδωκεν τῷ πατρὶ ὑμῶν[17] καὶ τὰ θηλυκὰ πάντα δέδωκεν[18] ἐμοί.[19]

---

[13] ἐφύλαξα: B AC II BERTRAND NAGEL TISCHENDORF ἐφύλαττον ‖ Die besten Hss. DSV bieten ἐφύλασα bzw. ἐφύλασσα, was man wohl besser auf die Aoristform ἐφύλαξα zurückführt. Die Imperfektform ἐφύλαττον wäre zwar grammatisch besser (durativer Aspekt des Imperfekts), ist aber schwächer bezeugt.

[14] ἐν τῷ κλήρῳ μου νότον καὶ δύσιν: II νότον καὶ δύσιν

[15] Der Rest des Verses fehlt in R.

[16] ὅπου ἦν τὰ θηρία ἐμέρισεν ὁ θεός: a) S NAGEL ὅπου ἦν τὰ θηρία ἐπειδὴ τὰ θηρία ἐμέρισεν ὁ θεός | b) K²PG ὅπου ἦν τὰ θηρία ἐμέρισεν γὰρ ἡμᾶς ὁ θεός | c) B ὅπου ἦσαν τὰ ἀρσενικὰ θήρια | d) AL ὅπου ἦν τὰ θηρία ἐπειδὴ τὰ θηρία ἐμέρισεν ὁ θεὸς ἡμῖν | e) C ὅπου ἦσαν τὰ θηρία ἐμέρισεν ἡμᾶς ὁ θεός | f) M ὅπου ἦν τὰ θηρία | g) BERTRAND TISCHENDORF ὅπου ἦν (ἦν: TISCHENDORF ἦσαν) τὰ ἀρσενικὰ θηρία ἐπειδὴ τὰ θηρία ἐμέρισεν ὁ θεός (TISCHENDORF erg. ἡμῖν) ‖ BERTRAND und TISCHENDORF können sich hier einzig und allein auf die Hs. B stützen, denn nur diese überliefert das Attribut ἀρσενικά zu θηρία. Im Allgemeinen bietet diese Hs. aber einen recht freien Text und steht auch hier völlig allein. Var a) könnte hingegen eventuell auch ursprünglich sein, da der Text von D dann als Auslassung aufgrund von Homoioteleuton erklärbar wäre (beachte das zweimalige θηρία in S). Andererseits überliefert Var b) ein anderes Objekt zu ἐμέρισεν, nämlich ἡμᾶς. Das spricht nun wiederum dafür, dass der ursprüngliche Text hier uneindeutig war (wie in D).

[17] τῷ πατρὶ ὑμῶν: a) D A τὸν πατέρα ἡμῶν | b) S τὸν πατέρα ὑμῶν | c) K²PB C M τῷ πατρὶ ἡμῶν ‖ Alle drei Varianten sind in grammatischer oder inhaltlicher Hinsicht problematisch. Sowohl die Dativform τῷ πατρί als auch ὑμῶν muss stehen.

[18] δέδωκεν: LC M TISCHENDORF ἔδωκεν ‖ Die Variante ist wesentlich schwächer bezeugt. Alle Hss. von Ia haben δέδωκεν (siehe auch Anm. 8).

[19] ὅπου ἦν τὰ θηρία ἐμέρισεν ὁ θεὸς τὰ ἀρσενικὰ πάντα δέδωκεν τῷ πατρὶ ὑμῶν καὶ τὰ θηλυκὰ πάντα δέδωκεν ἐμοί: fehlt in V, vgl. aber Anm. 9 zu V. 2. ‖| τῷ πατρὶ ὑμῶν καὶ τὰ θηλυκὰ πάντα δέδωκεν ἐμοί: G ἡμῖν ‖| ἐμοί: a) DSK² A ἐμέ | b) Ib NAGEL TISCHENDORF erg. καὶ ἕκαστος ἡμῶν τὸ ἑαυτοῦ ἐτήρει | c) M erg. καὶ ἐφυλάττομεν αὐτὸ ‖ Var a) ist grammatisch schlecht und Var b) stellt einen interpretierenden Zusatz dar (wie häufig in Textfamilie Ib).

16 (1)[20] Καὶ ἐλάλησεν τῷ ὄφει ὁ διάβολος[21] λέγων·[22] ἀνάστα ἐλθὲ πρός με.[23] (2)[24] Καὶ ἀναστὰς[25] ἦλθεν πρὸς αὐτόν.[26] Καὶ λέγει αὐτῷ[27] ὁ διάβολος· ἀκούω ὅτι φρονιμώτερος εἶ ὑπὲρ[28] πάντα τὰ θηρία[29] καὶ ὁμιλῶ σοι·[30] (3)[31] διὰ τί ἐσθίεις ἐκ τῶν ζιζανίων τοῦ Ἀδὰμ ἐκ τοῦ[32]

---

[20] III bietet für 16,1 einen stark veränderten Text, N liest (mit Abweichungen auch die anderen Hss. von III): ὁ οὖν διάβολος ἰδὼν ἧς ἐτύχομεν τιμῆς παρὰ τοῦ πλάσαντος ἡμᾶς θεοῦ ἐφθόνησεν ἡμᾶς (besser wohl: ἡμῖν) καὶ εὑρὼν τὸν ὄφιν φρονιμώτατον ὄντα ὑπὲρ πάντα τὰ θηρία προσελθὼν ἐλάλησεν αὐτῷ οὕτως (IIIc [außer H] erg. ferner βούλομαί σοι μυστήριον εἰπεῖν μέγα σήμερον)

[21] ὁ διάβολος: fehlt in V und R

[22] λέγων: a) K² erg. οὕτως | b) GP erg. αὐτῷ οὕτως

[23] ἀνάστα ἐλθὲ πρός με: a) V ἀναστάς ἀκολούθησόν μοι | b) fehlt in G | c) Ib II NAGEL TISCHENDORF erg. καὶ εἴπω σοι ῥῆμα ἐν ᾧ ὠφεληθῇς (ὠφεληθῇς: II ἔχεις ὠφεληθῆναι) || Gegen Var c) stehen alle Hss. von Ia.

[24] BERTRAND und NAGEL haben eine veränderte Verszählung, wonach 16,2 erst mit καὶ λέγει αὐτῷ beginnt. III bietet auch 16,2 in stark abgewandelter Gestalt. IIIa (mit Abweichungen auch IIIb): οἶδά σε φρόνιμον ὄντα ὑπὲρ πάντα τὰ θηρία καὶ βούλομαί σοι θαρρῆσαι πρᾶγμα καὶ συμβουλεύσασθαι; IIIc bietet hingegen einen verstümmelten Text: ὁ δὲ ὄφις εἶπεν ὁ ὄφις (F ὁ διάβολος) λέγει

[25] ἀναστάς: K²PG BERTRAND erg. ὁ ὄφις || Der Zusatz fehlt in DS und ist in inhaltlicher Hinsicht nicht notwendig (anders NAGEL, Vie I, 10).

[26] καὶ ἀναστὰς ἦλθεν πρὸς αὐτόν: a) fehlt in V | b) Ib II TISCHENDORF τότε ἦλθεν πρὸς αὐτὸν ὁ ὄφις || Zu Var b) siehe Anm. 8.

[27] καὶ λέγει αὐτῷ: fehlt in M

[28] ὑπέρ: a) S II παρά | b) K²PG ἀπό

[29] πάντα τὰ θηρία: K²PGB A IIIb TISCHENDORF πάντων τῶν θηρίων || Siehe Anm. 8.

[30] καὶ ὁμιλῶ σοι: a) K²PG καὶ ἄκουσόν μου καὶ λαλήσω σοι | b) B καὶ διὰ τοῦτο συμβουλεύομαί σοι | c) Ib II NAGEL TISCHENDORF ἐγὼ δὲ ἦλθον κατανοῆσαί σε εὗρον δέ σε μείζονα πάντων τῶν θηρίων καὶ ὁμιλῶ σοι ὅμως προσκυνεῖς τὸν ἐλαχιστότερον (ὁμιλῶ σοι ὅμως προσκυνεῖς τὸν ἐλαχιστότερον: fehlt in M) || Es handelt sich bei Var c) um einen Zusatz, der in den besten Hss. nicht bezeugt ist.

[31] III bietet 16,3 in stark veränderter Gestalt (nach N, die anderen Hss. mit geringfügigen Abweichungen): βλέπεις πάντως οἵας τιμῆς ἔτυχεν παρὰ τοῦ θεοῦ ὁ ἄνθρωπος ἡμεῖς δὲ ἀτιμίας (ἡμεῖς δὲ ἀτιμίας: EW βλέπεις κάλλος καὶ θέαν ἄμετρον ἦν ὁ θεὸς ἐχαρίσατο) ἐπάκουσόν μου δεῦρο καὶ ποιήσωμεν αὐτὸν ἐκβληθῆναι τοῦ παραδείσου ὡς καὶ ἡμεῖς (IIIc [ohne H] erg. μέσον τοῦ τοῦ παραδείσου ἐβαδίσαμεν καὶ ἐκλαμπρότεροι τοῦ ἡλίου καὶ τῆς σελήνης ἐσόμεθα δεύτερα [nach BERTRAND, Vie [A], 80 ist für ἐσόμεθα δεύτερα zu lesen: ἐγενόμεθα αὐτῇ δὲ τῇ ὥρᾳ] ἐξεπήσαμεν καὶ) ἐξεβλήθημεν δι' αὐτοῦ (δι' αὐτοῦ: EW δεῦρο οὖν ποιήσωμεν αὐτὸν ἐκβληθῆναι ὡς καὶ ἡμεῖς ἐξεβλήθημεν)

[32] Ἀδὰμ ἐκ τοῦ: a) Ib NAGEL TISCHENDORF Ἀδὰμ καὶ τῆς γυναικὸς αὐτοῦ καὶ οὐχί ἐκ (AC TISCHENDORF erg. τοῦ καρποῦ) τοῦ | b) II BERTRAND Ἀδὰμ καὶ οὐχί ἐκ τοῦ || Gegen beide Varianten sprechen sowohl formale (keine der Hss. von Ia bietet diese Lesarten) als auch inhaltliche Gründe. Die Schlange befindet sich ja im Paradies. Wie sollte sie dann ihre Nahrung von außerhalb des Paradieses erhalten? Vielmehr scheint hier vorausgesetzt zu sein, dass Adam und Eva den Tieren Nahrung gaben (vgl. z.B. armLAE

παραδείσου; Ἀνάστα[33] ποιήσωμεν αὐτόν[34] ἐκβληθῆναι[35] ἐκ τοῦ παραδείσου[36] ὡς καὶ ἡμεῖς ἐξεβλήθημεν δι' αὐτοῦ.[37] (4)[38] Λέγει αὐτῷ ὁ ὄφις·[39] φοβοῦμαι[40] μήποτε ὀργισθῇ μοι[41] ὁ θεός.[42] (5)[43] Λέγει αὐτῷ ὁ διάβολος·[44] μὴ φοβοῦ,[45] γενοῦ[46] μοι σκεῦος, κἀγὼ λαλήσω διὰ στόματός σου ῥήματα[47] πρὸς τὸ[48] ἐξαπατῆσαι αὐτούς.[49]

17 (1)[50] Καὶ[51] εὐθέως ἐκρεμάσθη παρὰ[52] τῶν τειχέων[53] τοῦ παραδείσου καὶ ὅτε[54] ἀνῆλθον οἱ ἄγγελοι τοῦ θεοῦ προσκυνῆσαι,[55]

[Stone] 44 [16,3] oder slavLAE 1). Ob die Tiere vor der Erschaffung der Menschen andere Nahrung zur Verfügung hatten (so FUCHS, Leben, 520f. Anm. e und f, unter Bezug auf Gen 1,29f.), wird nicht ausdrücklich gesagt, aber der Appell Satans an den Neid der Schlange wäre wohl von daher am besten verständlich.

[33] ἀνάστα: a) V C δεῦρο | b) AL TISCHENDORF ἀνάστα καὶ δεῦρο (L erg. τοῦ καρποῦ) || Siehe Anm. 8.

[34] αὐτόν: So ist wohl mit BERTRAND und NAGEL zu lesen. Möglich wäre aber auch αὐτῶν, vgl. Anm. 191 zur Übersetzung von 16,3.

[35] ἐκβληθῆναι: a) PG ἐξελθεῖν | b) Ib TISCHENDORF erg. διὰ τῆς γυναικὸς αὐτοῦ || Zu Var b) siehe Anm. 8.

[36] ἀνάστα ποιήσωμεν αὐτὸν ἐκβληθῆναι ἐκ τοῦ παραδείσου: fehlt in K²

[37] ἀνάστα ποιήσωμεν αὐτὸν ἐκβληθῆναι ἐκ τοῦ παραδείσου ὡς καὶ ἡμεῖς ἐξεβλήθημεν δι' αὐτοῦ: fehlt in M

[38] Der gesamte Vers fehlt in M und IIIc.

[39] ὄφις: B erg. πρὸς τὸν διάβολον

[40] φοβοῦμαι: IIIa IIIb erg. τοῦτο πρᾶξαι

[41] μοι: R ἡμῖν

[42] θεός: VB A IIIa IIIb TISCHENDORF κύριος || Siehe Anm. 8.

[43] Der gesamte Vers fehlt in M.

[44] λέγει αὐτῷ ὁ διάβολος: EW διὰ τοῦτο λέγει αὐτὸν τὸν ὄφιν ὁ διάβολος

[45] φοβοῦ: IIIa IIIb erg. περὶ αὐτοῦ σύ

[46] γενοῦ: C TISCHENDORF μόνον γενοῦ || Die Variante ist sehr schwach bezeugt.

[47] ῥήματα: III ῥῆμα ἕν

[48] πρὸς τό: Ib TISCHENDORF ἐν ᾧ δυνήσῃ || Siehe Anm. 8.

[49] αὐτούς: a) AT TISCHENDORF αὐτόν | b) C R αὐτήν || Zu Var a) siehe Anm. 8.

[50] IIIb bietet den gesamten Vers in stark abgewandelter Gestalt: καὶ εὐθέως ἦλθεν πρός με ἐν τῷ παραδείσῳ ὁ δὲ Ἀδάμ ὁ πατὴρ ὑμῶν οὐ παρῆν ἀλλὰ σὺν τοῖς ἀγγέλοις ἀνῆλθεν προσκυνῆσαι τῷ κυρίῳ

[51] καί: IIIc (außer H) σεβασθεὶς (nach BERTRAND ist zu lesen σκευασθεὶς) δὲ ἐντὸς τοῦ ὄφεως καὶ τῆς κοιλίας αὐτοῦ ὁ διάβολος

[52] παρά: a) V L NAGEL ἐκ | b) K²P ἐπί | c) B ἀπό | d) ATC R IIIc TISCHENDORF διά || Zu Var a): ἐκ ist wesentlich schwächer bezeugt. Zu Var d) siehe Anm. 8.

[53] τειχέων τοῦ παραδείσου: P τραχήλου τοῦ ὄφεως καὶ ἐπῆξαν εἰς τὸν παράδεισον

[54] ὅτε: Ib R TISCHENDORF περὶ ὥραν ὅταν || Siehe Anm. 8.

[55] προσκυνῆσαι: III erg. τῷ κυρίῳ (IIIc erg. ferner καθὼς ἔθος ἐστίν αὐτοῖς) |||| Καὶ εὐθέως ἐκρεμάσθη παρὰ τῶν τειχέων τοῦ παραδείσου καὶ ὅτε ἀνῆλθον οἱ ἄγγελοι τοῦ θεοῦ προσκυνῆσαι: fehlt in M

τότε ὁ Σατανᾶς[56] ἐγένετο ἐν εἴδει[57] καὶ ὕμνει τὸν θεὸν καθάπερ ἄγγελοι.[58] (2)[59] Καὶ παρέκυψεν[60] ἐκ τοῦ τείχους καὶ εἶδον αὐτὸν ὅμοιον ἀγγέλου καὶ λέγει μοι· σὺ εἶ ἡ Εὕα;[61] καὶ εἶπον αὐτῷ· ἐγώ εἰμι, καὶ λέγει μοι·[62] τί ποιεῖς ἐν τῷ παραδείσῳ;[63] (3)[64] Καὶ[65] εἶπον αὐτῷ· ὁ θεὸς ἔθετο ἡμᾶς[66] ὥστε φυλάσσειν καὶ ἐσθίειν ἐξ αὐτοῦ.[67] (4)[68] Ἀπεκρίθη ὁ διάβολος διὰ στόματος τοῦ ὄφεως·[69] καλῶς ποιεῖτε,[70] ἀλλ᾽ οὐκ ἐσθίετε[71] ἀπὸ παντὸς φυτοῦ.[72] (5) Κἀγὼ εἶπον·[73] ἀπὸ πάντων[74]

---

[56] Σατανᾶς: K²P διάβολος
[57] εἴδει: a) alle Hss. außer DS und IIIb (wo allerdings der gesamte Satz fehlt) sowie BERTRAND, NAGEL und TISCHENDORF erg. ἀγγέλου | b) M μορφῇ ‖ Im Fall von Var a) ist eine sichere Entscheidung schwer möglich. Die Lesart von D und S dürfte aber als lectio difficilior zu bevorzugen sein.
[58] καὶ ὕμνει τὸν θεὸν καθάπερ ἄγγελοι: fehlt in T
[59] IIIb bietet den gesamten Vers stark abgewandelt: ἐμὲ δὲ μόνην εὑρὼν λέγει τί ποιεῖς ἐν τῷ παραδείσῳ
[60] παρέκυψεν: a) VK²P A M BERTRAND παρέκυψα | b) B C IIIa TISCHENDORF παρεκύψασα ‖ Gegen die Varianten stehen die besten Hss. D und S, unterstützt von TL EW (mit MERK / MEISER, Leben, 827).
[61] Εὕα: IIIc (außer H) erg. καὶ ἐγὼ ἀποκριθεῖσα ὡς νομιζομένη ὅτι ἄγγελος θεοῦ ἐστιν
[62] σὺ εἶ ἡ Εὕα καὶ εἶπον αὐτῷ ἐγώ εἰμι καὶ λέγει μοι: fehlt in D AT ‖ Da sich das Wegfallen durch Homoioteleuton erklären lässt, verdient hier die Mehrheit der Textzeugen gegen D den Vorzug (ebenso BERTRAND; anders MERK / MEISER, Leben, 828).
[63] ἐν τῷ παραδείσῳ: K²P ἐνταῦθα
[64] Bei BERTRAND und NAGEL beginnt 17,3 bereits mit: καὶ λέγει μοι τί ποιεῖς ἐν τῷ παραδείσῳ
[65] καί: R erg. ἀποκριθεῖσα κἀγώ
[66] ἡμᾶς: a) IIIa IIIb με ἐνταῦθα | b) IIIc (außer F) με ἐν τῷ παραδείσῳ
[67] ὥστε φυλάσσειν καὶ ἐσθίειν ἐξ αὐτοῦ: fehlt in III
[68] III bietet den gesamten Vers in stark abgewandelter Form (nach N, die anderen Hss. mit geringfügigen Abweichungen): καὶ λέγει μοι τί ὅτι εἶπεν ὑμῖν ὁ θεὸς οὐ μὴ φάγητε ἀπὸ παντὸς ξύλου τοῦ ἐν τῷ παραδείσῳ
[69] διὰ στόματος τοῦ ὄφεως: II λέγει μοι
[70] καλῶς ποιεῖτε: a) fehlt in II | b) C erg. καὶ καλῶς ἐργάζεσθε καὶ καλῶς ἐσθίετε
[71] ποιεῖτε ἀλλ᾽ οὐκ ἐσθίετε: Mehrere Hss. lesen statt ποιεῖτε ποιεῖται und statt ἐσθίετε ἐσθίεται (favorisiert von MERK / MEISER, Leben, 828). Allerdings wird in den Hss. zwischen ει, η, αι und ε häufig nicht exakt unterschieden (vgl. z.B. φοβοῦμε statt φοβοῦμαι in 16,3 Hss. DS und C, oder αἰσθίην statt ἐσθίειν in 17,3 Hs. S). ποιεῖτε und ἐσθίετε werden daher auch von BERTRAND und NAGEL bevorzugt.
[72] ἀλλ᾽ οὐκ ἐσθίετε ἀπὸ παντὸς φυτοῦ: fehlt in C
[73] εἶπον: a) K²P AT R IIIb BERTRAND TISCHENDORF erg. αὐτῷ | b) C erg. αὐτόν ‖ D und S wird hier zusätzlich durch V gestützt, sodass die drei besten Hss. gegen Var a) stehen.
[74] ἀπὸ πάντων: a) VK²B C BERTRAND NAGEL TISCHENDORF ναὶ ἀπὸ πάντος (B C erg. φυτοῦ) | b) fehlt in P | c) A ναὶ ἀπὸ πάντων | d) III (außer F) ἀπὸ πάντος ‖ D und S werden

ἐσθίομεν παρὲξ μόνου[75] ὅ ἐστιν μέσον τοῦ παραδείσου, περί οὗ ἐνετείλατο ἡμῖν ὁ θεὸς μὴ ἐσθίειν ἐξ αὐτοῦ ἐπεὶ θανάτῳ ἀποθανεῖσθε.[76] 18 (1)[77] Τότε[78] λέγει μοι ὁ ὄφις·[79] ζῇ ὁ θεὸς ὅτι λυποῦμαι περὶ ὑμῶν,[80] οὐ γὰρ θέλω ὑμᾶς ἀγνοεῖν.[81] Δεῦρο οὖν[82] καὶ φάγε καὶ νόησον τὴν τιμὴν[83] τοῦ ξύλου.[84] (2)[85] Ἐγὼ δὲ εἶπον αὐτῷ· φοβοῦμαι μήποτε ὀργισθῇ μοι[86] ὁ θεὸς[87] καθὼς εἶπεν ἡμῖν.[88] (3) Καὶ λέγει μοι·[89] μὴ φοβοῦ,[90] ἅμα γὰρ φάγῃς ἀνοιχθήσονταί σου οἱ ὀφθαλμοὶ καὶ ἔσεσθε ὡς θεοὶ[91] γινώσκοντες[92] καλὸν[93] καὶ[94] πονηρόν.[95] (4)[96] Τοῦτο δὲ

---

hier von T und F gestützt, sodass sie das stärkere Gewicht auf ihrer Seite haben. Hinzu kommt, dass die Varianten ihrerseits uneinheitlich sind.

[75] μόνου: a) I (außer DSB) II III BERTRAND NAGEL TISCHENDORF ἑνὸς μόνου | b) B μόνου τοῦ ξύλου || D und S stehen hier allein gegen die übrigen Hss., bieten aber die lectio difficilior. Eine sichere Entscheidung ist hier allerdings schwer möglich. Gegen die Ursprünglichkeit von DS spricht sich NAGEL, Vie I, 10 aus.

[76] περὶ οὗ ἐνετείλατο ἡμῖν ὁ θεὸς μὴ ἐσθίειν ἐξ αὐτοῦ ἐπεὶ θανάτῳ ἀποθανεῖσθε: fehlt in II ||| ἀποθανεῖσθε: IIIa IIIb H BERTRAND ἀποθανούμεθα || Gegen die Variante spricht, dass sie nur in III bezeugt ist und den Text zweifellos erleichtert.

[77] Ab 18,1 fällt die Hs. D bis 36,1 aus.

[78] τότε: IIIc (außer H) erg. ἀποκριθείς

[79] ὁ ὄφις: a) M ὁ διάβολος | b) fehlt in R und IIIc

[80] ὑμῶν: a) Ib NAGEL TISCHENDORF erg. ὅτι ὡς κτήνη (T σκοτεινοί statt κτήνη) ἐστέ | b) M (mit geringfügigen Abweichungen auch R) ὡς ἀνόητοί ἐστε || Es handelt sich bei Var a) ganz offensichtlich um einen erläuternden Zusatz.

[81] ἀγνοεῖν: a) KP erg. περὶ τούτου | b) AL TISCHENDORF erg. αὐτό | c) IIIb erg. οὐ γὰρ θανάτῳ ἀποθανεῖσθε ἀλλὰ μᾶλλον ζήσεσθε καὶ διανοιχθήσονται ὑμῶν οἱ ὀφθαλμοὶ καὶ ἔσεσθε ὡς θεοὶ γινώσκοντες καλὸν καὶ πονηρόν || Zu Var b) siehe Anm. 8.

[82] δεῦρο οὖν: Ib TISCHENDORF ἀλλὰ ἀνάστα καὶ δεῦρο (C TISCHENDORF erg. ἐπάκουσόν μου) || Siehe Anm. 8.

[83] νόησον τὴν τιμήν: a) K νόησον τί τοῦτο | b) P νόησον τὸ τί ἐστιν | c) C erg. καὶ τὴν γλυκύτητα | d) IIIb ὅρα τί ὡραῖον εἰς ὅρασιν καὶ καλὸν εἰς βρῶσιν γενήσεται πείθου οὖν τῇ ἐμῇ συμβουλῇ καὶ φάγε ἀπό | e) IIIc (außer H) νόμισον τὴν τιμήν

[84] οὐ γὰρ θέλω ὑμᾶς ἀγνοεῖν δεῦρο οὖν καὶ φάγε καὶ νόησον τὴν τιμὴν τοῦ ξύλου: fehlt in II

[85] Der gesamte Vers fehlt in II.

[86] μοι: PB IIIc (außer H) ἡμῖν

[87] θεός: TL κύριος

[88] καθὼς εἶπεν ἡμῖν: fehlt in IIIc (außer H)

[89] μοι: a) KP IIIb erg. ὁ ὄφις | b) C erg. ὁ διάβολος

[90] καὶ λέγει μοι μὴ φοβοῦ: II ἐφθόνησεν γὰρ ὑμῖν ὁ θεὸς καὶ διὰ τοῦτο εἶπεν οὐ φάγεσθε ἀπ' αὐτοῦ

[91] ἔσεσθε ὡς θεοί: a) LC BERTRAND ἔσῃ ὡς θεός | b) III ἔσῃ || Var a) ist nur schwach bezeugt.

[92] γινώσκοντες: a) V A TISCHENDORF ἐν τῷ γινώσκειν | b) C IIIa IIIc BERTRAND γινώσκουσα || Zu Var a) siehe Anm. 8; zu Var b) siehe Anm. 91. ||| γινώσκοντες: a) V AL

γινώσκων ὁ θεὸς ὅτι ἔσεσθε ὅμοιοι αὐτοῦ ἐφθόνησεν ὑμῖν[97] καὶ εἶπεν οὐ φάγεσθαι[98] ἐξ αὐτοῦ. (5) Σὺ δὲ[99] πρόσσχες[100] τῷ φυτῷ[101] καὶ ὄψῃ δόξαν μεγάλην.[102] Ἐφοβήθην[103] δὲ λαβεῖν ἀπὸ τοῦ καρποῦ,[104] καὶ λέγει μοι·[105] δεῦρο δώσω[106] σοι ἀκολούθει μοι.[107]

19 (1)[108] Ἤνοιξα δὲ[109] καὶ εἰσῆλθεν ἔσω εἰς τὸν παράδεισον,[110] καὶ[111] διώδευσεν ἔμπροσθέν μου, καὶ περιπατήσας ὀλίγον ἐστράφη καὶ[112] λέγει μοι· μεταμεληθεὶς οὐ δώσω σοι φαγεῖν[113] ἐὰν μὴ ὀμόσῃς

IIIa NAGEL TISCHENDORF erg. τί | b) B erg. τό ‖ Gegen Var a) spricht das stärkere Gewicht der Hss. SKP T II IIIc.

[93] καλόν: VKB Ib (außer T) BERTRAND NAGEL TISCHENDORF ἀγαθόν ‖ Eine sichere Entscheidung ist hier schwer möglich, S wird aber unterstützt durch P T IIIa und IIIc.

[94] καί: a) V A IIIa NAGEL TISCHENDORF erg. τί | b) B erg. τό ‖ Siehe Anm. 92.

[95] ἅμα γὰρ φάγῃς ἀνοιχθήσονταί σου οἱ ὀφθαλμοὶ καὶ ἔσεσθε ὡς θεοὶ γινώσκοντες καλὸν καὶ πονηρόν: fehlt in IIIb

[96] Der gesamte Vers fehlt in II.

[97] ὑμῖν: fehlt in S und T ‖ Die Mehrheit der Hss. von I verdient hier den Vorzug.

[98] φάγεσθαι: TC N BERTRAND TISCHENDORF φάγεσθε ‖ Die meisten Hss. lesen φάγεσθαι; und es spricht hier nichts gegen die Infinitivform.

[99] δέ: EF erg. ἄκουσόν μου (E erg. ferner Εὖα) καί

[100] πρόσσχες: a) Ib (außer C) TISCHENDORF πρόσεχε | b) HE ἅψαι | c) F φάγε ‖ Zu Var a) siehe Anm. 8.

[101] πρόσσχες τῷ φυτῷ: C προσελθών

[102] ὄψῃ δόξαν μεγάλην: a) Ib NAGEL TISCHENDORF erg. (nach Hs. A, die anderen mit Abweichungen) ἐγὼ δὲ προσέσχον τῷ φυτῷ καὶ εἶδον δόξαν μεγάλην περὶ αὐτοῦ εἶπον δὲ αὐτῷ ὅτι ὡραῖόν ἐστιν τοῖς ὀφθαλμοῖς | b) IIIb ὅρα τί ὡραῖον εἰς ὅρασίν ἐστιν καὶ καλὸν εἰς βρῶσιν πείθουσα οὖν ἐγὼ τοῖς λόγοις αὐτοῦ (Q erg. ἐγὼ) μᾶλλον δὲ δελεασθεῖσα καὶ τῇ ἐπιθυμίᾳ χαυνωθεῖσα ‖ Wiederum bietet hier die Textfamilie Ib einen längeren erläuternden Zusatz, der kaum ursprünglich sein dürfte.

[103] Andere Verszählung bei BERTRAND, wo mit ἐφοβήθην 18,6 beginnt.

[104] καρποῦ: P φυτοῦ

[105] μοι: a) KP erg. ἐκεῖνος | b) C erg. ὁ ἐχθρός

[106] δώσω: S δῶ ‖ S hat die anderen Hss. von I gegen sich, die wohl hier den Vorzug verdienen.

[107] δώσω σοι ἀκολούθει μοι: fehlt in KP L ‖‖‖ ἐφοβήθην δὲ λαβεῖν ἀπὸ τοῦ καρποῦ καὶ λέγει μοι δεῦρο δώσω σοι ἀκολούθει μοι: fehlt in II und III, wobei aber zu beachten ist, dass IIIa und IIIc die Worte der Schlange in 19,1 bieten (siehe Anm. 110).

[108] Der gesamte Vers fehlt in II und IIIb.

[109] δέ: Ib TISCHENDORF erg. αὐτῷ ‖ Siehe Anm. 8.

[110] ἤνοιξα δὲ καὶ εἰσῆλθεν ἔσω εἰς τὸν παράδεισον: a) H ἐγὼ δὲ εἰσῆλθον ἔσω εἰς τὸν παράδεισον καὶ αὐτὸς μετ' ἐμοῦ | b) IIIa IIIc καὶ λέγει μοι δεῦρο ἀκολούθει μοι καὶ δώσω σοι

[111] καί: Ε καὶ ἠκολούθουν αὐτῷ καί

[112] διώδευσεν ἔμπροσθέν μου καὶ περιπατήσας ὀλίγον ἐστράφη καί: F ἠκολούθουν

[113] μεταμεληθεὶς οὐ δώσω σοι φαγεῖν: a) fehlt in IIIc | b) KP erg. ἐξ αὐτοῦ | c) Ib NAGEL TISCHENDORF erg. (C erg. ferner ἀπὸ τοῦ καρποῦ) ταῦτα δὲ εἶπεν (C TISCHEN-

μοι[114] ὅτι διδοῖς[115] καὶ τῷ ἀνδρί σου.[116] (2)[117] Ἐγὼ δὲ[118] εἶπον αὐτῷ ὅτι[119] οὐ γινώσκω ποίῳ ὅρκῳ ὀμόσω σοι, πλὴν ὃ οἶδα λέγω σοι· μὰ τὸν θρόνον τοῦ δεσπότου[120] καὶ τὰ χερουβὶμ[121] καὶ τὸ ξύλον τῆς ζωῆς ὅτι δώσω καὶ τῷ ἀνδρί μου.[122] (3) Ὅτε δὲ ἔλαβεν ἀπ' ἐμοῦ τὸν ὅρκον, τότε ἦλθεν καὶ[123] ἔθετο ἐπὶ τὸν καρπὸν ὃν ἔδωκέν μοι φαγεῖν[124] τὸν ἰὸν τῆς κακίας αὐτοῦ[125] τοῦτ' ἐστιν τῆς ἐπιθυμίας,[126] ἐπιθυμία γάρ

DORF erg. ferner ὁ ἐχθρός) θέλων εἰς τέλος δελεάσαι (C erg. ferner καὶ ἀπολέσαι) με καὶ λέγει μοι ‖ Es handelt sich bei Var c) eindeutig um einen interpretierenden Zusatz, der von den besten Hss. nicht geboten wird.

[114] ἐὰν μὴ ὀμόσῃς μοι: Ib TISCHENDORF ὄμοσόν μοι ‖ Siehe Anm. 8.

[115] Die meisten Hss. haben δίδεις (so auch bei BERTRAND) oder δίδῃς (so bei NAGEL), was aber wohl auf die thematische Konjugation von διδόναι zurückzuführen ist (vgl. BLASS / DEBRUNNER / REHKOPF, Grammatik, § 94,3).

[116] σου: E erg. Ἀδὰμ οὐκ ἀκολουθῶ σοι οὐ συνοδεύω σοι ἀλλ' οὐ μετέχεις μου συναυλίας

[117] Der gesamte Vers fehlt in II und IIIb.

[118] δέ: IIIa und IIIc (außer F) erg. μὴ νοοῦσα τὸν δόλον αὐτοῦ καὶ τὴν ἀπάτην

[119] ὅτι: fehlt in VKPB TC J IIIc und bei BERTRAND ‖ Die Hs. S wird hier von AL und NI gestützt.

[120] δεσπότου: T erg. θεοῦ

[121] χερουβίμ: KP EF erg. καὶ σεραφίμ (E erg. ferner τὰ ἐξαπτέρυγα τὰ πολυόμματα καὶ μὰ τοὺς ἀγγέλους αὐτοῦ)

[122] μου: Ib TISCHENDORF erg. φαγεῖν ‖ Siehe Anm. 8.

[123] ἦλθεν καί: Ib NAGEL TISCHENDORF ἦλθεν καὶ ἐπέβη ἐπ' αὐτόν ‖ Der Zusatz bemüht sich offenbar um eine Verbesserung des Textes, ist aber kaum ursprünglich, denn er erleichtert den Text und wird von den besten Hss. nicht bezeugt.

[124] ὃν ἔδωκέν μοι φαγεῖν: fehlt in SB ‖ Die Mehrheit von I gibt hier gegen S den Ausschlag.

[125] ὅτε δὲ ἔλαβεν ἀπ' ἐμοῦ τὸν ὅρκον τότε ἦλθεν καὶ ἔθετο ἐπὶ τὸν καρπὸν ὃν ἔδωκέν μοι φαγεῖν τὸν ἰὸν τῆς κακίας αὐτοῦ τοῦτ' ἐστιν τῆς ἐπιθυμίας: fehlt in IIIb

[126] τῆς ἐπιθυμίας: a) B IIIa H BERTRAND τὴν ἐπιθυμίαν | b) Ib TISCHENDORF erg. αὐτοῦ ‖ Zu Var a): Die Genitivform ist wesentlich stärker bezeugt (alle Hss. von I außer B) und in inhaltlicher Hinsicht nicht angreifbar. Zu Var b) siehe Anm. 8.

158　　　　　　　　　　*7. Opfer und Täter*

ἐστιν[127] πάσης ἁμαρτίας,[128] καὶ κλίνας τὸν κλάδον ἐπὶ τὴν γῆν,[129] ἔλαβον[130] ἀπὸ τοῦ καρποῦ[131] καὶ ἔφαγον.[132]

20 (1) Καὶ ἐν αὐτῇ τῇ ὥρᾳ ἠνεῴχθησαν οἱ ὀφθαλμοί μου[133] καὶ ἔγνων ὅτι γυμνὴ ἤμην[134] τῆς δικαιοσύνης[135] ἧς ἤμην ἐνδεδυμένη.[136] (2)[137] Καὶ ἔκλαυσα[138] λέγουσα·[139] τί τοῦτο ἐποίησας[140] ὅτι ἀπηλλοτριώθην[141] ἐκ[142] τῆς δόξης μου;[143] (3)[144] Ἔκλαιον δὲ καὶ περὶ

---

[127] ἐστιν: a) B erg. ῥίζα | b) Ib BERTRAND NAGEL TISCHENDORF erg. κεφαλή || Var b) ist in den besten Hss. nicht bezeugt (SVKP) und erleichtert darüber hinaus den Text.

[128] ἐπιθυμία γάρ ἐστιν πάσης ἁμαρτίας: IIIb λέγω γὰρ ὑμῖν τέκνα μου πᾶσα ἁμαρτία ἐκ τῆς ἐπιθυμίας τίκτεται ||| καὶ ἔθετο ἐπὶ τὸν καρπὸν ὃν ἔδωκέν μοι φαγεῖν τὸν ἰὸν τῆς κακίας αὐτοῦ τοῦτ' ἐστιν τῆς ἐπιθυμίας ἐπιθυμία γὰρ ἐστιν πάσης ἁμαρτίας: fehlt in EF

[129] ὅτε δὲ ἔλαβεν ἀπ' ἐμοῦ τὸν ὅρκον τότε ἦλθεν καὶ ἔθετο ἐπὶ τὸν καρπὸν ὃν ἔδωκέν μοι φαγεῖν τὸν ἰὸν τῆς κακίας αὐτοῦ τοῦτ' ἐστιν τῆς ἐπιθυμίας ἐπιθυμία γὰρ ἐστιν πάσης ἁμαρτίας καὶ κλίνας τὸν κλάδον ἐπὶ τὴν γῆν: fehlt in II

[130] ἔλαβον: a) S ἔλαβεν | b) II IIIb λαβοῦσα || Alle übrigen Hss. stehen hier gegen S, sodass wohl ἔλαβον gelesen werden muss (anders MERK / MEISER, Leben, 830).

[131] καὶ κλίνας τὸν κλάδον ἐπὶ τὴν γῆν ἔλαβον ἀπὸ τοῦ καρποῦ: fehlt in T

[132] καὶ ἔφαγον: T καὶ μετὰ τὸ φαγεῖν με ἀπὸ τοῦ καρποῦ ἔδωκα καὶ τῷ Ἀδὰμ καὶ ἔφαγεν

[133] μου: T ἡμῶν

[134] ἔγνων ὅτι γυμνὴ ἤμην: a) B εὐθὺς ἔγνων | b) T ἔγνωμεν ὅτι γυμνοὶ ἤμεθα | c) IIIb ἰδὼν εὐθὺς τὴν ἐμὴν γύμνωσιν καὶ τότε ἔγνων τὴν χάριν τοῦ θεοῦ

[135] τῆς δικαιοσύνης: a) T τῆς δόξης τοῦ θεοῦ | b) fehlt in IIIb

[136] ἧς ἤμην ἐνδεδυμένη: a) fehlt in T und II | b) IIIb ἤμην ἐνδεδυμένη καὶ ἔμαθον ὅτι ἠπατήθην (Z mit geringfügigen Abweichungen)

[137] Der gesamte Vers fehlt in T.

[138] ἔκλαυσα: IIIb erg. οὖν πικρῶς

[139] λέγουσα: a) B erg. πρὸς αὐτόν | b) III erg. πρὸς τὸν ὄφιν

[140] τί τοῦτο ἐποίησας: a) S τί τοῦτο ἐποίησα | b) fehlt in KP | c) Ib (außer T) TISCHENDORF erg. μοι | d) R οἴμμοι τί ἐποίησα | e) III erg. πονηρότατον ζῷον || Zu Var a): Die Lesart von S hat die überwältigende Mehrheit der Textzeugen gegen sich. Zu Var c) siehe Anm. 8.

[141] ὅτι ἀπηλλοτριώθην: a) VP πῶς ἀπηλλοτριώθην | b) III ὅτι ἠπάτησάς με καὶ ἀπηλλοτριώθην

[142] ἐκ: a) S ἀπό | b) fehlt in PB II III || Die Hs. S steht hier allein.

[143] μου: a) Ib (außer T) II NAGEL TISCHENDORF erg. ἧς ἤμην ἐνδεδυμένη | b) M IIIb τοῦ θεοῦ || Bei Var a) handelt es sich offensichtlich um eine sekundäre Wiederholung von 20,1 Ende.

[144] Der gesamte Vers fehlt in T.

τοῦ ὅρκου μου.[145] Ἐκεῖνος δὲ κατῆλθεν[146] ἀπὸ[147] τοῦ φυτοῦ καὶ[148] ἄφαντος ἐγένετο. (4) Ἐγὼ δὲ ἐζήτουν ἐν τῷ μέρει μου[149] φύλλα[150] ὅπως καλύψω[151] τὴν αἰσχύνην μου[152] καὶ οὐχ εὗρον,[153] ἅπαντα γὰρ τὰ φυτὰ[154] τοῦ ἐμοῦ μέρους[155] κατερρύη τὰ φύλλα,[156] παρὲξ τοῦ σύκου[157] μόνου. (5) Λαβοῦσα δὲ φύλλα ἀπ᾽[158] αὐτοῦ ἐποίησα ἐμαυτῇ[159] περιζώματα.[160]

[145] ἔκλαιον δὲ καὶ περὶ τοῦ ὅρκου μου: fehlt in II und IIIb ‖‖ μου: a) fehlt in VP Ib II IIIa IIIb H und bei BERTRAND, NAGEL und TISCHENDORF | b) B οὗ ὤμοσα | c) EF ὃν ὤμοσα κακῶς ‖ μου wird nur von S und K bezeugt, das Fehlen in den anderen Hss. könnte sich aber mit Homoioteleuton erklären lassen.

[146] κατῆλθεν: a) C ὡς μόνην ἐθεάσατό με κλαίουσαν καὶ περιθρηνουμένην κατῆλθεν | b) IIIa und IIIc (außer F) ταῦτα ἀκούσας κατῆλθεν | c) IIIb und F ταῦτα ἀκούσας

[147] ἀπό: VKP AC IIIa HE BERTRAND TISCHENDORF ἐκ ‖ ἀπό wird von SB und L bezeugt; Sicherheit ist hier kaum zu gewinnen.

[148] ἀπὸ τοῦ φυτοῦ καί: fehlt in II IIIb F

[149] ἐν τῷ μέρει μου: fehlt in K IIIb

[150] φύλλα: a) V φύλλα συκῆς | b) EF σκέπασιν

[151] καλύψω: T R IIIb σκεπάσω

[152] μου: T ἡμῶν

[153] εὗρον: Ib (außer T) TISCHENDORF erg. ἀπὸ τῶν φυτῶν τοῦ παραδείσου ‖ Siehe Anm. 8.

[154] ἅπαντα γὰρ τὰ φυτά: a) KP τῶν δένδρων γὰρ πάντων | b) B BERTRAND (B erg. ἀπὸ) πάντων γὰρ τῶν φυτῶν | c) Ib (außer T) TISCHENDORF ἐπειδὴ ἅμα ἔφαγον πάντων τῶν φυτῶν ‖ Gegen die Varianten sprechen S und V als beste Hss., die hier noch durch III unterstützt werden.

[155] τοῦ ἐμοῦ μέρους: fehlt in IIIb

[156] ἅπαντα γὰρ τὰ φυτὰ τοῦ ἐμοῦ μέρους κατερρύη τὰ φύλλα: fehlt in T

[157] τοῦ σύκου: KP τούτου τοῦ ξύλου

[158] ἀπ᾽: KP Ib (außer L) R TISCHENDORF ἐξ ‖ Siehe Anm. 8.

[159] ἐποίησα ἐμαυτῇ: a) S ἐποίησα ἑαυτήν (besser wohl: ἑαυτῇ) | b) T ἐποιήσαμεν ἑαυτοῖς | c) KPB II IIIc ἐποίησα ‖ Eine sichere Entscheidung ist hier sehr schwer möglich. Var a) kommt aber keinesfalls in Betracht, da sie keinen Sinn ergibt. Relativ stark bezeugt ist Var c), sodass man durchaus fragen kann, ob das Reflexivpronomen nicht auch wegfallen könnte.

[160] περιζώματα: Ib II NAGEL TISCHENDORF erg. (nach NAGEL, die Hss. und TISCHENDORF mit geringfügigen Abweichungen) καὶ ἔστιν παρὰ τὸ φυτὸν ἐξ οὗ ἔφαγον ‖ Auch hier handelt es sich um einen sekundären Zusatz in Ib (II ist von Ib abhängig), der den Sinn der Stelle erläutern soll.

21 (1)[161] Καὶ ἐβόησα αὐτῇ τῇ ὥρᾳ[162] λέγουσα· Ἀδάμ, Ἀδάμ, ποῦ εἶ; Ἀνάστα ἐλθὲ πρός με καὶ δείξω.[163] (2)[164] Ὅτε δὲ ἦλθεν ὁ πατὴρ ὑμῶν[165] εἶπον αὐτῷ λόγους παρανομίας[166] οἵτινες κατήγαγον ἡμᾶς ἀπὸ μεγάλης δόξης.[167] (3)[168] Ἅμα γὰρ ἦλθεν[169] ἤνοιξα τὸ στόμα μου καὶ ὁ διάβολος ἐλάλει καὶ ἠρξάμην νουθετεῖν αὐτὸν λέγουσα· δεῦρο κύριέ μου Ἀδάμ, ἐπάκουσόν μου καὶ φάγε ἀπὸ τοῦ καρποῦ τοῦ δένδρου οὗ εἶπεν ἡμῖν ὁ θεὸς τοῦ μὴ φαγεῖν ἀπ᾽ αὐτοῦ, καὶ ἔσῃ ὡς θεός.[170] (4)[171] Καὶ ἀποκριθεὶς ὁ πατὴρ ὑμῶν εἶπεν· φοβοῦμαι μήποτε ὀργισθῇ μοι[172] ὁ θεός.[173] Ἐγὼ δὲ εἶπον· μὴ φοβοῦ,[174] ἅμα γὰρ φάγῃς ἔσῃ

---

[161] Der gesamte Vers fehlt in T. IIIb hat einen eigenen Text: μετὰ δὲ ταῦτα ἦλθεν δὲ ὁ Ἀδὰμ μὴ ἐπιστάμενος ὢν ἔπραξα ἐγὼ δὲ θέλουσα καὶ αὐτὸν μεταλαβεῖν τῆς βρώσεως ἵνα μὴ μόνη ὀδυνηθῶ παρὰ τοῦ θεοῦ (Z erg. τὸ δὲ ἵνα γνώσει [BERTRAND liest γνῷ] καὶ αὐτὸς τὴν ἀγάπην ταύτην)

[162] αὐτῇ τῇ ὥρᾳ: Ib (außer T) II TISCHENDORF φωνῇ μεγάλῃ ‖ Siehe Anm. 8.

[163] δείξω: IIIa (IIIc mit geringfügigen Abweichungen) BERTRAND NAGEL TISCHENDORF erg. σοι μέγα μυστήριον ‖ Die Variante ist nur schwach bezeugt und daher wohl kaum ursprünglich (ebenso MERK / MEISER, Leben, 832). Allerdings erscheint es mir nicht sicher, dass der Wortlaut bei NAGEL, Vie III korrekt wiedergegeben ist, da TISCHENDORF keine der Hss. aus III kannte. Stand die Variante demnach auch in einer Hs. von I und ist in der Wiedergabe der Hss. bei NAGEL nur versehentlich ausgelassen worden?

[164] Der gesamte Vers fehlt in T.

[165] ὅτε δὲ ἦλθεν ὁ πατὴρ ὑμῶν: a) R ὡς δὲ ἦλθεν | b) M ὡς δὲ ἦλθεν ὁ Ἀδάμ | c) fehlt in F

[166] ὅτε δὲ ἦλθεν ὁ πατὴρ ὑμῶν εἶπον αὐτῷ λόγους παρανομίας: IIIb ἠρξάμην κἀγὼ προσφέρειν αὐτῷ λόγους ἀπατήλους παρανομίας τοῦ ὄφεως

[167] εἶπον αὐτῷ λόγους παρανομίας οἵτινες κατήγαγον ἡμᾶς ἀπὸ μεγάλης δόξης: a) B ἐλάλησα λόγους παρανομίας | b) R εἶπον αὐτὸν [besser wohl: αὐτῷ] λόγους πονηρούς | c) fehlt in M

[168] Der gesamte Vers fehlt in T IIIb und F.

[169] ἅμα γὰρ ἦλθεν: fehlt in B und M.

[170] καὶ ἠρξάμην νουθετεῖν αὐτὸν λέγουσα δεῦρο κύριέ μου Ἀδάμ ἐπάκουσόν μου καὶ φάγε ἀπὸ τοῦ καρποῦ τοῦ δένδρου οὗ εἶπεν ἡμῖν ὁ θεὸς τοῦ μὴ φαγεῖν ἀπ᾽ αὐτοῦ καὶ ἔσῃ ὡς θεός: a) II καὶ ἠρξάμην νουθετεῖν αὐτὸν περὶ τοῦ ξύλου καὶ περὶ φρονήσεως ἧς εἶπέ μοι ὁ διάβολος | b) HE διὰ τί εἶπεν ὁ θεὸς τοῦ μὴ φαγεῖν ἀπ᾽ αὐτοῦ τοῦ ξύλου γινώσκων ἂν ὅτι ᾗ δ᾽ ἂν ἡμέρᾳ ἢ ὥρᾳ φαγώμεθα ἀπὸ τοῦ ξύλου γενώμεθα ὡς θεοὶ γινώσκοντες καλὸν καὶ πονηρὸν καὶ διὰ τοῦτο εἶπεν ἡμῖν ᾗ δ᾽ ἂν ἡμέρᾳ φάγεσθε θανάτῳ ἀποθανεῖσθε (E mit geringfügigen Abweichungen)

[171] Der gesamte Vers fehlt in T II und IIIb.

[172] μοι: HE ἡμῖν

[173] μήποτε ὀργισθῇ μου ὁ θεός: a) E erg. ὁ πλάσας ἡμᾶς | b) F φαγεῖν

[174] φοβοῦ: E erg. ἐπὶ τοῦτο ὥσπερ ὁ ὄφις ἐλάλησέν με τὸ πρότερον

γινώσκων καλὸν καὶ πονηρόν. (5) Καὶ[175] ταχέως πείσασα αὐτὸν[176]
ἔφαγεν.[177] Καὶ ἠνεῴχθησαν αὐτοῦ οἱ ὀφθαλμοί,[178] καὶ[179] ἔγνω[180] τὴν
γύμνωσιν αὐτοῦ,[181] (6) καὶ[182] λέγει μοι· ὦ γύναι πονηρά, τί
κατειργάσω[183] ἐν ἡμῖν;[184] Ἀπηλλοτρίωσάς με ἐκ[185] τῆς δόξης τοῦ
θεοῦ.[186]

7.2.2 Übersetzung

15 (1) Darauf spricht Eva zu ihnen: Hört, alle meine Kinder und meine Kindeskinder, und ich werde euch berichten, wie der Feind uns täuschte. (2) Es
geschah aber, als wir das Paradies bewachten, jeder von uns den ihm von Gott
zugewiesenen Bereich; ich aber bewachte in meinem Teil den Süden und den
Westen. (3) Es ging aber der Teufel in den Teil Adams, wo die (männlichen?)
Tiere waren.[187] Gott hatte eine Aufteilung vorgenommen,[188] alles Männliche
gab er eurem Vater[189] und alles Weibliche gab er mir.

---

[175] καί: VKP AL NAGEL TISCHENDORF erg. τότε ‖ D wird durch IIIa und IIIc gestützt,
eine sichere Entscheidung ist hier aber wiederum kaum möglich.

[176] καὶ ταχέως πείσασα αὐτόν: II ἠπατήθην καί ‖‖‖ πείσασα αὐτόν: a) VKP IIIb HE
ἐποίησα αὐτόν | b) B πεισθεὶς τοῖς λόγοις μου | c) IIIa πείσασα αὐτὸν ἐποίησα

[177] ἔφαγεν: a) II erg. καὶ αὐτός | b) IIIb erg. καὶ αὐτὸς ἀπὸ τοῦ ξύλου

[178] καὶ ταχέως πείσασα αὐτὸν ἔφαγεν καὶ ἠνεῴχθησαν αὐτοῦ οἱ ὀφθαλμοί: fehlt in T

[179] καί: a) B erg. εὐθύς | b) IIIb erg. παραχρῆμα

[180] ἔγνω: B IIIc TISCHENDORF erg. καὶ αὐτός ‖ Die Variante ist schwach bezeugt und
lässt sich als Versuch der Textverbesserung verstehen.

[181] καὶ ἔγνω τὴν γύμνωσιν αὐτοῦ: a) T καὶ μετὰ τὸ γνῶναι τὸν Ἀδὰμ τὴν γύμνωσιν
αὐτοῦ | b) fehlt in M | c) IIIb erg. καὶ ἔγνω ὅτι ἠπατήθην παραβᾶσα τὴν ἐντολὴν τοῦ
θεοῦ

[182] καί: IIIb erg. στραφείς

[183] γύναι πονηρά τί κατειργάσω: EF γύναι τί πονηρὰ κατειργάσω

[184] ἡμῖν: IIIb erg. τὸ ἔργον τοῦτο καί

[185] ἐκ: a) P ἀπό | b) fehlt in KBT II und III

[186] θεοῦ: a) V χριστοῦ | b) IIIb erg. καὶ ἤρξατο καὶ αὐτὸς κλαίειν καὶ στενάζειν
πικρῶς καὶ μάχεσθαι καὶ ὀνειδίζειν με

[187] Die meisten Übersetzer lesen hier: „wo die männlichen Tiere waren" (vgl. u.a.
MERK / MEISER, Leben, 826; FUCHS, Leben, 520; ANDERSON / STONE, Synopsis², 48E
„where the male creatures were"; BERTRAND, Vie [A], 81 „où étaient les animaux mâles").
Das Attribut ἀρσενικά wird aber, wie die Textrekonstruktion gezeigt hat, nur von einer
einzigen Hs., nämlich B, bezeugt. Vom Kontext her legt sich die Auffassung freilich nahe,
dass hier die männlichen Tiere gemeint sind. In methodischer Hinsicht halte ich es aber
für problematisch, den Text in dieser Hinsicht abzuändern, zumal die Hs. B häufig sehr
unzuverlässig ist.

[188] Wörtlich: Gott teilte auf.

[189] MERK / MEISER, Leben, 826 übersetzen: „Gott teilte alle männlichen Tiere und gab
sie unserem Vater", meines Erachtens beginnt aber mit τὰ ἀρσενικά ein neuer Teilsatz
(vgl. die Textrekonstruktion). Ferner ist statt „unserem Vater" besser „eurem Vater" zu
lesen, die Verwechslung von ἡμῶν und ὑμῶν ist in Hs. D häufig (vgl. dazu ebenfalls die
Textrekonstruktion).

16 (1) Und der Teufel redete zur Schlange und sprach: Auf, komm zu mir!
(2) Die Schlange erhob sich und kam zu ihm. Und der Teufel spricht zu ihr:
Ich höre, dass du klüger seist als alle Tiere, und will mit dir reden.
(3) Warum isst du von dem Unkraut Adams aus dem Paradies?[190] Auf, wir wollen bewirken, dass er aus dem Paradies hinausgeworfen werde,[191] wie auch wir
durch ihn hinausgeworfen wurden. (4) Die Schlange spricht zu ihm: Ich
fürchte, dass Gott mir zürnen könnte. (5) Der Teufel spricht zu ihr: Fürchte
dich nicht, werde mein Gefäß, und ich werde durch deinen Mund Worte
reden, sie zu täuschen.

17 (1) Und sofort hängte sie[192] sich von den Mauern des Paradieses herab.
Und als die Engel Gottes hinaufstiegen um anzubeten, da war auch Satan in
Gestalt (eines Engels)[193] und pries Gott wie die Engel. (2) Und sie beugte sich
von[194] den Mauern, und ich sah sie gleichartig einem Engel.[195] Und sie spricht
zu mir: Bist du Eva? Und ich sprach zu ihr: Ich bin es. Und sie spricht zu mir:
Was tust du im Paradies? (3) Und ich sprach zu ihr: Gott setzte uns (hinein),
damit wir (es) bewachen und von ihm essen. (4) Der Teufel antwortete durch
den Mund der Schlange: Ihr handelt gut (daran), aber ihr esst nicht von allen

---

[190] Vgl. Anm. 32.

[191] MERK / MEISER, Leben, 827 übersetzen: „Auf, laß sie uns hinauswerfen aus dem
Paradies." Diese Übersetzung ist meines Erachtens nicht korrekt, denn erstens wird in
16,3 die Passivform ἐκβληθῆναι gebraucht und zweitens kann wohl nur Gott selbst Adam
und Eva aus dem Paradies hinauswerfen. Ferner muss vermutlich αὐτόν und nicht αὐτῶν
gelesen werden (vgl. die Textrekonstruktion). Vgl. auch FUCHS, Leben, 520: „Wir wollen
es dahin bringen, daß er ... aus dem Paradies getrieben werde."

[192] Auch wenn der griechische Text hier (wie noch öfter in Kap. 17) mehrdeutig ist, so
spricht der Zusammenhang dafür, dass die Schlange gemeint ist.

[193] So muss man wohl sinngemäß ergänzen. Vgl. dazu die Textrekonstruktion.

[194] Wörtlich: aus.

[195] Ebenso MERK / MEISER, Leben, 827; anders FUCHS, Leben, 521. Der Text bleibt in
jedem Falle schwierig. Dagegen, dass der Satan gemeint ist, sprechen folgende Gründe: 1.
In Kap. 16 hat er die Schlange dazu verführt, Eva zu betrügen, weshalb man wohl davon
auszugehen hat, dass hier die Schlange (allerdings inspiriert vom Satan) und nicht der
Satan selbst zu Eva spricht. Ausdrücklich wird dies ja auch in 17,4 und 18,1 gesagt. 2.
Wenn in 17,1 berichtet wird, dass die Schlange sich von den Mauern des Paradieses herab
hängte, so ist wohl auch hier anzunehmen, dass es die Schlange ist, die sich „von den
Mauern" beugt. Offenbar ist gemeint, dass die Schlange an der Trennungsmauer zwischen
dem männlichen und dem weiblichen Bereich des Paradieses (vgl. gLAE 15,3) hängt und
von Eva erst in 19,1 in deren Bereich hineingelassen wird. Freilich ist der Text auch unter
der Annahme, dass die Schlange gemeint ist, nicht unproblematisch. Denn dann müsste
man annehmen, dass sowohl der Satan (17,1) als auch die Schlange (17,2) Engelsgestalt
angenommen haben. Man müsste 17,2 dann so deuten, dass die Schlange als Werkzeug
Satans gleichsam an dessen Verwandlungskünsten teilhat. Mehr dazu in Anm. 206.

Gewächsen.[196] (5) Und ich sprach: Von allen essen wir, außer von einem einzigen, welches in der Mitte des Paradieses ist, bezüglich dessen uns Gott gebot, nicht von ihm zu essen: „denn sonst sterbt ihr des Todes."[197]

18 (1) Darauf spricht die Schlange zu mir: So wahr Gott lebt, ich bin über euch betrübt, denn ich will euch nicht in Unkenntnis lassen. Komm also, iss und erkenne den Wert des Baumes! (2) Ich aber sprach zu ihr: Ich fürchte, dass Gott mir zürnen könnte, wie er uns gesagt hat. (3) Und sie spricht zu mir: Fürchte dich nicht, denn zugleich, da du isst, werden deine Augen geöffnet werden. Und ihr werdet sein wie Götter, erkennend Gut und Böse. (4) Als Gott aber dieses erkannte, dass ihr ihm gleich sein werdet, wurde[198] er neidisch auf euch und gebot,[199] nicht davon zu essen. (5) Du aber, richte deinen Sinn auf das Gewächs, und du wirst große Herrlichkeit sehen! Ich fürchtete mich aber von der Frucht zu nehmen, und sie spricht zu mir: Komm, ich will dir geben, folge mir!

19 (1) Ich öffnete aber. Und sie ging hinein in das Paradies und ging vor mir her hindurch. Und nachdem sie ein wenig gegangen war, wandte sie sich um und spricht zu mir: Ich empfinde Reue und will dir nicht zu essen geben, wenn du mir nicht schwörst, dass du auch deinem Mann (davon) gibst. (2) Ich aber sprach zu ihr: Ich erkenne nicht, mit welchem Schwur ich dir schwören soll, aber was ich weiß, sage ich dir: Beim Thron des Herrschers und den Kerubim und dem Baum des Lebens, ich werde auch meinem Mann (davon) geben. (3) Als sie mir aber den Schwur abgenommen hatte, da ging sie und tat auf die Frucht, die sie mir zu essen gab, das Gift ihrer Bosheit, das ist der Begierde – Begierde nämlich ist aller Sünde[200] –. Und sie neigte den Zweig zur Erde, und ich nahm von der Frucht und aß.

20 (1) Und in derselben Stunde wurden meine Augen aufgetan und ich erkannte, dass ich nackt war, (entblößt) der Gerechtigkeit, mir der ich bekleidet war. (2) Und ich weinte und sprach: Warum hast du das getan, dass ich entfremdet wurde von meiner Herrlichkeit? (3) Ich weinte aber auch über meinen Schwur. Jene aber kam herab von dem Gewächs und wurde unsicht-

---

[196] MERK / MEISER, Leben, 828 übersetzen: „Gut ist es gemacht. Doch nicht wird gegessen von jeder Pflanze." Diese Übersetzung hängt damit zusammen, dass die Autoren statt ποιεῖτε ποιεῖται lesen und statt ἐσθίετε ἐσθίεται (vgl. Anm. 71).

[197] Mit FUCHS, Leben, 521.

[198] Der Aorist (und dementsprechend auch das Partizip γινώσκων, welches die Gleichzeitigkeit ausdrückt) ist am besten als ingressiv aufzufassen.

[199] Wörtlich: sprach.

[200] MERK / MEISER, Leben, 830 übersetzen: „Begierde nämlich ist Ursache jeder Sünde", merken aber an, dass der Genitiv πάσης ἁμαρτίας „eine nähere Kennzeichnung ... nicht hat." Muss man das Verhältnis von Begierde und Sünde hier unbedingt als ein Verhältnis von Ursache und Wirkung auffassen? Denkbar wäre auch ein Genitiv der Zugehörigkeit: „Begierde wohnt jeder Sünde inne".

bar. (4) Ich aber suchte in meinem Teil (des Paradieses) Blätter, sodass ich meine Scham verbergen konnte, und fand keine. Denn von allen Gewächsen meines Teils waren die Blätter abgefallen, ausgenommen allein den Feigenbaum. (5) Ich nahm aber Blätter von ihm und machte mir Schürze.

21 (1) Und ich rief in derselben Stunde und sprach: Adam, Adam, wo bist du? Auf, komm zu mir und ich werde dir (etwas)[201] zeigen! (2) Als aber euer Vater kam, redete ich zu ihm Worte des Frevels, welche uns von großer Herrlichkeit wegführten. (3) Denn zugleich, da er kam, öffnete ich meinen Mund, und der Teufel redete, und ich begann ihn zu belehren und sprach: Komm, mein Herr, Adam, höre auf mich und iss von der Frucht des Baumes, von dem Gott uns gesagt hat, nicht davon zu essen, und du wirst sein wie Gott! (4) Und euer Vater antwortete und sprach: Ich fürchte, dass Gott mir zürnen könnte. Ich aber sprach: Fürchte dich nicht, denn zugleich, da du isst, wirst du Gut und Böse erkennen. (5) Und schnell überredete ich ihn und er aß. Und es wurden seine Augen geöffnet und er erkannte seine Nacktheit. (6) Und er spricht zu mir: O, böse Frau, was hast du uns erwirkt? Du hast mich von der Herrlichkeit Gottes entfremdet!

7.2.3 Textanalyse

A. Abgrenzung des Textes: Der Abschnitt gLAE 15–21 bildet einen Bestandteil der Erzählung Evas vom Sündenfall, welche durch 15,1 („Hört, alle meine Kinder und Kindeskinder, und ich werde euch berichten, wie der Feind uns täuschte.") und 30 („Nun also, meine Kinder, habe ich euch die Weise, in der wir getäuscht wurden, kundgetan; ihr aber hütet euch, das Gute zu verlassen.") gerahmt wird. Innerhalb dieses größeren Zusammenhangs lassen sich wiederum mehrere kleinere Einheiten voneinander abgrenzen. Die Täuschung durch den Feind ist in 21 zu ihrem Ziel gelangt, sodass mit 22,1 ein neuer Abschnitt beginnt, der die Folgen dieser Verführung zum Ausdruck bringt. Er beschreibt das Gericht Gottes über Adam, Eva und die Schlange (22–26). Mit Kapitel 27 beginnt dann nochmals ein neuer Abschnitt. Er schildert die Vertreibung der Protoplasten aus dem Paradies.

B. Aufbau des Textes: gLAE 15–21 besteht aus einer Einleitung und drei parallel aufgebauten Abschnitten, welche jeweils in fünf Schritten den Hergang einer Verführung erzählen.[202]

---

[201] Ein Objekt zu δείξω fehlt.
[202] Nach LEVISON, Portraits, 168.

	Schlange	Eva	Adam
Stufe 1: das Interesse wird auf die verbotene Handlung zu lenken versucht, ohne dass diese Handlung selbst bereits in den Blick gerät	16,1–3a	17,2–18,1a	21,1
Stufe 2: Aufforderung zur verbotenen Handlung	16,3b	18,1b	21,3
Stufe 3: Einwand: Ich fürchte, dass Gott mir zürnen könnte.	16,4	18,2	21,4a
Stufe 4: Erwiderung: Fürchte dich nicht!	16,5	18,3–4	21,4b
Stufe 5: Ausführung der verbotenen Handlung	17ff.	19,3	21,5a

Freilich trägt jeder Abschnitt auch individuelle Züge. So wird z.B. hinsichtlich der Verführung der Schlange nicht an die Lust auf eine verbotene Frucht appelliert, sondern an die vermeintlich unberechtigte Erniedrigung der Schlange unter Adam (16,3). Ferner ist in die Verführung Evas (zum Essen der verbotenen Frucht) gleichsam eine zweite Verführung eingeflochten, die darauf zielt, dass Eva ihrerseits Adam verführen soll (vgl. 19,1–2). Schließlich erfahren wir nichts über die Folgen der verbotenen Tat für die Schlange,[203] während die Konsequenz für Adam und Eva ausdrücklich benannt wird: Beide verlieren ihre ursprüngliche Herrlichkeit. Trotz dieser Unterschiede ist aber ein gemeinsames Schema unverkennbar.

C. *Beobachtungen zur Erzählweise:* Es fällt auf, dass die Erzählung an vielen Stellen sehr knapp gehalten ist. So erfährt man z. B. in 16,3 nichts Genaueres darüber, was es mit dem „wie auch wir durch ihn hinausgeworfen wurden" auf sich hat.[204] Etwas mehr an Information hätte man sich wohl auch über das Gift der Schlange (19,3) erhoffen dürfen.[205] Und schließlich bleibt

---

[203] Allerdings wird auch sie von Gott gerichtet (Kapitel 26).

[204] Vgl. dazu den Abschnitt Quellen und Traditionen, Punkt C.

[205] Das Detail wirkt im Verlauf der Erzählung eher störend, da, nachdem kein Zweifel mehr am erfolgreichen Ausgang der Verführung herrscht, keine Notwendigkeit dafür besteht, dass die Schlange nun auch noch die verbotene Frucht mit ihrem Gift infiziert. Neben dem Motiv der Täuschung wird damit sozusagen ein zweites Motiv für die Übertretung eingeführt. Der Grund dafür könnte darin zu suchen sein, dass die Opferrolle Evas zusätzlich hervorgehoben werden soll. Vgl. SWEET, Study, 98: „The inclusion of this de-

auch rätselhaft, was man sich unter der verlorenen Herrlichkeit (20,2 und 21,6) vorzustellen hat. Weitere Fragen bleiben: Warum heißt der διάβολος plötzlich Σατανᾶς, und welche Bedeutung hat seine Verwandlung in einen Engel für die Erzählung (17,1)?[206] Wie hat man sich die örtlichen Gegebenheiten des Handlungsschauplatzes vorzustellen, z. B. die in 17,2 erwähnte Mauer? Oder was hat es mit der lapidaren Feststellung „Ich öffnete aber" (19,1) auf sich?

D. *Schlussfolgerungen hinsichtlich der Absicht des Erzählers:* Aus der herausgearbeiteten Parallelität der einzelnen Bestandteile der Erzählung und der beobachteten Sparsamkeit an erzählerischen Details lässt sich schlussfolgern, dass es dem Erzähler offenbar gerade darauf ankommt, das Typische der jeweiligen einzelnen Vorgänge vor Augen zu führen. Er entwickelt gleichsam ein Paradigma der Verführung, welches meines Erachtens das Wesen dieses Vorgangs adäquat zu beschreiben vermag. Das Wechselspiel von Vertrauen und Zweifel, von Entdeckungslust und Furcht, von Hoffnung und Verzweiflung ist hier geschickt zur Sprache gebracht. Fragt man nun weiter, welches Interesse hinter der beobachteten Typisierung steht, so ermöglicht der Blick auf den größeren Zusammenhang unseres Textes weitere Aufschlüsse. Evas Erzählung vom Sündenfall enthält nämlich einige typische Merkmale der frühjüdischen Testamentliteratur.[207] Bestimmend für jene Literaturgattung ist das paränetische Interesse, häufig werden Begebenheiten aus dem eigenen Leben erzählt, die aber niemals Selbstzweck sind, sondern immer eine pädagogische Absicht verfolgen. Und entsprechend dieser päd-

---

tail, while not essential to the narrative flow and which, in fact, interrupts it, serves to emphasize the origin of ἐπιθυμία with the serpent-devil."

[206] Dass der Wortlaut von 17,1f. nicht ohne Probleme ist, wurde bereits im Zusammenhang der Übersetzung deutlich. Merkwürdig ist der abrupte Übergang von 17,1a (die Schlange hängt sich von den Mauern des Paradieses herab) zu 17,1b (Eva sieht den Satan), der zur Folge hat, dass in 17,2 nicht ganz deutlich ist, wer sich eigentlich „von den Mauern" beugte, der Satan oder die Schlange. EVANS, Paradise, 57 Anm. 3 versucht, das Problem durch die Annahme zu lösen, der Text sei hier verdorben. Mehr spricht meines Erachtens aber für die Annahme, dass der Erzähler hier wiederum verschiedene Traditionen relativ unvermittelt zusammengefügt hat (mehr dazu in Kapitel 4), sodass man an der Ursprünglichkeit der Stelle nicht zweifeln muss (mit PINERO, Angels, 203 und BERTRAND, Vie [A], 122f.). Für die Annahme, dass hier verschiedene Traditionen zusammengefügt wurden, spricht auch die Beobachtung, dass der Name Σατανᾶς innerhalb von gLAE nur hier begegnet, während sonst vom διάβολος oder ἐχθρός gesprochen wird. Vgl. auch DE JONGE / TROMP, Life, 48 (zu gLAE 17,1–2): „A grave inconsistency like this is conceivable only if we accept that the authors were not much interested in the exact detail."

[207] Zu nennen sind hier vor allem: die Form der Abschiedsrede im Angesicht des bevorstehenden Todes, wenn auch leicht abgewandelt (nicht Adam selbst spricht, sondern er beauftragt Eva, die Kinder zu belehren), und die Verwendung eigener Erlebnisse im Zusammenhang der Paränese. Vgl. NORDHEIM, Lehre I, 229–242; COLLINS, Testaments, 325f.; SCHALLER, Testament, 312f.

agogischen Absicht geht es nicht um besondere Konkreta der Erzählung, sondern um das jeweils Typische. So erzählt beispielsweise im Testament Gads der Patriarch von seinem Hass auf Joseph, um den Nachkommen das Wesen des Hasses vor Augen zu führen. Nicht anders ist es in unserem Text. Eva erzählt von ihrer und Adams Versuchung, um den Kindern das Wesen der Versuchung vor Augen zu führen, in der Hoffnung, dass solches Wissen sie künftig vor dem Verlassen des Guten (30) bewahren möge. Diesem beschriebenen Ziel hat der Erzähler seinen Umgang mit den ihm zur Verfügung stehenden Quellen und Traditionen untergeordnet, und von hier aus erklärt sich die häufig zu beobachtende Kargheit hinsichtlich der erzählerischen Details. Dieses Ergebnis leitet über zum nächsten Schritt der Untersuchung, welcher nach den zugrundeliegenden Quellen und Traditionen fragt.

7.2.4 Quellen und Traditionen

A. Abhängigkeit von Gen 3,1–7: Die Erzählung von der Verführung Adams und Evas hat ihre klar erkennbare Grundlage in Gen 3,1–7 LXX.[208] Die folgende Gegenüberstellung zeigt die weitgehende Übereinstimmung sowohl im Aufbau als auch in den Formulierungen:

Genesis	*gLAE*
3,1 ὁ δὲ ὄφις ἦν φρονιμώτατος πάντων τῶν θηρίων τῶν ἐπὶ τῆς γῆς ὧν ἐποίησεν κύριος ὁ θεὸς καὶ εἶπεν ὁ ὄφις τῇ γυναικί τί ὅτι εἶπεν ὁ θεός οὐ μὴ φάγητε ἀπὸ παντὸς ξύλου τοῦ ἐν τῷ παραδείσῳ	16,2 ... ἀκούω ὅτι φρονιμώτερος εἶ ὑπὲρ πάντα τὰ θηρία ... 17,4 ... ἀλλ' οὐκ ἐσθίετε ἀπὸ παντὸς φυτοῦ ...
3,2 καὶ εἶπεν ἡ γυνὴ τῷ ὄφει ἀπὸ καρποῦ ξύλου τοῦ παραδείσου φαγόμεθα 3,3 ἀπὸ δὲ καρποῦ τοῦ ξύλου ὅ ἐστιν ἐν μέσῳ τοῦ παραδείσου εἶπεν ὁ θεός οὐ φάγεσθε ἀπ' αὐτοῦ οὐδὲ μὴ ἅψησθε αὐτοῦ ἵνα μὴ ἀποθάνητε	17,5 ... ἀπὸ πάντων ἐσθίομεν παρὲξ μόνου ὅ ἐστιν μέσον τοῦ παραδείσου, περὶ οὗ ἐνετείλατο ἡμῖν ὁ θεὸς μὴ ἐσθίειν ἐξ αὐτοῦ ἐπεὶ θανάτῳ ἀποθανεῖσθε
3,4 καὶ εἶπεν ὁ ὄφις τῇ γυναικί οὐ θανάτῳ ἀποθανεῖσθε	

---

[208] Gegenüber dem hebräischen Text von Gen 3,1–7 stimmt gLAE 16–21 mit dem Septuagintatext in folgenden Punkten überein: 1. Für גן (z.B. 3,1) steht παράδεισος. 2. In 3,5 steht der Plural ὡς θεοί. 3. In 3,7 steht der Plural φύλλα, während im masoretischen Text die Singularform עֲלֵה steht.

Genesis	gLAE
3,5 ἤδει γὰρ ὁ θεὸς ὅτι ἐν ᾗ ἂν ἡμέρᾳ φάγητε ἀπ' αὐτοῦ διανοιχθήσονται ὑμῶν οἱ ὀφθαλμοί καὶ ἔσεσθε ὡς θεοὶ γινώσκοντες καλὸν καὶ πονηρόν	18,3 ... ἅμα γὰρ φάγῃς ἀνοιχθήσονταί σου οἱ ὀφθαλμοὶ καὶ ἔσεσθε ὡς θεοὶ γινώσκοντες καλὸν καὶ πονηρόν [vgl. auch 21,4 ... ἅμα γὰρ φάγῃς ἔσῃ γινώσκων καλὸν καὶ πονηρόν]
3,6 καὶ εἶδεν ἡ γυνὴ ὅτι καλὸν τὸ ξύλον εἰς βρῶσιν καὶ ὅτι ἀρεστὸν τοῖς ὀφθαλμοῖς ἰδεῖν καὶ ὡραῖόν ἐστιν τοῦ κατανοῆσαι καὶ λαβοῦσα τοῦ καρποῦ αὐτοῦ ἔφαγεν καὶ ἔδωκεν καὶ τῷ ἀνδρὶ αὐτῆς μετ' αὐτῆς καὶ ἔφαγον	19,3 ... ἔλαβον ἀπὸ τοῦ καρποῦ καὶ ἔφαγον [vgl. auch 21,5 Καὶ ταχέως πείσασα αὐτὸν ἔφαγεν ...]
3,7 καὶ διηνοίχθησαν οἱ ὀφθαλμοὶ τῶν δύο καὶ ἔγνωσαν ὅτι γυμνοὶ ἦσαν καὶ ἔρραψαν φύλλα συκῆς καὶ ἐποίησαν ἑαυτοῖς περιζώματα	20,1 ... Καὶ ἐν αὐτῇ τῇ ὥρᾳ ἠνεῴχθησαν οἱ ὀφθαλμοί μου καὶ ἔγνων ὅτι γυμνὴ ἤμην [vgl. auch 21,5 ... καὶ ἠνεῴχθησαν αὐτοῦ οἱ ὀφθαλμοί, καὶ ἔγνω τὴν γύμνωσιν αὐτοῦ] 20,5 Λαβοῦσα δὲ φύλλα ἀπ' αὐτοῦ ἐποίησα ἐμαυτῇ περιζώματα.

B. *Erweiterungen von Gen 3:* Andererseits ist aber auch deutlich, dass gLAE in mehreren Punkten den Genesistext erweitert hat. Dass aus der einen Verführung in Gen 3 hier drei aufeinander folgende Verführungen geworden sind, wurde bereits im vorangegangenen Abschnitt herausgearbeitet. Ging es dabei aber zunächst um den formalen Aspekt der Parallelisierung der einzelnen Teile unseres Textes, so ist darüber hinaus ein weiterer Aspekt dieser Ausweitung bedeutsam. Aus dem „mythologischen Vorbau",[209] welchen die Verführung der Protoplasten durch die vorausgehende Verführung der Schlange erhält, ergeben sich weitreichende Konsequenzen hinsichtlich der Frage nach dem Ursprung der Sünde.[210] Eine weitere bemerkenswerte Erweiterung des biblischen Textes stellt auch die Interpretation der Nacktheit als Verlust der ursprünglichen Gerechtigkeit bzw. Herrlichkeit dar. Schließlich sind auch das stereotype „ich fürchte, dass Gott mir zürnen könnte",[211] der Eid Evas,[212] der Hinweis auf das Gift der Schlange sowie das Herabfallen

---

209 BRANDENBURGER, Adam, 40.

210 Mehr dazu im Abschnitt 7.2.5.A. Zu beachten ist aber auch eine andere Folge dieser Erweiterung: Die Tierwelt, für die die Schlange ja steht, wird hier in das Phänomen der Sünde mit einbezogen; vgl. dazu auch die Ausführungen zu gLAE 10–12 und gLAE 26.

211 Vgl. dazu den Abschnitt Theologie, Punkt D.

212 Ob unser Erzähler hier eine bestimmte Tradition aufgreift oder dieses Detail der Erzählung von ihm selbst stammt, lässt sich schwer ermitteln. Die erzählerische Funktion des Eides besteht meines Erachtens einerseits darin, dass er zur Entlastung Evas dienen

der Blätter von den Paradiesbäumen[213] im Bericht der Genesis noch nicht enthalten.

C. *Die Sünde und der Neid Satans:* Hinsichtlich der Frage nach dem Ursprung der Sünde lassen sich für das frühe Judentum drei Grundmodelle herausarbeiten:[214]

1. *Die Sünde wird auf das Wirken widergöttlicher Mächte zurückgeführt:* Einerseits wurde aufbauend auf Gen 6,1–4 die Lehre vom Fall der Engel entwickelt.[215] So heißt es beispielsweise in äthHen 9,8 von den herabgestiegenen Engeln, welche auch als „Wächter"[216] bezeichnet werden: „Und sie sind zu den Töchtern der Menschen auf Erden gegangen und haben mit ihnen, mit jenen Frauen geschlafen und sich verunreinigt und mit ihnen alle Sünden offenbar gemacht." Daneben findet sich aber auch die Anschauung vom Satan[217]

---

soll. Sie wird hier ja als gänzlich unwissend dargestellt und ist später durch den Schwur gebunden. Daneben verstärkt der Eid aber auch die Schwere des Vergehens Evas, was auf dem Hintergrund der unter Juden wie auch unter Christen verbreiteten negativen Einstellung gegenüber dem Schwören deutlich wird. Vgl. U. LUZ, Das Evangelium nach Matthäus, Bd. 1, Zürich u.a. ³1992 (EKK 1,1), 282f., der auf die im Hellenismus verbreitete Kritik am Eid hinweist, welche sich auch bei Philo finden lässt. Ebenfalls eine kritische Tendenz gegenüber dem Schwören lässt slHen 49,1 erkennen, wo das Schwören bei Himmel, Erde oder irgendeiner Kreatur abgelehnt wird.

[213] Offenbar ist dies ein Zeichen für die Abwesenheit Gottes, denn als Gott ins Paradies kommt, beginnen die Bäume wieder zu grünen (22,2). Vgl. auch b Joma 39b: „Als Šelomo den Tempel erbaute, pflanzte er da allerlei goldene Köstlichkeiten, die zur heranreichenden Zeit Früchte hervorbrachten ... als die Nichtjuden in den Tempel drangen, verdorrten sie ... aber der Heilige, gepriesen sei er, wird sie dereinst wiedergeben."

[214] Vgl. BAUDRY, Péché [A]; Ders., Péché [B]; RUSSELL, Method, 249–254; WAHLE, Erbsündenlehre, 146–170; G. QUELL / G. BERTRAM / G. STÄHLIN / W. GRUNDMANN, Art. ἁμαρτάνω κτλ, ThWNT 1, 267–320, 293–295; BRANDENBURGER, Adam, 15–45; MALINA, Observations, 22–27. Die im Folgenden genannten Lösungsmodelle entsprechen den von BAUDRY herausgearbeiteten drei Erklärungen der Ursünde in den Pseudepigraphen: „explication diabolique"; „explication adamique" und „explication anthropologique" (vgl. vor allem Péché [A], 189–192).

[215] Vgl. äthHen 6–11; 15; 69; 86; Jub 4,15; 5,1f.; 7,21–27; CD II,18; 4Q 180 1,7; 4Q 181 I,1f.; TestXII Ruben 5,6–7; TestXII Napht 3,5; slHen 7; 18; aber auch 2 Pt 2,4 und Jud 6. Im Einzelnen bestehen freilich Unterschiede zwischen den genannten Stellen. Nach TestXII Ruben 5,6–7 wurden z.B. die „Wächter" von den Frauen verführt. Nach Jub 4,15 hatte Gott hingegen selbst die Wächter zu den Menschen gesandt, damit sie ihnen Recht und Ordnung beibrächten. Neben der in Anm. 214 genannten Literatur ist hier noch zu erwähnen: FORSYTH, Enemy; ROSENSTIEHL, Chute; DELCOR, Mythe; SWEET, Fall; DIEZ MERINO, Vigilantes; LANGE, Weisheit, 109–119, KÜCHLER, Schweigen, 220–230; DEXINGER, Nachgeschichte und DAVIDSON, Angels, 37–53.

[216] Vgl. z.B. Jub 4,15 oder äthHen 10,9; vgl. dazu auch slHen 18,1, wo jene als Grigoroi bezeichnet werden.

[217] Zur Satansvorstellung im frühen Judentum allgemein vgl. RUSSELL, Devil; FORSYTH, Enemy; PAGELS, Ursprung; G. v. RAD / W. FOERSTER, διαβάλλω κτλ, ThWNT 2, 69–80, 74–78; W. FOERSTER / K. SCHÄFERDIEK, Art. Σατανᾶς, ThWNT 7, 151–165.

als einem aus dem Himmel hinausgeworfenen Engel,[218] welche aus Jes 14,13f. erwachsen ist. Weil dieser sich weigerte, Adam anzubeten, wurde er von Gottes Angesicht verstoßen: „Aber Satanael betete nicht an und sprach: Ich verehre nicht Lehm und Unrat. Und er sprach: Ich werde meinen Thron auf den Wolken aufstellen und werde gleich sein dem Höchsten (Is 14,13). Darum verstieß ihn Gott von seinem Angesicht und mit seinen Engeln ..."[219] Daraufhin versuchte Satan, sich an Adam zu rächen, in dem er die Protoplasten zur Übertretung des göttlichen Gebots verführte.[220] Es kommt hier weniger darauf an, das genaue Verhältnis der Traditionen vom Fall der Engel und vom Sturz Satans zueinander zu bestimmen,[221] vielmehr geht es um den gemeinsamen Grundzug, der darin besteht, dass es böse, widergöttliche Mächte sind, die den Menschen zur Sünde verleiten.
2. *Die Sünde wird auf Adam und Eva (als zeitlichen Anfang) zurückgeführt.* Ich hatte bereits darauf hingewiesen, dass die biblische Geschichte von der ersten Sünde im übrigen Alten Testament nahezu keine Rolle spielt und erst in der frühjüdischen Literatur wirklich rezipiert wird. Der früheste Beleg für die Verwendung von Gen 3 im Sinne einer Erklärung des Ursprungs der Sünde, wenn auch nur andeutungsweise, ist wohl Sir 25,24: ἀπὸ γυναικὸς ἀρχὴ ἁμαρτίας, καὶ δι' αὐτὴν ἀποθνῄσκομεν πάντες.[222] Allerdings ist deutlich, dass es hier lediglich um den zeitlichen Anfang geht, während eine *Ursache* der Sünde im eigentlichen Sinn nicht benannt wird. Das Gleiche trifft auch auf eine ganze Reihe weiterer Belege zu: Jub 3,1–21; syrBar 23,4; 48,42f.; 54,15; 56,5f.; 4Esr 3,7; 7,118; slHen 40,12–41,2. Das Interesse jener Texte gilt auch gar nicht so sehr der Frage nach der Ursache der Sünde, als vielmehr dem Problem des Todes. Nicht hinsichtlich der Sünde der Nachkommen (für diese sind sie selbst verantwortlich), sondern bezüglich der Notwendigkeit des Todes wird hier ein kausaler Zusammenhang mit Adam und Eva gesehen.[223]

---

[218] Als Ursache für den Sturz Satans wird entweder a) die Hybris Satans oder b) dessen Neid auf Adam angeführt. Zu a) vgl. slHen 29,4f. und die bei ROSENSTIEHL, Chute, 37–44 und BÖTTRICH, Henochbuch, 910f. Anm. d zu 29,4 genannten (jüngeren) Belege; zu b) vgl. latLAE / armLAE (Stone) / geoLAE 12–17; ApkSedr 4–5; Schatzhöhle S. 4; eine slavische Überlieferung aus grBar, welche sich allerdings nicht in allen Hss. findet (im Folgenden zitiert; dazu auch GAYLORD, Satanael) sowie die weiteren Belege bei BONWETSCH, Fragen, 36–40; NAGEL, Vie I, 183f. und ROSENSTIEHL, Chute, 44–60. Speziell zu LAE vgl. ANDERSON, Fall sowie PATTON, Adam.

[219] grBar 4–5 (nur in Slavisch überliefert; Text aus: STICHEL, Verführung, 118).

[220] Auch nach SapSal 2,24 verführte der Satan den Adam aus Neid: φθόνῳ δὲ διαβόλου θάνατος εἰσῆλθεν εἰς τὸν κόσμον („aber durch den Neid des Teufels kam der Tod in die Welt hinein"). Zum Motiv des Neides in Paradiesgeschichte vgl. auch UNNIK, Neid, 128–130.

[221] Es handelt sich wohl um zwei ursprünglich voneinander unabhängige Traditionen, die allerdings in slHen 18,3 (Satanail als Fürst der Grigoroi [= Wächter]) und Jub 10,11 (ein Zehntel der gefallenen Engel diente dem Satan, während die anderen am Ort des Gerichts gefesselt wurden) verbunden sind.

[222] Vgl. dazu auch Abschnitt 7.4.4.

[223] Vgl. vor allem 4Esr 3,7: „und diesem trugst du dein einziges Gebot auf und er übertrat es. Und sogleich verhängtest du den Tod über ihn und über seine Geschlechter" („et ad hunc mandasti diligentiam unam tuam, et praeterivit eam, et statim instituisti in eum mortem et in nationibus eius"); syrBar 23,4: „als Adam sündigte und der Tod verhängt wurde über die, die noch geboren werden sollten ..."; vgl. auch gLAE 14 (dazu Abschnitt 9.2).

3. Die Sünde wird auf die dualistische Urordnung der Schöpfung zurückgeführt.[224] Die biblisch-weisheitliche Vorstellung von einer präexistenten Schöpfungsordnung (z.B. Hiob 38f.; Prov 3,19f.; 8,22–31) wurde in der palästinisch-jüdischen Weisheitstradition des 3. und 2. Jhds. v. Chr.[225] zunehmend mit „kosmologisch-eschatologische[n] Elemente[n]"[226] verbunden und in Richtung einer dualistischen Urordnung der Schöpfung weiterentwickelt. Die wichtigsten Belege hierfür finden sich in den als proto-essenisch zu charakterisierenden Weisheitstexten aus Qumran, wie „Sapiential Work A" (= 1Q 26, 4Q 415–418 und 4Q 423),[227] dem „Buch der Geheimnisse" (= 1Q 27 und 4Q 299–301) und der ursprünglich wohl selbständigen „Zwei-Geister-Lehre" (= 1QS III,13–IV,26).[228] Danach erschuf Gott die „Geister von Licht und Finsternis [...], auf ihnen gründete Er jegliches Werk" (1QS III,25). In seinem Plan ist das Handeln des Menschen von Urzeiten her festgelegt: „Vom Gott der Erkenntnisse (stammt) alles Seiende und Gewordene, und bevor sie ins Dasein getreten, setzte Er ihren ganzen Plan fest" (1QS III,15). 4Q 417 2 gebraucht hierfür den Begriff „Geheimnis des Werdens" (רז נהיה; I,8 u.ö.),[229] welches der Weise studieren soll. Inhalt dieses Geheimnisses ist die dualistisch strukturierte, präexistente Ordnung der Schöpfung. Diese in der palästinisch-jüdischen Weisheitstradition entwickelten Gedanken wurden später in essenischen Qumrantexten wie 4Q 402 4; 1QH IX,1–X,4; CD II,2–13; 4Q 180 und Pescher Habakuk VI,12–VIII,3 aufgegriffen. Daneben wirkten sie aber auch auf Schriften des Diasporajudentums ein, wie u.a. TestXII Ass 1,3ff. oder TestXII Juda 20,1ff. zeigen,[230] und schließlich lässt sich auch ein Einfluss auf die paulinische Antithese von Fleisch und Geist (vgl. Gal 5,17 und Rm 8,4–8) wahrscheinlich machen, wie Frey gezeigt hat.[231]

Nach diesem kurzen Überblick dürfte es deutlich sein, dass die Anschauung vom Ursprung der Sünde, welche sich in gLAE 15ff. findet, in die zuerst genannte Linie gehört. Vor allem gLAE 16,3 („Wir wollen bewirken, dass er [= Adam] aus dem Paradies hinausgeworfen werde, wie auch wir durch ihn hinausgeworfen wurden.") zeigt, dass auch der Autor des griechischen Textes die Tradition vom Sturz Satans aus dem Himmel kannte, obwohl er sie nicht in der gleichen Breite wie in latLAE / armLAE (Stone) / geoLAE 12–17

---

[224] Vgl. hierzu LANGE, Weisheit; FREY, Antithese und DERS., Notion.

[225] Vgl. hierzu auch die Aufsätze in FALK, Texts, 15–75, vor allem ELGVIN, Wisdom (15–38).

[226] FREY, a.a.O., 61.

[227] Neuerdings wird diese Schrift auch als „4QInstruction" bezeichnet, vgl. z.B. ELGVIN, Wisdom oder FREY, Notion.

[228] Vgl. hierzu LANGE, Weisheit, 45–92 (Sapiential Work A); 93–120 (Buch der Geheimnisse) und 121–170 (Zwei-Geister-Lehre). Zu Sapiential Work A vgl. ferner FREY, Antithese, 58–63 und DERS., Notion, 210–220.

[229] So übersetzt LANGE, Weisheit, 57 u.ö.; anders MAIER, Qumran-Essener II, 440f. („Geheimnis des Gewordenen").

[230] Eventuell setzt sich 4Esr mit einer radikalen Form solch dualistischer Anschauungen auseinander, vgl. dazu 4Esr 3,20f. oder 7,116.

[231] Vgl. FREY, Antithese, 67–73. Zu weit geht nach meinem Eindruck allerdings BAUDRY, Péché [B], wenn er einen indirekten Einfluss solcher Gedanken auf die christliche Erbsündenlehre vermutet.

bietet.[232] Auch wenn diese Vorstellung nicht ursprünglich zur Lehre über den Satan gehört haben sollte,[233] war sie im frühen Judentum nicht unbekannt, wie ich oben gezeigt habe. gLAE 15ff. ist damit einer der ältesten Belege für die Verbindung der Paradiesgeschichte mit der Figur des Satans. Um diese Verbindung herzustellen, gibt unser Erzähler der Verführung Evas einen „mythologischen Vorbau", worauf ich bereits hingewiesen habe,[234] und lässt die Schlange somit zum Werkzeug Satans werden.

D. *Der Satan und die Schlange:* In der frühjüdischen Interpretation von Gen 3 war die Schlange weithin mit negativen Zügen versehen worden, die sie geradezu für eine allmähliche Verschmelzung mit der Figur des Satans prädestinierten.[235] So wird sie beispielsweise in 4Makk 18,8 als betrügerische Verführerin (λυμεὼν ἀπάτης) betrachtet, und auch Josephus Ant I,41 weiß um den Neid der Schlange. Dabei kam es allerdings, wie auch in gLAE 15ff., noch nicht zu einer ausdrücklichen Identifikation mit dem Satan.[236] In unserem Text erscheint die Schlange selbst als Opfer Satans,[237] der sie zu seinem Werkzeug macht (16,5).[238] Unter den Belegen, die sich in der jüdischen und christlichen Literatur für diese Vorstellung finden, darf unser Text durchaus

---

[232] Ähnlich STONE, Fall, 153–156; SWEET, Study, 71 u.ö. und FUCHS, Leben, 520f. Anm. f. Damit soll freilich nicht einer literarischen Abhängigkeit unseres Textes von latLAE oder den anderen Versionen das Wort geredet werden. Vielmehr gehe ich davon aus, dass der griechische Text die älteste greifbare Fassung des LAE bietet, vgl. dazu die jeweiligen Abschnitte „Synoptischer Vergleich". Die Tatsache, dass eine Parallele zu latLAE 12–17 im griechischen Text fehlt, könnte man nun entweder in absichtlicher Auslassung begründet sehen, wofür spräche, dass die in latLAE zu beobachtende breite Entfaltung der Herrlichkeit Adams schwerlich zum Adambild der griechischen Version gepasst hätte, welches eher an Adams Sünde und den daraus resultierenden Folgen orientiert ist. Allerdings spricht meines Erachtens mehr für die zweite Möglichkeit, dass nämlich die besagte Überlieferung in ihrer jetzigen Gestalt LAE erst auf einer späteren Überlieferungsstufe zugewachsen ist, die dahinter stehende Vorstellung vom Sturz Satans aber älter ist. Diese Meinung vertritt NAGEL (Vie I, 175f.), der es sogar unternommen hat, die Erzählung vom Fall Satans in latLAE 12ff. ins Griechische „zurückzuübersetzen" (vgl. a.a.O., 184f.), wobei dies aber notwendigerweise hypothetisch bleiben muss.

[233] Vgl. W. FOERSTER / G. V. RAD, a.a.O. (Anm. 217), 76.

[234] Vgl. den Abschnitt Textanalyse.

[235] Im Alten Testament ist diese Verbindung noch nicht belegt. SEEBASS, Genesis I, 120, verweist darauf, dass die Schlange in Gen 3 „ausdrücklich zu den Tieren gezählt" wird, die „dem Menschen als Hilfe erschaffen" worden waren.

[236] Eine solche begegnet dann in Offb 12,9; 20,2; VitProph 12,14; ApkAbr 23,8 (Identifikation von Azazel und Schlange); Justin Apol 28,1; Justin Dial 39; 45.

[237] Vgl. dazu auch den Abschnitt Theologie, Punkt B.

[238] Die Verschmelzung von Paradiesschlange und Satan ist ausführlich untersucht bei MARTINEK, Schlange. Ihr Urteil über gLAE 16ff. (a.a.O., 107) scheint mir allerdings etwas zu überzogen zu sein: „Die so eindeutige Interpretation der Schlange von Gen 3 als teuflischer Verführerin findet sich sonst in keiner Schrift der außerbiblischen jüdischen Literatur."

als einer der ältesten Belege gelten, wofür auch die Beobachtung spricht, dass Satan und Schlange hier noch ausdrücklich unterschieden werden. Eventuell könnte man sogar mit Schultz die Abhängigkeit späterer Belege wie Irenäus Epid 16 und Haer IV, Vorrede 4 von gLAE 16ff. behaupten.[239] Diese Frage bedarf allerdings weiterer Untersuchungen.

   E. Der Verlust der ursprünglichen Herrlichkeit: Nachdem Eva und Adam von der verbotenen Frucht gegessen haben, beklagen sie den Verlust der ihnen ursprünglich eigenen Herrlichkeit (δόξα) bzw. Gerechtigkeit (δικαιοσύνη).[240] Das Motiv der mit dem Sündenfall verlorenen Herrlichkeit begegnet verschiedentlich in der frühjüdischen wie auch in der rabbinischen Literatur[241] und dürfte wohl auch Paulus bekannt gewesen sein.[242] In der Diskussion um den alttestamentlichen Hintergrund dieser Tradition wurden verschiedene Stellen erwogen:

1. Gen 3,21 berichtet, dass Gott Adam und Eva nach deren Übertretung Röcke aus Fell (עור) machte. Nach GenR 20 (Wünsche, 94) besaß Rabbi Meir eine Handschrift der Tora, in der statt עור אור (Licht) stand, sodass Gott den Protoplasten demnach Lichtgewänder

---

[239] Vgl. SCHULTZ, Origin, 184–187. Weitere Belege für diese Tradition sind: grBar 9 (Samael legte die Schlange als Gewand an) sowie die oben erwähnte slavische Sonderüberlieferung zu grBar 4–5 („Da ging Satanael und fand die Schlange. Und er machte sich zum Wurm und sprach zur Schlange: ‚Öffne das Maul und verschlucke mich in deinen Bauch.' Und er ging über die Mauer in das Paradies mit der Absicht Eva zu verführen"; Text aus: STICHEL, Verführung, 118); Rech 19 (die Stelle geht auf die spätere christliche Bearbeitung von Rech zurück); PRE 13 und Theoph Autol II,28. Schließlich ist hier auf Origenes, Peri Archon 3,2,1 zu verweisen, der nach seinen eigenen Angaben aus der „Himmelfahrt des Mose" die Überlieferung zitiert, dass die „Schlange ... auf Eingebung des Teufels hin zur Ursache des Fehltritts von Adam und Eva geworden" sei. Die zitierte Stelle ist allerdings im heute bekannten Text von AssMos nicht enthalten.
[240] gLAE 20,1f. und 21,6, vgl. dazu den Abschnitt Theologie, Punkt E.
[241] Vgl. grBar 4,16; Rech 12,3; PRE 14; ARN B 42 (S. 251); TgPsJon Gen 2,25; GenR 11 (WÜNSCHE, 45) und 12 (WÜNSCHE, 52); vgl. aber auch die gnostische Anschauung in ApkAd S. 21: „Und wir glichen den großen ewigen Engeln. Wir waren nämlich erhabener als Gott, der uns geschaffen hatte, und die Kräfte, die mit ihm waren, die wir nicht kannten. Dann grenzte uns Gott, der Archon der Äonen und der Kräfte zornig ab. Dann wurden wir zwei Äonen und die Herrlichkeit, die in unserem Herzen war, verließ uns, mich und deine Mutter Eva, und die erste Erkenntnis, die in uns wehte." Eine ähnlich Überlieferung findet sich in der titellosen Schrift NHC II 166f. (vgl. UNNIK, Neid, 121).
[242] Vgl. Rm 3,23: πάντες γὰρ ἥμαρτον καὶ ὑστεροῦνται τῆς δόξης τοῦ θεοῦ. Die Übersetzung der Lutherbibel: „sie ermangeln des Ruhmes, den sie bei Gott haben sollten" verdeckt diesen Zusammenhang. Von den meisten Auslegern wird allerdings angenommen, dass Paulus hier eine jüdische Tradition aufgreift. Vgl. O. MICHEL, Der Brief an die Römer, Göttingen [12]1963 (KEK 4), 105; THYEN, Studien, 170; U. WILCKENS, Der Brief an die Römer, Bd. 1, Zürich u.a. [2]1987 (EKK 6,1), 188; H. SCHLIER, Der Römerbrief, Leipzig 1978 (Nachdr. HThK 6), 106f.; D. ZELLER, Der Brief an die Römer, Regensburg 1985 (RNT), 85; STUHLMACHER, Gerechtigkeit, 87; BERGER / COLPE, Textbuch, 204.

gemacht hätte.[243] Von solchen sprechen auch die Targume.[244] Allerdings ist bei den genannten Stellen deutlich, dass die Gewänder, von denen hier gesprochen wird, Adam und Eva erst *nach* ihrer Übertretung zuteil werden.[245] Man müsste daher mit Sebastian Brock annehmen, dass eine bestimmte Interpretationslinie von Gen 3,21 jene Licht-gewänder bereits auf die prälapsarische Existenz der Protoplasten bezog.[246] Allerdings spricht meines Erachtens mehr dafür, dass umgekehrt die Tradition vom Verlust der ursprünglichen Herrlichkeit die Interpretation von Gen 3,21 beeinflusst hat. Zwei der von Brock genannten Texte motivieren die Bekleidung der Protoplasten nach Gen 3,21 ja gerade mit dem Verlust der ursprünglichen Herrlichkeit, während andere Texte, die die Vorstellung von der verlorenen Herrlichkeit ebenfalls kennen, gar keinen Bezug zu Gen 3,21 erkennen lassen.[247]

2. Nach Ps 8,6 hat der Schöpfer den Menschen wenig niedriger als Gott[248] gemacht und mit Ehre und Herrlichkeit gekrönt. Vermutlich steht diese Aussage in einem engen traditionsgeschichtlichen Zusammenhang mit Gen 1,26f.[249] und wurde daher im frühen Judentum folgerichtig vor allem auf Adam bezogen. In großer Breite wird dessen Herrlich-keit (zuweilen, aber nicht immer, auch die Herrlichkeit Evas) geschildert,[250] welche nach Sir 49,16 die aller anderen überragt. Andernorts werden die Protoplasten als engelsgleich

---

[243] PREUSCHEN (vgl. Adamschriften, 214f.; 246f.) betrachtete die „Lichtkleider" der Protoplasten als eine typisch gnostische Anschauung, wogegen aber die zahlreichen jüdischen Belege sprechen.

[244] Vgl. TgPsJon Gen 3,21 „And the Lord God made garments of glory for Adam and for his wife from the skin which the serpent had cast off (to be worn) on the skin of their flesh, instead of their (garments of) fingernails of which they had been stripped, and he clothed them"; TgNeof Gen 3,21 „And the Lord God made for Adam and for his wife garments of glory". TgOnq Gen 3,21 spricht von „garments of honour".

[245] Vgl. auch PRE 20 (Gott machte Adam und Eva Kleider der Herrlichkeit aus der Haut der Schlange) und Schatzhöhle S. 6 (Gott machte Adam und Eva Kleider aus der Rinde der Paradiesbäume).

[246] Vgl. BROCK, Metaphors. 14. Neben gLAE 20 verweist BROCK auf einen liturgischen Text der Maroniten: „With radiance and glory was Adam clothed at the beginning, before he sinned; the Evil one was envious, led Eve astray, and had Adam ejected from Paradise: he was then covered by fig leaves in place of the glory with which he had been clothed" (Quelle: Maronite Shehmito, Beirut 1876, 403f; zitiert nach BROCK, a.a.O.) sowie auf Zohar I, 36b: „Before the Fall they were dressed in garments of light, but after their trespass in garments of skin." Ähnlich GINZBERG, Legends V, 103 Anm. 93, der diese Interpretation von Gen 3,21 sogar als die ältere betrachtet.

[247] Neben gLAE 20–21 ist hier auf grBar 4,16 und Rech 12,3 zu verweisen.

[248] So übersetzen die meisten neueren Kommentare die Wendung מְעַט מֵאֱלֹהִים (vgl. z.B. K. SEYBOLD, Die Psalmen, Tübingen 1996 (HAT 1/15), 48 „wenig niedriger als Götter" oder KAISER, Erwägungen, 208: „Du ließest ihn mangeln nur wenig an Gott"). Die Septua-ginta übersetzt hingegen: βραχύ τι παρ᾽ ἀγγέλους.

[249] Vgl. z.B. SEYBOLD, a.a.O. (Anm. 248), 51 oder KAISER, Erwägungen, 208.

[250] Zur frühjüdischen Anschauung von der Herrlichkeit Adams und deren Beziehung zur Gottebenbildlichkeit vgl. JERVELL, Imago, 37–46.

verstanden.[251] Ihre Herrlichkeit ruft die Opposition der Engel hervor[252] oder verleitet jene dazu, Adam statt Gott selbst anzubeten.[253] Es ist deutlich, dass solche Vorstellungen auch im Hintergrund unseres Textes stehen.[254] Allerdings ist zu beobachten, dass die Herrlichkeit Adams und Evas hier vor allem in einem ethischen Sinn verstanden wird.

3. Daher ist mit Fuchs[255] zu fragen, ob nicht auch eine Stelle wie Jes 61,10 „er hat mir die Kleider des Heils angezogen und mich mit dem Mantel der Gerechtigkeit gekleidet"[256] im Hintergrund stehen könnte.[257] Über eine direkte Abhängigkeit lässt sich schwer entscheiden, wichtig ist meines Erachtens allerdings, dass Fuchs damit den Aspekt der Gerechtigkeit hervorhebt. Dieser ist so in Gen 3,21 oder Ps 8,6 nicht enthalten, ist aber für das Verständnis der ursprünglichen δόξα der Protoplasten wichtig. Letztere definiert sich von der δικαιοσύνη her, nicht umgekehrt.[258] Jes 61 ist daher meines Erachtens zu Ps 8 hinzuzunehmen. Beide Aussagen scheinen auf die Vorstellungen von der verlorenen Herrlichkeit Adams und Evas eingewirkt zu haben.[259]

F. Die Verwandlung Satans in einen Engel: Die Belege für diese Vorstellung sind nicht sehr zahlreich. Das Motiv begegnet neben latLAE 9, slavLAE 38 und armLAE (Stone) 9[260] in 2 Kor 11,14 sowie etwas abgewandelt in TestHiob 6,4 (Satan als Bettler), ApkEl 34,5 (der Antichrist erscheint in verschiedenen Gestalten) und Did 16,4 („dann wird der Weltverführer erscheinen wie der Sohn Gottes").[261] Es spricht einiges dafür, dass Paulus und gLAE hier auf eine gemeinsame Grundlage zurückgreifen, nicht zuletzt verdient dabei Erwähnung, dass beide Texte die in gLAE sonst nicht gebräuchliche Bezeichnung Σατανᾶς gemeinsam haben. Für eine direkte Abhängigkeit des Paulus

---

[251] Vgl. äthHen 69,11 (dort als Begründung der ursprünglichen Gerechtigkeit und Unsterblichkeit); slHen 30,11; äthAdam S. 18; PRE 12.

[252] Vgl. ALTMANN, Background, 371–379 und SCHÄFER, Rivalität, 75–108 (vor allem die Texte 8–11).

[253] Vgl. ALTMANN, Background, 379–387.

[254] Mit SWEET, Study, 67 und BERTRAND, Vie [A], 126.

[255] Leben, 522. Das Klagelied über den König von Tyrus aus Ez 28, auf das FUCHS ferner verweist, scheint mir wenig mit unserem Text zu tun haben, geht es dort doch um den Hochmut des Königs, der zu seinem Sturz führte (V. 17). Dieser Hochmut stammte wohl gerade aus dem Wissen um seine Schönheit und Vollkommenheit. Dies lässt sich schwerlich mit der Schilderung der Sünde Adams und Evas in gLAE 20f. vereinbaren.

[256] כִּי הִלְבִּישַׁנִי בִּגְדֵי־יֶשַׁע מְעִיל צְדָקָה

[257] Vgl. auch WELLS, Books, 146 und BERTRAND, Vie [A], 125. Letzterer verweist ferner auf Ps 132,9; Hiob 29,14 und SapSal 5,18.

[258] Ein ähnliches Verständnis der ursprünglichen Herrlichkeit ist auch in äthHen 69,11 und Rech 12 belegt. Vgl. zur theologischen Bedeutung dieses Motivs Abschnitt 7.2.5.E.

[259] In GenR 11 und 12 (WÜNSCHE, 45 und 52) wird schließlich noch Hiob 14,20 als biblische Belegstelle dafür angeführt, dass Adam nach dem Fall seinen Glanz verlor.

[260] „Satan took on the form of a cherub." Die georgische Parallele spricht nicht ausdrücklich von einem Engel: „le diable trembla et changea sa forme et son vêtement par la fausseté de son art."

[261] Weitere Parallelen aus der patristischen Literatur bei SCHRAGE, Apokalypse, 255.

von gLAE 17 reichen die Indizien aber nicht aus,[262] ebensowenig wie man
gLAE 17,1 als Interpolation aufgrund von 2 Kor 11,14 verstehen kann.[263]
G. *Das Gift der Begierde:* Verschiedentlich wurde vermutet, dass im
Hintergrund von 19,3 die Lehre vom bösen Trieb stehe.[264] Dagegen spricht
allerdings, dass die ἐπιθυμία hier nicht als dem Menschen innewohnend,
sondern als etwas äußerliches verstanden wird, was mit der Vorstellung vom
bösen Trieb schwerlich vereinbar ist. Aus dem gleichen Grund scheint mir die
zuweilen hervorgehobene Nähe zu Jak 1,15 ἐπιθυμία συλλαβοῦσα τίκτει
ἁμαρτίαν[265] eher gering zu sein, wird doch auch hier die Begierde als dem
Menschen innewohnend verstanden (1,14).[266] Vielmehr geht die Stelle meines
Erachtens auf eine Traditionslinie zurück, welche einen engen Zusammenhang
zwischen Sünde und Sexualität sah und die Verführung Evas daher im Sinne
einer sexuellen Verführung verstand.[267]

7.2.5 Theologie

A. *Der Ursprung der Sünde:* Die erste Sünde wird in unserem Text, anders
als in dessen biblischer Vorlage, auf einen heimtückischen Anschlag des
Teufels zurückgeführt. Er betrog die Protoplasten und verführte sie zu ihrer

---

[262] Vgl. BERTRAND, Vie [A], 122f., der meint, dass Paulus mehr oder weniger („d'une
facon plus ou moins directe") von gLAE 17,1 abhängig sei, was ich allerdings nicht für
sehr weiterführend halte. Mit C. WOLFF, Der zweite Brief des Paulus an die Korinther,
Berlin 1989 (ThHK 8), 224, wird man nicht mehr sagen können, als dass Paulus und
gLAE 17 sich auf eine gemeinsame Tradition beziehen.

[263] Mit BERTRAND, ebd.

[264] Vgl. z.B. QUELL / BERTRAM / STÄHLIN / GRUNDMANN, a.a.O. (Anm. 214), 294. Aus
der älteren Literatur über die Lehre vom bösen Trieb vgl. u.a. NISSEN, Gott, 136–140;
RUSSELL, Method, 253f.; URBACH, Sages, 471–482 und STRACK / BILLERBECK, Kommentar IV/1, 466–483. Die erst jüngst erfolgte Erschließung der proto-essenischen Weisheits-
texte aus Qumran erweist das von der älteren Forschung gezeichnete Bild in manchen
Punkten als korrekturbedürftig. Vgl. hierzu vor allem FREY, Antithese.

[265] Vgl. z.B. FUCHS, Leben, 121.

[266] Vgl. auch Joh 8,44; Rm 6,12 und 7,7. Die Nähe zwischen den genannten Stellen und
gLAE 19,3 scheint mir geringer zu sein, als BERTRAND, Vie [A], 124 annimmt, der hier
einen verbreiteten Aphorismus tradiert sieht.

[267] Ähnlich GINZBERG, Legends V, 121 Anm. 119, der die ἐπιθυμία in gLAE 19 als
„sexual desire" interpretiert; KÜCHLER, Schweigen, 48 und HOOKER, Adam, 301f. Belegt
ist die Vorstellung von einer sexuellen Verführung Evas in 4Makk 12,7f.; ApkAbr 23;
Philo Op 151–157; GenR 18 (WÜNSCHE, 81); 20 (WÜNSCHE, 90: „du [= die Schlange,
Th.K.] wolltest Adam töten und Eva heiraten") und 85 (WÜNSCHE, 417); b Sota 9b; b Jeb
103b; PRE 21; ProtEvJak 13,1. Vgl. zur Verbindung von Sexualität und Sünde aber auch
äthHen 6,2; 69,4–6; TestXII Ruben 5; slHen 31,6; grBar 4–5 (nur in der slavischen
Überlieferung; HAGE, 37); ApkAbr 24,8. Vorausgesetzt ist diese Verbindung auch in 2 Kor
11,2f. und 1 Tim 2,14. Vgl. zum Ganzen MARTINEK, Schlange; KÜCHLER, Schweigen,
36–50 und CERUTTI, Epithymia.

Übertretung. Mit Brandenburger[268] lässt sich hier ein latenter Dualismus konstatieren. Der Satan erscheint als Gegenspieler Gottes, während Gott selbst in keiner Weise für die Sünde verantwortlich gemacht wird.[269] Gleichwohl geht Brandenburger zu weit, wenn er behauptet, dass „hier die genuin jüdische Vorstellung überschritten" sei, und von einer „gnostisierenden Spekulation" spricht.[270] Dass der Mensch durch eine äußerliche böse Macht zur Sünde verführt wird, ist eine in jüdischen Kreisen durchaus geläufige Vorstellung, was nach den Ausführungen zur Traditionsgeschichte keines weiteren Beweises bedarf. Die eigene Verantwortlichkeit des Menschen ist dabei aber vollständig gewahrt. Er muss sich entscheiden zwischen dem Gebot Gottes und den Einflüsterungen des Teufels. Der Gleichrangigkeit beider ist jedoch dadurch ein Riegel vorgeschoben, dass der Satan selbst als ein (allerdings abgefallenes) Geschöpf Gottes verstanden wird. Die Argumentation Brandenburgers beruht ferner auf der Annahme, dass Adam in gLAE von der Verantwortung für die Sünde weitgehend freigesprochen werde. Er (und mit ihm die Menschheit) erscheine so als Opfer, welches von einer bösen Macht (auf deren Seite nach Brandenburger offensichtlich auch Eva steht) seiner himmlischen Herrlichkeit entfremdet wird.[271] Dabei ist jedoch verkannt, dass Adam und Eva in gleicher Weise für die Sünde verantwortlich gemacht werden[272] und dass die Entfremdung von der ursprünglichen Herrlichkeit der Protoplasten in gLAE 20f. gerade nicht in gnostischer Weise metaphysisch, sondern in ethischem Sinn verstanden wird.[273]

B. Die Schlange als Opfer: Indem das Eindringen der Sünde in die Schöpfung auf den Satan zurückgeführt wird, wird die Schlange ihrerseits zu seinem ersten Opfer. Dem biblischen Bericht von der Verführung Evas (und Adams) wird nun die Verführung der Schlange vorgeordnet.[274] Allerdings ist die Unterscheidung von Satan und Schlange nicht immer restlos geglückt. Vor allem in 17,1–2 bleibt unklar, wer denn nun eigentlich gerade agiert, die

---

[268] Adam, 40.

[269] Anders 4Esr 3,20 „Und du (= Gott, Th.K.) nahmst das böse Herz nicht von ihnen ..." („et non abstulisti ab eis cor malignum") oder ApkAbr 23,9–11 „Warum hast du (= Gott) es erlaubt, dass das Böse im menschlichen Herzen begehrt wird? Denn du zürnst über das, was erlaubt wurde von dir in deinem Rate."

[270] BRANDENBURGER, Adam, 41 und 113f.

[271] „Das eigentliche Opfer dieses Schlages (= des Satans; Th.K.) ist jedoch Adam, dessen Sünde merkwürdig zurücktritt, wie er auch auf direktem Wege offenbar als unangreifbar gilt. So wird Adam, die mit δόξα bekleidete, von Engeln und Erzengeln anbetungswürdige εἰκών Gottes, von himmlisch-paradiesischer Höhe herab auf die Erde verbannt; mit ihm das ganze Menschengeschlecht" (BRANDENBURGER, Adam, 40f.).

[272] Vgl. hierzu Punkt C dieses Abschnitts sowie die Exegesen zu gLAE 27 und 32 (7.3 und 7.4).

[273] Vgl. hierzu Punkt E dieses Abschnitts.

[274] BERTRAND, Vie [A], 121 spricht hier von einer „exégèse régressive".

Schlange oder der Teufel.[275] Dennoch zeigt sich der Erzähler meines Erachtens sichtlich an der Unterscheidung beider interessiert, der Satan ist der
Täter, die Schlange ist das Opfer.[276] Das theologische Interesse dürfte dabei
darin zu suchen sein, dass auch die Tierwelt (und damit die gesamte Schöpfung?) in die Wirklichkeit der Sünde einbezogen werden soll.[277] In diesem
Zusammenhang ist auch die Bemerkung der Schlange zu beachten: „Ich
fürchte, dass Gott mir zürnen könnte" (16,4). Sie drückt das Wissen der
Schlange um die Unrechtmäßigkeit ihrer Handlung aus.[278] Der zentrale Begriff zur Beschreibung des Verhältnisses von Satan und Schlange ist σκεῦος
(16,5; vgl. auch 26,1). Er ist sowohl in der frühjüdischen als auch in der
frühchristlichen Literatur zur Bezeichnung der Dienstbarkeit gegenüber der
Macht Gottes einerseits oder der Macht des Satans andererseits gebräuchlich.[279] Gleichwohl ist damit nicht ausgedrückt, dass das „Gefäß" von vornherein unfrei wäre. Vielmehr geht es um die willentliche Unterordnung unter
einen Herrschaftsanspruch. Dementsprechend kann die Schlange in 26,1 auch
dafür verurteilt werden, dass sie sich zum Gefäß des Teufels machte.[280]

C. Die Rolle Evas: Wie bereits erwähnt, hat Egon Brandenburger[281] zur
Bedeutung Evas in unserem Text bemerkt, dass „der verhängnisvolle Fall im
wesentlichen auf Eva (und Satan) allein zurückgeführt wird und Adam doch
mehr das arme Opfer ist." Dagegen ist einzuwenden, dass auch Eva vor allem
als Opfer in den Blick kommt und ebenso wie Adam betrogen wird. Ihre

---

[275] Die Vereinnahmung der Schlange durch den Teufel zeigt sich vor allem in 16,3:
„wie auch wir durch ihn hinausgeworfen wurden." Dieses „wir" gehört bereits zu seinen
Verführungskünsten, denn die Schlange ist ja gar nicht vertrieben worden, sie befindet
sich im Paradies, in dem ihr von der Schöpfung her zugedachten Lebensraum. Zu beachten
ist die geschickte Wendung von dem ganz bewusst pejorativ formulierten „Warum isst du
vom Unkraut Adams?" zu dem „Wie auch wir hinausgeworfen wurden." Durch diese
Gleichsetzung der Unterordnung der Tiere (welche sich in der Versorgung der Tiere durch
Adam und Eva ausdrückt) mit der Vertreibung des Satans aus seiner ursprünglichen
Herrlichkeit, versucht dieser die Unterordnung als nicht ursprünglich und damit eben als
„Vertreibung" hinzustellen. Anders BERTRAND, Vie [A], 122, der das „wir" auf die mit
Satan erniedrigten Engelwesen beziehen möchte.

[276] Hierauf verweist zu Recht SWEET, Study, 86–90, allerdings ist zu fragen, ob man
daraus so weitreichende Konsequenzen ziehen sollte wie SWEET, die darin eine anti-
gnostische Spitze zu erkennen meint.

[277] Ansätze dafür finden sich meines Erachtens bereits in Gen 3 (vgl. vor allem den
Fluch für die Schlange). Im frühen Judentum werden sie dann allerdings wesentlich
breiter entfaltet, vgl. hierzu vor allem die Auslegung von gLAE 10–12.

[278] Vgl. SWEET, Study, 87 und DE JONGE / TROMP, Life, 53.

[279] Vgl. u.a. gLAE 31,4; Acta 9,15; TestXII Napht 8,6; Barn 7,3. Nach C. MAURER,
Art. σκεῦος, ThWNT 7, 359–368, 360 lieferte hierfür das Töpfergleichnis aus Jer 18 den
Anhaltspunkt.

[280] Vgl. dazu Abschnitt 8.4 zu gLAE 22–26.

[281] Adam, 113 Anm. 11.

Verführung unterscheidet sich zwar in zwei wesentlichen Punkten von der Adams,[282] das bedeutet aber nicht, dass Evas Schuld größer sei. *Beide* handeln aus Unwissenheit und wissen zunächst nicht, dass es der Satan ist, der in Wahrheit hinter der Schlange bzw. Eva steckt (17,4; 21,3), *beide* wissen um die Brisanz der verbotenen Tat (18,2; 21,4), *beide* sehen sich nach der Übertretung ihrer ursprünglichen Herrlichkeit beraubt, und *beide* werden schließlich von Gott für ihre Taten gerichtet (gLAE 22–26). John R. Levison[283] hat meines Erachtens richtig gesehen, dass Eva in gLAE 15ff. durch verschiedene Stilmittel des Erzählers entlastet wird:

1. Der Satan erscheint ihr gleichsam als ein Bote Gottes (17,1f.).
2. Evas Schwanken zwischen der Sehnsucht nach der von der Schlange angepriesenen Frucht und der Furcht Gottes sowie der Konflikt zwischen ihrem Eid und der Erkenntnis der schädlichen Wirkung der Frucht machen sie den Hörern bzw. Lesern sympathisch.
3. Eva verspricht, Adam von der ihr zunächst gut erscheinenden Frucht zu geben, bevor sie deren wahre Bedeutung erkannt hat.
4. Nicht sie selbst verführte Adam, sondern der Satan.

Ein weiteres Element der Erzählung, welches die Opferrolle Evas hervorhebt, ist der Hinweis auf das Gift der Schlange in 19,3. Erscheint damit die Begierde neben den Verführungskünsten des Satans als eine zweite Ursache der Sünde, so ist auch diese Ursache eine äußerliche.[284]

D. Die Verantwortlichkeit der Protoplasten: Adam und Eva sind allerdings nicht nur Opfer, sondern auch Täter. Keineswegs werden sie von der Verantwortung für die Sünde entbunden. M. de Jonge und J. Tromp verweisen in diesem Zusammenhang auf die Bedeutung des Einwandes „ich fürchte, dass Gott mir zürnen könnte" (16,4; 18,2; 21,4), worauf ich in Bezug auf die Schlange bereits in Abschnitt B hingewiesen habe. Ebenso wie die Schlange wissen auch Adam und Eva genau um die Unrechtmäßigkeit ihrer Handlung.[285] Dementsprechend finden sich auch alle drei im Fortgang der Erzählung (vgl. gLAE 22–26) vor dem göttlichen Richterstuhl wieder. Auch wenn die Veranlassung zur Sünde von außen kam, so müssen Adam und Eva die Übertretung doch als *ihre* Tat erkennen, ja Adam kann sogar sagen: „ich

---

[282] Eva wird als erste verführt, und sie wird, nachdem sie von der verbotenen Frucht gegessen hat, selbst zur Verführerin, wobei allerdings der Eid zu beachten ist, den sie der Schlange geschworen hat.

[283] Vgl. LEVISON, Exoneration [A], 136–144.

[284] Verfehlt ist daher meines Erachtens die Interpretation von JERVELL, Imago, 305: „So sehen wir in der spätjüdischen Überlieferung, dass die Schlange im Paradies nicht Adam – er war ja gottebenbildlich –, sondern nur Eva zu versuchen vermochte."

[285] Vgl. DE JONGE / TROMP, Life, 53.

allein habe gesündigt" (27,2).[286] gLAE lässt keinen Zweifel an der Entscheidungsfreiheit des Menschen, wofür vor allem die verschiedentlich zu beobachtende paränetische Tendenz der Erzählung spricht (gLAE 28,4; 30).

E. *Der Verlust der ursprünglichen Gerechtigkeit:* Nachdem Adam und Eva von der verbotenen Frucht gegessen haben, müssen sie erfahren, dass sich ihre Hoffnung auf Erkenntnisgewinn (vgl. 18,3 und 21,3) anders erfüllt als erwartet. Plötzlich nehmen sie wahr, dass sie nackt sind. Freilich wird diese Nacktheit anders als in Gen 3 verstanden, wenn Eva sagt: „... ich erkannte, dass ich nackt war, (entblößt) der Gerechtigkeit, mit der ich bekleidet war" (20,1). Ähnlich äußert sich Adam in seiner Anklage Evas: „Du hast mich von der Herrlichkeit Gottes entfremdet" (21,6). Mit Gerechtigkeit (δικαιοσύνη) und Herrlichkeit (δόξα) ist hier offenbar das Gleiche gemeint,[287] nämlich die ursprüngliche ethische Kompetenz des Menschen.[288] Sie ist freilich eine vom Schöpfer verliehene Gabe, δόξα τοῦ θεοῦ. Die Metapher von der Bekleidung mit Gerechtigkeit (20,1) verweist meines Erachtens ebenfalls auf den Geschenkcharakter jener ursprünglichen Qualität.[289] Nach unserem Text hat Gott also den Menschen als gerecht geschaffen, das heißt, er hatte die Möglichkeit, nicht zu sündigen. Gleichwohl sündigte er und verlor damit die Fähigkeit, nicht zu sündigen, eben in dem Moment, da er sündigte. Die Rede vom Verlust der gottgeschenkten Herrlichkeit bzw. Gerechtigkeit durch den Sündenfall gibt damit eine Antwort auf die Frage, wie es kommt, dass der Mensch immer wieder sündigt. Keinesfalls war dies ursprünglich so, vielmehr beraubte sich der Mensch selbst seiner ethischen Kompetenz, indem er sündigte. In unserer Erzählung ist damit ein starkes Gegengewicht gegen eine zu starke Betonung der Sünde als einer äußerlichen Macht, wie sie sich in dem Motiv der Feindschaft Satans und dem „Gift der Begierde" ausdrückt, enthalten. Es bleibt etwas Unergründliches im Phänomen der Sünde enthalten, welches nicht außerhalb des Menschen, sondern im Menschen selbst zu suchen ist. Der Mensch musste nicht sündigen, aber er entledigte sich selbst dieser ethischen Kompetenz, indem er sündigte.

---

[286] Vgl. ferner gLAE 9,2, 32,2 oder 42,7, wo Eva betet: „wie wir bei der Übertretung getäuscht wurden und dein Gebot übertraten nicht getrennt (!), so auch jetzt, Herr, trenne uns nicht." In gLAE 14,3 spricht Adam von „unserer Übertretung".

[287] Eva spricht in 20,2 auch von der verlorenen δόξα.

[288] Vgl. SWEET, Study, 66: „The Bios [= gLAE, Th.K.] understands glory in an ethical, not a mythical, sense"; ROMPAY, Memories, 556 und LEVISON, Portraits, 169. Eine andere Interpretation bietet WAHLE, Erbsündenlehre, 119f., wonach die Herrlichkeit, welche Adam (und demnach auch Eva) verlor, dieselbe gewesen sei, welche der Satan mit seiner Weigerung, Adam anzubeten (latLAE 12–17), verlor.

[289] Eva hat sich nicht selbst damit bekleidet, sondern sie ist bekleidet worden.

7.2.6 Synoptischer Vergleich

Während latLAE keine Parallele zu unserem Text hat, bieten die übrigen Versionen im Wesentlichen eine dem griechischen Text entsprechende Erzählung. armLAE (Stone) und geoLAE lassen an verschiedenen Stellen eine Tendenz zur Verbesserung des griechischen Textes erkennen. Während sie dabei in der Regel den Text erweitern, bietet slavLAE eine stark abgekürzte Version. Allerdings darf man wohl auch hier die Bemühung um ein größeres Maß an Klarheit des Textes als Motiv vermuten.

A. *Die Schlange und der Satan:* War das Verhältnis von Schlange und Satan im griechischen Text nicht frei von Unklarheiten, so versuchen die anderen Versionen auf je eigene Weise, dies zu korrigieren. slavLAE hat zwar die Verführung der Schlange durch Satan bewahrt, jedoch ist die Figur der Schlange für die Aussage der Erzählung nahezu bedeutungslos geworden. Sie verschwindet fast gänzlich hinter dem Satan. Daher verwundert es nicht, dass die Verführung der Schlange hier nur äußerst knapp erzählt wird:

Und er rief die Schlange zu sich und sagte ihr: Du bist beliebt bei Gott, darum wird sie (Eva) vor allen anderen Wesen dir Glauben schenken. Und er belehrte sie in allem und er schickte sie zu mir. Die Schlange glaubte, es sei der Engel, und kam zu mir.[290]

armLAE (Stone) und geoLAE versuchen hingegen das Verhältnis von Schlange und Satan genauer zu bestimmen, indem sie 16,3 und 17,1f. wesentlich ausführlicher bieten:

gLAE	*armLAE (Stone)*	*geoLAE*
16,3 διὰ τί ἐσθίεις ἐκ τῶν ζιζανίων τοῦ 'Αδὰμ ἐκ τοῦ παραδείσου; 'Ανάστα ποιήσωμεν αὐτὸν ἐκβληθῆναι ἐκ τοῦ παραδείσου ὡς καὶ ἡμεῖς ἐξεβλήθημεν δι' αὐτοῦ.	44 (16,3) And then, when the wild beasts went to worship Adam, Satan went with them and said to the serpent, ‚Why do you worship Adam every morning? You came into being before him: why is it that you, who are the former one, worship the later? Rather should the younger worship the older. Why do you worship (Adam) or (why) are you fed by Adam and are not fed by the fruit of the Garden? Come on, rise up,	44 (16,3) ‚Tu es plus sage que tous les muets animaux et je suis venu pour faire l'essai de ta sagesse, car Adam donne de la nourriture à tous les muets animaux, ainsi aussi à toi. Quand donc tous les muets animaux viennent se prosterner devant Adam, de jour en jour et de matin en matin, chaque jour, toi aussi, tu vas te prosterner. Tu as été créé avant lui, grand (comme te) voici, et tu te prosternes devant ce petit! Et pourquoi

---

[290] Im Folgenden wird die Schlange nicht mehr erwähnt.

gLAE	armLAE (Stone)	geoLAE
	come to me and hear what I say to you. Let us expel Adam from the Garden like us so that we may re-enter the Garden.'	manges-tu une (nourriture) inférieure à celle d'Adam et de son épouse et non pas les bons fruits du paradis? Mais viens et écoute moi afin que nous excluions Adam hors de l'enceinte du paradis comme nous-mêmes sommes à l'extérieur. Et qui sait? D'une certaine façon peut-être nous rentrerons au paradis'.

Michael E. Stone hat die Vermutung geäußert, dass gLAE hier das entsprechende Material aus armLAE (Stone) / geoLAE ausgelassen habe.[291] Dagegen spricht aber erstens, dass im armenischen bzw. georgischen Text einige Details vorausgesetzt sind, die sich in gLAE textkritisch als sekundär erweisen.[292] Zweitens lassen verschiedene Formulierungen in armLAE (Stone) und geoLAE den Einfluss der Erzählung vom Fall Satans erkennen.[293] Zwar kennt auch der griechische Text diese Tradition, wohl aber noch nicht ausdrücklich in jener Form, die latLAE, armLAE (Stone) und geoLAE überliefern.[294] Daher lässt sich mit M. de Jonge und J. Tromp sagen, dass der griechische Text hier wohl ursprünglicher ist.[295] Ähnlich ist der Befund in 17,1–2, wie die folgende Gegenüberstellung zeigt:

---

[291] Vgl. STONE, Penitence [B], XIIf. und 12 (Anm. 2 zu Kap. 44).

[292] Es handelt sich hierbei um die Anbetung Adams durch die Schlange (16,2f., vgl. Anm. 30) sowie die Einfügung des „und nicht" in 16,3 (vgl. Anm. 32), wodurch der Eindruck erweckt wird, dass die Schlange sich entweder außerhalb des Paradieses befinde oder ihre Nahrung von außerhalb des Paradieses erhalte. Das Ende von 16,3 im armenischen Text „so that we may re-enter the Garden" ist meines Erachtens nur von daher verständlich, widerspricht es doch ganz offensichtlich Kapitel 15. Darüber hinaus weiß die spätere Überlieferung des griechischen Textes auch wesentlich ausführlicher vom Appell Satans an den Neid der Schlange zu berichten (vgl. Familie III zu 16,3, Anm. 31).

[293] Vgl. z.B. armLAE (Stone) 44 (16,3): „Why do you worship Adam every morning? You came into being before him: why is it that you, who are the former one, worship the later? Rather should the younger worship the older. Why do you worship Adam?" mit armLAE (Stone) 14,3 (ohne Parallele im griechischen Text): „I (= Satan; Th.K.) said, ‚Go away, Michael! I shall not bow down to him who is posterior to me, for I am former. Why is it proper for me to bow down to him?"

[294] Vgl. dazu den Abschnitt Quellen und Traditionen, Punkt C.

[295] Vgl. DE JONGE / TROMP, Life, 37.

gLAE	armLAE (Stone)	geoLAE
17,1 Καὶ εὐθέως ἐκρεμάσθη παρὰ τῶν τειχέων τοῦ παραδείσου καὶ ὅτε ἀνῆλθον οἱ ἄγγελοι τοῦ θεοῦ προσκυνῆσαι, τότε ὁ Σατανᾶς ἐγένετο ἐν εἴδει καὶ ὕμνει τὸν θεὸν καθάπερ ἄγγελοι.	44 (17,1) Then the two of them came to me and hung their feet around the wall of the Garden. When the angels ascended to the worship of the Lord, at that time Satan took on the form of an angel and began to praise God with angelic praises. I knelt down by the wall and attended to his praises. I looked and saw him in the likeness of an angel; when I looked again, I did not see him. Then he went and summoned the serpent and said to him, ‚Arise, come to me so that I may enter into you and speak through your mouth as much as I will need say‘.	44 (17,1) Et tous deux vinrent ensemble et ils laissèrent pendre leur tête sur le mur du paradis, à l'heure où les anges étaient remontés pour adorer Dieu. Alors le diable se changea en l'image d'un ange; il chantait l'hymne des anges. Et moi je regardais en direction de l'enceinte du paradis, pour entendre le chant. Je prêtais attention et le vis semblable à un ange et aussitôt il devint invisible, car il était parti chercher le serpent et il lui dit: ‚Lève toi et viens et je serai avec toi et je dirai par ta bouche ce qu'il te convient de dire‘.
17,2 Καὶ παρέκυψεν ἐκ τοῦ τείχους καὶ εἶδον αὐτὸν ὅμοιον ἀγγέλου καὶ λέγει μοι· σὺ εἶ ἡ Εὕα; καὶ εἶπον αὐτῷ· ἐγώ εἰμι, καὶ λέγει μοι· τί ποιεῖς ἐν τῷ παραδείσῳ;	44 (17,2) At that time the serpent became a lyre for him, and he came again to the wall of the Garden. He cried out and said, ‚Oh, woman, you who are blind in this Garden of delight, arise come to me and I will say some words to you‘. When I went to him, he said to me, ‚Are you Eve?‘ I said, ‚Yes, I am‘. He replied and said, ‚What do you do in the Garden?‘	44 (17,2) Il prit forme de serpent pour aller près de l'enceinte du paradis, et le diable se glissa dans le serpent et il laissa pendre sa tête sur l'enceinte du paradis. Il cria et dit: ‚Honte à toi, femme, toi qui es dans le paradis de délices (et) qui es aveugle! Viens à moi et je te dirai une certaine parole secrète‘. Et quand je fus venue, il me dit: ‚Ève!‘ Et je lui dis: ‚Me voici‘. Il me répondit et me dit: ‚Que fais-tu dans le paradis?‘

Die unklare Abgrenzung zwischen der Schlange und dem Satan, die der griechische Text erkennen ließ, ist hier behoben. Es wird berichtet, dass beide[296] zunächst gemeinsam zur Mauer des Paradieses gehen. Darauf folgt die Verwandlung Satans in einen Engel, woraufhin Letzterer unsichtbar wird, zur Schlange zurückgeht und sie zu seinem Werkzeug macht. Schließlich kommt die Schlange wieder zur Mauer, und die Erzählung geht in der bekannten Weise weiter. Durch diese Erweiterung ist allerdings die Verwandlung Satans für die Verführung selbst bedeutungslos geworden. Daher scheint es mir plausibler, dass die griechische Version, wo die Verwandlung Satans, wenn auch etwas ungeschickt eingefügt, mit der Verführung doch in einem gewissen Zusammenhang steht, hier wiederum ursprünglicher ist.

Mit den benannten Erweiterungen in armLAE (Stone) und geoLAE hängt es zusammen, dass die Schlange dort weniger als Opfer, sondern gleichsam als Komplizin Satans aufgefasst wird. Die Sorge, dass Gott ihr zürnen könnte (gLAE 16,4), wird hier durch die Frage ersetzt, wie es denn gelingen könne, Adam aus dem Paradies zu vertreiben.[297]

B. Die Verlockung: Während in gLAE 18,5 die Schlange lediglich sagte: „Du aber, richte deinen Sinn auf das Gewächs, und du wirst große Herrlichkeit sehen!", wird die Verlockung durch den verbotenen Baum in armLAE (Stone) und geoLAE wiederum ausführlicher geschildert, indem Eva selbst die Herrlichkeit des Baumes preist.[298] Ferner verspricht die Schlange Ehre bzw. Herrlichkeit, welche dem Genuss der verbotenen Frucht folgen würden.[299] Auch mit ihrem Hinweis, dass Eva vielleicht nach dem Essen der Frucht auf Adam wie auf ein Tier herabsehen könnte, wenn jener nicht selbst davon gegessen hätte (44 [19,1]), betont die Schlange den vermeintlichen Gewinn, den Eva durch ihre Tat haben würde. Bemerkenswert ist schließlich, dass im georgischen Text die Schlange den Eid vorgibt (44 [19,2]) und darüber hinaus Eva einzureden versucht, sie könne gar nicht sterben.[300] All diese Details sollen wohl die Opferrolle Evas verstärken.

C. Die Interpretation der Nacktheit: Keine der übrigen Versionen versteht die Nacktheit in gleicher Weise wie gLAE. Die Gerechtigkeit, deren Verlust

---

[296] Warum beide zur Mauer gehen, bleibt allerdings unklar, denn der Satan geht nach seiner Verwandlung zurück (!) zur Schlange.

[297] armLAE (Stone) 44 (16,4): „The serpent said: In what way or how can we expel him from the Garden?" (ähnlich geoLAE).

[298] „When I looked at the tree, I saw that great glory was around it. I said to him: The tree is good and it looks pleasing to me" (armLAE [Stone] 44 [18,5]). Wiederum kennt auch die spätere griechische Überlieferung diesen Zusatz (vgl. Anm. 102).

[299] armLAE (Stone) 44 (18,1): „Come on, come and eat of the tree, and you see, what honour will be yours"; geoLAE 44 (18,1): „Va plutôt, mange et tu verras la gloire qui sera avec toi."

[300] „Qu'est-ce que la mort et comment meurt-on? La mort, c'est vie ... Dieu est vivant, aussi bien vous ne mourrez point."

Eva beklagte (gLAE 20,1), hat nirgends eine Entsprechung.[301] Auch redet weder die georgische noch die armenische Parallele vom Verlust der Herrlichkeit Adams (gLAE 21,6), während slavLAE „Gnade" statt „Herrlichkeit" hat.[302]

Natürlich belegen die aufgeführten Unterschiede zwischen den Versionen[303] vor allem eines, nämlich die Freiheit, mit der die jeweiligen Tradenten das ihnen vorliegende Material bearbeiteten und die es heute schwer macht, die verschlungenen Pfade der Überlieferung zurückzuverfolgen. Wenn sich aber auch nicht jede Abweichung der anderen Versionen vom griechischen Text überlieferungsgeschichtlich erklären lässt, so sprechen doch meines Erachtens die besseren Argumente dafür, die griechische Version als die älteste Fassung unserer Erzählung zu betrachten.

7.3 Adams Bitte um Vergebung (gLAE 27)

7.3.1 Textrekonstruktion

27 (1) Ταῦτα εἰπὼν[304] κελεύει[305] τοῖς ἀγγέλοις[306] αὐτοῦ[307] ἐκβληθῆναι[308] ἡμᾶς ἐκ[309] τοῦ παραδείσου.[310] (2) Ἐλαυνομένων[311] δὲ ἡμῶν καὶ

---

[301] slavLAE 20: „Und ich hörte diese Worte an und als ich von jenem Baum kostete, da öffneten sich meine Augen und ich sah, dass ich nackt war, und ich weinte heftig darüber, was ich gethan hatte." armLAE (Stone) 44 (20,1): „At that hour I learned with my eyes that I was naked of the glory with which I had been clothed." geoLAE hat hier eine Lücke.

[302] slavLAE 22: „O Weib, was tatest du mir? Warum entfernten wir uns von der Gnade Gottes?"

[303] Weitere lassen sich nennen: Der Eid Evas fehlt in slavLAE ebenso wie das Gift der Schlange (Letzteres auch in geoLAE). armLAE (Stone) liest in 44 (20,2): „But I was no longer mortified about the war which the enemy had made against me; then I learned, thenceforth, that he will lead me to the depths of hell." Im georgischen Text übernimmt Eva ausdrücklich die Verantwortung, falls Adam von Gott zur Rechenschaft gezogen werden sollte (geoLAE 44 [21,4]). Ebenfalls nur im georgischen Text ist überliefert, dass Eva Adam ausdrücklich belügt („j'en pris et j'en mangerai et je connus le bien et le mal" geoLAE 44 [21,3]).

[304] εἰπών: KP C erg. ὁ κύριος

[305] κελεύει: a) K καὶ λέγει | b) C R λέγει | c) IIIb EF BERTRAND NAGEL ἐκέλευσεν ‖ Var c) ist in keiner der Hss. von I bezeugt und daher kaum ursprünglich.

[306] ἀγγέλοις: a) IIIa ἁγίοις αὐτοῦ ἀγγέλοις | b) H ἀγγέλοις τοῖς ἁγίοις | c) E ἁγίοις ἀγγέλοις

[307] αὐτοῦ: a) fehlt in P M HEF

[308] ἐκβληθῆναι: IIIa IIIb ἐκβαλεῖν

[309] ἐκ: a) B II ἔξω | b) H ἔξω ἐκ

[310] ἐκ τοῦ παραδείσου: a) fehlt in A | b) IIIb erg. καὶ ἔταξεν τὴν φλογίνην ῥομφαίαν τὴν στρεφομένην φυλάττειν τὸν παράδεισον

[311] ἐλαυνομένων: P ἔλαβον

ὀδυρομένων³¹² παρεκάλεσεν ὁ πατὴρ ὑμῶν³¹³ Ἀδὰμ³¹⁴ τοὺς ἀγγέλους λέγων· ἐάσατέ με μικρὸν³¹⁵ ὅπως παρακαλέσω τὸν θεὸν³¹⁶ καὶ³¹⁷ σπλαγχνησθεὶς ἐλεήσῃ³¹⁸ με³¹⁹ ὅτι ἐγὼ μόνος ἥμαρτον.³²⁰ (3) Αὐτοὶ δὲ ἐπαύσαντο³²¹ τοῦ ἐλαύνειν αὐτὸν³²² ἐβόησεν δὲ Ἀδὰμ³²³ μετὰ κλαυθμοῦ·³²⁴ συγχώρησόν μοι³²⁵ κύριε³²⁶ ὃ ἐποίησα.³²⁷ (4) Τότε λέγει ὁ κύριος³²⁸ τοῖς ἀγγέλοις αὐτοῦ·³²⁹ τί ἐπαύσασθε ἐκβαλεῖν³³⁰ τὸν Ἀδὰμ³³¹ ἐκ³³² τοῦ παραδείσου;³³³ Μὴ ἐμόν ἐστιν τὸ ἁμάρτημα³³⁴ ἢ

---

³¹² καὶ ὀδυρομένων: a) fehlt in V R | b) M ἔξω τοῦ παραδείσου

³¹³ ὁ πατὴρ ὑμῶν: fehlt in V

³¹⁴ Ἀδάμ: fehlt in KPB LC II IIIb IIIc

³¹⁵ μικρόν: R ὀλίγον

³¹⁶ τὸν θεόν: a) T τὸν δεσπότην μου | b) III τὸν φιλάνθρωπον θεόν

³¹⁷ παρακαλέσω τὸν θεὸν καί: fehlt in R

³¹⁸ σπλαγχνησθεὶς ἐλεήσῃ: a) V ἐλεήσῃ | b) R σπλαγχνισθῇ ὁ θεὸς ἐπ᾿ ἐμοὶ καὶ ἐλεήσῃ | c) M σπλαγχνισθῇ τοῦ ἐλεῆσαι | d) IIIa IIIb ἴσως σπλαγχνισθῇ ἐλεήσῃ | e) E σπλαγχνισθῇ πρὸς ἐμὲ καὶ ἐλεήσῃ

³¹⁹ με: a) S μοι | b) M ἡμᾶς ‖ Var a) hat die überwältigende Mehrheit der Textzeugen gegen sich.

³²⁰ ὅτι ἐγὼ μόνος ἥμαρτον: fehlt in V

³²¹ αὐτοὶ δὲ ἐπαύσαντο: a) B καὶ παυσάμενοι | b) R καὶ ἐπαύσαντο | c) IIIa IIIb καὶ ἐπαύσαντο οἱ ἄγγελοι

³²² αὐτοὶ δὲ ἐπαύσαντο τοῦ ἐλαύνειν αὐτόν: a) M αὐτοὶ δὲ ἐλαυνόμενοι ἡμᾶς ἐπαύσαντο | b) fehlt in H | c) E καὶ ἐάσαν αὐτὸν ὀλίγον ‖‖ αὐτόν: KP R ἡμᾶς

³²³ Ἀδάμ: fehlt in B F

³²⁴ ἐβόησεν δὲ Ἀδὰμ μετὰ κλαυθμοῦ: a) R καὶ λέγει Ἀδὰμ τῷ κυρίῳ | b) M καὶ στενάξας Ἀδὰμ καὶ φωνήσας φωνῇ μεγάλῃ εἶπεν | c) KPB Ib (außer T) IIIa IIIb BER-TRAND NAGEL TISCHENDORF erg. λέγων | d) E erg. μεγάλου ὀδυρόμενος καὶ δακρύων λέγων ‖ Zu Var c): Hier ist wiederum eine sichere Entscheidung schwer möglich, λέγων fehlt in S (und T), während V ein größeres Stück auslässt, sodass die beiden besten Hss. die Variante nicht unterstützen.

³²⁵ συγχώρησόν μοι: EF ῥῦσόν μοι (besser wohl: ῥῦσαί με) καὶ συγχώρησόν μοι

³²⁶ κύριε: R δημιουργέ μου

³²⁷ ἐβόησεν δὲ Ἀδὰμ μετὰ κλαυθμοῦ συγχώρησόν μοι κύριε ὃ ἐποίησα: fehlt in V

³²⁸ τότε λέγει ὁ κύριος: EF καὶ στραφεὶς ὁ κύριος λέγει ‖‖‖ κύριος: IIIb θεός

³²⁹ αὐτοῦ: a) fehlt in VKPB R IIIb | b) C erg. μετὰ ὀργῆς

³³⁰ ἐπαύσασθε ἐκβαλεῖν: a) V IIIa H NAGEL ἐπαύσασθε ἐκβάλλοντες | b) B οὐκ ἐκβάλεται | c) Ib (außer L) II TISCHENDORF ἐπαύσασθε ἐλαύνοντες | d) L ἐπαύσασθε τὸν Ἀδὰμ ἐκβάλλοντες ‖ Var a) kann im Grunde vernachlässigt werden, da keine nennenswerte Differenz zu dem Text von S erkennbar ist. Zu Var c) siehe Anm. 8.

³³¹ τὸν Ἀδάμ: a) B R III αὐτόν | b) C αὐτούς | c) M erg. καὶ τὴν Εὔαν

³³² ἐκ: EF ἔξω

³³³ ἐκ τοῦ παραδείσου: fehlt in B TC II

³³⁴ ἐκ τοῦ παραδείσου μὴ ἐμόν ἐστιν τὸ ἁμάρτημα: fehlt in V

κακῶς³³⁵ ἔκρινα;³³⁶ (5)³³⁷ Τότε οἱ ἄγγελοι πεσόντες ἐπὶ τὴν γῆν³³⁸ προσεκύνησαν τῷ κυρίῳ³³⁹ λέγοντες·³⁴⁰ δίκαιος εἶ κύριε καὶ εὐθύτητας κρίνεις.³⁴¹

7.3.2 Übersetzung

27 (1) Nachdem er dieses gesagt hatte, befiehlt er seinen Engeln, dass wir aus dem Paradies vertrieben würden. (2) Als wir aber getrieben wurden und klagten, bat euer Vater Adam die Engel und sprach: Lasst mich eine kurze Weile, sodass ich Gott bitte und er sich erbarme und mit mir Mitleid habe, denn ich allein habe gesündigt. (3) Sie aber hielten inne, ihn zu treiben. Adam aber rief unter Tränen: Vergib mir, Herr, was ich getan habe. (4) Da spricht der Herr zu seinen Engeln: Warum haltet ihr ein, Adam hinauszuwerfen aus dem Paradies? Ist etwa mein die Versündigung, oder habe ich schlecht gerichtet? (5) Da fielen die Engel zur Erde, beteten den Herrn an und sprachen: Gerecht bist du, Herr, und du richtest rechtschaffene Urteile.³⁴²

7.3.3 Textanalyse

A. *Abgrenzung des Textes:* Kapitel 27 beschreibt den ersten von drei aufeinander folgenden Versuchen Adams, die harten Konsequenzen des Sündenfalls abzumildern. Er bittet zunächst um Einhalt, damit er Gott um Vergebung bitten kann, worauf dieser allerdings nicht direkt eingeht, sondern den Engeln gebietet, die Vertreibung fortzusetzen (27). Daraufhin erbittet Adam, vor der Vertreibung noch vom Baum des Lebens essen zu dürfen, was ihm von Gott ebenfalls verwehrt wird, allerdings mit der Verheißung späterer Auferweckung (28). Schließlich möchte Adam wenigstens „Wohlgerüche" aus dem Paradies mitnehmen, damit er Gott später Opfer bringen könne. Diese dritte Bitte wird ihm auf Fürsprache der Engel hin gewährt, wobei ihm zugleich Samen für die Nahrung mitgegeben werden (29,1–6). Den Ausgangspunkt der einzelnen Episoden bildet jeweils die Feststellung, dass der Mensch nicht länger im Paradies bleiben kann (27,1; 28,1; 29,1), worauf dann immer eine

---

³³⁵ κακῶς: R ἀδίκως

³³⁶ ἢ κακῶς ἔκρινα: fehlt in IIIc ||| ἔκρινα: K erg. τότε λέγει καθὼς ἀκούω κρίνω

³³⁷ Der gesamte Vers fehlt in IIIc.

³³⁸ πεσόντες ἐπὶ τὴν γῆν προσεκύνησαν: a) V προσέπεσαν | b) B προσέπεσαν ἐπὶ τὴν γῆν | c) II προσεκύνησαν

³³⁹ κυρίῳ: IIIb θεῷ

³⁴⁰ λέγοντες: a) C καὶ εἶπαν | b) M καὶ εἶπον

³⁴¹ εὐθύτητας κρίνεις: a) KP εὐθὴς ἡ κρίσις σου | b) II εὐθεὶς αἱ κρίσεις σου | c) Q εὐθύτητας ἔκρινας

³⁴² Wörtlich: du richtest Rechtschaffenheiten.

Bitte Adams folgt.[343] Daher bietet es sich an, mit 28,1 einen neuen Abschnitt beginnen zu lassen.

B. Struktur und Intention des Textes: Der Text wird durch das Thema „Vertreibung" und die entsprechenden Begriffe „hinauswerfen" (ἐκβάλλειν) und „treiben" (ἐλαύνειν) strukturiert. Die Vertreibung Adams wird befohlen (27,1), vollzogen (27,2), kurzzeitig unterbrochen (27,3) und schließlich als gerechtes Urteil Gottes dargestellt (27,4–5). Zu beobachten ist, dass das „Hinauswerfen" allein Gott zukommt (27,1 und 4), während die Engel Adam „treiben" (27,2 und 3). Letztere fungieren somit gleichsam als Ausführungsorgane der göttlichen Anordnung.

Die Grundfrage des Abschnitts lautet, ob der Hinauswurf aus dem Paradies irgendwie rückgängig gemacht werden kann. Interessant ist nun, *wie* die Antwort formuliert wird, nämlich als rhetorische Frage Gottes: „Ist etwa mein die Versündigung, oder habe ich schlecht gerichtet" (27,4)? Der Hinauswurf hat demnach zwei Gründe, die Sünde des Menschen einerseits und die Gerechtigkeit Gottes andererseits, welche in 27,5 noch einmal ausdrücklich gepriesen wird. Beide Motive lassen den Hinauswurf als zwangsläufig erscheinen. Abhilfe könnte hier nur ein drittes Motiv, nämlich das der göttlichen Barmherzigkeit, schaffen. An Letztere appelliert Adam mit seinem Sündenbekenntnis, sie wird ihm allerdings nicht gewährt. Dass dieses Nichtgewähren der göttlichen Barmherzigkeit freilich kein endgültiges ist, zeigt ein Blick auf Kapitel 28, wo Adam die zukünftige Rückkehr ins Paradies verheißen wird.[344]

C. Gerichtsdoxologie in 27,5: In 27,5 hat der Erzähler sich einer feststehenden Form bedient, für welche die Formgeschichte den Begriff Gerichtsdoxologie geprägt hat. Der wohl älteste Beleg ist Ps 19,10b (LXX 18,10b): מִשְׁפְּטֵי־יְהוָה אֱמֶת צָדְקוּ יַחְדָּו („Die Rechte des Herrn sind Wahrheit, allesamt gerecht"). In ihrem Wortlaut hat sich die Doxologie „relativ gleichförmig erhalten",[345] wie eine ganze Reihe weiterer Belege zeigt:[346]

1. Ps LXX 118,137 (= 119,137): δίκαιος εἶ, κύριε, καὶ εὐθὴς ἡ κρίσις σου.
2. Dan LXX 3,27f.: ὅτι δίκαιος εἶ ἐπὶ πᾶσιν, οἷς ἐποίησας ἡμῖν, καὶ πάντα τὰ ἔργα σου ἀληθινά, καὶ αἱ ὁδοί σου εὐθεῖαι, καὶ πᾶσαι αἱ κρίσεις σου ἀληθιναί.
3. Tob 3,2: δίκαιος εἶ, κύριε, καὶ πάντα τὰ ἔργα σου καὶ πᾶσαι αἱ ὁδοί σου ἐλεημοσύναι καὶ ἀλήθεια, καὶ κρίσιν ἀληθινὴν καὶ δικαίαν σὺ κρίνεις εἰς τὸν αἰῶνα.
4. TestHiob 43,13: δίκαιός ἐστιν κύριος, ἀληθινὰ αὐτοῦ τὰ κρίματα.

---

[343] gLAE 29,2 enthält keine Bitte im eigentlichen Sinne, sondern berichtet nur, dass Adam vor den Engeln weinte, was von jenen aber im Sinne einer Bitte aufgefasst wird, denn sie fragen: „Was willst du, dass wir dir tun, o Adam?"

[344] gLAE 28,4: „und es wird dir vom Holz des Lebens gegeben werden."

[345] BERGER, Formgeschichte, 237.

[346] Die Stellen aus den Psalmen werden jeweils nach dem LXX-Wortlaut zitiert, um die enge sprachliche Verwandtschaft zu verdeutlichen.

5. Offb 16,7: ἀληθιναὶ καὶ δίκαιαι αἱ κρίσεις σου.
6. Offb 19,2: ἀληθιναὶ καὶ δίκαιαι αἱ κρίσεις αὐτοῦ.

Auch hier ist deutlich,[347] dass der Wortlaut von gLAE 27,5 dem Sprachgebrauch der Septuaginta entspricht. Ein direktes Zitat aus Ps LXX 118,137 dürfte allerdings kaum vorliegen, wie Bertrand, Sweet und Merk / Meiser vermutet haben,[348] denn beide Stellen entsprechen sich nicht exakt.[349]

7.3.4 Quellen und Traditionen

A. Bezug zu Gen 3,23a: Die Vertreibung der Protoplasten aus dem Paradies hat ihre biblische Grundlage in Gen 3,23a. Bemerkenswert ist allerdings, dass in gLAE 27 die Vertreibung nicht von Gott selbst, sondern von den in seinem Auftrag handelnden Engeln vollzogen wird. Darauf wird später zurückzukommen sein. Davon, dass Adam seine Vertreibung in irgendeiner Weise aufzuhalten versuchte, weiß die biblische Überlieferung allerdings nichts zu berichten, und auch in anderen jüdischen Schriften der Zeit des Zweiten Tempels begegnet diese Überlieferung nicht.

B. Gottes Gerechtigkeit und die menschliche Sünde: Hinsichtlich der Frage Gottes in 27,4: „Habe ich schlecht gerichtet?" hat Bertrand auf die Nähe zu Hiob 40,8 verwiesen,[350] wo eine ähnliche Frage Gottes (an Hiob) begegnet: „Willst du mein Urteil zunichte machen und mich schuldig sprechen, dass du recht behältst?"[351] Auch hier handelt es sich um eine rhetorische Frage, deren Antwort von vornherein feststeht: Gott ist der einzige, dem wirkliche Gerechtigkeit zukommt.[352] Angesichts jener Gerechtigkeit erkennt sich der Mensch als Sünder.[353] Daher ist es nicht zufällig, dass Gerichtsdoxologien sich häufig im Zusammenhang von Sündenbekenntnissen finden, wie Berger hervorgehoben hat.[354] Zwar bildet nun die Gerichtsdoxologie in

---

[347] Einen ähnlichen Befund ergab Abschnitt 7.2.4.A (zu gLAE 16–21).

[348] Vgl. BERTRAND, Vie [A], 131; SWEET, Study, 123; MERK / MEISER, Leben, 839. BERTRAND hat seine These damit zu begründen versucht, dass hier sonst statt κύριε 'Ιαήλ stehen müsste, was aber wenig überzeugend ist. FUCHS, Leben, 523 will die Stelle hingegen eher von Ps LXX 74,3 ableiten, was zwar zum zweiten Teil der Doxologie gut passt, aber zur ersten Hälfte („Gerecht bist du, Herr") keine Entsprechung hat.

[349] Spätere Hss. haben eine Angleichung an Ps LXX 118,137 vorgenommen, vgl. Anm. 341.

[350] Vgl. BERTRAND, Vie [A], 131. Die diesbezügliche kritische Bemerkung bei MERK / MEISER, Leben, 839 beruht hingegen auf einem Missverständnis. BERTRAND verweist nicht auf Jub 40,8, sondern auf Hiob 40,8.

[351] הַאַף תָּפֵר מִשְׁפָּטִי תַּרְשִׁיעֵנִי לְמַעַן תִּצְדָּק

[352] Vgl. Sir 18,2: κύριος μόνος δικαιωθήσεται.

[353] Daher antwortet Hiob auf die Gottesrede: „Darum spreche ich mich schuldig und tue Buße in Staub und Asche" (עַל־כֵּן אֶמְאַס וְנִחַמְתִּי עַל־עָפָר וָאֵפֶר 42,6)

[354] Vgl. BERGER, Formgeschichte, 238.

gLAE 27,5 keinen unmittelbaren Bestandteil eines solchen Sündenbekennt-
nisses, aber auch hier ist die Gegenüberstellung von göttlicher Gerechtigkeit
und menschlicher Sündhaftigkeit deutlich. Dieses Kontrastmotiv ist in der
frühjüdischen Literatur verbreitet[355] und dürfte auf weisheitliches Denken
zurückzuführen sein.[356]

7.3.5 Theologie

A. Gottes Gerechtigkeit: Wie wir bereits sahen, greift unser Text auf die
weisheitliche Gegenüberstellung von göttlicher Gerechtigkeit und menschlicher Sündhaftigkeit zurück. Aus der Begegnung mit Gott und der damit
verbundenen Erfahrung seiner richtenden Gerechtigkeit erwächst die Erkenntnis der Tiefe menschlicher Schuld. Es ist daher wohl nicht zufällig, dass das
ausdrückliche Bekenntnis der eigenen Sünde in gLAE erst hier begegnet,
nachdem Gott im Paradies über Adam und Eva Gericht gehalten hat (gLAE
24–26). Der Lobpreis der Gerechtigkeit Gottes hat in unserem Text aber noch
eine weitere Funktion: Gott selbst wird von jeder Verantwortung für die
Sünde freigesprochen. Es ist nicht seine (27,4), sondern des Menschen Sünde.

B. Die Mittlerstellung der Engel: Im Unterschied zu Gen 3,23 wird die
Vertreibung Adams und Evas aus dem Paradies in unserem Text zwar von
Gott angeordnet, aber von den Engeln vollzogen. Die Engel fungieren hier als
eine Art Mittler zwischen Gott und Mensch. Sie vollstrecken das göttliche
Urteil gegenüber dem Menschen, sie vertreten aber auch die Sache des Menschen gegenüber Gott. Die Anschauung, dass die Engel sich bei Gott für den
Menschen einsetzen, ist auch andernorts in gLAE belegt,[357] ebenso wie ihre
Funktion als Ausführungsorgane göttlicher Entschlüsse.[358] Zwar findet sich
auch die direkte Rede zwischen Gott und Mensch, vor allem im Zusammenhang der göttlichen Rechtsprechung (8; 23–25; 28; 39; 41), dennoch ist aber
deutlich, dass die Engel als Mittler zwischen Gott und Mensch in gLAE eine
bedeutsame Rolle spielen. Vor allem gilt dies im Hinblick auf die Erlösung
des Menschen.[359]

C. Adams Verantwortung: Bemerkenswert sind an unserem Text vor allem
die Worte Adams in 27,2: „Ich allein habe gesündigt." Sie scheinen im Wider-

---

[355] Vgl. Tob 3,2f.; TestHiob 43,13–17; GebMan 9; Sir 18; PsSal 8,23–28; Dan LXX
3,27f. Vgl. aber bereits Ps 19,10–13 und Ps 51,6.

[356] Dass in gLAE 27,4f. eine implizite Polemik gegen gnostische Vorstellungen, welche
den Schöpfergott als böse und ungerecht vor Augen führen (vgl. z. B. ApkAd S. 21),
vorliege, wie SWEET, Study, 123 meint, halte ich für zu weit hergeholt. SWEET gründet
ihre Argumentation darauf, dass in gLAE 27 die gleiche Terminologie verwendet werde,
weswegen man mit der Vertrautheit unseres Textes mit jenen Traditionen rechnen müsse.

[357] Vgl. gLAE 29; 33; 38.

[358] Vgl. gLAE 3,2f.;13,2; 32,3f.; 37,4–6; 40.

[359] Vgl. dazu vor allem gLAE 33–37 (Abschnitt 6.3).

spruch zu anderen Aussagen in gLAE zu stehen, wo vor allem die Schuld Evas hervorgehoben wird.[360] Allerdings darf man 27,2 nicht so auffassen, dass dadurch die Schuld Evas geschmälert würde, wie auch anders herum die genannten Stellen Adams Verantwortlichkeit für seine eigene Übertretung nicht schmälern.[361] Vielmehr betont das „ich allein" die eigene Verantwortung Adams vor Gott.[362] 27,2 enthält damit zugleich auch die vorweggenommene Antwort auf die Frage Gottes in 27,4: „Ist etwa mein die Versündigung?"

D. Die leidvolle Gegenwart des Menschen und die zukünftige Gnade Gottes: Es wirkt geradezu unbarmherzig, dass Gott zunächst überhaupt nicht auf Adams Bitte um Vergebung reagiert, sondern die Engel ermahnt, seinen Befehl unverzüglich auszuführen. Sollte Gott keine Gnade kennen? Auch andernorts berichtet gLAE von erfolglosen menschlichen Versuchen, Gottes Barmherzigkeit zu erlangen. Eva und Seth werden am Paradies vom Erzengel Michael abgewiesen (gLAE 13), und ebenso wird Adams Bitte, vom Baum des Lebens essen zu dürfen, abgelehnt (gLAE 28). In den beiden genannten Fällen ist die Absage aber keine generelle, vielmehr gilt sie jeweils als vorläufig.[363] Unser Erzähler weiß demnach sehr wohl um die göttliche Gnade, allerdings versteht er sie rein zukünftig. Nach seinem Tode erfährt Adam Gottes Gnade, für sein irdisches Leben hingegen gilt das im Paradies verhängte Urteil Gottes unabwendbar. Der Verlust der paradiesischen Existenz lässt sich in dieser Welt nicht rückgängig machen, das ist es, was der Erzähler seinen Hörern bzw. Lesern vor Augen führen will. Dass damit freilich noch nicht das letzte Wort Gottes gesprochen ist, davon geht er aus, und es ist geradezu erstaunlich, mit welch großem Optimismus er den zukünftigen Ereignissen entgegenblicken kann. Zwar lässt er Adam sagen, dass wir nicht wissen, „wie wir dem begegnen werden, der uns geschaffen hat" (31,4), dennoch erscheint es ihm aber nahezu selbstverständlich, dass Gott sein Geschöpf nicht vergessen werde (ebd.).

7.3.6 Synoptischer Vergleich

Der synoptische Vergleich ergibt auch für gLAE 27 den Befund, dass die anderen Versionen den griechischen Text zu verbessern suchen.[364] Dies lässt

---

[360] Vgl. 7,2; 9,2; 10,2; 11,1; 14,2 und 32,2.

[361] Vgl. dazu die Ausführungen zu gLAE 32 im folgenden Abschnitt.

[362] Mit BERTRAND, Vie [A], 131 und SWEET, Study, 103. FUCHS, Leben, 523 verweist hingegen darauf, dass das Gebot Adam vor der Erschaffung Evas gegeben worden sei.

[363] Vgl. gLAE 13,3: „es wird dir jetzt nicht zuteil werden" und 28,4: „Wenn du dich aber dann, wenn du herausgehst aus dem Paradies, bewahrst vor allem Bösen, als einer, der zu sterben bereit ist, werde ich dich, wenn die Auferstehung abermals geschehen ist, auferwecken. Und es wird dir vom Holz des Lebens gegeben werden, und du wirst in Ewigkeit unsterblich sein."

[364] Zu beachten ist allerdings, dass eine lateinische Parallele fehlt.

sich daran zeigen, wie sie die Bitte Adams in 27,2f. interpretieren. slavLAE
25 bezieht Adams Bitte allein auf die Nahrung, welche Gott den Protoplasten
zukommen lassen möge:

Und so machte er uns dem Paradies fremd. Wir aber baten die Engel und sprachen:
Geduldet euch ein wenig mit uns, damit wir zu Gott flehen. Und Adam schrie mit lauter
Stimme: Erbarme dich unserer Sünden, o Gebieter, habe Erbarmen mit uns, o Herr. Da
ließen die Engel, die uns forttrieben, etwas nach, und Adam bat und sprach: O Herr, lasse
mir Nahrung zukommen, damit ich lebe.

Die Ermahnung Gottes an die Engel, mit der Vertreibung nicht zu ruhen, fehlt
hier ebenso, wie die Bitte Adams, vom Baum des Lebens essen zu dürfen
(gLAE 28). Vielmehr schließt sich an 27,3 unmittelbar 29,2 an. Im armenischen und im georgischen Text wird 27,2f. hingegen so interpretiert, dass
Adam versuchte, seine Vertreibung zu verhindern: „Perhaps he will grant me
penitence and not expel (me) from the Garden."[365] Im griechischen Text mag
dies angedeutet sein, ist aber nicht ausdrücklich so gesagt. Was Adam mit
seiner Bitte bezwecken möchte, ist hier nicht restlos klar. Es scheint mir
daher am plausibelsten, dass armLAE (Stone) / geoLAE und slavLAE auf je
eigene Weise versucht haben dürften, diese Unklarheit zu beheben.

7.4 Evas Sündenbekenntnis (gLAE 32,1–2)

7.4.1 Textrekonstruktion

32 (1) Τότε ἀνέστη[366] καὶ ἐξῆλθεν[367] ἔξω καὶ πεσοῦσα ἐπὶ τὴν γῆν
ἔλεγεν·[368] (2) ἥμαρτον, ὁ θεός,[369] ἥμαρτον, ὁ πατὴρ τῶν ἀπάντων,[370]

---

[365] armLAE (Stone) 44 (27,2); geoLAE 44 (27,2): „Le Seigneur me donnera peut-être
une pénitence pour ce que j'ai fait et je ne sortirai pas du paradis."
[366] τότε ἀνέστη: a) B καὶ ἀναστᾶσα Εὔα | b) Ib II III BERTRAND NAGEL TISCHENDORF
erg. Εὔα (einige davon: ἡ Εὔα) ‖ Außer B bieten alle Hss. von Ia Εὔα nicht, sodass die
Variante kaum ursprünglich sein dürfte.
[367] καὶ ἐξῆλθεν: fehlt in F
[368] ἔλεγεν: a) M ἔκλαιεν λέγουσα | b) E ἔκλαιεν καὶ ἔλεγεν προσευχήν | c) F
προσηύχετο
[369] ἥμαρτον ὁ θεός: a) M ἥμαρτον κύριε ἥμαρτόν σοι ὅτι πᾶσα ἁμαρτία δι' ἐμὲ
ἐγεγων (besser wohl: γέγονεν)
[370] ἥμαρτον ὁ θεὸς ἥμαρτον ὁ πατὴρ τῶν ἀπάντων: H hat eine Textumstellung
vorgenommen und bietet den Text nach ἀγγέλους ‖‖ ὁ πατὴρ τῶν ἀπάντων: a) fehlt in V
| b) B ὁ θεὸς τῶν ἀπάντων | c) II (nach M, R mit geringfügigen Abweichungen) σοι τῷ
πατρὶ τῶν οἰκτιρμῶν

ἥμαρτόν σοι,[371] ἥμαρτον[372] εἰς τοὺς ἐκλεκτούς σου[373] ἀγγέλους,[374] ἥμαρτον[375] εἰς τὰ χερουβίμ,[376] ἥμαρτον[377] εἰς τὸν ἀσάλευτόν[378] σου θρόνον, ἥμαρτον, κύριε,[379] ἥμαρτον πολλά,[380] ἥμαρτον ἐναντίον σοῦ[381] καὶ πᾶσα ἁμαρτία γέγονε δι' ἐμὲ[382] ἐν[383] τῇ κτίσει.[384]

7.4.2 Übersetzung

32 (1) Danach stand sie auf und ging hinaus und fiel zur Erde und sprach: (2) Gesündigt habe ich, o Gott; gesündigt habe ich, o Vater des Alls; gesündigt habe ich gegen dich. Gesündigt habe ich gegen deine erwählten Engel; gesündigt habe ich gegen die Cherubim; gesündigt habe ich gegen deinen unbeweglichen Thron. Gesündigt habe ich, Herr; gesündigt habe ich viel; gesündigt habe ich vor dir; und alle Sünde ist durch mich in der Schöpfung entstanden.

7.4.3 Textanalyse

A. Rahmenhandlung: Vorangegangen war dem Gebet Evas ein kurzer Dialog zwischen Adam und Eva, in dem Letztere Auskunft über ihr eigenes Schicksal nach Adams Tod erbeten hatte. Adam antwortete, sie solle der Zukunft getrost entgegensehen, da sie bald wieder mit ihm (im Tode) vereint sein werde. Darauf gab er ihr letzte Anweisungen bezüglich seines Leichnams und

---

[371] σοι: a) fehlt in S | b) IIIb ἐνώπιον σοῦ ‖ S hat hier alle anderen Hss. gegen sich.

[372] ἥμαρτον: S erg. καί (C bietet ebenfalls καί, aber ohne ἥμαρτον) ‖ Die Hs. S steht hier allein.

[373] ἐκλεκτοὺς σου: fehlt in T F

[374] εἰς τοὺς ἐκλεκτοὺς ἀγγέλους: M ἐνώπιον τῶν ἀγγέλων σου

[375] ἥμαρτον: III ἥμαρτον δέσποτα ἥμαρτον φιλάνθρωπε (IIIa erg. ferner ἥμαρτόν σοι, während E erg. ἥμαρτον ἐλεήμων ἥμαρτον ἀνεξίκακε ἥμαρτον μακρόθυμε) ἥμαρτον ‖‖ ἥμαρτον: S erg. καί ‖ Die Hs. S steht hier allein.

[376] χερουβίμ: C II IIIb EF erg. ἥμαρτον εἰς τὰ σεραφίμ

[377] ἥμαρτον: S erg. καί ‖ Die Hs. S steht hier wiederum allein.

[378] τὸν ἀσάλευτον: a) B τὸν φοβερὸν καὶ ἀσάλευτον | b) M τὸν ἅγιον καὶ ἀσάλευτον

[379] ἥμαρτον κύριε: a) IIIa IIIc (E erg. δέσποτα) ἥμαρτον κύριε ἥμαρτον ἅγιε | b) IIIb ἥμαρτον ἅγιε ἥμαρτον κύριε

[380] ἥμαρτον εἰς τὰ χερουβίμ ἥμαρτον εἰς τὸν ἀσάλευτόν σου θρόνον ἥμαρτον κύριε ἥμαρτον πολλά: fehlt in V

[381] σοῦ: EF erg. ἥμαρτον βασιλεῦ οὐράνιε

[382] ἐμέ: B LC M IIIb IIIc TISCHENDORF ἐμοῦ ‖ ἐμέ wird von den besten Hss. bezeugt (SV, ferner AT IIIa) und erscheint mir als schwierigere Lesart.

[383] ἐν: TC erg. πάσῃ

[384] πᾶσα ἁμαρτία γέγονε δι' ἐμὲ ἐν τῇ κτίσει: a) M πᾶσα ἁμαρτία εἰς τὸν κόσμον δι' ἐμοῦ ἐγένετο | b) EF πᾶσαν ἁμαρτίαν διεπραξάμην καὶ δι' ἐμοῦ γέγονεν θάνατος καὶ ἁμαρτία (E erg. ferner καὶ πάντα τὰ γινόμενα καὶ εἰσερχόμενα ἁμαρτήματα) ‖‖‖ ἥμαρτον κύριε ἥμαρτον πολλὰ ἥμαρτον ἐναντίον σοῦ καὶ πᾶσα ἁμαρτία γέγονε δι' ἐμὲ ἐν τῇ κτίσει: fehlt in R

äußerte die Hoffnung, dass Gott sich seines Geschöpfes erbarmen werde.
Schließlich forderte er Eva auf, bis zu seinem Tod zu beten. Nach dem Gebet
Evas in 32,1f. erscheint dann der „Engel der Menschheit", welcher ihr den
Tod Adams verkündet und sie auffordert, ihren Blick zum Himmel zu richten
und den Aufstieg des Geistes Adams zu verfolgen.[385]

Bemerkenswert ist nun, dass es dabei um *Adams* Tod und sein zukünftiges
Schicksal geht, während das Gebet selbst ja nur von Eva handelt. Welcher
Zusammenhang besteht zwischen Evas Bekenntnis und der Zukunft Adams?
Man könnte zunächst meinen, dass damit versucht werden soll, Adam angesichts des kommenden Gerichts zu entlasten. Doch dürfte der Erzähler
schwerlich davon ausgehen, dass Evas Gebet Adam wirklich von seiner
Verantwortung freisprechen könnte, hatte er doch wenige Kapitel zuvor
Adam selbst seine Schuld betonen lassen (Kap. 27). Und auch die Vermutung,
der Verfasser habe hier aus dem ihm vorliegenden Traditionsgut geschöpft
und es, wie andernorts auch, nicht eben sonderlich geschickt in seine Erzählung eingeflochten, reicht als alleinige Begründung nicht aus. Der Zusammenhang zwischen dem bevorstehenden Tod Adams und der Buße Evas scheint
meines Erachtens vielmehr darin zu liegen, dass Eva Adams Tod gleichsam
als ihren eigenen versteht. Adams Schicksal ist zugleich das ihre; auch sie
wird vor dem Richterstuhl Gottes erscheinen müssen; auch sie weiß nicht, wie
sie ihrem Schöpfer begegnen wird. Nicht umsonst spricht Adam in 31,4 in der
Wir-Form („wir wissen nicht, wie wir dem begegnen werden, der uns geschaffen hat"). Es geht also auch um die Zukunft Evas; und die Aussicht der
kurz bevorstehenden Begegnung mit Gott lässt Eva ihre Sünde in aller
Schwere erkennen.[386]

B. Struktur des Textes: Das Gebet Evas besteht im Grunde aus einer
einzigen Aussage, die in neunfacher Variation vorgetragen wird: ἥμαρτον,
ich habe gesündigt.[387] Diese Sprachform ist typisch für exhomologetische
Gebete, wie andere Beispiele aus der frühjüdischen Literatur zeigen:

Verschone mich, Herr, da ich sündigte vor dir viele (Male), ich tat Ungesetzlichkeit und
verunehrte und habe geredet arge und unaussprechliche (Dinge) vor dir.
Befleckt ist mein Mund von den Opfern der (Götzen)bilder und von dem Tisch der Götter
der Ägypter.
Ich sündigte, Herr, vor dir viele (Male) sündigte ich in Unwissenheit und ehrte (Götzen)bilder tot und stumm. Und jetzt bin ich nicht wert, auf(zu)tun meinen Mund zu dir,
Herr. (JosAs 12, 4–5)

---

[385] Vgl. zu gLAE 31,1–4 und 32,3f. den Abschnitt 9.4.

[386] Die Auffassung SJÖBERGS (Gott, 256), dass die Buße hier mit einem Leistungs-
denken verbunden sei, erscheint mir daher nicht zutreffend.

[387] Mit STROTMANN, Vater, 284 lässt sich das Gebet in drei Strophen gliedern, die
wiederum jeweils aus drei ἥμαρτον-Sätzen bestehen. Die mittlere Strophe ist dabei durch
das dreifache ἥμαρτον εἰς gekennzeichnet.

Denn ich habe Sünden begangen mehr als die Zahl der Sandkörner des Meers ...
Ich habe gesündigt, o Herr, ich habe gesündigt und meine Verfehlungen kenne ich
(GebMan 9–11).[388]

Das alttestamentliche Vorbild solcher Gebete dürfte in Ps 51 zu suchen sein.
Gemeinsam ist ihnen die Konzentration auf die persönliche Verantwortung
der Betenden vor Gott sowie die variantenreiche Wiederholung der einen
Aussage: Ich habe gesündigt. Ferner ist diesen Gebeten jeweils ein verall-
gemeinernder Zug eigen. Es wird wenig Konkretes darüber gesagt, worin die
Sünde genau besteht. Die Erfahrung der eigenen Sündhaftigkeit vor Gott
drückt sich geradezu als eine menschliche Grundbefindlichkeit aus. Ich stehe
vor Gott als Sünder da, das ist die zentrale Erkenntnis, die zwar aus einer
bestimmten menschlichen Tat erwächst, jene aber gleichsam transzendiert und
in den Bereich des Allgemeingültigen vordringt. Wer solche Gebete betet,
weiß um die Tiefe der eigenen Verstrickung in das Problem der Sünde, und
das ist hier vor allem deswegen hervorzuheben, weil man dem Judentum nicht
selten ein über konkrete Gesetzesübertretungen hinausgehendes Sündenbe-
wusstsein abgesprochen hat.[389]

C. Zur Frage nach den Trägerkreisen solcher Gebete: Hinsichtlich der
Frage nach dem Sitz im Leben solcher Gebete hat Hartwig Thyen auf die
Trägerkreise der Weisheitsliteratur verwiesen und speziell für das Gebet
Aseneths (JosAs 12) einen Zusammenhang mit „einem speziellen Initiations-
ritus für Proselyten" vermutet.[390] Die Hypothese hat manches für sich, gleichwohl reichen die Indizien meines Erachtens für eine solch dezidierte Zuordnung zu einem bestimmten religionsgeschichtlichen Milieu nicht aus. Nicht
zuletzt stellt sich hier das Problem der exakten Bestimmung der Trägerkreise
weisheitlicher Literatur im frühen Judentum. Lässt sich die frühjüdische
Weisheit überhaupt als ein eigenständiges religionsgeschichtliches Milieu
bestimmen? Max Küchler hat in diesem Zusammenhang festgestellt, dass „der
Anspruch auf Weisheitsbesitz ein Charakteristikum *aller* (Hervorhebung von
Küchler) frühjüdischen Bekenntnisgruppen war."[391]

7.4.4 Quellen und Traditionen

Wie bereits im Zusammenhang der Verführungsgeschichte erwähnt (vgl.
Abschnitt 7.2.4.C), ist Sir 25,24 der älteste Beleg einer Tradition, welche

---

[388] Zum Gebet Manasses vgl. auch EHRMANN, Klagephänomene, 152-174.
[389] Vgl. dazu den Abschnitt Theologie.
[390] THYEN, Studien, 124. Vgl. auch LEBRAM, Weisheitstraditionen, 179, der das
Sündenbekenntnis „zum festen Formenbestand der Weisheitsliteratur" rechnet.
[391] KÜCHLER, Weisheitstraditionen, 15; ähnlich auch MAIER, Zwischen den Testamenten, 96.

allein Eva für das Eindringen der Sünde in die Welt verantwortlich macht.[392]
Die Stelle steht im Zusammenhang einer Rede über „böse" (25,13–25) und
„gute" (26,1–3) Frauen. Der Verweis darauf, dass die Sünde mit Eva ihren
Anfang nahm,[393] ist hier verbunden mit der Mahnung, der „bösen Frau" keinerlei Herrschaft zuzugestehen (25,25b). Die Bezugnahme auf Evas Übertretung dient dabei als Argumentationshilfe in der aktuellen Diskussion um
die Stellung der Frau. Im gleichen Zusammenhang steht der Verweis auf Evas
Übertretung in 1 Tim 2,14: „Adam wurde nicht verführt, die Frau aber hat
sich zur Übertretung verführen lassen" (καὶ Ἀδὰμ οὐκ ἠπατήθη, ἡ δὲ
γυνὴ ἐξαπατηθεῖσα ἐν παραβάσει γέγονεν). Auch hier wird die Unterordnung der Frau angestrebt, sie soll weder herrschen noch lehren, vielmehr
„stille sein" (2,12). In 2 Kor 11,3 dient das Beispiel Evas hingegen als Warnung vor den listigen Verführern, welche die Christen in Korinth nach Ansicht
des Paulus von der „Einfalt und Lauterkeit gegenüber Christus" abwenden
wollen. Schließlich ist hier noch auf Philo Op 151[394] sowie auf TestAd 3,5 zu
verweisen, wo Eva als Schöpferin von Sünden erscheint: „sins had been
created through your mother, Eve."[395]

Vermutlich bezieht sich auch gLAE 32,2 auf jene Tradition, namentlich in
der Gestalt von Sir 25,24, gleichwohl ist ein wichtiger Unterschied festzuhalten. In allen genannten Beispielen handelt es sich jeweils um eine Aussage *über* Eva, während wir in unserem Text eine Ich-Aussage vor uns haben.
Eva selbst spricht von ihrer Verantwortlichkeit für das Eindringen der Sünde
in die Schöpfung, und sie tut dies in Form eines Gebets. Wurde Eva in den
anderen Texten gleichsam an den Pranger gestellt, so erscheint sie hier als
eine Figur, mit der sich die Hörer bzw. Leser identifizieren können. Das „ich"
des exhomologetischen Gebets nimmt diese eher mit hinein in das Bekenntnis,
als dass es sie mit erhobenem Zeigefinger auf die Betende zeigen lässt. Im
Zusammenhang unseres Textes ist Eva eine positive Figur, sie erscheint als

---

[392] Vgl. hierzu auch SCHÜNGEL-STRAUMANN, Frau [B].

[393] Gegen LEVISON, Eve (vgl. vor allem 622: „Sir 25:24 refers not to Eve but to the evil
wife") ist davon auszugehen, dass in 25,24 Eva gemeint ist. LEVISON begründet seine
Anschauung damit, dass – sollte Eva gemeint sein – dies weder zum Kontext der Stelle
passe noch dem Todesverständnis in Sir entspreche und auch nicht mit der sonstigen
Interpretation von Gen 3 in Sir übereinstimme. FORSYTH, Enemy, 222 meint hingegen:
„the actual reference of the remark is uncertain."

[394] „Die Veranlassung zum sündhaften Leben gab ihm (= Adam; Th.K.) das Weib."

[395] Aus Rm 5,12; 4Esr 3,21; 4,30; 7,118 (weitere Belege ließen sich anführen) wissen
wir allerdings, dass es auch eine (vermutlich sogar weiter verbreitete) Traditionslinie gab,
welche den Anfang der Sünde allein mit Adam in Zusammenhang brachte. In syrBar
48,42f. werden hingegen Adam und Eva *gemeinsam* dafür verantwortlich gemacht, dass
„die ganze große Menge dem Verderben anheimfiel".

Büßerin,[396] deren Gebet erhört wird.[397] Zusammenfassend lässt sich daher feststellen, dass die Tradition, welche die Übertretung Evas als zeitlichen Anfang der Sünde verstand, in gLAE 32 zwar aufgenommen, aber in einen anderen Zusammenhang gestellt wird und damit eine andere Funktion erhält. Eva dient hier nicht als schlechtes Beispiel, sondern als Prototyp des „betenden Sünders vor Gott".[398]

7.4.5 Theologie

A. Die Macht der Sünde: Es war bereits zu beobachten, dass das Bußgebet in gLAE 32,2 von jeglicher Konkretion hinsichtlich der Übertretung Evas absieht. Zwar weiß man aus dem Zusammenhang, worin jene konkret bestand, gleichwohl dürfte die Ursache tiefer liegen. Sie ist darin zu suchen, dass es hier gar nicht von Bedeutung ist, was Eva genau getan hat. Vielmehr geht es darum, dass jene Übertretung die erste war und damit gleichsam die Tür öffnete für das Eintreten der Sünde in die Schöpfung. Der letzte Satz des Bußgebets ist meines Erachtens der zentrale: „alle Sünde ist durch mich in der Schöpfung entstanden." Darin liegt die tiefere Bedeutung des ἥμαρτον, weniger geht es um die Art und Weise der ersten Übertretung, als vielmehr darum, dass die Sünde jetzt in der Schöpfung ist. Wenn auch nur angedeutet, so zeigt sich darin doch ein Verständnis der Sünde als einer universalen Macht.[399] Dafür spricht vor allem, dass als Ort der Sünde „die Schöpfung" genannt wird. Sünde ist kein partikulares Phänomen, sondern sie zielt auf *das Ganze.* Ferner zeigt der Ausdruck πᾶσα ἁμαρτία,[400] dass es hier nicht um eine einzelne Tat, sondern um die universale Bedeutung der Übertretung Evas geht. Sünde interessiert hier als ein die Menschheit im Allgemeinen betreffendes Phänomen, womit meines Erachtens auch widerlegt ist, dass dem Judentum „die Einsicht, vor Gott als Sünder schlechthin dazustehen," in letzter

---

[396] Das Niederfallen auf die Erde ist ein typischer Bußgestus. Der Engel bezeichnet darüber hinaus Evas Gebet ausdrücklich als μετάνοια (32,4).

[397] Vgl. SWEET, Study, 24, die vor allem unter Bezug auf gLAE 32 feststellt: „the Bios (= gLAE, Th.K.) portrays an Eve who is repentant ..., forgiven ... and buried by the angels." Ob man daraus freilich schließen sollte, dass es eine Frau war, welche unsere Erzählung verfasste (ebd.), scheint mir nicht sicher. Prinzipiell ist dies selbstverständlich möglich, aber es lässt sich aus gLAE heraus nicht sicher nachweisen, was im Übrigen aber auch für die entgegengesetzte Annahme gilt.

[398] Vgl. die gleichnamige Untersuchung VON STEMMS, in die allerdings gLAE 32 nicht einbezogen wurde.

[399] RÖHSER, Metaphorik, 13f. hat deshalb (meines Erachtens zu Recht) in gLAE 32 einen bedeutsamen Beleg für Ansätze im frühen Judentum „zu einer geschlossenen thematischen Reflexion auf die Sünde" gesehen und eine gewisse Nähe zu Paulus (vor allem Rm 5,12) festgestellt.

[400] Vgl. hierzu auch gLAE 19,3.

Tiefe fremd geblieben sei.[401] Vielmehr ist diese Einsicht in gLAE 32 „in geradezu programmatischer Weise"[402] entfaltet. Dass es sich dabei keineswegs um einen Einzelfall handelt, zeigen JosAs 12,4f. und GebMan 9–11.

B. *Die Bedeutung der Übertretung Evas:* Wir haben uns nun der Frage zuzuwenden, wie der erwähnte Zusammenhang zwischen Evas Übertretung und der Sünde als eines gesamtmenschheitlichen Phänomens genau zu verstehen ist. Welche Bedeutung hat das δι' ἐμέ im letzten Satz des Gebets? Egon Brandenburger – und in dessen Gefolge Wolfgang Harnisch, Hartwig Thyen und Andreas Nissen – hat hierin einen mit genuin jüdischer Theologie nicht mehr recht zu vereinbarenden Verhängnisgedanken am Werke gesehen.[403] Dieser „Verhängnisgedanke" besagt, dass der Mensch zwangsläufig sündigen müsse, weil die Sünde ihm „naturhaft inhärent"[404] sei. Ursache für dieses Sündigenmüssen ist nach Brandenburger der „Fall" der Protoplasten, welcher den Fall aller Nachkommen zur Folge hatte.[405] Gegen diese Deutung von gLAE 32 sprechen allerdings meines Erachtens gewichtige Gründe:

1. διά mit Akkusativ dient zwar in der Tat auch zur Angabe der „wirksamen Ursache"[406] und ist wohl auch in gLAE 32,2 in diesem Sinne gebraucht, aber dies muss nicht zwangsläufig heißen, dass damit ein Sündigenmüssen der Nachkommen Evas ausgedrückt sei. „Alle Sünde ist durch mich in der Schöpfung entstanden" kann ähnlich wie Rm 5,12 (dort in Bezug auf Adam: δι' ἑνὸς ἀνθρώπου ἡ ἁμαρτία εἰς τὸν κόσμον εἰσῆλθεν) so interpretiert werden, dass „durch den ersten Menschen ... die Macht der Sünde wie durch ein Eingangstor in die Menschenwelt" eingedrungen ist.[407]
2. Häufig wird in gLAE die eigene Verantwortlichkeit Adams und Evas für die Sünde betont,[408] sie wissen, was sie tun, und sie wissen auch um die Rechtmäßigkeit der auf die Übertretung folgenden göttlichen Sanktion. Daher versuchen sie durch Sündenbekenntnisse Vergebung bei Gott zu erlangen. Und was für Adam und Eva gilt, dass sie nämlich aus eigener Verantwortung, wenn auch unter dem Einfluss arglistiger Täuschung, handelten, gilt offenbar in gleicher Weise für deren Nachkommen, können jene doch ausdrück-

---

[401] So H. RENGSTORF, Art. ἁμαρτωλός κτλ, ThWNT 1, 320–339, 330.

[402] RÖHSER, Metaphorik, 14.

[403] Vgl. BRANDENBURGER, Adam, 39f: „Die Aussage (= gLAE 32, Th.K.) geht über Sir. 25,24a erheblich hinaus und darf nicht bloß als Bezeichnung des zeitlichen Anfangs der Sünde verstanden werden, wie auch das kausale δι' ἐμοῦ (Anm. Th. K.: δι' ἐμέ erweist sich textkritisch als besser) und das πᾶσα ἁμαρτία anzeigen. Das kausale Gefälle von Evas Fall zur gesamten Sünde der Menschheit scheint doch diesem Einbruch der Sünde in die Menschenwelt den Charakter eines über allen lastenden Verhängnisses zu geben." Vgl. auch HARNISCH, Verhängnis, 68–72; THYEN, Studien, 70 und NISSEN, Gott, 136 Anm. 161.

[404] NISSEN, Gott, 136.

[405] BRANDENBURGER, Adam 114: „Mit Adams Fall ist der Fall über alle verhängt." BRANDENBURGER sieht hierin eine gnostisierende Tendenz.

[406] BAUER / ALAND, Wörterbuch, 363 sv διά II.4.

[407] MICHEL, a.a.O. (Anm. 242), 138.

[408] Vgl. 9,2; 10,2; 18,2; 21,4; 27,2f.; 32,2; 42,6f.

lich dazu ermahnt werden, sich vor dem Abfall vom Guten zu hüten (gLAE 30). Wie wären sie dazu imstande, wenn sie sündigen *müssten*?

3. Wenn gLAE tatsächlich die Meinung vertreten würde, dass alle Nachkommen aufgrund der Tat Evas (und nicht aus eigener Verantwortung) sündigten, so dürfte man wohl eine Erklärung erwarten, *wie* (und nicht nur *dass*) jener Kausalzusammenhang entstanden sei. Hat sich das Sündigenmüssen beispielsweise durch eine Veränderung der menschlichen φύσις ergeben, und wird es dann im Zuge der geschlechtlichen Fortpflanzung weitergegeben? Eine solche (wie auch immer geartete) Erklärung fehlt in gLAE allerdings. Vielmehr wird von einem Kampf gesprochen, den der Feind Adam auferlegt habe (28,4), oder von der Begierde, welche aller Sünde inhärent sei (19,3). Die zuletzt genannten Stellen zeigen, dass gLAE sehr wohl um die Mächtigkeit der Sünde weiß, jene aber nicht in dem Sinne als Verhängnis versteht, dass der Mensch gar nicht anders könne als zu sündigen.

Daher sehe ich keine Notwendigkeit dafür, das Sündenverständnis unseres Textes von dem im frühen Judentum sonst vorfindlichen auszunehmen, welches Nissen schön beschreibt:

> Wenn auch oft gesagt wird, dass faktisch alle Menschen Sünden begehen, so wird dies doch nicht auf ein Sündenverhängnis, auf ein Sündigenmüssen, auf die Unmöglichkeit, Gott zu entsprechen, zurückgeführt und in Übereinstimmung damit die Sünde auch nicht als Materie, der Leiblichkeit, dem „Fleisch" naturhaft inhärent betrachtet, sondern in dem jeweiligen Entschluss des Einzelnen begründet gesehen, als Tat seines „Herzens" seiner ganzen Leib-Seele-Existenz, für die er voll verantwortlich ist.[409]

Die besondere Bedeutung der Sünde Evas besteht nun darin, dass jene Übertretung den zeitlichen Anfang der Sünde in der Welt markiert.

C. Die Sünde Evas und die Sünde Adams: Auch wenn die Sünde Adams also in gLAE 32 nicht zur Sprache kommt, darf man daraus nicht den Schluss ziehen, dass deshalb Eva allein verantwortlich wäre. Wie in Abschnitt 7.3 gezeigt, kann gLAE an anderer Stelle auch von der Schuld Adams reden, ohne Eva zu erwähnen. Sowohl in gLAE 27 als auch in 32 haben wir Sündenbekenntnisse vor uns, die jeweils den Aspekt der *eigenen* Verantwortlichkeit betonen, was aber nicht bedeutet, dass damit die andere Seite freigesprochen würde. Freilich ist nun aufs Ganze gesehen dennoch zu beobachten, dass die Figur der Eva tatsächlich negativer gestaltet ist als die Adams.[410] Nach allem bisher Gesagten dürfte deutlich sein, dass dies nicht in Bezug auf die persönliche Verantwortlichkeit Adams und Evas gilt. Hier sind beide völlig gleichgestellt.[411] Die unterschiedliche Akzentuierung beider Figuren bezieht sich vielmehr darauf, dass Eva als erste sündigte und demnach mit ihrer Über-

---

[409] NISSEN, Gott, 136.

[410] Vgl. hierzu auch die Auslegung von gLAE 5–8 in Abschnitt 8.2.

[411] Bemerkenswert ist in dieser Hinsicht auch das Gebet Evas in gLAE 42,6f., in dem sie Gott bittet, sie, die mit Adam gemeinsam sündigte (!), auch nach dem Tod nicht von Adam zu trennen.

tretung die Sünde überhaupt erst in die Schöpfung kam. Natürlich war dies dem Erzähler in erster Linie von Gen 3 her vorgegeben. Andererseits lässt seine Charakterisierung Evas gleichwohl erkennen, dass er sie im Vergleich mit Adam als die Schwächere und Geringere betrachtet. Sie redet Adam mit κύριος an (9,2; 21,3), bittet ihn um Auskunft über ihr Schicksal nach dem Tod (31,2) und erscheint gleichsam als Zuschauerin, als es im Himmel zu der über Heil oder Unheil der Menschheit entscheidenden Begegnung Adams mit Gott kommt (gLAE 33–37). Umso bemerkenswerter ist es, dass dieser Unterschied zwischen Adam und Eva gerade *nicht* in Bezug auf die Verantwortlichkeit für die Sünde gemacht wird. Dass man auch dieses aus dem Bericht von Gen 3 hätte herauslesen können, zeigt ja u.a. 1 Tim 2,14, wie wir bereits sahen.

7.4.6 Synoptischer Vergleich

Während latLAE wiederum keine Parallele zu gLAE 32 hat, lässt sich hinsichtlich der übrigen Versionen eine weitgehende Übereinstimmung erkennen. Allerdings zeigen sich wiederum gerade an der in theologischer Hinsicht zentralen Stelle „alle Sünde ist durch mich in der Schöpfung entstanden" feine Unterschiede:

gLAE	armLAE (Stone)	geoLAE	slavLAE
ἥμαρτον ἐναντίον σοῦ καὶ πᾶσα ἁμαρτία γέγονε δι' ἐμὲ ἐν τῇ κτίσει	I have sinned before you, Lord. I beseech all you whom God created in the heavens and on the earth, that you intercede with the Father in heaven.	Je t'ai offensé, Dieu, pour toute ma convoitise, dans ta création toute entière. Je vous prie toutes, vous les créatures du ciel et de la terre, priez pour moi le Seigneur de toute chose.	[Ich habe] gesündigt, o Herr, gesündigt; denn eine jede Sünde geschah durch mich.

Im armenischen und georgischen Text wurde die Aussage von Eva als zeitlichem Anfang der Sünde ersetzt durch die Bitte an alle Geschöpfe um deren Beistand durch Fürbitte, während slavLAE das ἐν τῇ κτίσει auslässt, sich aber sonst mit der Aussage des griechischen Textes durchaus vereinbaren lässt. Insgesamt lässt sich allerdings sagen, dass das kurze Bußgebet Evas für sich genommen hinsichtlich des Verhältnisses der verschiedenen Versionen zueinander wenig ergiebig ist. Bemerkenswert ist noch, dass zu gLAE 31–32 auch ein koptisches Fragment erhalten ist, welches folgenden Wortlaut des Gebets Evas bietet:

Then [Eve] arose [ ] mercy (?) and greatness. Give me repentance, for I have transgressed before Thee. I beseech Thee, merciful father (?), give me repentance [[412]

7.5 Zusammenfassung

1. Das Sündenverständnis des gLAE ist durch die Bipolarität zweier Aspekte bestimmt. Der Mensch ist als Sünder Opfer *und* Täter zugleich. Einerseits wird die Verführung der Protoplasten durch den Teufel ausführlich geschildert und dessen betrügerische Vorgehensweise offengelegt. Eva und Adam erscheinen dagegen als hilflose Opfer, die sich der Anfeindungen ihres Widersachers nicht zu erwehren vermögen, da sie seine List nicht durchschauen. Freilich spricht der Erzähler sie damit nicht von jeglicher Verantwortung frei, sondern er bringt andererseits deutlich zum Ausdruck, dass die erste Übertretung des göttlichen Gebots eine freie Tat des Menschen war, für die er selbst geradezustehen hat. Dies gilt für Adam und Eva gleichermaßen, eine in irgendeiner Weise abgemilderte Verantwortlichkeit Adams vermag ich in den Texten nicht zu erkennen.

2. Dennoch zeigt sich in den untersuchten Texten ein in mancher Hinsicht gegenüber Adam negativeres Bild Evas und damit der Frau im Allgemeinen. Sie wird als schwächer und anfälliger gegenüber den Einflüsterungen des „bösen Feindes" dargestellt und erscheint darüber hinaus als erste Sünderin, mit der das Sündigen in der Schöpfung überhaupt seinen Anfang nahm. Allerdings wird dies nicht im Sinne eines Sündenverhängnisses verstanden, wonach Eva die Ursache für die Sünde der gesamten Menschheit wäre. Vielmehr ist jeder Mensch, ebenso wie Adam und Eva, selbst für seine Sünde verantwortlich. Dass der Mensch nicht zwangsläufig sündigen *muss*, zeigt sich meines Erachtens auch in dem Motiv der ursprünglichen Gerechtigkeit, mit der Adam und Eva im Paradies bekleidet waren. Aus seiner freien Entscheidung heraus entkleidete sich der Mensch selbst jenes Gewandes; das heißt, er machte (und macht) von der Möglichkeit des Nichtsündigens keinen Gebrauch.

3. Die persönliche Entscheidungsfreiheit des Menschen muss freilich zusammengesehen werden mit der Universalität der Sünde. Der Erzähler weiß sehr wohl um deren Macht und ihren allumfassenden Geltungsanspruch. Auch in ihrer Klage und im Bekenntnis ihrer Sünde vor Gott stehen Adam und Eva daher repräsentativ für die Menschheit insgesamt, und das „ich habe gesündigt" (27,2; 32,2) erscheint geradezu als die gegenüber dem gerechten Gott einzig mögliche Selbstdarstellung des Menschen.

---

[412] Text aus: CRUM, Catalogue, 40.

4. Die Interpretation der Paradieserzählung in gLAE 15ff. sowie das Sündenverständnis unserer Schrift im Allgemeinen passen gut in die Gedankenwelt des frühen Judentums. Für die Zuordnung zum Diasporajudentum scheinen wiederum verschiedene Beobachtungen zu sprechen. Ich nenne hier nur die angeführten Parallelen aus slHen, JosAs, oder GebMan, und auch einzelne formgeschichtliche Beobachtungen scheinen in diesen Bereich zu verweisen (vgl. 7.2.4.C; 7.3.3.C und 7.4.3.B). Sicherheit lässt sich aber auch hier nicht gewinnen (vgl. die Zusammenfassung von Kap. 6). Schwierig zu beantworten ist ferner die Frage nach dem Verhältnis unserer Erzählung zu Paulus. Bestimmte Parallelen waren zu beobachten, die allerdings zunächst nicht mehr besagen, als dass hier offenbar gemeinsame Traditionen vorausgesetzt zu sein scheinen. Eine direkte Abhängigkeit in die eine oder andere Richtung lässt sich meines Erachtens hingegen schwerlich behaupten. Hinzuweisen ist schließlich auf die verschiedenen Übereinstimmungen mit den Schriften des Irenäus und der frühchristlichen Apologeten. Meines Erachtens spricht dies für die große Bedeutung der im „Leben Adams und Evas" repräsentierten jüdischen Adam-und-Eva-Traditionen für die frühchristliche Theologie, namentlich der ersten beiden Jahrhunderte.

5. Der synoptische Vergleich ergab auch für die hier untersuchten Texte, dass die anderen Versionen, sofern sie eine Parallele zum griechischen Text haben, sich an verschiedenen Punkten als sekundär erweisen und ganz offensichtlich versuchen, den Text zu verbessern.

Kapitel 8

Krankheit, Mühsal und Unfriede: die Gegenwart des Menschen

8.1 Einführung

Die Geschichte vom Sündenfall hat für unsere Erzählung eine doppelte Funktion. Sie dient einerseits als Paradigma der Sünde im Allgemeinen, wie wir im vorangegangenen Kapitel gesehen haben. Andererseits fungiert sie aber auch als eine Ätiologie der gegenwärtigen Daseinsbedingungen des Menschen, und dieser letztgenannte Aspekt ist Gegenstand des folgenden Kapitels. Ich hatte bereits an früherer Stelle darauf hingewiesen, dass gLAE im Wesentlichen eine monokausale Erklärung für alle Widrigkeiten des menschlichen Daseins, namentlich für Krankheit und Tod, bietet. Adams und Evas Übertretung des göttlichen Gebots hatte für die Menschheit insgesamt verhängnisvolle Auswirkungen, indem sie all jene Übel hervorrief. Hinter dieser Ansicht steht die Vorstellung, dass Gott nach jener ersten Übertretung über die gesamte Schöpfung Gericht hielt. Detailliert ausgeführt finden wir diese Vorstellung im dritten der hier zu untersuchenden Textabschnitte, der dieses Gericht schildert (gLAE 22–26). Die Mühsal menschlicher Arbeit, die Schmerzen der Frau beim Gebären und die Feindschaft zwischen Mensch und Tier werden hier ebenso auf die erste Sünde zurückgeführt wie das Unkraut des Ackers oder die Bedrohung durch Frost und Hitze.

Auch dem ersten zu untersuchenden Text (gLAE 5–8) liegt die Vorstellung vom urzeitlichen Gericht Gottes im Paradies zugrunde, sie wird aber hier vor allem auf das Problem der Krankheit bezogen. Nach der Übertretung wurden 70 Plagen über Adam verhängt, die der Reihe nach zu Begleitern seines leiblichen Daseins werden und letzten Endes zum Tode führen. In einem engen Zusammenhang damit steht der zweite Text, welcher das Problem der Krankheit unter dem Aspekt des verlorenen Paradieses betrachtet (gLAE 9–13). Eva und Seth brechen auf zum Paradies, um von dort Öl für den kranken Adam zu holen. Jenes wird ihnen aber vom Erzengel Michael verweigert, vielmehr wird der bevorstehende Tod Adams als unausweichlich hingestellt.

8.2 Die 70 Plagen des Leibes (gLAE 5–8)

8.2.1 Textrekonstruktion

5 (1) Ἐποίησεν¹ δὲ Ἀδὰμ υἱοὺς τριάκοντα καὶ θυγατέρας τριάκοντα.²
Ἔζησεν δὲ Ἀδὰμ ἔτη ἐνακόσια τριάκοντα.³ (2) Καὶ περιέπεσεν⁴ εἰς
νόσον⁵ καὶ ἐβόησεν⁶ φωνὴν μεγάλην⁷ λέγων· Ἐλθέτωσαν πρός με οἱ
υἱοί μου πάντες,⁸ ὅπως ὄψομαι αὐτοὺς⁹ πρὶν ἢ ἀποθανοῦμαι.¹⁰
(3) Καὶ¹¹ συνήχθησαν πάντες,¹² ἦν γὰρ οἰκισθεῖσα ἡ γῆ εἰς τρία
μέρη.¹³ Εἶπεν¹⁴ δὲ αὐτῷ¹⁵ Σὴθ ὁ υἱὸς αὐτοῦ· Πάτερ Ἀδάμ, τί σοί

---

¹ ἐποίησεν: VM und IIIb ἐγέννησεν

² υἱοὺς τριάκοντα καὶ θυγατέρας τριάκοντα: a) VB υἱοὺς καὶ θυγατέρας ἑξήκοντα | b)
ATL υἱοὺς τριάκοντα

³ ἔζησεν δὲ Ἀδὰμ ἔτη ἐνακόσια τριάκοντα: a) fehlt in Ib (außer C) und IIIc | b) R
ἔζησεν δὲ Ἀδὰμ ἔτη πεντακόσια

⁴ περιέπεσεν: V Ib II NAGEL TISCHENDORF περιπεσών ‖ Gegen die Variante stehen die
beiden besten Hss. D und S.

⁵ περιέπεσεν εἰς νόσον: a) C erg. μεγάλην | b) IIIa und IIIb νοσήσας μικρόν | c) IIIc
ἠσθένησεν μικρόν

⁶ ἐβόησεν: T φωνήσας

⁷ φωνὴν μεγάλην: a) V ATL II IJ W NAGEL φωνῇ μεγάλῃ | b) fehlt in C ‖ Neben D und
S haben B K IIIb EXFH die Akkusativform, die damit stärker bezeugt ist als Var a) und
wohl auch die lectio difficilior darstellt.

⁸ ἐλθέτωσαν πρός με οἱ υἱοί μου πάντες: a) M ἐλθέτωσαν οἱ υἱοὶ ἡμῶν καὶ αἱ
θυγατέρες ἡμῶν ἐνώπιόν μου | b) B ἐλθέτωσαν πρός με οἱ ὅλοι μου παῖδες

⁹ αὐτούς: fehlt in IIIb

¹⁰ ἀποθανοῦμαι: a) V ἀποθανεῖν | b) B ἀποθάνω | c) ATL M III BERTRAND NAGEL
TISCHENDORF ἀποθανεῖν με | d) C ἀποθανοῦμεν ‖ Var c) ist grammatisch besser (vgl.
BLASS / DEBRUNNER / REHKOPF, Grammatik, § 395), was aber nicht unbedingt für ihre
Ursprünglichkeit sprechen muss. Eine sichere Entscheidung ist hier kaum möglich, im
Zweifelsfall orientiere ich mich daher an D und S.

¹¹ καί: C καὶ ἀπέστειλεν τὸν υἱὸν Σὴθ ἐπὶ πάντας τοῦ λαλῆσαι αὐτοῖς

¹² καὶ συνήχθησαν πάντες: a) M καὶ συναχθέντων αὐτῶν ἐμπρόσθεν τοῦ πατρὸς
αὐτῶν | b) fehlt in IIIc (außer H)

¹³ ἦν γὰρ οἰκισθεῖσα ἡ γῆ εἰς τρία μέρη: a) IIIc (außer H) διαμερισμένοι εἰς τρία
μέρη τῆς γῆς καὶ συνεζευγμένοι ἀλλήλων ‖‖ εἰς τρία μέρη: a) Ib R NAGEL TISCHENDORF
erg. (mit geringfügigen Differenzen) καὶ ἦλθον πάντες ἐπὶ τὴν θύραν τοῦ οἴκου ἐν ᾧ
εἰσήρχετο εὔξασθαι τῷ θεῷ | b) IIIb εἰς ἡμέρας τρεῖς ‖ Var a) hat alle Hss. von Ia gegen
sich und ist zweifellos ein erläuternder Zusatz.

¹⁴ Bei BERTRAND und NAGEL beginnt hier Vers 5,4.

¹⁵ αὐτῷ: fehlt in AT R IIIc und bei TISCHENDORF ‖ αὐτῷ ist wesentlich besser bezeugt
als die Variante, die Abweichung bei TISCHENDORF lässt sich damit erklären, dass er die
Hs. A zur Grundlage seines Textes machte.

ἐστιν νόσος;[16] Καὶ[17] λέγει·[18] Τεκνία μου, πόνος πολύς με συνέχει.[19] Καὶ λέγουσιν αὐτῷ· Τί ἐστιν πόνος; Τί ἐστιν νόσος;[20] 6 (1) Καὶ ἀποκριθεὶς Σὴθ λέγει αὐτῷ· Μὴ ἐμνήσθης, πάτερ, τοῦ παραδείσου[21] ἐξ ὧν ἤσθιες καὶ ἐλυπήθης;[22] (2) Ἐὰν οὕτως ἐστίν, ἀνάγγειλόν μοι[23] ἐγὼ[24] πορεύσομαι καὶ ἐνέγκω σοι καρπὸν ἐκ[25] τοῦ παραδείσου. Ἐπιθήσω γὰρ κόπρον ἐπὶ τὴν κεφαλήν μου καὶ κλαύσομαι καὶ προσεύξομαι καὶ εἰσακούσεταί μου κύριος καὶ ἀποστελεῖ τὸν ἄγγελον αὐτοῦ[26] καὶ ἐνέγκω σοι ἵνα καταπαύσῃ[27] ὁ πόνος[28] ἀπὸ σοῦ.[29] (3)[30] Καὶ λέγει αὐτῷ ὁ Ἀδάμ· Οὐχί, υἱέ μου Σήθ,

---

[16] τί σοί ἐστιν νόσος: a) fehlt in IIIa | b) IIIc τί ἐστιν ἡ σὴ νόσος
[17] Bei BERTRAND und NAGEL beginnt hier Vers 5,5.
[18] λέγει: IIIa καὶ ἀποκριθεὶς λέγει
[19] τεκνία μου πόνος πολύς με συνέχει: a) IIIa φόβος πολὺς συνέχει με τέκνον | b) IIIb πόνος πολὺς συνέχει με τέκνον | c) fehlt in IIIc
[20] καὶ λέγουσιν αὐτῷ τί ἐστιν πόνος τί ἐστιν νόσος: fehlt in TC III ||| τί ἐστιν νόσος: a) S καὶ τί ἐστιν νόσος | b) AL II (V mit Wortumstellung) NAGEL TISCHENDORF καὶ νόσος || Da S hier eine Vermittlerrolle zwischen Hs. D und Var b) gespielt haben könnte, lässt sich Letztere als sekundär betrachten (anders NAGEL, Vie I, 10).
[21] παραδείσου: a) IIIa erg. καὶ τῶν ἐν αὐτῷ καρπίμων φυτῶν | b) IIIb erg. καὶ τῶν αὐτοῦ (Z ἑαυτοῦ) καρπῶν
[22] ἐξ ὧν ἤσθιες καὶ ἐλυπήθης: a) AT R NAGEL TISCHENDORF erg. (nach NAGEL, die Hss. mit geringfügigen Abweichungen) ἐπιθύμησας αὐτῶν | b) fehlt in IIIb | c) IIIc καὶ εἶπεν δὲ ὁ Ἀδάμ πρὸς αὐτὸν ναὶ τέκνον || Var a) ist sehr schwach bezeugt und dürfte ein erläuternder Zusatz sein.
[23] ἐὰν οὕτως ἐστὶν ἀνάγγειλόν μοι: IIIc ὁ (= Seth) δὲ εἶπεν (vgl. die vorige Anm.)
[24] ἐγώ: a) C καί | b) M πάτερ ὅπως | c) IIIc ἐγὼ πάτερ
[25] ἐκ: SVB ALC IIIa (außer K) F BERTRAND NAGEL TISCHENDORF ἀπό || Eine sichere Entscheidung ist hier schwer möglich, da mehrere wichtige Hss. gegen D (gestützt von T II K IIIb) stehen.
[26] αὐτοῦ: a) T erg. καὶ ἐνέγκῃ μοι εὐωδίας ἐκ τοῦ παραδείσου | b) C καὶ ἐνέγκῃ μοι ἀπὸ τοῦ ξύλου ἐν ᾧ ῥέει τὸ ἔλεος | c) M καὶ ἐνέγκῃ σοι κάρπον | d) IIIb καὶ ἐπιδώσῃ μοι βρῶσιν | e) IIIc καὶ ἐνέγκῃ μοι φυτόν (FH erg. ἐκ τοῦ παραδείσου)
[27] καταπαύσῃ: AT TISCHENDORF ἀποπαύσῃ || Die Variante ist nur schwach bezeugt, vgl. auch Anm. 15.
[28] πόνος: K erg. τῆς κεφαλῆς
[29] ἀπὸ σοῦ: D ἀπ᾽ αὐτοῦ || Hier liegt wohl ein Fehler in D vor, der den Sinn des Textes entstellt. Es muss die 2. Person Singular stehen.
[30] Der gesamte Vers fehlt in R.

ἀλλὰ νόσον καὶ πόνους[31] ἔχω.[32] Λέγει αὐτῷ Σήθ·[33] καὶ πῶς σοι[34] ἐγένοντο; 7 (1) Εἶπεν δὲ αὐτῷ ὁ Ἀδάμ·[35] ὅτε ἐποίησεν[36] ἡμᾶς ὁ θεὸς[37] ἐμέ τε καὶ τὴν μητέρα ὑμῶν,[38] δι' ἧς καὶ ἀποθνήσκω,[39] ἔδωκεν[40] ἡμῖν πᾶν φυτὸν[41] ἐν τῷ[42] παραδείσῳ,[43] περὶ ἑνὸς δὲ ἐνετείλατο[44] ἡμῖν μὴ ἐσθίειν ἐξ αὐτοῦ, δι' οὗ καὶ ἀποθνήσκομεν.[45] (2) Ἤγγισεν[46] δὲ ἡ ὥρα τῶν ἀγγέλων τῶν διατηρούντων[47] τὴν μητέρα ὑμῶν[48] τοῦ ἀναβῆναι καὶ προσκυνῆσαι τὸν κύριον.[49] Ἔδωκεν[50] αὐτῇ ὁ ἐχθρὸς καὶ ἔφαγεν

---

[31] πόνους: Ib M TISCHENDORF πόνον ‖ Vgl. Anm. 15.

[32] ἀλλὰ νόσον καὶ πόνους ἔχω: a) IIIb ἀλλὰ πόνους δεινοὺς καὶ νόσον | b) fehlt in IIIc (außer H)

[33] λέγει αὐτῷ Σήθ: fehlt in C IIIc (außer H)

[34] D (πόσα οἱ) ist wohl auch so zu lesen. Vgl. aber MERK / MEISER, Leben, 813, die übersetzen: „wieviele sind geworden?" Meines Erachtens ist diese Übersetzung problematisch, da es weniger um die Anzahl der Schmerzen Adams, als um deren Ursache geht.

[35] εἶπεν δὲ αὐτῷ ὁ Ἀδάμ: fehlt in R Q IIIc (außer H)

[36] ὅτε ἐποίησεν: III (IIIc [außer H] erg. ἀλλ') ἄκουσον τέκνον συνέτως (H IIIa [außer Hs. I] erg. καὶ ἐρῶ σοι) ἐποίησεν

[37] θεός: IIIb erg. ἐκ χοός

[38] ὑμῶν: a) DB AZ ἡμῶν | b) R IIIc (außer H) σου ‖ D hat hier ganz offensichtlich einen fehlerhaften Text.

[39] δι' ἧς καὶ ἀποθνήσκω: fehlt in IIIb IIIc

[40] ἔδωκεν: IIIb καὶ ἔθετο ἡμᾶς ἐν τῇ τρυφῇ τοῦ παραδείσου πάσῃ τιμῇ τιμήσας ἡμᾶς καὶ παραγγείλας καὶ ἐντειλάμενος ἔχεσθαι μὲν καὶ μεταλαμβάνειν

[41] πᾶν φυτόν: a) Β ἐξουσίαν ἐσθίειν ἀπὸ πάντος ξύλου | b) C φυλάσσειν καὶ ἐσθίειν ἀπὸ πάντος φυτοῦ | c) IIIc πάντα

[42] τῷ: fehlt in D ‖ D steht hier allein gegen den Rest der Hss.

[43] ἐν τῷ παραδείσῳ: a) M erg. εἰς τελείαν πολιτείαν ἀπόλαυσιν ἡμῶν | b) IIIa erg. ἔχεσθαι μὲν καὶ ἀπολαβεῖν πάντων | c) IIIc erg. ἄρχεσθαι ἀπολαβεῖν πάντων

[44] ἐνετείλατο: Β παρήγγειλεν

[45] δι' οὗ καὶ ἀποθνήσκομεν: a) DS δι' ἧς καὶ ἀποθνήσκομεν | b) M καὶ οὕτως παρέβημεν τὴν ἐντολὴν αὐτοῦ διὰ τοῦτο ἀποθνησκομεν | c) IIIb ἵνα μὴ φάγοντες ἐξ αὐτοῦ καὶ θανάτῳ θῶμεν | d) IIIc δι' οὗ καὶ ἐὰν αὐτῷ ἀψώμεθα αὐτῇ τῇ ὥρᾳ ἀποθνήσκομεν ‖ Var a) ist grammatisch falsch, da das Relativpronomen sich auf φυτόν bezieht.

[46] ἤγγισεν: IIIc (außer H) καὶ ἔδωκεν ἡμῖν καὶ δύο ἀγγέλους παραφυλάσσοντας ἡμᾶς ἤγγισεν

[47] τῶν διατηρούντων: a) DS R τοὺς διατηροῦντας | b) Ib TISCHENDORF τῶν φυλασσόντων ‖ Var a) ist grammatisch falsch, zu Var b) vgl. Anm. 15.

[48] ὑμῶν: DB AC R ἡμῶν ‖ Es muss die 2. Person Plural stehen.

[49] ἤγγισεν δὲ ἡ ὥρα τῶν ἀγγέλων τῶν διατηρούντων τὴν μητέρα ὑμῶν τοῦ ἀναβῆναι καὶ προσκυνῆσαι τὸν κύριον: a) Β καὶ ὅτε ἀνέβησαν οἱ ἄγγελοι οἱ προσμένοντες μετὰ τῆς μητρὸς ἡμῶν προσκυνῆσαι τὸν κύριον | b) IIIb ἤγγισεν δὲ ἡ ὥρα καθ' ἣν ἐνέβαινον ἐγὼ καὶ οἱ ἄγγελοι τοῦ ἀπενεγκεῖν τὴν ὀφειλομένην δοξολογίαν καὶ προσκύνησιν τῷ κυρίῳ | c) EW ἤγγισεν δὲ ἡ ἡμέρα τῶν ἀγγέλων τῶν διατηρούντων

ἀπὸ τοῦ ξύλου, ἐγνωκὼς ὅτι οὐκ εἰμι⁵¹ ἔγγιστα⁵² αὐτῆς οὔτε οἱ ἅγιοι ἄγγελοι.⁵³ (3) Ἔπειτα⁵⁴ ἔδωκεν κἀμοὶ φαγεῖν.⁵⁵

8 (1) Καὶ⁵⁶ ὠργίσθη ἡμῖν⁵⁷ ὁ θεὸς⁵⁸ καὶ ἐλθὼν ἐν τῷ παραδείσῳ ὁ δεσπότης⁵⁹ ἐκάλεσέν⁶⁰ με⁶¹ φωνῇ φοβερᾷ λέγων· Ἀδάμ, ποῦ εἶ; καὶ ἱνατί κρυβήσῃ⁶² ἀπὸ προσώπου μου; μὴ δυνήσεται⁶³ κρυβῆναι οἰκία

ἡμᾶς τοῦ αἰνῆσαι καὶ προσκυνῆσαι τῷ κυρίῳ | d) F ἤγγισεν δὲ ἡ ἡμέρα τῶν ἀγγέλων αἰνῆσαι τῷ κυρίῳ | e) H ἤγγισεν δὲ ἡμέρα τῶν ἀγγέλων τῶν διατηρούντων τὴν μητέρα ὑμῶν τοῦ εἰσελθεῖν καὶ αἰνῆσαι τὸν κύριον καὶ προσκυνῆσαι

⁵⁰ ἔδωκεν: D καὶ εὗρεν αὐτὴν μόνην καὶ ἔδωκεν ‖ Obgleich eine sichere Entscheidung hier kaum möglich ist, verdient wohl die Mehrheit der Textzeugen von I gegen D den Vorzug (anders Merk / Meiser, Leben, 814).

⁵¹ εἰμι: SV AC R Bertrand Nagel Tischendorf ἤμην ‖ εἰμι (außer in D auch in TL) ist zweifellos die lectio difficilior.

⁵² ἔγγιστα: a) AT Bertrand Tischendorf ἐγγύς | b) C ἐγνώσθην ‖ Var a) ist in keiner Hs. von Ia bezeugt und daher kaum ursprünglich.

⁵³ ἔδωκεν αὐτῇ ὁ ἐχθρὸς καὶ ἔφαγεν ἀπὸ τοῦ ξύλου ἐγνωκὼς ὅτι οὐκ εἰμι ἔγγιστα αὐτῆς οὔτε οἱ ἅγιοι ἄγγελοι: a) IIIa καὶ ἀνερχομένων αὐτῶν ἐγνωκὼς ὁ ἐχθρὸς ὅτι οὐκ ἤμην ἐγγὺς αὐτῆς οὐδὲ οἱ ἅγιοι ἄγγελοι προσελθὼν καὶ προσομιλήσας αὐτῇ ἐξηπάτησεν αὐτὴν καὶ ἔδωκεν αὐτῇ ἀπὸ τοῦ ξύλου καὶ ἔφαγεν | b) IIIb ἦλθον δὲ καὶ οἱ ἄγγελοι οἱ τηροῦντες τὴν μητέρα ὑμῶν ἡ δὲ μήτηρ ὑμῶν οὐκ ἀνῆλθεν σὺν αὐτοῖς ἐγνωκὼς δὲ τοῦτο ὁ ἐχθρὸς καὶ καταμόνας εὑρὼν αὐτὴν προσομίλησεν αὐτῇ ἀπατήσας καὶ δελέασας ἔδωκεν αὐτῇ ἀπὸ τοῦ ξύλου καὶ ἔφαγεν | c) IIIc (außer H) καὶ ἀνερχομένων αὐτῶν εἰς οὐρανοὺς τοῦ προσεύξασθαι τῷ θεῷ αὐτῶν ὥσπερ ἦσαν διατεταγμένοι ἔγνω ὁ παμπόνηρος ἐχθρὸς ὅτι οὐκ εἰσιν μετὰ τὴν μητέρα ὑμῶν Εὔαν προσελθὼν καὶ προσομιλήσας αὐτῆς ἔδωκεν αὐτῇ ἀπὸ τοῦ ξύλου καὶ ἔφαγεν

⁵⁴ ἔπειτα: a) IIIa ἔπειτα ἐλθοῦσα | b) IIIb καί | c) IIIc ἔπειτα ἐλθοῦσα ἐκείνη

⁵⁵ φαγεῖν: a) SV T M IIIc (außer H) καὶ ἔφαγον | b) IIIb ἡ μήτηρ ὑμῶν ἀπὸ τοῦ ξύλου καὶ ἔφαγον

⁵⁶ καί: a) Ib II Tischendorf ὅτε δὲ ἐφάγομεν ἀμφότεροι | b) IIIb ἐκ τούτου | c) IIIc καὶ φάγοντες ‖ Zu Var a) vgl. Anm. 15.

⁵⁷ ἡμῖν: D Q ὑμῖν ‖ Hier muss die 1. Person Plural stehen.

⁵⁸ θεός: a) SB κύριος ὁ θεός | b) M ὁ κύριος | c) IIIb erg. κατάραν ἐπήγαγεν ἡμῖν δι' ἧς καὶ ἀποθνῄσκομεν

⁵⁹ δεσπότης: a) fehlt in VB T M IIIc (außer H) | b) R θεός

⁶⁰ ἐκάλεσεν: Ib R Nagel Tischendorf ἔθηκεν τὸν θρόνον αὐτοῦ καὶ ἐκάλεσεν ‖ Bei der Variante handelt es sich um einen Zusatz, der in keiner Hs. von Ia bezeugt und daher kaum ursprünglich ist.

⁶¹ με: a) fehlt in V ATL Nagel Tischendorf | b) C ἡμᾶς ‖ με ist am besten bezeugt (DS R III) und verdient daher den Vorzug.

⁶² κρυβήσῃ: a) DS κρύπτε σε | b) II und IIIb ἐκρύβης | c) Nagel κρύβῃ σε ‖ Var a) ergibt mit seiner Imperativform keinen rechten Sinn und dürfte auf einen Fehler des Abschreibers der gemeinsamen Vorlage von D und S zurückgehen (mit Nagel, Vie I, 10). Var c) wäre prinzipiell möglich, bringt aber eine unnötige Doppelung in den Text hinein, da κρυβῆναι an sich schon die Bedeutung „sich verstecken" hat.

⁶³ δυνήσεται: Nagel δυνήσηται ‖ Aufgrund der Tatsache, dass η und ε in den Handschriften häufig ineinander übergehen, darf die Aoristform ebenfalls als möglich gelten. Die Futurform haben hingegen Tischendorf und Bertrand.

τῷ οἰκοδομήσαντι αὐτήν;[64] (2) Καὶ λέγει[65] μοι·[66] Ἐπεί[67] ἐγκατέλιπες τὴν διαθήκην[68] μου,[69] ὑπήνεγκα[70] τῷ σώματί σου ἑβδομήκοντα[71] πληγάς. Πρώτη[72] νόσος[73] πληγῆς ὁ βιασμὸς[74] τῶν ὀφθαλμῶν, δευτέρα[75] πληγῆς τῆς ἀκοῆς[76] καὶ οὕτως καθεξῆς πᾶσαι αἱ πληγαὶ παρακολουθοῦσαι τῷ σώματι.[77]

---

[64] μὴ δυνήσεται κρυβῆναι οἰκία τῷ οἰκοδομήσαντι αὐτήν: a) D οὐκ εἶπον σοι ἐκ τοῦ ξύλου μὴ φαγῇς καὶ εἶπον ἐγὼ πρὸς τὸν κύριον ἡ γυνὴ ἣν δέδωκάς μοι αὕτη με ἔδωκεν ἀπὸ τοῦ ξύλου καὶ ἔφαγον | b) fehlt in F ‖ Abgesehen von F stehen hier alle Textzeugen gegen D. Hinzu kommt, dass D hier dem Genesistext näher steht und daher wohl auf sekundäre Angleichung zurückgeht (anders MERK / MEISER, Leben, 815).

[65] λέγει: III ταῦτα εἰπὼν πάλιν ἔφη μοι

[66] μοι: a) D erg. ὁ κύριος | b) fehlt in SV AL und bei BERTRAND und NAGEL | c) Τ αὐτῷ ‖ Alle anderen Hss. stehen hier gegen D, weswegen Var a) wohl nicht ursprünglich ist (anders MERK / MEISER, Leben, 815). Var b) ist zwar gut bezeugt, hat aber neben D auch C und die gesamte Textfamilie III gegen sich.

[67] ἐπεί: alle Hss. außer DS sowie BERTRAND NAGEL und TISCHENDORF ἐπειδή ‖ ἐπεί wird nur von D und S bezeugt und könnte daher auch auf einen Abschreibefehler der gemeinsamen Vorlage beider Hss. zurückgehen (so NAGEL, Vie I, 10). Sicher scheint mir das aber nicht, sodass ich mich im Zweifelsfall für DS entscheide.

[68] διαθήκην: a) BT ἐντολήν | b) III (außer FH) διαθήκην καὶ τὴν ἐντολήν

[69] μου: D erg. καὶ τῷ ἐχθρῷ ἤκουσας ‖ Auch hier steht D allein gegen die anderen Hss. (anders entscheiden MERK / MEISER, Leben, 815).

[70] ὑπήνεγκα: a) B προσάξω | b) III ἐπενέγκω

[71] ἑβδομήκοντα: a) D BERTRAND erg. δύο (ebenso MERK / MEISER, Leben, 815) | b) IIIc (außer H) erg. δύο ἥμισυ ‖ Eine sichere Entscheidung ist hier schwer möglich, zumal die Verwechslung von 70 und 72 auch andernorts zu finden ist (vgl. z.B. die handschriftliche Überlieferung von Lk 10,1). Auch die anderen Versionen schwanken hier: latLAE, armLAE (Stone) und geoLAE: 70; slavLAE: 72. Gegen Var a) spricht aber die Tatsache, dass sie nur in D bezeugt ist.

[72] πρώτη: a) L M Q F NAGEL πρῶτον | b) TISCHENDORF πρώτης (Konjektur) ‖ πρώτη ist am besten bezeugt (DSV IIIa) und in inhaltlicher Hinsicht nicht angreifbar.

[73] νόσος: B AT R TISCHENDORF πόνος ‖ Die besten Hss. lesen νόσος (DSV, daneben auch L IIIa H), vgl. ferner Anm. 15.

[74] βιασμός: a) IIIB ὀδύνη | b) IIIc βιασμοί

[75] δευτέρα: Textfamilie I (außer VB) II NAGEL δεύτερον ‖ Die Variante ist zwar gut bezeugt, aber grammatisch schwierig. Nach δεύτερον in adverbialem Sinne (= als zweites) müsste ein anderes nomen den Genitiv regieren. Zu beachten ist ferner die Parallelität mit πρώτη.

[76] ἀκοῆς: a) AL TISCHENDORF erg. ὁ πόνος | b) M ὠτίων | c) IIIb erg. εἶτα τῶν ὀδόντων ἔπειτα τῆς κεφαλῆς καὶ λιμὸς τοῦ σώματος καὶ βοημοί (BERTRAND liest βιασμοὶ) καὶ αἱ λύπαι ὅσαι ἐπάγονταί σοι ‖ Zu Var a) vgl. Anm. 15.

[77] πᾶσαι αἱ πληγαὶ παρακολουθοῦσαι τῷ σώματι: IIIb ἕως τοῦ ἀποστρέψαι σε εἰς τὴν γῆν ἐξ ἧς ἐλήφθης ‖‖ παρακολουθοῦσαι τῷ σώματι: AT TISCHENDORF παρακολουθήσουσίν σοι ‖ Vgl. Anm. 15.

8.2.2 Übersetzung

5 (1) Es zeugte aber Adam 30 Söhne und 30 Töchter. Es lebte aber Adam 930 Jahre. (2) Und er erkrankte[78] und rief mit lauter Stimme und sprach: Es sollen alle meine Söhne zu mir kommen, damit ich sie sehe, bevor ich sterbe. (3) Und sie versammelten sich alle. Die Erde war nämlich in drei Teilen bewohnt. Es sprach aber zu ihm Seth, sein Sohn: Vater Adam, was für eine Krankheit hast du? Und er spricht: Meine Kinder, großer Schmerz quält mich. Und sie sprechen zu ihm: Was ist Schmerz? Was ist Krankheit?

6 (1) Und Seth antwortete und spricht zu ihm: Gedachtest du etwa, Vater, des Paradieses, aus welchem du gegessen hast und wurdest betrübt? (2) Wenn es so ist, berichte es mir, ich werde gehen und dir Frucht aus dem Paradies bringen. Ich werde nämlich Dreck auf mein Haupt legen und weinen und beten, und der Herr wird mich[79] erhören und seinen Engel senden, und ich bringe dir (etwas), damit dein Schmerz zur Ruhe komme von dir. (3) Und Adam spricht zu ihm: Nein, mein Sohn Seth, sondern Krankheit und Schmerzen habe ich. Seth spricht zu ihm: Und wie sind sie dir entstanden?

7 (1) Adam aber sprach zu ihm: Als Gott uns machte, mich und eure Mutter, durch welche ich auch sterbe, gab er uns jedes Gewächs im Paradies. Bezüglich eines (einzigen) aber gebot er uns, nicht von ihm zu essen, durch welches wir auch sterben. (2) Es kam aber für die Engel, welche eure Mutter bewachten, die Stunde heran, hinaufzusteigen und den Herrn anzubeten. (Da) gab ihr der Feind und sie aß von dem Baum, wissend, dass ich nicht in ihrer unmittelbaren Nähe war[80] noch die heiligen Engel. (3) Darauf gab sie[81] auch mir zu essen.

8 (1) Und Gott geriet in Zorn über uns. Und als er in das Paradies kam, rief der Herrscher mich mit furchterregender Stimme und sprach: Adam, wo bist du? Und warum versteckst du dich vor meinem Angesicht? Kann sich etwa ein Haus vor dem, der es erbaut hat, verstecken? (2) Und er spricht zu mir:[82]

---

[78] Wörtlich: und er fiel in Krankheit.

[79] MERK / MEISER, Leben, 813 ziehen μου zu κύριος und übersetzen dementsprechend: „es wird mich mein Herr erhören." Problematisch daran ist, dass dann das Objekt zu εἰσακούειν fehlt, welches MERK und MEISER stillschweigend ergänzen. Eine ähnliche Wendung begegnet in gLAE 29,3 (ὅπως εἰσακούσεταί μου ὁ θεός). Dort ist es meines Erachtens noch eindeutiger, dass μου als Genitivobjekt zu εἰσακούω gehört (auch MERK / MEISER, Leben, 840 übersetzen hier: „daß mich Gott erhöre").

[80] Nach MERK / MEISER, Leben, 124.

[81] Aus unserem Text wird für sich genommen nicht deutlich, ob hier Eva oder der Satan gemeint ist. Von Gen 3 her ist aber anzunehmen, dass Ersteres zutrifft.

[82] Der folgende Urteilsspruch Gottes bietet für die Übersetzung eine ganze Reihe von Problemen. Ich habe mich für eine möglichst wörtliche Übersetzung entschieden, auch wenn diese in stilistischer Hinsicht zum Teil unbefriedigend bleiben muss.

Weil du meinen Bund verlassen hast, habe ich deinem Leib 70[83] Plagen dargebracht. Die erste Krankheit der Plage[84] (ist) die Schwäche der Augen, die zweite der Plage (ist die) des Gehörs, und so der Reihe nach alle den Leib begleitenden Plagen.

8.2.3 Textanalyse

A. Textabgrenzung: Nach dem Bericht über die Geburt Seths in Kapitel 4 setzt mit 5,1 ein neuer Abschnitt der Erzählung ein. Der Verweis auf das Lebensalter des Patriarchen und dessen bevorstehenden Tod sowie die Versammlung der Kinder an seinem Sterbebett gehören zu den typischen Bestandteilen des Anfangsrahmens innerhalb der Gattung Testament.[85] Den Abschluss eines Testaments markiert gewöhnlich eine kurze Notiz über den Tod des Patriarchen und dessen Begräbnis. Unser Erzähler weicht hier jedoch von jenem ihm aber offenbar vertrauten Formschema ab, indem er auf das „Testament Adams" zunächst die Paradiesreise Evas und Seths (9–13) sowie eine weitere Erzählung vom Sündenfall (15–30) folgen lässt.[86] Erst ab Kapitel 31 folgt dann der Bericht über den Tod Adams. Daher bietet es sich an, Adams Klage in 9,1 als Beginn eines neuen Abschnitts aufzufassen. Dies lässt sich vor allem damit begründen, dass in Kapitel 9 ein typisches Rahmenstück vorliegt.[87]

B. Zur Kohärenz des Textes: Bei genauerer Betrachtung lässt unser Abschnitt verschiedene Inkohärenzen erkennen:

1. In 5,3[88] wendet sich Adam ausdrücklich an alle seine Söhne, was man auch von der Einleitung her erwarten würde, während er in 6,3 und 7,1 allein mit Seth zu reden scheint,[89] was wiederum nicht gut zum testamentarischen Charakter des Textes passt.
2. Nachdem die Söhne Adams sich versammelt haben, fragt Seth, welche *Krankheit* Adam habe, während kurz darauf die Frage aller Söhne folgt, was denn Krankheit und Schmerz überhaupt seien (5,3).
3. Auf diese Frage aller geht Adam gar nicht ein, vielmehr ergreift Seth das Wort und äußert seine Vermutung, dass Adam vielleicht seine paradiesische Speise vermisse. Dies würde sich eigentlich gut an die zuvor gestellte Frage Seths anschließen: Was für eine Krankheit hast du?

---

[83] Zu beachten ist das Schwanken der Textüberlieferung hinsichtlich der Anzahl der Plagen. Vgl. dazu die Textrekonstruktion.

[84] Der Genitiv πληγῆς ist schwer zu übersetzen. MERK / MEISER, Leben, 815f. übersetzen: Krankheitsplage.

[85] Vgl. NORDHEIM, Lehre I, 229.

[86] Letztere enthält ihrerseits auch typische Formelemente eines Testaments. Vgl. dazu Abschnitt 7.2.3.

[87] Vgl. dazu Abschnitt 4.1.3.

[88] Vgl. auch gLAE 9,1: „Als Adam dieses zu seinen Söhnen sagte ..."

[89] Zu beachten sind vor allem 6,3: λέγει αὐτῷ und 7,1: εἶπεν δὲ αὐτῷ.

4. Adam lehnt das Angebot Seths, zum Paradies zu gehen, erst ab (6,3), später gibt er aber selbst den Auftrag dazu (9,3).

Wie bereits an anderer Stelle ausgeführt, haben O. Merk und M. Meiser diese (und andere) Inkohärenzen damit zu erklären versucht, dass verschiedene ursprünglich selbständige Adamüberlieferungen sukzessive zum heute vorliegenden LAE zusammengewachsen wären.[90] Allerdings bleiben sie genauere Auskünfte darüber schuldig, wie man sich das Zusammenwachsen der verschiedenen Überlieferungen genauer vorstellen sollte.[91] Richtig beobachtet ist aber, dass in gLAE 5–13 zwei verschiedene Traditionslinien verbunden wurden: (a) Krankheit als Folge des Verlusts des Paradieses (6,1f.; 9; 13) und (b) Krankheit als Folge des göttlichen Gerichts *im* Paradies (7–8). Beide Traditionen geben für sich genommen eine eigene Antwort auf die Frage nach der Ursache der Krankheit. Daher dürfte es sich wohl um ursprünglich selbständige Überlieferungen handeln. Dafür spricht auch die Beobachtung, dass die Legende von der Reise zum Paradies andernorts unabhängig von der Tradition der 70 Plagen überliefert ist.[92] Nun muss dieser Sachverhalt allerdings nicht zwangsläufig mit der Annahme sukzessiven Wachstums erklärt werden. Vielmehr sprechen die besseren Argumente dafür, dass mit gLAE ein einheitliches Werk vorliegt, dessen Verfasser aber aus den verschiedensten Quellen und Traditionen geschöpft hat.[93] Dementsprechend verknüpfte er in seiner Erzählung die Überlieferung von der Paradiesreise mit der Tradition von den 70 Plagen, wobei das Motiv für diese Verbindung wohl darin zu suchen sein dürfte, dass *beide* Traditionen in den Augen unseres Erzählers etwas zur Erklärung des Problems Krankheit beizutragen hatten. Der eine Überlieferungsstrang stellte Krankheit als eine Folge des Sündenfalls heraus und ließ sie somit als ein nicht ursprünglich in der Schöpfung vorhandenes Phänomen erscheinen, während der andere eher die Unabwendbarkeit der Krankheit als einer Begleiterscheinung des menschlichen Lebens nach dem Fall hervorhob.[94]

Mit Hilfe dieser Annahme lassen sich nun die oben beschriebenen Inkohärenzen erklären. Wenn man nämlich die Kapitel 7 und 8 zunächst für sich betrachtet, so erwecken sie den Eindruck einer in sich geschlossenen Erzäh-

---

[90] Vgl. dazu Abschnitt 4.1.2.

[91] Die Feststellung, dass „vor ApkMos 9,3 eine literarische Naht" liege (MERK / MEISER, Leben, 758), bleibt unbegründet, ebenso wie die Bemerkung, dass „in einer zweiten Stufe" des Überlieferungsprozesses „die Stoffe hinter ApkMos 5–13 ... literarisch zusammengewachsen" seien (a.a.O., 762). Wie erfolgte die Zusammenfügung? Lassen sich die verschiedenen Bestandteile des jetzigen Werkes wirklich blockweise voneinander abheben?

[92] Vgl. z.B. NikEv 19 und Repentance 78b–93.

[93] Vgl. dazu Abschnitt 4.1.3.

[94] Vgl. dazu die jeweiligen Abschnitte „Theologie" zu 5–8 und 9–13.

lung, die dem Verfasser bereits so vorgelegen haben könnte, ob in schriftlicher oder mündlicher Form, mag dahingestellt bleiben. Lediglich das zweifache „durch welche/s ich/wir auch sterbe/n" in 7,1 dürfte von ihm hinzugefügt worden sein.[95] Zu dieser Erzählung Adams passt auch gut die einleitende Notiz über dessen bevorstehenden Tod und die Versammlung der Söhne (5,1–3).[96] Man könnte daher durchaus erwägen, ob unser Erzähler hier tatsächlich ein ursprünglich selbständiges „Testament Adams" vor sich hatte,[97] welches neben der Einleitung und dem Hauptteil noch eine kurze Notiz über Adams Tod und seine Bestattung enthielt. Den Schluss könnte der Erzähler entweder ganz weglassen oder für das Ende *seiner* Geschichte gleichsam aufgespart haben. Da der Erzähler nun aber dieses Testament, oder wie auch immer man jenes Stück bezeichnen möchte, mit der Tradition von der Paradiesreise verbinden wollte, fügte er Kapitel 6 als Verbindungsglied zu 9–13 in die Erzählung Adams ein.[98] Innerhalb der Kapitel 5–8 trägt es am eindeutigsten die Handschrift des Erzählers,[99] der hier verschiedene Details aus der Schilderung der Paradiesreise bereits vorwegnimmt.[100]

Beide Traditionen ergänzen sich somit wechselseitig, worauf ich bereits hingewiesen habe. Allerdings scheinen sie andererseits in einer gewissen Konkurrenz zueinander zu stehen. Im jetzigen Zusammenhang wirkt das zunächst abgelehnte Angebot Seths nämlich auch als Zurückweisung einer

---

[95] Dafür sprechen folgende Gründe: 1. Der formelhafte, die gleiche Aussage mehrfach wiederholende Stil ist für den Erzähler typisch (vgl. Abschnitt 4.1.3). 2. Der Erzähler wechselt in beiden Fällen unvermittelt von der Erzähl- zur Deuteebene. Damit nimmt er das Folgende bereits vorweg, was erzählerisch nicht sehr geschickt ist. Die Hörer / Leser wissen ja an diesem Punkt der Erzählung noch gar nicht, was es mit der Übertretung im Paradies auf sich hat.

[96] Eventuell ohne die Frage Seths: „Was für eine Krankheit hast du?"

[97] Vgl. dazu auch Abschnitt 8.2.3.A.

[98] Die Verbindung der beiden Traditionen erfolgte allerdings wechselseitig. In 5–8 stellt Kapitel 6 die Brücke zu 9–13 dar, während umgekehrt Kapitel 9 innerhalb von 9–13 als Verbindungsglied zu 5–8 dient (zum Letzteren vgl. Abschnitt 7.3.3).

[99] Die meisten der oben genannten Inkohärenzen bezogen sich nicht zufällig auf Kapitel 6. Würde man das gesamte Kapitel sowie die Frage Seths in 5,3 („was für eine Krankheit hast du?") und das „ihm" in 7,1 einmal ausklammern, gäbe der Text eine in sich stimmige Erzählung.

[100] Vgl. vor allem 6,2: „Ich werde gehen und dir Frucht aus dem Paradies bringen. Ich werde nämlich Dreck auf mein Haupt legen und weinen und beten, und der Herr wird mich erhören und seinen Engel senden, und ich bringe dir (etwas), damit dein Schmerz zur Ruhe komme von dir" mit 9,3: „Auf, gehe mit unserem Sohn Seth in die Nähe des Paradieses, und streut Erde auf eure Häupter und weint, Gott bittend, dass er sich über mich erbarme und seinen Engel sende und mir von dem Baum, aus dem heraus das Öl fließt, gebe und du (es) mir bringst und ich gesalbt werde und Ruhe finde von meiner Krankheit" und 13,1: „Und sie weinten, Gott bittend, dass er seinen Engel sende und gebe ihnen das Erbarmen des Öls."

bestimmten Ansicht über die Ursache der Krankheit. Die Vermutung Seths, dass Adams Krankheit durch die Sehnsucht nach dem Paradies veranlasst sei, lässt nämlich die eigene Verantwortlichkeit des Menschen für das Aufkommen der Krankheit nicht erkennen. Gerade darauf aber legt der Erzähler den Schwerpunkt. Und es ist daher wohl kein Zufall, dass unser Text an dieser Stelle eine feine Ironie erkennen lässt. Wenn Seth nämlich in 6,1 vermutet: „Gedachtest du etwa, Vater, des Paradieses, aus welchem du gegessen hast?", so spricht er damit, ohne es zu wissen, genau die Ursache für das Leiden Adams an. Eben wegen einer Frucht, von der er gegessen hatte, wurde Adam ja vertrieben und verfiel in Krankheit.

8.2.4 *Quellen und Traditionen*

A. *Gottes Gericht im Paradies:* In Gen 3,8–19 wird berichtet, wie Gott nach der Übertretung Adams und Evas ins Paradies kam, beide zur Rechenschaft zog und ihre Lebensumstände, wie auch die der Schlange, für die Zukunft veränderte. Künftig würde Adam in mühevoller Arbeit für seinen Lebensunterhalt sorgen müssen, und Eva unter Mühen Kinder gebären, während die Schlange Staub fressen und mit den Menschen in Feindschaft leben würde. Die rabbinische Auslegung hat diese Szene ausdrücklich als Gericht Gottes verstanden, was so in Gen 3 selbst noch nicht gesagt ist.[101] Beispielsweise heißt es in PRE 14: „He brought the three of them and passed sentence of judgement upon them, consisting of nine curses and death." ARN B 42 spricht hingegen von jeweils zehn Urteilen Gottes über Adam, Eva, die Schlange und die Erde und überliefert folgenden Ausspruch Rabbi Meirs: „Three (= Adam, Eva und die Schlange) entered to be judged at the beginning of the creation and four (= Adam, Eva, die Schlange und die Erde) emerged condemned."[102] Die Beobachtung, dass beide Textbeispiele jeweils eine systematisierende Tendenz erkennen lassen, spricht nun dafür, dass die Tradition vom Gericht Gottes im Paradies selbst älter sein dürfte.[103] Und in der Tat lassen sich Spuren dieser Vorstellung bereits in frühjüdischen Texten finden:

1. 4Esr 7,11: „als Adam meine Gebote übertrat, wurde gerichtet, was gemacht ist" („quando transgressus est Adam constitutiones meas, iudicatum est quod factum est").
2. 4Esr 3,7: „sogleich (d.h. nach Adams Übertretung, Th.K.) verhängtest du den Tod über ihn und über seine Geschlechter („et statim instituisti in eum mortem et in nationibus eius").[104]

---

[101] Vgl. SEEBASS, Genesis I, 122.

[102] Von je 10 Flüchen für Adam, Eva, die Schlange und die Erde weiß auch NumR 5 (WÜNSCHE, 85). Vgl. GINZBERG, Legends V, 102 Anm. 87.

[103] Zur Datierung von PRE und ARN B vgl. STEMBERGER, Einleitung, 226 (Grundstock von ARN im frühen 3. Jhd n. Chr.) sowie 322 (PRE dürfte im 8. oder 9. Jhd. n. Chr. entstanden sein).

[104] Ähnlich auch syrBar 17,3; 23,4; 54,15 und 56,6.

3. LAB 37,3: „Als der Ersterschaffene zum Tod verurteilt wurde, wurde die Erde dazu verurteilt, Dornen und Disteln hervorzubringen" („quando iudicatus est protoplastus mortis, spinas et tribulos adiudicata est proferre terra").

Charakteristisch für diese Tradition ist, wie die Beispiele zeigen, dass die Übertretung der Protoplasten Folgen nach sich zog, welche nicht nur die postlapsarische Existenz der Menschheit, sondern der gesamten Schöpfung betreffen.[105] Auch Paulus reiht sich in diese Traditionslinie ein, wenn er in Rm 8,20 davon spricht, dass die Schöpfung der Vergänglichkeit unterworfen wurde. Dafür, dass nun auch in gLAE 8 an ein göttliches Gericht gedacht ist, sprechen folgende Motive der Erzählung: die Erwähnung des Zornes Gottes (8,1), der Hinweis auf seine furchterregende Stimme (ebd.), die 70 Plagen (8,2) und der Vorwurf „weil du meinen Bund verlassen hast." Anders als gLAE 22–26 ist hier allerdings nur vom Gericht über Adam die Rede, was freilich nicht bedeutet, dass lediglich Adam die Folgen der ersten Übertretung zu tragen hätte. Vielmehr interessiert Adam hier gerade als Repräsentant der Menschheit insgesamt. Sein Schicksal ist für die Nachkommen von paradigmatischer Bedeutung. Gleichwohl ist es bemerkenswert, dass Adam einerseits in seinem Bericht vom Sündenfall die Schuld Evas hervorhebt, andererseits aber selbst (und nicht Eva) von Gott zur Rede gestellt wird.

B. Die 70 Plagen: Gottes Gericht im Paradies bestand nach gLAE 8 darin, dass er 70 Plagen über Adam kommen ließ. Diese Überlieferung ist außerhalb der verschiedenen Versionen des LAE nicht bezeugt,[106] sodass die Frage nach ihrer Vorgeschichte kaum in wünschenswertem Maße zu beantworten sein wird. Ansätze für diese Vorstellung lassen sich allerdings durchaus benennen. In Betracht kommen dabei zunächst die 10 Plagen in Ex 7–12 oder auch Ps 89,33: „so will ich ihre Sünde mit der Rute heimsuchen und ihre Missetat mit Plagen."[107] Stehen die Plagen hier jeweils für ein Gerichtshandeln Gottes, so finden wir die gleiche Vorstellung in den TestXII, wobei vor allem TestXII Ben 7,3f. zu beachten ist.[108] Bemerkenswert ist nun, dass sowohl in Ex 7–12 als auch in TestXII Ben 7 die Plagen gleichsam als ein Steigerungsprozess verstanden werden, wobei am Ende jeweils der Tod steht. Dasselbe trifft nämlich auch auf gLAE 8 zu, wo es heißt, dass die 70 Plagen der Reihe nach Adams Leib begleiten sollten. Und dass am Ende seines Leidensprozesses der Tod steht, wird hier zwar noch nicht ausdrücklich gesagt, lässt sich aber von

---

[105] Vgl. dazu auch Abschnitt 6.2.4, speziell die Ausführungen zur Auflehnung der Tiere nach dem Fall.

[106] Ähnlich STONE, Prediction, 112.

[107] וּפָקַדְתִּי בְשֵׁבֶט פִּשְׁעָם וּבִנְגָעִים עֲוֹנָם

[108] Danach wurden von Gott sieben Strafen über Kain verhängt, welche der Reihe nach jeweils nach 100 Jahren wirksam werden sollten. Vgl. ferner TestXII Ruben 1,7 und TestXII Dan 5,8.

5,2 her erahnen. Daher sagt gLAE 8 im Grunde nichts anderes als die oben genannten Stellen aus 4Esr oder syrBar, wonach Gott aufgrund der Sünde Adams den Tod über die Menschen verhängte,[109] eine Tradition, welche auch Paulus in Rm 5,12–21 voraussetzt.[110] Erwähnenswert ist hier schließlich eine Aussage des Irenäus, wonach die „schmerzende Wunde", deren Heilung Jes 30,25f. ankündigt, jene sei, „durch welche der Mensch im Anfang in Adams Ungehorsam verwundet wurde, d. h. der Tod, den Gott heilen wird durch seine Auferstehung von den Toten."[111] Schultz vermutete, dass Irenäus hier aus einer jüdischen Quelle wie LAE geschöpft habe; und in der Tat lassen beide Textstellen eine enge Verwandtschaft erkennen.[112]

C. Die Liturgie der Engel und die Schutzlosigkeit Evas: Dass in der Anbetung Gottes eine der wichtigsten Aufgaben der Engel besteht, ist eine im frühen Judentum geläufige Anschauung.[113] Hinsichtlich der Frage, wie dieser liturgische Dienst der Engel im Einzelnen vonstatten geht, gibt es allerdings keine einheitliche Antwort. gLAE 7,2 spricht nur allgemein davon, dass es eine bestimmte Stunde für den Anbetungsdienst der Engel gab, teilt aber nichts Genaueres darüber mit, um welche Stunde es sich dabei handelt. In TestAbr B 4,5 erfahren wir, dass die Engel in der Stunde des Sonnenuntergangs Gott anbeteten,[114] während slHen 21,1 überliefert, dass die „Herrlichen, die Gott dienten", sich weder am Tage noch in der Nacht vom Thron Gottes entfernten. TestAd hingegen stellt den Sachverhalt so dar, dass die verschiedenen Engelgruppen zu je eigenen Stunden anbeten.

Die Beobachtung, dass gLAE 7,2 wenig Konkretes über die Engel mitteilt, sondern nur lapidar feststellt, dass jene Eva bewachten und eben zu einer bestimmten Stunde zum Lobe Gottes hinaufstiegen, spricht dafür, dass sich unser Erzähler hier auf eine seinen Hörern bzw. Lesern bekannte Tradition bezieht, die allerdings für uns heute nicht mehr in ihrer ursprünglichen Ge-

---

[109] Vgl. Abschnitt A, die gleiche Vorstellung findet sich auch in b Schab 55b und DtnR 9 (WÜNSCHE, 101). Vgl. auch GenR 12 (WÜNSCHE, 52) und Tanch B Bereschit 18, wo es heißt, dass dem Menschen nach dem Fall 6 Dinge genommen wurden, wozu auch sein Leben gehört.

[110] Vgl. O. MICHEL, Der Brief an die Römer, Göttingen ¹²1963 (KEK 4), 139.

[111] Haer V 34,2. Vgl. ferner Cyprian, De bono patientiae 17: „denn da bei jener ersten Übertretung des Gebots die Stärke des Leibes zugleich mit der Unsterblichkeit entschwunden und mit dem Tode die Schwäche gekommen ist ..."

[112] „It is almost certain, then, that Irenaeus's use of the phrase ‚pain of stroke' in connection with Adam, sin, and death shows knowledge of a source similar to that of the *Vita Adae et Evae* and the *Apocalypse of Moses*" (SCHULTZ, Origin, 166). Einen ähnlichen Sachverhalt hatte auch die traditionsgeschichtliche Untersuchung zu gLAE 16–21 offengelegt, vgl. Abschnitt 7.2.4.D.

[113] Vgl. PINERO, Angels, 196. Vgl. neben gLAE 7,2 auch TestXII Levi 3,5f.; slHen 21,1; TestAbr B 4,5; TestAd 1–2 und Jub 2,3.

[114] Ebenso ApkPaul 7.

stalt, sondern nur vermittelt durch gLAE greifbar ist. Verschiedentlich wurde vermutet, dass gLAE 7,2 auf die Vorstellung vom Schutzengel, wie sie u.a. in Jub 35,17; äthHen 100,5 oder LAB 11,12 bezeugt ist, zurückzuführen sei.[115] Dies scheint mir allerdings nicht sicher, geht es doch in unserem Text eher um die Beaufsichtigung Evas, während ja Adam offenbar nicht geschützt werden muss. In den genannten Beispielen für die Schutzengelvorstellung geht es hingegen eher um die Bewahrung der Gerechten in den Anfeindungen der Welt.[116]

Die Anschauung, dass die Ursache der Verführung Evas vor allem in deren Schwäche und Schutzlosigkeit zu suchen sei, scheint auch in slHen 31,6; 2 Kor 11,3 und 1 Tim 2,14 im Hintergrund zu stehen,[117] breit ausgeführt ist sie dann in ARN B 1;[118] GenR 19[119] und ProtEvJak 13,1.[120]

D. Gott kennt den Menschen: Mit der Frage Gottes an Adam: „Kann sich etwa ein Haus vor dem, der es erbaut hat, verstecken?" (8,1)[121] greift unser Erzähler einen ebenfalls im frühen Judentum verbreiteten Gedanken auf: Gott kennt den Menschen, weil dieser sein Geschöpf ist.[122] Vor allem mit der Aussage von der Gottebenbildlichkeit des Menschen verband sich die Vorstellung von einer besonderen Vertrautheit zwischen Gott und Mensch. Nach TestXII Napht 2,5 gibt es „kein Gebilde und gar keinen Gedanken, den der Herr nicht kennt. Denn jeden Menschen hat er nach seinem Bilde geschaffen" (οὐκ ἔστι πᾶν πλάσμα καὶ πᾶσα ἔννοια ἣν οὐκ ἔγνω κύριος πάντα γὰρ ἄνθρωπον ἔκτισε κατ' εἰκόνα ἑαυτοῦ). Eine ganze Reihe ähnlicher Aussagen wurde bereits an anderer Stelle zusammengestellt;[123] die engste Parallele zu gLAE 8,1 findet sich aber in TgPsJon Gen 3,9:

The Lord called to Adam and said to him, „Is not the whole world which I created manifest before you, the darkness as well as the light? How then do you imagine in your heart that you can hide yourself from before me? Do I not see the place where you are hiding?"

---

[115] Vgl. PINERO, Angels, 199f. und BERTRAND, Vie [A], 116. Zu den frühjüdischen Anschauungen über Engel vgl. die in Abschnitt 6.3.4.B genannte Literatur.

[116] Vgl. auch Ps 91,11; 2Makk 5,2; 10,29f.; 11,8; 3Makk 6,18f. und 4Makk 4,10.

[117] Vgl. hierzu auch die Ausführungen in Abschnitt 7.4.4.

[118] Die Schlange führt ein Selbstgespräch: „If I go to Adam and speak to him, I know that he will not listen to me. Instead, I will go to Eve because I know that women are influenced by everyone" (SALDARINI, S. 36).

[119] Zu Gen 3,2 („Die Frau sprach zur Schlange"): „Wo war denn damals Adam? Er hatte den Beischlaf ausgeübt und war eingeschlafen" (WÜNSCHE, 82).

[120] „Denn wie Adam in der Stunde seines Gebets (abwesend) war und die Schlange kam und Eva allein fand, sie so betrog und sie so befleckte ..."

[121] Zur Frage der Ursprünglichkeit dieses Satzes in gLAE 8,1 vgl. Anm. 64.

[122] Zum Vergleich des Menschen mit einem Haus vgl. ParJer 6,3. Auch Heb 3,4 spricht von Gott als einem Baumeister (vgl. auch das Weisheitsbuch des Amenope, Kap. 25 [TUAT 3, 247]: „Der Mensch, das ist Lehm und Stroh; der Gott ist sein Töpfer").

[123] Vgl. Abschnitt 6.2.4.

E. *„Weil du meinen Bund verlassen hast"*: Wenn in gLAE 8,2 Adam dafür
zur Rechenschaft gezogen wird, dass er den Bund Gottes verlassen habe, so
verweist dies auf eine Auslegungstradition von Gen 2,15, die sich auch in
slHen 31,1 finden lässt. Dort heißt es: „Und ich (= Gott) schuf einen Garten
in Eden nach Osten zu, damit er (= Adam) den Bund halte und das Gebot
bewahre." Ein ähnliches Verständnis von Gen 2,15 finden wir in TgPsJon Gen
2,15; TgNeof Gen 2,15; PRE 12 (S. 85) sowie bei Ephraim dem Syrer[124] und
Theophilus von Antiochien.[125] War es demnach die Aufgabe Adams und Evas
im Paradies, den Bund bzw. das Gebot Gottes zu bewahren,[126] so bestand ihre
Sünde darin, jenem Auftrag nicht nachgekommen zu sein.[127]

F. *Sonstiges:* In aller Kürze ist schließlich noch auf einige weitere Details
hinzuweisen. Dass die Erde in drei Teile aufgeteilt war, ist vermutlich aus
Gen 9,19 erwachsen.[128] Das Motiv der Ruhe (καταπαύω in 6,2) soll ebenso
wie die hier zugrundeliegende Paradiesvorstellung im Zusammenhang des
folgenden Abschnitts zu gLAE 9–13 untersucht werden. Zur Identifikation
von Satan und Paradiesschlange sind schließlich die Ausführungen in Abschnitt 7.2.4 zu beachten.

8.2.5 Theologie

A. *Der Sündenfall als Ätiologie der Krankheiten:*[129] Der zentrale Gedanke
unseres Textes besteht darin, dass die Übertretung Adams und Evas im Paradies als ein Ereignis von universaler Tragweite verstanden wird, welches die
künftige Existenz der gesamten Menschheit betrifft.[130] Nun mag man ein-
wenden, dass gLAE 5–8 doch eigentlich nur von den Plagen *Adams* handle.
Allerdings spricht nicht nur das Vorhandensein typischer Merkmale der
literarischen Gattung Testament dafür, dass es hier um einen die Menschheit

---

[124] „Adam hatte daselbst nichts anderes zu hüten, als das Gesetz, das ihm verordnet
worden war; ebenso hatte er daselbst keine andere Arbeit, als dem Befehle, der ihm
anbefohlen war, nachzukommen" (zitiert nach GINZBERG, Haggada, 121f.).

[125] „οὐκ ἄλλην τινὰ ἐργασίαν δηλοῖ ἀλλ' ἢ τὸ φυλάττειν τὴν ἐντολὴν τοῦ θεοῦ"
(zitiert nach GINZBERG, Haggada, 121).

[126] Mit φυλάσσειν wird in Gen LXX 2,15 das hebräische שמר wiedergegeben.

[127] Häufig findet sich daher in gLAE zur Umschreibung der Übertretung Adams und
Evas die Formulierung, dass sie das Gebot bzw. den Bund verlassen (ἐγκαταλείπειν) bzw.
nicht bewahrt (φυλάσσειν) haben (8,2; 10,2; 23,3; 24,3; 39,1). Die Erzählung Evas vom
Sündenfall (15–30) soll dazu dienen, dass die Nachkommen jenem Verlassen des Guten
nicht nacheifern (gLAE 30: φυλάξατε ἑαυτοὺς μὴ ἐγκαταλιπεῖν τὸ ἀγαθόν).

[128] Vgl. Fuchs, Leben, 516 und MERK / MEISER, Leben, 812.

[129] Die Formulierung ist entnommen aus MERK / MEISER, Leben, 813.

[130] Man kann sogar darüber hinausgehend sagen, dass die gesamte Schöpfung von jener
ersten Übertretung betroffen ist. Dies ist allerdings nicht Thema unseres Textes, vgl.
vielmehr die Ausführungen zu gLAE 10–12 (Abschnitt 6.2).

im Allgemeinen betreffenden Sachverhalt geht.[131] Auch die Charakterisierung der Sünde als „Verlassen meines Bundes" rückt – ebenso wie Anrede Adams als Geschöpf Gottes (8,1) – das Verhältnis zwischen Gott und Mensch insgesamt in den Mittelpunkt. Schließlich ist auch auf die 70 als einer Zahl, welche für die Universalität eines bestimmten Sachverhalts steht, zu verweisen.[132] Die 70 Plagen, die Gott über Adam verhängte, lassen sich daher am besten als eine Ätiologie der durch Krankheit und Tod bestimmten Situation der Menschheit insgesamt verstehen. Stellt der Erzähler damit einen engen Zusammenhang zwischen Sünde, Krankheit und Tod her, so steht dahinter das Verständnis der Sünde als eines Tatbestandes, der das Verhältnis des Menschen zu seinem Schöpfer und damit den Fortbestand der Schöpfung selbst beeinträchtigt.

B. Gottes Bund mit Adam: Die Formulierung „ἐπεί ἐγκατέλιπες τὴν διαθήκην μου" in gLAE 8,2 ist insofern bemerkenswert, als es sich hierbei um die einzige ausdrückliche Bezugnahme auf die Kategorie des Bundes[133] zwischen Gott und Mensch in der gesamten Erzählung handelt, was zwar an sich innerhalb der frühjüdischen Literatur nichts Ungewöhnliches ist,[134] im Hinblick auf das weitgehende Fehlen der damit verbundenen Themen aber doch verwunderlich ist. Abgesehen von einer kurzen Reminiszenz in gLAE 43,3 spielt die Sabbatthematik keine Rolle. Vom Tempelkult ist – wie auch von der Beschneidung – nirgends die Rede,[135] Speise- oder Reinheitsvorschriften werden nicht erwähnt, und auch die Themen Land und Erwählung begegnen nicht. Inhalt der in 8,2 erwähnten διαθήκη scheint einzig und allein das Gebot an Adam und Eva gewesen zu sein, nicht vom verbotenen Baum zu essen. Dazu passt auch der Gebrauch des Begriffes ἐντολή in gLAE, der sich durchweg auf dieses eine Verbot Gottes bezieht.[136] Dementsprechend bleibt die ethische Weisung in der Regel sehr im Bereich des Allgemeinen.[137] Es wird dazu aufgefordert, das Böse zu meiden (28,4: ἐὰν φυλάξῃς ἑαυτὸν ἀπὸ

---

[131] Dementsprechend ist es für den Erzähler von geringer Bedeutung, *wie* die erste Sünde im Einzelnen vonstatten ging, bedeutsam ist, *dass* sie sich ereignete. Vgl. dazu Abschnitt 7.2.3, wo ein ähnlicher Sachverhalt für gLAE 15–21 herausgearbeitet wurde.

[132] Vgl. K. H. RENGSTORF, Art. ἑπτά κτλ, ThWNT 2 (1935), 623–631, 630f.

[133] Der Begriff διαθήκη begegnet in gLAE nur hier.

[134] In slHen z.B. ist die Kategorie des Bundes terminologisch ebenfalls wenig präsent, die damit in der Regel verbundenen Themen wie Tempelkult (vgl. u.a. 45,1; 61,4f.; 68–70), Sabbat (vgl. 32,2) oder Reinheit (vgl. 34,2; 59,2) aber sehr wohl.

[135] Eventuell liegt aber eine Bezugnahme auf den großen Versöhnungstag in gLAE 33 vor, vgl. Abschnitt 6.3.4.B.

[136] gLAE 10,2; 23,3; 24,1.3; 25,1; 39,1; 42,7.

[137] Ausnahmen bilden die bereits erwähnte Aufforderung zur Sabbatruhe und die Anweisung zur Bestattung der Toten (43,2f.; hier begegnet auch zum einzigen Mal der Begriff νόμος in gLAE).

παντὸς κακοῦ) bzw. das Gute nicht zu verlassen (30: φυλάξατε ἑαυτοὺς μὴ ἐγκαταλιπεῖν τὸ ἀγαθόν).

Über eine Erklärung für diesen innerhalb des Frühjudentums doch recht erstaunlichen Befund kann man nur spekulieren. Zunächst ist natürlich auf den narrativen Bezug zur biblischen Paradieserzählung zu verweisen, die nur ein einziges Gebot Gottes erwähnt. Andere frühjüdische Schriften (vgl. z.B. Jub 3)[138] zeigen aber, dass eine Verlängerung des Sinaigeschehens bis in die Urgeschichte hinein durchaus nicht undenkbar war. Weiterführend scheint mir hier die Beobachtung zu sein, dass unser Erzähler offensichtlich vor allem an der Gnade und Barmherzigkeit Gottes interessiert ist (vgl. nur gLAE 37; 39 und 41). Materiale Fragen der Ethik spielten daher für ihn wohl eine untergeordnete Rolle, wobei der erzählerisch unnötige Rekurs auf die Sabbatthematik in gLAE 43,3 durchaus aber seine Vertrautheit mit den Positionen der frühjüdischen Ethik erahnen lässt.

C. Eva und die erste Übertretung: Die Adam in den Mund gelegte Schilderung der Vorgänge im Paradies erweckt den Eindruck, als ob allein Eva an den Konsequenzen der ersten Übertretung schuld sei. Nun kann man dies freilich dadurch einschränken, dass Gottes Reaktion auf jene Übertretung eindeutig an Adam adressiert ist, womit der Gedanke, dass Adam selbst schuldlos sei, ausgeschlossen wird. Dennoch scheint im Hintergrund unseres Textes die Vorstellung zu stehen, dass Eva den Einflüsterungen des „Feindes" weniger als Adam zu widerstehen vermochte und daher anfälliger für die Sünde war. Zwar ist auch darauf zu verweisen, dass die besondere Rolle Evas von Gen 3 her vorgegeben war, gleichwohl finden wir hier eindeutig negative Züge im Frauenbild unseres Erzählers. Die Frau gilt als das „schwächere Geschlecht" und als anfälliger für die Versuchung, sodass mir die von Sweet geäußerte Annahme einer *Autorin*[139] hier kaum haltbar zu sein scheint.

8.2.6 Synoptischer Vergleich

Die anderen Versionen bieten einen zu gLAE 5–8 weithin parallelen Text. Eine ganze Reihe von Beobachtungen spricht aber auch hier dafür, dass der griechische Text die älteste Fassung der Erzählung bietet:

1. Einige Handschriften des griechischen Textes bezeugen in 5,3 eine als sekundär zu beurteilende Überlieferung, wonach die Kinder Adams sich an der Tür des Bethauses Adams versammelten.[140] Bemerkenswert ist nun, dass sich dieses Detail der Erzählung auch im lateinischen sowie im georgischen Text findet und dass die armenische Version sich auch darauf zu beziehen

---

[138] Vgl. dazu auch Abschnitt 1.1 (Punkt 2).
[139] Vgl. SWEET, Study, 24.
[140] Vgl. dazu die Textrekonstruktion.

scheint, eine sichere Entscheidung hier aber schwer fällt.[141] Unter der Voraussetzung, dass es auf der frühesten Stufe der griechischen Textüberlieferung fehlte, lässt sich sein Vorkommen in den anderen Versionen am besten mit der Abhängigkeit von einer späteren Form des griechischen Textes erklären.

2. Im griechischen Text ergreift nach der Versammlung der Söhne zunächst Seth das Wort („was für eine Krankheit hast du?"), woraufhin sich Adam dann an alle wendet und die Söhne mit einer erneuten Frage antworten: „Was ist Schmerz? Was ist Krankheit?" Im weiteren Fortgang der Erzählung geht Adam aber gar nicht auf diese Frage ein, sondern Seth ergreift nochmals das Wort und bietet an, zum Paradies aufzubrechen. Dieser Befund lässt sich meines Erachtens am besten mit der Annahme erklären, dass hier vom Erzähler verschiedene Überlieferungen verbunden wurden, wie ich oben zu zeigen versucht habe. Es ist nun auffällig, dass alle übrigen Versionen diese Unklarheit in der Dialogfolge abzumildern versuchen, indem entweder die Frage Seths in 5,3 allen Söhnen zugeschrieben (latLAE und geoLAE) oder die Antwort Adams nur an Seth gerichtet ist (slavLAE). Die folgende Gegenüberstellung verdeutlicht dies:

gLAE	*latLAE*	*armLAE*	*geoLAE*	*slavLAE*
Seth - Adam	*Alle - Adam*	—	*Alle - Adam*	Seth - Adam
Adam - Alle	Adam - Alle	—	Adam - Alle	*Adam - Seth*
Alle - Adam	Alle - Adam	—	Alle - Adam	Alle - Adam
Seth - Adam	Seth - Adam	Seth - Adam	Seth - Adam	Seth - Adam

3. Adams Bericht von der Verführung Evas wird in latLAE, armLAE (Stone) und geoLAE wesentlich ausführlicher geboten, was am besten damit erklärt werden kann, dass der griechische Text wohl als zu knapp empfunden wurde und verschiedene Fragen offenließ.[142] So sehen sich die Versionen veranlasst,

---

[141] Vgl. latLAE 30,2: „et congregati sunt in tres partes ante conspectum eius coram oratorio, ubi adorabant dominum deum"; armLAE (Stone) 30,2b: „They assembled by him inside the place which Eve had entered, and he prayed to the Lord God" und geoLAE 30,2b: „Et s'assemblèrent auprès d'Adam tous ses descendants, car ils s'étaient établis devant ses portes, dans le lieu qu'Adam avait fait (et) où il entrait et adressait des prières à Dieu." slavLAE 5 bietet hingegen folgenden Wortlaut: „Und seine Kinder versammelten sich und standen auf drei Seiten."

[142] Ebenso DE JONGE, Development, 244; anders hingegen ANDERSON, Form, 217 Anm. 7, der genau entgegengesetzt argumentiert: Da die Tradition vom Aufstieg der Engel, welche Eva bewachten (gLAE 7,2), keineswegs allgemein verbreitet gewesen sei, benötige sie eine Einführung, die im armenischen, georgischen und lateinischen Text gegeben sei. Daher seien jene Textfassungen hier als ursprünglicher zu betrachten. Ebenfalls als

den verbotenen Baum (7,1) genauer zu schildern,[143] die Existenz der Wachengel[144] und deren liturgischen Dienst[145] zu erklären oder auf die Zweiteilung des Paradieses hinzuweisen.[146] Vor allem Letzteres ist bemerkenswert, da jenes Detail für den Verlauf der Erzählung ohne jede Bedeutung ist und wohl aus späteren Kapiteln hier eingetragen wurde.[147]

4. Aber auch der slavische Text bietet einige Zusätze, die als Versuche der Textverbesserung verstanden werden können. Er erklärt das Zusammenrufen der Kinder damit, dass Adam Angst hatte,[148] unterbricht das Angebot Seths zur Paradiesreise mit der Frage Adams „mein Kind, wie sollst du ins Paradies gelangen?" und berichtet schließlich davon, dass der Satan der Eva in Gestalt eines Engels erschien[149] und darüber hinaus die Schlange (ebenfalls in Gestalt eines Engels) bezüglich der Verführung Evas instruierte.[150]

---

sekundär sei die Schilderung der Erscheinung Gottes in gLAE 8,1 zu betrachten (a.a.O., 218 Anm. 8). Hier ist das Gesamtbild der Kapitel 5–8 und ihrer Parallelen entscheidend, welches nach meinem Eindruck zeigt, dass Argumentation DE JONGES die besseren Gründe für sich hat.

[143] In latLAE wird er als „arbor scientiae boni et mali, quae est in medio paradisi" bezeichnet (32,1), während geoLAE hervorhebt, dass er sehr schön war (32,1).

[144] Nach latLAE gab Gott den Protoplasten zwei Engel zur Bewachung (33,1), während es nach armLAE (Stone) 33,1 und geoLAE 33,1 zwölf Engel waren.

[145] Vgl. armLAE (Stone) 33,2: „Since, every day they would go forth to worship the Lord"; geoLAE 33,2: „mais à chaque (fois, au) jour, ils remontaient là-haut."

[146] Vgl. latLAE 32,2: „Deus autem partem dedit paradisi mihi et matri vestrae: arborem orientalis partis et boreae quae est contra aquilonem dedit mihi, et matri vestrae dedit partem austri et partem occidentalem"; armLAE (Stone) 32,3: „For, my son Seth, God divided the Garden between me and your mother Eve, that we might watch it. To me he gave the eastern portion and the northern, and to your mother, the western and the southern" (nahezu identisch geoLAE 32,3).

[147] Vgl. gLAE 15 und die Parallelen. Wenn MERK / MEISER, Leben, 761 feststellen, dass solche „Doppelungen ebenso das Ergebnis sekundärer Auffüllung wie literarkritischer Unabhängigkeit sein" können, so spricht gegen Letzteres die erzählerische Bedeutungslosigkeit des Details. Welchen Grund gab es, hier auf die Gebietsaufteilung hinzuweisen, als lediglich den einen, dass man ebendiese Tradition aus der inhaltlich eng verwandten Erzählung Evas vom Sündenfall kannte, wo sie ihren in erzählerischer Hinsicht sinnvollen Ort hat. Der Befund ist demnach keineswegs „ambivalent" (so MERK / MEISER, ebd.).

[148] „Und er verfiel in eine Krankheit und schrie mit lauter Stimme und sagte: Versammelt euch, meine Kinder, um mich. Adam hatte nämlich große Angst bekommen, da er nicht wusste, was Krankheit sei" (slavLAE 5).

[149] slavLAE 8 „Als nämlich die sechste Stunde kam, sah Eva den Satan und verehrte ihn, weil die Gestalt Engels [so der Text bei JAGIĆ, eventuell liegt hier ein Druckfehler vor, da es besser „eines Engels" heißen müsste] angenommen hatte ..." Dieses Detail ist in den Versionen sonst nur in der Erzählung Evas vom Sündenfall belegt (gLAE 17 und Parallelen).

[150] slavLAE 9 „Und Seth fragte: Wer hat die Schlange belehrt? Adam sagte zu seinem Sohne: Der Teufel verwandelte sich in einen strahlenden [fehlt hier ein Wort bei JAGIĆ?] und in der Gestalt eines Engels kam er zur Schlange und sagte ihr: Du bist sehr klug, gib

All diese Beobachtungen lassen es als gerechtfertigt erscheinen, in der griechischen Version der Erzählung die älteste Textform zu sehen.

8.3 Das verlorene Paradies (gLAE 9; 13,1–14,1a)

8.3.1 Textrekonstruktion

9 (1) Ταῦτα λέγων ὁ Ἀδὰμ τοῖς υἱοῖς[151] αὐτοῦ ἀνεστέναξεν μέγα[152] καὶ εἶπεν· Τί ποιήσω ὅτι ἐν μεγάλῃ λύπῃ[153] εἰμί; (2) Ἔκλαυσεν δὲ ἡ Εὔα λέγουσα· κύριέ μου Ἀδάμ, ἀναστὰς[154] δός μοι τὸ ἥμισυ τοῦ πόνου[155] σου καὶ ὑπενέγκω αὐτό,[156] ὅτι δι᾽ ἐμὲ[157] τοῦτό σοι γέγονεν, δι᾽ ἐμὲ[158] ἐν καμάτοις[159] τυγχάνεις.[160] (3) Εἶπεν δὲ Ἀδὰμ τῇ Εὔᾳ· Ἀνάστα καὶ πορεύου μετὰ τοῦ υἱοῦ ἡμῶν Σὴθ πλησίον τοῦ

---

du vom Baume Eva, sie soll kosten." Im griechischen Text kommt die Schlange hier gar nicht vor (auch in latLAE und armLAE [Stone]), nur die georgische Fassung spricht auch von der Schlange.

[151] τοῖς υἱοῖς: a) T τῷ υἱῷ | b) M erg. καὶ τῶν θυγατέρων (Freilich müsste richtiger ταῖς θυγατράσιν stehen.)

[152] ἀνεστέναξεν μέγα: a) fehlt in C | b) B ATL TISCHENDORF ἀνεστέναξεν μεγάλως ‖ Gegen Var b) stehen die besten Hss. DSV sowie die Textfamilien IIIa und IIIc.

[153] λύπη: a) D ἀνάγκη | b) C ἀνάγκη καὶ θλίψει ‖ Abgesehen von C und D und bieten alle Hss. λύπῃ, sodass diese Lesart gegen D wohl den Vorzug verdient (anders MERK / MEISER, Leben, 816).

[154] ἀναστάς: fehlt bei NAGEL ‖ Offensichtlich handelt es sich um eine versehentliche Auslassung, die alle Hss. gegen sich hat.

[155] πόνου: a) V Ib II III (außer F) BERTRAND NAGEL TISCHENDORF νόσου | b) F αἰτίας ‖ Hier ist keine sichere Entscheidung möglich, da die Lesart von D und S auch auf eine Textveränderung in der gemeinsamen Vorlage beider Hss. zurückgehen könnte (so NAGEL, Vie I, 10). In anderen Fällen haben D und S aber auch gegen alle andern Hss. die ursprünglichere Lesart bewahrt, sodass ich mich im Zweifelsfall für D und S entscheide.

[156] καὶ ὑπενέγκω αὐτό: a) IIIb καὶ ὑπομενῶ ἐνεγκεῖν αὐτήν | b) EW ὅτι ἔγνωκα ἐγὼ κύριέ μου ‖‖ αὐτό: ATL M IIIb TISCHENDORF αὐτήν ‖ αὐτό ist nicht nur stärker bezeugt, sondern passt auch besser, da das Bezugswort τὸ ἥμισυ ist.

[157] δι᾽ ἐμέ: III (außer Q und H) δι᾽ ἐμοῦ

[158] τοῦτό σοι γέγονεν δι᾽ ἐμέ: fehlt in H

[159] καμάτοις: a) B πόνοις καὶ καμάτοις (M καμάτῳ καὶ πόνῳ)| b) T νόσῳ ταύτῃ | c) IIIb λύπη bzw. λύπεις

[160] δι᾽ ἐμὲ ἐν καμάτοις τυγχάνεις: a) D erg. δι᾽ ἐμὲ ἐν ὑδρώτητι τοῦ προσώπου σου τὸν ἄρτον ἐσθίεις δι᾽ ἐμὲ πάντα ὑπομένεις | b) fehlt in IIIc ‖ Var a) (bevorzugt von MERK / MEISER, Leben, 817) ist offenbar auf eine Angleichung an Gen 3,19 LXX zurückzuführen. ‖‖ τυγχάνεις: C TISCHENDORF erg. καὶ πόνοις ‖ C steht hier allein und ist im Großen und Ganzen eine wenig zuverlässige Hs.

παραδείσου· καὶ ἐπίθετε[161] γῆν[162] ἐπὶ τὰς κεφαλὰς ὑμῶν καὶ
κλαύσατε,[163] δεόμενοι[164] τοῦ θεοῦ ὅπως σπλαγχνισθῇ ἐπ' ἐμοὶ[165] καὶ
ἀποστείλῃ[166] τὸν ἄγγελον αὐτοῦ,[167] καὶ δώσῃ[168] μοι[169] ἐκ τοῦ δένδρου
ἐν ᾧ ῥέει[170] τὸ[171] ἔλαιον[172] ἐξ αὐτοῦ καὶ ἐνέγκῃς μοι,[173] καὶ
ἀλείψομαι[174] καὶ ἀναπαύσομαι[175] ἐκ[176] τῆς[177] νόσου μου.[178]

[10–12: siehe Abschnitt 6.2.1]

13 (1) Ἐπορεύθη δὲ Σὴθ[179] μετὰ Εὔας[180] πλησίον τοῦ παραδείσου.[181]
Καὶ ἔκλαυσαν[182] δεόμενοι τοῦ θεοῦ[183] ὅπως ἀποστείλῃ[184] ἄγγελον

---

[161] ἐπίθετε: M πάσσαται
[162] γῆν: D II χοῦν ‖ Die Mehrheit der Hss. von I verdient hier gegen D den Vorzug.
[163] κλαύσατε: IIIb βοήσατε καὶ κλαύσατε
[164] δεόμενοι: IIIb ἐνώπιον
[165] ἐμοί: Ib IIIc (außer H) TISCHENDORF ἐμέ ‖ Siehe Anm. 15.
[166] ἀποστείλῃ: IIIb πέμψῃ
[167] αὐτοῦ: abgesehen von DS erg. alle Hss. sowie BERTRAND NAGEL TISCHENDORF εἰς
τὸν παράδεισον ‖ Die Variante lässt sich nach meinem Eindruck als Versuch der Textverbesserung betrachten.
[168] δώσῃ: III ἐνέγκῃ
[169] μοι: a) IIIb erg. καρπὸν καὶ ἐτήσασθαι αὐτὸν | b) IIIc (außer F) erg. κλάδον
[170] ῥέει: IIIc ἔχει χάριν καὶ ῥέει
[171] ἐκ τοῦ δένδρου ἐν ᾧ ῥέει τὸ: fehlt in IIIb
[172] ἔλαιον: a) C ἔλεος | b) IIIb ἔλεος τοῦ ἐλαίου
[173] καὶ ἐνέγκῃς μοι: fehlt in III
[174] ἀλείψομαι: IIIc νίψομαι
[175] ἀναπαύσομαι: a) R καταπαύσομαι | b) B λυτρωθῶ
[176] ἐκ: SV III (außer J und F) BERTRAND NAGEL ἀπό ‖ D wird hier nur durch B und J
gestützt, sodass eine sichere Entscheidung kaum möglich ist.
[177] τῆς: DB τοῦ ‖ Da νόσος weiblich ist, muss τῆς stehen.
[178] ἐκ τῆς νόσου μου: a) B ἐκ τοῦ πόνου | b) Ib R TISCHENDORF καὶ δηλώσω σοι τὸν
τρόπον ἐν ᾧ ἠπατήθημεν τὸ πρότερον (ἐν ᾧ ἠπατήθημεν τὸ πρότερον: fehlt in L) | c)
fehlt in F | d) M ἀπὸ τῆς νόσου μου καὶ δηλώσω σοι τὸν τρόπον οὗ ἡμεῖς οὕτως
ἠπατήθημεν | e) NAGEL ἀπὸ τῆς νόσου μου καὶ δηλώσω σοι τὸν τρόπον ἐν ᾧ
ἠπατήθημεν τὸ πρότερον ‖ καὶ δηλώσω usw. (Var b, d und e) ist eindeutig ein sekundärer
Zusatz, der in den besten Hss. nicht begegnet und in inhaltlicher Hinsicht wenig Sinn
ergibt. Adam hatte ja gerade von der Übertretung im Paradies erzählt.
[179] ἐπορεύθη δὲ Σὴθ: fehlt in T
[180] μετὰ Εὔας: Ib M IIIa IIIc TISCHENDORF μετὰ τῆς μητρὸς αὐτοῦ Εὔας ‖ Auch hier
handelt es sich offenbar um eine sekundäre Textverbesserung.
[181] ἐπορεύθη δὲ Σὴθ μετὰ Εὔας πλησίον τοῦ παραδείσου: a) IIIb ἤγγισαν δὲ εἰς τὸν
παράδεισον | b) F ἐπορεύθησαν πλησίον τοῦ παραδείσου
[182] ἔκλαυσαν: Ib TISCHENDORF erg. ἐκεῖ ‖ Vgl. Anm. 15.
[183] ἐπορεύθη δὲ Σὴθ μετὰ Εὔας πλησίον τοῦ παραδείσου καὶ ἔκλαυσαν δεόμενοι τοῦ
θεοῦ: fehlt in V ‖‖ δεόμενοι τοῦ θεοῦ: M πρὸς κύριον δεόμενοι
[184] ἀποστείλῃ: alle außer DS (auch BERTRAND, NAGEL und TISCHENDORF) erg. τόν ‖
D und S stehen hier allein gegen die übrigen Hss., bieten aber die lectio difficilior.

αὐτοῦ καὶ δώσῃ αὐτοῖς¹⁸⁵ τὸ ἔλεος τοῦ ἐλαίου.¹⁸⁶ (2) Καὶ ἀπέστειλεν
ὁ θεός¹⁸⁷ Μιχαὴλ τὸν ἀρχάγγελον¹⁸⁸ καὶ εἶπεν¹⁸⁹ αὐτῷ·¹⁹⁰ Σήθ,¹⁹¹
ἄνθρωπε τοῦ θεοῦ,¹⁹² μὴ κάμῃς¹⁹³ εὐχόμενος ἐπὶ τῇ ἱκεσίᾳ ταύτῃ¹⁹⁴
περὶ¹⁹⁵ τοῦ ξύλου ἐν ᾧ ῥέει τὸ ἔλαιον¹⁹⁶ ἀλεῖψαι τὸν πατέρα σου
Ἀδάμ,¹⁹⁷ (3) οὐ γενήσεταί σοι¹⁹⁸ νῦν.¹⁹⁹ (6) Σὺ δὲ πάλιν πορεύου²⁰⁰

¹⁸⁵ ὅπως ἀποστείλῃ ἄγγελον αὐτοῦ καὶ δώσῃ αὐτοῖς: IIIb ὅπως ἐλεήσῃ τὸν δοῦλον
τοῦ θεοῦ Ἀδὰμ καὶ ἀποστείλῃ αὐτῷ
¹⁸⁶ τὸ ἔλεος τοῦ ἐλαίου: a) SV C R IJK Q HE τὸ ἔλεος τοῦ ἐλέου | b) Ib (außer C) und
Z τὸ ἔλαιον τοῦ ἐλαίου | c) M τὸ ἔλαιον | d) BERTRAND NAGEL TISCHENDORF τὸ ἔλαιον
τοῦ ἐλέου ‖ Var a) kann (obgleich sie gut bezeugt ist) schwerlich ursprünglich sein, da
mindestens einmal ἔλαιον stehen muss, was sich vom Kontext her nahe legt. Sie könnte
entweder aus dem sonst nicht bezeugten τὸ ἔλαιον τοῦ ἐλέου (von den meisten bevorzugt,
vgl. Var d)) oder aus τὸ ἔλεος τοῦ ἐλαίου entstanden sein. Für Letzteres spricht, dass D N
und W diese Lesart bieten, die darüber hinaus als lectio difficilior zu gelten hat (so auch
MERK / MEISER, Leben, 821). ‖| ἐλαίου: IIIb erg. ὅπως ἀλείψωσιν αὐτὸν καὶ θεραπευθῇ
τοῦ πόνου καὶ τῆς λύπης αὐτοῦ
¹⁸⁷ ὁ θεός: a) M κύριος ὁ θεός | b) AT TISCHENDORF erg. πρὸς αὐτούς ‖ Vgl. Anm. 15.
¹⁸⁸ Μιχαὴλ τὸν ἀρχάγγελον: F ἐλθὼν ὁ ἄρχων Μιχαήλ
¹⁸⁹ εἶπεν: a) B ἐλάλησεν | b) M λέγει
¹⁹⁰ αὐτῷ: a) VB M IIIb WF BERTRAND τῷ | b) ATL R TISCHENDORF αὐτοῖς τοὺς
λόγους τούτους | c) C αὐτοῖς ‖ αὐτῷ ist von den besseren Hss. bezeugt und wird auch
durch Var b) und c) gestützt, die vermutlich daraus entstanden sind.
¹⁹¹ Σήθ: fehlt in L
¹⁹² ἄνθρωπε τοῦ θεοῦ: a) fehlt in M | b) IIIb ἄνθρωπε
¹⁹³ κάμῃς: a) B κάμνε | b) R ἀποκάμῃς | c) H ἀνακάμῃς
¹⁹⁴ τῇ ἱκεσίᾳ ταύτῃ: D C R K IIIb (Q ohne ταύτην) τὴν ἱκεσίαν ταύτην ‖ Auch wenn
hier wiederum keine sichere Entscheidung möglich ist, dürfte gegen D sprechen, dass der
Dativ sprachlich besser und überdies auch stärker bezeugt ist. Wichtig ist dabei allerdings
weniger die Quantität als vielmehr die stärkere Bezeugung innerhalb von I (SB AL). ‖| μὴ
κάμῃς εὐχόμενος ἐπὶ τὴν ἱκεσίαν ταύτην: M μὴ κάπτεις γονῦ μήδε κλαίων μήδε
ἱκετεύεις
¹⁹⁵ περί: a) R ἐπί | b) EW ὑπό
¹⁹⁶ ἔλαιον: V C R ἔλεος (S IIIa und HE: ἔλεον, was aber auch als ἔλαιον gelesen werden
kann)
¹⁹⁷ περὶ τοῦ ξύλου ἐν ᾧ ῥέει τὸ ἔλαιον ἀλεῖψαι τὸν πατέρα σου Ἀδάμ: a) IIIb
αἰτούμενος τὸ ἔλεος τοῦ ἐλέου (Z ἐλαίου) ἢ ἄλλο τι ἐκ τοῦ παραδείσου ἅπερ ζητεῖς | b)
F ὑπὲρ τοῦ ἐλέου τοῦ ξύλου | c) M περὶ τοῦ ξύλου τῆς ζωῆς ἵνα λάβῃς ἔλαιον
¹⁹⁸ σοι: a) IIIb αὐτῷ | b) fehlt in B EWF
¹⁹⁹ νῦν: a) S υἱῷ | b) Ib NAGEL TISCHENDORF erg. (Der Text wird nach NAGEL geboten,
die anderen haben geringfügige Abweichungen) ἀλλ' ἐπ' ἐσχάτων τῶν ἡμερῶν. Τότε
ἀναστήσεται πᾶσα σὰρξ ἀπὸ Ἀδὰμ ἕως τῆς ἡμέρας ἐκείνης τῆς μεγάλης ὅσοι ἔσονται
λαὸς ἅγιος. [13.4] Τότε αὐτοῖς δοθήσεται πᾶσα εὐφροσύνη τοῦ παραδείσου καὶ ἔσται ὁ
θεὸς ἐν μέσῳ αὐτῶν. [13.5] Καὶ οὐκ ἔσονται ἔτι ἐξαμαρτάνοντες ἐνώπιον αὐτοῦ ὅτι
ἀρθήσεται ἀπ' αὐτῶν ἡ καρδία ἡ πονηρὰ καὶ δοθήσεται αὐτοῖς καρδία συνετιζομένη τὸ
ἀγαθὸν καὶ λατρεύειν θεῷ μόνῳ. ‖ Es handelt sich hierbei um eine sekundäre Erweiterung des Textes (mit NAGEL, Vie I, 169; DE JONGE / TROMP, Life, 19.33f.; SWEET, Study,

πρὸς τὸν πατέρα σου,²⁰¹ ἐπειδὴ²⁰² ἐπληρώθη τὸ μέτρον²⁰³ τῆς ζωῆς αὐτοῦ,²⁰⁴ ἴσον²⁰⁵ τριῶν ἡμερῶν²⁰⁶ ἐξερχομένης δὲ τῆς ψυχῆς αὐτοῦ,²⁰⁷ μέλλεις θεάσασθαι τὴν ἄνοδον αὐτῆς φοβεράν.²⁰⁸
14 (1a) Εἰπὼν δὲ ταῦτα²⁰⁹ ὁ ἄγγελος²¹⁰ ἀπῆλθεν ἀπ᾽ αὐτῶν.²¹¹

8.3.2 Übersetzung

9 (1) Als Adam dieses zu seinen Söhnen sagte, seufzte er schwer und sprach: Was soll ich tun, denn ich bin in großer Trauer? (2) Eva aber weinte und sprach: Mein Herr, Adam, auf, gib mir die Hälfte deines Schmerzes! Und ich trage sie, denn meinetwegen ist dir dieses geworden, meinetwegen befindest du dich in Mühsalen. (3) Adam aber sprach zu Eva: Auf, gehe mit unserem Sohn Seth in die Nähe des Paradieses und streut Erde auf eure Häupter und weint, Gott bittend, dass er sich über mich erbarme und seinen Engel sende und mir von dem Baum, aus dem heraus das Öl fließt, gebe und du (es) mir bringst und ich gesalbt werde und Ruhe finde von²¹² meiner Krankheit.
[10–12: siehe Abschnitt 6.2.2]
13 (1) Es kam aber Seth mit Eva in die Nähe des Paradieses. Und sie weinten, Gott bittend, dass er seinen Engel sende und gebe ihnen das Erbarmen des Öls. (2) Und Gott sandte Michael, den Erzengel und [dieser] sprach zu ihm: Seth, Mensch Gottes, mühe dich nicht betend ab, um dieser

---

117 Anm. 126; MERK / MEISER, Leben, 822 Anm. a zu 13,3; BERTRAND, Vie [A], 119f.), da sie nur in Ib bezeugt ist und sich die Auslassung in den anderen Hss. kaum erklären lassen würde.

²⁰⁰ σὺ δὲ πάλιν πορεύου: a) V πορεύου | b) B ἀλλ᾽ ἐπίστρεψον | c) M F ἀλλὰ πορεύου | d) IIIa H ἀλλὰ μᾶλλον | e) IIIb EW ἀλλὰ μᾶλλον πορεύου

²⁰¹ τὸν πατέρα σου: a) B αὐτόν | b) R τὸν πατέρα

²⁰² ἐπειδή: a) B M ὅτι | b) IIIb καὶ εἰπὲ αὐτῷ ὅτι

²⁰³ τὸ μέτρον: a) B αἱ ἡμέραι | b) IIIb ὁ χρόνος

²⁰⁴ αὐτοῦ: der Rest des Verses fehlt in F

²⁰⁵ ἴσον: NAGEL εἴσω ‖ Die Lesart NAGELS könnte sich auf Hs. V stützen, die ἴσω bietet, alle anderen Hss. aus I haben ein ν am Wortende (D C εισον | S ισων | L εισων), was eher für ἴσον spricht.

²⁰⁶ ἴσον τριῶν ἡμερῶν: a) B καὶ ζήσει ἀπὸ τὴν σήμερον τρεῖς ἡμέρας | b) R ὑπὸ δὲ τριῶν ἡμερῶν | c) IIIa ἵνα τριῶν ἡμερῶν | d) IIIb καὶ ἰδού | e) EW εἰς τρεῖς ἡμέρας

²⁰⁷ ἐξερχομένης δὲ τῆς ψυχῆς αὐτοῦ: a) R ἐξερχομένης τοῦ σώματος αὐτοῦ | b) IIIb ἐξέρχεται ἡ ψυχὴ αὐτοῦ ἐκ τοῦ σώματος αὐτοῦ καί

²⁰⁸ φοβεράν: a) EW πονηράν | b) IIIb erg. μετὰ δὲ ταῦτα ἴσον πέντε ἡμερῶν καὶ ἥμισυ καταβήσομαι ἐπ᾽ αὐτῷ δωρούμενος αὐτῷ τὸ ἔλεος τοῦ ἐλαίου [Q ἐλέου] καὶ τὸν καρπὸν τοῦ παραδείσου

²⁰⁹ εἰπὼν δὲ ταῦτα: a) V καὶ εὐθύς | b) IIIb erg. αὐτοῖς

²¹⁰ ἄγγελος: a) B IIIa IIIc (außer F) ἀρχάγγελος | b) IIIa IIIc erg. τοῦ θεοῦ | c) Z erg. κυρίου

²¹¹ εἰπὼν δὲ ταῦτα ὁ ἄγγελος ἀπῆλθεν ἀπ᾽ αὐτῶν: fehlt in M F

²¹² Wörtlich: aus.

Bitte willen bezüglich des Baumes, in welchem das Öl fließt, deinen Vater Adam zu salben, (3) es wird dir jetzt nicht zuteil werden.[213] (6) Du aber, gehe wieder zu deinem Vater, denn erfüllt ist das Maß seines Lebens in drei Tagen. Wenn aber seine Seele (aus ihm) herausgegangen ist, wirst du ihren furchterregenden Aufstieg sehen. 14 (1a) Nachdem aber der Engel dieses gesagt hatte, ging er von ihnen weg.

8.3.3 Textanalyse

A. Textabgrenzung: Innerhalb des größeren Erzählzusammenhangs von gLAE 5–14 markiert 9,1 eindeutig eine Zäsur. Nachdem der Bericht vom Sündenfall beendet ist, wird der Blick der Adressaten auf den leidenden Adam zurückgelenkt. Solche Rückblenden auf Adams Krankheit finden sich auch an anderen Nahtstellen der Erzählung. Sie dürfen daher als typische Einleitungselemente eines neuen Abschnittes verstanden werden.[214] Den gleichen Sachverhalt finden wir auch in 14,1b („Es kam aber Seth und Eva zu der Hütte, wo Adam lag"), sodass man 9–14,1a[215] mit gutem Grund als einen eigenständigen Abschnitt betrachten kann. Im Zusammenhang der Auslegung der Kapitel 5–8 ist bereits darauf hingewiesen worden, dass sich dies auch aus inhaltlichen Gründen nahe legt, da beide Abschnitte in dieser Hinsicht eine weitgehende Selbständigkeit aufweisen.[216] In dem auf diese Weise abgegrenzten Abschnitt bilden nun die Kapitel 10–12 ihrerseits einen eigenen Abschnitt und wurden bereits an anderer Stelle untersucht,[217] sodass hier lediglich die Kapitel 9 und 13 zu betrachten sind, was sich auch insofern nahe legt, als 13,1 sich nahtlos an 9,3 anfügen lässt.[218] Allerdings ist dies nicht im Sinne einer nachträglichen Interpolation von 10–12 in den Erzählverlauf von 9–13 zu verstehen, vielmehr bietet sich meines Erachtens folgende Erklärung an: Die Überlieferung von der Reise zum Paradies (Kapitel 13) einerseits und die Überlieferung von dem Angriff des wilden Tieres (10–12) andererseits könnten dem Erzähler in ihrem Grundbestand bereits vorgelegen haben, während er selbst Kapitel 9 als

---

[213] Bei den Versen 13,3b–5 handelt es sich um eine spätere Ergänzung des Textes (vgl. Anm. 199): (3b) aber in den letzten Zeiten. Dann wird alles Fleisch von Adam an bis zu jenem großen Tag auferstehen, alle, die ein heiliges Volk sein werden. (4) Dann wird ihnen jede Freude des Paradieses gegeben werden und Gott wird in ihrer Mitte sein. (5) Und nicht werden mehr Sündigende vor ihm sein, denn das böse Herz wird von ihnen hinweggenommen werden und ihnen wird gegeben werden ein Herz, welches verständig geworden ist hinsichtlich des Guten und Gott allein zu dienen (weiß).

[214] Vgl. dazu Abschnitt 4.1.3.

[215] Der Abgang des Engels in 14,1a bietet einen sinnvollen Abschluss, sodass 14,1a zu 13 zu ziehen ist.

[216] Vgl. Abschnitt 8.2.3.

[217] Vgl. Abschnitt 6.2.

[218] Ähnlich STONE, Prediction, 113.

Verbindungsglied zwischen der Sündenfallerzählung und der Paradiesreise konzipierte. Die folgende Textanalyse versucht, diese Annahme zu begründen.

B. *Struktur des Textes:* Der Abschnitt gLAE 9–13 lässt unter der soeben begründeten Ausklammerung von 10–12 folgende Struktur erkennen:

1. Einleitung: Adams Klage (9,1)
2. Evas Selbstanklage (9,2)
3. Auftrag zur Paradiesreise an Eva (!) (9,3)
4. Ausführung des Auftrags durch Seth (!)[219] (13,1)
5. Auftritt des Engels (13,2–6)
6. Abgang des Engels (14,1a)

Bei einer Gegenüberstellung von 9,3 und 13,1 fällt auf, dass beide Verse zwar weitgehend übereinstimmend formulieren, aber auch einige Unterschiede (jeweils kursiv gedruckt) zu erkennen sind:

9,3 Adam aber *sprach zu Eva:* Auf, gehe mit unserem Sohn Seth in die Nähe des Paradieses
und streut Erde auf eure Häupter
und weint, Gott bittend,
dass er sich über mich erbarme und seinen Engel sende
und mir *von dem Baum, aus dem heraus das Öl fließt,* gebe ...

13,1 Es *kam aber Seth* mit Eva in die Nähe des Paradieses.

Und sie weinten, Gott bittend,
dass er seinen Engel sende

und gebe ihnen das *Erbarmen des Öls.*

Wie ist dieser Befund zu erklären? In erster Linie lassen sich solche Wiederholungen wohl als Stilmittel des Erzählers verstehen. Darüber hinaus können sie aber auch die Funktion haben, verschiedene ursprünglich selbständige Überlieferungen aneinander anzugleichen, indem bestimmte Formulierungen aus anderen Abschnitten in einen neuen Zusammenhang eingetragen werden.[220] Zumeist ist dies daran erkennbar, dass durch die entsprechende Einfügung gewisse Spannungen im Zusammenhang der Erzählung entstanden sind. Die im Folgenden zu begründende These lautet, dass ein solcher Sachverhalt in Kapitel 9 vorliegt, der Erzähler also 9,3 in Anlehnung an den ihm vorgegebenen Stoff von Kapitel 13 gestaltet hat. Zur Begründung dieser Annahme ist in Ergänzung zu den genannten Doppelungen auf folgende Beobachtungen zu verweisen:

[219] Eva erscheint in 13 lediglich in einer Statistenrolle.
[220] Vgl. dazu Abschnitt 4.1.1, wo die verschiedenen Doppelungen im Text benannt werden.

1. Kapitel 9 enthält die für gLAE typischen Merkmale eines Rahmenstücks, worauf ich bereits im Abschnitt Textanalyse hingewiesen habe.
2. Dass der Auftrag zur Paradiesreise in 9,3 an Eva ergeht, während in 13,1 Seth als der Hauptakteur erscheint, lässt sich damit begründen, dass der Kontext von Kapitel 9 zu diesem Übergang von Seth zu Eva nötigt. Die entgegengesetzte Annahme, dass die Funktion Evas in 13,1 auf Seth übertragen worden wäre, lässt sich hingegen nur schwer begründen.
3. In 9,3 fordert Adam Eva und Seth dazu auf, ihre Häupter mit Erde zu bedecken. Das Fehlen dieser typischen Bußgeste in 13,1 lässt sich eher durch Hinzufügung in 9,3 als durch Auslassung in 13,1 erklären. Das Motiv für die Hinzufügung ist darin zu suchen, dass die Buße für unseren Erzähler die grundlegende Form der Gottesbegegnung zu sein scheint.[221]

Zusammenfassend lässt sich demnach Folgendes sagen: Der Erzähler scheint gLAE 9 als Verbindungsglied zwischen der Überlieferung vom Sündenfall in 5–8 einerseits und der Überlieferung von der Paradiesreise andererseits selbst konzipiert zu haben. Das Material von Kapitel 13 lag ihm weitgehend bereits vor und diente als Grundlage für Kapitel 9.

8.3.4 Quellen und Traditionen

A. Die Sendung Seths: Für die Tradition von der Paradiesreise Seths und Evas scheint gLAE 13 der älteste Beleg zu sein, eine literarische Vorlage lässt sich nicht ausfindig machen.[222] Das schließt freilich nicht aus, dass einzelne Bestandteile der Erzählung möglicherweise auf ältere Traditionen zurückgehen. Esther Quinn hat den Versuch unternommen, die grundlegenden Elemente der Erzählung herauszuarbeiten und für diese „basic elements" einzeln die traditionsgeschichtlichen Entwicklungslinien zu verfolgen.[223] Für das Motiv des sterbenden Vaters, der seinen Sohn nach einem übernatürlichen Heilmittel aussendet, nannte sie zwei, zeitlich allerdings sehr weit auseinander liegende Parallelen: a) das Epos von Keret (zwischen 1800 und 1375 v. Chr.)[224] und b) eine Gruppe von Märchen, welche in Aarnes „Verzeichnis der Märchentypen" die Nr. 551 trägt.[225] In Bezug auf a) nahm sie eine traditions-

---

[221] Vgl. dazu vor allem gLAE 27 und 31–32.

[222] Vgl. QUINN, Quest, 16.

[223] Vgl. QUINN, Quest, 15–32. Nach QUINN enthält die Erzählung vier solcher „basic elements": „1. The dying father who sends his son for supernatural aid. 2. The journey to the Earthly Paradise. 3. The supernatural remedy – the oil of mercy. 4. The promise that the righteous shall be rewarded – shall enjoy the tree of life in the world to come." (16f.) Das letztgenannte Motiv ist allerdings den textkritisch als sekundär einzustufenden Versen 3b–5 entnommen (vgl. den Abschnitt zur Textkritik).

[224] Der sterbende Keret beauftragt seinen Sohn und seine Tochter, Öl in die Erde zu gießen, woraufhin der Gott El die Heilung Kerets veranlasst (englische Übersetzung bei PRITCHARD, Texts, 142–149, speziell 147f.).

[225] Vgl. AARNE, Verzeichnis, 25. Das Typische dieser Märchen bestehe darin, dass die Söhne ausziehen, „um für ihren Vater ein wunderbares Heilmittel zu holen."

geschichtliche Abhängigkeit der Seth-Legende vom Keret-Epos an.[226] Dies erscheint mir aber als wenig wahrscheinlich, da das aus dem Kontext von gLAE 13 herausgelöste Motiv des sterbenden Vaters, der seinen Sohn aussendet, zu allgemein ist, als dass es in traditionsgeschichtlicher Hinsicht aussagekräftig wäre. Quinn selbst konstatiert die grundlegende Verschiedenheit der drei Überlieferungen sowohl hinsichtlich ihrer inhaltlichen Details als auch ihres (zeitlichen und geographischen) Ursprungs.[227]

Einen anderen Versuch, die Reise Seths und Evas zum Paradies traditionsgeschichtlich zu erklären, unternahm Anitra B. Kolenkow. Sie vermutete, dass die Erzählung als „part of a very common shamanistic story" zu verstehen sei.[228] Als Begründung dafür führte sie an, dass Seth hier als eine prophetische Figur erscheine, die über Offenbarungswissen verfüge, und als eine Art Vermittler Zugang zur jenseitigen Welt habe, womit adäquat die Funktion eines Schamanen beschrieben sei.[229] Ferner sei das Motiv der Reise in die jenseitige Welt, um ein übernatürliches Heilmittel zu erlangen, typisch für die schamanistische Literatur.[230] Darüber hinaus passe auch der Angriff der Schlange[231] auf Seth gut zu dieser Interpretation, da er die Autorität des Schamanen verdeutliche, dem ein Schlangenbiss nichts anhaben könne.[232] Zur Abstützung ihrer These unternahm sie es schließlich noch zu erklären, warum der Versuch Seths, ein übernatürliches Heilmittel zu erlangen, scheiterte. Die Erklärung sei darin zu suchen, dass nicht Seth für das Scheitern verantwortlich sei, sondern Adam selbst, der mit seiner Sünde sein eigenes Schicksal heraufbeschworen habe.[233]

Gegenüber der Hypothese Kolenkows ist Folgendes einzuwenden: Zum einen erscheint es problematisch, den Begriff des Schamanismus in derart extensiver Weise zu gebrauchen. Er kann dann kaum noch ein *spezifisches* religionsgeschichtliches Phänomen bezeichnen.[234] Zweitens stützt sich die

---

[226] Vgl. QUINN, Quest, 18. Die unter b) genannte Parallele könnte nach Meinung von QUINN ebenfalls durch eine Beeinflussung seitens des Keret-Epos erklärt werden (vgl. a.a.O., 20).

[227] Vgl. a.a.O., 20.

[228] KOLENKOW, Trips, 1.

[229] Vgl. a.a.O., 2.

[230] Vgl. a.a.O., 5.

[231] KOLENKOW bezieht sich hier auf die lateinische Parallele zu gLAE 10–12, wo das Tier, welches Seth angreift, als Schlange verstanden wird, vgl. Abschnitt 6.2.6.A.

[232] Auch hier bezieht sich KOLENKOW auf die lateinische Parallele zu gLAE 10–12, denn dort wird, anders als im griechischen Text, davon gesprochen, dass Seth gebissen wurde.

[233] Vgl. KOLENKOW, Trips, 7.

[234] Charakteristisch für den extensiven Gebrauch des Begriffs Schamanismus ist folgende Bemerkung: „Shamanistic Categories not only exist in modern ‚primitive' societies, but also are evident in ancient works which contain features close to our syn-

Argumentation Kolenkows auf bestimmte Details der Erzählung, die nur in latLAE begegnen und kaum ursprünglich sind.[235] Drittens schließlich erscheint es mir fraglich, ob die Reise Seths zum Paradies tatsächlich als „trip to the other world"[236] bezeichnet werden kann.[237]

   B. *Die Reise zum Paradies:* Auch bezüglich dieses zweiten Motivs hat Quinn eine ganze Reihe von Parallelen benannt, wobei die engste Verwandtschaft ihrer Meinung nach im Gilgamesch-Epos[238] sowie im Mythos von Adapa vorliegt.[239] Allerdings scheint es auch hier fraglich, ob man tatsächlich von einer „direct connection" zwischen gLAE 13 und dem Gilgamesch-Epos sprechen kann,[240] zumal, wie Quinn selbst sieht, die Unterschiede nicht zu verkennen sind.[241] Fraglich ist bereits, ob Gilgamesch-Epos und Adapa-Mythos überhaupt von einer Reise zum *Paradies* sprechen. Selbst wenn man zugestehen will, dass etwas Ähnliches gemeint ist, bleibt die Frage, ob ein derartig weitgefasster Begriff dann in traditionsgeschichtlicher Hinsicht noch sinnvoll ist.

---

drome (Orpheus and Er myths)" (2). Andererseits muss KOLENKOW aber auch mindestens einen wichtigen Unterschied zwischen unserem Text und schamanischen Vorstellungen hervorheben, nämlich die Tatsache, dass Seth kein quasi-göttliches Wesen ist, und spricht daher von „Jewish and Christian modification of a shaman's role" (4).

[235] Vgl. Anm. 231 und 232.

[236] KOLENKOW gebraucht diese Formulierung häufig, vgl. u.a. den Titel ihres Aufsatzes „Trips to the Other World in Antiquity and the Story of Seth ...".

[237] Seth und Eva betreten weder das Paradies noch irgendeinen anderen *jenseitigen* Ort. Vgl. dazu Abschnitt B.

[238] Im Gilgamesch-Epos wird davon berichtet, dass Gilgamesch nach dem Tod seines Freundes Enkidu das Geheimnis des ewigen Lebens zu finden sucht. Er gelangt zu einem See, auf dessen Grund eine Pflanze wachsen soll, die ewiges Leben verleiht. Er erlangt die Pflanze, die aber von einer Schlange verschlungen wird (vgl. den englischen Text bei HEIDEL, Epic, 64–92).

[239] Es wird von einer Himmelsreise Adapas berichtet, wo ihm Brot und Wasser angeboten werden. Er lehnt ab, da er annimmt, dass es sich in Wahrheit um Brot und Wasser des Todes handelt, erfährt aber später, dass es Brot und Wasser des Lebens war und er mit seiner Ablehnung den Zugang zum ewigen Leben verloren habe (englischer Text bei PRITCHARD, Texts, 101–103).

[240] So QUINN, Quest, 22. Ähnlich äußert sich QUINN auch in Bezug auf den Mythos von Adapa.

[241] QUINN nennt als Unterschiede zwischen gLAE 13 und der Überlieferung des Gilgamesch-Epos: a) die andere Motivation der Reise; b) die andere Symbolik und c) den unterschiedlicher Ausgang der Reise (vgl. Quest, 21f.). Die wichtigsten Unterschiede zum Adapa-Mythos sind: a) Adapa geht nicht um seines Vaters willen (wie Seth); b) die Unsterblichkeit wird mit einer völlig anderen Symbolik beschrieben (vgl. Quest, 23). Zu ergänzen ist noch die Beobachtung, dass Seth und Eva in gLAE 13 überhaupt nicht versuchen, ins Paradies hineinzugelangen, vielmehr gehen sie in die „Nähe des Paradieses" (vgl. 9,3 und 13,1).

Neben den altorientalischen Parallelen verwies Quinn noch auf das Motiv der Paradiesreise in der frühjüdischen Literatur.[242] Gegenüber gLAE 13 lassen die Belege für dieses Motiv aber einen wichtigen Unterschied erkennen. Die Paradiesreise dient dort nicht zur Erlangung eines Heilmittels. Vielmehr erhält derjenige, der das Paradies betreten darf, Anteil an himmlischen Geheimnissen. Darüber hinaus ist hervorzuheben, dass Seth und Eva in unserem Text das Paradies ja überhaupt nicht betreten, sondern „in die Nähe des Paradieses" gehen, wobei ganz offensichtlich nicht an einen himmlischen, sondern an einen irdischen Ort gedacht ist.[243]

C. Das Öl aus dem Paradies: Auch in gLAE 13 finden wir den bereits verschiedentlich beobachteten Sachverhalt, dass eine bestimmte Vorstellung nur ganz knapp zur Sprache kommt, obwohl sie für das Verständnis des Textes von großer Bedeutung ist. Offensichtlich konnte der Erzähler bei seinen Adressaten die Kenntnis der entsprechenden Traditionen voraussetzen, sodass es ihm als nicht notwendig erschien, den jeweiligen Gegenstand ausführlicher darzustellen. Der Hintergrund der Vorstellung vom Paradiesbaum, „aus dem heraus das Öl fließt" (gLAE 9,3), ist daher nur schwer zu ermitteln. Einige Anhaltspunkte lassen sich aber benennen.

Verschiedentlich wurde vermutet, dass der in 13,2 genannte Baum mit dem Baum des Lebens identisch sei.[244] Man fragt sich freilich, warum er dann nicht auch als solcher bezeichnet ist, was ja andernorts in gLAE durchaus der Fall ist.[245] Ferner wird der Baum des Lebens auch in der sonstigen frühjüdischen Literatur nach meiner Kenntnis nirgends ausdrücklich als Ölbaum verstanden.[246] Hingegen lassen sich für die Vorstellung von einem zweiten Para-

---

[242] Häufig ist eine solche Paradiesreise eingebettet in den größeren Zusammenhang einer Himmelsreise (nicht selten gehört auch die Unterwelt dazu), bei der einer herausragenden Persönlichkeit (Henoch, Abraham, Esra, Mose u.a.) sämtliche himmlische Geheimnisse anvertraut werden. Vgl. äthHen 14–36; 70f.; 72–82; slHen 3–38; grBar 2–17; TestAbr A 10–14; B 8–12; TestXII Levi 2–5; ApkAbr 15–29; ApkZeph 2–12; grEsr 1–5; ApkSedr 2; VisEsr; TestIsaak 5–6; TestJak 5; AscJes 7–9. Auch Paulus scheint ähnliche visionäre Erfahrungen gemacht zu haben, wie 2 Kor 12 zeigt. Zum Ganzen vgl. BOUSSET, Himmelsreise; COLPE, Himmelsreise; DEAN-OTTING, Journeys; SEGAL, Ascent und J. D. TABOR, Art. Heaven, Ascent to, AncBibDic 3, 91–94; weitere Texte bei GASTER, Visions und BÖTTRICH, Himmelsreise.
[243] Die „Nähe des Paradieses" bezeichnet offenbar eine Art Übergangspunkt vom irdischen zum himmlischen Bereich. Vgl. dazu auch slHen 8.
[244] WELLS, Books, 143; GINZBERG, Legends V, 119 Anm. 113; QUINN, Quest, 25; BERTRAND, Vie [A], 119 u.a.
[245] Vgl. gLAE 19,2; 22,4; 28,2–4. Die anderen Belege für δένδρον bzw. ξύλον beziehen sich – abgesehen von 9,3 und 13,2 – auf den verbotenen Baum im Paradies (δένδρον: 21,3; ξύλον: 7,2; 11,2; 18,1).
[246] Die von GINZBERG und WELLS genannten Belege (äthHen 24,3f.; slHen 8,3; TestXII Levi 18,11 [WELLS] sowie slHen 8,7; 22,8; 66,2; 5Esr 2,12 [GINZBERG]; vgl. a.a.O. [Anm. 244]) sind in dieser Hinsicht nicht aussagekräftig.

diesbaum, aus welchem Öl fließt, durchaus weitere Texte benennen. Der wichtigste Beleg findet sich in slHen 8,5 (Kurzfassung), wo es heißt: „(und) ein anderer Baum daneben, ein Ölbaum, der (beständig) Öl fließen läßt."[247] Hier wird eindeutig zwischen zwei verschiedenen Bäumen unterschieden, weswegen unsere Stelle kaum von slHen 8,5 abhängig sein dürfte, wie manche meinten.[248] Auch das (freilich spätere) Philippusevangelium spricht eindeutig von zwei verschiedenen Bäumen (PhilEv 90). Man kann daher mit gutem Recht behaupten, dass die Vorstellung von einem Ölbaum *neben* dem Baum des Lebens, wenngleich nicht sehr stark, so aber doch wesentlich besser bezeugt ist, als die vermeintliche Identität von Lebensbaum und Ölbaum.[249]

D. Paradiesvorstellung und Eschatologie: Auch wenn man die kleine Apokalypse in VV. 3b–5 mit guten Gründen als nicht ursprünglich betrachten kann, trägt der Text in seiner frühesten Form dennoch bereits eschatologische Züge. Die Einfügung von 3b–5 ist daher nicht ohne Anhalt im übrigen Text erfolgt. Sowohl das Motiv der Salbung mit paradiesischem Öl als auch die Vorstellung der daraus resultierenden „Ruhe" (ἀνάπαυσις 9,3) begegnen in der frühjüdischen Literatur in eschatologischen Zusammenhängen.[250] Nun würde dies für sich genommen noch nicht ausreichen, die vermutete eschatologische Dimension unseres Textes zu begründen. Diese Interpretation lässt

---

[247] Nach BÖTTRICH, Henochbuch, 850 Anm. d zu 8,5.

[248] So WELLS, Books, 126; QUINN, Quest, 25f. und SWEET, Study 119.

[249] Hinsichtlich der genannten Stelle in der Kurzfassung von slHen hat BÖTTRICH (Henochbuch, 850 Anm. d zu 8,5) vermutet, dass die Vorstellung von dem Ölbaum auf die zweite der beiden Quellen im Paradies zurückzuführen sei, welche in der Langfassung von 8,5 erwähnt werden. Als wichtigstes Argument für diese Annahme dient das im jetzigen Zusammenhang der Kurzfassung merkwürdige Verb „fließen", welches sich auch in unserem Text findet. Man könnte daraus nun schlussfolgern, dass gLAE 13 seinerseits auf jene in der Kurzfassung von slHen begegnende Überlieferung zurückgeht. Aufgrund des sekundären Charakters jener Kurzfassung (vgl. BÖTTRICH, a.a.O., 788–790) scheint mir dies aber nicht zuzutreffen. Vielmehr zeigt die Parallele im Philippusevangelium, dass die Tradition älter ist. Erwägenswert wäre daher auch, ob nicht die Kurzfassung des slHen hier eine Tradition aus gLAE bzw. aus dessen slavischer Parallele aufgenommen hat. Sicherheit wird hier aber angesichts der spärlichen Belege nicht zu gewinnen sein.

[250] Zur endzeitlichen Salbung der Gerechten (die allerdings auch – wie bei Henoch – im Zusammenhang einer Himmelsreise vorweggenommen werden kann) vgl. slHen 22,8; 56,2; TestXII Levi 8,4; grBar 15,2 und JosAs 8,5; 15,4; zur endzeitlichen Ruhe vgl. äthHen 39,4; ParJer 5,32; 4Esr 7,36–38.91–95; syrBar 73,1; TestXII Levi 18,9f.; TestXII Dan 5,12. Zum Ganzen vgl. HOFIUS, Katapausis, 59–74 (weitere Belege) und 188 Anm. 444 zu gLAE 9. Die im frühen Judentum entwickelte Vorstellung von der himmlischen Ruhe wird in Heb 3,17–4,13 aufgegriffen (κατάπαυσις im NT sonst nur noch in Acta 7,49 in einem Zitat aus Jes 66). KÄSEMANN, Gottesvolk, 40–45 u.ö. vermutete bezüglich jener Stelle gnostischen Einfluss auf Heb (ähnlich THEISSEN, Untersuchungen, 124–129), was von HOFIUS (Katapausis, vgl. vor allem 144–153) aber widerlegt wurde.

sich aber durch das „Jetzt nicht" des Engels in 13,3 stützen, das eine zukünftige Abänderung der jetzigen Situation ausdrücklich offen lässt. Hinzu kommt,
dass auch andere Stellen ausdrücklich von der endzeitlichen Wiederkehr der
paradiesischen Zustände sprechen.[251] Deshalb spricht vieles dafür, dass wir in
gLAE 9–13 einen wichtigen Beleg für die im frühen Judentum verbreitete
Anschauung finden, wonach das urzeitliche Paradies zwar durch die Sünde
Adams und Evas verlorengegangen, aber für die Endzeit gleichsam aufbewahrt wird und für den Menschen daher nur vorübergehend verborgen und
nicht zugänglich ist.[252] Ein weiteres Indiz für die eschatologische Dimension
unseres Textes bietet schließlich der Verweis auf den „furchterregenden
Aufstieg" (ἄνοδος φοβερά) der Seele Adams, womit der Engel das Augen-
merk Seths von der jetzigen Bitte weg auf die kommenden Ereignisse lenkt.
Dann erst wird über das Schicksal Adams endgültig entschieden werden.[253]

Mit dieser im ursprünglichen Text bereits ansatzweise vorhandenen eschatologischen Dimension wurde die Legende von der Paradiesreise Seths in der
Folgezeit zu einem beliebten Gegenstand ausführlicher heilsgeschichtlicher
Spekulationen seitens ihrer christlichen Überlieferer. Ihr wird eine Verheißung beigegeben, wonach „der menschgewordene eingeborene Sohn Gottes"
nach 5500 Jahren seit Erschaffung der Welt unter die Erde steigen und Adam
mit dem von Seth gewünschten Öl salben werde. Daraufhin werde er „auferstehen und ihn und seine Nachkommen mit Wasser und heiligem Geiste
taufen", und Adam werde von jeglicher Krankheit geheilt werden (NikEv 19).
Die erwähnte Stelle aus dem Nikodemusevanglium ist vermutlich der älteste
Beleg für diese Verheißung, welche später auch Eingang in die Adam-und-
Eva-Literatur fand. Sie begegnet in den armenischen, georgischen und lateinischen Parallelen zu gLAE 13 und ersetzt dort die im griechischen Text sekundär hinzugekommene kleine Apokalypse (gLAE 13,3b–5).[254] Auf einer
weiteren Stufe des Überlieferungsprozesses wird sie dann mit der Legende
vom Kreuzesholz verbunden, und zwar in der Weise, dass Seth einen Zweig
(oder mehrere Zweige) aus dem Paradies mitbrachte, woraus dann später das
Holz für das Kreuz Christi wurde.[255]

---

[251] Vgl. gLAE 28; 39; 41.

[252] Vgl. J. JEREMIAS, Art. παράδεισος, ThWNT 5, 763–771. 764–766 sowie die in Anm.
250 genannten Stellen und den Exkurs bei STRACK / BILLERBECK, Kommentar IV/2,
1016–1165 (Exkurs „Scheol, Gehinom und Gan Eden", vor allem „3. Der Gan Eden"
1118–1165). Zur endzeitlichen Öffnung des Paradieses vgl. vor allem TestXII Levi 18,10;
4Esr 8,52; Sib III,769f.

[253] Vgl. hierzu Abschnitt 6.3.

[254] Vgl. den Abschnitt „Synoptischer Vergleich".

[255] Diesen Entwicklungsprozess im Einzelnen zu verfolgen, ist hier weder möglich,
noch für die Thematik der vorliegenden Arbeit ergiebig. Breit entfaltet ist das Material bei
QUINN, Quest; vgl. aber auch MEYER, Geschichte. Erwähnenswert ist in diesem Zu-

8.3.5 Theologie

A. *Die Unabwendbarkeit des Todes:* Das bestimmende Thema der Kapitel 5–14 ist die Wirklichkeit des Todes, welche nach dem Fall Adams und Evas die menschliche Existenz bestimmt. Die Kapitel 5–8 führen zunächst die *Ursache* für das Eindringen der Krankheit – und damit letzten Endes auch des Todes – in die Schöpfung vor Augen, die in der Übertretung Adams und Evas gefunden wird. Daran anschließend bringen die Kapitel 9–13 den Aspekt der *Unabwendbarkeit* des Todes zur Sprache. In Kapitel 14 werden beide Aspekte dann noch einmal zusammenfassend benannt: „O Eva, was hast du an uns getan? Großen Zorn hast du über uns gebracht, welcher ist der über unser ganzes Geschlecht herrschende Tod." (14,2).[256]

Die Unabwendbarkeit des Todes bringt der Erzähler in 9–13 in zweifacher Weise zum Ausdruck. Erstens schildert er die Unzugänglichkeit des Paradieses, welches die ursprüngliche, von Krankheit und Tod nicht angefochtene Existenz des Menschen als Geschöpf Gottes symbolisiert. Zu diesem Paradies gibt es keinen Weg zurück.[257] Eva und Seth dürfen es nicht betreten, und auch der Versuch, durch den Engel gleichsam einen indirekten Zugang zu erlangen, scheitert. Zweitens wird die Unabwendbarkeit des Todes durch die Ankündigung des unmittelbar bevorstehenden Todes Adams (13,6) ausgedrückt, die Eva und Seth geradezu unbarmherzig an den Ausgangspunkt ihres Unternehmens zurückverweist, das Sterbebett Adams.[258]

B. *Die Begrenztheit des Todes:* Allerdings versteht unser Erzähler die das menschliche Leben nach dem Fall prägende Wirklichkeit des Todes keineswegs als das letzte Wort Gottes. An zwei Punkten unseres Abschnitts verweist er auch auf die Begrenztheit der Macht des Todes.[259] Einerseits wird in 13,3 („es wird dir jetzt nicht zuteil werden") eine zukünftige Veränderung des jetzigen Zustandes offen gelassen, worauf ich bereits hingewiesen habe. Andererseits weist 13,6 ausdrücklich über den bevorstehenden Tod Adams hinaus und lenkt den Blick auf die Ereignisse *danach.*

C. *Die eschatologische Bedeutung des Paradieses:* Das Paradies ist in gLAE dementsprechend nicht nur ein Symbol für die ursprüngliche Integrität der Schöpfung, sondern auch für die endzeitliche Wiederherstellung jener

---

sammenhang noch, dass QUINN, Quest, 90–95 vermutete, der Gegenstand der Bitte Seths sei in der ältesten Form der Legende nicht das Öl, sondern ein Zweig aus dem Paradies gewesen, was mir aber nicht überzeugend zu sein scheint.

[256] Mehr dazu in Abschnitt 9.2.

[257] Vgl. hierzu auch Abschnitt 9.3 (zu gLAE 28).

[258] Vgl. auch LEVISON, Portraits, 165, wonach das Ziel von gLAE 5–13 darin bestehe: „to emphasize that, despite all human effort, there is no end to pain in this life." Ähnlich TROMP, Issues, 36, der die Thematik von Tod und Erlösung geradezu als Leitmotiv des gLAE betrachtet.

[259] Vgl. aber auch gLAE 28,4 und 41,2.

Integrität. Das Paradies der Urzeit ist auch das der Endzeit. Zwar ist es
zwischenzeitlich nicht zugänglich, aber es wartet gleichsam auf die Rückkehr
des Menschen. Der Strom des paradiesischen Öls ist ja nicht erloschen, ebensowenig wie der Baum des Lebens etwa abgestorben wäre. Die Güter des
Paradieses sind auch nach dem Fall vorhanden, davon ist unser Erzähler
überzeugt.

8.3.6 Synoptischer Vergleich

Auch für gLAE 9–13 gilt, dass der Abschnitt in allen anderen Versionen eine
so enge Parallele hat, dass man dies nur mit literarischer Abhängigkeit entweder der Versionen untereinander oder aller Versionen von einer gemeinsamen
Grundlage erklären kann. An einem wichtigen Punkt allerdings weichen die
übrigen Versionen stark vom griechischen Text ab, nämlich in der Antwort
des Engels auf die Bitte Seths und Evas:[260]

gLAE	latLAE	armLAE (Stone)	geoLAE	slavLAE
13,3 οὐ γενήσεταί σοι νῦν.	42 Dico enim tibi, quia nullo modo poteris ex eo accipere, nisi in novissimis diebus, quando completi fuerint quinque milia et quingenti anni. Tunc veniet super terram amantissimus [rex] Christus filius dei resuscitare corpus Adae et cum eo resuscitare corpora mortuorum. Et ipse filius dei veniens bap-	42,3 This cannot be now: but then, at that time when the years of the end are filled and completed, then the beloved Christ will come to resurrect Adam's body, because of his sins which took place. He will come to the Jordan and be baptized by him, and when he will come forth from the water, then Michael will	42,3 (Cela) ne doit pas se faire mainte-nant, mais dans les derniers temps, quand seront accomplis cinq mille ans. Or, à la cinq millième année et demi, viendra sur terre le fils chéri de Dieu, le Christ, pour re⟨lever⟩ le corps d'Adam de sa chute, à cause de la transgression des commandements. Il viendra et il sera baptisé	16 Und er gab ihm drei Zweige (vom Baum, dessentwegen er vertrieben wurde): von der Fichte, von der Ceder und von der Cypresse.

---

[260] STONE, History, 37 bezeichnet diese Stelle als „one particular crux interpretationis".
Vgl. zur Stelle auch die synoptische Analyse in STONE, Prediction.

gLAE	latLAE	armLAE (Stone)	geoLAE	slavLAE
	tizabitur in flumine Jordanis et, dum egressus fuerit de aqua Jordanis, tunc de oleo misericordiae suae perunguet omnes credentes in se. Et erit oleum misericordiae in generationem et generationem eis, qui renascendi sunt ex aqua et spiritu sancto in vitam aeternam. Tunc descendens in terris amantissimus filius dei Christus introducet patrem tuum Adam in paradisum ad arborem misericordiae.	come and anoint the new Adam with the oil of joy. 42,4 Then, after that, it shall happen in the same fashion to all the wild beasts of the earth, who will arise in resurrection and be worthy of entering the Garden. I shall anoint them with that oil.	dans le fleuve Jourdain. Et dès qu'il sera sorti de l'eau avec (l'onction) d'huile, il l'oindra, lui 42,4 et tous ses descendants, afin qu'ils ressuscitent à l'heure de la réssurection. Le Seigneur a dit: ,Je les admettrai là-bas dans le paradis et je les oindrai de cette onction'.	

Während es der griechische Text einfach bei einer schlichten Ablehnung der Bitte Evas und Seths bewenden lässt, bieten latLAE, armLAE (Stone) und geoLAE eine umfangreiche Verheißung. slavLAE geht hingegen einen ganz eigenen Weg, indem es Seth aus dem Paradies drei Zweige mitnehmen lässt. Offensichtlich wurde der ursprüngliche griechische Text an dieser Stelle als äußerst ungenügend empfunden, wie bereits die griechische Textüberlieferung zeigt. Einige Handschriften bieten hier eine Verheißung der endzeitlichen Auferstehung und Erneuerung des Menschen.[261] Mit diesem nur von Ib gebotenen griechischen Text begegnet der Zusatz in 13,3b–5 also in drei ver-

---

[261] Vgl. den Abschnitt Textrekonstruktion.

schiedenen Versionen.[262] Schon dieser Umstand spricht gegen seine Ursprünglichkeit. Das stärkste Argument für die Priorität der ältesten griechischen Textfassung besteht aber darin, dass sich die Auslassung solch gewichtiger Aussagen nur schwer erklären lassen würde, zumal die griechische Version an anderen Stellen ja durchaus ein Interesse an der endzeitlichen Auferstehung der Toten und der Erneuerung Adams erkennen lässt.[263] Die Annahme späterer Hinzufügung ist demgegenüber wesentlich plausibler, vor allem hinsichtlich des lateinischen, armenischen und georgischen Textes, der ganz eindeutig als christliche Bearbeitung zu gelten hat.[264]

Von Interesse ist hier, dass latLAE, armLAE (Stone) und geoLAE – wie bereits erwähnt – eine sehr enge Parallele im Nikodemusevangelium haben. Auch dort ist von der Reise Seths zum Paradies die Rede (NikEv 19 [= Descensus 3]). Der Engel spricht zu Seth:

Was wünschst du, Seth? Wünschest du wegen der Krankheit deines Vaters das Öl, das die Kranken gesund macht, oder den Baum, dem solches Öl entfließt? Beides kannst du jetzt nicht bekommen. Geh also und sage deinem Vater, dass nach Verlauf von 5500 Jahren seit Erschaffung der Welt der menschgewordene eingeborene Sohn Gottes unter die Erde steigen wird. Der wird ihn mit solchem Öl salben. Und er wird auferstehen und ihn und seine Nachkommen mit Wasser und heiligem Geiste taufen. Und dann wird er von jeglicher Krankheit geheilt werden. Jetzt aber ist das unmöglich.

Meyer vermutete, dass der Bearbeiter der lateinischen Version des LAE jene Stelle aus dem lateinischen NikEv interpoliert habe. Letzteres wiederum habe sie aus der griechischen Fassung des NikEv entwickelt, welche ihrerseits vom ursprünglichen LAE abhängig gewesen sei.[265] Allerdings wusste Meyer noch nichts von den armenischen und georgischen Parallelen.[266] Richtig gesehen

---

[262] 1. gLAE (Ib); 2. latLAE / armLAE (Stone) / geoLAE; 3. slavLAE. Die Parallelen in latLAE, armLAE (Stone) und geoLAE stimmen zwar nicht in jedem Punkt überein, lassen sich aber im Großen und Ganzen als eine gemeinsame Textform betrachten.

[263] Vgl. vor allem gLAE 28 und 41.

[264] Die griechische Version enthält im Gegensatz zu den genannten Versionen keine einzige eindeutig christliche Aussage, und die traditionsgeschichtlichen Untersuchungen zeigen, dass sich der jüdische Charakter nahezu an jeder Stelle mit Händen greifen lässt. Bei Annahme der Ursprünglichkeit des Zusatzes in der Form b (vgl. Anm. 262) müsste man diese Aussage freilich korrigieren (vgl. dazu STONE, Penitence [B], XVI, der von der Ursprünglichkeit der armenischen Fassung ausgeht und dementsprechend die Annahme jüdischen Ursprungs des LAE anzweifelt). Am sonstigen griechischen Text hat dies aber keinerlei Anhalt, vielmehr zeigt sich auch an anderen Punkten, dass die Versionen den griechischen Text unter christlichen Gesichtspunkten interpretieren bzw. korrigieren.

[265] Vgl. MEYER, Vita, 204.

[266] Es ist fraglich, ob sich seine These aufrecht erhalten lässt, wenn man armLAE (Stone) und geoLAE mit in die Untersuchung einbezieht. Allerdings würde eine ausführlichere Untersuchung dieser Problematik den Rahmen dieser Arbeit sprengen. Hier geht es in erster Linie um den Nachweis, dass gLAE die älteste Form der Erzählung bietet.

scheint mir bei ihm aber zu sein, dass der griechische Text gegenüber dem lateinischen die ältere Gestalt des Textes bewahrt hat. Wenn man nun die armenische Version der lateinischen gegenüberstellt, sind einige Unterschiede zu beobachten, auf die Stone hingewiesen hat: In armLAE (Stone) wird vom „beloved Christ"[267] und nicht vom „filius dei" gesprochen, es ist Michael, nicht Christus, der Adam salbt,[268] und anders als im lateinischen Text steht hier das Motiv der zukünftigen Salbung im Mittelpunkt.[269] Stone vermutete aufgrund dieser Unterschiede, dass der armenische Text gegenüber dem lateinischen älter sei, eine Auffassung, die auch de Jonge und Tromp teilen.[270] Ist dem meines Erachtens zuzustimmen, so liegt die Sache anders bezüglich des Verhältnisses der armenischen zur griechischen Version. Auch in dieser Hinsicht nahm Stone eine Priorität des armenischen Textes an, was mir aber aus den oben genannten Gründen nicht zutreffend zu sein scheint. Stones Urteil basiert offenbar auf der Annahme, dass die Verse gLAE 13,3b–5 zum ursprünglichen griechischen Text gehörten und gleichsam eine Zusammenfassung der in den drei anderen Versionen enthaltenen eschatologischen Prophetie darstellen,[271] was aber nicht haltbar ist.[272] Eher scheinen latLAE, armLAE (Stone) und geoLAE von gLAE Ib abhängig zu sein, und zwar in der Weise, dass sie jene jüdische Apokalypse[273] christlich überarbeiteten.[274] Die Entwicklungslinie wäre demnach folgendermaßen zu beschreiben: 1. Der ursprüngliche griechische Text enthielt nur die Ablehnung der Bitte. 2. Später wurde diese Antwort als ungenügend empfunden und eine noch ganz auf dem Boden frühjüdischer Theologie stehende kurze Apokalypse eingefügt (gLAE Ib). 3. Der Vorläufer von armLAE (Stone) und geoLAE unterzog diese jüdische Apokalypse dann einer christlichen Bearbeitung, und schließlich unternahm latLAE (4.) noch einmal eine Bearbeitung des Stoffes, eventuell unter Rückgriff auf das lateinische NikEv.[275] Die slavische Version bzw. deren grie-

---

[267] Allerdings weiß armLAE (Stone) an anderer Stelle durchaus auch vom Sohn Gottes zu reden (44 [26,3]).

[268] Vgl. STONE, Penitence [B], XV.

[269] Vgl. a.a.O., XVI.

[270] Vgl. STONE, a.a.O., XVI und DE JONGE / TROMP, Life, 39.

[271] Vgl. STONE, a.a.O., XIV: „The *Apocalypse of Moses* is much shorter and summarizes the latter part of the passage, the eschatological prophecy."

[272] gLAE 13,3b–5 ist in textkritischer Hinsicht ohne jeden Zweifel als sekundär zu betrachten, vgl. dazu die Textrekonstruktion (Anm. 199).

[273] Zum jüdischen Charakter von 13,3b–5 vgl. BERTRAND, Vie [A], 120; NAGEL, Vie I, 170; MERK / MEISER, Leben, 822.

[274] STONE entfaltete seine Sicht der Dinge jüngst noch einmal in einem Aufsatz (STONE, Prediction).

[275] Zu erwähnen sind noch einige Abweichungen der genannten drei Versionen vom griechischen Text: a) der Baum in gLAE 9,3 wird genauer definiert (latLAE: „arborem misericordiae suae"; armLAE (Stone): „olive-tree"; geoLAE: „l'arbre de vie"); b) der

chische Vorlage hingegen betrat wohl bereits in einem relativ frühen Stadium der Textüberlieferung einen eigenen Weg, denn sie bietet wie der griechische Text (abgesehen von Ib) keinerlei eschatologische Aussagen.[276]

8.4 Das göttliche Gericht im Paradies (gLAE 22–26)

8.4.1 Textrekonstruktion

22 (1) Καὶ[277] αὐτῇ τῇ ὥρᾳ ἠκούσαμεν τοῦ ἀρχαγγέλου Μιχαὴλ σαλπίζοντος[278] καὶ καλοῦντος[279] τοὺς ἀγγέλους[280] καὶ λέγοντος·[281] (2) Τάδε λέγει κύριος·[282] ἔλθετε μετ' ἐμοῦ[283] εἰς τὸν παράδεισον[284] καὶ ἀκούσατε τοῦ κρίματος[285] ἐν ᾧ κρινῶ τὸν 'Αδάμ.[286] Καὶ ὡς ἠκούσαμεν τοῦ ἀρχαγγέλου σαλπίζοντος εἴπομεν· ἰδοὺ ὁ θεὸς εἰς τὸν παράδεισον

Erzengel wird als „prince of souls" (armLAE [Stone]) vorgestellt bzw. es wird davon gesprochen, dass er für die menschlichen Seelen (geoLAE) oder für den menschlichen Körper (latLAE) zuständig sei; c) aus dem „furchterregenden Aufstieg" der Seele Adams (gLAE 13,6) werden in den anderen Versionen „magna mirabilia in coelo et in terra et in luminaribus caeli" (latLAE, ähnlich die anderen); d) armLAE (Stone) und geoLAE wissen am Ende von Kapitel 9 noch zu berichten, dass Adam im Falle einer erfolgreichen Rückkehr Evas und Seths erzählen wollte, wie die Versuchung sich ereignet hat, ein Detail das sich innerhalb der griechischen Überlieferung als sekundär erweist (vgl. die Textrekonstruktion).

[276] Das Motiv der Zweige aus dem Paradies wurde dann in der slavischen Legende weiter entfaltet, vgl. dazu JAGIĆ, Beiträge, 25.

[277] καί: M erg. ἐν τῷ λέγειν ἐμοὶ (Die Hs. bietet ὑμί.) ἐν

[278] σαλπίζοντος: a) Ib NAGEL TISCHENDORF erg. ἐν τῇ σάλπιγγι αὐτοῦ | b) fehlt in II || Var a) fehlt in den besten Hss.

[279] καλοῦντος: SB Ib TISCHENDORF καλῶν || Die Variante ist grammatisch falsch.

[280] ἀγγέλους: a) IJ (καλοῦντος τοῦ) ἀρχαγγέλου | b) EF erg. τοῦ θεοῦ

[281] καὶ λέγοντος: a) SB Ib R TISCHENDORF λέγων | b) KP erg. οὕτως | c) fehlt in EF || S (und von ihm abstammend wohl auch die anderen Hss.) hat hier wiederum einen fehlerhaften Text.

[282] κύριος: F θεός

[283] ἔλθετε μετ' ἐμοῦ: a) S εἰσέλθατέ μου | b) V EF ἔλθετέ (EF ἔλθατέ) μου | c) KP ἔλθατε πάντες | d) IIIb συνάχθητε καὶ ἔλθετε μετ' ἐμοῦ || S steht hier allein gegen alle übrigen Hss. und ist daher wohl nicht ursprünglich.

[284] εἰς τὸν παράδεισον: fehlt in KP

[285] κρίματος: B TISCHENDORF ῥήματος || B ist oft unzuverlässig und steht hier allein.

[286] τοῦ κρίματος ἐν ᾧ κρινῶ τὸν 'Αδάμ: a) M μου τὴν κρίσιν | b) IIIb erg. ὅτι παρέβην τὴν ἐντολήν (Z erg. ferner μου)

240   8. Krankheit, Mühsal und Unfriede

ἔρχεται κρῖναι ἡμᾶς.²⁸⁷ Ἐφοβήθημεν δὲ καὶ ἐκρύβημεν.²⁸⁸ (3) Καὶ ἦλθεν²⁸⁹ ὁ θεὸς²⁹⁰ εἰς τὸν παράδεισον²⁹¹ ἐπιβεβηκὼς²⁹² ἐπὶ ἅρματος χερουβίμ, καὶ οἱ ἄγγελοι ὑμνοῦντες αὐτόν.²⁹³ Ἐν ᾧ δὲ ἦλθεν²⁹⁴ ὁ θεὸς²⁹⁵ ἐξήνθησαν²⁹⁶ τὰ φυτὰ²⁹⁷ τοῦ κλήρου τοῦ Ἀδὰμ καὶ τὰ ἐμὰ πάντα.²⁹⁸ (4)²⁹⁹ Καὶ ὁ θρόνος τοῦ θεοῦ³⁰⁰ ἐστηρίζετο³⁰¹ ὅπου ἦν τὸ ξύλον τῆς ζωῆς.

---

²⁸⁷ σαλπίζοντος εἴπομεν ἰδοὺ ὁ θεός εἰς τὸν παράδεισον ἔρχεται κρῖναι ἡμᾶς: IIIb Μιχαήλ

²⁸⁸ καὶ ἀκούσατε τοῦ κρίματος ἐν ᾧ κρινῶ τὸν Ἀδὰμ καὶ ὡς ἠκούσαμεν τοῦ ἀρχαγγέλου σαλπίζοντος εἴπομεν ἰδοὺ ὁ θεὸς εἰς τὸν παράδεισον ἔρχεται κρῖναι ἡμᾶς ἐφοβήθημεν δὲ καὶ ἐκρύβημεν: a) Η καὶ ἀκούσατε τοῦ ῥήματος | b) fehlt in EF ||| καὶ ὡς ἠκούσαμεν τοῦ ἀρχαγγέλου σαλπίζοντος εἴπομεν ἰδοὺ ὁ θεὸς εἰς τὸν παράδεισον ἔρχεται κρῖναι ἡμᾶς ἐφοβήθημεν δὲ καὶ ἐκρύβημεν: fehlt in B und II ||| κρῖναι ἡμᾶς ἐφοβήθημεν δὲ καὶ ἐκρύβημεν: a) fehlt in V und P | b) Τ κρῖναι ἡμᾶς |||| ἐκρύβημεν: IIIb erg. εἰς τὰς γωνίας τοῦ παραδείσου

²⁸⁹ ἦλθεν: A TISCHENDORF ἀνῆλθεν || Vgl. Anm. 15.

²⁹⁰ καὶ ἦλθεν ὁ θεός: a) Β καὶ παρουσιάσαντος τοῦ θεοῦ | b) II ἰδοὺ ὁ κύριος (Μ erg. θεός) | c) Ε καὶ πορευθεὶς ἦλθον οἱ ἄγγελοι μετὰ τοῦ θεοῦ | d) fehlt in F

²⁹¹ καὶ ἦλθεν ὁ θεὸς εἰς τὸν παράδεισον: fehlt in V und P

²⁹² εἰς τὸν παράδεισον ἐπιβεβηκώς: fehlt in IIIb

²⁹³ ἐπιβεβηκὼς ἐπὶ ἅρματος χερουβὶμ καὶ οἱ ἄγγελοι ὑμνοῦντες αὐτόν: fehlt in IIIc

²⁹⁴ ἐν ᾧ δὲ ἦλθεν: a) V ἐν δὲ τῇ εἰσόδῳ | b) KP καὶ ἐν τῷ ἐλθεῖν | c) Ib TISCHENDORF ἐν ᾧ εἰσῆλθεν | d) R ἅμα τοῦ ἐλθεῖν | e) IIIa καὶ ὡς διῆλθεν || Der von mir bevorzugte Text ist nur in S und M bezeugt, wird aber zusätzlich durch Var b) und d) gestützt.

²⁹⁵ ἐν ᾧ δὲ ἦλθεν ὁ θεός: a) fehlt in B | b) Ib und II (R hat statt θεός κύριος) NAGEL TISCHENDORF erg. εἰς τὸν παράδεισον | c) IIIb καὶ ὅτε | d) IIIc (Ε erg. καὶ ἐκάλεσεν ὁ θεὸς τὸν πατέρα ὑμῶν) καὶ εἶπεν Ἀδὰμ ποῦ εἶ καὶ εὐθέως || Var b) ist in den besten Hss. nicht bezeugt.

²⁹⁶ ἐξήνθησαν: a) Ε ἐξήνθησαν καὶ ἐβλάστησαν | b) F ἐβλάστησαν

²⁹⁷ φυτά: R φύλλα

²⁹⁸ τοῦ κλήρου τοῦ Ἀδὰμ καὶ τὰ ἐμὰ πάντα: a) V τὰ πάντα τοῦ παραδείσου | b) Β τὰ ὅλα τοῦ παραδείσου καὶ τοῦ κλήρου τοῦ πατρὸς ὑμῶν καὶ τοῦ κλήρου τοῦ ἐμοῦ | c) A TISCHENDORF τά τε τοῦ κλήρου τοῦ Ἀδὰμ καὶ τοῦ κλήρου τοῦ ἐμοῦ πάντα | d) Τ πάντα τὰ ἐν τῷ κλήρῳ τοῦ Ἀδάμ | e) L τά τε τοῦ κλήρου τοῦ ἐμοῦ πάντα | f) Μ τοῦ κλήρου τοῦ Ἀδάμ | g) fehlt in IIIb | h) F πάντα | i) BERTRAND τοῦ κλήρου τοῦ Ἀδὰμ καὶ τοῦ κλήρου τοῦ ἐμοῦ πάντα || Auch wenn die Textüberlieferung insgesamt sehr uneinheitlich ist, ist die hier gewählte Lesart am besten bezeugt. Var i) stellt eine Kombination verschiedener Lesarten dar; zu Var c) vgl. Anm. 15. ||| πάντα: a) A TISCHENDORF erg. καὶ ἐστηρίζοντο | b) NAGEL erg. ἐστερεῖτο (in Anlehnung an Hs. R, dort fehlt allerdings πάντα) || Beide Varianten sind nur sehr schwach bezeugt.

²⁹⁹ Der gesamte Vers fehlt in II und IIIb.

³⁰⁰ θεοῦ: Τ Ἀδάμ

³⁰¹ ἐστηρίζετο: ATL TISCHENDORF εὐτρεπίζετο || ἐστηρίζετο ist wesentlich stärker bezeugt (Ia IIIa IIIc, jeweils vollständig).

23 (1) Καὶ³⁰² ἐκάλεσεν ὁ θεὸς τὸν Ἀδὰμ³⁰³ λέγων· Ἀδὰμ ποῦ³⁰⁴ ἐκρύβης; Νομίζεις ὅτι οὐχ εὑρίσκω σε;³⁰⁵ Μὴ κρυβήσεται οἶκος τῷ οἰκοδομήσαντι αὐτόν;³⁰⁶ (2)³⁰⁷ Τότε ἀποκριθεὶς ὁ πατὴρ ὑμῶν εἶπεν· οὐχὶ κύριέ μου,³⁰⁸ οὐ κρυβόμεθά σε ὡς νομίζοντες ὅτι οὐχ εὑρισκόμεθα ὑπὸ³⁰⁹ σοῦ, ἀλλὰ φοβοῦμαι ὅτι γυμνός εἰμι καὶ ἠδέσθην³¹⁰ τὸ κράτος σου δέσποτα.³¹¹ (3)³¹² Λέγει αὐτῷ ὁ θεός· τίς σοι ὑπέδειξεν³¹³ ὅτι γυμνὸς εἶ;³¹⁴ Ἢ³¹⁵ μὴ³¹⁶ ὅτι ἐγκατέλιπες τὴν ἐντολήν μου τοῦ μὴ³¹⁷ φυλάξαι αὐτήν.³¹⁸ (4)³¹⁹ Τότε Ἀδὰμ ἐμνήσθη τοῦ λόγου

---

³⁰² καί: T καὶ ὅτε ἤκουσεν ὁ Ἀδὰμ τῆς φωνῆς κυρίου ἐκρύβημεν ἀμφότεροι

³⁰³ τὸν Ἀδάμ: a) R erg. φωνὴν φοβεράν | b) III (außer EF) τὸν πατέρα ὑμῶν (IIIa und H erg. Ἀδάμ) | c) EF erg. ἐκ δευτέρου

³⁰⁴ ποῦ: VKPB II IIIb erg. εἶ

³⁰⁵ ἐκρύβης νομίζεις ὅτι οὐχ εὑρίσκω σε: fehlt in B

³⁰⁶ ἐκρύβης νομίζεις ὅτι οὐχ εὑρίσκω σε μὴ κρυβήσεται οἶκος τῷ οἰκοδομήσαντι αὐτόν: fehlt in II und IIIb ||| αὐτόν: S A αὐτῷ || Der Text von S ist hier offensichtlich fehlerhaft.

³⁰⁷ Der gesamte Vers fehlt in M, während R und IIIb den Text in stark abgewandelter Form bieten. R: ὁ δὲ εἶπεν τῆς φωνῆς σου ἤκουσα περιπατοῦντος ἐν τῷ παραδείσῳ καὶ ἐφοβήθην ὅτι γυμνὸς ἤμην καὶ ἐκρύβην | IIIb: καὶ ἀποκριθεὶς εἶπεν τῆς φωνῆς σου ἤκουσα κύριε καὶ ἐκρύβην ὅτι γυμνός εἰμι καὶ ἠδέσθην τοῦ κράτους σου δέσποτα

³⁰⁸ μου: fehlt in KP Ib EF und bei BERTRAND || Gegen die Variante spricht das starke Gewicht von S und V.

³⁰⁹ ὑπό: AT TISCHENDORF παρά || Vgl. Anm. 15.

³¹⁰ φοβοῦμαι ὅτι γυμνός εἰμι καὶ ἠδέσθην: BERTRAND ἠδέσθην ὅτι γυμνός εἰμι καὶ φοβοῦμαι || Die Textumstellung hat in den Hss. keinerlei Grundlage und ist sachlich nicht nötig.

³¹¹ καὶ ἠδέσθην τὸ κράτος σου δέσποτα: a) fehlt in F | b) E erg. καὶ εὐθέως ἤλθομεν πρὸς αὐτόν

³¹² Der gesamte Vers fehlt in M.

³¹³ σοι ὑπέδειξεν: R ἀνήγγειλέν σοι

³¹⁴ τίς σοι ὑπέδειξεν ὅτι γυμνὸς εἶ: fehlt in IIIb

³¹⁵ ἤ: NAGEL und TISCHENDORF lesen stattdessen εἰ, was ebenfalls möglich wäre.

³¹⁶ ἢ μὴ ὅτι: K ἢ μὴ ἀπὸ τοῦ ξύλου οὗ ἐνετειλάμην σοι μὴ φαγεῖν ἀπ᾽ αὐτοῦ ἔφαγες καὶ

³¹⁷ μή: fehlt in V Ib II III

³¹⁸ ἢ μὴ ὅτι ἐγκατέλιπες τὴν ἐντολήν μου τοῦ μὴ φυλάξαι αὐτήν: a) R ἢ μὴ ἀπὸ τοῦ ξύλου οὗ ἐνετειλάμην σοι μὴ φαγεῖν ἀπ᾽ αὐτοῦ ἔφαγες | b) AL BERTRAND NAGEL TISCHENDORF ἢ μὴ ὅτι ἐγκατέλιπες τὴν ἐντολήν μου ἣν παρέδωκά σοι τοῦ φυλάξαι αὐτήν | c) IIIb τί τοῦτο ἐποίησας παρακούσας τὴν ἐντολήν μου || Gegen Var b) sprechen folgende Gründe: 1. ἣν παρέδωκά σοι ist nur in Ib bezeugt und will offensichtlich den Text verbessern, der ohne diesen Zusatz zugegebenermaßen etwas holprig ist. 2. Der Text von SKP verdient nicht nur auf Grund seiner besseren Bezeugung, sondern auch als lectio difficilior den Vorzug (vgl. auch die Übersetzung).

³¹⁹ Der gesamte Vers fehlt in IIIb und F. II fällt ab 23,4 aus und setzt erst mit 27,1 wieder ein.

οὗ[320] ἐλάλησα πρὸς αὐτόν·[321] ὅτι[322] ἀκίνδυνόν σε ποιήσω παρὰ τοῦ θεοῦ.[323] (5)[324] Καὶ στραφεὶς πρός με εἶπεν·[325] τί τοῦτο ἐποίησας;[326] Κἀγὼ εἶπον· ὅτι ὁ ὄφις ἠπάτησέ με.[327]

24 (1) Καὶ λέγει ὁ θεὸς τῷ Ἀδάμ·[328] ἐπειδὴ παρήκουσας τὴν ἐντολήν μου καὶ ἤκουσας τῆς γυναικός σου[329] ἐπικατάρατος ἡ γῆ ἕνεκα σοῦ.[330] (2) Ἐργάσῃ δὲ αὐτὴν[331] καὶ οὐ δώσει τὴν ἰσχὺν αὐτῆς,[332] ἀκάνθας καὶ τριβόλους ἀνατελεῖ[333] σοι, καὶ ἐν ἱδρώτητι[334] τοῦ προσώπου σου φάγῃ τὸν ἄρτον σου,[335] ἔσῃ δὲ ἐν καμάτοις

---

[320] τοῦ λόγου οὗ: a) TISCHENDORF τοῦ λόγου ὅν (Konjektur) | b) T ἅ ‖ Var a) beruht offenbar auf Hs. A, die aber nicht ὅν, sondern ὅ liest.

[321] πρὸς αὐτόν: a) V IIIa HE αὐτῷ | b) Ib NAGEL TISCHENDORF αὐτῷ ὅτε ἤθελον ἀπατῆσαι αὐτὸν ‖ Var b) ist ganz offensichtlich ein erläuternder Zusatz, der in den besten Hss. nicht enthalten ist.

[322] ὅτι: fehlt in S ‖ S hat hier alle anderen Hss. gegen sich.

[323] παρὰ τοῦ θεοῦ: P ἀπ᾽ ἐμοῦ καὶ λέγει ἡ γυνή ἥν μοι δέδωκας αὕτη μοι ἔδωκεν καὶ ἔφαγον

[324] BERTRAND hat eine leicht veränderte Verszählung, 23,5 beginnt erst mit κἀγὼ εἶπον. IIIb bietet 23,5 in stark abgewandelter Form (nach Q, Z mit geringfügigen Abweichungen): λέγει αὐτῷ ὁ πατὴρ ὑμῶν ἡ γυνὴ ἣν δέδωκας μετ᾽ ἐμοῦ αὕτη με ἠπάτησεν με κἀγὼ εἶπον ὁ ὄφις ἠπάτησέν με καὶ ἔφαγον

[325] στραφεὶς πρός με εἶπεν: a) KP στραφεὶς λέγει μοι ὁ κύριος | b) EF στραφεὶς ὁ Ἀδὰμ πρός με καὶ εἶπέν μοι

[326] ἐποίησας: Ib TISCHENDORF erg. ἐμνήσθην δὲ κἀγὼ τοῦ ῥήματος τοῦ ὄφεως ‖ Auch hier handelt es sich um einen erläuternden Zusatz, der in den besten Hss. fehlt.

[327] με: IIIc (außer H) erg. καὶ λέγει τῷ θεῷ ἡ γυνὴ ἥν μοι ἔδωκας αὕτη μοι ἔδωκεν ἀπὸ τοῦ ξύλου καὶ ἔφαγον καὶ λέγει μοι ὁ θεὸς διὰ τί τοῦτο ἐποίησας κἀγὼ εἶπον ὁ ὄφις ἠπάτησέν με

[328] τῷ Ἀδάμ: a) IIIa IIIb τῷ πατρὶ ὑμῶν | b) fehlt in IIIc

[329] ἐπειδὴ παρήκουσας τὴν ἐντολήν μου καὶ ἤκουσας τῆς γυναικός σου: EF ἐπειδὴ ἤκουσας τῆς γυναικός σου καὶ οὐκ ἐφύλαξας τὴν ἐντολήν μου

[330] ἕνεκα σοῦ: KP Ib IIIb IIIc TISCHENDORF ἐν τοῖς ἔργοις σου ‖ Vgl. Anm. 15.

[331] ἐργάσῃ δὲ αὐτήν: Ib TISCHENDORF ἡνίκα γὰρ ἐργάζῃ αὐτήν ‖ Vgl. Anm. 15.

[332] ἐργάσῃ δὲ αὐτὴν καὶ οὐ δώσει τὴν ἰσχὺν αὐτῆς: a) fehlt in KP IIIb F | b) HE καὶ οὐ δώσει τὴν ἰσχὺν αὐτοῦ

[333] ἀνατελεῖ: Β περιπατῇ

[334] ἱδρώτητι: Mit NAGEL (vgl. auch Gen 3,19 LXX). Möglich wären auch die Schreibweisen ὑδρώτητι und ὑδρότητι (TISCHENDORF, BERTRAND).

[335] καὶ ἐν ἱδρώτητι τοῦ προσώπου σου φάγῃ τὸν ἄρτον σου: a) fehlt in V | b) IIIb erg. ἕως τοῦ ἀποστρέψαι σε εἰς γῆν ἐξ ἧς ἐλήμφθης (Z erg. ferner: ὅτι γῆ εἶ καὶ εἰς γῆν πορεύσῃ)

πολυτρόποις, θλιβεὶς[336] ἀπὸ πικρίας[337] καὶ μὴ γεύσῃ γλυκύτητος,[338] (3)[339] θλιβεὶς ἀπὸ καύματος[340] καὶ στενωθεὶς ἀπὸ ψύξεως,[341] καὶ τῶν[342] ἐκυρίευες θηρίων ἐπαναστήσονταί σοι ἐν ἀκαταστασίᾳ ὅτι τὴν ἐντολήν μου οὐκ ἐφύλαξας.[343]

25 (1)[344] Στραφεὶς δὲ ὁ κύριος πρός με λέγει·[345] ἐπειδὴ ἐπήκουσας σὺ[346] τοῦ ὄφεως[347] καὶ[348] παρήκουσας[349] τὴν ἐντολήν μου,[350] ἔσῃ ἐν ματαίοις καὶ[351] ἐν πόνοις ἀφορήτοις.[352] (2) Τέξῃ τέκνα ἐν πολλοῖς

---

[336] θλιβείς: AT NAGEL TISCHENDORF καμῇ (fehlt in T) καὶ μὴ ἀναπαύου (NAGEL liest ἀναπαύσῃ) θλιβείς ‖ Die Variante ist sehr schwach bezeugt.

[337] πικρίας: P καρδίας

[338] καὶ μὴ γεύσῃ γλυκύτητος: fehlt in KP T ‖‖ ἔσῃ δὲ ἐν καμάτοις πολυτρόποις θλιβεὶς ἀπὸ πικρίας καὶ μὴ γεύσῃ γλυκύτητος: fehlt in V und III

[339] Der gesamte Vers fehlt in III. BERTRAND und NAGEL haben eine abgewandelte Verszählung, mit καὶ τῶν ἐκυρίευες beginnt 24,4.

[340] θλιβεὶς ἀπὸ καύματος: fehlt in KPB

[341] θλιβεὶς ἀπὸ καύματος καὶ στενωθεὶς ἀπὸ ψύξεως: a) fehlt in V und T | b) Ib NAGEL TISCHENDORF erg. καὶ κοπιάσεις πολλὰ καὶ μὴ πλουτήσεις καὶ παχυνθήσει καὶ εἰς τέλος μὴ ὑπάρξεις ‖ Zu Var b): Auch hier ergänzt Ib sekundär den Text (vgl. u.a. die Erweiterungen in 22,1; 23,4; 23,5). Die gegenteilige Annahme, dass die Variante in Ia ausgefallen sein sollte, lässt sich hingegen schwer begründen.

[342] τῶν: B BERTRAND NAGEL TISCHENDORF ὧν ‖ Die Variante ist zwar grammatisch besser, aber sehr schlecht bezeugt. Die Hs. B ist sehr unzuverlässig, sodass man wohl τῶν als die ursprünglichere Lesart zu betrachten hat.

[343] καὶ τῶν ἐκυρίευες θηρίων ἐπαναστήσονταί σοι ἐν ἀκαταστασίᾳ ὅτι τὴν ἐντολήν μου οὐκ ἐφύλαξας: V καὶ ἐπαναστήσονταί σοι τὰ θηρία

[344] Die Hss. von IIIa und IIIc nehmen hier eine Textumstellung vor, sodass Kapitel 26 vor Kapitel 25 steht.

[345] λέγει: KP AL EF TISCHENDORF erg. μοι ‖ Vgl. Anm. 15.

[346] σύ: fehlt in VKPB TL IIIb EF sowie bei BERTRAND und NAGEL ‖ S hat zwar hier die meisten Hss. von Ia gegen sich, wird aber durch andere Hss. gestützt (A IIIa H).

[347] τοῦ ὄφεως: Q τοῖς λόγοις τοῦ ὄφεως

[348] ἐπήκουσας σὺ τοῦ ὄφεως καί: fehlt in T

[349] σὺ τοῦ ὄφεως καὶ παρήκουσας: fehlt in B

[350] τὴν ἐντολήν μου: a) T μου | b) EF τῆς ἐμῆς φωνῆς

[351] ματαίοις καί: a) fehlt in V | b) KP ματαιότητι καί | c) L BERTRAND NAGEL καμάτοις καί | d) III (außer F) ματαίοις κόποις καί ‖ ματαίοις wurde immer wieder als problematisch empfunden (vgl. bereits WALKER, Revelation, 568, der vermutete, dass ursprünglich wohl entweder καμάτοις oder μόχθοις gestanden habe, sowie die im Folgenden genannten Arbeiten). Während dies allerdings in der älteren Literatur durch die Verwechslung der hebräischen Begriffe הבל (= Wehen, Schmerzen) und הבל (= Hauch, Nichtigkeit) erklärt wurde (vgl. FUCHS, Leben, 511; WELLS, Books, 147; JOHNSON, Life, 283; SHARPE, Prolegomena I, 137), versuchen neuere Arbeiten (vgl. neben NAGEL und BERTRAND noch SWEET, Study, 111 A. 106) das Problem durch die Bevorzugung von Var c) zu lösen. BERTRAND (Vie [A], 128f.) führt dafür folgende Gründe an: 1. ματαίοις ergebe keinen befriedigenden Sinn; 2. die Annahme, dass ματαίοις aus καμάτοις ent-

8. Krankheit, Mühsal und Unfriede

τρόποις[353] καὶ ἐν μιᾷ ὥρᾳ[354] ἔλθῃς τοῦ τεκεῖν καὶ[355] ἀπολέσῃς τὴν ζωήν[356] σου[357] ἐκ τῆς ἀνάγκης σου τῆς μεγάλης καὶ τῶν ὀδυνῶν.[358] (3)[359] Ἐξομολογήσῃ[360] δὲ καὶ εἴπῃς· κύριε, κύριε, σῶσόν με[361] καὶ οὐ μὴ ἐπιστρέψω εἰς[362] τὴν ἁμαρτίαν τῆς σαρκός.[363] (4) Διὰ τοῦτο ἐκ τῶν

---

standen sei, sei plausibler als die umgekehrte Annahme, da sonst ein für die Textüberlieferung von gLAE einzigartiger Versuch der Textverbesserung durch die Auslassung zweier Buchstaben vorliegen würde; 3. καμάτοις sei auch vom Kontext her wahrscheinlicher. Das stärkste Argument scheint mir freilich auf der Gegenseite zu stehen, dass nämlich Var c) nur in einer einzigen, nicht zu den besten Textzeugen gehörenden Hs. zu finden ist (vgl. hierzu auch die Kritik von Stone, History, 49 Anm. 24). Darüber hinaus ist fraglich, ob die Lesart ματαίοις wirklich so unsinnig ist, wie vielfach angenommen. gLAE 25 versteht die mit der Geburt menschlichen Lebens häufig verbundene Erfahrung von Schmerz und Tod als Ausdruck der aus dem Sündenfall resultierenden Vergänglichkeit. Die Verwendung des Lexems ματαῖος bzw. ματαιότης ist in diesem Zusammenhang nicht ungewöhnlich, wie z.B. Rm 8,20 zeigt. Schließlich ist zu fragen, ob ματαίοις wirklich so einfach aus καμάτοις entstanden sein kann, wie BERTRAND vorgibt. Der Begriff kommt in der gesamten Textüberlieferung von gLAE nur hier vor und kann daher schwerlich von einer anderen Textstelle beeinflusst sein. Mit MERK / MEISER, Leben 836 ist daher ματαίοις zu bevorzugen.

[352] ἔσῃ ἐν ματαίοις καὶ ἐν πόνοις ἀφορήτοις: a) E ἔσῃ ἐν ματαίοις κόποις | b) fehlt in F

[353] τέξῃ τέκνα ἐν πολλοῖς τρόποις: a) V τέξῃ τέκνα | b) K τέκνα ποιήσεις ἐν πολλοῖς νοις [?] | c) P τέξῃ τέκνα ἐν πολλοῖς πόλλακις | d) T τέξῃ τέκνα ἐν πολυτροπίᾳ | e) IIIb F ἐν λύπαις τέξῃ τέκνα | f) fehlt in E | g) TISCHENDORF τέξῃ τέκνα ἐν πολλοῖς τρόμοις (Konjektur) ‖ Der Text ist hier wiederum nicht unproblematisch, Var e) versucht daher, den Text durch Angleichung an Gen 3,16 LXX zu verbessern, während TISCHENDORF vorschlägt, τρόμοις zu lesen (WELLS, Books, 147 und JOHNSON, Life, 283 folgen ihm hierin). Dagegen spricht, dass τρόποις hinreichend gut, wenn auch nicht eindeutig bezeugt ist (mit BERTRAND, Vie [A], 129 und MERK / MEISER, Leben, 836) und als lectio difficilior gelten muss. FUCHS, Leben, 523 liest κόποις (Hs. E), was aber schwerlich richtig sein kann (vgl. Var f)). κόποις gehört in Hs. E zu 25,1 (vgl. die vorangehende Anm.).

[354] ὥρᾳ: H ἡμέρᾳ

[355] ἔλθῃς τοῦ τεκεῖν καί: a) fehlt in V | b) AT TISCHENDORF ἔλθῃς καί ‖ Vgl. Anm. 15.

[356] ζωήν: T ψυχήν

[357] καὶ ἐν μιᾷ ὥρᾳ ἔλθῃς τοῦ τεκεῖν καὶ ἀπολέσῃς τὴν ζωήν σου: fehlt in IIIb und F

[358] ἐκ τῆς ἀνάγκης σου τῆς μεγάλης καὶ τῶν ὀδυνῶν: a) V ἐκ τῶν ὀδυνῶν σου | b) fehlt in T | c) IIIb ἐκ τῆς ἀνάγκης τῆς μεγάλης

[359] Der gesamte Vers fehlt in V.

[360] ἐξομολογήσῃ: fehlt in C

[361] με: EF erg. τῇ ὥρᾳ ταύτῃ

[362] εἰς: a) S ἐπί | b) IIIb H πρός ‖ S steht hier allein und bietet daher wohl nicht den ursprünglichen Text.

[363] εἰς τὴν ἁμαρτίαν τῆς σαρκός: a) Ib (außer C) NAGEL erg. ἀλλὰ καὶ πάλιν ἐπιστρέψεις | b) IIIb πρὸς τὸν ἄνδρα τεκοῦσα δὲ πάλιν ἐπιστρέψεις | c) EF erg. καὶ πάλιν

λόγων³⁶⁴ σου κρινῶ σε· διὰ τὴν ἔχθραν ἣν ἔθετο ὁ ἐχθρὸς³⁶⁵ ἐν σοί,³⁶⁶ στραφῇς³⁶⁷ δὲ πάλιν πρὸς τὸν ἄνδρα σου καὶ αὐτός σου κυριεύσει.³⁶⁸ 26 (1) Μετὰ δὲ τὸ εἰπεῖν μοι ταῦτα³⁶⁹ εἶπεν τῷ ὄφει ἐν ὀργῇ μεγάλη λέγων·³⁷⁰ ἐπειδὴ ἐποίησας τοῦτο³⁷¹ καὶ ἐγένου σκεῦος ἀχάριστον³⁷² ἕως ἂν³⁷³ πλανήσῃς τοὺς παρειμένους τῇ καρδίᾳ,³⁷⁴ ἐπικατάρατος σὺ³⁷⁵ ἐκ πάντων τῶν κτηνῶν.³⁷⁶ (2)³⁷⁷ Στερηθήσῃ τῆς τροφῆς σου ἧς ἤσθιες καὶ χοῦν³⁷⁸ φάγει πάσας τὰς ἡμέρας τῆς ζωῆς

ἐπιθυμεῖς (F liest ferner ἐπιθυμίαν statt ἁμαρτίαν) ‖ Wiederum liegt in Ib eine Erweiterung des Textes vor, wie wir ähnliche schon des öfteren beobachten konnten.

³⁶⁴ ἐκ τῶν λόγων: a) KP ἐκ τοῦ λόγου | b) AT TISCHENDORF εἰς τὸν λόγον | c) C ἐπὶ τὸν λόγον ‖ Vgl. Anm. 15.

³⁶⁵ ἐχθρός: C θεός

³⁶⁶ διὰ τοῦτο ἐκ τῶν λόγων σου κρινῶ σε διὰ τὴν ἔχθραν ἣν ἔθετο ὁ ἐχθρὸς ἐν σοί: fehlt in V und IIIc

³⁶⁷ στραφῇς: a) C BERTRAND στραφεῖσα | b) TISCHENDORF NAGEL στραφήσῃ bzw. στραφήσει (Konjektur) ‖ Var b) ist in keiner der Hss. bezeugt und ist grammatisch nicht notwendig, da auch der Konjunktiv Aorist Futurbedeutung haben kann. Auch Var a) bietet keinen besseren Text, sodass die von nahezu allen Hss. bezeugte Form στραφῇς den Vorzug verdient.

³⁶⁸ διὰ τὴν ἔχθραν ἣν ἔθετο ὁ ἐχθρὸς ἐν σοί στραφῇς δὲ πάλιν πρὸς τὸν ἄνδρα σου καὶ αὐτός σου κυριεύσει: a) B διὰ τὴν ἔχθραν ἥν ἔθετο ὁ ἐχθρὸς ἐν σοί | b) fehlt in IIIb

³⁶⁹ μετὰ δὲ τὸ εἰπεῖν μοι ταῦτα: B στραφεὶς δὲ

³⁷⁰ μετὰ δὲ τὸ εἰπεῖν μοι ταῦτα εἶπεν τῷ ὄφει ἐν ὀργῇ μεγάλη λέγων: III (nach IIIa; die anderen Hss. mit geringfügigen Abweichungen) καὶ στραφεὶς πρὸς τὸν ὄφιν εἶπεν ‖‖ λέγων: K ALC TISCHENDORF erg. αὐτῷ ‖ Vgl. Anm. 15.

³⁷¹ ἐποίησας τοῦτο: KP ἐπήκουσας τῷ διαβόλῳ

³⁷² ἀχάριστον: KP IIIb IIIc ἄχρηστον

³⁷³ ἐγένου σκεῦος ἀχάριστον ἕως ἄν: fehlt in B

³⁷⁴ καὶ ἐγένου σκεῦος ἀχάριστον ἕως ἂν πλανήσῃς τοὺς παρειμένους τῇ καρδίᾳ: a) fehlt in V | b) T und IIIc καὶ ἐγένου σκεῦος ἀχάριστον

³⁷⁵ σύ: a) fehlt in K | b) B Ib (außer A) IIIa IIIb εἶ | c) EF ἔσῃ

³⁷⁶ κτηνῶν: III erg. καὶ τῶν θηρίων

³⁷⁷ C bietet den Vers in stark veränderter Gestalt: στερηθήσῃ τῆς τροφῆς σου ἣν δὲ ἡ Εὔα δώδεκα ἐτῶν ὅτε αὐτὴν ἠπάτησεν ὁ δαίμων καὶ ἐποίησεν αὐτοῦ τὴν ἐπιθυμίαν ὅτι ἡμέρας εἶχεν μελετῶν τὸ σκεῦος αὐτῆς καὶ νύκτα καὶ ἡμέραν ἐπαύετο ζήλῳ φορούμενος κατ᾽ αὐτῶν ὅτι τὸ πρότερον ἦν αὐτὸς ἐν τῷ παραδείσῳ καὶ διὰ τοῦτο ἐπτέρνισεν αὐτοὺς ὅτι οὐκ ἐδύνατο θεωρεῖν αὐτοὺς ἐν τῷ παραδείσῳ καὶ διὰ τοῦτο ἐπτέρνισεν αὐτοὺς μᾶλλον διὰ τῶν ἀγγέλων τὴν προσκύνησιν καὶ τῶν θηρίων τὴν ὁμιλίαν καὶ διὰ τοῦτο καὶ ὁ θεὸς εἶπε τῷ ὄφει ὅτι ἐπικατάρατος ἣν ἐκ πάντων τῶν θηρίων καὶ τῶν κτηνῶν (BERTRAND erg. ἀπηλλοτριώθη) τῆς δόξης ἧς ἔσχεν πρὸ τούτου καὶ στερηθήσῃ ποδῶν καὶ χειρῶν καὶ τῆς τροφῆς ἣν ἐκ τοῦ παραδείσου ἤσθιες καὶ γῆν φάγει πάσας τὰς ἡμέρας τῆς ζωῆς σου ἐπὶ τῷ στήτι καὶ τῇ κοιλίᾳ πορεύσῃ

³⁷⁸ χοῦν: VKP C III γῆν

σου,[379] ἐπὶ τῷ στήθει καὶ τῇ κοιλίᾳ πορεύσῃ, ὑστερηθεὶς καὶ[380] χειρῶν καὶ τῶν[381] ποδῶν σου.[382] (3)[383] Οὐκ ἀφεθήσεταί σοι[384] ὠτίον οὔτε πτέρυξ, οὔτε[385] ἓν μέλος τούτων[386] ὧν σὺ[387] ἐδελέασας[388] ἐν τῇ κακίᾳ σου,[389] καὶ ἐποίησας αὐτοὺς ἐκβληθῆναι ἐκ τοῦ παραδείσου. (4) Καὶ θήσω ἔχθραν ἀνὰ μέσον σοῦ καὶ ἀνὰ μέσον τοῦ σπέρματος αὐτῶν,[390] αὐτός σου τηρήσῃ κεφαλὴν καὶ σὺ[391] ἐκείνου[392] πτέρναν ἕως τῆς ἡμέρας τῆς κρίσεως.[393]

8.4.2 Übersetzung

22 (1) Und zur selben Stunde hörten wir den Erzengel Michael trompeten und die Engel rufen und sprechen: (2) So spricht der Herr: Kommt mit mir ins Paradies und hört das Urteil, mit welchem ich Adam richten werde. Und als wir den Erzengel trompeten hörten, sprachen wir: Siehe, Gott kommt ins Paradies, um uns zu richten. Wir fürchteten uns aber und verbargen uns. (3) Und Gott kam ins Paradies auf dem Wagen der Kerubim, den er bestiegen hatte,[394] und die Engel sangen ihm. Als Gott aber kam, schlugen die Gewächse des Bereiches Adams und die meinigen alle[395] (wieder) aus. (4) Und der Thron Gottes wurde (dort) aufgestellt, wo der Baum des Lebens war.

---

[379] πάσας τὰς ἡμέρας τῆς ζωῆς σου: F πάσας σου τὰς ἡμέρας

[380] ὑστερηθεὶς καί: a) B στερηθείς | b) A TISCHENDORF ὑστερηθήσει | c) T EF στερηθήσῃ (E erg. δέ) καί | d) III (außer EF) BERTRAND στερηθήσῃ || Gegen Var d) sprechen die meisten Hss. von I. Zu Var b) vgl. Anm. 15.

[381] χειρῶν καὶ τῶν: fehlt in S || Alle Hss. (mit Ausnahme von K und P, die aber den ganzen Satz auslassen) stehen hier gegen S, was gegen die Ursprünglichkeit dieser Lesart spricht.

[382] ἐπὶ τῷ στήθει καὶ τῇ κοιλίᾳ πορεύσῃ ὑστερηθεὶς καὶ ποδῶν σου: fehlt in KP

[383] Der gesamte Vers fehlt in V.

[384] οὐκ ἀφεθήσεταί σοι: IIIc οὔτε

[385] οὔτε: S erg κἄν || S steht hier wiederum allein gegen die übrigen Hss.

[386] τούτων: a) AL TISCHENDORF τῶν ἁπάντων | b) fehlt in C EF || Vgl. Anm. 15.

[387] σύ: SP AC σοί || Offenbar liegt hier eine Verwechslung von σύ und σοί vor, letzteres ergibt keinen Sinn.

[388] ὧν σὺ ἐδελέασας: III (nach IIIa; IIIb und H mit geringfügigen Abweichungen) ὧν νῦν κέκτησαι ὃν τρόπον σὺ ἐδελέασας τούτους

[389] οὔτε ἓν μέλος τούτων ὧν σὺ ἐδελέασας ἐν τῇ κακίᾳ σου: fehlt in T ||| ἐν τῇ κακίᾳ σου: a) IIIb παραβῆναι τὴν ἐντολήν μου | b) fehlt in EF

[390] αὐτῶν: a) VP C σου | b) A IIIb E αὐτοῦ | c) T H αὐτῆς

[391] σύ: B T IIIb H erg. τηρήσεις

[392] ἐκείνου: a) B Ib (außer L) IIIb HF TISCHENDORF αὐτοῦ | b) fehlt in E || Vgl. Anm. 15.

[393] κρίσεως: B ζωῆς σου

[394] Wörtlich: bestiegen habend den Wagen der Kerubim.

[395] πάντα bezieht sich sowohl auf τὰ φυτά (in Adams Bereich) als auch auf τὰ ἐμά (die meinigen).

23 (1) Und Gott rief Adam und spricht: Adam, wo hast du dich verborgen? Meinst du, dass ich dich nicht finde? Kann sich etwa das Haus vor dem, der es erbaut hat, verbergen? (2) Da antwortete euer Vater und sprach: Nein, mein Herr, wir haben uns nicht vor dir verborgen, als ob wir meinten, dass wir nicht von dir gefunden würden. Sondern ich fürchte mich, weil ich nackt bin und ehrfürchtige Scheu vor deiner Macht empfand, Herrscher. (3) Da spricht Gott zu ihm: Wer hat dir gezeigt, dass du nackt bist? Oder (ist es) etwa (so), dass du mein Gebot verlassen hast, indem du es nicht[396] bewahrt hast? (4) Da erinnerte sich Adam des Wortes, das ich zu ihm geredet hatte: Ich werde dich vor Gott sicherstellen.[397] (5) Und er wandte sich zu mir und sprach: Warum hast du das getan? Und ich sprach: Die Schlange hat mich getäuscht.

24 (1) Und Gott spricht zu Adam: Weil du meinem Gebot ungehorsam warst und gehört hast auf deine Frau: Verflucht sei die Erde wegen dir. (2) Du wirst sie aber bearbeiten und sie wird (dir) ihre Kraft nicht geben. Dornen und Disteln wird sie dir aufgehen lassen und im Schweiß deines Angesichts wirst du dein Brot essen. Du wirst in mannigfaltigen Mühen sein, bedrängt von Bitterkeit. Und nicht wirst du Süßigkeit schmecken, (3) bedrängt von Hitze und beengt von Kälte. Und die Tiere, über welche du geherrscht hast, werden sich erheben gegen dich in Aufruhr,[398] weil du mein Gebot nicht bewahrt hast.

25 (1) Der Herr aber wandte sich zu mir und spricht: Weil du der Schlange gehorcht hast und meinem Gebot ungehorsam warst, wirst du in Nichtigkeiten[399] und unerträglichen Schmerzen sein. (2) Du wirst Kinder gebären auf viele Weisen.[400] Und in einer Stunde kannst du zum Gebären kommen und dein Leben verlieren auf Grund deiner großen Bedrängnis und deiner Wehen. (3) Du wirst aber bekennen und sagen: Herr, Herr, errette mich, und ich[401] werde mich gewiss nicht (wieder) hinwenden zur Sünde des Fleisches. (4) Deswegen werde ich dich auf Grund deiner Worte richten, wegen der

---

[396] Nach MERK / MEISER, Leben, 834; wörtlich: es nicht zu bewahren.
[397] Nach FUCHS, Leben, 522. Wörtlich ist zu übersetzen: ich will dich vor Gott gefahrlos machen.
[398] Wörtlich: in Unruhe (bzw. Unordnung).
[399] Mit MERK / MEISER, Leben, 836. Wörtlich wäre zu übersetzen: in nichtigen (Dingen). Vgl. Anm. 351.
[400] Der Sinn der Stelle lässt sich nicht restlos klären. BERTRAND, Vie [A], 89 übersetzt τρόποις mit péripéties (Zwischenfälle). FUCHS übersetzt hingegen „unter vielen Schmerzen", was aber ebenso wie „trembling" (WELLS und JOHNSON) textkritisch nicht haltbar ist (vgl. Anm. 353).
[401] Es ist (abgesehen von einigen sekundären Hss., vgl. die Textkritik) nicht ganz sicher, ob hier Eva oder Gott gemeint ist, da ἐπιστρέφειν sonst in gLAE (31,4 und 39,2) in Bezug auf Gott gebraucht wird. In syntaktischer wie auch inhaltlicher Hinsicht ist es allerdings wahrscheinlicher, dass Eva gemeint ist.

Feindschaft, die der Feind dir auferlegt hat.[402] Du wirst dich wiederum zu deinem Mann wenden, und er wird über dich herrschen.

26 (1) Nachdem er aber dieses zu mir gesagt hatte, redete er zu der Schlange in großem Zorn, sprechend: Weil du dieses getan hast und zu einem undankbaren Gefäß[403] geworden bist, bis dass du[404] die, die entkräftet sind[405] im Herzen, getäuscht hättest: Verflucht seist du unter allen Tieren! (2) Du wirst deiner Nahrung, die du gegessen hast, beraubt sein und wirst Staub essen alle Tage deines Lebens, auf der Brust und dem Bauch wirst du kriechen[406] und wirst deiner Hände und Füße entbehren. (3) Es wird dir nicht gelassen werden Ohr noch Flügel noch (irgend-) ein Glied von diesen, mit denen du (sie) in deiner Bosheit geködert hast und bewirkt, dass sie aus dem Paradies hinausgeworfen würden. (4) Und ich will Feindschaft setzen zwischen dir und zwischen ihrem Samen. Er wird dir nach dem Kopf trachten[407] und du nach seiner Ferse bis zum Tag des Gerichts.

8.4.3 Textanalyse

A. Textabgrenzung: Der Text wird durch zwei Anordnungen Gottes an die Engel gerahmt. In 22,1f. werden sie aufgefordert, mit ins Paradies zu kommen und dem göttlichen Gericht über Adam beizuwohnen. Nachdem sich das Geschehen im Folgenden in direkter Rede zwischen Gott, Adam, Eva und der Schlange abspielt, rücken die Engel mit 27,1 wieder ins Blickfeld. Sie erhalten den Befehl zur Vertreibung der Protoplasten aus dem Paradies. Wie ferner die folgenden Beobachtungen zur Struktur des Textes zeigen, lassen sich die Kapitel 22–26 auch in inhaltlicher Hinsicht als Einheit verstehen und können daher mit gutem Grund als ein eigenständiger Abschnitt innerhalb des größeren Zusammenhangs der Erzählung Evas betrachtet werden.

B. Struktur des Textes: Der Text lässt sich in fünf Teile gliedern:

1. Gottes Kommen ins Paradies (22)
2. Das Verhör Adams und Evas (23)
3. Das Urteil für Adam (24)
4. Das Urteil für Eva (25)
5. Das Urteil für die Schlange (26)

---

[402] Wörtlich: in dir gelegt (oder: gesetzt).

[403] MERK / MEISER, Leben, 837 übersetzen mit „mißfälliges Werkzeug".

[404] MERK / MEISER, ebd. übersetzen: „da du".

[405] Vgl. BAUER / ALAND, Wörterbuch, 1267sv παρίημι 2.

[406] Wörtlich: gehen.

[407] Mit MERK / MEISER, Leben, 838, wonach τηρέω hier „den rechten Augenblick abpassen" bedeutet. Ebenso FUCHS, Leben, 523.

Teil 1 gibt mit seinem zweifachen ausdrücklichen Verweis auf das Gericht Gottes (22,2)[408] das Thema des Abschnitts an und entwickelt gleichsam das Bühnenbild für das Folgende. Das Kommen Gottes auf dem Wagen der Kerubim, die Loblieder der Engel und das erneute Ausschlagen der Gewächse des Paradieses veranschaulichen den feierlichen Ernst der Szene, während das Blasen der Trompete und das Aufstellen des Thrones Gottes am Baum des Lebens den gerichtlichen Charakter[409] der folgenden Ereignisse vor Augen führt.[410] Der zweite Teil schildert, wie Gott Adam zur Rede stellt, und benennt den zu verhandelnden Sachverhalt: Adam hat das Gebot Gottes nicht gehalten.[411] Damit wird eine Kette von Anschuldigungen in Gang gesetzt, denn Adam gibt die Anklage Gottes weiter an Eva, welche ihrerseits in der Schlange die eigentlich Schuldige sieht. Dieses Weiterreichen der Schuld wird allerdings von Gott nicht akzeptiert, denn in seinen Urteilssprüchen (Teil 3–5) wendet er sich – anders als in Gen 3 – zuerst wieder an Adam.

Die Urteile für Adam, Eva und die Schlange werden jeweils nach dem gleichen Schema eingeleitet, wobei das Urteil für Eva etwas abweicht:

Adam	*Eva*	*Schlange*
Weil du meinem Gebot ungehorsam warst	Weil du der Schlange gehorcht hast	Weil du dieses getan hast
und gehört hast auf deine Frau:	und meinem Gebot ungehorsam warst,	und zu einem undankbaren Gefäß geworden bist, bis dass du die, die entkräftet sind im Herzen, getäuscht hättest:
Verflucht sei die Erde wegen dir.		Verflucht seist du unter allen Tieren!
Du wirst ...	wirst du ...	Du wirst ...

---

[408] Eine gewisse Spannung entsteht allerdings dadurch, dass am Ende unseres Abschnitts auf den (zukünftigen) Tag des Gerichts verwiesen wird. Es ist freilich deutlich, dass hier zwei verschiedene Gerichte Gottes gemeint sind. Die Folgen des göttlichen Gerichts im Paradies sind damit nicht endgültig, vielmehr wird das Urteil für die Schlange gerade mit dem Hinweis auf das Gericht am Ende der Weltzeit begrenzt.

[409] Die richtende Macht Gottes verdeutlichen auch die Gottesprädikation δεσπότης (vgl. gLAE 8,2; 19,2; 42,5 und K. H. RENGSTORF, Art. δεσπότης κτλ, ThWNT 2, 43–48, vor allem 44) und der Hinweis Adams auf Gottes Macht (κράτος, Hapaxlegomenon) in 23,2.

[410] Bemerkenswert ist, dass mehrere Elemente der Szenerie auf den Eid Evas in 19,3 anspielen (Baum des Lebens, Thron, Kerubim). Will der Erzähler hiermit verdeutlichen, dass der Eid sozusagen auf Eva selbst zurückfällt?

[411] Diese Gebotsübertretung Adams und Evas wird insgesamt viermal zur Sprache gebracht, neben 23,3 sind dafür 24,1; 24,3 und 25,1 zu nennen.

Konstitutiv für das gemeinsame Schema ist, dass die angekündigten Veränderungen der menschlichen bzw. tierischen Existenz jeweils mit einer konkreten Tat begründet werden und diese Tat jeweils das Verhältnis zwischen Gott und seinem Geschöpf betrifft.[412] Die Strafen für die einzelnen Geschöpfe sind hingegen ganz unterschiedlich. Dass bei Eva eine ausdrückliche Verfluchung fehlt, ist mit der Abhängigkeit von Gen 3 zu erklären, wo eine solche ebenfalls fehlt.[413]

8.4.4 Quellen und Traditionen

A. Gen 3,8–19 als Vorlage: Es ist offensichtlich, dass unser Text in Gen 3,8–19 – vermutlich in Gestalt des Septuagintatextes[414] – seine Vorlage gehabt hat. Diese Vorlage hat der Erzähler allerdings stark bearbeitet, sodass der Text zwar noch den Wortlaut von Gen 3 weitgehend erkennen lässt, in theologischer Hinsicht aber durchaus eigene Züge trägt. Vor allem in den Änderungen und Ergänzungen der biblischen Vorlage sind daher die spezifischen theologischen Interessen des Erzählers zu vermuten. Die Veränderungen gegenüber der biblischen Vorlage beginnen damit, dass aus dem „Lustwandeln" Gottes im Garten hier ein Kommen zum Gericht geworden ist, ausgeschmückt durch das Blasen der Trompete, den Kerubenwagen und das Aufstellen des Thrones beim Baum des Lebens.[415] Vor allem sind sie aber greifbar in den Urteilssprüchen Gottes, wie die folgende Gegenüberstellung zeigt:

---

[412] Adam und Eva werden verurteilt, weil sie das Gebot Gottes nicht gehalten haben, die Schlange, weil sie zu einem „undankbaren Gefäß" wurde, was ebenfalls auf ihre Beziehung zum Schöpfer anspielt. Bemerkenswert ist, dass dieser jeweilige Bezug der konkreten Tat auf das Verhältnis zu Gott in Gen 3 noch nicht ausdrücklich enthalten ist.

[413] Vgl. dazu die Ausführungen im Abschnitt Quellen und Traditionen.

[414] Der Befund ist hier nicht ganz eindeutig. Zahlreiche Wendungen in gLAE decken sich weitgehend mit dem LXX-Sprachgebrauch: 24,2: ἀκάνθας καὶ τριβόλους ἀνατελεῖ σοι; ἐν ἱδρώτητι τοῦ προσώπου σου φάγῃ τὸν ἄρτον σου; 25,4: στραφῇς δὲ πάλιν πρὸς τὸν ἄνδρα σου καὶ αὐτός σου κυριεύσει; 26,1: ἐπικατάρατος σὺ ἐκ πάντων τῶν κτηνῶν; 26,4: καὶ θήσω ἔχθραν ἀνὰ μέσον σοῦ καὶ ἀνὰ μέσον τοῦ σπέρματος αὐτῶν, αὐτός σοῦ τηρήσῃ κεφαλὴν καὶ σὺ ἐκείνου πτέρναν ἕως τῆς ἡμέρας τῆς κρίσεως. Andererseits entspricht ἕνεκα σοῦ in 24,1 eher dem hebräischen בַּעֲבוּרֶךָ als dem ἐν τοῖς ἔργοις σου der LXX. Da in gLAE aber insgesamt die Anklänge an den LXX-Sprachgebrauch überwiegen, ist wohl auch hier ein der LXX sehr nahestehender Text verwendet worden. Zu berücksichtigen ist dabei selbstverständlich immer auch der Umstand, dass der Erzähler sehr frei mit der biblischen Vorlage umgeht.

[415] Das Blasen der Posaune und die Stimme des Erzengels begegnen auch in 1 Thess 4,16 in einem apokalyptischen Kontext.

gLAE	Gen 3 LXX
24 (1) Καὶ λέγει ὁ θεὸς τῷ Ἀδάμ· ἐπειδὴ παρήκουσας τὴν ἐντολήν μου καὶ ἤκουσας τῆς γυναικός σου ἐπικατάρατος ἡ γῆ ἕνεκα σοῦ. (2) Ἐργάσῃ δὲ αὐτὴν καὶ οὐ δώσει τὴν ἰσχὺν αὐτῆς, ἀκάνθας καὶ τριβόλους ἀνατελεῖ σοι, καὶ ἐν ἱδρώτητι τοῦ προσώπου σου φάγῃ τὸν ἄρτον σου, ἔσῃ δὲ ἐν καμάτοις πολυτρόποις, θλιβεὶς ἀπὸ πικρίας καὶ μὴ γεύσῃ γλυκύτητος, (3) θλιβεὶς ἀπὸ καύματος καὶ στενωθεὶς ἀπὸ ψύξεως, καὶ τῶν ἐκυρίευες θηρίων ἐπαναστήσονταί σοι ἐν ἀκαταστασίᾳ ὅτι τὴν ἐντολήν μου οὐκ ἐφύλαξας.	3 (17) τῷ δὲ Αδαμ εἶπεν· ὅτι ἤκουσας τῆς φωνῆς τῆς γυναικός σου καὶ ἔφαγες ἀπὸ τοῦ ξύλου, οὗ ἐνετειλάμην σοι τούτου μόνου μὴ φαγεῖν ἀπ᾿ αὐτοῦ, ἐπικατάρατος ἡ γῆ ἐν τοῖς ἔργοις σου· ἐν λύπαις φάγῃ αὐτὴν πάσας τὰς ἡμέρας τῆς ζωῆς σου· (18) ἀκάνθας καὶ τριβόλους ἀνατελεῖ σοι, καὶ φάγῃ τὸν χόρτον τοῦ ἀγροῦ. (19) ἐν ἱδρῶτι τοῦ προσώπου σου φάγῃ τὸν ἄρτον σου ἕως τοῦ ἀποστρέψαι σε εἰς τὴν γῆν, ἐξ ἧς ἐλήμφθης ὅτι γῆ εἶ καὶ εἰς γῆν ἀπελεύσῃ.
25 (1) Στραφεὶς δὲ ὁ κύριος πρός με λέγει· ἐπειδὴ ἐπήκουσας σὺ τοῦ ὄφεως καὶ παρήκουσας τὴν ἐντολήν μου, ἔσῃ ἐν ματαίοις καὶ ἐν πόνοις ἀφορήτοις. (2) Τέξῃ τέκνα ἐν πολλοῖς τρόποις καὶ ἐν μιᾷ ὥρᾳ ἔλθῃς τοῦ τεκεῖν καὶ ἀπολέσῃς τὴν ζωήν σου ἐκ τῆς ἀνάγκης σου τῆς μεγάλης καὶ τῶν ὀδυνῶν. (3) Ἐξομολογήσῃ δὲ καὶ εἴπῃς· κύριε, κύριε, σῶσόν με καὶ οὐ μὴ ἐπιστρέψω εἰς τὴν ἁμαρτίαν τῆς σαρκός. (4) Διὰ τοῦτο ἐκ τῶν λόγων σου κρινῶ σε· διὰ τὴν ἔχθραν ἣν ἔθετο ὁ ἐχθρὸς ἐν σοί, στραφῇς δὲ πάλιν πρὸς τὸν ἄνδρα σου καὶ αὐτός σου κυριεύσει.	3 (16) καὶ τῇ γυναικὶ εἶπεν· πληθύνων πληθυνῶ τὰς λύπας σου καὶ τὸν στεναγμόν σου, ἐν λύπαις τέξῃ τέκνα· καὶ πρὸς τὸν ἄνδρα σου ἡ ἀποστροφή σου, καὶ αὐτός σου κυριεύσει.
26 (1) Μετὰ δὲ τὸ εἰπεῖν μοι ταῦτα εἶπεν τῷ ὄφει ἐν ὀργῇ μεγάλῃ λέγων· ἐπειδὴ ἐποίησας τοῦτο καὶ ἐγένου σκεῦος ἀχάριστον ἕως ἂν πλανήσῃς τοὺς παρειμένους τῇ καρδίᾳ, ἐπικατάρατος σὺ ἐκ πάντων τῶν κτηνῶν. (2) Στερηθήσῃ τῆς τροφῆς σου ἧς ἤσθιες καὶ χοῦν φάγει πάσας τὰς ἡμέρας τῆς ζωῆς σου, ἐπὶ τῷ στήθει καὶ τῇ κοιλίᾳ πορεύσῃ, ὑστερηθεὶς καὶ χειρῶν καὶ τῶν ποδῶν σου. (3) Οὐκ ἀφεθήσεταί σοι ὠτίον οὔτε πτέρυξ, οὔτε ἓν μέλος τούτων ὧν σὺ ἐδελέασας ἐν τῇ κακίᾳ σου, καὶ ἐποίησας αὐτοὺς ἐκβληθῆναι ἐκ τοῦ παραδείσου. (4) Καὶ θήσω ἔχθραν ἀνὰ μέσον σοῦ καὶ ἀνὰ	3 (14) καὶ εἶπεν κύριος ὁ θεὸς τῷ ὄφει· ὅτι ἐποίησας τοῦτο, ἐπικατάρατος σὺ ἀπὸ πάντων τῶν κτηνῶν καὶ ἀπὸ πάντων τῶν θηρίων τῆς γῆς· ἐπὶ τῷ στήθει σου καὶ τῇ κοιλίᾳ πορεύσῃ καὶ γῆν φάγῃ πάσας τὰς ἡμέρας τῆς ζωῆς σου. (15) καὶ ἔχθραν θήσω ἀνὰ μέσον σου καὶ ἀνὰ μέσον τῆς γυναικὸς καὶ ἀνὰ μέσον τοῦ σπέρματός σου καὶ ἀνὰ μέσον τοῦ σπέρματος αὐτῆς· αὐτός σου τηρήσει κεφαλήν, καὶ σὺ τηρήσεις αὐτοῦ πτέρναν.

glAE	Gen 3 LXX
μέσον τοῦ σπέρματος αὐτῶν, αὐτὸς σοῦ τηρήσῃ κεφαλὴν καὶ σὺ ἐκείνου πτέρναν ἕως τῆς ἡμέρας τῆς κρίσεως.	

Es fällt auf, dass Gen 3,19b in unserem Text fehlt. Diese Auslassung ist vermutlich damit zu erklären, dass der Erzähler sich dieses Detail für das Ende der Erzählung aufhebt, begegnet es doch später im Zusammenhang der Verheißung der Auferstehung an Adam (gLAE 41,2). Ferner ist zu beobachten, dass Gen 3,15 in gLAE 26,4 verkürzt wiedergegeben ist, wobei ein Motiv für diese Kürzung aber nach meinem Eindruck nicht erkennbar ist. Bedeutsamer sind die Erweiterungen und Änderungen des Wortlauts, die der Erzähler vorgenommen hat: die veränderten Anklagen (24,1; 25,1; 26,1),[416] die wesentlich ausführlichere Schilderung der kommenden Bedrängnisse der Protoplasten (24,2f.; 25,2–4) und die ebenfalls umfangreichere Strafe für die Schlange (26,2f.).

B. Der Kerubenwagen: Die biblische Wurzel der Tradition von dem Kerubenwagen[417] liegt in Ez 1 bzw. 10, wo der Prophet eine eigenartige Vision beschreibt: Er sieht vier Gestalten mit jeweils vier Gesichtern und vier Flügeln (1,5–14). Bei jeder der Gestalten befindet sich ein Rad und diese Räder bewegen sich zugleich mit den Gestalten (1,15–21). Über den Häuptern der Gestalten sieht Ezechiel eine Art Himmelsfeste (1,22) und einen thronartigen Saphir, auf dem einer sitzt, „der aussah wie ein Mensch" (1,26), womit offensichtlich Gott selbst gemeint ist. In Kapitel 10 werden diese Gestalten dann ausdrücklich als Keruben (כרבים; 10,1 u.ö.) bezeichnet, während die Gesamtheit der Räder mit dem Begriff גלגל (Räderwerk) benannt wird (10,2.6.13).[418] In 1 Chr 28,18 (מרכבה הכרבים) und Sir 49,8 (ἅρμα Χερουβιν) scheint dann schon eine geprägte Wendung vorzuliegen. In der frühjüdischen Literatur begegnet dieser Kerubenwagen nicht selten,[419] wobei einige Belege freilich

---

[416] Vgl. dazu Abschnitt 8.4.3.B.

[417] Vgl. zum Ganzen HALPERIN, Faces; SCHOLEM, Mystik, 47–86; SCHÄFER, Hekhalot-Studien; FOSSUM, Image; SCOTT, Mysticism.

[418] Der spätere terminus technicus מרכבה (Wagen) begegnet hier noch nicht, sondern erst in 1 Chr 28,18.

[419] Vgl. TestAbr A 9,8; 10,1; ApkAbr 18,10 („Wagen mit Feuerrädern"); TestIsaak 6,26 („the chariot of the seraphim"); TestHiob 33,9 („ἐν τοῖς ἅρμασιν τοῦ πατρός"); 52,8 („ὁ ἐπικαθήμενος τῷ μεγάλῳ ἅρματι"; vgl. 52,10); gLAE 33,2f. („ἅρμα φωτός"); latLAE 25,3 („et vidi currum tamquam ventum et rotae illius erant igneae"); 4Q 385 4,6 („Thronwagenglanz"); 4Q 403 1 II,15 („die Wagen Seines Debir"); 4Q 405 XX,3 („Wagen seiner Herrlichkeit") und XX,8 („Märkabah-Thron"). Vom TestHiob führt eine Linie zum koptischen BarthEv (= E. A. W. BUDGE, Coptic Apocrypha in the Dialect of Upper Egypt, London 1913, 1–48 [koptisch] und 179–215 [englisch]; im Folgenden zitiert nach SCHAL-

eine Verschmelzung mit anderen Vorstellungen erkennen lassen.[420] Großes Gewicht erlangt diese Tradition dann in der so genannten Hekhalot-Literatur,[421] welche wiederum gnostische Schriften beeinflusste.[422]

C. Die Bedrängnisse Adams: Dass die Bedrängnisse Adams nach dem Fall in gLAE 24 ausführlicher beschrieben werden als in Gen 3, hat bereits die obige Gegenüberstellung gezeigt. Hinsichtlich der Auflehnung der Tiere ist das Material bereits an anderer Stelle zusammengestellt worden.[423] Dass die Erde Adam künftig ihre Kraft verweigern werde, scheint auf Gen 4,12 zurückzugehen,[424] während sich für das angedrohte Erleiden von Hitze und Kälte sowie für die Bedrängnis durch Bitterkeit[425] keine direkten Parallelen benennen lassen. Es scheint hier vorausgesetzt zu sein, dass die Protoplasten im Paradies nicht unter Kälte und Hitze zu leiden hatten, eine Annahme, die bei Epiphanius belegt ist.[426]

D. Der Sündenfall und die Sexualität: Die Auslegung des gesamten Kapitels 25 hat den Interpreten von jeher Mühe bereitet.[427] Zu den problemati-

---

LER, Testament, 354 Anm. 9 zu 33,9, da mir die Textausgabe von BUDGE bislang nicht zugänglich war) hin, welches die einzige Parallele zu den „Wagen des Vaters" (TestHiob 33,9) bietet (BUDGE, 189; 220f.) und auch sonst die Tradition vom Kerubenwagen rezipiert (BUDGE, 183f.; 191).

[420] In TestAbr A 9,8 und 10,1 sowie B 14,6 (nur Textfamilie E ACDHI) dient der Kerubenwagen als eine Art Himmelsgefährt für Abraham. Hier dürfte eine Verbindung mit der von 2 Kön 2,11 herkommenden Tradition vom Erhöhungs- bzw. Entrückungswagen vorliegen (vgl. ferner grEsr 7,6; Sir 48,9; JosAs 17,8; VitProph 21,12; äthHen 70,2; hebHen 6,1; Schatzhöhle S. 4f.). Nach TestHiob 52,10 wird Hiobs Seele mit einem Wagen abgeholt (vgl. TestIsaak 7,1). Umstritten ist, ob auch gLAE 33 hierher gehört, wie SCHALLER, Testament, 372 Anm. b zu 52,10, vermutet (dagegen HALPERIN, Faces, 101). Nach SCHALLER, ebd. lassen sich sowohl das Motiv des Seelenwagens als auch das des Entrückungswagens auf die in der Antike „verbreitete Vorstellung vom Sonnenwagen als Seelengefährt" zurückführen. Vgl. zum Sonnenwagen auch JosAs 6,2 und grBar 6,2.

[421] Vgl. u.a. hebHen 6,1; 22,11 und 24 (Apendix), wo von den verschiedenen Wagen Gottes die Rede ist. Dazu gehören (24,1) „the chariots of the cherubim". Zusätzlich wird in V. 17 von den „chariots of the swift cherub" gesprochen.

[422] Vgl. SCHALLER, Testament, 354 Anm. b zu 33,9, der auf NHC II 95,27f. (= Wesen der Archonten) und 105,2–20 (= Vom Ursprung der Welt) verweist. Umstritten ist, ob bereits Paulus (vgl. 2 Kor 12,1–4) von der Merkabah-Mystik beeinflusst wurde. Vgl. dazu u.a. SCHÄFER, Testament; SCHOLEM, The Four und SCOTT, Myscticism.

[423] Vgl. Abschnitt 6.2.4.

[424] Vgl. FUCHS, Leben, 522.

[425] Vgl. aber TestAbr A 16,4; 17,8.17f., wo von der „Bitterkeit" (πικρία) des Todes gesprochen wird.

[426] Panarion 52,2,6. Darauf verweist SWEET, Study, 111 Anm. 107.

[427] Vgl. den Abschnitt Textrekonstruktion. GINZBERG, Legends V, 124 Anm. 131 nahm an, dass gLAE 25,4 διὰ τοῦτο ἐκ τῶν λόγου σου fehl am Platze sei und eher an das Ende von Kapitel 26 gehöre und versucht dies mit Hilfe der Annahme zu erklären, dass der griechische Übersetzer den hebräisches Text (על דברתך = „according to thy actions") hier

schen Stellen gehört auch die Wendung ἀμαρτία τῆς σαρκός. Dass sie vermutlich auf traditionelles Gut zurückgeht, lässt sich bereits aufgrund der Beobachtung vermuten, dass σάρξ (abgesehen von der sekundären Stelle 13,3b) in gLAE nur hier begegnet. Hinzu kommt, dass eine gewisse Nähe zu 19,3 erkennbar ist, wo die ἐπιθυμία als aller Sünde innewohnend bezeichnet wurde. Auch diese Stelle wirkt in ihrem jetzigen Zusammenhang eher fremd.[428] Sowohl in 19,3 als auch in 25,3 scheint ein negativ bestimmtes Verständnis von Sexualität vorausgesetzt zu sein, wonach Sexualität und Sünde sehr eng zusammenrücken.[429] Vor dem Fall hätten die Protoplasten demnach in sexueller Askese gelebt, und für eine solche Anschauung lassen sich durchaus Belege finden. Nach Jub 3,34 blieb Eva im Paradies jungfräulich, syrBar 56,6 vertritt eine ähnliche Anschauung (siehe unten), und eine von Jagić erwähnte Stelle in der altkirchenslavischen Palaea stellt sogar fest: „Anathema ist, wer sagt, dass Adam im Paradies der Eva beigewohnt habe."[430] Andererseits lässt sich aber eine ganze Reihe von Belegen aus der jüdischen Literatur benennen, welche die entgegengesetzte Anschauung vertreten. So berichtet z.B. GenR 18 (Wünsche, 81), dass die Schlange Adam und Eva beim Beischlaf beobachtete und dadurch selbst Verlangen nach Eva bekam und sie deshalb verführte. Auch ApkAbr 23 scheint an Sexualität zu denken, wenn sie von der „Umarmung" Adams und Evas im Paradies berichtet (23,3–8), wobei Adam als Verkörperung des Triebes und Eva als Verkörperung der Begierde verstanden werden.[431]

---

fehlerhaft wiedergegeben habe. Diese vermeintliche Textverbesserung hat allerdings im Text keinen Anhalt und ist sachlich unnötig.

[428] Vgl. dazu Abschnitt 7.2.3 (Anm. 205).

[429] Nun muss allerdings der Begriff σάρξ (ebenso wie ἐπιθυμία in 19,3) nicht zwangsläufig eine sexuelle Bedeutung haben, wie unter anderem der paulinische Sprachgebrauch zeigt (vgl. dazu BULTMANN, Theologie, 232–246 und jüngst FREY, Notion). Der Kontext spricht aber hier für eine solche Interpretation. Vor allem 25,4 („στραφῆς ... πρὸς τὸν ἄνδρα σου") steht in enger Verbindung mit 25,3: οὐ μὴ ἐπιστρέψω (gleiche Wurzel!) εἰς τὴν ἀμαρτίαν τῆς σαρκός. FREY, a.a.O., 223 dürfte daher im Unrecht sein, wenn er meint, dass hier ein „pre-Essene view of sinful flesh" vorausgesetzt sei. Die Stelle wäre dann im Sinne einer dualistischen Anthropologie zu verstehen.

[430] JAGIĆ, Beiträge, 59. Weitere Belege (sowohl aus der rabbinischen als auch der altkirchlichen Literatur) bietet GINZBERG, Haggada, 222–225.

[431] ANDERSON, Celibacy verweist ferner auf GenR 19,3; b Jeb 63a und Jub 3,2–6. Bezüglich der zuletzt genannten Stelle stellt er aber fest, dass der sexuelle Verkehr dort vor dem Betreten des Paradieses stattfindet, während für die Rabbinen eher die Vorstellung von der Hochzeit Adams und Evas im Paradies bestimmend gewesen sei. GINZBERG (vgl. Haggada, 222–225 und Legends V, 134 Anm. 4) vertrat die These, dass die Annahme der Enthaltsamkeit der Protoplasten im Paradies die ältere jüdische Auffassung gewesen, nach deren Adaption durch das frühe Christentum aber von jüdischer Seite aufgegeben worden sei. ANDERSON (a.a.O.) beurteilt hingegen die Idee der paradiesischen Enthaltsamkeit als ein Produkt bestimmter Reinheitsvorstellungen im frühen Judentum.

Mit den zuerst genannten Stellen scheint gLAE die Auffassung zu teilen, dass es vor dem Fall keine Sexualität gab. Begründen lässt sich dies mit dem Hinweis in 15,3, wonach das Paradies in einen männlichen und einen weiblichen Teil aufgeteilt war und sich dazwischen eine Mauer befand.[432] Ferner wird in gLAE 1,2 berichtet, dass Adam (nach dem Verlassen des Paradieses) Eva „erkannte" (ἔγνω).[433] Letzte Sicherheit wird hier aber nicht zu gewinnen sein. Vorausgesetzt also, dass diese Deutung zutrifft, so lässt sich syrBar 56,6 als die am engsten verwandte Stelle betrachten, denn auch dort steht vor allem der Aspekt der nach dem Fall entstandenen Hinfälligkeit menschlichen Lebens, welcher sich auch in den Umständen der Geburt ausdrückt, im Mittelpunkt:

Denn als er (= Adam; Th.K.) übertreten hatte, ist der vorzeitige Tod gekommen, und Trauer ward genannt und Trübsal vorbereitet, die Krankheit ward geschaffen und Mühsal ward vollendet, und Prahlerei begann sich einzustellen. Es forderte das Totenreich Erneuerung durch Blut; es entstand das Kinderzeugen, und Leidenschaft der Eltern ward bewirkt, und die Erhabenheit der Menschheit ward erniedrigt, und die Güte schwand.

Dies leitet über zu GenR 20 (Wünsche, 91), wo die Schmerzen und Mühen der Geburt ebenfalls als Konsequenzen der Sexualität verstanden werden. Ähnlich wie in gLAE 25,3 wird auch dort davon gesprochen, dass die Frau in der Stunde der Geburt äußert, sie wolle künftig keinen sexuellen Verkehr mehr haben, was ihr aber von Gott verwehrt wird:

In der Stunde, wo das Weib auf dem Gebärstuhl sitzt (niederkommen soll), spricht sie: Ich will hinfort nichts mehr mit meinem Manne zu tun haben, allein Gott spricht zu ihr: Kehre nur immer wieder zu deinem Verlangen zurück, d.h. kehre zum Verlangen nach deinem Manne zurück.[434]

Zweifellos liegt hier eine gemeinsame Auslegungstradition von Gen 3,16 zugrunde,[435] da sowohl gLAE 25,3f. und syrBar 56,6 als auch GenR 20 sich

---

Die späteren Rabbinen hätten demgegenüber das Paradies nicht unter dem Aspekt der Reinheit, sondern des göttlichen Segens und der Freude betrachtet und die Sexualität im Paradies daher nicht verneint.

[432] Allerdings sind Adam und Eva damit keineswegs radikal voneinander getrennt, denn wie hätte sonst die Verführung Adams durch Eva (Kapitel 21) geschehen können. Beide konnten also offenbar zusammenkommen.

[433] Textkritisch ist dies freilich umstritten, da nur D und S diese Lesart bieten, die anderen lesen: „und Adam nahm (ἔλαβεν) Eva ..."

[434] Eine ähnliche Aussage finden wir in b Nidda 31b: „Seine Schüler fragten R. Simon b. Jochai: Weshalb sagt die Tora, daß eine Wöchnerin ein Opfer darbringe? Er erwiderte ihnen: Wenn sie zum Gebären niederkniet, schwört sie spontan, sich nie mehr ihrem Manne hinzugeben, daher sagt die Tora, daß sie ein Opfer bringe."

[435] Die Tatsache, dass weder GenR 20 noch b Nidda 31b (vgl. die vorangehende Anm.) von der „Sünde des Fleisches" sprechen (vgl. SWEET, Study, 101 Anm. 82), widerlegt

ausdrücklich auf Gen 3 beziehen. Gemeinsam ist allen drei Texten, dass sie
Gen 3,16 („auf deinen Mann hin wird dein Verlangen sich richten") gleichsam
als einen göttlichen Auftrag zur sexuellen Gemeinschaft von Mann und Frau
verstehen, der aber zugleich etwas von einer Strafe hat, da die Frau um jenes
Auftrags willen heftige Schmerzen zu erleiden hat, ja sogar zu Tode kommen
kann. Mit den genannten Paralleltexten wird aber fraglich, ob man gLAE
25,3f. tatsächlich als einen Beleg für die Herkunft unserer Schrift aus einem
asketischen Milieu auffassen darf, wie Sweet vermutet.[436] Weder ist der hier
vorgestellte Traditionszusammenhang spezifisch asketisch geprägt, noch darf
man ihn als prominent für die Theologie von gLAE betrachten. Er begegnet
hier eher beiläufig.

   E. *Sonstiges:* Schließlich ist noch auf einige Details unseres Textes zu
verweisen, deren traditionsgeschichtliche Hintergründe entweder bereits in
anderen Zusammenhängen behandelt wurden oder hier in aller Kürze behandelt werden können, da sie für die Interpretation des Textes wenig Gewicht haben. Ersteres trifft auf die Auflehnung der Tiere (24,3),[437] das Haus,
welches sich nicht vor seinem Baumeister verstecken könne (23,1),[438] die
Schlange als Gefäß Satans (26,1)[439] sowie das göttliche Gericht im Paradies[440]
zu. Letzteres betrifft die Vorstellung vom Baum des Lebens als einem besonderen Ort der Gegenwart Gottes[441] sowie den Verlust verschiedener
Glieder seitens der Schlange (26,2f.).[442]

8.4.5 Theologie

A. *Urzeitliches und endzeitliches Gericht:* Während das göttliche Gericht am
Ende der Weltzeit in gLAE vor allem als Begrenzung des irdischen Lebens
und der damit verbundenen Bedrängnisse erscheint und damit gleichsam zu
einem Heilsereignis wird,[443] hat sich das göttliche Gericht im eigentlichen

---

diese Annahme nicht. Die Texte müssen nicht notwendigerweise die gleichen Formulierungen benutzen, um den gleichen Sachverhalt auszudrücken.

[436] Vgl. SWEET, Study, 23 u.ö.

[437] Vgl. Abschnitt 6.2.4.

[438] Vgl. Abschnitt 8.2.4.D.

[439] Vgl. Abschnitt 7.2.4.D.

[440] Vgl. Abschnitt 8.2.4.A.

[441] Vgl. das Aufstellen des Thrones beim Baum des Lebens (22,4) mit slHen 8,3,
hebHen 5,1 und den weiteren bei BÖTTRICH, Henochbuch, 848 Anm. c zu 8,3 genannten
Belegen.

[442] Vgl. hierzu GenR 20 (die Schlange war mit aufrechtem Gang sowie Händen und
Füßen geschaffen, als Gott aber sein Urteil sprach, kamen Diensttengel und hieben ihr
Hände und Füße ab); TgPsJon Gen 3,14; PRE 14 (S. 99: die Schlange wird ihrer Füße
beraubt); Josephus Ant I,50 (die Schlange wird ihrer Sprache und ihrer Füße beraubt);
ApkAbr 23,5 (die Schlange hatte Hände und Füße, welche denen eines Menschen glichen).

[443] Vgl. gLAE 12,2; 26,4.

Sinne, nämlich als Ausdruck seines Zorns über die Sünde, bereits am Anfang der Zeit ereignet, und zwar vor dem Ausgang des Menschen aus dem Paradies. Dementsprechend trägt die Schilderung des Kommens Gottes Züge, die sonst im Kontext apokalyptischer Erwartungen begegnen.[444] Jenes Gericht markiert für die gesamte Schöpfung eine deutliche Zäsur zwischen dem Davor und Danach. Seither ist sie geprägt von Vergänglichkeit, Unfriede und Enge, und man hat sogar den Eindruck, dass mit jenem Wort Gottes, das seinerzeit im Paradies an Adam, Eva und die Schlange erging, im Grunde bereits alles über die Existenz der Schöpfung bis hin zu ihrer Erneuerung am Tag des Gerichts bzw. der Auferstehung gesagt ist und dem innergeschichtlich nichts mehr hinzugefügt werden kann. Dass es zwischen dem ersten und dem letzten Gericht einen irgendwie gearteten Prozess der allmählichen Verbesserung der menschlichen Lebensumstände geben könnte, ist dabei wohl von vornherein ausgeschlossen. Die Geschichte der Welt erscheint in jener Umklammerung vielmehr als ein äußerst statisches Phänomen, in dem es eigentlich – ganz im Sinne von Koh 1,9 – nichts Neues unter der Sonne geben könne. Das menschliche Leben nach jenem göttlichen Gericht im Paradies ist für unseren Erzähler durch Vergänglichkeit (25,1), Unfriede (24,3 und 26,4) und Enge (24,2–3; 25,2)[445] charakterisiert. Alle Hoffnung des Menschen kann sich daher nur auf jenen jüngsten Tag richten, an dem alle Beeinträchtigungen ein Ende haben werden.

B. Der Schatten des Todes: Der Zusammenhang von Sündenfall und Tod begegnete bereits in den vorangegangen beiden Abschnitten zu gLAE 5–8 sowie 9–13 und ist auch für den hier zu behandelnden Text charakteristisch. Der Tod erscheint als die schmerzlichste und bedrohlichste aller Widrigkeiten, welche das menschliche Leben seit dem Fall bestimmen, denn auf ihn hin scheinen alle Fäden zuzulaufen. Selbst die Sexualität steht gleichsam in seinem Bann, insofern sie für die Frau im Zusammenhang des Gebärens eine todbringende Situation bewirken kann. Freilich ist dies ein eigentümlicher Gedanke, der wohl die ganze Verkehrung der menschlichen Lebensumstände nach der ersten Übertretung zum Ausdruck bringen soll. Was ursprünglich dazu bestimmt war, Leben zu schaffen, kann jetzt Verderben bringen. Aus dieser Gefährdung der Frau durch das Gebären von Kindern schließt unser Erzähler offenbar, dass die sexuelle Vereinigung von Mann und Frau als eine Art Strafe zu betrachten sei, derer sich die Frau gern entledigen möchte, es aber nicht darf.[446] Vermutlich lag dies für ihn von daher nahe, dass er mit

---

[444] Zu verweisen ist hier u.a. auf die bereits erwähnte Nähe zu 1 Thess 4,16.

[445] Vgl. die Verben θλίβω (= zusammendrängen, einengen) und στενόω (= bedrängt sein) in 24,3 und das Substantiv ἀνάγκη (= Zwangslage, Bedrängnis) in 25,2.

[446] Die Aussage „du wirst dich wiederum zu deinem Mann wenden" ist meines Erachtens in diesem Sinne zu interpretieren. Die Frau ist nach Ansicht unseres Erzählers

Traditionen vertraut war, die Sexualität als etwas an sich Sündiges verstanden. Allerdings ist eine gewisse Spannung zwischen dem Verständnis der Sexualität als „Sünde des Fleisches"[447] einerseits und der Vorstellung von der Sexualität als göttlicher Strafe nach dem Fall andererseits nicht zu verkennen. Es erscheint abwegig, dass Gott dem Menschen sozusagen das permanente Sündigen auferlegt haben sollte, denn so müsste man ja schlussfolgern, wenn beide Vorstellungen identisch wären. Hier zeigt sich wiederum die Unausgeglichenheit der verschiedenen Traditionen, auf welche der Verfasser zurückgegriffen hat.

Das Bedrohtsein durch den Tod äußert sich daneben auch in der Erfahrung der Vergeblichkeit menschlicher Arbeit, auf die wohl in 24,2 angespielt ist, wenn es heißt, dass die Erde Adam den Lohn seiner Arbeit verweigern werde und er mit Mühe um seine Nahrung kämpfen müsse. Und auch die in 24,3 angekündigte Auflehnung der Tiere bedroht das Leben des Menschen, ebenso wie Bitterkeit (24,2), Hitze und Kälte (24,3). Es liegt auf der Hand, dass unser Erzähler im Hinblick auf das menschliche Leben in der Schöpfung mit düsteren Farben nicht spart. Er zeichnet ein Bild voller Bedrohungen und Ängste, voller Bedrückung und Mühsal. Allerdings sollte man nicht übersehen, dass es ein ganze Reihe von Zeugnissen aus jener Epoche gibt, die eine ähnliche Sicht des menschlichen Lebens zu erkennen geben. Für das frühe Judentum kann man hier an die Schilderung der Begegnung Abrahams mit dem Tod in TestAbr erinnern oder auch an die lapidare Feststellung des Sehers in 4Esr 7,116: „Besser wäre es, die Erde hätte Adam nie hervorgebracht!" („melius erat non dare terram Adam"). Aber auch die neutestamentlichen Autoren sparen nicht mit drastischen Schilderungen des menschlichen Lebens im Angesicht des Todes: Die gesamte Existenz der Schöpfung ist der Vergänglichkeit unterworfen worden (Rm 8,20) und der menschliche Leib dem Tod verfallen (Rm 7,24), wie überhaupt menschliches Leben sich im Schatten des Todes (Mt 4,16; Lk 1,79 [unter Rückgriff auf Jes 9,1 LXX])

---

unabänderlich jener Gefährdung durch das Gebären von Kindern unterworfen. Unterstützt wird diese Interpretation durch die Parallelüberlieferungen, welche den Text in der gleichen Weise verstehen. Vgl. armLAE (Stone) 44 (25,2–4): „You shall bear many children and at the time of birth you shall bring your life to an end and, from your great agonies and pains, you shall promise with your mouth and say, If I survive these agonies, I shall never go back to my husband. And when you emerge from the agonies, you shall return immediately to the earth. For you shall be condemned by your own mouth, since you promised when the pain was acute, I will never go back to this earth and then you returned to the same. In pain you shall bear children and in pity you shall return to your husband and he will rule over you" (ähnlich auch geoLAE).

[447] So interpretieren die meisten diese Wendung, vgl. u.a. SWEET, Study, 101 Anm. 82; BERTRAND, Vie [A], 129 und DE JONGE / TROMP, Life, 50.

ereignet.[448] Offenbar handelt es sich hierbei um eine für jene Zeit verbreitete Sicht des menschlichen Daseins, welche umso mehr die Frage nach dem Ausweg aus jener Zwangslage aufkommen ließ. Unser Text deutet einen solchen Ausweg nur ganz leise an, indem er auf die Begrenzung der Bedrängnisse durch das göttliche Eingreifen am Tag des Gerichts bzw. der Auferstehung[449] verweist. Dabei gründet sich die Hoffnung, dass jenes Eingreifen Gottes für den Menschen einen positiven Ausgang nehmen werde, auf den Schöpfungsgedanken: Gott, der Schöpfer des Menschen, werde sein Geschöpf nicht dem Verderben preisgeben (vgl. Abschnitt 6.3).

8.4.6 Synoptischer Vergleich

Während eine lateinische Parallele zu gLAE 22–26 gänzlich fehlt und slavLAE nur eine stark abgekürzte Fassung bietet – z.B. fehlen die Kapitel 24–26 vollständig –, entspricht der Text in armLAE (Stone) und geoLAE weitgehend dem griechischen. Allerdings enthalten die beiden zuletzt genannten Versionen wiederum eine ausdrücklich christliche Ergänzung. Das Urteil für die Schlange wird in 26,3 mit einer Christusverheißung verbunden:

armLAE (Stone) 44 (26,3): and your ears will not hear, and none of your limbs. A likeness of the cross will bring my son to the earth, because of him whom you deceived. Be disabled and broken because of the evil of your heart.
geoLAE 44 (26,3): Que tu n'aies plus ni oreilles ni ongles et qu'il ne te reste plus le moindre membre! Que te condamne la vénérable croix que mon fils prendra sur la terre, à cause du scandale (dont) tu as scandalisé Adam. Mais puisses-tu être de nouveau écrasé et brisé (?) à cause de la méchanceté de ton cœur.

Ferner enthalten beide Versionen in 24,3 einen gegenüber gLAE ausführlicheren Text[450] und weichen auch in der Darstellung des Engels, der die

---

[448] „Die nichtigende Kraft des Todes" wird „als schon das Leben beherrschend" verstanden, „der bevorstehende Tod hält das Leben im φόβος" (R. BULTMANN, Art. θάνατος κτλ, ThWNT 3, 7–25, 17).

[449] Die Wendungen „Tag des Gerichts" und „Tag der Auferstehung" werden in gLAE nahezu synonym gebraucht.

[450] armLAE (Stone) 44 (24,3): „and you shall have no rest; you shall hunger and you shall be sated and you shall be afflicted by bitterness then you shall eat of sweetness; you shall be tormented by heat and afflicted by cold; *you shall be pauperized and become great; you shall grow fat and you will be weakened*" (Hervorhebung von mir); geoLAE 44 (24,3): „Sois avec de nombreux soupirs, laboure à grand labeur et tu ⟨n'⟩auras ⟨pas⟩ de repos; tu auras faim et ⟨ne⟩ seras ⟨pas⟩ rassasié; tu souffriras à cause de l'amertume et tu ⟨ne⟩ seras ⟨pas⟩ rassasié; tu goûteras de la douceur; tu souffriras de la chaleur et pâtiras du froid; vous deviendrez pauvres et ⟨n'⟩aurez ⟨point⟩ de richesses; vous mangerez et n'engraisserez pas; vous vous réchaufferez au feu et ⟨n'⟩en aurez ⟨pas⟩ de chaleur. Vous chercherez à vous ⟨tremper⟩ dans les eaux et elles se retireront."

Trompete bläst, ab.[451] Die Motive für jene beiden zuletzt genannten Änderungen bleiben allerdings im Dunkeln, wie sich überhaupt ihr sekundärer Charakter schwer nachweisen lässt. Die christliche Ergänzung in 26,3 spricht aber ganz eindeutig dafür, den griechischen Text auch hier als älter zu betrachten.

8.5 Zusammenfassung

1. Die behandelten Texte zeigen, dass gLAE ein düsteres Bild des gegenwärtigen menschlichen Daseins zeichnet. Es ist geprägt von Krankheit, Schmerz, mühevoller Arbeit, Frost und Hitze, Unfriede und Vergänglichkeit. Die Ursache all dieser negativen Begleiterscheinungen des Lebens sieht der Erzähler in der Sünde Adams und Evas, welche das göttliche Gericht über die Schöpfung heraufbeschwor. Dieses Gericht Gottes wird in den Texten verschieden beschrieben. Es gilt als Ursache der Krankheit (gLAE 5–8), der Vertreibung aus dem Paradies (9–13) sowie der Mühe des menschlichen Broterwerbs, der Bedrohung durch wilde Tiere, der Schmerzen der Geburt, ja auch des sexuellen Verlangens (22–26). Gemeinsam ist allen drei Texten dabei aber ein Grundzug. Die Ursache der gegenwärtigen Not wird in dem urzeitlichen Ereignis des Sündenfalls gesehen, welches eine deutliche Zäsur zwischen der ursprünglichen Existenz des Menschen und seiner Gegenwart markiert.

2. Werden damit die Probleme des gegenwärtigen Daseins einer idealen Urzeit gegenübergestellt und somit als nicht ursprünglich vor Augen geführt, so ist andererseits zu beobachten, dass sie auch durch den Ausblick auf eine heilvolle Zukunft begrenzt werden. Diese Hoffnung zeigte sich vor allem in gLAE 13, noch deutlicher begegnet sie aber in gLAE 28; 33ff. und 41. Man kann daher von einer regelrechten Einklammerung der Gegenwart durch eine ideale Urzeit und eine heilvolle Endzeit sprechen, sodass das jetzige menschliche Leben gleichsam als ein Durchgangsstadium erscheint. Es zeigt sich hier ein Menschenbild, das von dem Aspekt der Fremdheit des Menschen in der Welt geprägt ist und für das vor allem das Woher und Wohin des Menschen, weniger aber seine gegenwärtige Existenz von Bedeutung ist.

3. Daran liegt es wohl auch, dass Fragen der Toraobservanz in gLAE so gut wie keine Rolle spielen und die ethische Weisung sehr im Bereich des Allgemeinen verbleibt (vgl. dazu vor allem Abschnitt 8.2.5.B). Die Ethik unserer Erzählung – wenn man denn von einer solchen überhaupt sprechen kann – ist streng defensiv orientiert. Innergeschichtlich kann der Mensch nicht mehr tun, als sich der Angriffe des Bösen zu erwehren (vgl. gLAE 28,4 und 30). Seine Hoffnung aber soll er auf das Eschaton richten, denn erst dann

---

[451] Nach armLAE (Stone) 44 (22,1) war es der Engel Gabriel, während geoLAE 44 (22,1) nur allgemein von „einem Engel" („un ange") spricht.

wird der Schöpfer seine Schöpfung aus dem Schatten des Todes befreien und die Plagen Adams aufheben.

4. Auch für die in diesem Kapitel untersuchten Texte hat sich gezeigt, dass das frühjüdische Kolorit der Überlieferung an nahezu allen Punkten mit Händen zu greifen ist und dass spezifisch christliche Elemente fehlen. Ebenso deutlich erwies sich nach meinem Eindruck wiederum die Priorität des griechischen Textes gegenüber den andern Versionen. Namentlich in den Parallelen zu gLAE 13 zeigte sich deren sekundärer Charakter.

Kapitel 9

Tod und Auferstehung: die Zukunft des Menschen

9.1 Einführung

In den vorangegangenen Kapiteln klang es bereits verschiedentlich an, dass nach Ansicht unseres Erzählers der Mensch ursprünglich unsterblich war. Erst als er zu sündigen begann, wurde der Tod zum Begleiter seines Daseins. Fortan ereignete sich das menschliche Leben gleichsam im ständigen Schatten des Todes. Im ersten der in diesem Kapitel zu untersuchenden Textabschnitte (gLAE 14) kommt diese Sicht des Todes prägnant zum Ausdruck, wenn Adam darüber klagt, dass Eva die Herrschaft des Todes über das ganze Menschengeschlecht heraufbeschworen habe. Ausdrücklich wird hier ein kausaler Zusammenhang zwischen Evas Übertretung und dem Tod hergestellt und der Gedanke eines Todesverhängnisses vertreten, welches seit der ersten Sünde auf der Menschheit liegt. Auch der zweite Text (gLAE 28) bringt die seit dem Sündenfall das menschliche Leben prägende Unabwendbarkeit des Todes zur Sprache. Adams Griff nach dem Baum des Lebens, von dessen Frucht er vor der Vertreibung aus dem Paradies kosten möchte, wird von Gott verhindert. Allerdings wird ihm für die Zukunft die Auferstehung verheißen, unter der Bedingung, dass er sich künftig vor allem Bösen bewahre. Die Macht des Todes erscheint in gLAE demnach weder als ursprünglich noch als ewig.

Von der Hoffnung auf die endzeitliche Überwindung des Todes ist auch der vierte zu untersuchende Textabschnitt (gLAE 41f.) geprägt, in welchem Adam die zukünftige Auferweckung der gesamten Menschheit ankündigt wird. Vorerst muss sein Leichnam jedoch im Grabe ruhen und zur Erde zurückkehren, von der er genommen worden war. Allerdings sind die Anschauungen über das menschliche Schicksal zwischen dem persönlichen Tod und der endzeitlichen Auferstehung der Toten in gLAE keineswegs einheitlich. Dem Ruhen in der Erde, welches in gLAE 41f. als eine Art Wartezustand erscheint, steht nämlich die andernorts zu beobachtende Anschauung von einer unmittelbar nach dem Tod stattfindenden Begegnung mit dem Schöpfer gegenüber. Hiervon spricht der dritte Text (gLAE 31f., vgl. aber auch Abschnitt 6.3), der hinsichtlich des Ausgangs jener Begegnung mit einer Mischung aus Hoffnung und Ungewissheit in die Zukunft blickt. Eine gewisse

Vermittlerrolle zwischen beiden Vorstellungen spielt dabei die Annahme der im Augenblick des Todes stattfindenden Trennung von Leib und Seele bzw. Geist,[1] welche jedoch nicht konsequent durchgehalten wird, wie wir bereits im Abschnitt 6.3 gesehen haben.

9.2 Die Herrschaft des Todes nach dem Sündenfall (gLAE 14)

9.2.1 Textrekonstruktion

14 (1b)[2] Ἦλθε[3] δὲ Σὴθ καὶ Εὔα[4] εἰς τὴν σκηνὴν ὅπου[5] ἔκειτο ὁ Ἀδάμ.[6] (2) Λέγει[7] Ἀδὰμ[8] τῇ Εὔᾳ·[9] ὦ Εὔα,[10] τί κατειργάσω ἐν ἡμῖν;[11] Ἐπήνεγκας[12] ἐφ᾽ ἡμᾶς[13] ὀργὴν μεγάλην,[14] ἥτις[15] ἐστὶν θάνατος[16]

---

[1] gLAE 13,6 versteht den Tod als Herausgehen (ἐξέρχομαι) der ψυχή, während 32,4 von der Erhöhung (ἀναφέρω) des Geistes (πνεῦμα) spricht. In 31,1 heißt es hingegen, dass Adam (!) noch einen Tag Zeit hatte, aus seinem Leib herauszugehen.

[2] IIIb bietet den ganzen Satz wesentlich ausführlicher (nach Q, Z mit geringfügigen Abweichungen): κατέβησαν δὲ Σὴθ καὶ ἡ μήτηρ αὐτοῦ λυπούμενοι πρὸς τὸν Ἀδὰμ λυπούμενοι μὲν ὅτι οὐδὲν ἐκομίζοντο χαιρόμενοι δὲ ἐπὶ τὰς ἐλπίδας αὐτῶν ἐν τῷ λέγειν αὐτοῖς ὁ θεὸς ὅτι ἐγὼ καταβήσομαι καὶ ὄψομαι αὐτὸν διηγήσαντο οὖν πάντα τῷ Ἀδὰμ ὅτι τὸ τέλος εἴληφεν ἡ ζωὴ αὐτοῦ καὶ ὅτι πρὸς τὸν θάνατον πορεύσεται τὰς δὲ πέντε ἡμέρας ἐκείνας ὁ Ἀδὰμ εἶναι χιλιάδας πέντε καὶ πεντακόσια ἔτη ἐν οἷς ὁ θεὸς σπλαγχνισθεὶς ἐλεήσει τὸ γένος τῶν ἀνθρώπων ἐπ᾽ ἐσχάτου τῶν ἡμερῶν τὴν γὰρ ἡμέραν κυρίου φησὶ χίλια ἔτη

[3] ἦλθε: S C ἦλθον

[4] ἦλθε δὲ Σὴθ καὶ Εὔα: a) B ὑπέστρεψεν δὲ Σὴθ μετὰ τῆς Εὔας | b) EWF (EW erg. ὅδε) Σὴθ καὶ ἡ Εὔα ἦλθον

[5] εἰς τὴν σκηνὴν ὅπου: B ἐν τῇ σκηνῇ ᾗ

[6] εἰς τὴν σκηνὴν ὅπου ἔκειτο ὁ Ἀδάμ: M ἐπὶ τὸν Ἀδάμ

[7] λέγει: a) B καὶ φήσι | b) F καὶ ἰδὼν αὐτοὺς εἶπε

[8] Ἀδάμ: fehlt in W ||| λέγει Ἀδάμ: E καὶ ἰδὼν αὐτοὺς ὁ Ἀδὰμ λέγει

[9] τῇ Εὔᾳ: B M πρὸς τὴν Εὔαν

[10] ὦ Εὔα: fehlt in VB K EW und bei TISCHENDORF || Gegen die Variante spricht die große Mehrheit der Handschriften sowie die Begründbarkeit der Auslassung durch Haplographie. ||| ὁ Ἀδὰμ τῇ Εὔᾳ ὦ Εὔα: fehlt in F

[11] ἐν ἡμῖν: a) D A W ἐν ὑμῖν | b) B εἰς ἡμᾶς | c) R ἐν ἐμοί | d) fehlt in F || Var a) ist offensichtlich auf die Verwechslung von η und υ zurückzuführen, da Adam sich ganz offensichtlich in die Folgen der Tat Evas mit eingeschlossen weiß.

[12] ἐπήνεγκας: V ἐπενέγκασα

[13] ἐφ᾽ ἡμᾶς: a) fehlt in B | b) R μοι | c) F ἡμῖν

[14] μεγάλην: fehlt in IIIb

[15] ἥτις: C ὅτι

[16] ὀργὴν μεγάλην ἥτις ἐστὶν θάνατος: a) R τὸν θάνατον | b) F θάνατον

κατακυριεύων[17] παντὸς τοῦ γένους[18] ἡμῶν.[19] (3)[20] Λέγει[21] Ἀδὰμ τῇ Εὔᾳ·[22] κάλεσον[23] πάντα[24] τὰ τέκνα[25] ἡμῶν[26] καὶ τὰ τέκνα τῶν τέκνων ἡμῶν[27] καὶ ἀνάγγειλον αὐτοῖς[28] τὸν τρόπον[29] τῆς παραβάσεως ἡμῶν.

9.2.2 Übersetzung

14 (1b) Es kam aber Seth und Eva zu der Hütte, wo Adam lag. (2) Spricht Adam zu Eva: O Eva, was hast du an uns getan? Großen Zorn hast du über uns gebracht, welcher ist der über unser ganzes Geschlecht herrschende Tod. (3) Spricht Adam zu Eva: Rufe alle unsere Kinder und Kindeskinder herbei und berichte ihnen die Art unserer Übertretung!

---

[17] κατακυριεύων: C κυριεύων

[18] κατακυριεύων παντὸς τοῦ γένους: B τοῦ γένους ||| παντὸς τοῦ γένους: a) fehlt in V | b) R τὸ γένος

[19] τί κατειργάσω ἐν ἡμῖν ἐπήνεγκας ἐφ᾽ ἡμᾶς ὀργὴν μεγάλην ἥτις ἐστὶν θάνατος κατακυριεύων παντὸς τοῦ γένους ἡμῶν: fehlt in M ||| ἥτις ἐστὶν θάνατος κατακυριεύων παντὸς τοῦ γένους ἡμῶν: IIIb ὅτι θάνατος κυριεύει τοῦ γένους τῶν ἀνθρώπων καὶ χωρισμὸς πικρὸς γενήσεται τούτου πᾶσιν ἀνθρώποις

[20] III bietet für den gesamten Vers einen stark abweichenden Text (nach Hs. I, die anderen Hss. mit geringfügigen Abweichungen): ἀπεκρίθη αὐτῷ ἡ Εὔα καὶ εἶπεν οἴμμοι κύριέ μου ὅτι ἠπατήθην πιστεύσασα τοῖς δολίοις ῥήμασι τοῦ ὄφεως (EW erg. καὶ ἐπήνεγκα θάνατον ἐπὶ σὲ καὶ ἡμᾶς) ταῦτα δὲ εἰπούσης αὐτῆς πρὸς αὐτὸν ἤρξαντο οἱ ἀμφότεροι κλαίειν πικρῶς καὶ μετὰ τὸ παύσασθαι αὐτοὺς τοῦ θρήνου ὑπὸ τῆς λύπης τῆς πολλῆς νικηθεὶς ὁ Ἀδὰμ ὕπνω κατηνέχθη

[21] λέγει: a) K²PG ἐξεῖπεν | b) R erg. πάλιν

[22] Ἀδὰμ τῇ Εὔᾳ: a) V BERTRAND αὐτῇ | b) B TISCHENDORF πρὸς αὐτήν | c) C αὐτοῖς || Die Varianten sind jeweils nur in einer Hs. bezeugt. Ferner darf der von mir bevorzugte Text als lectio difficilior gelten, da er zu einer Doppelung mit 14,3 führt.

[23] κάλεσον: a) K²PG λάλησον | b) R erg. μοι

[24] πάντα: a) fehlt in VK²PG R

[25] πάντα τὰ τέκνα: B ἅπαντας τοὺς παῖδας

[26] λέγει Ἀδὰμ τῇ Εὔᾳ κάλεσον πάντα τὰ τέκνα ἡμῶν: fehlt in D || Hier liegt offenbar eine Auslassung aufgrund einer Haplographie vor (vgl. das Ende von 14,2). Ähnlich urteilt NAGEL, Vie I, 6. MERK / MEISER, Leben, 825 folgen hingegen der Hs. D und übersetzen: „... welcher ist der Tod, der über unser ganzes Geschlecht herrscht [3] und unsere Kindeskinder." Diese Textform ist freilich in inhaltlicher Hinsicht problematisch, da „unser ganzes Geschlecht" für das Menschengeschlecht insgesamt steht und demnach der Zusatz „und unsere Kindeskinder" unnötig ist. Darüber hinaus würde sich der Auftrag an Eva dann ziemlich unvermittelt anschließen.

[27] καὶ τὰ τέκνα τῶν τέκνων ἡμῶν: a) fehlt in K²PG LC II | b) B καὶ τοὺς παῖδας αὐτῶν

[28] αὐτοῖς: a) R ἡμῖν | b) fehlt in M

[29] τρόπον: G τόπον

9.2.3 Textanalyse

Der kurze Abschnitt 14,1b–3 fungiert als Bindeglied zwischen 5–14,1a und 15–30, wobei der Beginn eines neuen Abschnitts in 14,1b durch den Ortswechsel angezeigt wird. Nicht ganz so eindeutig ist die Abgrenzung nach hinten zu entscheiden. Man könnte nämlich auch fragen, ob nicht bereits mit 14,3 ein neuer Abschnitt beginnt, da zwischen 14,2 und 14,3 in inhaltlicher Hinsicht eine eindeutige Zäsur zu beobachten ist. Dagegen spricht allerdings, dass gLAE 14 insgesamt sich als Rahmenstück nachweisen lässt, da es die in Kapitel 4 herausgearbeiteten typischen Rahmenelemente enthält.[30] Ferner spricht manches dafür, dass in 15,1ff. eine ursprünglich selbständige Überlieferung vorliegt.[31] Wenn dies zutrifft, wäre es schwer vorstellbar, dass sie mit einer (dann völlig unvermittelten) Aufforderung Adams begonnen hätte.

Kapitel 14 lässt sich daher mit guten Gründen als ein selbständiger Teil betrachten, der vom Erzähler als Brücke zwischen der erfolglosen Paradiesreise und dem Bericht Evas vom Sündenfall konzipiert wurde und aus drei Teilen besteht. Nach der Einleitung, welche den Ort der Handlung sowie die beteiligten Personen benennt, folgen zwei Aussprüche Adams, jeweils eingeleitet durch λέγει Ἀδὰμ τῇ Εὔᾳ. Ganz offensichtlich stehen beide Aussprüche in keinem engeren Zusammenhang, sondern wirken eher aneinander gereiht. Während 14,2 nämlich vor allem an der Herrschaft des Todes nach dem Fall interessiert ist[32] und damit einen sinnvollen Abschluss der Kapitel 5–13 bildet, verschiebt 14,3 den Akzent auf den Hergang der Übertretung. Zwar enthält auch die Erzählung Evas in 15–30 Hinweise auf die durch jene Übertretung heraufbeschworene Macht des Todes,[33] die Hauptintention besteht aber hier darin, die Art und Weise der Verführung kundzutun, damit die Nachkommen künftig in der Lage wären, das Böse zu meiden (gLAE 30).

9.2.4 Quellen und Traditionen

Wenn in gLAE 14,2 Eva dafür verantwortlich gemacht wird, dass sie den Tod über das Menschengeschlecht heraufbeschworen habe, so ist damit eine bestimmte Interpretation von Gen 3,19 vorausgesetzt, der zufolge der Tod nach der ersten Übertretung über die gesamte Menschheit verhängt wurde.

---

[30] Nach einer „Rückblende" zu Adams Krankenlager folgt seine Klage, und schließlich wird mit einem Auftrag zum folgenden Abschnitt übergeleitet.

[31] Für diese Annahme spricht die Beobachtung, dass die Abschnitte gLAE 5–13 und 15–30 einerseits weitgehend parallel aufgebaut sind und die gleichen Themen behandeln, sich andererseits aber an verschiedenen Punkten widersprechen. Zu den Einzelheiten vgl. Abschnitt 4.1.1.

[32] WELLS, Books, 145 betrachtet die Aussage von der Herrschaft des Todes über das ganze Menschengeschlecht als eine sekundäre Glosse, wofür sich aber keine Indizien benennen lassen. WELLS selbst bleibt eine Begründung für seine Annahme schuldig.

[33] Dies gilt vor allem für Kapitel 28 (vgl. dazu Abschnitt 9.3).

Wie im Folgenden zu sehen sein wird, handelt es sich hierbei um eine Anschauung, die sowohl in der jüdischen als auch christlichen Literatur breite Zustimmung erlangte. Umstritten ist freilich, ob sie sich tatsächlich bereits in der biblischen Erzählung von der ersten Übertretung finden lässt.[34] Die besten Argumente sprechen nach meinem Eindruck für die zwischen einem radikalen pro und contra vermittelnde Position, welche in Gen 2–3 eine polyseme Deutung des Todes findet.[35] Einerseits kommt der Tod dort nämlich tatsächlich unter dem Gesichtspunkt der Strafe in den Blick,[36] andererseits erscheint er aber auch als „Grenze für die Mühsal der menschlichen Arbeit"[37] und ist in Gen 3,22 offensichtlich als eine natürliche Gegebenheit vorausgesetzt. Wie man Gen 2–3 im Detail auch beurteilen mag, von einem durch die erste Übertretung erwirkten Todesverhängnis wird man hier noch nicht sprechen können.

Das erste ausdrückliche Zeugnis für ein solches seit Adam und Eva auf der Menschheit lastendes Verhängnis ist nach allgemeiner Anschauung Sir 25,24, eine Stelle, die wir bereits in anderen Zusammenhängen kennen gelernt haben.[38] Weitere frühe Belege sind SapSal 2,24, wo aber nicht Eva, sondern

---

[34] Dass in Gen 3,19 der Tod als Strafe für die Sünde dargestellt werde, behaupten W. ZIMMERLI, 1. Mose, Zürich [5]1991 (ZBK.AT 1,1), 177f.; H. LIETZMANN, An die Römer, Tübingen [5]1971 (HNT 8), 61, E. STAUFFER, Art. εἰς, ThWNT 2, 432–440, 434 u.a. Die gegenteilige Position findet sich hingegen bei C. WESTERMANN, Genesis. Bd. 1, Neukirchen-Vluyn 1974 (BK 1,1), 363; H. GUNKEL, Genesis, Göttingen [6]1964 (HK 1,1), 22f.; BRANDENBURGER, Adam, 45–48 u.a. Einen guten Überblick über die Forschungsgeschichte gibt WESTERMANN, a.a.O., 362f. In neuerer Zeit scheint sich allerdings die Mittelposition durchzusetzen, welche u.a. bereits G. VON RAD, Das erste Buch Mose, Göttingen [12]1987 (ATD 2/4), 68 vertreten hat. Demnach finden sich in Gen 3 beide Gedanken verbunden, der Tod erscheint sowohl als Strafe als auch als naturgegeben. Vgl. dazu die folgenden Ausführungen.

[35] Vgl. dazu vor allem MÜLLER, Deutungen, 120–122. Ferner sind hier neben VON RAD (vgl. Anm. 34), RUPPERT, Genesis I, 162, SEEBASS, Genesis I, 114f. und K. H. RICHARDS, Art. Death, Old Testament, AncBibDic 2, 109 zu nennen.

[36] Zu beachten ist hier vor allem das Tat-Folge-Schema in Gen 2,17 und 3,17–19. Ferner ist die Erzählung insgesamt vom Wissen um einen erlittenen Verlust geprägt, welcher in Form der Kontrastierung zur Sprache kommt. Vgl. 2,9 (die Bäume, die begehrenswert anzusehen und gut zu essen waren) mit 3,18 (Dornen und Disteln); 2,19f. (die Tiere als Partner des Menschen) mit 3,15 (Feindschaft zwischen Mensch und Tier) und 2,15 (JHWH setzt den Menschen in den Garten) mit 3,23f. (JHWH vertreibt den Menschen daraus).

[37] WESTERMANN, a.a.O. (Anm. 34), 363. Dafür spricht vor allem, dass Gen 3,19 im Zusammenhang von 3,14–19 zu sehen ist. Die Strafen von 3,14–19a beziehen sich gerade nicht auf den Tod, sondern auf das „belassene Leben" (BRANDENBURGER, Adam, 46).

[38] Vgl. Abschnitt 7.4.4.

der Teufel als Urheber des Todes erscheint,[39] und slHen 30,16f.[40] Bemerkenswert ist, dass sich keiner der genannten Belege auf Adam bezieht, sondern dass Eva oder der Teufel für die Herrschaft des Todes verantwortlich gemacht werden, ein Sachverhalt, den wir ja auch in gLAE 14 finden. Andere Texte übertragen hingegen die Verantwortlichkeit für das Todesverhängnis allein auf Adam. Breit entfaltet findet sich diese Anschauung in den um 100 n. Chr. entstandenen und in inhaltlicher Hinsicht sehr eng verwandten Apokalypsen 4Esr und syrBar.[41] Dass sie aber älter ist, zeigen ähnliche Äußerungen bei Paulus.[42] Daher kann man schwerlich von einem zeitlichen Nacheinander beider Interpretationslinien von Gen 3 ausgehen,[43] vielmehr scheinen beide Linien – wie später auch in der rabbinischen Literatur[44] – parallel zu verlaufen.

---

[39] Φθόνῳ δὲ διαβόλου θάνατος εἰσῆλθεν εἰς τὸν κόσμον.

[40] „... damit auch der Tod durch die Frau zu ihm käme." Auch äthHen 69,11 weiß um die ursprüngliche Unsterblichkeit des menschlichen Geschlechts, betrachtet deren Verlust aber als Folge des Engelfalls.

[41] Vgl. 4Esr 3,7; 7,118 und syrBar 17,3; 23,4; 54,15; 56,6.

[42] Vgl. 1 Kor 15,21f.; Rm 5,12–21.

[43] So urteilt BRANDENBURGER, Adam, 54–58, der sich dabei allerdings weniger auf die Frage nach Adam oder Eva konzentriert, sondern in syrBar und 4Esr eine Relativierung des auf der früheren Überlieferungsstufe eschatologisch verstandenen Todesverhängnisses durch einen doppelten Todesbegriff zu sehen vermeint. Während die früheren Belege, namentlich gLAE 14, „nicht nur die Befristung des irdischen Lebens zu meinen" scheinen (51), entscheiden für syrBar und 4Esr über Leben und Tod im eschatologischen Sinn „allein die verantwortlichen Taten der Menschen selbst" (58). Meines Erachtens lässt sich allerdings kein einziger frühjüdischer Beleg für den Gedanken eines nicht vom einzelnen Menschen selbst verschuldeten eschatologischen Todes benennen. gLAE 14 muss hier als Beleg ausscheiden (vgl. dazu den Abschnitt Theologie), Sir lässt sich nicht sicher bestimmen, wie BRANDENBURGER selbst feststellt (51), und SapSal lässt nach BRANDENBURGER bereits in Tendenz zur Abschwächung jenes eschatologischen Todesverhängnisses durch die zugestandene ethische Wahlfreiheit erkennen (eine „Abwandlung", die allerdings hinfällig wird, wenn eindeutige Belege für das Abzuwandelnde fehlen!). Auch slHen versteht das Todesverhängnis nicht in eschatologischem Sinne, vielmehr wird jeder „nach dem Maß" seinen Lohn empfangen am Tag des Gerichts (vgl. 44,5 und 51,3). Ein weiterer Unterschied zwischen den früheren Belegen und 4Esr / syrBar besteht nach BRANDENBURGER darin, dass in Letzteren im Unterschied zu „so isolierten und fragmentarischen Bemerkungen wie Sir 25,24 und SapSal 2,24" die Vorstellung des durch Adam verursachten Verhängnisses „völlig in den Gesamtzusammenhang eingeschmolzen ist" (56). Das bedeutet aber nicht notwendigerweise, dass hier ein Gegensatz vorliegt, vielmehr scheint bereits hinter Sir 25,24 eine (den Adressaten bekannte) ausgearbeitete theologische Konzeption zu stehen, da die Aussage gerade aufgrund ihrer Beiläufigkeit eine solche voraussetzt, will sie nicht unverständlich bleiben.

[44] Vgl. das Material bei STRACK / BILLERBECK, Kommentar III, 227–230. Allerdings gibt es in der rabbinischen Literatur auch die strikte Ablehnung eines Todesverhängnisses, vgl. ebd.

Die Unterscheidung zwischen einem „mythologisch-dualistischen Vor-
stellungszusammenhang", in welchem nach Brandenburger „der Gedanke
eines auf die gesamte Nachkommenschaft der ersten Menschen sich erstre-
ckenden Todesverhängnisses" zuerst begegnet,[45] und der späteren, durch ein
„umfassendes Geschichtsbild"[46] geprägten Gedankenwelt von 4Esr und
syrBar scheint mir aus diesem Grund nicht unproblematisch zu sein,[47] zumal
die genannten Stellen den Gedanken des Todesverhängnisses meist nur beiläufig erwähnen.[48] Mit hinreichender Sicherheit erlauben es die Belege aber,
davon auszugehen, dass der Gedanke eines von Adam und Eva herrührenden
Todesverhängnisses im frühen Judentum weite Verbreitung gefunden hatte.

9.2.5 Theologie

Nach Ansicht unseres Erzählers gehörte die Wirklichkeit des Todes nicht
ursprünglich zur Schöpfung, sondern sie wurde durch Adam und Eva heraufbeschworen. Deren Übertretung hatte das göttliche Zornesgericht[49] zur Folge,
welches in der Verhängung des Todes bestand. Im Verlauf der bisherigen
Erzählung war der Tod nahezu von Anfang an immer präsent, aber erst hier
wird er als die letzte und bitterste aller Konsequenzen der Übertretung im
Paradies ausdrücklich benannt. Angesichts der erfolglosen Reise zum Paradies, welche ja gerade das Ziel hatte, das Leiden des vom Tode bedrohten
Adams zu mildern, wirkt dessen Klage in 14,2 als resignatives Eingeständnis
der Unabwendbarkeit des Todes. Seit der ersten Sünde steht der Tod am
Ende jedes menschlichen Lebens, und seine Herrschaft scheint unaufhaltsam.
Mit dem Begriff der Herrschaft kommt die ganze Verkehrung der menschlichen Lebensverhältnisse durch den Sündenfall zum Ausdruck, denn nach
Gen 1,28 LXX und Sir 17,4 kam das Herrschen (κατακυριεύειν) ursprünglich dem *Menschen* zu, jetzt ist er selbst vom Herrschersein eines anderen
betroffen: ὁ θάνατος κατακυριεύων.

Nun stellt sich allerdings die Frage, wie jene Herrschaft genau zu verstehen
ist und (vor allem) wie weit sie reicht. Egon Brandenburger äußerte die
Vermutung, dass gLAE 14 wohl mehr meine als die Befristung des irdischen
Lebens,[50] bleibt allerdings eine Begründung für diese Vermutung schuldig.

---

[45] BRANDENBURGER, Adam, 50.
[46] BRANDENBURGER, Adam, 54.
[47] Zur Diskussion der vermeintlichen Unterschiede zwischen beiden Konzeptionen vgl.
Anm. 43.
[48] Ungeachtet dieser Kritik an einzelnen Urteilen BRANDENBURGERS, bleibt seine
Darstellung meines Erachtens aufgrund der Fülle und übersichtlichen Darbietung des
Materials auch künftig bedeutsam.
[49] Vgl. E. SJÖBERG / G. STÄHLIN u.a., Art. ὀργή, ThWNT 5, 382–448, 415 sowie zum
Zorn Gottes auch gLAE 8,1; 16,4; 18,2; 21,4 und 26,1.
[50] BRANDENBURGER, Adam, 51, ähnlich HARNISCH, Verhängnis, 70.

Die entgegengesetzte Position vertrat H. Wahle, die meinte, dass hier nur vom physischen, nicht aber vom eschatologischen Tod die Rede sei.[51] Aber auch bei ihr fehlt eine Begründung für dieses Urteil. Für die eschatologische Interpretation könnte man anführen, dass ὀργή in der frühjüdischen Literatur durchaus in eschatologischer Bedeutung begegnet.[52] Allerdings spricht der Kontext gegen eine solche Interpretation. Mehrfach wird Adam ja gerade die endzeitliche Aufhebung des nach der Übertretung verhängten Todesurteils verheißen. Vor allem sind hier gLAE 28,4 und 41,2 zu beachten.[53] Aber auch an vielen anderen Stellen ist deutlich, dass der Tod in gLAE nicht als letztes Wort Gottes betrachtet wird.[54] Die Herrschaft des Todes, welche sich nach gLAE 14,2 über das ganze Menschengeschlecht erstreckt, bezieht sich daher auf das irdische Leben. In dieser Hinsicht ist sie unausweichlich, nicht aber im Hinblick auf das menschliche Schicksal nach dem physischen Tode. Hier gibt es durchaus Hoffnung auf ewiges Leben (vgl. 28,4).

Wie hat man sich nun aber den Zusammenhang zwischen der Tat der ersten Menschen und dem Tod des Menschengeschlechts genau vorzustellen? Kann die eine Tat Evas (und Adams) den Tod *aller* zur Folge haben? Otto Michel sprach in diesem Zusammenhang von den „Denkformen der apokalyptisch bestimmten Weisheitslehre", wonach es bestimmte Ereignisse gäbe, „die schicksalhafte Gewalt in sich tragen".[55] Allerdings bietet er für diese Anschauung keine konkreten Beispiele aus den Quellen, sodass seine Behauptung kaum nachprüfbar ist. Richtig scheint mir aber auf jeden Fall gesehen, dass das Schwergewicht hier auf der konkreten menschlichen *Tat* und weniger auf der *Natur* des Menschen liegt. Der Tod ist in erster Linie eine Folge menschlichen Tuns. Vorausgesetzt ist hier die Anschauung vom urzeitlichen Gericht Gottes, welche bereits in Kapitel 8 zur Sprache kam.[56] Nachdem Adam und Eva gesündigt hatten, kam Gott ins Paradies, um über beide Gericht zu halten, und zu den Auswirkungen dieses Gerichts zählt auch der Tod. Deshalb kann dieser ja auch ausdrücklich mit dem Zorn Gottes in Verbindung gebracht werden (gLAE 14,2). Nun galt dieses Gericht Gottes allerdings nicht allein Adam und Eva, sondern veränderte die gesamte Schöpfung, wie wir bereits in verschiedenen Zusammenhängen gesehen haben. Daher brachte es nicht nur über Adam und Eva selbst den Tod, sondern über das gesamte

---

[51] Vgl. WAHLE, Erbsündenlehre, 138 und SCHELKLE, Schuld, 22f.

[52] Vgl. dazu SJÖBERG / STÄHLIN, a.a.O. (Anm. 49), 415.

[53] Vgl. auch die Rede vom „Tag der Auferstehung" in 10,2 und 43,2.

[54] Vgl. vor allem die Schilderung der Begnadigung Adams in gLAE 33–37 sowie das „Jetzt nicht" in 13,3, welches die Erfüllung der Bitte Seths um das paradiesische Heilmittel für Adam für einen späteren Zeitpunkt ausdrücklich offen lässt (ähnlich gLAE 28,3).

[55] O. MICHEL, Der Brief an die Römer, Göttingen [12]1963 (KEK 4), 145.

[56] Vgl. Abschnitt 8.4.5.A.

Menschengeschlecht. Freilich ist damit nicht der Gedanke der individuellen Verantwortlichkeit aufgehoben, vielmehr stehen die Protoplasten hier repräsentativ für die gesamte Menschheit, in ihrem Handeln ist das Tun der kommenden Generationen bereits mit abgebildet. Der Tod des Menschen wird demnach in gLAE als Folge seiner eigenen Sünde verstanden, und von daher scheint auch noch einmal neues Licht auf die Rolle Evas in unserem Text. Sie hat in erster Linie eine *repräsentative* Funktion, so wie sie selbst den Tod heraufbeschwor, trägt ein jeder für sich die Verantwortung für die Herrschaft des Todes. Nur war sie eben die erste, die das göttliche Gebot übertrat, und mit ihr wurde deshalb die Regentschaft des Todes *eröffnet*.

9.2.6 Synoptischer Vergleich

A. Die Motivation der Klage Adams: Der griechische Text berichtet in 14,1 lediglich, dass Eva und Seth zum Krankenlager Adams zurückkehren, woraufhin ziemlich unvermittelt dessen Klage folgt. Abgesehen vom slavischen Text, der ganz eigene Wege geht, bieten die anderen Versionen hier eine verbesserte Fassung der Erzählung, insofern sie die Klage Adams jeweils auf ihre Weise zu motivieren versuchen. latLAE 44,1 lässt auf die Rückkehr Evas und Seths zunächst deren kurzen Bericht über die vorangegangenen Ereignisse folgen, durch den Adam erfährt, dass Seth von einer Schlange gebissen wurde. Daraufhin klagt Adam Eva an, das Fehlverhalten und die Sünde – wie eine Plage – über alle Generationen gebracht zu haben.[57] Mit dem Hinweis auf die Verwundung Seths ist die Klage Adams in einen neuen Zusammenhang gestellt worden. Sie bezieht sich jetzt nicht mehr auf die erfolglose Paradiesreise, sondern auf den Angriff der Schlange.[58] In ähnlicher Weise bringt auch geoLAE 44,1 die Klage Adams mit der Verwundung Seths in Zusammenhang: „et Adam pleurait à cause de la blessure de la bête et il dit à Ève ...". armLAE (Stone) hingegen berichtet, dass Adam sich an die Übertretung erinnerte und daraufhin in seine Klage verfiel.[59] Liefern die anderen Versionen damit jeweils ein Motiv für die Klage Adams, so ist zugleich deutlich, dass sie damit auch deren Sinn verändern. Dies lässt sich auch an verschiedenen Abwandlungen erkennen, die sie an der Klage selbst vornehmen.

B. Bedeutungsverschiebungen in der Klage Adams: Keine der anderen Versionen spricht nämlich ausdrücklich davon, dass Eva den Tod über das Menschengeschlecht gebracht habe. Vielmehr ist hier von einer „Plage"

---

[57] „... induxisti nobis plagam, delictum et peccatum in omnem generationem nostram."

[58] Zu beachten ist auch, dass nur die lateinische Version das Tier, welches Seth angegriffen hat, als Schlange versteht (siehe Abschnitt 6.2.6) und sich in dieser Hinsicht als sekundär erweist.

[59] armLAE (Stone) 44,1: „Adam remembered about the transgression of the eating of the tree, and he said to Eve ...".

(latLAE, siehe oben), einer „sort of pain" (armLAE [Stone] 44,2) oder „un mal" (geoLAE 44,2) die Rede. Zweifellos handelt es sich dabei um eine Bedeutungsverschiebung, die kaum ursprünglich ist. Adams Klage über den Tod, welcher durch den Sündenfall zur Herrschaft gekommen und künftig unabwendbar ist, passt nämlich wesentlich besser in den Gesamtzusammenhang der Kapitel 5–14. Die Reise zum Paradies war ja gerade durch den bevorstehenden Tod Adams motiviert und nach ihrem erfolglosen Ausgang ist die Klage Adams über die Macht des Todes nur folgerichtig. Im slavischen Text fehlt die Klage Adams schließlich völlig. Hier wird lediglich berichtet, dass Adam „stark seufzte" und sich einen Kranz aus den Zweigen flocht, welche Seth und Eva aus dem Paradies mitgebracht hatten. Diese Veränderung steht im Zusammenhang damit, dass die Paradiesreise in slavLAE in ganz eigener Weise verstanden wird, wie wir bereits gesehen haben.[60]

9.3 Der Baum des Lebens (gLAE 28)

9.3.1 Textrekonstruktion

28^{61} (1)[62] Στραφεὶς δὲ[63] πρὸς τὸν ᾿Αδὰμ εἶπεν·[64] οὐκ ἀφήσω[65] σε ἀπὸ[66] τοῦ νῦν εἶναι[67] ἐν τῷ παραδείσῳ.[68] (2) Καὶ ἀποκριθεὶς[69] ὁ ᾿Αδὰμ[70] εἶπεν· κύριε, δός[71] μοι ἐκ[72] τοῦ φυτοῦ[73] τῆς ζωῆς ἵνα φάγω πρὶν ἢ[74] ἐκβληθῆναί με.[75] (3) Τότε ὁ κύριος ἐλάλησε πρὸς τὸν ᾿Αδάμ·[76] οὐ

---

[60] Vgl. Abschnitt 8.3.6.

[61] Das gesamte Kapitel fehlt in II.

[62] Der gesamte Vers fehlt in IIIc.

[63] στραφεὶς δέ: a) V καὶ λέγει ὁ κύριος | b) KP erg. πάλιν | c) B LC BERTRAND erg. ὁ κύριος ‖ Var c) ist nur schwach bezeugt und sachlich nicht zwingend.

[64] εἶπεν: KP λέγει

[65] ἀφήσω: S ἐάσω ‖ S steht hier allein gegen den Rest der Hss.

[66] ἀπό: T ἐν

[67] εἶναι: fehlt in KPB C

[68] ἐν τῷ παραδείσῳ: C εἰς τὸν παράδεισον

[69] ἀποκριθείς: fehlt in V F

[70] ὁ ᾿Αδάμ: H ὁ πατὴρ ὑμῶν

[71] κύριε δός: IIIb κύριε ἐκβαλεῖς με ἀπὸ τοῦ παραδείσου κέλευσον δοθῆναι

[72] ἐκ: KP IIIb ἀπό

[73] φυτοῦ: KP ξύλου

[74] πρὶν ἤ: a) VPK T III (außer Z) πρίν | b) C πρὸ τοῦ

[75] ἐκβληθῆναί με: a) B ἐκβληθῶ | b) T erg. ἐκ τοῦ παραδείσου | c) EF ἐκβαλεῖς με (F erg. ἔξω τοῦ παραδείσου κύριε)

[76] πρὸς τὸν ᾿Αδάμ: a) fehlt in V C | b) P IIIb πρὸς αὐτόν | c) B αὐτῷ | d) IIIa HE πρὸς τὸν πατέρα ὑμῶν ᾿Αδάμ

λήψῃ[77] νῦν[78] ἀπ'[79] αὐτοῦ,[80] ὡρίσθη γὰρ[81] τῷ χερουβὶμ[82] καὶ τῇ φλογίνῃ ῥομφαίᾳ τῇ στρεφομένῃ[83] φυλάσσειν αὐτὸ[84] διὰ σὲ[85] ὅπως μὴ γεύσῃ[86] ἀπ' αὐτοῦ καὶ[87] ἀθάνατος ἔσῃ εἰς τὸν αἰῶνα.[88] (4)[89] Ἔχεις δὲ[90] τὸν πόλεμον ὃν ἔθετο[91] ὁ ἐχθρὸς ἐν σοί,[92] ἀλλ'[93] ἐξερχομένου[94] σου ἐκ[95] τοῦ παραδείσου,[96] ἐὰν φυλάξῃς ἑαυτὸν[97] ἀπὸ παντὸς κακοῦ ὡς βουλόμενος ἀποθανεῖν,[98] ἀναστάσεως πάλιν γενομένης ἀναστήσω σε

---

[77] λήψῃ: C γεύσῃ

[78] νῦν: a) fehlt in KP AT H | b) L οὖν | c) C ἀπὸ τοῦ νῦν

[79] ἀπ': B C ἐξ

[80] οὐ λήψῃ νῦν ἀπ' αὐτοῦ: a) E νῦν οὖν 'Αδὰμ διὰ σὲ ταῦτα πάντα ἐποίησα διὰ σὲ τὴν χάριν καὶ δόξαν τὴν τοιαύτην ἐχάρισα σὺ δὲ ἠθέτησάς με ἄρατε αὐτὸν ἔξω | b) F διὰ σὲ ταῦτα ἐποίησα σοὶ δὲ ταῦτα ἐχαρίσθη σὺ δὲ ἠθέτησάς με ἄρατε αὐτὸν ἔξω

[81] ὡρίσθη γάρ: a) S ὡρίσθη νῦν | b) F καὶ ἔστη || S steht hier allein.

[82] ὡρίσθη γὰρ τῷ χερουβίμ: B προσέταξα δὲ τὰ χερουβίμ ||| χερουβίμ: KP σεραφίμ

[83] τῷ χερουβὶμ καὶ τῇ φλογίνῃ ῥομφαίᾳ τῇ στρεφομένῃ: KP IIIa HE τὰ χερουβὶμ καὶ ἡ φλογίνη ῥομφαία ἡ στρεφομένη ||| τῇ στρεφομένῃ: fehlt in V F

[84] φυλάσσειν αὐτό: KP φρουρεῖν αὐτόν

[85] ὡρίσθη γὰρ τῷ χερουβὶμ καὶ τῇ φλογίνῃ ῥομφαίᾳ τῇ στρεφομένῃ φυλάσσειν αὐτὸ διὰ σέ: fehlt in IIIb

[86] γεύσῃ: P σπεύσῃ

[87] γεύσῃ ἀπ' αὐτοῦ καί: IIIb γευσάμενος

[88] αὐτὸ διὰ σὲ ὅπως μὴ γεύσῃ ἀπ' αὐτοῦ καὶ ἀθάνατος ἔσῃ εἰς τὸν αἰῶνα: a) H αὐτὸν διὰ σέ (Der Rest von Kap. 28 fehlt.) | b) EF τὴν πύλην αὐτοῦ (Der Text setzt dann erst in 29,1 [E] bzw. 29,2 [F] wieder ein.) ||| τὸν αἰῶνα: K τοὺς αἰῶνας

[89] Der gesamte Vers fehlt in K und IIIc. BERTRAND hat eine veränderte Verszählung, 28,4 beginnt erst mit ἀλλ' ἐξερχομένου σου.

[90] δέ: IIIa erg. καί

[91] ἔθετο: a) P ἔθηκεν | b) T ἔδωκεν | c) Q ἔχει

[92] ἐν σοί: a) T σοί | b) C ἐποίησεν ||| ἔχεις δὲ τὸν πόλεμον ὃν ἔθετο ὁ ἐχθρὸς ἐν σοί: fehlt in V

[93] ἀλλά: a) fehlt in B | b) IIIa καί

[94] ἐξερχομένου: B ἐξελθόντος

[95] ἐκ: B ἀπό

[96] ἐξερχομένου σου ἐκ τοῦ παραδείσου: IIIb ἐξερχόμενος δέ

[97] ἑαυτόν: a) IIIa BERTRAND σεαυτόν | b) T αὐτόν || Var a) ist zwar grammatisch besser, doch ist ἑαυτόν als Ersatz für die erste oder zweite Person Singular nicht gänzlich ungewöhnlich (Belege bei BAUER / ALAND, Wörterbuch, 428 sv ἑαυτοῦ 2).

[98] ὡς βουλόμενος ἀποθανεῖν: a) P ὡς βουλόμενόν σε ἀποθανεῖν μετὰ θάνατον | b) B ὡς μέλλων ἀποθανεῖν | c) fehlt in T | d) L erg. καὶ μετὰ τὸ θάνατον | e) IIIa erg. μετὰ τὸ ἀποθανεῖν σε | f) IIIb erg. σε

καὶ[99] δοθήσεταί σοι[100] ἐκ[101] τοῦ ξύλου τῆς ζωῆς καὶ ἀθάνατος ἔσῃ[102] εἰς τὸν αἰῶνα.[103]

9.3.2 Übersetzung

28 (1) Er (= der Herr) wandte sich aber zu Adam und sprach: Ich werde nicht zulassen, dass du in Zukunft[104] im Paradies verbleibst.[105] (2) Und Adam antwortete und sprach: Herr, gib mir vom Gewächs des Lebens, damit ich (davon) esse, bevor ich hinausgeworfen werde.[106] (3) Darauf redete der Herr zu Adam: Du darfst jetzt nicht von ihm nehmen, es wurde nämlich dem Keruben und dem zuckenden Flammenschwert[107] bestimmt, es wegen dir zu bewachen, damit du nicht von ihm[108] kosten und in Ewigkeit unsterblich sein wirst. (4) Du hast aber den Kampf, welchen der Feind dir auferlegt[109] hat. Wenn du dich aber dann, wenn du herausgehst aus dem Paradies, bewahrst vor allem Bösen, als einer, der zu sterben bereit ist,[110] werde ich dich, wenn die Auferstehung abermals geschehen ist,[111] auferwecken. Und es wird dir vom Holz des Lebens gegeben werden, und du wirst in Ewigkeit unsterblich sein.

9.3.3 Textanalyse

A. *Textabgrenzung:* Bereits im Zusammenhang der Auslegung von Kapitel 27[112] habe ich darauf hingewiesen, dass die Kapitel 27–29 eine inhaltliche Einheit bilden, die sich in drei Teile aufgliedern lässt und durch die dreimalige Aussage, dass Adam und Eva nicht länger im Paradies verbleiben dürfen (27,1; 28,1; 29,1), strukturiert wird. Die Aufteilung dieses Abschnitts in kleinere Teile lässt sich daher vor allem mit dem Umstand begründen, dass

---

[99] καί: a) B erg. τότε | b) fehlt in C | c) IIIa erg. ἐκ τότε

[100] σοι: P ἔτη

[101] ἐκ: B ἀπό

[102] ἀθάνατος ἔσῃ: P ἀθανατήσεις

[103] καὶ ἀθάνατος ἔσῃ εἰς τὸν αἰῶνα: fehlt in B IIIb

[104] Mit BAUER / ALAND, Wörterbuch, 1104 sv νῦν III.

[105] Wörtlich: bist.

[106] Die Übersetzung von MERK / MEISER, Leben, 839 „bevor du mich herauswirfst" ist meines Erachtens etwas zu frei (Infinitiv Passiv).

[107] Die Wendung τῇ φλογίνῃ ῥομφαίᾳ τῇ στρεφομένῃ entstammt Gen 3,24 und wird von SEEBASS, Genesis I, 100 so übersetzt.

[108] „Von ihm" fehlt in der Übersetzung von MERK / MEISER, Leben, 839, wird aber von allen Hss. der Textfamilie I sowie von IIIa geboten.

[109] Wörtlich: in dir gelegt (oder: gesetzt).

[110] Ähnlich auch MERK / MEISER, Leben, 840 „in der Bereitschaft zu sterben" und FUCHS, Leben, 523 „zu sterben bereit" (dort allerdings mit Fragezeichen versehen).

[111] Statt „wenn die Auferstehung abermals geschehen ist" übersetzen MERK / MEISER, Leben, 540 „in der Zeit der Auferstehung".

[112] Vgl. den Abschnitt 7.3.3.

jeder der Teile einen eigenen inhaltlichen Schwerpunkt aufweist. Kapitel 27 behandelt die Vertreibung unter dem Gesichtspunkt der göttlichen Gerechtigkeit. Kapitel 28 betont dagegen die sich aus der Vertreibung ergebende Notwendigkeit des Todes. Und Kapitel 29 widmet sich schließlich der Frage, wie der Mensch nach der Vertreibung überhaupt weiterleben könne.[113]

B. *Struktur:* gLAE 28 lässt einen dreiteiligen Aufbau erkennen und trägt gewisse Züge eines Rechtsstreits an sich:

1. Gottes Urteil: Adam kann nicht länger im Paradies bleiben (28,1)
2. Adams Milderungsversuch: Bitte um die Frucht vom Baum des Lebens (28,2)
3. Gottes Zugeständnis: Bestätigung des Urteils, aber Zugeständnis einer späteren Aufhebung unter bestimmten Bedingungen (28,3–4)

Gegenstand der Verhandlung zwischen Gott und Adam ist die Frage der Abwendbarkeit oder Nicht-Abwendbarkeit des Todes nach der erfolgten Übertretung des göttlichen Gebots. Der Abschnitt kommt, nicht untypisch für gLAE, ohne größere Umschweife zur Sache und lässt ausschmückende Elemente völlig vermissen. Dennoch geht der Erzähler nicht ungeschickt vor. Er führt nämlich die Erkenntnis, dass der Tod mit der Vertreibung aus dem Paradies in einem unmittelbaren Zusammenhang steht und daher unabwendbar ist, gleichsam durch die Hintertür ein. Gott hatte ja zunächst nur von der Notwendigkeit der Vertreibung gesprochen und den Tod überhaupt nicht erwähnt. Adam versucht daraufhin, vor der Vertreibung, die er ausdrücklich akzeptiert („bevor ich hinausgeworfen werde" 28,2), noch vom Baum des Lebens zu essen. Wenigstens dieses Zugeständnis könnte ihm Gott gewähren, so lautet der darin verborgene heimliche Appell. Adam scheint es zunächst nicht bewusst zu sein, dass er mit der (wenn auch indirekten)[114] Einführung des Todes in den Dialog die härteste und letzte Konsequenz der von Gott verordneten Vertreibung aus dem Paradies selbst benennt. Wird der Wunsch nach der Frucht vom Baum des Lebens nämlich als zum gegenwärtigen Zeitpunkt unerfüllbar abgewiesen („du darfst jetzt nicht von ihm nehmen" [28,3]), so kommt damit zugleich die unauflösliche Zusammengehörigkeit von Vertreibung und Tod in den Blick.

Von hier aus wird deutlich, dass Gottes Urteil: Du kannst nicht länger im Paradies bleiben, zugleich bedeutet: Du kannst nicht länger unsterblich sein.[115] Adams Bitte erscheint so gesehen als ein Versuch, das göttliche Urteil

---

[113] Dabei geht es sowohl um das Verhältnis zu Gott, dem Adam künftig Opfer bringen will, damit er ihn erhöre (29,3), als auch die Frage der Nahrung (Gott gibt Adam und Eva Samen aus dem Paradies, vgl. 29,5f.).

[114] Adam sagt ja nicht ausdrücklich, dass sein Ziel die Unsterblichkeit sei, das sagt erst Gott selbst im nächsten Vers.

[115] Es ist nicht ganz deutlich, ob Adam vor der Übertretung vom Baum des Lebens essen durfte. Die Formulierung „damit du nicht von ihm kosten und in Ewigkeit unsterb-

zu umgehen, und sie führt eher zu einer schärferen Formulierung des Urteils als zu dessen Abmilderung. Dennoch bleibt das Ansinnen Adams nicht ohne Erfolg, denn Gott schränkt jetzt sein Urteil ausdrücklich ein. Was gegenwärtig nicht möglich ist, wird für die Zukunft als möglich hingestellt.[116] Die Schwere des jetzigen Urteils wird damit eindeutig abgemildert, und die Einwilligung in seine Gültigkeit (ὡς βουλόμενος ἀποθανεῖν)[117] erscheint geradezu als eine Voraussetzung für seine künftige Zurücknahme. Allerdings ist die Zusage, später einmal vom Lebensbaum essen zu dürfen, eindeutig an eine Bedingung geknüpft, dass Adam nämlich künftig im Kampf mit dem „Feind" bestehe und sich vor allem Bösen bewahre.[118]

9.3.4 Quellen und Traditionen

A. Gen 3 als Vorlage: Es ist bereits darauf hingewiesen worden, dass die gesamte Erzählung Evas (15–30) eng an Gen 3 angelehnt ist und der biblischen Vorlage zum Teil wörtlich entspricht. Auf unseren Text bezogen sind es die Verse Gen 3,22 und 3,24, die als Grundlage gedient haben.[119] Bedeutsam sind beim Vergleich beider Texte aber vor allem die Unterschiede, die zeigen, in welcher Weise gLAE 28 den Genesistext neu zur Sprache bringt. Während es nämlich in Gen 3,22–24 gerade darum geht, den Griff Adams nach dem Baum des Lebens zu verhindern, steht in gLAE 28 die Verheißung der Frucht des Lebensbaumes für die Zukunft im Vordergrund. Das Motiv der göttlichen Sorge, Adam könne auch die letzte Grenze zwischen Gott und Mensch überwinden, welches in Gen 3 die Vertreibung aus dem Paradies motivierte, ist hier verschwunden, vielmehr erscheint die Vertreibung und der damit verbundene Tod als Strafe für die Übertretung. Ein kleines Detail erscheint mir dabei besonders bedeutsam. In Gen 3,22 geht es darum zu verhindern, dass der Mensch ewig lebe (μήποτε ἐκτείνῃ ... καὶ ζήσεται εἰς τὸν αἰῶνα), während gLAE 28,3 von der Notwendigkeit des Todes spricht (ὅπως μὴ γεύσῃ ... καὶ ἀθάνατος ἔσῃ εἰς τὸν αἰῶνα). Nicht die Befürch-

---

lich sein wirst", mit der Gott die Ablehnung der Bitte Adams begründet, lässt das Gegenteil vermuten. Andererseits scheint ganz eindeutig vorausgesetzt zu sein, dass Adam und Eva vor der Übertretung unsterblich waren, da doch die Notwendigkeit des Sterbens ausdrücklich mit dem Verlassen des Paradieses in Verbindung gebracht wird (28,4). Auch in gLAE 14,2 werden Adam und Eva als ursprünglich unsterblich dargestellt.

[116] Zu beachten ist vor allem die Parallelität von 28,3 Ende und 28,4 Ende.

[117] Bemerkenswert ist, dass diese Wendung in den Konditionalsatz eingebaut ist, und damit zu einer Voraussetzung des künftigen Zugangs zum Baum des Lebens wird.

[118] Mehr dazu im Abschnitt Theologie.

[119] Da unser Erzähler den biblischen Text hier wiederum recht frei gebraucht, gibt es keine sicheren Anhaltspunkte bezüglich der Frage, ob er den hebräischen oder den griechischen Text von Gen 3 vor sich hatte, wenn er ihn denn nicht gänzlich aus dem Gedächtnis zitierte.

tung, dass der Mensch das ewige Leben erlangen könnte, sondern der Umstand, dass er die Unsterblichkeit verlieren muss, steht demnach hier im Mittelpunkt. Dementsprechend kommt das menschliche Verlangen nach dem Baum des Lebens nicht vor dem Beschluss der Vertreibung in den Blick, sondern erst nachdem jene bereits feststeht.[120] Ferner wird es nicht aus der Perspektive Gottes – der Mensch soll nicht vom Baum des Lebens essen, damit der Unterschied zwischen Gott und Mensch bestehen bleibt –, sondern aus der Perspektive des Menschen – er möchte trotz der notwendigen Vertreibung aus dem Paradies seine Unsterblichkeit bewahren – thematisiert. Damit ist auch deutlich, dass sich das Verständnis des Lebensbaumes gegenüber Gen 3 verändert hat. Diente er dort in seiner Unzugänglichkeit gleichsam als Symbol für die Grenze zwischen Gott und Mensch, so ist er hier zu einer Art Heilmittel geworden, welches die Folgen der Sünde, die in der Mächtigkeit des Todes gipfeln, heilen soll. Dementsprechend will Gott nicht den Zugang zum Baum des Lebens generell versperren, sondern er muss ihn dem Menschen (vorübergehend) verwehren, nicht aber ohne die künftige Abänderung dieses Zustandes in Aussicht zu stellen. Es lässt sich also zusammenfassend sagen, dass gLAE 28 im Vergleich mit Gen 3,22–24 einen Prozess der Eschatologisierung des Lebensbaumes erkennen lässt. Dass sich ähnliche Tendenzen auch andernorts im frühen Judentum beobachten lassen, zeigt der folgende Abschnitt.

B. *Der Lebensbaum als Lohn der Gerechten:* Dass der Baum des Lebens – wie auch das Paradies im Allgemeinen – von Gott als zukünftiger Lohn für die Gerechten aufbewahrt werde, ist ein Gedanke, der in der frühjüdischen Literatur nicht selten begegnet[121] und von dort aus auch Eingang in die Schriften des Neuen Testaments gefunden hat.[122]

1. äthHen 25,4f.:[123] „und dieser wohlriechende Baum: kein Sterblicher hat die Macht, ihn zu berühren bis zum großen Gericht; wenn er alles vergelten und vollenden wird für die Ewigkeit, (dann) wird er den Gerechten und Demütigen übergeben werden. Von seiner Frucht erwächst den Auserwählten das Leben."
2. 4Esr 8,52: „Denn für euch ist geöffnet das Paradies, gepflanzt der Lebensbaum ..." („vobis enim apertus est paradisus, plantata est arbor vitae").
3. TestXII Levi 18,10f.: „Und er (Gott) wird die Tore des Paradieses öffnen und wird das gegen Adam drohende Schwert entfernen. Und er wird den Heiligen vom Baum des Lebens zu essen geben" (καίγε αὐτὸς ἀνοίξει τὰς θύρας τοῦ παραδείσου καὶ στήσει τὴν

---

[120] Vgl. gLAE 28,2 „damit ich (davon) esse, bevor ich hinausgeworfen werde."
[121] Vgl. LEVIN, Tree, 187f.: „There is one distinctive interpretation of the tree of life in Jewish apocalyptic and midrashic writings: the tree of life is an eschatological tree of healing and immortality which is reserved for the rightous in the new age."
[122] Vgl. Offb 2,7 und 22,14.
[123] Vgl. auch äthHen 32,3; 60,23; 61,12; 77,3.

ἀπειλοῦσαν ῥομφαίαν κατὰ τοῦ ᾿Αδὰμ καὶ δώσει τοῖς ἁγίοις φαγεῖν ἐκ τοῦ ξύλου τῆς ζωῆς).

4. slHen 9,1 „Dieser Ort [= das Paradies], Henoch, ist für die Gerechten bestimmt."

Die ältere rabbinische Literatur kennt hingegen nach Ginzberg diese Vorstellung nicht.[124] Dass gLAE 28,4 sich somit gut in die Gedankenwelt der frühjüdischen Eschatologie einfügt, lässt sich über die inhaltlichen Parallelen hinaus auch in formaler Hinsicht belegen. Nach Münchow[125] darf nämlich eine „konditionale Mahnung mit futurischer Apodosis", wie wir sie in gLAE 28,4 finden, zu den typischen Formen apokalyptischer Ethik gerechnet werden. Das spezifisch Apokalyptische gegenüber weisheitlichen Vorbildern, wie z.B. Hiob 22,23–27 und Sir 6,32f., besteht in der Verlagerung der Folge auf das Eschaton.[126]

9.3.5 Theologie

A. Die Notwendigkeit des Todes: gLAE 28 bringt noch einmal die Unabwendbarkeit des Todes zur Sprache, die wir bereits in anderen Zusammenhängen kennen gelernt haben. Sie wird ähnlich wie in gLAE 13 in der Weise vor Augen geführt, dass eine Bitte, welche die Wirklichkeit des Todes einschränken oder gar ganz aufheben sollte, von Gott ausdrücklich abgelehnt wird. Gegenüber gLAE 5–14 setzt Kapitel 28 aber einen anderen Akzent. Wurde der Tod dort auf die von Gott verhängten 70 Plagen zurückgeführt,[127] so erscheint er hier als Folge der Vertreibung aus dem Paradies. Die Anordnung der Vertreibung aus dem Paradies trug bereits das Todesurteil für die Protoplasten in sich,[128] und ein vom Tode unbeeinträchtigtes Leben scheint es offensichtlich nur im Paradies gegeben zu haben. Es ist daher auch folgerichtig, dass die künftige Auferstehung mit der Verheißung eines neu eröffneten Zugangs zum Paradies in Verbindung gebracht wird. Der geschilderte Zusammenhang von Tod und Vertreibung lässt zugleich erkennen, wie der Tod in gLAE verstanden wird. Er ist etwas Fremdes, der menschlichen Natur

---

[124] Vgl. GINZBERG, Legends V, 105 Anm. 96; vgl. zum Ganzen LEVIN, Tree; J. SCHNEIDER, Art. ξύλον, ThWNT 5, 36–40, 40; GOODENOUGH, Symbols VII, 126f.; BOUSSET / GRESSMANN, Religion, 284f.

[125] Vgl. MÜNCHOW, Ethik, 115f.

[126] Vgl. a.a.O., 116: „Formen der weisheitlichen Mahnung [werden hier] durch Zuordnung zum apokalyptischen Zeitverständnis derart modifiziert, dass sie deutlich die für die ethische Belehrung in der Apokalyptik konstitutive Verbindung von Ethik und Eschatologie ausdrücken."

[127] Zumindest gilt dies für den jetzigen Textzusammenhang. Vieles spricht allerdings dafür, dass hier verschiedene, ursprünglich selbständige Traditionen verbunden worden sind.

[128] Den Zusammenhang von Vertreibung und Tod habe ich bereits im Abschnitt Textanalyse herausgearbeitet.

ursprünglich nicht Eigenes und wird als Verlust der anfänglichen Unversehrt-
heit menschlichen Lebens aufgefasst. Die Ursache für jenen Fall aus der
ursprünglichen Unsterblichkeit wird hier nicht noch einmal ausdrücklich
benannt; sie ist aber aus dem Kontext problemlos zu erschließen und bereits
mehrfach Gegenstand meiner Untersuchungen gewesen: Es war die Übertretung des göttlichen Gebots durch Adam und Eva, welche das göttliche
Strafurteil heraufbeschwor, das im Tod seine letzte Konsequenz findet.[129]

   B. Die Verheißung des Lebensbaumes: Wie das Eintreten des Todes in die
Welt mit dem Verlust des Paradieses in unmittelbarem Zusammenhang stand,
so wird nach gLAE 28 die zukünftige Auferstehung mit der Wiedereröffnung
des Paradieses einhergehen. Dann wird der Lebensbaum nicht länger un-
zugänglich sein, sondern den Gerechten als Speise dienen. Neben gLAE 41,2
finden wir hier den Gedanken, dass die urzeitlichen Zustände in der Endzeit
durch Gott erneuert werden, am deutlichsten ausgesprochen. Nun begegnet
allerdings diese Zusage im Zusammenhang eines Konditionalsatzes. *Wenn*
Adam sich künftig vor allem Bösen hüte, dann werde ihm die Frucht des
Lebensbaumes zuteil werden. Bertrand hat hieraus geschlossen, dass gLAE
28,4 nicht von einer allgemeinen Auferstehung der Toten ausgehe, sondern
einzig von der Auferstehung der Gerechten spreche. Darin sei ein Gegensatz
zu 41,2 (bei Bertrand 41,3) und 43,2 zu sehen, wo die erstgenannte Anschauung vertreten werde.[130] Gegen diese Vermutung spricht jedoch, dass alle
anderen Stellen, welche in gLAE die Hoffnung auf die Auferstehung der
Toten bezeugen (10,2; 41,2; 43,2), diese ganz eindeutig auf alle Menschen
beziehen. Diese allgemeine Auferstehung ist verbunden mit dem endzeitlichen
Gericht, wie der synonyme Gebrauch der Wendungen „Tag des Gerichts" und
„Tag der Auferstehung" zeigt.[131] Nichts spricht daher dagegen, dass man auch
gLAE 28,4 in diesem Sinne interpretiert: Bei der allgemeinen Auferstehung
der Toten wird den Gerechten der Zugang zum Lebensbaum eröffnet werden.
Die Frage, was dann mit den Ungerechten geschieht, spielt hingegen in den
Augen unserer Erzählers offenbar keine wesentliche Rolle, da wir in der

---

[129] Die verschiedenen Aspekte des göttlichen Gerichts (8,2: 70 Plagen; 10ff.: Auflehnung der Tiere; 13: Verlust des Zugangs zum paradiesischen Öl; 14,2: Herrschaft des
Todes; 24: Mühsal der Arbeit, Frost und Hitze; 25: Gefahren des Kindergebärens; 27–29:
Vertreibung aus dem Paradies) sollten allerdings im Allgemeinen nicht zu sehr vonein-
ander isoliert werden, auch wenn sie auf verschiedene Traditionen zurückgehen dürften.
Es handelt sich jeweils um verschiedene Ausdrucksformen des einen Sachverhalts: Mit
dem Fall ist der Mensch seiner ursprünglichen Existenzweise verlustig gegangen, und sein
Dasein ist seitdem durch vielfältige Beeinträchtigungen geprägt.

[130] Vgl. BERTRAND, Vie [A], 132.

[131] Ähnlich SWEET, Study, 188; CAVALLIN, Leben, 271; VOLZ, Eschatologie; 243 und
STRACK / BILLERBECK, Kommentar IV/2, 1171.

gesamten Erzählung nichts darüber erfahren.[132] Überhaupt ist gLAE 28,4, wenn ich recht sehe, die einzige Stelle, welche die Möglichkeit eines doppelten Ausgangs des Gerichts andeutet. Meines Erachtens ist die Ursache hierfür darin zu sehen, dass gLAE im Allgemeinen recht pessimistisch hinsichtlich der Gerechtigkeit des Menschen denkt und durchweg dessen Sündhaftigkeit betont. Dementsprechend wird die Möglichkeit eschatologischen Heils in erster Linie im Glauben an den Schöpfergott gesucht, der sich am Ende seines Geschöpfes in gnädiger Zuwendung annehmen werde. gLAE 28,4 ist daher wohl vor allem als eine Erinnerung daran aufzufassen, dass die in der gesamten Erzählung stark akzentuierte Barmherzigkeit Gottes dessen Gericht nicht ausschließt und der Mensch daher keineswegs ethisch beliebig handeln darf.

C. Das menschliche Leben als Kampf: Das menschliche Leben zwischen Verlust und Wiedergewinnung des Paradieses wird daher mit dem Begriff des Kampfes (πόλεμος) beschrieben. Damit ist zur Sprache gebracht, dass der Mensch sich gleichsam permanent in einer ethischen Entscheidungssituation befindet. Bemerkenswert dabei ist, dass die Aufgabe, welche dem Menschen damit zuteil wird, eine defensive ist. Er soll sich bewahren vor allem Bösen. Offensichtlich wird der ethische Kampf des Menschen hier vor allem durch die ständige Bedrohung durch das Böse charakterisiert, derer es sich zu erwehren gilt. Das passt gut zu der in Kapitel 7 herausgearbeiteten Sicht der Sünde, welche vor allem die Gefährdung des Menschen durch äußerliche Einflüsse, namentlich in der Gestalt des Satans, hervorhebt und damit den Menschen in erster Linie als Opfer betrachtet.[133] Dessen ungeachtet liegt es dennoch in der persönlichen Verantwortung des Menschen, wenn er dem Angriff des Bösen unterliegt, sodass er zugleich auch Täter, nicht nur Opfer ist. Obgleich unser Erzähler also den Aspekt der Bedrohung durch das Böse betont, geht er dennoch von der ethischen Entscheidungsfreiheit[134] des Menschen aus.

9.3.6 Synoptischer Vergleich

Während der lateinische und der slavische Text keine Entsprechung zu gLAE 28 bieten, enthalten armLAE (Stone) und geoLAE einen weitgehend parallelen Text. Im Vergleich mit dem griechischen Text sind dabei folgende Punkte bemerkenswert, die wiederum für dessen Priorität sprechen:

1. Vers 28,1 fehlt im armenischen Text, was meines Erachtens aber kaum ursprünglich sein dürfte, da die mit armLAE (Stone) eng verwandte georgische Version den Vers

---

[132] Ähnlich SWEET, Study, 188.
[133] Detailliert entfaltet wurde diese Sicht in der Auslegung von gLAE 15–21 (vgl. Abschnitt 7.2).
[134] Ähnlich SWEET, Study, 103 Anm. 83 und WAHLE, Erbsündenlehre, 163.

enthält und der griechische Text, wie ich an anderer Stelle gezeigt habe, durch den dreifachen Ausweisungsbefehl Gottes (27,1; 28,1; 29,1)[135] strukturiert ist.

2. Sowohl der armenische als auch der georgische Text erweitern die Erzählung in 28,3f. Die Ablehnung der Bitte Adams wird hier mit dem Hochmut Adams motiviert, der daraus erwachsen könne, wenn Adam vom Baum des Lebens esse.[136] Meines Erachtens handelt es sich hier um ein Missverständnis des griechischen Textes, der in keiner Weise davon spricht, dass Adam den Kampf, der ihm auferlegt wurde, nicht bestehen soll.

3. Im armenischen Text wird schließlich das Böse, dessen sich Adam enthalten soll (wie gLAE hier auch geoLAE), detailliert beschrieben: „guard yourself from slander, from harlotry, from adultery, from sorcery, from the love of money, from avarice and from all sins" (44 [28,4]). Ganz offensichtlich handelt es sich hierbei um eine sekundäre Erweiterung.

9.4 Adams Tod (gLAE 31,1–4; 32,3–4)

9.4.1 Textrekonstruktion

31[137] (1) Ταῦτα δὲ εἰποῦσα ἐν μέσῳ[138] τῶν υἱῶν αὐτῆς[139] κοιμωμένου τοῦ Ἀδὰμ ἐν τῇ νόσῳ αὐτοῦ,[140] ἄλλην[141] δὲ εἶχεν[142] μίαν ἡμέραν ἐξελθεῖν ἐκ τοῦ σώματος αὐτοῦ.[143] (2) Καὶ λέγει τῷ Ἀδὰμ[144] ἡ Εὔα·

---

[135] Vgl. dazu den Abschnitt Textanalyse.

[136] armLAE (Stone) 44 (28,3): „... lest you should eat more of it and become immortal and say ‚Behold, I shall not die‘; and you will be boastful of it and be victorious in the war which the enemy has made with you"; geoLAE 44 (28,3) „... ne deviennes immortel et ne te vantes en disant ‚Je ne mourrai pas pour l'éternité‘; mais tu mèneras le combat que l'ennemi a mené contre toi."

[137] Die Verse 1–2 fehlen in II.

[138] ἐν μέσῳ: Β μέσον

[139] εἰποῦσα ἐν μέσῳ τῶν υἱῶν αὐτῆς: a) C εἶπεν ἡ Εὔα τῶν τέκνων αὐτῆς | b) IIIc εἶπεν πρὸς τοὺς υἱοὺς αὐτῆς (αὐτῆς: E αὐτῶν) ἡ Εὔα

[140] ἐν τῇ νόσῳ αὐτοῦ: Β ἐκ τῆς συνεχούσης αὐτὸν ἀρρωστίας

[141] ἄλλην δέ: PG ἀλλά

[142] εἶχεν: S ἔσχεν || S steht hier allein und ist daher wohl nicht ursprünglich.

[143] κοιμωμένου τοῦ Ἀδὰμ ἐν τῇ νόσῳ αὐτοῦ ἄλλην δὲ εἶχεν μίαν ἡμέραν ἐξελθεῖν ἐκ τοῦ σώματος αὐτοῦ: a) IIIa κοιμωμένου τοῦ Ἀδὰμ ἐν τῇ νόσῳ αὐτοῦ πάλιν ἔκλαυσεν ὁμοίως δὲ καὶ οἱ υἱοὶ αὐτῆς μετ᾽ αὐτῆς καὶ μετὰ τὸ ἡσυχάσαι αὐτοὺς διυπνίσθη ὁ Ἀδάμ | b) IIIb ἔκλαυσεν σὺν αὐτοῖς καὶ μετὰ τὸ ἡσυχάσαι αὐτοὺς μικρὸν διυπνίσθη ὁ Ἀδάμ | c) IIIc bietet ebenfalls einen stark abweichenden Text, der allerdings sehr schlecht überliefert ist und seinen Sinn kaum noch verrät. ||| ἄλλην δὲ εἶχεν μίαν ἡμέραν ἐξελθεῖν ἐκ τοῦ σώματος αὐτοῦ: a) Β μετὰ ἡμέραν μίαν ὀφείλοντος αὐτοῦ ἀποθνήσκει | b) fehlt in T ||| αὐτοῦ: fehlt in AC und bei TISCHENDORF || αὐτοῦ ist wesentlich stärker bezeugt als die Variante (alle Hss. von Ia).

[144] τῷ Ἀδάμ: a) Β πρὸς αὐτόν | b) TC III (außer Z) αὐτῷ | c) Z αὐτῇ

διὰ τί[145] ἀποθνήσκεις[146] κἀγὼ ζῶ, ἢ[147] πόσον χρόνον[148] ἔχω ποίησιν[149] μετὰ θάνατόν σου,[150] ἀνάγγειλόν μοι;[151] (3) Τότε[152] λέγει ὁ Ἀδὰμ τῇ Εὔᾳ·[153] μὴ θέλε φροντίζειν[154] περὶ πραγμάτων,[155] οὐ γὰρ βραδυνεῖς[156] ἀπ᾽[157] ἐμοῦ,[158] ἀλλ᾽ ἴσα[159] ἀποθνήσκομεν οἱ ἀμφότεροι[160] καὶ αὐτὴ

---

[145] διὰ τί: a) B πῶς | b) TC erg. σύ | c) IIIb ἰδού

[146] ἀποθνήσκεις: III erg. σύ

[147] ἢ: a) S εἰπέ μοι | b) P καί | c) T διά | d) IIIb ἀνάγγειλόν μοι κύριέ μου | e) fehlt in EF || Gegen Var a) spricht, dass sie nur von einer einzigen Hs. bezeugt ist (anders MERK / MEISER, Leben, 844).

[148] πόσον χρόνον: B πόσους χρόνους

[149] ἔχω ποίησιν: a) VG AT IIIa IIIb H BERTRAND NAGEL TISCHENDORF ἔχω ποιῆσαι | b) P ἔχω θέλω ποιῆσαι (so die Hs., der genaue Sinn bleibt unklar) | c) B θέλω ζῆσαι | d) C ἔχω ζῆσαι | e) EF ποιήσω || Die sehr stark bezeugte Var a) steht hier gegen S und L, weswegen eine sichere Entscheidung schwer möglich ist. Für die Lesart von S spricht, dass sie als lectio difficilior zu gelten hat.

[150] μετὰ θάνατόν σου: a) fehlt in B | b) AT TISCHENDORF μετὰ τὸ ἀποθανεῖν σε || TISCHENDORF entschied sich seinerzeit mit guten Gründen für die Hs. A (B lässt hier ein Stück Text aus, C bietet einen verdorbenen Text [μετὰ τοῦ θανάτου σου], D ist ausgefallen), aus heutiger Sicht jedoch ist der von mir bevorzugte Text wesentlich stärker bezeugt und daher demjenigen TISCHENDORFS überlegen.

[151] ἀνάγγειλόν μοι: a) fehlt in AT IIIb | b) L erg. ἢ τί μοί ἐστιν μετὰ τὸ ἀποθανεῖν σε | c) IIIc ἀπάγγειλόν μοι

[152] τότε: a) B IIIb καί | b) fehlt in C

[153] ὁ Ἀδὰμ τῇ Εὔᾳ: a) B ὁ Ἀδὰμ πρὸς αὐτήν | b) IIIb αὐτῇ | c) HE αὐτῇ Ἀδάμ ||| τότε λέγει ὁ Ἀδὰμ τῇ Εὔᾳ: F ὁ Ἀδὰμ εἶπε

[154] φροντίζειν: C TISCHENDORF φροντίσαι || Die Variante ist sehr schwach bezeugt und daher kaum ursprünglich.

[155] περὶ πραγμάτων: a) KG περὶ ἐμέ | b) B IIIc περὶ τούτου | c) C διὰ πολλῶν πραγμάτων | d) IIIa erg. τοιούτων | e) Q περὶ τοῦ τοιούτου | f) Z περὶ τοιούτων πραγμάτων

[156] βραδυνεῖς: TISCHENDORF βραδύνεις || Die Futurform ist meines Erachtens passender (mit BERTRAND und NAGEL).

[157] ἀπ᾽: Z μετ᾽

[158] οὐ γὰρ βραδυνεῖς ἀπ᾽ ἐμοῦ: a) fehlt in KGB C | b) Q οὐ γὰρ βραδυνεῖς

[159] ἴσα: a) S ἴσον | b) C ὅμου | c) E ἴσος || S steht hier allein, sodass wohl der Plural ἴσα ursprünglicher ist. Für den Sinn ergibt das freilich keinen Unterschied.

[160] ἀλλ᾽ ἴσα ἀποθνήσκομεν οἱ ἀμφότεροι: a) B ἅμα δὲ καὶ ἀμφότεροι ὀφείλομεν ἀποθανεῖν | b) IIIb ἀλλὰ μικρὸν ἥξει καὶ τελευτήσεις

τεθήσῃ εἰς¹⁶¹ τὸν τόπον τὸν ἐμόν,¹⁶² κἂν ἀποθάνω¹⁶³ κατάλειψόν¹⁶⁴ με¹⁶⁵ καὶ μηδείς μου¹⁶⁶ ἅψηται¹⁶⁷ ἕως οὗ¹⁶⁸ ἄγγελος¹⁶⁹ λαλήσῃ τι περὶ ἐμοῦ.¹⁷⁰ (4) Οὐ γὰρ ἐπιλήσεταί¹⁷¹ μου ὁ θεός, ἀλλὰ ζητήσει¹⁷² τὸ ἴδιον σκεῦος¹⁷³ ὃ ἔπλασεν,¹⁷⁴ ἀνάστα μᾶλλον¹⁷⁵ εὖξαι¹⁷⁶ τῷ θεῷ¹⁷⁷ ἕως οὗ¹⁷⁸ ἀποδώσω¹⁷⁹ τὸ πνεῦμά μου¹⁸⁰ εἰς τὰς χεῖρας¹⁸¹ τοῦ δεδωκότος¹⁸² μοι¹⁸³

---

¹⁶¹ G fällt ab εἰς aus und setzt erst in 33,1 wieder ein.

¹⁶² εἰς τὸν τόπον τὸν ἐμόν: V ἐν τῷ τόπῳ ἐν ᾧ θάψεις με

¹⁶³ κἂν ἀποθάνω: a) fehlt in V | b) B ὅτε δὲ ἀποθάνω | c) A καὶ ὅτε ἀποθάνω | d) TL καὶ ὅταν ἀποθάνω | e) C TISCHENDORF ὅταν δὲ ἀποθάνω ‖ Aus heutiger Sicht ist der Text TISCHENDORFS nicht mehr haltbar, da er die Hss. SP IIIa und HE gegen sich hat, welche TISCHENDORF allesamt aber nicht zur Verfügung hatte.

¹⁶⁴ κατάλειψον: a) AT καλύψετε | b) B LC TISCHENDORF καταλείψετε | c) E κάλυψον ‖ Der Imperativ in der 2. Person Singular ist stärker bezeugt als Var b) und auch aus inhaltlichen Gründen nicht angreifbar. Allerdings hatte TISCHENDORF auch hier nur solche Hss. vorliegen, die die 2. Person Plural bieten (Var a) und b)).

¹⁶⁵ καὶ αὐτὴ τεθήσῃ εἰς τὸν τόπον τὸν ἐμόν κἂν ἀποθάνω κατάλειψόν με: IIIb καὶ μετ' ἐμοῦ τεθήσῃ ἀποθνῄσκοντα δὲ [Z erg. πάλιν] κάλυψόν με

¹⁶⁶ μου: S T με ‖ ἅπτω erfordert den Genitiv.

¹⁶⁷ καὶ μηδείς μου ἅψηται: fehlt in C

¹⁶⁸ μου ἅψηται ἕως οὗ: IIIb ἄληταί μου καὶ ἰδού

¹⁶⁹ ἄγγελος: B IIIb TISCHENDORF erg. κυρίου ‖ Die Variante ist nur schwach bezeugt und hat nahezu alle Hss. von I gegen sich.

¹⁷⁰ μὴ θέλε φροντίζειν περὶ πραγμάτων οὐ γὰρ βραδυνεῖς ἀπ' ἐμοῦ ἀλλ' ἴσα ἀποθνῄσκομεν ἀμφότεροι καὶ αὐτὴ τεθήσῃ εἰς τὸν τόπον τὸν ἐμὸν κἂν ἀποθάνω κατάλειψόν με καὶ μηδείς μου ἅψηται ἕως οὗ ἄγγελος λαλήσῃ τι περὶ ἐμοῦ: fehlt in II ||| κἂν ἀποθάνω κατάλειψόν με καὶ μηδείς μου ἅψηται ἕως οὗ ἄγγελος λαλήσῃ τι περὶ ἐμοῦ: fehlt in F

¹⁷¹ ἐπιλήσεται: a) P ἀντιλήψεται | b) TC Z ἐπιλήψεται

¹⁷² ζητήσει: a) S ἐπιζητήσει | b) IIIb ἔρχεται σῶσαι ‖ Gegen Var a) spricht, dass sie nur von einer einzigen Hs. bezeugt ist.

¹⁷³ σκεῦος: B T IIIb HE πλάσμα

¹⁷⁴ ὃ ἔπλασεν: a) fehlt in B H | b) C erg. ἤκουσα γὰρ ἐγὼ κυρίου λέγοντος ὅτι τὸν ἐρχόμενον πρός με οὐ μὴ ἐκβάλω ἔξω | c) E αὐτοῦ ||| οὐ γὰρ ἐπιλήσεταί μου ὁ θεὸς ἀλλὰ ζητήσει τὸ ἴδιον σκεῦος ὃ ἔπλασεν: fehlt in II F

¹⁷⁵ μᾶλλον: a) C μόνον | b) fehlt in II EF

¹⁷⁶ εὖξαι: T erg. ὑπὲρ ἐμοῦ

¹⁷⁷ τῷ θεῷ: a) B πρὸς τὸν θεόν | b) fehlt in II | c) IIIb [Z erg. τῷ] κυρίῳ

¹⁷⁸ ἕως οὗ: a) V ἕως | b) R ὅπως

¹⁷⁹ ἀποδώσω: A IIIb TISCHENDORF ἀποδῶ ‖ Die Konstruktion mit Konjunktiv Aorist ist grammatisch besser, muss aber nicht zwangsläufig stehen (vgl. BLASS / DEBRUNNER / REHKOPF, Grammatik, § 383).

¹⁸⁰ μου: a) fehlt in V C | b) IIIa IIIb H erg. σήμερον

¹⁸¹ χεῖρας: a) B erg. αὐτοῦ | b) C erg. τοῦ δεσπότου μου

¹⁸² δεδωκότος: Q δίδοντος

¹⁸³ μοι: fehlt in P AT IIIc und bei TISCHENDORF ‖ Gegen die Variante spricht die starke Bezeugung von μοι (SVB LC IIIb, IIIa liest μου).

αὐτό,[184] διότι[185] οὐκ[186] οἴδαμεν πῶς ἀπαντήσωμεν[187] τοῦ ποιήσαντος ἡμᾶς,[188] ἢ ὀργισθῇ ἡμῖν ἢ[189] ἐπιστρέψῃ τοῦ ἐλεῆσαι[190] ἡμᾶς.[191] 32 [32,1-2: siehe Abschnitt 7.4.1][192] (3) Ἔτι[193] εὐχομένης[194] αὐτῆς[195] ἰδοὺ[196] ἦλθε[197] πρὸς αὐτὴν[198] ὁ ἄγγελος[199] τῆς ἀνθρωπότητος[200] καὶ ἀνέστησεν αὐτὴν[201] λέγων· (4) ἀνάστα, Εὔα, ἐκ τῆς μετανοίας[202] σου,[203] ἰδοὺ γὰρ Ἀδὰμ ὁ ἀνήρ σου ἐξῆλθεν[204] ἀπὸ τοῦ σώματος[205] αὐτοῦ,[206]

---

[184] αὐτό: Β τοῦτο ||| εἰς τὰς χεῖρας τοῦ δεδωκότος μοι αὐτό: a) R τῷ κυρίῳ | b) fehlt in M

[185] διότι: a) L ὅτι | b) fehlt in IJ IIIb

[186] οὐκ: IIIb οὐ γάρ

[187] ἀπαντήσωμεν: C μέλλωμεν ἀπαντῆσαι

[188] τοῦ ποιήσαντος ἡμᾶς: a) P T αὐτῷ | b) B τούτῳ

[189] ἢ ὀργισθῇ ἡμῖν ἢ: T τοῦ μὴ ὀργισθῇ ἡμῖν ἀλλ'

[190] ἐλεῆσαι: IIIb σῶσαι

[191] ἐπιστρέψῃ τοῦ ἐλεῆσαι ἡμᾶς: Β σπλαγχνίζεται καὶ μέλλει [Die Hs. bietet: μέλοι] ἐλεῆσαι ἡμᾶς καὶ δέξασθαι ἡμᾶς ||| διότι οὐκ οἴδαμεν πῶς ἀπαντήσωμεν τοῦ ποιήσαντος ἡμᾶς ἢ ὀργισθῇ ἡμῖν ἢ ἐπιστρέψῃ τοῦ ἐλεῆσαι ἡμᾶς: fehlt in IIIc

[192] Zur Begründung der Ausklammerung von 32,1-2 an dieser Stelle vgl. Abschnitt 9.4.3.

[193] ἔτι: III ταῦτα

[194] εὐχομένης: IIIc ἐξομολογουμένης ἐπὶ πρόσωπον

[195] αὐτῆς: a) V μου | b) B Ib IIIa IIIb BERTRAND NAGEL TISCHENDORF τῆς Εὔας (Ib NAGEL TISCHENDORF erg. ferner ἐπὶ τὰ γόνατα αὐτῆς οὔσης) || Var b) ist zwar quantitativ wesentlich stärker bezeugt als der hier bevorzugte Text, der von S II und EF geboten wird. Doch der Eindruck täuscht etwas, denn von den Hss. der Familie Ia steht hier nur B gegen S (zu V vgl. Var a); DGKP fehlen). Daher verdient S wohl den Vorzug.

[196] ἰδού: fehlt in VB C II III und bei BERTRAND || S wird hier durch ATL unterstützt und verdient vor V (gestützt durch B C sowie II und III) den Vorzug.

[197] ἦλθε: IIIc ὤφθη

[198] αὐτήν: V με

[199] ἄγγελος: a) C erg. κυρίου | b) IIIc ἀρχάγγελος Μιχαήλ

[200] τῆς ἀνθρωπότητος: fehlt in V R IIIb IIIc

[201] καὶ ἀνέστησεν αὐτήν: a) V καὶ ἀνέστησέν με | b) fehlt in IIIc

[202] μετανοίας: a) C erg. σου καὶ ἐκ τῆς εὐχῆς | b) M δεήσεως | c) IIIc ἐξομολογήσεως

[203] Εὔα ἐκ τῆς μετανοίας σου: fehlt in V

[204] ἐξῆλθεν: a) M erg. ἡ ψυχή | b) EF ἀνῆλθεν

[205] σώματος: IIIb σκηνώματος

[206] ἀπὸ τοῦ σώματος αὐτοῦ: fehlt in EF

ἀνάστα καὶ ἴδε[207] τὸ πνεῦμα[208] αὐτοῦ[209] ἀναφερόμενον[210] εἰς τὸν ποιήσαντα αὐτὸν[211] τοῦ ἀπαντῆσαι αὐτῷ.[212]

9.4.2 Übersetzung

31 (1) Dieses sagte sie inmitten ihrer Söhne, während Adam in seiner Krankheit schlief; er hatte aber noch einen weiteren Tag, herauszugehen aus seinem Leib. (2) Und Eva spricht zu Adam: Warum stirbst du, und ich lebe? Oder wie viel Zeit an Betätigung habe ich nach deinem Tod? Berichte es mir! (3) Darauf spricht Adam zu Eva: Du wollest nicht bedacht sein[213] auf (diese) Ereignisse, denn du wirst nicht zögern nach mir.[214] Sondern in gleicher Weise sterben wir beide, und du wirst selbst an meinen Ort[215] gelegt werden. Und wenn ich sterbe, sollst du mich (liegen) lassen und niemand darf mich anrühren, bis ein Engel etwas mich Betreffendes[216] gesagt hat. (4) Denn Gott wird meiner nicht vergessen, sondern das eigene Gefäß suchen, welches er gebildet hat. Auf, bete vielmehr zu Gott, bis ich meinen Geist in die Hände dessen, der ihn mir gegeben hat, zurückgeben werde, denn wir wissen nicht, wie wir dem begegnen werden, der uns geschaffen hat, ob er uns zürnen oder sich zuwenden werde, um sich unser zu erbarmen.

32 [...]([217]) (3) Als sie noch betete, siehe, da kam zu ihr der Engel der Menschheit und richtete sie auf und sprach: (4) Stehe auf, Eva, von deiner Buße, denn siehe, Adam, dein Mann, ist aus seinem Leib herausgegangen.

---

[207] ἀνάστα καὶ ἴδε: R καὶ ἀναστὰς εἶδεν

[208] τὸ πνεῦμα: M ἡ ψυχή

[209] ἀνάστα καὶ ἴδε τὸ πνεῦμα αὐτοῦ: fehlt in Z

[210] ἀναφερόμενον: a) V ἀφαιρόμενον | b) IIIb ἀνερχόμενον

[211] αὐτόν: BERTRAND TISCHENDORF αὐτό (wohl mit Berufung auf A, C und M, die allerdings jeweils αὐτω bieten, was als αὐτῷ oder αὐτό gelesen werden kann) || αὐτό ist schlecht bezeugt und sachlich nicht zwingend, denn vom Gesamtzusammenhang ist es meines Erachtens naheliegender, dass hier Adam, nicht die Seele Adams gemeint ist (mit NAGEL).

[212] αὐτῷ: SV C αὐτόν || Der Dativ ist grammatisch besser. ||| τοῦ ἀπαντῆσαι αὐτῷ: fehlt in B L II IIIb IIIc ||| ποιήσαντα αὐτὸν τοῦ ἀπαντῆσαι αὐτῷ: HE οὐρανόν ||| ἀνάστα καὶ ἴδε τὸ πνεῦμα αὐτοῦ ἀναφερόμενον εἰς τὸν ποιήσαντα αὐτὸν τοῦ ἀπαντῆσαι αὐτῷ: fehlt in F

[213] Gemeint ist dies im Sinne von: du sollst dich nicht sorgen um ...

[214] Wörtlich: von mir (= von meinem Sterben) an. Gemeint ist wohl, dass Evas Tod dem Adams unmittelbar folgen werde.

[215] Gemeint ist der Ort, an dem Adam nach seinem Tod bestattet werden wird.

[216] Gemeint sind Anordnungen bezüglich der Frage, wie mit dem Leichnam Adams verfahren werden solle.

[217] Der Text von gLAE 32,1–2 wurde bereits in Abschnitt 7.4 untersucht. Vgl. dazu auch Abschnitt 9.4.3.

Stehe auf und siehe seinen Geist, der hinaufgehoben wird zu dem, der ihn geschaffen hat, ihm zu begegnen.[218]

9.4.3 Textanalyse

Der Bericht von Adams Tod in gLAE 31f. leitet das Finale der Erzählung ein und hat in erster Linie eine Hinweisfunktion. Er soll den Blick der Adressaten auf die Ereignisse nach dem Tod lenken, wie 32,4 zeigt: „stehe auf und siehe seinen Geist, der hinaufgehoben wird zu dem, der ihn geschaffen hat, ihm zu begegnen." Es steht also weniger der Tod Adams selbst im Mittelpunkt; vielmehr richtet sich der Blick des Erzählers auf die folgende Begegnung mit dem Schöpfer.

Für die von mir vorgenommene Abgrenzung spricht der ausdrückliche Rückverweis auf 31,1 in 32,4: ἐξῆλθεν ἀπὸ τοῦ σώματος αὐτοῦ (vgl. 31,1: εἶχεν μίαν ἡμέραν ἐξελθεῖν ἐκ τοῦ σώματος αὐτοῦ), der dem Abschnitt einen Rahmen gibt. Zu beachten ist ferner ein zweiter Rückverweis in 32,4: ἴδε τὸ πνεῦμα αὐτοῦ ἀναφερόμενον εἰς τὸν ποιήσαντα αὐτὸν τοῦ ἀπαντῆσαι αὐτῷ (vgl. dazu 31,4: ... ἀποδώσω τὸ πνεῦμά μου εἰς τὰς χεῖρας τοῦ δεδωκότος μοι). Findet damit die Ankündigung des Todes Adams in 32,4 ihre Erfüllung, so ist andererseits aber eine deutliche Zäsur in 32,1 nicht zu verkennen. Sie wird durch den Ortswechsel und den eigenen thematischen Schwerpunkt in 32,1f. markiert. Das Bußgebet Evas habe ich daher bereits an früherer Stelle dieser Arbeit untersucht,[219] sodass ich mich hier auf 31,1–4 und 32,3f. beschränken kann. Die beiden genannten Teile des hier zu untersuchenden Abschnitts stehen zueinander im Verhältnis von Ankündigung und Erfüllung. Die beiden ausdrücklichen Rückverweise in 32,4 auf 31,1 bzw. 31,4 hatte ich ja bereits erwähnt.

Kapitel 31 enthält wiederum die typischen Merkmale eines Rahmenstücks: Rückblende, Klage und Auftrag.[220] Der Auftrag an Eva ist dabei im Vergleich zu den anderen Rahmenstücken wesentlich erweitert. Er enthält die Ankündigung, dass Evas Tod unmittelbar auf den Adams folgen werde, die Anweisung, dass Adams Leichnam liegen bleiben soll, bis der Engel das weitere Vorgehen festgelegt habe, sowie den teils hoffnungsvollen, teils furchtsamen Ausblick auf die bevorstehende Begegnung mit dem Schöpfer. Mit diesen drei Elementen sind zugleich die Themen der folgenden Abschnitte benannt,[221] wodurch noch einmal die einleitende Funktion des Abschnitts deutlich wird.

---

[218] MERK / MEISER, Leben, 847 übersetzen meines Erachtens etwas zu frei: „um vor ihm zu erscheinen".

[219] Vgl. Abschnitt 7.4.

[220] Vgl. dazu Abschnitt 4.1.

[221] Begegnung mit dem Schöpfer: 33–37; Bestattung des Leichnams Adams: 38–42; Evas Tod: 42–43.

9.4.4 Quellen und Traditionen

Unser Text versteht den Tod als ein Herausgehen aus dem Leib (31,1; 32,4). Im Augenblick des Todes wird der Geist (πνεῦμα) Adams hinaufgehoben zu Gott (32,4) und in die Hände des Schöpfers zurückgegeben (31,4). Zu einem solchen Verständnis des Todes[222] lassen sich in anderen frühjüdischen Texten Parallelen benennen, die wiederum auf den jüdischen Charakter unserer Erzählung hinweisen:[223]

1. äthHen 22,5–7: „Ich sah den Geist eines Menschenkindes, das verstorben war, und seine Stimme drang bis zum Himmel und klagte. Da fragte ich Rufael, den Engel, der bei mir war, und sprach zu ihm: ‚Wessen Geist ist das, dessen Stimme so heraufdringt und klagt?‘ Und er antwortete und sprach zu mir, indem er sagte: ‚Dieser Geist ist der, der von Abel ausging, den sein Bruder Kain tötete …‘"

2. Sir 38,23: „In der Ruhe des Toten bringe auch das Gedenken an ihn zur Ruhe, und lass dich trösten in ihm durch den Ausgang seines Geistes" (ἐν ἀναπαύσει νεκροῦ κατάπαυσον τὸ μνημόσυνον αὐτοῦ καὶ παρακλήθητι ἐν αὐτῷ ἐν ἐξόδῳ πνεύματος αὐτοῦ).

3. 4Esr 7,78: Hier wird der Tod als der Punkt verstanden, an dem „der Atem vom Körper entweicht, um wieder zu dem gesandt zu werden, der ihn gegeben hat" („recedente inspiratione de corpore ut dimittatur iterum ad eum qui dedit").[224]

4. LAB 44,10: „… wenn die Seele vom Leib scheidet" („et cum discernitur anima a corpore"); vgl. aber auch 43,7, wo Simson im Angesicht des Todes betet: „Brich auf, meine Seele, und betrübe dich nicht; stirb, mein Körper und betraure dich nicht" („proficiscere anima mea et noli contristari, morere corpus et noli lugere te").

5. In TestAbr A 1 wird Abraham angekündigt: „Du wirst zu dieser Zeit aus dieser vergänglichen Welt heraustreten und wirst deinen Leib verlassen [ἐκδημεῖν ἐκ τοῦ σώματος] und unter den Guten zu deinem eigenen Herrn kommen" (Janssen S. 207), und ähnlich heißt es in TestAbr A 15 (Janssen S. 240): „Nahe ist die Stunde, in der du aus deinem Körper heraustreten [ἐκδημεῖν ἐκ τοῦ σώματος] und noch einmal zu dem Herrn kommen wirst."[225]

6. Ein fortgeschrittenes Stadium der Traditionsbildung scheint dann in ApkSedr 11,15f. vorzuliegen: „O soul, what placed you in the humble and wretched body? Yet now, separated from it [χωριζομένη ἀπ' αὐτοῦ], you ascend [ἀνέρχεσαι] where the Lord calls you and the wretched body goes away [ἀπέρχεται] for judgement."[226]

---

[222] Es findet sich auch in gLAE 13,6.

[223] Auf hellenistische Einflüsse verweisen vgl. E. SCHWEIZER / F. BAUMGÄRTEL, Art. σῶμα κτλ, ThWNT 7, 1024–1091, 1025–1042 und ROHDE, Psyche I 301–319; II 121–131; 161–163; 204–213.

Vgl. aber auch Koh 12,7: וְיָשֹׁב הֶעָפָר עַל־הָאָרֶץ כְּשֶׁהָיָה וְהָרוּחַ תָּשׁוּב אֶל־הָאֱלֹהִים אֲשֶׁר נְתָנָהּ („der Staub muss wieder zur Erde kommen, wie er gewesen ist, und der Geist wieder zu Gott, der ihn gegeben hat"). Alttestamentlich-weisheitliche und griechisch-hellenistische Einflüsse haben sich hier also offensichtlich verbunden.

[224] Von der Trennung der Seelen von den Leibern spricht auch 4Esr 7,100.

[225] Vgl. ferner TestAbr A 7 (JANSSEN, 220f.); A 17 (JANSSEN, 245); A 20 (JANSSEN, 253); B 7 (JANSSEN, 220) sowie B 8 (JANSSEN, 229).

[226] Als weitere Belege wären zu nennen: Rech 14,4; grEsr 7,3; TestIsaak 7,1; TestJak 4,1; Phok 107f.; ParJer 9,7; Philo All I,105–107; Josephus Bell III,372. Vgl. dazu auch

7. Auch Paulus kennt diese Anschauung (vgl. 2 Kor 5,8 und Phil 1,23f.), die er offenbar frühjüdischen Quellen verdankt. Sie ist ferner eventuell in Lk 23,46 und Acta 7,59 vorausgesetzt, wo allerdings auch nur auf Ps 31,6 angespielt sein kann.

Die Annahme der Trennung von Leib und Geist bzw. Seele im Augenblick des Todes spielte in der frühjüdischen Theologie eine Vermittlerrolle zwischen der endzeitlichen Auferstehung der Toten und der ursprünglich damit nicht zusammenhängenden Lehre von einer unmittelbaren Vergeltung nach dem Tod,[227] indem sie von einem Zwischenzustand zwischen individuellem Tod und allgemeiner Auferstehung ausging. Die Vorstellungen über diesen Zwischenzustand sind allerdings kaum systematisch entfaltet worden, sondern es stehen verschiedene Anschauungen teilweise recht unvermittelt nebeneinander.[228] Wie wir bereits im Zusammenhang der Auslegung von gLAE 33–37 gesehen haben,[229] geht unser Erzähler von einer vorübergehenden Aufbewahrung der Gerechten im Paradies aus, während der Leib in der Erde verbleibt (38–42).[230] Allerdings wird nicht immer ganz klar zwischen Leib und Geist bzw. Seele unterschieden wie Tromp zu Recht anmerkt.[231] Zu dem beschriebenen Vorstellungskreis passt schließlich auch, dass unser Text von einer unmittelbar nach dem Tode stattfindenden Begegnung mit dem Schöpfer ausgeht.

9.4.5 Theologie

A. Die Begegnung mit dem Schöpfer: gLAE 31f. vertritt die Anschauung von einer unmittelbar nach dem Tode stattfindenden Begegnung des Menschen mit seinem Schöpfer. Diesem Ereignis blickt der Erzähler teils hoffnungsvoll, teils in Angst entgegen, wobei aber die Zuversicht überwiegt. Die Hoffnung, die unser Text vermitteln will, lautet: Gott wird sein Geschöpf nicht vergessen, sondern nach ihm suchen (31,4). Noch einmal zeigt sich hier die bereits mehrfach hervorgehobene Bedeutung des Schöpfungsgedankens für die

---

SCHWEIZER / BAUMGÄRTEL, a.a.O. (Anm. 223), 1046–1054 sowie BOUSSET / GRESSMANN, Religion, 293–298.

[227] Vgl. TROMP, Issues, 32–35; BOUSSET / GRESSMANN, Religion, 295; VOLZ, Eschatologie, 256–272 und SCHÜRER, History II, 539–544.

[228] VOLZ, Eschatologie, 270 nennt sieben verschiedene Antworten auf die Frage, was mit der frommen Seele nach dem Tod geschehe.

[229] Vgl. Abschnitt 6.3.

[230] Die Annahme von VOLZ, Eschatologie, 263, dass gLAE 39 vor 37 zu stehen habe und Adam demnach zunächst an einen Strafort und dann ins Paradies käme, lässt sich meines Erachtens nicht aufrecht erhalten. Es handelt sich hierbei um einen Systematisierungsversuch der in gLAE begegnenden Anschauungen über die postmortale Existenz des Menschen, der äußerliche Kriterien an den Text heranträgt, aber von den Texten selbst nicht gedeckt ist.

[231] Vgl. TROMP, Issues, 32.

Theologie unserer Erzählung.[232] Weil der Mensch des Schöpfers „eigenes Gefäß" (ἴδιον σκεῦος) ist, darf er hoffen, dass dieser sich seines Werkes auch in Zukunft annehmen werde.[233] Daneben steht nun freilich auch die Furcht, Gott könne sich dem Menschen in Zorn zuwenden, weswegen Eva zur Fürbitte aufgefordert wird. Angesichts der bevorstehenden Begegnung mit Gott steht Adam seine Sünde deutlich vor Augen, und er weiß, dass er allein auf das göttliche Erbarmen hoffen kann.

B. *Persönliches und allgemeines Gericht:* Ganz offensichtlich scheint diese Begegnung mit Gott hier im Sinne eines definitiven Urteils über den Menschen aufgefasst zu sein. Zorn oder Erbarmen, diese Alternative führt den gerichtlichen Charakter des Zusammentreffens mit dem Schöpfer vor Augen. An anderer Stelle spricht nun gLAE ganz deutlich den Gedanken eines allgemeinen Gerichts Gottes *am Ende* der Weltzeit aus (10,2; 26,4; 37,5). Es scheint demnach in unserer Erzählung die Vorstellung vom Endgericht mit der Annahme einer unmittelbar nach dem Tode stattfindenden individuellen Abrechnung verbunden worden zu sein. Wie bereits an anderer Stelle ausgeführt,[234] lässt sich das Verständnis des Gerichts in gLAE daher folgendermaßen beschreiben: Unmittelbar nach dem Tod des Menschen spricht Gott sein definitives Urteil, es erlangt aber erst am Tage der Auferstehung und des allgemeinen Gerichts seine volle Gültigkeit. Zum Ausgleich zwischen beiden Anschauungen dient die Annahme einer vorübergehenden Trennung von Leib und Geist bzw. Seele im Augenblick des Todes, was meines Erachtens aber nicht restlos geglückt erscheint. Es sind nämlich verschiedene Ungereimtheiten bestehen geblieben. So wird beispielsweise nirgends ausdrücklich von der späteren erneuten Verbindung von Leib und Seele gesprochen. Ferner wird sowohl in 33–37 als auch in 38–42 Adam als ganze Person angesprochen, obwohl die erfolgte Trennung von Leib und Seele hier jeweils vorausgesetzt zu sein scheint.[235] Die Anschauungen vom Endgericht und von einem unmittelbar nach dem Tode stattfindenden Gericht stehen daher in gLAE eher nebeneinander, als dass sie miteinander zu einem stimmigen Ganzen verbunden wären.

---

[232] Zu beachten sind weitere Anspielungen auf die Schöpfung in 31,4: „bis ich meinen Geist in die Hände dessen, *der ihn mir gegeben hat,* zurückgeben werde"; „wie wir dem begegnen werden, *der uns geschaffen hat"* (vgl. zur letztgenannten Stelle auch 32,4).

[233] Dass sich die Hoffnung, Gott werde sein Gefäß suchen, speziell auf den Leib Adams beziehe, wie LEVISON, Portraits, 171 und BERTRAND, Vie [A], 135 meinen, scheint mir deswegen nicht zutreffend zu sein, weil Adam gerade in 33–37, wo es nicht speziell um seinen Leib geht, als Geschöpf der heiligen Hände Gottes erscheint. Es wird in gLAE insgesamt keine genaue Trennung zwischen dem Leib und der Seele bzw. dem Geist Adams vorgenommen, vielmehr gelten die Heilszusagen immer dem ganzen Menschen.

[234] Vgl. Abschnitt 6.3.5.C.

[235] Vgl. vor allem 37,3–6 und 41,1.

9.4.6 Synoptischer Vergleich

Im lateinischen Text schließt sich der Tod Adams unmittelbar an die Rückkehr Evas und Seths vom Paradies an (vgl. gLAE 14):

45: Et sicut praedixit Michahel archangelus, post sex dies venit mors Adae. Cum cognovisset Adam, quia hora venit mortis suae, dixit ad omnes filios suos: ecce sum annorum DCCCCXXX, et si mortuus fuero, sepelite me contra ortum dei magnum habitationibus. Et factum est, cum finisset omnes sermones illius, tradidit spiritum.

Der gesamte Dialog zwischen Adam und Eva fehlt hier ebenso wie das Bußgebet Evas und die Erscheinung des Engels. Dass diese Textgestalt zweifellos als sekundär zu beurteilen ist, zeigt sich vor allem an der weitgehenden Übereinstimmung aller anderen Versionen gegen latLAE, wobei auch zu beachten ist, dass die lateinische Version nach Kapitel 44 (parallel zu gLAE 14) insgesamt sehr stark von den anderen Versionen abweicht.

Auch slavLAE bietet eine abgekürzte Fassung des Textes, folgt aber im Wesentlichen dem Aufbau des griechischen Textes. Die Änderungen betreffen vor allem Kapitel 31, wo der slavische Text folgenden Wortlaut bietet:

Da rief Adam mit großer Stimme: Höre auf zu sprechen, Eva, schon ist der Geist in mir verringert, sondern erhebe dich, gehe hinaus und bete zu Gott, bis ich meinen Geist Gott gegeben habe.

Wenn man berücksichtigt, dass in Textfamilie II des griechischen Textes die Verse 31,1–2 fehlen und dass slavLAE häufig dieser Handschriftengruppe folgt,[236] so lässt sich der Beginn des slavischen Textes am besten als Bearbeitung von gLAE 31,3 verstehen (τότε λέγει ὁ ᾿Αδὰμ τῇ Εὔᾳ· μὴ θέλε φροντίζειν περὶ πραγμάτων, οὐ γὰρ βραδυνεῖς ἀπ᾿ ἐμοῦ ...). Der Bearbeiter des slavischen Textes versuchte offenbar, der nach Wegfall von gLAE 31,1–2 kaum mehr verständlichen Textvorlage wieder einen Sinn zu geben.

Erweist sich damit auch der slavische Text als sekundär, so fällt für armLAE (Stone) und geoLAE eine Entscheidung wesentlich schwerer, da beide Versionen dem griechischen Text sehr eng folgen. Meines Erachtens lassen jedoch zwei kleinere Details benennen, die sich am besten als Versuche einer Textverbesserung erklären lassen:

1. Der griechische Text spricht nicht so ausdrücklich wie die armenische und georgische Parallele von der Trennung zwischen Leib und Seele.[237]

---

[236] Beispielsweise fehlen im slavischen Text ebenso wie in Textfamilie gLAE II die Urteilssprüche Gottes für Adam, Eva und die Schlange (gLAE 24–26), vgl. Abschnitt 8.4.

[237] Vgl. armLAE (Stone) 45,1 „... because one more day remained of his life and Adam's soul was going forth from his body"; 45 (32,4): „Behold, the soul of your husband

2. Der griechische Text spricht in 31,3 lediglich vom ἄγγελος τῆς ἀνθρωπότητος, während armLAE (Stone) und geoLAE jeweils ausdrücklich vom Erzengel Michael sprechen.

Erwähnenswert ist hier schließlich noch, dass auch ein koptisches Fragment des Textabschnittes existiert:

„[ ] how many years I have to live. Hide not the thing from me, my lord Adam, elect of God." Then Adam said unto Eve [ ] Adam. He said, „When I die, touch me not in my place, until the lord send and speak to with you (*pl.*) concerning me. For He will not forget me, but will seek [ ] gave it (?) me. For I know not the manner of my meeting with the ruler (δεσπότης) of all, whether God will threaten (ἀπελεῖν) me or whether He will have mercy on me."[238]

9.5 Die Verheißung der Auferstehung (gLAE 41,1–42,2)

9.5.1 Textrekonstruktion

41[239] (1) Ἐκάλεσεν δὲ[240] ὁ θεὸς[241] καὶ εἶπεν·[242] Ἀδάμ, Ἀδάμ.[243] Ἀπεκρίθη[244] τὸ σῶμα[245] ἐκ[246] τῆς γῆς[247] καὶ εἶπεν·[248] ἰδοὺ ἐγώ, κύριε.

Adam has gone forth from the body" (nahezu wörtliche Entsprechung jeweils auch in geoLAE).

[238] Text nach CRUM, Catalogue, 40. Das Fragment enthält im Anschluss an den hier abgedruckten Text noch ein Bruchstück des Gebetes Evas (gLAE 32,1f.), vgl. dazu Abschnitt 7.4.6.

[239] IIIc lässt den Text von 40,2–42,2 aus. Erwähnenswert ist hier ferner, dass TISCHENDORF für den ganzen Abschnitt nur eine einzige (im Allgemeinen recht unzuverlässige) Hs., nämlich B, verwendet. Dadurch erklären sich die meisten der im Folgenden verzeichneten Abweichungen vom hier rekonstruierten Text.

[240] ἐκάλεσεν δέ: M καὶ μετὰ ταῦτα ἐκάλεσεν

[241] ὁ θεός: a) VKGB II Z BERTRAND NAGEL TISCHENDORF erg. τὸν Ἀδάμ| b) IIIa erg. τὸ σῶμα τοῦ Ἀδάμ | c) Q πρῴην τὸν Ἀδάμ ‖ Die Lesart von DS wird durch L gestützt und darf als lectio difficilior gelten.

[242] καὶ εἶπεν: a) M erg. αὐτῷ | b) IIIb λέγων [Q erg. αὐτῷ]

[243] Ἀδὰμ Ἀδάμ: M IIIb Ἀδάμ ποῦ εἶ

[244] ἀπεκρίθη: B TISCHENDORF ἀποκριθέν ‖ Die Hs. B steht hier allein (vgl. Anm. 239).

[245] σῶμα: M erg. τοῦ Ἀδάμ

[246] ἐκ: G ἀπό

[247] καὶ εἶπεν Ἀδὰμ Ἀδάμ ἀπεκρίθη τὸ σῶμα ἐκ τῆς γῆς: fehlt in R

[248] ἀπεκρίθη τὸ σῶμα ἐκ τῆς γῆς καὶ εἶπεν: a) Q καὶ εἶπεν | b) Z ἐβόησεν δὲ ὁ Ἀδάμ

(2) Καὶ εἶπεν²⁴⁹ αὐτῷ²⁵⁰ ὁ θεὸς²⁵¹ ὅτι²⁵² εἶπόν σοι²⁵³ ὅτι²⁵⁴ γῆ εἶ²⁵⁵ καὶ
εἰς γῆν ἀπελεύσῃ,²⁵⁶ πάλιν²⁵⁷ τὴν ἀνάστασιν ἐπαγγέλλομαί σοι,
ἀναστήσω σε²⁵⁸ ἐν τῇ ἀναστάσει²⁵⁹ μετὰ παντὸς γένους ἀνθρώπων οὗ²⁶⁰
ἐκ τοῦ σπέρματός σου.²⁶¹

42 (1) Μετὰ δὲ τὰ ῥήματα ταῦτα ἐποίησεν ὁ θεὸς²⁶² σφραγῖδα
τρίγωνον²⁶³ καὶ ἐσφράγισεν²⁶⁴ τὸ μνημεῖον²⁶⁵ ἵνα²⁶⁶ μηδείς τι ποιήσῃ
αὐτῷ²⁶⁷ ἐν ταῖς ἓξ ἡμέραις²⁶⁸ ἕως οὗ²⁶⁹ ἀποστραφῇ²⁷⁰ ἡ πλευρὰ αὐτοῦ

---

²⁴⁹ εἶπεν: VB L IIIa IIIb TISCHENDORF λέγει ‖ Siehe Anm. 239.

²⁵⁰ αὐτῷ: fehlt in KG

²⁵¹ θεός: VB L R IIIa TISCHENDORF κύριος ‖ Siehe Anm. 239.

²⁵² ὅτι: a) KG γινώσκεις ὅτι | b) fehlt in B R und bei TISCHENDORF | c) IIIa πρώην μέν
| d) IIIb μέμνησαι ᾿Αδὰμ ὅτι ‖ Zu Var b) vgl. Anm. 239.

²⁵³ σοι: fehlt in V

²⁵⁴ ὅτι: fehlt in M IIIb

²⁵⁵ εἶ: a) VKG Z ἦν | b) fehlt in B und bei TISCHENDORF ‖ Zu Var b) vgl. Anm. 239.

²⁵⁶ ἀπελεύσῃ: K πορεύσῃ

²⁵⁷ Bei BERTRAND und NAGEL beginnt hier Vers 41,3.

²⁵⁸ πάλιν τὴν ἀνάστασιν ἐπαγγέλομαί σοι ἀναστήσω σε: a) G καὶ πάλιν ἐν τῇ
ἀναστάσει ἀναστήσω σε | b) B TISCHENDORF erg. ἐν τῇ ἐσχάτῃ ἡμέρᾳ | c) L πάλιν ἐν τῇ
ἀναστάσει ἀπαγγέλομαί σοι ἀναστήσω σε | d) R καὶ πάλιν εἰς τὴν ἀνάστασιν ἐπαγγέλλω
[oder ἐπαγγελῶ] σοι ἀναστήσω δέ σε | e) M πάλιν ἀπαγγέλλω [oder ἀπαγγελῶ] σοι τὴν
ἀνάστασιν ὅτι ἀναστήσεσθε [die Hs. bietet: ἀναστήσεσται] | f) IIIa νῦν δὲ πάλιν
ἐπαγγέλλομαί σοι τὴν ἀνάστασιν ἀναστήσω γάρ σε | g) Q πάλιν ἀναστήσω σε ἐν αὐτῇ
| h) Z εἰ [so die Hs.] ἐπηγγειλάμην σοι πάλιν ἀναστήσω ἐν αὐτῇ ‖ Zu Var b) vgl. Anm.
239.

²⁵⁹ ἐν τῇ ἀναστάσει: fehlt in G II

²⁶⁰ γένους ἀνθρώπων οὗ: a) V γένους ἀνθρώπων τῶν | b) KG γένους | c) B TISCHEN-
DORF ἀνθρώπου τοῦ | d) R γένους ἀνθρώπων | e) M ἀνθρώπου | f) IIIa τοῦ γένους τῶν
ἀνθρώπων τοῦ ‖ Zu Var c) vgl. Anm. 239. ‖‖ οὗ: Nagel τοῦ ‖ Die Variante ist nur in B und
IIIa bezeugt, vgl. die bereits genannten Varianten (c) und f)).

²⁶¹ ἐκ τοῦ σπέρματός σου: fehlt in II ‖‖ ἐν τῇ ἀναστάσει μετὰ παντὸς γένους
ἀνθρώπων οὗ ἐκ τοῦ σπέρματός σου: fehlt in IIIb

²⁶² μετὰ δὲ τὰ ῥήματα ταῦτα ἐποίησεν ὁ θεός: a) V ἐποίησεν δὲ ὁ θεός | b) II καὶ
ἐποίησεν ὁ θεός [M erg. εἰς τὸ σῶμα] | c) IIIb μετὰ δὲ τὸ λαλῆσαι αὐτὸν ταῦτα ἔλαβεν

²⁶³ σφραγῖδα τρίγωνον: a) D σφραγῖδα | b) M σφραγῖδας τρεῖς | c) IIIb σφραγίδων
τριγώνων ‖ D steht hier allein gegen die übrigen Hss. und ist daher wohl kaum ursprünglich (mit BERTRAND, NAGEL und TISCHENDORF gegen MERK / MEISER, Leben, 860).

²⁶⁴ ἐσφράγισεν: M erg. αὐτοῦ

²⁶⁵ μνημεῖον: a) fehlt in G | b) IIIb μνῆμα

²⁶⁶ ἵνα: IIIb ὅτι

²⁶⁷ τι ποιήσῃ αὐτῷ: a) V τι ποιήσῃ εἰς αὐτόν | b) G πατήσῃ αὐτός | c) R ἐγγίσῃ αὐτῷ
| d) M αὐτὸν εἴδη

²⁶⁸ ἐν ταῖς ἓξ ἡμέραις: a) fehlt in R | b) IIIb erg. ταύταις

²⁶⁹ οὗ: a) D σοῦ | b) IIIb ἄν ‖ Var a) ergibt ganz offensichtlich keinen Sinn.

²⁷⁰ ἀποστραφῇ: M erg. καί

πρὸς αὐτόν. (2)[271] Τότε ὁ κύριος καὶ οἱ ἄγγελοι[272] ἐπορεύθησαν[273] εἰς τὸν τόπον αὐτῶν.[274]

9.5.2 Übersetzung

41 (1) Gott aber rief[275] und sprach: Adam, Adam. Der Leib antwortete aus der Erde und sprach: Siehe, (hier bin) ich, Herr. (2) Und Gott sprach zu ihm:[276] Ich sagte dir, dass du Erde bist[277] und zur Erde zurückkehren[278] wirst. Dagegen[279] verheiße ich dir (jetzt) die Auferstehung; ich werde dich auferstehen lassen in der Auferstehung mit dem ganzen Menschengeschlecht, welches aus deinem Samen (ist).

42 (1) Nach diesen Worten aber machte Gott ein dreieckiges Siegel und versiegelte das Grab, damit keiner etwas an ihm tue in den sechs Tagen, bis seine Seite (= Eva) zu ihm zurückgebracht würde.[280] (2) Darauf gingen der Herr und die Engel an ihren Ort (zurück).

9.5.3 Textanalyse

Der hier zu untersuchende Textabschnitt ist Bestandteil des Berichts über die Bestattung Adams und Abels, welcher von Kapitel 38 bis 42,2 reicht. Als eine erzählerische Einheit erweist sich dieser größere Abschnitt vor allem durch den Rahmen, der durch den Abstieg (38) und Aufstieg (42,2) Gottes und der Engel deutlich markiert ist. Die von mir vorgenommene Beschränkung auf Kapitel 41f. lässt sich daher vor allem mit dem eigenen thematischen Schwerpunkt begründen, den dieser Teil mit der Auferstehungsverheißung in 41,2 besitzt. Ferner zeigt der Vergleich mit Kapitel 39, wo Adam die künftige

---

[271] Der gesamte Vers fehlt in II. IIIa und IIIb bieten jeweils einen stark abweichenden Text: IIIa τούτων πάντων τελευθέντων πάλιν ἀνῆλθεν ὁ κύριος εἰς τοὺς οὐρανούς ||| IIIb τότε ὁ κύριος ἀνῆλθεν εἰς τὸν οὐρανὸν μετὰ τῶν ἀγγέλων αὐτοῦ

[272] ἄγγελοι: KG erg. αὐτοῦ

[273] τότε ὁ κύριος καὶ οἱ ἄγγελοι ἐπορεύθησαν: B TISCHENDORF (der allerdings statt πορευθέντος παραθέντος liest) πορευθέντος δὲ τοῦ φιλανθρώπου θεοῦ καὶ τῶν ἁγίων ἀγγέλων αὐτοῦ || Zur Variante vgl. Anm. 239.

[274] τόπον αὐτῶν: KG τὸν οὐρανόν

[275] Vgl. die Textrekonstruktion zur Stelle. Die besten Hss. bieten kein Objekt zu ἐκάλεσεν.

[276] „zu ihm" fehlt bei MERK / MEISER, Leben, 859, muss aber stehen.

[277] MERK / MEISER, Leben, 859 lesen offenbar statt γῆ γῇ und übersetzen: „du bist durch Erde".

[278] Wörtlich: hingehen.

[279] Zur Übersetzung von πάλιν in adversativem Sinn vgl. BAUER / ALAND, Wörterbuch, 1228 sv πάλιν 4.

[280] MERK / MEISER, Leben, 860 übersetzen aktivisch: „ bis er in den sechs Tagen seine Seite zu ihm zurückbringe", was meines Erachtens hier nicht möglich ist. ἀποστραφῇ ist eindeutig eine Passivform.

Wiedereinsetzung in seinen ursprünglichen Stand sowie der endgültige Sturz Satans verheißen wurde, von der Auferstehung aber keine Rede war,[281] dass auch in gLAE 38–42 offensichtlich verschiedene Traditionen verbunden wurden.

In seiner jetzigen Stellung im Gesamtzusammenhang von 38–42,2 kommt Kapitel 41 eine programmatische Bedeutung zu, es wirkt wie ein abschließender Kommentar, welcher noch einmal den Sinn der geschilderten Ereignisse hervorhebt. Adams Rückkehr zur Erde, von der er einst genommen wurde, ist nach dem Fall unausweichlich, insofern erscheint seine Bestattung als letzte Konsequenz des Gerichts Gottes.[282] Man fragt sich nun allerdings, ob Adam aufgrund seiner Erschaffung aus Erde sterben musste oder wegen seiner Sünde. Während nämlich 41,2 für Ersteres zu sprechen scheint, lässt 39,1 eher an Letzteres denken. Darin zeigt sich noch einmal die bereits beschriebene Spannung zwischen den Kapiteln 39 und 41, die den Erzähler selbst aber kaum zu stören scheint. Ihm kommt es offenbar vor allem auf den Aspekt der Unabwendbarkeit des Todes an, der in beiden Kapiteln im Vordergrund steht.

Die zunächst unabwendbare Rückkehr zur Erde wird nun allerdings nicht als letztes Wort Gottes verstanden, vielmehr liegt der eigentliche Schwerpunkt von 41,2 auf der zukünftigen Auferweckung Adams. Dies lässt sich in syntaktischer Hinsicht an dem Wechsel der Zeitformen beobachten, der zusätzlich durch das hier in adversativem Sinne gebrauchte πάλιν[283] betont wird: „ich *sagte* dir (damals) ... dagegen *verheiße* ich dir (jetzt) die Auferstehung." Ferner lässt sich auch an dem erläuternden Nachsatz „ich werde dich auferstehen lassen in der Auferstehung mit dem ganzen Menschengeschlecht, welches aus deinem Samen (ist)" erkennen, dass das Schwergewicht auf der zweiten Satzhälfte liegt.

Abgeschlossen wird die gesamte Szene schließlich durch die Versiegelung des Grabes, wobei mir allerdings nicht ganz deutlich ist, welche Funktion diesem Detail im Zusammenhang der Erzählung zukommt. Die Versiegelung bezieht sich ja ausdrücklich auf die sechs Tage bis zum Tod Evas, kann also nicht der sicheren Verwahrung Adams bis zum Tag der Auferstehung dienen, was sich ansonsten vom Zusammenhang her nahe gelegt hätte.[284]

---

[281] gLAE 39,2: Πλὴν λέγω σοι ὅτι τὴν χαρὰν αὐτῶν ἐπιστρέψω εἰς λύπην καὶ τὴν λύπην σου ἐπιστρέψω εἰς χαρὰν καὶ ἐπιστρέψω σε εἰς τὴν ἀρχήν σου καὶ καθίσω σε ἐπὶ τὸν θρόνον τοῦ ἀπατήσαντός σε.

[282] Zum Gericht Gottes nach der ersten Übertretung vgl. Abschnitt 8.2 und 8.4.

[283] Vgl. dazu Anm. 279.

[284] Ähnlich DE JONGE / TROMP, Life, 72; vgl. dazu auch den folgenden Abschnitt.

9.5.4 Quellen und Traditionen

A. *Gen 3,19:* In gLAE 41,2 (γῆ εἶ καὶ εἰς γῆν ἀπελεύσῃ) liegt ein wörtliches Zitat aus Gen 3,19 LXX vor.[285] Bemerkenswert ist dabei jedoch, dass der Erzähler die Aussage in einen anderen Zusammenhang gestellt hat. Innerhalb der göttlichen Urteilssprüche für Adam, Eva und die Schlange, wo sie in Gen 3 ihren ursprünglichen Ort hatte, fehlt sie nämlich in gLAE 24–26, worauf ich bereits an früherer Stelle hingewiesen habe.[286] Vielmehr begegnet die Ankündigung des kommenden Todes jetzt im Zusammenhang einer Auferstehungsverheißung und wird damit in gewisser Weise relativiert. Auch hier zeigt sich also die eschatologische Tendenz der frühjüdischen Rezeption von Gen 3, welche wir bereits an anderen Punkten beobachten konnten.[287]

B. *Die allgemeine Auferstehung der Toten am Ende der Zeit:* Abgesehen von Dan 12,2 und Jes 26,19, zwei ausgesprochen späten Stellen (3. – 2. Jhd. v. Chr.),[288] ist der Glaube an die endzeitliche Auferstehung der Toten im Alten Testament nicht ausdrücklich belegt.[289] In frühjüdischer Zeit ist er hingegen bereits außerordentlich verbreitet, wenn auch nicht unumstritten.[290] Nicht selten ergibt sich dabei allerdings das Bild eines ungeordneten Nebeneinanders verschiedener Vorstellungen,[291] welches die klare religionsge-

---

[285] BERTRAND, Vie [A], 144 betrachtet die Stelle als das einzige ausdrückliche Schriftzitat in gLAE, was meines Erachtens aber nicht zutrifft, vgl. die Abschnitte 7.2.4.A und 8.4.4.A, wo die enge Bindung unserer Erzählung (namentlich der Kapitel 15–30) an den Text der Genesis evident ist.

[286] Vgl. Abschnitt 8.4.4.

[287] Vgl. die Abschnitte 8.3.4.D und 9.3.4.A. Auf die eschatologische Interpretation von Gen 3 im frühen Judentum und deren Vermittlerrolle für das frühe Christentum weist auch Koch, Adam hin (vor allem 226–232).

[288] Vgl. H. NIEHR, in: ZENGER, Einleitung³, 461f. und O. KAISER, Art. Jesaja / Jesajabuch, TRE 16, 636–658, 652f.

[289] Vgl. hierzu O. KAISER, Der Prophet Jesaja, Kapitel 13–39. Nachdr. ²1973, Berlin 1979 (ATD 18), 173–177; STEMBERGER, Leib, 5; VOLZ, Eschatologie, 231 u.a. Selbstverständlich gab es aber Punkte, an welche die Auferstehungshoffnung anknüpfen konnte, z.B. Hos 6,1–3; Ez 37,1–14; 1 Kön 17; 2 Kön 4 (vgl. dazu LICHTENBERGER, Auferweckung, 417; LÖNING, Auferweckung, 422f.).

[290] Vgl. u.a. 2Makk 7; 12,43f.; 14,46; Sir 48,11; äthHen 51; 91,10; 92,3f.; PsSal 3,12; 4Esr 7,26–42; syrBar 30,2–5; 49–52; Phok 103–108; TestXII Ben 10; TestXII Juda 25; HellSyn 3,27; 7,11; 12,50; 16,7; LAB 3,10. Für die Qumrangemeinde lässt sich der Glaube an die Auferstehung nicht sicher nachweisen (vgl. G. STEMBERGER, Art. Auferstehung I/2, TRE 4, 443–450, 445), jedoch ist er zumindest in einigen protoessenischen Texten aus Qumran belegt (4Q Pseudo-Ezechiel [= 4Q 385, 386, 385b, 385c, 388, 391] und 4Q 521). Vgl. dazu PUECH, Croyance II, 605–692 und DIMANT, Resurrection.

[291] Zu den frühjüdischen Anschauungen über die Auferstehung der Toten insgesamt vgl. VOLZ, Eschatologie, 229–256; BOUSSET / GRESSMANN, Religion, 269–274; STRACK / BILLERBECK, Kommentar IV/2, 1166–1198; NICKELSBURG, Resurrection; DERS., Art. Resurrection: Early Judaism and Christianity, AncBibDict 5, 684–691; STEMBERGER,

schichtliche Einordnung einer bestimmten Anschauung erschwert.[292] Es ist daher nur schwer möglich, die in gLAE zu findenden Anschauungen über die Auferstehung der Toten dezidiert einem bestimmten religionsgeschichtlichen Milieu zuzuordnen.

Dennoch kann man aber nach meinem Eindruck von einer bestimmten Traditionslinie im frühen Judentum sprechen, der gLAE 41,2 angehört. Und es dürfte auch kaum Zufall sein, dass die engsten Parallelen wiederum in Schriften zu finden sind, deren traditionsgeschichtliche Verwandtschaft mit gLAE schon mehrfach zur Sprache kam.

1. äthHen 51,1f.: „Und in jenen Tagen wird die Erde zurückgeben, was ihr anvertraut ist, und die Unterwelt wird das zurückgeben, was sie empfangen hat, und die Hölle wird zurückgeben, wozu sie verpflichtet ist. Und er wird die Gerechten und Heiligen von ihnen auswählen ...“
2. 4Esr 7,32f.: „Die Erde gibt die heraus, die in ihr schlafen, der Staub die, die still in ihm ruhen, und die Kammern geben die Seelen heraus, die ihnen anvertraut sind. Der Höchste offenbart sich auf dem Richterthron ...“ („Et terra reddet qui in eam dormiunt, et pulvis qui in eo silentio habitant, et promptuaria reddent quae eis commendatae sunt animae. Et revelabitur Altissimus super sedem iudicii ...“).
3. LAB 3,10: „Wenn aber die Jahre der Welt erfüllt sein werden, dann wird das Licht aufhören und die Finsternis vertilgt werden, und ich werde die Toten lebendig machen und die Schlafenden aus der Erde aufrichten. Und die Unterwelt wird das, was sie schuldet, zurückgeben, und das Verderben wird seinen Teil zurückerstatten, damit ich vergelte einem jeden nach seinen Werken und nach den Früchten seiner Einfälle, bis ich richte zwischen Seele und Fleisch" („Cum autem completi fuerint anni seculi, tunc quiescet lumen et extinguentur tenebre, et vivicabo mortuos et erigam dormientes de terra. Et reddet infernus debitum suum, et perditio restituet paratecem suam, ut reddam unicuique secundum opera sua et secundum fructus adinventionum suarum, quousque iudicem inter animam et carnem").

Leib; DERS., a.a.O. (Anm. 290); CAVALLIN, Leben; FISCHER, Eschatologie; LICHTEN-BERGER, Auferweckung; SCHÜRER, History II, 539–544; PUECH, Croyance; AVERY-PECK / NEUSNER, Judaism Bd. 4 (darin vor allem: 119–211).

[292] Freilich wurden eine ganze Reihe von Vorschlägen zur Systematisierung des Materials unterbreitet, so unterscheidet z.B. WALTER, Eschatologie zwischen apokalyptischer und hellenistischer Eschatologie, während BAUCKHAM, Resurrection, 276 von „two basic ideas of resurrection in Jewish tradition, which we may call unitary and dualistic" spricht. VOLZ, Eschatologie, 235–244 verwendet ein entwicklungsgeschichtliches Schema: a) Auferstehung einzelner besonderer Gestalten der alten Geschichte; b) Auferstehung der Märtyrer der jüngsten Vergangenheit; c) Auferstehung aller Gerechten; d) Auferstehung aller Menschen zum Gericht. Weitere Schemata ließen sich nennen. Sie haben aber alle in erster Linie einen heuristischen Wert und sollten nicht verdecken, dass eine systematische Lehre von der Auferstehung der Toten im frühen Judentum noch nicht existierte, das Erscheinungsbild vielmehr äußerst vielfältig ist.

4. syrBar 50,2: „Denn sicher gibt die Erde ihre Toten dann zurück, die sie jetzt empfängt, um sie aufzubewahren ...“ Auch hier schließt sich dann an die Schilderung der Auferstehung ein Hinweis auf das Endgericht an (vgl. 51,1ff.).[293]

Zu beobachten ist, dass die genannten Textbeispiele in drei wesentlichen Punkten übereinstimmen. Die Auferstehung der Toten wird (1.) hier als eine *allgemeine* Auferstehung verstanden, sie wird (2.) als eine Auferstehung *zum Gericht* betrachtet,[294] und schließlich wird (3.) von einem *zwischenzeitlichen Ruhen der Toten in der Erde*[295] gesprochen. Diese Übereinstimmung in den genannten Punkten, die ja keineswegs im frühen Judentum unumstritten waren, spricht dafür, das hier doch eine *spezifische* Traditionslinie vorliegt.

C. Die Versiegelung des Grabes: Marinus de Jonge und Johannes Tromp haben in dem dreieckigen Siegel, von welchem gLAE 42,1 spricht, einen Hinweis auf die christliche Herkunft unserer Erzählung vermutet. Nach Mt 27,66 wurde das Grab Jesu bekanntlich auf Anweisung des Pilatus hin versiegelt.[296] Ferner hätten sowohl das Motiv des Siegels als auch die Zahl drei in enger Verbindung mit der christlichen Taufvorstellung gestanden.[297] Nach Bertrand handelt es sich hingegen um ein pythagoreisches Unsterblichkeitssymbol, das auf zahlreichen Grabsteinen zu finden sei,[298] während Sweet schließlich auf die besondere Wertschätzung des Dreiecks in Ägypten[299] hinweist. Sicherheit lässt sich hier kaum gewinnen, sodass man abschließend lediglich eines festhalten kann. Das Motiv wirkt im jetzigen Erzählzusammenhang eher fremd und geht daher wohl mit großer Sicherheit auf eine vorliegende Tradition zurück, die sich aber kaum noch ermitteln lässt.

9.5.5 Theologie

Im Zentrum unseres Textes steht die Hoffnung auf die künftige Auferstehung der Toten, welche der gegenwärtigen Vergänglichkeit des menschlichen Daseins entgegengesetzt wird. Zwar wird der Tod als unabwendbar beschrieben, doch gilt seine Einsetzung als ein *früheres* Wort Gottes, dem *jetzt* ein zweites, nämlich die Verheißung der endzeitlichen Auferweckung Adams gegenübersteht.[300] Dabei fällt auf, dass die Auferstehung der Toten hier zwar

---

[293] Offenbar beeinflusst von dieser Traditionslinie ist Offb 20,13: καὶ ἔδωκεν ἡ θάλασσα τοὺς νεκροὺς τοὺς ἐν αὐτῇ καὶ ὁ θάνατος καὶ ὁ ᾅδης ἔδωκαν τοὺς νεκροὺς τοὺς ἐν αὐτοῖς, καὶ ἐκρίθησαν ἕκαστος κατὰ τὰ ἔργα αὐτῶν.
[294] Für gLAE 41,2 ergibt sich dies aus dem Kontext, vgl. gLAE 10,2; 37,5 und 39.
[295] Vgl. hierzu BAUCKHAM, Resurrection (mit weiteren Belegen).
[296] Vgl. dazu auch PetrEv 33, wo von sieben Siegeln die Rede ist.
[297] Vgl. DE JONGE / TROMP, Life, 71f.
[298] Vgl. BERTRAND, Vie [A], 34f. und CUMONT, Recherches, 224.
[299] Vgl. Plutarch, Über Isis und Osiris. Übersetzung und Kommentar von Th. HOPFNER. 2 Bde. Prag 1940, Bd. 2, 34.
[300] Vgl. dazu auch Abschnitt 9.5.3.

mit dem Gerichtsgedanken verbunden ist,[301] in der Hauptsache aber als ein Heilsereignis verstanden wird. Es ist ein hoffnungsvoller Ausblick auf den Tag der Auferstehung, welchen der Erzähler uns hier gewährt, und er hat für die Theologie von gLAE insgesamt Schlüsselfunktion.[302] Trotz aller negativer Folgen des Sündenfalls für das menschliche Dasein soll den Hörern und Lesern der Erzählung eine Perspektive der Hoffnung eröffnet werden. Der Tod ist nicht das letzte Wort Gottes.

Die Zusage der Auferweckung beruht auf keiner menschlichen Vorleistung, sondern einzig und allein auf der freien Zuwendung Gottes.[303] Noch einmal haben wir hier also das Bild des gnädigen Gottes vor Augen, der sein Geschöpf auch angesichts dessen Scheiterns nicht fallen lässt und den einmal geschlossenen Bund nicht aufkündigt. Damit schließt sich der Kreis zu dem, was ich in Kapitel 6 über das schöpfungstheologische Fundament der Anthropologie unserer Erzählung gesagt habe. Weil der Mensch Gottes besonderes Geschöpf ist, darf er hoffnungsvoll in die Zukunft blicken, obwohl er um die ganze Schwere seiner Schuld und seines Versagens weiß. Es ist daher nicht zufällig, dass gerade hier am Ende der Erzählung eine Heilszusage steht.

9.5.6 Synoptischer Vergleich

Der lateinische Text hat keine Parallele zu gLAE 41–42,2, während die anderen Versionen dem griechischen Text sehr eng folgen. Eine Besonderheit des slavischen Textes, die jenen als sekundär erweist, besteht darin, dass er statt des Siegels von einem Kreuzeszeichen spricht, welches Gott auf dem Grab Adams hinterließ.[304] Denn es erscheint kaum vorstellbar, dass der griechische Text seinerseits, und mit ihm auch der armenische und georgische, aus dem Kreuz ein dreieckiges Siegel gemacht haben sollte. Am engsten folgt der georgische Text dem griechischen. Der einzige nennenswerte Unterschied besteht darin, dass hier nicht ausdrücklich von der Auferstehung aller Menschen gesprochen wird: „mais je te ressusciterai de la résurrection que je t'ai promise, au jour de la résurrection." Für sich genommen ist diese Abweichung aber zu wenig aussagekräftig, um das Verhältnis zum griechischen Text zu bestimmen. Im armenischen Text lassen sich hingegen zwei Abwei-

---

[301] Das legt sich vor allem vom Kontext her nahe, vgl. Anm. 294.

[302] Vgl. SCROGGS, Adam, 31: „here lies the real message of hope ot the whole book." Ähnlich LEVISON, Portraits, 173 und NICKELSBURG, Traditions, 519.

[303] In gLAE 28,4 wird die Verheißung der Auferstehung zwar an eine Bedingung geknüpft – dass Adam sich nämlich künftig von allem Bösen fernhalte –, im Gesamtkontext der Erzählung steht diese Aussage aber eher am Rande. Ein gewisser Widerspruch zu gLAE 41,2 ist freilich nicht zu verkennen.

[304] slavLAE 47: „... Und der Herr machte nach vier Seiten ein Zeichen des Kreuzes übers Grab, und man legte ihn ins Grab und er begoß es und sprach: Das Deinige von den Deinigen wird dargebracht."

chungen von gLAE benennen, die für den sekundären Charakter dieser Version sprechen:

1. In armLAE (Stone) 48 (41,1) heißt es: „God called to Adam's body through the dust and said, ‚Adam, Adam.' Adams body said to the dust, ‚answer and say, Here (I am), Lord.'" Offenbar handelt es sich hierbei um eine versuchte Textverbesserung, die erläutern soll, *wie* Adams Leib aus der Erde antworten konnte. Ausdrücklich wird hier auch nur Adams Leib angesprochen, während es im griechischen Text hieß: ἐκάλεσεν ὁ θεός (einige Hss. ergänzen τὸν Ἀδάμ) Ἀδάμ, Ἀδάμ. Zu beachten ist schließlich, dass geoLAE hier mit dem griechischen Text übereinstimmt („alors Dieu se tourna et appela Adam"), was gegen die Ursprünglichkeit der armenischen Fassung spricht.

2. gLAE 42,1 begründet die Versiegelung des Grabes folgendermaßen: „damit keiner etwas an ihm tue in den sechs Tagen, bis seine Seite zu ihm zurückgebracht würde." Während geoLAE einen entsprechenden Text hat,[305] bietet armLAE (Stone) eine andere Begründung: „let none approach in these days, until their bodies return to it" (48 [42,1]). Wiederum spricht hier die Übereinstimmung von geoLAE und gLAE gegen den Wortlaut des armenischen Textes, der eventuell auf ein Missverständnis seiner Vorlage zurückgeht.

9.6 Zusammenfassung

1. Der Tod wird in gLAE nicht als naturgegeben, sondern als Strafe Gottes verstanden. Nach der Übertretung der Protoplasten wurde er eingesetzt und herrscht seitdem über die gesamte Menschheit, sodass keiner ihm entrinnen kann. Wir finden hier noch einmal die Idee eines urzeitlichen Gerichts,[306] die als Erklärung für die gegenwärtige Wirklichkeit des Todes herangezogen wird.

2. Allerdings wird der Tod nicht als das letzte Wort Gottes verstanden, auch wenn er in diesem Leben unabwendbar ist. Vielmehr wird Adam, und mit ihm der Menschheit insgesamt, die endzeitliche Auferweckung verheißen. Vor allem gLAE 28 zeigt, dass diese als eine Auferweckung zum Gericht verstanden wird, bei dem die Gerechten ewiges Leben erlangen werden.

3. Allerdings sind die Aussagen über das Schicksal des Menschen nach dem Tod insgesamt nicht einheitlich. Neben die Anschauung einer endzeitlichen Auferweckung der Toten zum Gericht tritt nämlich die Vorstellung von einer unmittelbar nach dem Tod stattfindenden Begegnung mit dem Schöpfer, bei der bereits über das endgültige Schicksal des Menschen entschieden wird.

4. Offenbar zur Vermittlung zwischen den beiden Anschauungen dient die Annahme, dass sich beim Tod des Menschen Leib und Geist bzw. Seele[307]

---

[305] geoLAE 48 (42,1): „... que personne n'y touche durant ces six jours, jusqu'à ce que ta côte retourne vers toi."

[306] Vgl. dazu Kapitel 8, vor allem Abschnitt 8.4.

[307] Beide Begriffe werden synonym gebraucht.

trennen. Vermutlich ist hier daran gedacht, dass der Leib bis zum Tage der Auferstehung in der Erde ruht, während die Seele bzw. der Geist bereits nach dem Tod zu Gott kommt. Dabei ist allerdings nicht zu verkennen, dass die verschiedenen Anschauungen nicht wirklich zu einem stimmigen Ganzen verbunden wurden, ein Sachverhalt, der aber für die frühjüdische Eschatologie insgesamt durchaus nicht ungewöhnlich ist. Überhaupt fügen sich die Anschauungen über Tod und Auferstehung, die wir in gLAE finden, gut in das Gesamtbild der eschatologischen Vorstellungswelt des frühen Judentums ein, wie ich in den jeweiligen Exegesen zu zeigen versucht habe.

5. Schließlich meine ich, auch für die hier untersuchten Textabschnitte gezeigt zu haben, dass sich das griechische „Leben Adams und Evas" unter den verschiedenen Versionen mit guten Gründe als die älteste Textform betrachten lässt. Nicht für jeden einzelnen Abschnitt lässt sich dies schlüssig nachweisen, das Gesamtbild ist hingegen nach meinem Eindruck eindeutig.

Kapitel 10

Ergebnisse

10.1 Der Ausgangspunkt

Bevor ich zum Abschluss die Ergebnisse meiner exegetischen Studien zum griechischen „Leben Adams und Evas" zusammenfasse, erscheint es hilfreich, zunächst noch einmal den gegenwärtigen Forschungsstand in Erinnerung zu rufen. Wie ich im Überblick über die Forschungsgeschichte gezeigt habe, sind es im Wesentlichen zwei Problemkreise, die die aktuelle Diskussion bestimmen: a) das Verhältnis der Versionen zueinander und b) die Datierung und religionsgeschichtliche Herkunft des ursprünglichen LAE. Bezüglich der erstgenannten Fragestellung votieren vor allem M. E. Stone und G. A. Anderson für die Priorität des gemeinsamen Vorläufers der armenischen und der georgischen Fassung, während andere – wie M. de Jonge, J. Tromp, D. Bertrand, O. Merk und M. Meiser – im griechischen Text die älteste Textgestalt bewahrt sehen. Hinsichtlich der Datierung und religionsgeschichtlichen Einordnung mehren sich in jüngster Zeit wieder die Stimmen für christlichen Ursprung und damit verbunden für eine späte Entstehungszeit des Werkes (2. bis 7. Jhd. n. Chr.). Vor allem sind hier G. A. Anderson, J. Tromp und M. de Jonge zu nennen. Dennoch wird die Annahme frühjüdischen Ursprungs (1. Jhd. v. bis frühes 2. Jhd. n. Chr.) nach wie vor von einer großen Mehrheit vertreten. Stellvertretend dafür seien nur D. Bertrand, A. M. Sweet, O. Merk und M. Meiser genannt.

Kaum umstritten ist hingegen, dass die verschiedenen Versionen auf eine gemeinsame Vorlage zurückgehen, die im Verlauf der Überlieferung immer wieder neu bearbeitet wurde. Gleiches gilt für die Frage der Originalsprache. Hier gehen die allermeisten davon aus, dass die älteste Textfassung in griechischer Sprache verfasst wurde. Weitgehender Konsens herrscht schließlich auch hinsichtlich der methodischen Prämisse, dass die Versionen zunächst für sich genommen zu untersuchen und als eigenständige Texte zu betrachten sind.

10.2 Die Zielsetzung

Ausgehend von der beschriebenen Forschungslage ging es mir in der vorliegenden Arbeit darum, die grundlegenden theologischen Anschauungen der griechischen Version herauszuarbeiten und nach deren Übereinstimmung mit der theologischen Vorstellungswelt des frühen Judentums zu fragen. Sollte sich dabei nämlich zeigen, dass hier insgesamt eine Übereinstimmung besteht, wäre damit ein starkes Argument für den frühjüdischen Ursprung des „Lebens Adams und Evas" gegeben. Nun dürfte es freilich unumstritten sein, dass einzelne jüdische Traditionen auch in Texten christlicher Herkunft begegnen können, wie Stone oder de Jonge / Tromp zu Recht betonen. Daher kam es mir in erster Linie auf das Gesamtbild an, das gLAE uns bietet, denn in dieser Hinsicht ist es meines Erachtens durchaus möglich, zwischen typisch Jüdischem und typisch Christlichem zu unterscheiden. Ein weiteres starkes Argument für das Alter der Überlieferung in gLAE wäre erbracht, wenn sich die in der griechischen Überlieferung bewahrte Textform als die älteste unter den bekannten Versionen erwiese. Daher habe ich jeweils zum Abschluss der Einzelexegesen versucht, das Verhältnis der herausgearbeiteten theologischen Konzeptionen zu den parallelen Überlieferungen zu bestimmen.

Die Zielsetzung meiner Untersuchung lässt sich daher mit folgenden Fragen bestimmen: 1. Welche theologischen Anschauungen sind für die griechische Version des „Lebens Adams und Evas" zentral? 2. Lassen sich diese in ihrer Gesamtheit in die von der Forschung rekonstruierte Vorstellungswelt des frühen Judentums einordnen?[1] 3. Erweist sich das herausgearbeitete Bild der Theologie der griechischen Version im Vergleich mit den anderen Versionen als älter oder gehört es einer späteren Stufe der Überlieferung an? Dabei dürfte es natürlich auf der Hand liegen, dass zunächst die Frage der Einheitlichkeit der griechischen Textfassung selbst zu klären ist.

10.3 Ergebnisse

A. Einheitlichkeit: Auch wenn die Analyse der einzelnen Texte eine ganze Reihe von Doppelungen, Widersprüchen und Unklarheiten erkennen ließ,

---

[1] Freilich sind im Hinblick auf das frühe Judentum noch viele Fragen ungeklärt, sodass die religionsgeschichtliche Einordnung bestimmter Vorstellungen aus LAE häufig nur andeutungsweise möglich ist. Hinzu kommt, dass im Rahmen dieser Arbeit nicht zu jedem diskutierten Problemkreis frühjüdischer Theologie detaillierte Studien unternommen werden können. Häufig kann nur ein Überblick über das infrage kommende religionsgeschichtliche Material und die wichtigste relevante Literatur gegeben werden. An vielen Punkten sind weitere Detailuntersuchungen nötig.

erwies sich gLAE doch anhand bestimmter Stilelemente des Erzählers, welche
das gesamte Werk prägen, sowie durch den Rahmen der Erzählung als ein
einheitliches Werk (vgl. Abschnitt 4.1). Die nicht zu verkennenden Spannungen innerhalb des Gesamtwerkes lassen sich daher am besten durch den
extensiven Gebrauch vorliegender Überlieferungen erklären, mit dem der
Erzähler seinem Werk gleichsam einen kompendienartigen Charakter verlieh,
wie ich zu Beginn meiner Arbeit bereits erwähnt habe. Diese Vermutung
wurde in den Einzelexegesen immer wieder bestätigt, insofern sich zeigen
ließ, aus welch breitem Spektrum von Motiven und Traditionen unser Erzähler sein Material entnahm.

B. gLAE als Entwurf einer narrativen Anthropologie: Aber nicht nur in
formaler, sondern auch in inhaltlicher Hinsicht ließ sich unsere Erzählung als
eine Einheit betrachten. Unter Rückgriff auf die biblische Paradieserzählung
zeichnet sie ein Bild des Menschen, das von dem radikalen Bruch zwischen
seiner ursprünglichen Erhabenheit und der gegenwärtigen Erfahrung von
Krankheit, Mühsal, Unfriede und Tod geprägt ist. Eingetreten ist dieser
Bruch mit der Übertretung Adams und Evas im Paradies, welche ein göttliches Gericht nach sich zog und damit die künftige Existenz der gesamten
Schöpfung veränderte. Der Mensch muss fortan mit verschiedenen Plagen
leben (gLAE 5–8), die Bedrohung durch wilde Tiere erfahren (10–12; 24)
und in mühevoller Arbeit seinen Lebensunterhalt erwerben (24). Unter lebensbedrohlichen Umständen wird die Frau Kinder gebären, und das sexuelle
Verlangen wird ihr eher eine Last denn eine Freude sein (25). Am Ende des
menschlichen Daseins wird schließlich der Tod als unausweichliche Konsequenz des Sündenfalls stehen (14; 28; 41).

Dient die Erzählung vom Sündenfall damit als Ätiologie der gegenwärtigen
Begleitumstände des menschlichen Daseins, so hat sie andererseits auch eine
paradigmatische Funktion. Denn das, was Adam und Eva einst im Paradies
taten und erlebten, vollzieht sich in der Geschichte der Menschheit immer
wieder, sodass beide exemplarisch für die Menschheit im Allgemeinen stehen.
Und darum dient ihr Schicksal auch für die Nachkommen als warnendes
Beispiel, dem nachzueifern Letztere sich hüten sollen (15–30). In diesem
Zusammenspiel von ätiologischer und paradigmatischer Interpretation der
Sündenfallgeschichte zeigt sich ein Grundzug der Anthropologie unserer
Erzählung überhaupt. Einerseits wird der Mensch hier nämlich als Opfer der
betrügerischen Machenschaften des Teufels betrachtet, der Adam und Eva
verführte, wodurch wiederum alle künftigen Generationen unter widrigen
Lebensumständen existieren müssen. Erscheint die eigene Situation somit als
Folge äußerlicher Einflüsse, so ist der Mensch andererseits zugleich selbst für
sein Schicksal verantwortlich. *Seine* Tat ist es, die das Gericht Gottes heraufbeschwor und damit sein Leben veränderte. Insgesamt überwiegt nach meinem Eindruck allerdings der erstgenannte Aspekt, Sünde und Tod wirken wie

ein auf der Menschheit lastendes Verhängnis, dem der Einzelne sich nur schwer entziehen kann.

Ursprünglich war der Mensch nach Ansicht unseres Erzählers hingegen unsterblich und war mit Herrlichkeit und Gerechtigkeit bekleidet. Ging ihm dieser Status mit dem Sündenfall verloren, so stellt sich die Frage, ob dennoch ein gewisser Rest an Kontinuität zu seiner früheren Existenz verblieben ist. Einen solchen entdeckt gLAE in der Gottebenbildlichkeit des Menschen, die diesem gegenüber den Tieren eine – wenn auch eingeschränkte – Autorität bewahrt und andererseits einen Anhaltspunkt für die Hoffnung auf göttliches Erbarmen bietet. Weil Gott den Menschen zu seinem Ebenbild erschuf, werde er ihm am Ende trotz aller menschlichen Auflehnung gnädig sein, dies bemüht sich der Erzähler seinen Adressaten zu vermitteln (vgl. gLAE 33–37). Menschsein ist also nach der Auffassung unserer Erzählung durch die Bipolarität von Geschöpflichkeit und Sündhaftigkeit bestimmt. Letztere wird dabei aber deutlich der Ersteren untergeordnet, indem die Sünde und deren Folgen als etwas nachträglich in die Schöpfung Gekommenes betrachtet und zugleich auch durch den Ausblick auf die endzeitliche Begnadigung und Auferstehung des Sünders begrenzt werden. Die Existenz des Menschen ist somit eine Existenz *zwischen* Sündenfall und Erlösung. Gegenwärtig muss er aufgrund seiner Sünde mancherlei Bedrängnisse erfahren, und ein Ausweg aus seiner Not scheint innergeschichtlich nicht möglich zu sein. Am Ende der Zeit aber wird ihm das Paradies zurückgegeben und er somit wieder in seinen ursprünglichen Stand eingesetzt werden.

C. Der jüdische Charakter der Erzählung: Das soeben noch einmal zusammenfassend dargestellte Bild der Theologie unserer Erzählung lässt sich nun mit guten Gründen dem frühen Judentum zuweisen. Die Anschauungen in gLAE über die Sünde und den Tod, über die Gottebenbildlichkeit des Menschen, die endzeitliche Wiederbringung des Paradieses und die allgemeine Auferstehung der Toten decken sich häufig mit dem, was auch in anderen frühjüdischen Schriften diesbezüglich zu finden ist.[2] Ferner ist bedeutsam, dass sich keinerlei explizit christliche Elemente in der ursprünglichen Fassung des griechischen Textes finden lassen. Zwar finden wir manche Gedanken aus gLAE im Neuen Testament, bei späteren frühchristlichen Theologen, wie Theophilus von Antiochien oder Irenäus von Lyon, oder auch in den christlichen Adam- und-Eva-Büchern (vgl. Kapitel 1) wieder. Insgesamt aber setzten christliche Autoren im Umgang mit der biblischen Paradieserzählung ganz andere Schwerpunkte, und mir ist kein einziger christlicher Text bekannt, der

---

[2] Auffällig ist allerdings, dass zentrale Themen wie Tempelkult, Sabbat, Reinheit, Beschneidung, Land und Erwählung entweder gänzlich fehlen oder nur ganz am Rande begegnen, vgl. dazu Abschnitt 8.2.5.B.

den biblischen Stoff von Gen 3 aufgreift, *ohne* sein christliches Interesse daran ausdrücklich zu erkennen zu geben.

Innerhalb der Welt des frühen Judentums lässt sich die genauere Herkunft des gLAE kaum mit Sicherheit entscheiden. Einige Indizien (Originalsprache; Einfluss der LXX; Verwandtschaft mit slHen, TestXII, TestHiob, JosAs und anderen Schriften des Diasporajudentums; Anklänge an griechische Mythologie)[3] sprechen nach meinem Eindruck für die Entstehung im Diasporajudentum. Hier ist aber noch zu Vieles im Unklaren, als dass man sich ein auch nur annähernd sicheres Urteil erlauben könnte.

Was nun die Entstehungszeit anbetrifft, so sprechen die Übereinstimmungen mit den genannten Schriften des frühen Judentums – weitere ließen sich anführen – für das 1. Jhd. n. Chr., eventuell auch das frühe 2. Jhd. n. Chr. Ein genaueres Entstehungsdatum lässt sich hingegen schwerlich benennen, da keinerlei Anspielungen auf bestimmte historische Ereignisse und Personen oder örtliche Gegebenheiten im Text zu finden sind. Zur Abstützung dieser Datierung wären für die Zukunft weitere Studien zur Rezeption der frühjüdischen Anschauungen über Adam und Eva in der patristischen Literatur, namentlich bei Theophilus und Irenäus, wünschenswert. Hier würden sich meines Erachtens in der Tat weitere Argumente für die Frühdatierung ergeben, da sich vor allem die genannten Autoren an verschiedenen Punkten auf Traditionen aus gLAE zu beziehen scheinen. Hierauf konnte ich im Zusammenhang meiner Untersuchung nur ansatzweise eingehen, da es ja in erster Linie darum ging, die Anschauungen des gLAE selbst herauszuarbeiten und damit gleichsam erst den Boden für einen aussagekräftigen Vergleich mit frühchristlichen Autoren zu bereiten.

D. Die Priorität des griechischen Textes: In den vorangehenden Äußerungen war die Annahme der Priorität des griechischen Textes bereits vorgesetzt, die sich aus dem Vergleich der einzelnen griechischen Textabschnitte mit den Parallelüberlieferungen ergab. Es war zu beobachten, dass die anderen Versionen an verschiedenen Stellen offensichtlich sekundäre Lesarten des griechischen Textes vorauszusetzen scheinen und dass sie bestimmte schwer verständliche Stellen zu verdeutlichen versuchten, damit aber teilweise den Sinn des Textes veränderten. Schließlich lassen sich in den Versionen durchweg christliche Ergänzungen finden, während spezifisch christliche Elemente in der ältesten Fassung des griechischen Textes fehlen. Schließlich scheint mir auch bedeutsam zu sein, dass der griechische Text an keiner Stelle allein gegen die übrigen Versionen steht, während alle anderen Versionen bestimmte Auslassungen oder Zusätze allein enthalten.

---

[3] Hierzu bieten die jeweiligen traditionsgeschichtlichen Untersuchungen in den Einzelexegesen eine Fülle von Material.

E. Die religionsgeschichtliche Bedeutung der Erzählung: gLAE ist daher
mit guten Gründen als eine wichtige Quelle für die Anthropologie des frühen
Judentums zu betrachten, deren Bedeutung für die christliche Theologie vor
allem darin liegt, dass sie repräsentativ für die Vermittlerrolle der frühjüdischen Überlieferung zwischen dem biblischen Zeugnis von Gen 3 und den
christlichen Anschauungen über Sünde, Tod und Erlösung des Menschen
steht. In unserer Erzählung sind nämlich verschiedene Umformungen im
Verständnis von Gen 3 zu beobachten, die dann später für das christliche Bild
der Protoplasten konstitutiv wurden. Es handelt sich dabei um das Verständnis der Sünde als einer universalen Macht, um die Anschauung von den kos-
mischen Auswirkungen des Sündenfalls sowie um die eschatologische Interpretation der Paradieserzählung, welche das endzeitliche Heil als Wiederbringung der paradiesischen Zustände auffasste.[4] Auf bestimmte Entsprechungen zur paulinischen Theologie (vgl. vor allem Rm 5 und Rm 8) oder
auch die eschatologische Dimension der markinischen Versuchungsgeschichte
(Mk 1,13) hatte ich ja bereits hingewiesen.[5]

Kommt unserer Erzählung demnach eine gewisse Brückenfunktion zwischen der alttestamentlichen Überlieferung und dem christlichen Adam-und-
Eva-Bild zu, so möchte ich dies nicht in dem Sinne verstanden wissen, dass
sie damit gleichsam nur eine „Dienstleistung" für die frühchristliche Theologie
erbracht hätte. Vielmehr ging es mir darum zu zeigen, wie das frühe Christentum Anteil an dem jüdischen Bemühen um eine *aktuelle* Interpretation der
alten Überlieferung von Adam und Eva im Paradies nahm, und Letzterem eine
ganze Reihe entscheidender Impulse für das eigene theologische Nachdenken
verdankte, auch wenn es in zentralen Fragen andere Wege ging. Um diesen
Prozess ihrer eigenen Traditionsbildung zu verstehen und sich damit auch
ihres eigenen Ursprungs zu vergewissern, muss christliche Theologie nach
meinem Eindruck ein genuines Interesse daran haben, auch die frühjüdischen
Texte in ihrer eigenen Vorstellungswelt und ihrem spezifischen theologischen
Interesse wahrzunehmen. James H. Charlesworth hat diese Aufgabe folgendermaßen beschrieben: „Jewish literature ... must be read *thoroughly, sympa-
thetically* and *reflectively* before any attempt is made to compare them with
so-called Christian documents."[6] Mit meiner Untersuchung zum griechischen
„Leben Adams und Evas" hoffe ich, einen Beitrag zur Lösung dieser in der
Geschichte christlicher Theologie oft vernachlässigten Aufgabe geleistet zu
haben.

---

[4] Was hier nur angedeutet werden kann, beabsichtige ich in einem späteren Aufsatz
noch einmal detailliert zu entfalten.
[5] Auch die Bezüge zum Neuen Testament bedürften noch einmal einer gesonderten
Betrachtung. Vgl. dazu auch Anm. 175 in Kapitel 2.
[6] CHARLESWORTH, Pseudepigrapha [B], 4.

Literaturverzeichnis

1. Verzeichnis der verwendeten Textausgaben

Biblische Schriften:
ALAND, B. und K. / NESTLE, E. (Hg.): Novum Testamentum Graece, Stuttgart ²⁷1995.
ELLIGER, K. / RUDOLPH, W. (Hg.): Biblia Hebraica Stuttgartensia (in 15 Einzelheften), Stuttgart 1969–1990.
RAHLFS, A. (Hg.): Septuaginta. Id est Vetus Testamentum Graece iuxta LXX interpretes. 2 Bde. in 1 Bd., Stuttgart 1979.

Qumranschriften:
MAIER, J.: Die Qumran-Essener. 3 Bde., München 1995–1996 (UTB 1862; 1863; 1916).

Mischna und Talmud:
GOLDSCHMIDT, L.: Der babylonische Talmud. 12 Bde., Berlin 1928–1936.
HENGEL, M. u.a. (Hg.): Übersetzung des Talmud Yerushalmi, Tübingen 1975ff.
(Die einzelnen Traktate werden abgekürzt nach: STEMBERGER, Einleitung, 356f.)

1Klem	FISCHER, J. A. (Hg.): Die Apostolischen Väter, Darmstadt ¹⁰1993 (SUC 1), 1–107.
2Makk	HABICHT, C.: 2. Makkabäerbuch, in: JSHRZ 1 (1976), 165–286.
3Makk	ANDERSON, H.: 3 Maccabees, in: OTP II (1985), 509–529.
4Esr	KLIJN, A. F. J. (Hg.): Der lateinische Text der Apokalypse des Esra – Mit einem index grammaticus von Gerhard Mussies, Berlin 1983 (TU 131). DERS. (Hg.): Die Esra-Apokalypse (IV. Esra) nach dem lateinischen Text unter Benutzung der anderen Versionen, 1992 (GCS [o. Bandnummer]).
4Makk	KLAUCK, H.-J.: 4. Makkabäerbuch, in: JSHRZ 3 (1989), 645–764.
5Esr	DUENSING, H. / SANTOS OTERO, A. DE: Das fünfte und sechste Buch Esra, in: NTApo II⁵, 581–590.
6Esr	DUENSING, H. / SANTOS OTERO, A. DE: ... siehe unter 5Esr.
äthAdam	DILLMANN, A.: Das christliche Adambuch des Morgenlandes, in: JBW 5 (1853), 1–144.
äthHen	UHLIG, S.: Das äthiopische Henochbuch, in: JSHRZ 5 (1984), 461–780.
ApkAbr	PHILONENKO-SAYAR, B. / PHILONENKO, M.: Die Apokalypse Abrahams, in: JSHRZ 5 (1982), 413–460.
ApkAd	FOERSTER, W. / KRAUSE, M. / RUDOLPH, K. (Hg.): Die Gnosis. Koptische und mandäische Quellen, Zürich / Stuttgart 1995, 17–31.
ApkEl	SCHRAGE, W.: Die Elia-Apokalypse, in: JSHRZ 5 (1980), 193–288.
ApkPaul	DUENSING, H. / SANTOS OTERO, A. DE: Apokalypse des Paulus, in: NTApo II⁵, 644–675.
ApkSedr	AGOURIDES, S.: Apocalypse of Sedrach, in: OTP I (1983), 605–613.

WAHL, O. (Hg.): Apocalypsis Esdrae. Apocalypsis Sedrach. Visio Beati Esdrae 1977 (PVTG 4), 37–48.

ApkZeph WINTERMUTE, O. S.: Apocalypse of Zephaniah, in: OTP I (1983), 497–515.

ApokrEz ECKART, K.-G.: Das Apokryphon Ezechiel, in: JSHRZ 5 (1974), 45–56.

Arist MEISNER, N.: Aristeasbrief, in: JSHRZ 2 (1973), 35–88.

armLAE siehe Abschnitt 1.2.3 (armLAE [Stone] und armLAE [Conybeare]).

ARN B SALDARINI, A. J.: The Fathers according to Rabbi Nathan (Abot de Rabbi Nathan) Version B. A Translation and Commentary, Leiden 1975 (SJLA 11).

AscJes MÜLLER, C. D. G.: Die Himmelfahrt des Jesaja, in: NTApo II^5, 547–562.

AssMos BRANDENBURGER, E.: Himmelfahrt Moses, in: JSHRZ 5 (1976), 57–84.

Athenagoras Suppl (= Supplicatio pro Christianis): GOODSPEED, E. J.: Die ältesten Apologeten. Texte mit kurzen Einleitungen, Göttingen 1914, 314–358.

Barn WENGST, K.: Didache (Apostellehre), Barnabasbrief, Zweiter Clemensbrief, Schrift an Diognet, Darmstadt 1984 (SUC 2), 101–202.

BarthEv SCHEIDWEILER, F. / SCHNEEMELCHER, W.: Bartholomäusevangelium, in: NTApo I^6, 424–440.

Cyprian BAER, J.: Des heiligen Kirchenvaters Caecilius Cyprianus Traktate / Des Diakons Pontius Leben des Hl. Cyprianus, Kempten / München 1918 (BKV 34).

DecrGel DOBSCHÜTZ, E. VON: Das Decretum Gelasianum de libris recipiendis et non recipiendis in kritischem Text herausgegeben und untersucht, Leipzig 1912 (TU 38,4).

Did WENGST, K.: Didache (Apostellehre), Barnabasbrief, Zweiter Clemensbrief, Schrift an Diognet, Darmstadt 1984 (SUC 2), 1–100.

DtnR WÜNSCHE, A. / FÜRST, J. / STRASCHUN, O.: Der Midrasch Debarim Rabba, das ist die haggadische Auslegung des fünften Buches Mose, Leipzig 1882.

Epiphanius Panarion: HOLL, K. (Hg.): Epiphanius (Ancoratus und Panarion). 3 Bde., Leipzig 1915–1933 (GCS 25; 31; 37,1).

ExR WÜNSCHE, A.: Der Midrasch Schemot Rabba, die haggadische Auslegung von 2. Mose, Leipzig 1882.

EzTrag VOGT, E.: Tragiker Ezechiel, in: JSHRZ 4 (1983), 113–134.

GebMan OSSWALD, E.: Das Gebet Manasses, in: JSHRZ 4 (1974), 15–28.

GenR WÜNSCHE, A.: Der Midrasch Bereschit Rabba, Leipzig 1881.

geoLAE siehe Abschnitt 1.2.4.

gLAE siehe Abschnitt 1.2.1.

grBar HAGE, W.: Die griechische Baruch-Apokalypse, in: JSHRZ 5 (1974), 15–44.

grEsr MÜLLER, U. B.: Die griechische Esra-Apokalypse, in: JSHRZ 5 (1976), 85–102.

WAHL, O. (Hg.): Apocalypsis Esdrae. Apocalypsis Sedrach. Visio Beati Esdrae 1977 (PVTG 4), 25–35.

hebHen ALEXANDER, P.: 3 (Hebrew Apocalypse of) Enoch, in: OTP I (1983), 223–315.

HellSyn DARNELL, D. R. / FIENSY, D. A.: Hellenistic Synagogal Prayers, in: OTP II (1985), 671–697.

Irenäus Epid (= Epideixis) und Haer (= Adversus Haereses) I–V: BROX, N. (Hg.): Irenäus von Lyon: Epideixis. Darlegung der apostolischen Verkündigung.

	Adversus haereses. Gegen die Häresien. Bd. 1–5, Freiburg / Basel / Wien 1993–2001 (FC 8,1–8,5).
JosAs	BURCHARD, C.: Ein vorläufiger Text von Joseph und Aseneth, Dielheimer Blätter zum Alten Testament 14 (1979), 2–53.
	DERS.: Joseph und Aseneth, in: JSHRZ 2 (1983), 577–736.
Josephus	Ant (= Antiquitates Judaicae) und Bell (= Bellum Judaicum): NIESE, B. (Hg.): Flavii Iosephi Opera. 6 Bde., Berlin ²1955.
Jub	BERGER, K.: Das Buch der Jubiläen, in: JSHRZ 2 (1981), 273–576.
Justin	Apol (= Apologie) und Dial (= Dialog mit Tryphon): GOODSPEED, E. J.: Die ältesten Apologeten. Texte mit kurzen Einleitungen, Göttingen, 1914, 24–265.
Kedrenos	Synopsis (= Synopsis Historion): Georgius Cedrenus. Ioannis Scylitzae ope ab I. BEKKERO suppletus et emendatus. 2 Bde., Bonn 1838f.
LAB	HARRINGTON, D. J.: Pseudo-Philon: Les Antiquités Bibliques. Bd. 1: Introduction et texts critiques, traduction, Paris 1976 (SC 229).
	DIETZFELBINGER, C.: Pseudo-Philo: Antiquitates biblicae (Liber Antiquitatum Biblicarum), in: JSHRZ 2 (1975), 89–272.
latLAE	siehe Abschnitt 1.2.2.
LevR	WÜNSCHE, A.: Der Midrasch Wajikra Rabba, Leipzig 1884.
NumR	WÜNSCHE, A. / FÜRST, J.: Der Midrasch Bemidbar Rabba, das ist die allegorische Auslegung des vierten Buches Mose, Leipzig 1885.
NikEv	SCHEIDWEILER, F.: Nikodemusevangelium, Pilatusakten und Höllenfahrt Christi, in: NTApo I⁶, 395–424.
OdSal	CHARLESWORTH, J. H.: Odes of Solomon, in: OTP II (1985), 725–771.
OffbPetr	MÜLLER, C. D. G.: Offenbarung des Petrus, in: NTApo II⁵, 562–578.
Origenes	Celsus (= Gegen Celsus) KÖTSCHAU, P.: Des Origenes acht Bücher gegen Celsus aus dem Griechischen übersetzt. 2 Bde., München o.J. (BKV 52/53).
	Peri Archon: GÖRGEMANNS, H. / KARPP, H. (Hg.): Origenes: Peri archon / de principiis, Darmstadt ³1992 (TzF 24).
ParJer	KRAFT, R. A. / PURINTUN, A.-E.: Paraleipomena Jeremiou, Missoula, Montana 1972 (SBL.TT 1).
	SCHALLER, B.: Paralipomena Jeremiou, in: JSHRZ 1 (1998), 659–777.
PetrEv	MAURER, C. / SCHNEEMELCHER, W.: Petrusevangelium, in: NTApo I⁶, 180–188.
PhilEv	SCHENKE, H.-M.: Das Evangelium nach Philippus, in: NTApo I⁶, 148–173.
Philo	COHN, L. / WENDLAND, P.: Philonis Opera quae supersunt, Berlin 1962 (Nachdr. 1896).
	COHN, L. / HEINEMANN, I. / ADLER, M. / THEILER, W. (Hg.): Philo von Alexandria. Die Werke in deutscher Übersetzung. 7 Bde., ²Berlin 1962–1964 (Op = De opificio mundi; All = Legum Allegoriae; Ebr = De Ebraitate; SpecLeg = De Specialibus Legibus).
Phok	DENIS, A.-M.: Fragmenta pseudepigraphorum quae supersunt graeca una cum historicorum et auctorum judaeorum hellenistarum fragmentis, Leiden 1970 (PVTG 3), 149–156.
	WALTER, N.: Pseudepigraphische jüdisch-hellenistische Dichtung: Pseudo-Phokylides, Pseudo-Orpheus, Gefälschte Verse auf Namen griechischer Dichter, in: JSHRZ 4 (1983), 173–276.
Platon	Phaidon: Platon Werke. Bd. 2/3: Phaidon – Philebos, Berlin 1987.

ProtEvJak   CULLMANN, O.: Kindheitsevangelien, in: NTApo I[6], 330–372: 1. Prot-evangelium des Jakobus (334–349).

PsSal   GEBHARDT, O. VON: Die Psalmen Salomos, Leipzig 1895 (TU 13,2).
HOLM-NIELSEN, S.: Die Psalmen Salomos, in: JSHRZ 4 (1977), 49–112.

Rech   CHARLESWORTH, J. H.: History of the Rechabites, in: OTP II (1985), 443–461.

Recogn   REHM, B. / PASCHKE, F.: Die Pseudoklementinen. Bd. 2: Rekognitionen, Berlin 1965 (GCS 51).

Repentance   PREUSCHEN, E.: Die apokryphen gnostischen Adamschriften aus dem Armenischen übersetzt und untersucht, in: DIEHL, W. u.a.: Festgruß B. Stade, Gießen 1900, 163–252, 203–208 (hier unter dem Titel: Erzählung von der Buße des Adam und der Eva ...).
LIPSCOMB, W. L.: The Armenian Apocryphal Adam Literature, Atlanta 1990, 210–233 (History of the Repentance of Adam and Eve).

SapSal   RAHLFS, A. (Hg.): Septuaginta. 2 Bde. in 1 Bd., Stuttgart 1979, Bd. 2, 345–376.
GEORGI, D.: Die Weisheit Salomos, in: JSHRZ 3 (1980), 389–480.

Sib   GAUGER, J.-D. (Hg.): Sibyllinische Weissagungen. Griechisch und Deutsch 1998.
MERKEL, H.: Sibyllinen, in: JSHRZ 5 (1998), 1041–1148.
TREU, U.: Christliche Sibyllinen: in: NTApo II[5], 591–619.

Sir   RAHLFS, A. (Hg.): Septuaginta. 2 Bde. in 1 Bd., Stuttgart 1979, Bd. 2, 377–471.
SAUER, G.: Jesus Sirach, in: JSHRZ 3 (1981), 481–644.

slavLAE   siehe Abschnitt 1.2.5.

slHen   BÖTTRICH, C.: Das slavische Henochbuch, in: JSHRZ 5 (1995), 781–1040.

syrBar   KLIJN, A. F. J.: Die syrische Baruch-Apokalypse, in: JSHRZ 5 (1976), 103–192.

Synkellos   Ekloge (= Ekloge Chronographias): MOSSHAMMER, A. E. (Hg.): Georgii Syncelli Ecloga Chronographica, Leipzig 1984.

Tanch B   BIETENHARD, H. (Hg.): Midrasch Tanchuma B. 2 Bde., Frankfurt/M. u.a. 1980–1982 (JudChr 5/6).

TestAbr   JANSEN, E.: Testament Abrahams, in: JSHRZ 3 (1975), 193–256.
SCHMIDT, F.: Le Testament grec d'Abraham: Introduction, édition criti-que des deux recensions grecques, traduction, Tübingen 1986 (TSAJ 11).

TestAd   ROBINSON, S. E.: Testament of Adam, in: OTP I (1983), 989–995.

TestHiob   BROCK, S. P.: Testamentum Jobi, Leiden 1967 (PVTG 2).
SCHALLER, B.: Das Testament Hiobs, in: JSHRZ 3 (1979), 301–388.

TestIsaak   STINESPRING, W. F.: Testament of Isaac, in: OTP I (1983), 903–911.

TestJak   STINESPRING, W. F.: Testament of Jacob, in: OTP I (1983), 913–918.

TestXII   JONGE, M. DE: The Testaments of the twelve Patriarchs, Leiden 1978 (PVTG I,2).
BECKER, J.: Die Testamente der zwölf Patriarchen, in: JSHRZ 3 ([2]1980), 15–163.

TgNeof   MCNAMARA, M.: Targum Neofiti 1: Genesis, Edinburgh 1992 (The Ara-maic Bible 1A).

TgOnq   GROSSFELD, B.: The Targum Onqelos to Genesis, Edinburg 1988 (The Aramaic Bible 6).

TgPsJon	MAHER, M.: Targum Pseudo-Jonathan: Genesis, Edinburgh 1992 (The Aramaic Bible 1B).
Theoph Autol	(= Theophilus von Antiochien an Autolycus): DI PAULI, A. / MÜLLER, A. / RAUSCHEN, G.: Frühchristliche Apologeten und Märtyrerakten aus dem Griechischen und Lateinischen übersetzt. Bd. 2, Kempten / München 1913 (BKV 14), 9–110.
Tob	EGO, B.: Buch Tobit, in: JSHRZ 2 (1999), 871–1007. RAHLFS, A. (Hg.): Septuaginta. 2 Bde. in 1 Bd., Stuttgart 1979, Bd. 1, 1002–1039.
VisEsr	MUELLER, J. R. / ROBBINS, G. A.: Vision of Ezra, in: OTP I (1983), 581–590.
VitProph	SCHWEMER, A. M.: Vitae Prophetarum, in: JSHRZ 1 (1997), 539–658.

2. Lexika

Die einzelnen Artikel werden mit Verfassernamen, Titel, Quelle und Seitenzahl zitiert.

AncBibDic	FREEDMAN, D. N. (Hg.): The Anchor Bible Dictionary, New York u.a. 1992.
BHH	REICKE, B. / ROST, L. (Hg.): Biblisch-Historisches Handwörterbuch. Landeskunde – Geschichte – Religion – Kultur – Literatur, Göttingen 1962–1966.
DCB	SMITH, W. / WACE, H. (Hg.): A Dictionary of Christian Biography, Literature, Sects and Doctrines, London 1877–1987.
DBS	Dictionnaire de la bible, Supplément, Paris 1928ff.
DB(V)	VIGOUROUX, F. / PIROT, L. (Hg.): Dictionnaire de la Bible, Paris 1895–1912.
EJ	Encyclopaedia Judaica, Jerusalem 1971.
EJ(D)	KLATZKIN, J. (Hg.): Encyclopaedia Judaica: Das Judentum in Geschichte und Gegenwart, Berlin 1928–1934.
EKL	FAHLBUSCH, E. u.a. (Hg.): Evanglisches Kirchenlexikon, Göttingen [3]1986–1997.
EncBib	GUTIÉRREZ-LARRAYA, J. A. (Hg.): Enciclopedia de la Biblia, Barcelona 1963–1965.
IDB	The Interpreter's Dictionary of the Bible, New York u.a. 1962–1966.
JE	The Jewish Encyclopedia, New York / London 1901–1906.
LThK	Lexikon für Theologie und Kirche. Freiburg /Br. [1]1930–1938; [2]1957–1965; [3]1993ff.
NP	CANČIK, H. / SCHNEIDER, H. (Hg.): Der neue Pauly. Enzyklopädie der Antike, Stuttgart / Weimar 1996ff.
RAC	Reallexikon für Antike und Christentum, Stuttgart 1950ff.
RE	Realencyclopädie für protestantische Theologie und Kirche, Gotha [1]1854–1868; [2]1877–1888; [3]1896–1913.
RGG	Die Religion in Geschichte und Gegenwart, Tübingen [1]1909–1913; [2]1927–1932; [3]1956–1965; [4]1998ff.
ThWNT	KITTEL, G. / FRIEDRICH, G. (Hg.): Theologisches Wörterbuch zum Neuen Testament. Studienausgabe. 10 Bde., Stuttgart / Berlin / Köln 1990.

TRE   MÜLLER, G. u.a. (Hg.): Theologische Realenzyklopädie, Berlin / New
           York 1977ff.

3. Sekundärliteratur

Die einzelnen Titel werden im Hauptteil der Arbeit abgekürzt zitiert (Verfasser/in und
erstes Substantiv, bei Möglichkeit der Verwechslung zusätzlich mit A oder B gekennzeichnet, worauf im folgenden Verzeichnis an den entsprechenden Stellen hingewiesen
wird). Nicht aufgenommen wurden Lexikonartikel und biblische Kommentare, welche
jeweils in den Anmerkungen ausführlich zitiert werden. Die im Folgenden verwendeten
Abkürzungen richten sich in der Regel nach Schwertner, S. M.: TRE Abkürzungsverzeichnis, Berlin / New York ²1994, nur in wenigen Ausnahmefällen mussten eigene Abkürzungen verwendet werden, die dann im Abkürzungsverzeichnis aufgeführt sind.

AARNE, A.: Verzeichnis der Märchentypen, Helsinki 1910 (FFC 3).

ADLER, W.: Time Immemorial: Archaic History and Its Sources in Christian Chronogra-
    phy from Julius Africanus to George Syncellus, Washington 1989 (DOS 26).

ALEXANDRE, M.: Le commencement du livre Genèse I–V: La version grecque de la
    Septante et sa réception, Paris 1988 (CA 3).

ALTMANN, A.: The Gnostic Background of the Rabbinic Adam Legends, JQR NS 35
    (1944/45), 371–391.

ANDERSON, G. A.: Celibacy or Consummation in the Garden: Reflections on Early Jewish
    and Christian Interpretations of the Garden of Eden, HThR 82 (1989), 121–148.

–: The Penitence Narrative in the Life of Adam and Eve, HUCA 63 (1992), 1–38 (=
    ANDERSON / STONE / TROMP, Literature, 3–42; zitiert nach HUCA).

– / STONE, M. E.: A Synopsis of the Books of Adam and Eve, Atlanta 1994 (SBL.EJL 5);
    ²1999 (SBL.EJL 17).

–: The Exaltation of Adam and the Fall of Satan, Journal of Jewish Thought and Phi-
    losophy 6 (1997), 105–134 (= ANDERSON / STONE / TROMP, Literature, 83–110, zitiert
    nach Journal ...).

–: Adam and Eve in the „Life of Adam and Eve", in: STONE, M. E. / BERGREN, T. A.
    (Hg.): Biblical Figures Outside the Bible, Harrisburg 1998, 7–32.

– / STONE, M. E. / TROMP, J. (Hg.): Literature on Adam and Eve. Collected Essays, Leiden
    / Boston / Köln 2000 (SVTP 15) (= ANDERSON / STONE / TROMP, Literature)

–: Ezekiel 28, the Fall of Satan, and the Adam Books, in: ANDERSON / STONE / TROMP,
    Literature, 133–147.

–: The Original Form of the Life of Adam and Eve: A Proposal, in: ANDERSON / STONE
    / TROMP, Literature, 215–231.

–: The Punishment of Adam and Eve in the Life of Adam and Eve, in: ANDERSON /
    STONE / TROMP, Literature, 57–81.

ANDREWS, H. T. / PFEIFFER, C. F.: An Introduction to the Apocryphal Books of the Old
    and New Testament, Grand Rapids 1964.

APTOWITZER, V: Kain und Abel in der Agada, den Apokryphen, der hellenistischen,
    christlichen und mohammedanischen Literatur, Wien / Leipzig 1922.

AUGUSTIN, M.: Der schöne Mensch im Alten Testament und im hellenistischen Judentum,
    Frankfurt/M. u.a. 1983 (BEAT 3).

AVERY-PECK, A. J. / NEUSNER, J. (Hg.): Judaism in Late Antiquity. Bd. 4: Death, life-after-death, resurrection and the world-to-come in the Judaisms of antiquity, Leiden / Boston / Köln 2000 (HdO I 49,4).

BAGATTI, B.: Uno nota sul Combattimento di Adamo, Henoch 2 (1980), 58–62.
–: Apocrifi Adamitici, Aug. 23 (1983), 213–225.

BAMBERGER, J: Die Literatur der Adambücher und die haggadischen Elemente in der syrischen Schatzhöhle, Aschaffenburg 1901 (dieses Werk war mir bislang nicht zugänglich).

BARDENHEWER, O.: Geschichte der altkirchlichen Literatur. 5 Bde., Nachdruck Darmstadt 1962.

BARTH, C.: Diesseits und Jenseits im Glauben des späten Israel, Stuttgart 1974 (SBS 72).

BAUCKHAM, R. J.: Resurrection as Giving Back the Dead. A Traditional Image of Resurrection in the Pseudepigrapha and the Apocalypse of John, in: CHARLESWORTH, J. H. / EVANS, C. A. (Hg.): The Pseudepigrapha and Early Biblical Interpretation, Sheffield 1993 (JSPE.S 14), 269–291.

BAUDRY, G.-H.: Le péché originel dans les pseudépigraphes de l'ancien testament, MSR 49 (1992), 163–192 (= BAUDRY, Péché [A]).
–: Le Péché originel dans les écrits de Qumrân, MSR 50 (1993), 7–23 (= BAUDRY, Péché [B]).

BAUER, W. / ALAND, K. UND B.: Griechisch-deutsches Wörterbuch zu den Schriften des Neuen Testaments und der frühchristlichen Literatur, Berlin / New York ⁶1988.

BEER, G.: Das [äthiop.] Buch Henoch, in: APAT II (1900), 217–310.

BERGER, K.: Das Buch der Jubiläen ... siehe unter Textausgaben: Jub.
–: Formgeschichte des Neuen Testaments, Heidelberg / Wiesbaden 1984.
– / COLPE, C.: Religionsgeschichtliches Textbuch zum Neuen Testament, Göttingen 1987 (NTD.Textreihe 1).

BERTRAND, D. A.: Le destin „post mortem" des protoplastes selon Vie grecque d'Adam et Eve, in: CAQUOT, A. (Hg.): La Littérature intertestamentaire: Colloque de Strasbourg (17–19 Octobre 1983), Paris 1985, 109–118.
–: La vie grecque d'Adam et Eve: Introduction, texte, traduction et commentaire, Paris 1987 (Recherches Intertestamentaires 1) (= BERTRAND, Vie [A]).
–: La vie grecque d'Adam et d'Eve, in: DUPONT-SOMMER, A. / PHILONENKO, M. (Hg.): La Bible: Ecrits Intertestamentaires, Paris 1987, 1767–1796 (= BERTRAND, Vie [B]).

BETHGE, H.-G.: Die Ambivalenz alttestamentlicher Geschichtstraditionen in der Gnosis, in: AT - Frühjudentum - Gnosis. Neue Studien zu „Gnosis und Bibel", Berlin 1980, 89–109.

BIANCHI, U.: Gnostizismus und Anthropologie, Kairos 11 (1969), 6–13.
–: La rédemption dans les livres d'Adam, Numen 18 (1971), 1–8.

BLAKE, R. P.: Georgian Theological Literature, JThS 26 (1925), 50–64.

BLASS, F. / DEBRUNNER, A. / REHKOPF, F.: Grammatik des neutestamentlichen Griechisch, Göttingen ¹⁷1990.

BÖTTRICH, C.: Die Himmelsreise des Mose in einer jüdischen Legende aus dem Kaukasus, JSJ 23 (1992), 173–196.
–: Gottes „Händewerk" bei der Schöpfung – zu einem nachbiblischen Anthropomorphismus, Forschungsstelle Judentum. Mitteilungen und Beiträge 7 (1993), 43–55.
–: Adam als Mikrokosmos. Eine Untersuchung zum slavischen Henochbuch, Frankfurt/M. u.a. 1994 (JudUm 59).
–: „Die Vögel des Himmels haben ihn begraben." Überlieferungen zu Abels Bestattung und zur Ätiologie des Grabes, Göttingen 1995 (SIJD 3).

–: Das slavische Henochbuch ... siehe unter Textausgaben: slHen.

BORGONOVO, G.: La mediazione di Adamo. Un conflitto interpretativo originario, ScC 126 (1998), 337–370.

BOUSSET, W.: Die Himmelsreise der Seele, ARW 4 (1901), 136–169. 229–273.

–: Hauptprobleme der Gnosis (1907), Nachdruck Göttingen 1973.

– / GRESSMANN, H.: Die Religion des Judentums im späthellenistischen Zeitalter, Tübingen ⁴1966 (HNT 21).

BRANDENBURGER, E.: Adam und Christus: Exegetisch-religionsgeschichtliche Untersuchung zu Römer 5, 12–21 (1Kor 15), Neukirchen-Vluyn 1962 (WMANT 7).

–: Die Verborgenheit Gottes im Weltgeschehen: das literarische und theologische Problem des 4. Esrabuches, Zürich1981 (AThANT 68).

BROCK, S. P.: Jewish Traditions in Syriac Sources, JJS 30 (1979), 212–232.

–: Clothing Metaphors as a Means of Theological Expression in Syriac Tradition, in: SCHMIDT, M. (Hg.): Typus, Symbol, Allegorie bei den östlichen Vätern und ihre Parallelen im Mittelalter, Regensburg 1982, 11–38.

BUDDE, K. / BERTHOLET, A.: Die Litteraturen des Ostens in Einzeldarstellungen. Bd. 7/1: Geschichte der althebräischen Literatur / Apokryphen und Pseudepigraphen, Leipzig 1906.

BUDGE, E. A. W.: Coptic Martyrdoms etc. in the Dialect of Upper Egypt, London 1914.

BULTMANN, R.: Theologie des Neuen Testaments, Tübingen ⁹1984.

CARDONA, G. R.: Sur le gnosticisme en Arménie: les livres d'Adam, in: BIANCHI, U. (Hg.): Le Origini dello gnosticismo. Colloquio di Messina 13–18 Aprile 1966, Leiden / New York / Köln 1967, 645–648.

CAVALLIN, H. C. C.: Leben nach dem Tode im Spätjudentum und im frühen Christentum I. Spätjudentum, ANRW II 19,1 (1979), 240–345.

CERUTTI, M.: Epithymia e Phthorá in Testi Tardo-Guidaici e gnostici (Apocalisse di Mosé e Apocalisse di Adamo), RivBib 36 (1988), 199–226.

–: Radici Antropologiche del male in testi tardo-giudaici. Questione storico-religiose, Aug. 28 (1988), 203–217.

–: Protologia e femminino in 1 Enoch, 2 Enoch, Apocalisse di Mosè, Vita di Adamo ed Eva, Ricerche Storico Bibliche (Bologna) 6,1–2 (1994), 119–139.

CHARLESWORTH, J. H.: A History of Pseudepigrapha Research: The Reemerging Importance of the Pseudepigrapha, ANRW II 19,1 (1979), 54–88.

–: The Pseudepigrapha and Modern Research with a Supplement. A Reprint with a Supplement of the 1976 Edition, Chico 1981 (SCSt 7) (= CHARLESWORTH, Pseudepigrapha [A]).

–: The Old Testament Pseudepigrapha and the New Testament. Prolegomena for the Study of Christian Origins, Cambridge 1985 (MSSNTS 54) (= CHARLESWORTH, Pseudepigrapha [B]).

CHAZON, E. G.: The Creation and Fall of Adam in the Dead Sea Scrolls, in: FRISHMAN, J. / ROMPAY, L. VAN (Hg.): The Book of Genesis in Jewish and Oriental Christian Interpretation. A Collection of Essays, Löwen 1997, 13–23.

COHEN, J.: „Be Fertile and Increase, Fill the Earth and Master it" – The Ancient and Medieval Career of a Biblical Text, Ithaca / London 1989.

COHON, S. S.: Original Sin, HUCA 21 (1948), 275–330.

COLEMAN, G. B.: The Phenomenon of Christian Interpolations into Jewish Apocalyptic Texts: A Bibliographical Survey and Methodological Analysis. Diss. Vanderbilt University 1976.

COLLINS, J. J.: Sibylline Oracles, in: OTP I (1983), 317–472.

–: Testaments, in: STONE, M. E. (Hg.): Jewish Writings of the Second Temple Period: Apocrypha, Pseudepigrapha, Qumran Sectarian Writings, Philo, Josephus, Assen / Philadelphia 1984 (CRI 2/2), 325–355.

COLPE, C.: Die religionsgeschichtliche Schule: Darstellung und Kritik ihres Bildes vom gnostischen Erlösermythus, Göttingen 1961 (FRLANT NF 60).

–: „Die Himmelsreise der Seele" außerhalb und innerhalb der Gnosis, in: BIANCHI, U. (Hg.): Le Origini dello gnosticismo. Colloquio di Messina 13–18 Aprile 1966, Leiden / New York / Köln 1967, 429–447.

CONYBEARE, F. C.: On the Apocalypse of Moses, JQR 7 (1894/95), 216–235.

COUARD, L.: Die religiösen und sittlichen Anschauungen der alttestamentlichen Apokryphen und Pseudepigraphen, Gütersloh 1907.

COUSIN, H.: Sépulture criminelle et sépulture prophétique, RB 81 (1974), 375–393.

COUSLAND, J. R. C.: „Her Flesh was as Grass." Vita Adam et Evae 10.1, Biblica 81 (2000), 507–510.

COWLEY, R. W.: Ethiopian Biblical interpretation. A Study in Exegetical Tradition and Hermeneutics, Cambridge 1988 (UCOP 38).

CRUM, W. E.: Catalogue of Coptic Manuscripts in the Collection of the John Rylands Library Manchester, Manchester 1909.

CUMONT, F.: Recherches sur le symbolisme funéraire des Romains, Paris 1942.

D'ANGELO, M. R.: A Critical Note. John 20:17 and Apocalypse of Moses 31, JThS 41 (1990), 529–536.

DANIEL-ROPS, H. / BONSIRVEN, J. (Hg.): Die apokryphe Bibel am Rande des Alten Testaments, Zürich 1959, 209–215.

DAVIDSON, M. J.: Angels at Qumran. A comparative Study of 1 Enoch 1–36, 72–108 and Sectarian Writings from Qumran, Sheffield 1992 (JSPE.S 11).

DEAN-OTTING, M.: Heavenly Journeys. A Study of the Motif in Hellenistic Jewish Literature, Frankfurt/M. u.a. 1984 (JudUm 8).

DELCOR, M.: Le Mythe de la chute des anges et l'origine des géants comme explication du mal dans le monde dans l'apocalytique juive. Histoire des Traditions. RHR 190 (1976), 3–53.

DENIS, A.-M.: Introduction aux pseudépigraphes grecs d'Ancien Testament, Leiden 1970 (SVTP 1; = DENIS, Introduction [A]).

–: Concordance Grecque des Pseudépigraphes d' Ancien Testament. Concordance, Corpus des textes, Indices, Louvain-la-Neuve1987.

–: Concordance latine des pseudépigraphes d'Ancien Testament, Turnhout 1993 (CChr. Thesaurus Patrum Latinorum Supplementum).

–: Introduction à la littérature religieuse judéo-hellénistique. Bd. 1: Pseudépigraphes de l'Ancien Testament, Turnhout 2000 (= DENIS, Introduction [B]).

DEXINGER, F.: Jüdisch-christliche Nachgeschichte von Gen 6,1–4, in: KREUZER, S. / LÜTHI, K. (Hg.): Zur Aktualität des Alten Testaments. Festschrift für Georg Sauer zum 65. Geburtstag, Frankfurt/M. u.a. 1992, 155–175.

DIETZFELBINGER, C.: Pseudo-Philo ... siehe unter Textausgaben: LAB.

DIMANT, D.: Resurrection, Restoration and Time Curtailing in Qumran, Early Judaism, and Christianity, Revue de Qumran 19,4 (2000), 527–548.

DIEZ MERINO, L.: Los ‚vigilantes' en la literatura intertestamentaria, in: FERNANDEZ MARCOS, N. / TREBOLLE BARRERA, J. / FERNANDEZ VALLINA, J. (Hg.): Simposio Biblica Espanol (Salamanca, 1982), Madrid 1984, 575–609.

DOBSCHÜTZ, E. VON: Das Decretum Gelasianum ... siehe unter Textausgaben: DecGel.

DOCHHORN, J.: Adam als Bauer oder: Die Ätiologie des Ackerbaus in Vita Adae 1–21 und die Redaktionsgeschichte der Adamviten, in: ANDERSON / STONE / TROMP, Literature, 315–346.

DREYFUS, J.: Adam und Eva nach Auffassung des Midrasch mit erläuternden Anmerkungen und Nachweisungen, Straßburg 1894.

DUENSING, H. / SANTOS OTERO, A. DE: Apokalypse des Paulus ... siehe unter Textausgaben: ApkPaul.

DUKES, L.: Das Buch Adams, Literaturblatt des Orients 10 (1849), 76–78.

EGO, B.: Im Himmel wie auf Erden. Studien zum Verhältnis von himmlischer und irdischer Welt im rabbinischen Judentum, Tübingen 1989 (WUNT II 34).

EHRMANN, M.: Klagephänomene in zwischentestamentlicher Literatur, Frankfurt/M. u.a. 1997 (BEAT 41).

EISSFELD, O.: Einleitung in das Alte Testament unter Einschluß der Apokryphen und Pseudepigraphen sowie der apokryphen- und pseudepigraphenartigen Qumran-Schriften, Tübingen ³1964.

ELGVIN, T.: Wisdom with and without Apocalyptic, in: FALK, Texts, 15–38.

ERFFA, H. M. VON: Ikonologie der Genesis: die christlichen Bildthemen aus dem Alten Testament und ihre Quellen, Bd. 1, München 1989.

ERNST, M.: Adam. Zur Relecture eines alttestamentlichen Motivs in neutestamentlichen Texten, Protokolle zur Bibel 7 (1998), 43–52.

EVANS, J. M.: Paradise Lost and the Genesis Traditions, Oxford 1968.

EVERLING, O.: Die paulinische Angelologie und Dämonologie: ein biblisch-theologischer Versuch, Göttingen 1888.

FABRICIUS, J. A.: Codex pseudepigraphus veteris Testamenti, collectus, castigatus, testimoniisque, censuris et animadversionibus illustratus. 2 Bde., Hamburg ²1722–23.

FALK, D. K. / MARTINEZ, F. G. / SCHULLER, E. M. (Hg.): Sapiential, Liturgical and Poetical Texts from Qumran. Proceedings of the Third Meeting of the International Organization for Qumran Studies Oslo 1998, Leiden / Boston / Köln 2000 (STDJ 35).

FAUTH, W.: Der Garten des Königs von Tyros bei Hesekiel vor dem Hintergrund vorderorientalischer und frühjüdischer Paradiesvorstellungen, Kairos 29 (1987), 57–84.

FERNANDEZ MARCOS, N.: Vida de Adan y Eva (Apocalipsis de Moises), in: DIEZ MACHO, A. (Hg.): Apocrifos del Antiquo Testamento. Bd. 2, Madrid 1983, 317–352.

–: Exégesis e ideología en el Judaísmo del S. I. Héroes, Heroínas y mujeres, Sefarad 53 (1993), 273–288.

FISCHER, U.: Eschatologie und Jenseitserwartung im hellenistischen Diasporajudentum, Berlin / New York 1978 (BZNW 44).

FORSYTH, N.: The Old Enemy: Satan and the Combat Myth, Princeton, New Jersey 1987.

FOSSUM, J. E.: The Name of God and the Angel of the Lord. Samaritan and Jewish Concepts of Intermediation and the Origin of Gnosticism, Tübingen 1985 (WUNT 36).

–: The Image of the Invisible God. Essays on the Influence of Jewish Mysticism on Early Christology, Freiburg,Schweiz / Göttingen 1995 (NTOA 30).

FREY, J. B.: L'état originel et la chute de l'homme d'après les conceptions juives au temps de J.-C., RSPhTh 5 (1911), 507–545.

FREY, J.: Die paulinische Antithese von „Fleisch" und „Geist" und die palästinisch-jüdische Weisheitstradition, ZNW 90 1999, 45–77.

–: The Notion of ‚Flesh' in 4QInstruction and the Background of Pauline Usage, in: FALK, Texts, 197–226.

FUCHS, C.: Das Leben Adams und Evas, in: APAT II (1900), 506–528.

FÜRST, J.: Aus dem Buche Adams, Literaturblatt des Orients 11 (1850), 705–709. 732–736.

GASTER, M.: Hebrew Visions of Hell and Paradise, in: DERS.: Studies and Texts in Folklore, Magic, Medieval Romance, Hebrew Apocrypha and Samaritan Archaeology. Bd. 1, London 1925–1928, 124–164.

GAYLORD, H. E.: How Satanael lost his ‚-el‘, JJS 33 (1982), 303–309.

GELZER, H.: Sextus Julius Africanus und die byzantinische Chronographie. Bd. 2/1: Die Nachfolger des Julius Africanus, Leipzig 1885.

GEORGI, D.: Weisheit Salomos ... siehe unter Textausgaben: SapSal.

GIESCHEN, C. A.: Angelomorphic Christology, Leiden 1998 (AGJU 42).

GINZBERG, L.: Die Haggada bei den Kirchenvätern und in der apokryphischen Litteratur, MGWJ 42 (1898), 537–550; 43 (1899) – in zehn Fortsetzungen.

–: The Legends of the Jews. 7 Bde., Philadelphia 1909–1938.

GÖTZE, A.: Die Schatzhöhle. Überlieferung und Quellen, Heidelberg 1922 (SHAW.PH 1922/4).

GOODENOUGH, E. R.: Jewish Symbols in the Greco-Roman Period. 13 Bde., New York 1953–1968.

GRÜNBAUM, N: Neue Beiträge zur semitischen Sagenkunde, Leiden / New York / Köln 1893.

GUERIN, G. - A.: En marge de la légende d'Adam, BCER 142 (1968), 13f.

HAGE, W.: Die griechische Baruch-Apokalypse ... siehe unter Textausgaben: grBar.

HALFORD, M. B.: The Apocryphal Vita Adae et Evae: Some Comments on the Manuscript Tradition, NPM 82 (1981), 417–427.

HALPERIN, D.: The Faces of the Chariot. Early Jewish Responses to Ezekiel's Vision, Tübingen 1988 (TSAJ 16).

HARNACK, A. VON: Geschichte der altchristlichen Literatur bis Eusebius. 2 Bde., Leipzig ²1958.

HARNISCH, W.: Verhängnis und Verheißung der Geschichte: Untersuchungen zum Zeit- und Geschichtsverständnis im 4. Buch Esra und in der syr. Baruchapokalypse, Göttingen 1969 (FRLANT 97).

HARRINGTON, D. J. / HORGAN, M. P.: Palestinian Adaptions of Biblical Narratives and Prophecies, in: KRAFT, R. A. / NICKELSBURG, G. W. E. (Hg.): Early Judaism and its Modern Interpreters, Atlanta 1986, 239–258.

HAYWARD, C. T. R.: The Figure of Adam in Pseudo-Philo's Biblical Antiquities, in: JSJ 23 (1992), 1–20.

HEIDEL, A.: The Gilgamesh Epic and Old Testament Parallels, Chicago ²1949.

HOEK, A. VAN DEN: Endowed with Reason or Glued to the Senses. Philo's Thoughts on Adam and Eve, in: LUTTIKHUIZEN, Creation, 63–75.

HOFIUS, O.: Katapausis. Die Vorstellung vom endzeitlichen Ruheort im Hebräerbrief, Tübingen 1970 (WUNT 11).

HOLTZMANN, H. J.: Lehrbuch der historisch-kritischen Einleitung in das Neue Testament, Freiburg i. B. / Leipzig ³1892.

HOLZMEISTER, U.: Jesus lebte mit den wilden Tieren Marc. 1,13, in: ADLER, N. (Hg.): Vom Wort des Lebens. FS Max Meinertz, Münster 1951, 85–92.

HOOKER, M. D.: Adam in Romans I, NTS 6 (1959/60), 297–306.

HORST, P. W. VAN DER: Einige Beobachtungen zum Thema Frauen im antiken Judentum, BThZ 10 (1993), 77–93.

HOUTEN, C. DE GROOT VAN: Will the Real Eve Please Stand?, SBL.SP 130 (1994), 301–311.

INFANTE, R.: Michele nella letteratura apocrifa del giudaismo del Secondo Tempio, VetChr 34 (1997), 211–229.
INGLISAN, V.: Die armenische Literatur, in: SPULER, B. (Hg.): Handbuch der Orientalistik. Bd. I/7: Armenisch und kaukasische Sprachen, Leiden / Köln, 1963, 156–250.
IVANOV, J.: Bogomilski knigi i legendi (1925), Sofia 1970.

JAGER, E.: Did Eve invent writing? Script and the fall in the „the Adam books", SP 93 (1996), 229–250.
JAGIĆ, V.: Slavische Beiträge zu den biblischen Apokryphen. I: Die altkirchenslavischen Texte des Adambuches, in: DAWW.PH 42, Wien 1893, 1–104.
JEREMIAS, J.: Nachwort zum Artikel von H.-G. Leder (Sündenfallerzählung und Versuchungsgeschichte, ZNW 54, 188–216), ZNW 54 (1963), 278–279.
JERVELL, J.: Imago Dei: Genesis 1,26f. im Spätjudentum, in der Gnosis und in den paulinischen Briefen, Göttingen 1960 (FRLANT 58).
JOHANSSON, N.: Parakletoi. Vorstellungen von Fürsprechern für die Menschen vor Gott in der alttestamentlichen Religion, im Spätjudentum und Urchristentum, Lund 1940.
JOHNSON, M. D.: Life of Adam and Eve, in: OTP II (1985), 249–295.
JOEST, W.: Dogmatik. 2 Bde., Göttingen, Bd. 1 ³1989; Bd. 2 ²1990 (UTB 1336/1413).
JONGE, M. DE / TROMP, J.: The Life of Adam and Eve and Related Literature, Sheffield 1997 (Guides to Apocrypha and Pseudepigrapha [ohne Bandnummer]).
JONGE, M. DE: The Christian Origin of the Greek Life of Adam and Eve, in: ANDERSON / STONE / TROMP, Literature, 347–363.
–: The Literary Development of the Life of Adam and Eve, in: ANDERSON / STONE / TROMP, Literature, 239–249.
–: The greek Life of Adam and Eve and the writings of the New Testament, in: DOBBELER, A. VON / ERLEMANN, K. / HEILIGENTHAL, R. (Hg.): Religionsgeschichte des Neuen Testaments. Festschrift für Klaus Berger zum 60. Geburtstag, Tübingen 2000, 149–160.

KABISCH, R.: Die Entstehungszeit der Apokalypse Mose, ZNW 6 (1905), 109–134.
KÄSEMANN, E.: Das wandernde Gottesvolk. Eine Untersuchung zum Hebräerbrief, Göttingen ³1959.
KAHANA, A. (Hg.): הספרים החיצונים Bd. 1, Massada 1956.
KAISER, O.: Erwägungen zu Psalm 8, in: SEYBOLD, K. / ZENGER, E. (Hg.): Neue Wege der Psalmenforschung. Für Walter Beyerlin, Freiburg / Basel / Wien 1994, 207–221.
KLIJN, A. F. J.: Seth in Jewish, Christian and Gnostic Literature, Leiden / New York / Köln 1977 (NT.S 46).
–: 2 (Syriac Apocalypse of) Baruch, in: OTP I (1983), 615–652.
KOCH, K.: „Adam, was hast du getan?" Erkenntnis und Fall in der zwischentestamentlichen Literatur, in: RENDTORFF, T.: Glaube und Toleranz. Das theologische Erbe der Aufklärung, Gütersloh 1982, 211–242.
KÖBERLE, J.: Sünde und Gnade im religiösen Leben des Volkes Israel bis auf Christum: eine Geschichte des vorchristlichen Heilsbewußtseins, München 1905.
KOLENKOW, A. B.: Trips to the Other World in Antiquity and the Story of Seth in the Life of Adam and Eve, SBL.SP 113 (1977), 1–11.
KOZAK, E.: Bibliographische Übersicht der biblisch-apokryphen Literatur bei den Slaven, JPTh 18 (1892), 127–158.

KÜCHLER, M.: Frühjüdische Weisheitstraditionen: zum Fortgang weisheitlichen Denkens im Bereich des frühjüdischen Jahweglaubens, Freiburg, Schweiz 1979 (OBO 26).

–: Schweigen, Schmuck und Schleier. Drei neutestamentliche Vorschriften zur Verdrängung der Frauen auf dem Hintergrund einer frauenfeindlichen Exegese des Alten Testaments im antiken Judentum, Freiburg, Schweiz / Göttingen 1986 (NTOA, 1).

LACHS, S. T.: Some Textual Observations on the Apocalypsis Mosis and the Vita Adae et Evae, JSJ 13 (1982), 172–176.

LAMBDEN, S. N.: From Fig Leaves to Fingernails. Some Notes on the Garments of Adam and Eve in the Hebrew Bible and Select Early Postbiblical Jewish Writings, in: MORRIS, P. / SAWYER, D. (Hg.): A Walk in the Garden. Biblical, Iconographical and Literary Images of Eden, Sheffield 1992 (JSOT.S 136), 74–90.

LAMPE, G.W.H.: A Patristic Greek Lexicon, Oxford 1961.

LANGE, A.: Weisheit und Prädestination. Weisheitliche Urordnung und Prädestination in den Textfunden von Qumran, Leiden / New York / Köln 1995 (STDJ 18).

LE HIR, M.: Études bibliques. Bd. 2, Paris 1869.

LEBRAM, J. C. H.: Nachbiblische Weisheitstraditionen, VT 15 (1965), 167–237.

LECHNER-SCHMIDT, W.: Wortindex der lateinisch erhaltenen Pseudepigraphen zum Alten Testament, Tübingen 1990 (TANZ 3).

LEDER, H.-G.: Die Auslegung der zentralen theologischen Aussagen der Paradieserzählung (Gen 2,4b–3,24) in der älteren Literatur des Judentums und in der Alten Kirche. Ein Beitrag zur Geschichte der Schriftauslegung und zur Dogmengeschichte der Alten Kirche. Diss. Greifswald, Teil 1 1960.

–: Sündenfallerzählung und Versuchungsgeschichte. Zur Interpretation von Mc 1,12f., ZNW 54 (1963), 188–216.

LEIPOLDT, J. (Hg.): Ägyptische Urkunden aus den königlichen Museen zu Berlin. Koptische Urkunden. Bd. 1, Berlin 1904.

LÉVI, I.: Éléments chrétiens dans le Pirké Rabbi Eliezer, REJ 10 (1889), 83–89.

LEVIN, A. G.: The Tree of Life. Genesis 2:9/3:22–24 in Jewish, Gnostic and Early Christian Texts. Diss. Harvard University 1960.

LEVISON, J. R.: Portraits of Adam in Early Judaism: from Sirach to 2 Baruch, Sheffield 1988 (JSPE.S 1).

–: The Exoneration of Eve in the Apocalypse of Moses 15–30, JSJ 20 (1989), 135–150 (= LEVISON, Exoneration [A])

–: Is Eve to blame? A contextual Analysis of Sirach 25:24, CBQ 47 (1985), 617–623.

–: The Exoneration of Eve in the Greek Life of Adam and Eve, in: ANDERSON / STONE / TROMP, Literature, 251–275 (= LEVISON, Exoneration [B]).

LICHTENBERGER, H.: Studien zum Menschenbild in Texten der Qumrangemeinde, Göttingen 1980 (StUNT 15).

–: Auferweckung in der zwischentestamentlichen Literatur und rabbinischen Theologie, Concilium 29 (1993), 417–422.

LIECHTENHAN, R: Die pseudepigraphe Literatur der Gnostiker, ZNW 3 (1902), 222–237.286–299.

LIPSCOMB, W. L.: The Armenian Apocryphal Adam Literature, Atlanta 1990.

LODS, A. / CAQUOT, A. / WEIL, G. E.: Histoire de la littérature hébraïque et juive depuis les origines jusqu'à la ruine de l'état juif (135 après J.-C.) (1950), Genf / Paris 1982.

LÖNING, K.: Auferweckung der Toten und biblische Apokalyptik, Concilium 29 (1993), 422–427.

LOHMEYER, E.: Vom göttlichen Wohlgeruch, Heidelberg 1919 (SHAW.PH 1919/9).

320   *Literaturverzeichnis*

LÜCKE, F.: Versuch einer vollständigen Einleitung in die Offenbarung des Johannes oder Allgemeine Untersuchungen über die apokalyptische Literattur überhaupt und die Apokalypse des Johannes insbesondere, Bonn ²1852.

LÜDTKE, W.: Beiträge zu den slavischen Apokryphen, ZAW 31 (1911), 218–235.

–: Georgische Adam-Bücher, ZAW 38 (1919/20), 155–168.

LUTTIKHUIZEN, G. P. (Hg.): The Creation of Man and Woman. Interpretations of the biblical Narratives in Jewish and Christian Traditions, Leiden 2000 (Themes of biblical Narrative, 3).

MACH, M.: Entwicklungsstadien des jüdischen Engelglaubens in vorrabbinischer Zeit, Tübingen 1992 (TSAJ 34).

MACK, H.: הפרשנות הקדומה למקרא (The Ancient Commentary on the Bible), Tel Aviv 1993, 50–57.

MACRAE, G.: Apocalypse of Adam, in: OTP I (1983), 707–719.

MAHÉ, J.-P.: Le livre d'Adam georgien, in: BROEK, R. VAN DEN / VERMASEREN, M. J. (Hg.): Studies in Gnosticism and Hellenistic Religions. FS G. Quispel, Leiden / New York / Köln 1981, 226–260.

–: Notes philologiques sur la version géorgienne de la vita Adae, Bedi Kartlisa 41 (1983), 51–65.

MAIER, G.: Mensch und freier Wille nach den jüdischen Religionsparteien zwischen Ben Sira und Paulus, Tübingen 1971 (WUNT 12).

MAIER, J.: Zwischen den Testamenten: Geschichte und Religion in der Zeit des zweiten Tempels, Würzburg 1990 (NEB.AT Ergänzungsband 3).

–: Jüdisches Grundempfinden von Sünde und Erlösung in frühjüdischer Zeit, in: FRANKEMÖLLE, H. (Hg.): Sünde und Erlösung im Neuen Testament, Freiburg / Basel / Wien 1996, 53–75.

–: Die Sonne im religiösen Denken des antiken Judentums, ANRW II 19,1 (1979), 346–412.

MALINA, B.: Some Observations on the Origin of Sin in Judaism and St Paul, CBQ 31 (1969), 18–34.

MARMORSTEIN, A.: Studien zum Targum Pseudo-Jonathan I: Das Targum und die apokryphe Literatur, Bratislava 1905.

MARTINEK, M.: Wie die Schlange zum Teufel wurde. Die Symbolik in der Paradiesgeschichte von der hebräischen Bibel bis zum Koran, Wiesbaden 1996.

MEISER, M.: Sünde, Buße und Gnade in dem Leben Adams und Evas, in: ANDERSON / STONE / TROMP, Literature, 297–313.

MERK, O. / MEISER, M.: Das Leben Adams und Evas, in: JSHRZ 2 (1998), 737–870.

MEYER, W.: Vita Adae et Evae. Herausgegeben und erläutert, ABAW.PP 14,3 (1878), 187–250.

–: Die Geschichte des Kreuzesholzes vor Christus, ABAW.PP 16,2 (1882), 101–166.

MIGNE, J. P.: Dictionnarie des Apocryphes ou Collection de tous les livres apocryphes relatifs à l'ancien et au noveau testament. 2 Bde. (1856–1858), Nachdruck Turnhout 1989.

MOZLEY, J. H.: The 'Vita Adae', JThS 30 (1929), 121–149.

MÜLLER, C. D. G.: Offenbarung des Petrus ... siehe unter Textausgaben: OffbPetr.

MÜLLER, H.-P.: Parallelen zu Gen 2f. und Ez 28 aus dem Gilgamesch-Epos, ZAH 3 (1990), 167–178.

–: Drei Deutungen des Todes: Genesis 3, der Mythos von Adapa und die Sage von Gilgamesch. JBTh 6 (1991), 117–134.

MÜNCHOW, C.: Ethik und Eschatologie: ein Beitrag zum Verständnis der frühjüdischen Apokalyptik mit einem Ausblick auf das Neue Testament, Berlin 1981.

MURDOCH, B. O.: An Early Irish Adam and Eve. Saltair na Rann and the Traditions of the Fall, MS 35 (1973), 146–177.

–: Das deutsche Adambuch und die Adamlegenden des Mittelalters, in: Deutsche Literatur des späten Mittelalters: Hamburger Colloquium, Hamburg 1973.

MURMELSTEIN, B.: Adam ein Beitrag zur Messiaslehre, WZKM 35 (1928), 242–272; 36 (1929) 51–86.

NAGEL, M.: La vie grecque d'Adam et d'Eve, Apocalypse de Moise. 3 Bde., Lille 1974.

NEUMARK, D.: Geschichte der jüdischen Philosophie des Mittelalters nach Problemen dargestellt. 2 Bde., Berlin 1907–1928.

NICKELSBURG, G. W. E.: Resurrection, Immortality, and Eternal Life in Intertestamental Judaism, Cambridge 1972 (HThS 26).

–: Some Related Traditions in the Apocalypse of Adam, the Books of Adam and Eve, and 1 Enoch, in: LAYTON, B. (Hg.): The Rediscovery of Gnosticism. Proceedings of the International Conference on Gnosticism at Yale New Haven, Connecticut, March 28–31, 1978. Bd. 2: Sethian Gnosticism, Leiden 1981, 515–539 (SHR 41,2).

–: The Bible Rewritten and Expanded, in: STONE, M. E. (Hg.): Jewish Writings of the Second Temple Period: Apocrypha, Pseudepigrapha, Qumran Sectarian Writings, Philo, Josephus, Assen / Philadelphia 1984 (CRI 2/2), 89–156.

–: Jewish Literature between the Bible and the Mishna: A Historical and Literary Introduction (1981). Paperback Edition, Philadelphia 1987.

NISSEN, A.: Gott und der Nächste im antiken Judentum. Untersuchungen zum Doppelgebot der Liebe, Tübingen 1974 (WUNT II 15).

NORDHEIM, E. VON: Die Lehre der Alten. Bd. 1: Das Testament als Literaturgattung im Judentum der hellenistisch-römischen Zeit, Leiden 1980 (ALGHJ 13,1).

OBERHÄNSLI-WIDMER, G.: Biblische Figuren in der rabbinischen Literatur. Gleichnisse und Bilder zu Adam, Noah und Abraham im Midrasch Bereschit Rabba, Frankfurt/M. u.a. 1998 (JudChr 17).

OLYAN, S. M.: A Thousand Thousands Served Him. Exegesis and the Naming of Angels in Ancient Judaism, Tübingen 1993 (TSAJ 36).

PAGELS, E.: Satans Ursprung. Aus dem Amerikanischen von Jens Hagestedt, Berlin 1996.

PATTON, C. L.: Adam as the Image of God: An Exploration of the Fall of Satan in the „Life of Adam and Eve", SBL.SP 130 (1994), 294–300.

PETERSON, E.: Die „Taufe" im Acherusischen See, in: DERS.: Frühkirche, Judentum und Gnosis: Studien und Untersuchungen, Freiburg 1955, 310–332.

PETTORELLI, J.-P.: La vie latine d'Adam et Eve. Analyse de la Tradition manuscrite, Apocrypha 10 (1999), 195–296.

PINERO, A: Angels and Demons in the Greek Life of Adam and Eve, JSJ 24 (1993), 191–214.

PREUSCHEN, E.: Die apokryphen gnostischen Adamschriften aus dem Armenischen übersetzt und untersucht, in: DIEHL, W. u.a.: Festgruß Bernhard Stade zur Feier seiner 25-jährigen Wirksamkeit als Professor, Gießen 1900, 163–252.

PUECH, E.: La Croyance des Ésseniens en la Vie Future: Immortalité, Résurrection, Vie Éternelle? Histoire d'une Croyance dans le Judaisme Ancien. 2 Bde., Paris 1993.

QUINN, E. C.: The Quest of Seth for the Oil of Life, Chicago / London 1962.

RI, S.-M.: La caverne des Trésors. Les deux recensions syriaques. 2 Bde., Löwen 1987.
RIESSLER, P.: Altjüdisches Schrifttum außerhalb der Bibel, Heidelberg 1928.
ROBINSON, S. E.: The Testament of Adam: An Examination of the Syriac and Greek Traditions, Chico 1982 (SBL.DS 52).
RÖHSER, G.: Metaphorik und Personifikation der Sünde. Antike Sündenvorstellungen und paulinische Hamartia, Tübingen 1987 (WUNT II 25).
RÖNSCH, H.: Das Buch der Jubiläen oder die kleine Genesis. Unter Beifügung des revidirten Textes der in der Ambrosiana aufgefundenen lateinischen Fragmente sowie einer von A. Dillmann aus zwei äthiopischen Handschriften gefertigten lateinischen Übertragung, Leipzig 1874.
ROHDE, E.: Psyche. Seelencult und Unsterblichkeitsglaube der Griechen. 2 Bde. in einem Bd. (Nachdruck ²1898), Darmstadt 1991.
ROMPAY, L. VAN: Memories of Paradies. The Greek „Life of Adam and Eve" and Early Syriac Tradition, ARAM Periodical 5 (1993), 555–570.
ROSENKRANZ, S.: Vom Paradies zum Tempel, in: LAUER, S. / ERNST, H. (Hg.): Tempelkult und Tempelzerstörung (70 n. Chr.). FS Cl. Thoma, Frankfurt/M. u.a. 1995 (JudChr 15), 27–131.
ROSENSTIEHL, J. M.: La chute de l'ange: Origines et développement d'une légende ses attestations dans la littérature Copte, in: MÉNARD, J. E. (Hg.): Ecritures et traditions dans la littérature Copte, Löwen 1983, 37–60.
ROSSO UBIGLI, L.: Apocalisse di Mosè e vita di Adamo ed Eva, in: SACCHI, P. (Hg.): Apocrifi dell' Antico Testamento, Bd. 2, Turin 1989, 379–475.
–: Considerazioni sulla datazione dell' Apocalisse di Mosè (o Vita greca di Adamo ed Eva), in: VIVIAN, A (Hg.): Biblische und judaistische Studien. FS P. Sacchi, Frankfurt/M. u.a. 1990, 323–333.
ROST, L.: Einleitung in die alttestamentlichen Apokryphen und Pseudepigraphen einschließlich der großen Qumran-Handschriften, Heidelberg / Wiesbaden 1971.
ROTTZOLL, D. U.: Rabbinischer Kommentar zum Buch Genesis: Darstellung der Rezeption des Buches Genesis in Mischna und Talmud unter Angabe targumischer und midraschischer Paralleltexte, Berlin / New York 1994.
RUBINKIEWICZ, R.: Apocalypse of Abraham, in: OTP I (1983), 681–705.
RUITEN, J. T. A. G. M. VAN: The Creation of Man and Woman in Early Jewish Literature, in: LUTTIKHUIZEN, Creation, 34–62.
RUPPERT, L.: Genesis. Ein kritischer und theologischer Kommentar. Bd. 1, Würzburg 1992 (fzb 70).
RUSSELL, D. S.: The Method and Message of Jewish Apocalyptic. 200 BC – 100 AD, Philadelphia 1964.
RUSSELL, J. B.: The Devil: Perceptions of Evil from Antiquity to Early Christianity, Ithaca / London 1977.
RYSSEL, V.: Die Apokalypsen des Baruch [syr. u. griech.], in: APAT II (1900), 402–457.

SACCHI, P.: Die Macht der Sünde in der Apokalyptik, JBTh 9 (1994), 111–124.
SANTOS OTERO, A. DE: Die handschriftliche Überlieferung der altslavischen Apokryphen (2 Bde. erschienen), Berlin / New York 1978ff.
SCHÄFER, P.: Rivalität zwischen Engeln und Menschen. Untersuchungen zur rabbinischen Engelvorstellung, Berlin / New York 1975.
–: New Testament and Hekhalot Literature: The Journey into Heaven in Paul and in Merkavah Mysticism, JJS 35 (1984), 19–35.

–: Adam in jüdischer Überlieferung, in: STROLZ, W. (Hg.): Vom alten zum neuen Adam: Urzeitmythos und Heilsgeschichte, Freiburg / Basel / Wien 1986, 69–93.

–: Hekhalot-Studien, Tübingen 1988 (TSAJ 19).

SCHALLER, B.: Das Testament Hiobs ... siehe unter Textausgaben: TestHiob.

–: Paralipomena Jeremiou ... siehe unter: Textausgaben: ParJer.

SCHELKLE, K. H.: Schuld als Erbteil? Einsiedeln 1968 (Theologische Meditationen 20).

SCHENKE, H.-M.: Der Gott „Mensch" in der Gnosis: ein religionsgeschichtlicher Beitrag zur Diskussion über die paulinische Anschauung von der Kirche als Leib Christi, Göttingen 1962.

SCHMIDT, F.: Le Testament grec d'Abraham ... siehe unter Textausgaben: TestAbr.

SCHOLEM, G.: The Four Who Entered Paradise and Paul's Ascension to Paradise, in: DERS.: Jewish Gnosticism, Merkabah Mysticism and Talmudic Tradition, New York ²1965, 14–19.

–: Die jüdische Mystik in ihren Hauptströmungen, Frankfurt/M. 1967.

SCOTT, J. M.: Throne-Chariot Mysticism in Qumran and in Paul, in: EVANS, C. A. / FLINT, P. (Hg.): Eschatology, Messianism and the Dead Sea Scrolls, Grand Rapids, Michigan 1997, 101–119.

SCHRAGE, W.: Die Elia-Apokalypse ... siehe unter Textausgaben: ApkEl

SCHREINER, J.: Das 4. Buch Esra, in: JSHRZ 5 (1981), 289–412.

SCHREINER, S.: Partner in Gottes Schöpfungswerk – Zur rabbinischen Auslegung von Gen 1,26–27, Jud. 49 (1993), 131–145.

SCHÜNGEL-STRAUMANN, H.: Die Frau am Anfang. Eva und die Folgen, Freiburg / Basel / Wien 1989 (= SCHÜNGEL-STRAUMANN, Frau [A]).

–: „Von einer Frau nahm die Sünde ihren Anfang, ihretwegen müssen wir alle sterben" (Sir 25,24). Zur Wirkungs- und Rezeptionsgeschichte der ersten drei Kapitel der Genesis in biblischer Zeit, Bibel und Kirche 53 (1998), 11–20 (= SCHÜNGEL-STRAU-MANN, Frau [B]).

SCHÜRER, E.: Geschichte des jüdischen Volkes im Zeitalter Jesu Christi. 3 Bde., Leipzig ⁴1909.

– / VERMES, G. / MILLAR, F. / GOODMANN, M.: The History of the Jewish People in the Age of Jesus Christ (175 B.C.–A.D. 135). A new English Version. 3 Bde., Edinburgh 1973–1986.

SCHULTZ, D. R.: The Origin of Sin in Irenaeus and Jewish Pseudepigraphical Literature. VigChr 32 (1978), 161–190.

SCHULZE, W. A.: Der Heilige und die wilden Tiere. Zur Exegese von Mc 1,13b, ZNW 46 (1955), 280–283.

SCHWANZ, P.: Imago Dei als christologisch-anthropologisches Problem in der Geschichte der Alten Kirche von Paulus bis Clemens von Alexandrien, Halle (Saale) 1970.

SCROGGS, R.: The Last Adam. A Study in Pauline Anthropology, Philadelphia 1966.

SEGAL, A. F.: Heavenly Ascent in Hellenistic Judaism, Early Christianity and their Environment, ANRW II 23,2 (1980), 1333–1394.

SELLIN, G.: Der Streit um die Auferstehung der Toten. Eine religionsgeschichtliche und exegetische Untersuchung von 1 Korinther 15, Göttingen 1986 (FRLANT 138).

SHARPE, J. L.: Prolegomena to the Establishment of the Critical Text of the Apocalypse of Moses. 2 Bde. Diss. Duke University 1969.

–: The second Adam in the Apocalypse of Moses, CBQ 35 (1973), 35–46.

SIMON, M.: Adam et la rédemption dans la perspective de l'église ancienne, in: WER-BLOWSKY, R. J. Z. / BLEEKER, C. J. (Hg.): Types of Redemption, Leiden 1970, 62–71.

SJÖBERG, E.: Gott und die Sünder im palästinensischen Judentum nach dem Zeugnis der Tannaiten und der apokryphisch-pseudepigraphischen Literatur, Stuttgart 1938 (BWANT 27).

SPITTA, F.: Zur Geschichte und Litteratur des Urchristentums. Bd. 2: Der Brief des Jakobus. Studien zum Hirten des Hermas, Göttingen 1896.

STAERK, W: Eva - Maria, ZNW 33 (1934), 97–104.

–: Die Erlösererwartung in den östlichen Religionen. Untersuchungen zu den Ausdrucksformen der biblischen Christologie (Soter II), Stuttgart / Berlin 1938.

STEGMÜLLER, F.: Repertorium biblicum medii aevi. Bd. 1: Initia biblica, Apocrypha, Prologi, Madrid 1950.

STEMBERGER, G.: Der Leib der Auferstehung: Studien zur Anthropologie und Eschatologie des palästinischen Judentums im neutestamentlichen Zeitalter (ca. 170 v. Chr. bis 100 n. Chr.), Rom 1972 (AnBib 56).

STEMM, S. VON: Der betende Sünder vor Gott: Studien zu Vergebungsvorstellungen in urchristlichen und frühjüdischen Texten, Leiden 1999 (AGJU 45).

STICHEL, R.: Die Verführung der Stammeltern durch Satanael nach der Kurzfassung der slavischen Baruchapokalypse, in: LAUER, R. / SCHREINER, P. (Hg.): Kulturelle Traditionen in Bulgarien. Bericht über das Kolloquium der Südosteuropa-Kommission 16.–18. Juni 1987, Göttingen 1989, 116–128.

STIEGMAN, E.: Rabbinic Anthropology, ANRW II 19,2 (1979), 487–579.

STONE, M. E.: Armenian Canon Lists III – The Lists of Mechitar of Ayrivank`, HThR 69 (1976), 289–300.

–: The Penitence of Adam, edited, Löwen 1981 (CSCO.Ar 13) (= STONE, Penitence [A]).

–: The Penitence of Adam, translated, Löwen 1981 (CSCO.Ar 14) (= STONE, Penitence [B]).

–: Armenian Apocrypha Relating to Patriarchs and Prophets. Edited with Introductions, Translations and Commentary, Jerusalem 1982 (= STONE, Apocrypha [A]).

–: New Discoveries Relating to the Armenian Adam Books, JSPE 5 (1989), 101–109.

–: Report on Seth Traditions in the Armenian Adam Books (1981), in: DERS.: Selected Studies in pseudepigrapha and apocrypha: with special reference to the Armenian tradition, Leiden / New York / Köln 1991, 41–53.

–: A History of the Literature of Adam and Eve, Atlanta 1992 (SBL.EJL 3).

–: The Fall of Satan and Adam's Penance: three Notes on The Book of Adam and Eve, JThS 44 (1993), 143–156 (= ANDERSON / STONE / TROMP, Literature, 43–56; zitiert nach JThS ...).

–: Armenian Apocrypha Relating to Adam and Eve. Edited with Introductions, Translations and Commentary, Leiden / New York / Köln 1996 (SVTP 14) (= STONE, Apocrypha [B]).

– (Hg.): Texts and Concordances of the Armenian Adam Literature. Bd. 1: Genesis 1–4, Penitence of Adam, Book of Adam, Atlanta 1996 (SBL.EJL 8).

–: The Angelic Prediction in the Primary Adam Books, in: ANDERSON / STONE / TROMP, Literature, 111–131.

–: The Legend of the Cheirograph of Adam, in: ANDERSON / STONE / TROMP, Literature, 149–166.

STRACK, H. / BILLERBECK, P.: Kommentar zum Neuen Testament aus Talmud und Midrasch. 6 Bde. 6. / 8. / 9. Aufl. München 1983–1986.

STROTMANN, A.: „Mein Vater bist du!" (Sir 51,10). Zur Bedeutung der Vaterschaft Gottes in kanonischen und nichtkanonischen frühjüdischen Schriften, Frankfurt/M. 1991 (FTS 39).

STUHLMACHER, P.: Gerechtigkeit Gottes bei Paulus, Göttingen 1966 (FRLANT 87).

STUCKENBRUCK, L. T.: Angel Veneration and Christology. A Study in Early Judaism and in the Christology of the Apocalypse of John, Tübingen 1995 (WUNT II 70).

SWEET, A. M.: A Religio-Historical Study of the Greek ,Life of Adam and Eve'. Diss. University of Notre Dame 1993.

–: The Fall of the Angels, The Bible Today 32 (1994), 15–20.

TARCHNISVILI, M. / ASSFALG, J.: Geschichte der kirchlichen georgischen Literatur, Rom 1955 (StT 185).

THACKERAY, H. S. J.: The Relation of St. Paul to Contemporary Jewish Thought, London / New York 1900.

THEISSEN, G.: Untersuchungen zum Hebräerbrief, Gütersloh 1969.

THOMSON, S. H.: A Fifth Recension of the Latin ,Vita Ade et Eve', StMed 6 (1933), 271–278.

THYEN, H.: Studien zur Sündenvergebung im Neuen Testament und seinen alttestamentlichen und jüdischen Voraussetzungen, Göttingen 1970 (FRLANT 96).

TIGCHELAAR, E. J. C.: The Adressees of 4QInstruction, in: FALK, Texts, 62–75.

TISCHENDORF, K. VON: Apocalypses apocryphae Mosis, Esdrae, Pauli, Ioannis, item Mariae dormitio, additis evangeliorum et actuum Apocryphorum supplementis, Leipzig 1866.

TORREY, C. C.: The Apocryphical Literature: a Brief Introduction, New Haven 1945.

TREUENFELS, A: Die kleine Genesis, Literaturblatt des Orients 7 (1846), 7–12 und Fortsetzungen.

TROJE, L.: Adam und Zoe: Eine Szene der altchristlichen Kunst in ihrem religionsgeschichtlichen Zusammenhange, Heidelberg 1916 (SHAW.PH 7/17).

TROMP, J.: Literary and Exegetical Issues in the Story of Adam's Death and Buriel (GLAE 31–42), in: FRISHMAN, J. / ROMPAY, L. VAN (Hg.): The Book of Genesis in Jewish and Oriental Christian Interpretation. A Collection of Essays, Löwen 1997, 25–41.

–: Cain and Abel in the Greek and Armenian/Georgian Recensions of the Life of Adam and Eve, in: ANDERSON / STONE / TROMP, Literature, 277–296.

TRUMBOWER, J. A.: Traditions common to the primary Adam and Eve books and on the origin of the world (NHC II.5), JSPE 14 (1996), 43–54.

TURDEANU, É.: Apocryphes bogomiles et apocryphes pseudo-bogomiles, RHR 138 (1950), 22–52.176–218.

–: La vie d'Adam et d'Eve en slave et en roumain, in: DERS.: Apocryphes slaves et roumains de l'Ancien Testament, Leiden 1981, 75–144 (SVTP 5).

UHLIG, S.: Das äthiopische Henochbuch ... siehe unter Textausgaben: äthHen.

UNNIK, W. C. VAN: Der Neid in der Paradiesgeschichte nach einigen gnostischen Texten, in: Essays on the Nag Hammadi texts in honour of A. Böhlig, Leiden 1972, 120–132 (NHS 3).

URBACH, E. E.: The Sages. Their Concepts and Beliefs. 2 Bde., Jerusalem 1979.

VERMES, G.: Scripture and Tradition in Judaism. Haggadic Studies, Leiden 1961 (StPB 4).

VOGL, A.: Adam - Messias in der Schatzhöhle, OS 28 (1979), 183–185.

VOLZ, P.: Die Eschatologie der jüdischen Gemeinde im neutestamentlichen Zeitalter nach den Quellen der rabbinischen, apokalyptischen und apokryphen Literatur dargestellt, Tübingen 1934.

WAHLE, H.: Die Erbsündenlehre und die zwischentestamentliche Literatur, in: DEXINGER, F. u.a.: Ist Adam an allem schuld? Erbsünde oder Sündenverflochtenheit? Innsbruck / Wien / München 1971, 116–181.

WALKER, A.: Apocrypha of the New Testament (1870), in: COXE, A. C. / DONALDSON, J. / ROBERTS, A. (Hg.): The Ante-Nicene Fathers. Translations of the Writings of the Fathers down to A. D. 325. American Reprint of the Edinburgh Edition. Revised and chronologically arranged, with brief prefaces and occasional notes. Bd. 8, Grand Rapids, Michigan 1989, 347–598.

WALTER, N.: „Hellenistische Eschatologie" im Frühjudentum – ein Beitrag zur „Biblischen Theologie"? ThLZ 110 (1985), 331–348.

WELLS, L. S. A.: The Books of Adam and Eve, in: APOT II, 123–154.

WHITTAKER, M: The Life of Adam and Eve, in: SPARKS, H. F. D. (Hg.): The Apocryphical Old Testament, Oxford 1984, 141–167.

WILLIAMS, N. P.: The Ideas of Fall and of Original Sin. A Historical and Critical Study, New York u.a. 1927.

WILSON, R: The Early History of the Exegesis of Gen. 1,26, in: StPatr 1 1957 (TU 63), 420–437.

ZENGER, E. u.a.: Einleitung in das Alte Testament, Stuttgart / Berlin / Köln ³1998.

ZÖCKLER, O.: Die Apokryphen des Alten Testaments nebst einem Anhang über die Pseudepigraphenliteratur, München 1891 (KK AT 9).

Stellenregister

1. Altes Testament (mit Apokryphen)

Genesis				
1	113	6,1–4	169
1–3	1–9	9,6	108, 111
1–4	94	9,19	217
1,26f.	1, 107–111, 141, 153, 174	Exodus	
1,28	115, 268	3	6
1,29f.	153	7–12	214
2–3	69f., 103, 266		
2,7	110, 138, 141	Leviticus	
2,9	266	16,12f.	136
2,15	217, 266	26,6	112
2,17	266		
2,19f.	266	1Könige	
3	12, 32, 61, 69, 71f., 170, 172, 178, 180, 196, 200, 209, 219, 250, 253, 267, 304f.	17	294
		2Könige	
		2,11	253
3,1–7	167f.	4	294
3,2	216		
3,4	50	1Chronik	
3,8–19	213, 250–252	28,18	252
3,14–19	49, 71		
3,14f.	111	Hiob	
3,15	51, 104, 252, 266	5,1	136
3,16	244, 255f.	10,8	138
3,17	114	14,20	175
3,17–19	112, 266	22,23–27	277
3,18	6, 266	29,14	175
3,19	222, 242, 252, 265f., 294	33,23f.	136
		38f.	171
		40,8	189
3,21	3, 173–175	42,6	189
3,22	266		
3,22–24	275f.	Psalmen	
3,23	189f.	8	111
3,23f.	266	8,6	174f.
3,24	273	8,6–9	1
4,12	253	19,10b	188
5,1	54, 108	19,10–13	190
6	72, 114	31,6	287

3. Leben Adams und Evas

40,1	85, 87, 141	14,1	110
40,2–42,2	290	18–21	43
40,4–7	78	18–23	39
40,6f.	85	25–29	17, 39, 43
40,7	86	25,3	252
41	86, 102, 190, 219,	29	67
	233, 237, 260, 302	29,2–10	28
41–42	79, 95, 132,	29,4ff.	56
	290–298	29,6	56
41,1	51, 83, 288	30–34	219–222
41,2	144, 234, 252, 269,	32	39
	278	37–39	116–119
41,3	67	40–43	235–239
42	18, 78, 149	41f.	67
42–43	285	42	39f., 58
42,3ff.	87	43	15
42,4–6	79	44	39, 270f.
42,5	249	45	289
42,6f.	198	45–47	145f.
42,7	180, 218	45–48	39
42,8	67	49	39
43	92	49–50	17, 28, 39, 43, 57
43,2	67, 106, 269, 278		
43,2f.	218	Slavische Version	
43,3	218f.	1	22, 153
43,4	41	5–10	219–222
Schlussdoxologie	67f., 88	13–15	116–119
		16	235–239
Lateinische Version		18–22	181–185
1–10	43	23f.	259
1–11	39f., 56, 68	25	191f.
1–17	39	33–34	22
1–21	17, 39, 43, 72	35–39	23
9	175	38–39	22
9,3	136	38	175
11–17	43	40	289
12–17	25, 39, 56, 70, 72,	41–46	146f.
	110, 114, 170–172,	47	297f.
	180		

4. Frühjüdische Literatur (außer LAE)

Apokalypse Abrahams		23,8	172
15–29	231	23,9–11	177
18,10	252	24,8	176
23	176, 254		
23,5	256	Apokalypse Adams	
23,5–8	6	S. 21	173, 190

22,8	231f.	10,1	252f.
29,4f.	170	10–14	231
30–31	2f.	11,9–11	7
30,11	175	15	286
30,16f.	267	16,4	253
31,1	217	17	286
31,6	58, 176, 216	17,8	253
32,1	117	17,17f.	253
32,2	218	20	286
34,2	218		
40,12–41,2	170	*Version B*	
42,5	58, 117	4,5	215
44	138	7f.	286
44,1–3	3, 110f.	8–12	231
44,1	138	14,6	135, 253
44,5	267		
45,1	218	Testament Adams	
49,1	169	1–2	215
51,3	267	3	25
56,2	232	3,3	110f.
58–59	3	3,5	196
59,2	218	3,6	110f., 138
61,4f.	218		
65,2	3, 110	Testament Hiobs	
66,2	231	6,4	175
68–70	218	33,9	252
		43,13	188
Syrische Baruchapokalypse		43,13–17	190
4	5	52,6–10	135
17,3	5, 213, 267	52,8	252
23,4	5, 170, 213, 267	52,10	252f.
30,2–5	294		
48,42f.	5, 170, 196	Testament Isaaks	
49–52	294	3,15	138
50,2	296	5–6	231
51,1ff.	296	6,26	252
51,11	5	6,34	111
54,15	5, 60, 170, 213, 267	7,1	135, 253, 286
54,19	5, 60		
56,5f.	170	Testament Jakobs	
56,6	5, 213, 254f., 267	4,1	286
73,1	232	5	231
73,6	112		

Testament Abrahams
Version A

Testamente der zwölf Patriarchen
Asser

1	286	1,3ff.	171
7	286		
8,9	7	*Benjamin*	
9,8	252f.	3,5	113
		5,2	113

5. Rabbinische Literatur

6. Sonstige

Autorenregister

Aarne, A. 228
Adler, A. 54
Aland, K. u. B. 127, 131, 137, 198, 248, 272f., 292
Altmann, A. 7, 64, 110, 175
Anderson, G. A. 11f., 15–17, 19–22, 33f., 38, 40f., 62, 72, 96, 111, 115, 117f., 129, 161, 170, 220, 254, 300
Andrews, H. T. 48
Aßfalg, J. 20f., 54
Augustin, M. 8
Avery-Peck, A. J. 295

Bagatti, B. 26
Bamberger, B. J. 48, 56, 66
Bardenhewer, O. 64
Battista, A. 26
Bauckham, R. J. 295f.
Baudry, G.-H. 169, 171
Bauer, W. 127, 131, 137, 198, 248, 272f., 292
Baumgärtel, F. 286f.
Beer, G. 140
Berger, K. 3, 173, 188f.
Bertholet, A. 66
Bertrand, D. A. 11–15, 33, 44, 48, 52, 55, 59, 66f., 71, 75–77, 81f., 88f., 94, 97–99, 107, 129, 132f., 135–137, 141, 161, 166, 175–178, 189 191, 216, 231, 238, 247, 258, 278, 288, 294, 296, 300
Bethge, H.-G. 63
Bianchi, U. 64
Billerbeck, P. 136, 176, 233, 267, 278, 294
Blake, R. P. 20
Blass, F. 49f., 129, 204, 282
Borgonovo, G. 70
Böttrich, C. 2f., 72, 117, 138, 170, 231f., 256
Bousset, W. 38, 56, 60, 65, 231, 277, 287, 294

Brandenburger, E. 1, 4, 7, 32f., 64f., 70f., 168f., 177f., 198, 266–268
Brock, S. P. 24, 174
Budde, K. 66
Budge, E. A. W. 27, 140, 253
Bultmann, R. 7, 254, 259

Cardona, G. R. 64
Cavallin, H. C. C. 278, 295
Cerutti, M. 71, 176
Charlesworth. J. H. 11, 31, 48, 60, 66, 305
Chazon, E. G. 1
Cohen, J. 112
Coleman, G. B. 67
Collins, J. J. 139, 166
Colpe, C. 65, 173, 231
Conybeare, F. C. 19, 53, 66
Couard, L. 48, 66
Cousin, H. 11, 16, 56, 72
Cowley, R. W. 26
Crum, W. E. 9, 201, 290
Cumont, F. 296
Custis, B. 16

Davidson, M. J. 169
Dean-Otting, M. 231
Debrunner, A. 49f., 129, 157, 204, 282
Delcor, M. 169
Denis, A.-M. 11f., 15f., 24, 44, 48, 60, 66f., 75, 94, 96, 98
Dexinger, F. 169
Dibelius, M. 137
Dietzfelbinger, C. 6
Diez Merino, L. 169
Dillmann, A. 25, 60
Dimant, D. 294
Dobschütz, E. von 55, 66
Dochhorn, J. 33, 72
Dreyfus, J. 7
Duensing, H. 139

344 Autorenregister

Schreiner, J. 4
Schreiner, S. 7, 109
Schrenk, G. 137
Schultz, D. R. 173, 215
Schüngel-Straumann, H. 70, 196
Schürer, E. 32, 38f., 48, 54, 60, 64, 66,
    94, 287, 295
Schwanz, P. 108
Schweizer, E. 113, 286f.
Scott, J. M. 252f.
Scroggs, R. 1, 7, 70, 297
Seebaß, G. 1f., 111, 172, 213, 266, 273
Segal, A. F. 231
Seybold, K. 174
Sharpe, J. L. 7, 11, 13f., 33, 44, 47–51,
    60, 66f., 69f., 75f., 78–82, 111, 243
Simon, M. 30, 255
Sjöberg, E. 194, 268f.
Spitta, F. 66
Stählin, G. 169, 176, 268f.
Stauffer, E. 266
Stemberger, G. 8, 213, 294
Stemm, S. von 197
Stichel, R. 170, 173
Stiegman, E. 8
Stokes, W. 29
Stone, M. E 1, 9–12, 15–22, 24–26, 28f.,
    33f., 36, 38, 40, 45, 48–56, 62,
    65–68, 72f., 75, 96, 100, 105, 117,
    161, 172, 182, 214, 226, 235, 237f.,
    244, 300f.
Strack, H. 136, 176, 233, 267, 278, 294
Strauch, D. 139
Strotmann, A. 137, 143, 194
Stuckenbruck, L. T. 136
Stuhlmacher, P. 7, 173
Sweet, A. M. 34, 50, 52, 65, 72f., 89, 94,
    132f., 135, 137, 143, 165, 169, 172,
    175, 178, 180, 189–191, 197, 219,
    224, 232, 243, 253, 255f., 258, 278f.,
    296, 300

Tabor, J. D. 231
Tarchnisvili, M. 20, 54
Thackeray, H. S. J. 60, 66
Theißen, G. 232
Thomson, S. H. 18
Thyen, H. 173, 195, 198
Tischendorf, K. von 10, 13f., 33, 56,
    66f., 77f., 80, 97–99
Torrey, C. C. 48, 56
Troje, L. 32f., 39, 64f., 69
Tromp, J. 15, 27f., 33f., 40–42, 45, 48f.,
    53, 61f., 68, 71f., 75, 81, 89, 94, 114,
    124, 133, 135, 139, 144f., 166, 178f.,
    182, 224, 234, 238, 258, 287, 293,
    296, 300f.
Trump, E. 26
Turdeanu, É. 23f., 34

Uhlig, S. 1
Unnik, W. C. van 64, 170, 173
Urbach, E. 176

Vermes, G. 94
Vollmer, H. 29
Volz, P. 138, 144, 278, 287, 294f.
Wahle, H. 32, 71, 169, 180, 269, 279
Walker, A. 11, 243
Walter, N. 295
Wells, L. S. A. 11, 14, 16, 22, 31f., 44,
    48, 57f., 66, 72, 78, 111, 116, 129,
    131, 175, 231f., 243f., 247, 265
Westermann, C. 1, 108, 266
Whittaker, M. 11, 15f., 33, 44, 48, 61,
    67
Wilson, R. 108
Wolff, C. 176

Zeller, D. 7, 173
Zenger, E. 294
Zimmerli, W. 266

Sachregister

Texts and Studies in Ancient Judaism
Alphabetische Übersicht

Lange, Nicholas de: Greek Jewish Texts from the Cairo Genizah. 1996. *Band 51.*
Lapin, Hayim: Economy, Geography, and Provincial History in Later Roman Galilee. 2001. *Band 85.*
Lehnardt, Andreas: Qaddish. 2002. *Band 87.*
Leonhardt, Jutta: Jewish Worship in Philo of Alexandria. 2001. *Band 84.*
Lohmann, Uta: siehe *Schäfer, Peter*
Loopik, M. van (Übers. u. komm.): The Ways of the Sages and the Way of the World. 1991. *Band 26.*
Luttikhuizen, Gerard P.: The Revelation of Elchasai. 1985. *Band 8.*
Mach, Michael: Entwicklungsstadien des jüdischen Engelglaubens in vorrabbinischer Zeit. 1992. *Band 34.*
Mendels, Doron: The Land of Israel as a Political Concept in Hasmonean Literature. 1987. *Band 15.*
Moscovitz, Leib: Talmudic Reasoning. 2002. *Band 89.*
Mutins, Georg von: siehe *Schäfer, Peter*
Necker, Gerold: siehe *Schäfer, Peter*
Niehoff, Maren: Philo on Jewish Identity and Culture. 2001. *Band 86.*
Olyan, Saul M.: A Thousand Thousands Served Him. 1993. *Band 36.*
Otterbach, Rina: siehe *Schäfer, Peter*
Prigent, Pierre: Le Judaisme et l'image. 1990. *Band 24.*
Pucci Ben Zeev, Miriam: Jewish Rights in the Roman World. 1998. *Band 74.*
Reeg, Gottfried (Hrsg.): Die Geschichte von den Zehn Märtyrern. 1985. *Band 10.*
– siehe *Schäfer, Peter*
Renner, Lucie: siehe *Schäfer, Peter*
Reichman, Ronen: Sifra und Mishna. 1998. *Band 68.*
Rohrbacher-Sticker, Claudia: siehe *Schäfer, Peter*
Salvesen, A. (Ed.): Origen's Hexapla and Fragments.1998. *Band 58.*
Samely, Alexander: The Interpretation of Speech in the Pentateuch Targums. 1992. *Band 27.*
Schäfer, Peter: Der Bar-Kokhba-Aufstand. 1981. *Band 1.*
– Hekhalot-Studien. 1988. *Band 19.*
Schäfer, Peter (Hrsg.): Geniza-Fragmente zur Hekhalot-Literatur. 1984. *Band 6.*
– siehe *Goldberg, Arnold*
– in Zusammenarbeit mit *Klaus Herrmann, Rina Otterbach, Gottfried Reeg, Claudia Rohrbacher-Sticker, Guido Weyer:* Konkordanz zur Hekhalot-Literatur. Band 1: 1986. *Band 12.*
– Band 2: 1988. *Band 13.*
Schäfer, Peter, Margarete Schlüter, Hans Georg von Mutins (Hrsg.): Synopse zur Hekhalot-Literatur. 1981. *Band 2.*
Schäfer, Peter (Hrsg.) in Zusammenarbeit mit *Hans-Jürgen Becker, Klaus Herrmann, Ulrike Hirschfelder, Gerold Necker, Lucie Renner, Claudia Rohrbacher-Sticker, Stefan Siebers:* Übersetzung der Hekhalot-Literatur. Band 1: §§ 1–80. 1995. *Band 46.*
– Band 2: §§ 81–334. 1987. *Band 17.*
– Band 3: §§ 335–597. 1989. *Band 22.*
– Band 4: §§ 598–985. 1991. *Band 29.*
Schäfer, Peter, und *Hans-Jürgen Becker* (Hrsg.) in Zusammenarbeit mit *Anja Engel, Kerstin Ipta, Gerold Necker, Uta Lohmann, Martina Urban, Gert Wildensee:* Synopse zum Talmud Yerushalmi. Band I/1–2: 1991. *Band 31.*
– Band I/3–5: 1992. *Band 33.*
– Band I/6–11: 1992. *Band 35.*
– Band III: 1998. *Band 67.*
– Band IV: 1995. *Band 47.*
Schäfer, Peter, und *Shaul Shaked* (Hrsg.): Magische Texte aus der Kairoer Geniza. Band 1: 1994. *Band 42.*
– Band 2: 1997. *Band 64.*
– Band 3: 1999. *Band 72.*
Schäfer, Peter (Ed.): The Talmud Yerushalmi and Graeco-Roman Culture. 1998. *Band 71.*
– Band II: 2000. *Band 79.*
Schäfer, Peter und *Hezser, Catherine* (Ed.): The Talmud Yerushalmi and Graeco-Roman Culture II. 2000. *Band 79.*
Schlüter, Margarete: siehe *Goldberg, Arnold*
– siehe *Schäfer, Peter*

Texts and Studies in Ancient Judaism

Schmidt, Francis: Le Testament Grec d'Abraham. 1986. *Band 11.*

Schröder, Bernd: Die ‚väterlichen Gesetze‘. 1996. *Band 53.*

Schwartz, Daniel R.: Agrippa I. 1990. *Band 23.*

Schwemer, Anna Maria: Studien zu den frühjüdischen Prophetenlegenden. Vitae Prophetarum Band I:
1995. *Band 49.*

– Band II (mit Beiheft: Synopse zu den Vitae Prophetarum): 1996. *Band 50.*

Shaked, Shaul: siehe *Gruenwald, I.*

– siehe *Schäfer, Peter*

Shatzman, Israel: The Armies of the Hasmonaeans and Herod. 1991. *Band 25.*

Siebers, Stefan: siehe *Schäfer, Peter*

Spilsbury, Paul: The Image of the Jew in Flavius Josephus' Paraphrase of the Bible. 1998. *Band 69.*

Stroumsa, G.G.: siehe *Gruenwald, I.*

Stuckenbruck, Loren T.: The Book of Giants from Qumran. 1997. *Band 63.*

Swartz, Michael D.: Mystical Prayer in Ancient Judaism. 1992. *Band 28.*

Sysling, Harry: Tehiyyat Ha-Metim. 1996. *Band 57.*

Urban, Martina: siehe *Schäfer, Peter*

Veltri, Giuseppe: Eine Tora für den König Talmai. 1994. *Band 41.*

– Magie und Halakha. 1997. *Band 62.*

Weyer, Guido: siehe *Schäfer, Peter*

Wewers, Gerd A.: Probleme der Bavot-Traktate. 1984. *Band 5.*

Wildensee, Gert: siehe *Schäfer, Peter*

Wilson, Walter T.: The Mysteries of Rigtheousness. 1994. *Band 40.*

Einen Gesamtkatalog erhalten Sie gerne vom Verlag
Mohr Siebeck • Postfach 2040 • D-72010 Tübingen
Neueste Informationen im Internet unter www.mohr.de